소련의 관료주의적 역기능과 검열, 달성 불가능한 경제 목표 설정이 어떻게 재난을 야기하고 이에 대한 대응을 방해했는지 뛰어나게 설명한 역작.
― 《뉴욕 타임스 리뷰 오브 북스》

치밀한 조사, 눈을 떼지 못하게 만드는 서술로 플로히는 소련 체제의 부조리와 공산당 관리들의 오만을 자비 없이 기록했다. 그가 체르노빌 남쪽에서 500킬로미터도 떨어지지 않은 곳에서 성장했다는 사실이야말로 사고 당시 현장에 있었던 사람들, 즉 피해를 최소화하기 위해 목숨을 잃을지도 모르는 위험을 감수한 원전 운영자, 직원, 소방관, 병사 들에 대해 생생하고 가슴에 와닿는 서술을 가능하게 만든 요인이다. ― 《월스트리트 저널》

체르노빌 원전 화재와 소련의 침묵이 적나라하게 묘사되었다. 하버드대학 우크라이나연구소장인 플로히는 사고 원인이 된 원전 건설 과정과 원전 운영 기술자들에게 책임이 전가되는 잘못된 과정을 상세하게 서술했다. 소련의 속임수가 소련의 붕괴와 우크라이나 독립 결정에 중요한 역할을 했음을 설득력 있게 보여준다.
― 《워싱턴 타임스》

원전에 대한 소련의 집착은, 산업 분야의 고질적인 부정직과 국가기밀에 대한 편집증적 집착과 결합되어 1986년 재난을 발생시켰다. 지금까지 체르노빌 사고 역사에 대해 영어로 나온 책 중 가장 포괄적이고 설득력 있는 저술이다. ― 《파이낸셜 타임스》

체르노빌 재앙을 다룬 최초의 포괄적 역사서다. 드디어 이 재앙에 걸맞는 역사서가 탄생했다. ― 줄리 맥도웰, 《타임스》

강렬하다. 플로히의 완급 조절 솜씨는 인간의 연약함과 설계 결함이 가공할 재앙을 만들어낸 운명의 밤, 손에 땀을 쥐게 하는 원전 통제실의 긴장 속으로 독자들을 던져 넣는다. ― 《가디언》

플로히의 책은 사건에서 너무 거리를 두지도, 특정 주제에 과도하게 몰입하지도 않으면서 사려 깊은 관찰을 지속한다. 그는 소련 해체에 중요한 역할을 한 체르노빌의 정치적 낙진을 깊이 파헤친다. ― 《뉴 스테이츠먼》

마음에서 떠나지 않는 책이다. 플로히의 목소리는 인간적이고 향수를 불러일으킨다. 아마도 재난이 휩쓸고 지나간 모든 도시와 파괴된 목가적 전원이 그러하듯이 그의 글 속에서 체르노빌과 프리퍄트가 생생하게 살아난다. – 《스펙테이터》

플로히는 방대하고 섬세한 서사에 서정적인 시선을 유지하는 동시에 극적인 긴박 감을 선사해 독자로 하여금 책을 손에서 뗄 수 없게 만든다. 플로히는 체르노빌이 시간이 지날수록 점점 더 멀어지면서 신화처럼 여겨진다고 썼다. 그의 책은 우리 로 하여금 다시 그 신화를 현실로 붙잡을 수 있게 만든다.
– 크리스텐 아이버슨, 《아메리칸 스칼라》

세르히 플로히는 체르노빌 위기와 그 여파에 대해 거의 완벽한 이야기를 썼다. 그는 과학 이야기, 체르노빌 복구를 위해 치른 인명과 경제적 희생, 이 사고로 인해 고르 바초프가 페레스트로이카 개혁을 가속화한 과정, 우크라이나 민족주의를 촉발시킨 사건 등 모든 각도에서 사고를 바라보며 능숙하게 이야기를 전개한다.
– 앤드루 윌슨, 시드니 대학교 우크라이나학 교수

세르히 플로히는 체르노빌 재앙과 그 정치적 영향에 대해 아주 쉽게 읽을 수 있는 책을 써냈다. 이 책은 앞으로 오랜 기간 이 주제에 대한 가장 권위 있는 책이 될 것 이다. – 존 헙스트, 애틀랜틱 카운실·유라시아센터 소장

세르히 플로히는 이 비극을 이야기할 수 있는 적절한 자격을 갖춘 사람이다. 그는 저명한 역사학자의 입장에서만이 아니라, 당시 체르노빌 방사능 구름 아래 가족과 함께 살았던 당사자로서 이 책을 썼다. 그 결과 소설과 같이 눈을 떼지 못하게 만드 는 작품이 탄생했다. – 매리 엘리스 새로트, 《붕괴: 베를린 장벽의 돌발적인 개방》의 저자

원자력 에너지 역사에서 최악의 참사가 된 체르노빌 사고를 서술하며 소련이 얼마 나 크고 작은 모든 문제에 준비가 되어 있지 않은 국가였는지 치명적일 정도로 상 세하게 보여준다. 세계는 35년 전 체르노빌에서 발생한 공포를 망각할 수 있겠는 가. 플로히의 저술은 그것이 불가능하다는 것을 확신하도록 만든다.
– 헨리 파운틴, 《언다크》의 저자

스릴 넘치는 전개로 깊은 통찰을 담은 걸작이다. 강력한 기술과 무책임한 정치가 결합할 경우 발생하는 위험을 잘 보여준다. – 유발 하라리, 《사피엔스》의 저자

체르노빌
히스토리

CHERNOBYL–THE HISTORY OF A NUCLEAR CATASTROPHE

체르노빌 히스토리

재난에 대처하는 국가의 대응 방식

세르히 플로히 지음 · **허승철** 옮김

책과함께

일러두기

- 이 책은 Serhii M. Plokhy의 CHERBNOBYL(Basic Books, 2020)을 완역한 것이다.
- 미주는 원서의 주이고, 본문의 각주는 옮긴이 주다.
- 에너지 단위는 주로 '메가와트'가 쓰였는데, 이는 열에너지(MWt, megawatts of thermal energy)와 전기에너지(MWe, megawatts of electrical energy) 모두에 쓰는 단위다. 구별을 위해 본문에서 주로 쓰인 '열에너지 메가와트'에는 병기를 붙이지 않고, '전기에너지 메가와트'에만 'MWe'를 병기했다.
- 외국 인명·지명 등의 한글 표기는 주로 국립국어원의 외래어표기법을 따르되 경우에 따라 관행화된 표기나 원발음에 가까운 표기를 하기도 했다.

원자력 시대의 아이들에게

차례

서문   13

프롤로그   23

1부 ──────────────────────── 약쑥

1장 공산당대회   29

2장 체르노빌로 가는 길   49

3장 원자력 발전소   71

2부 ──────────────────────── 지옥불

4장 금요일 밤   95

5장 폭발   115

6장 화재   131

7장 부인   150

3부 ──────────────── 폭발하는 분화구 위에서

8장 사고대책위원회   177

9장 대탈출   197

10장 원자로 잠재우기   220

4부 ──────────────── 보이지 않는 적

11장 쥐죽은 듯한 침묵   239

12장 제한 구역   259

13장 차이나 신드롬   277

14장 희생자 집계   305

5부 ──────────────── 결산

15장 말들의 전쟁   325

16장 석관   345

17장 죄와 벌   369

6부 ──────────────── 새로운 날

18장 작가들   389

19장 핵반란   409

20장 독립하는 우크라이나   430

21장 다국적 보호막   447

에필로그   465

감사의 말   471

덧붙임: 방사능의 영향과 측정 방법   473

옮긴이의 말   477

미주   483

찾아보기   526

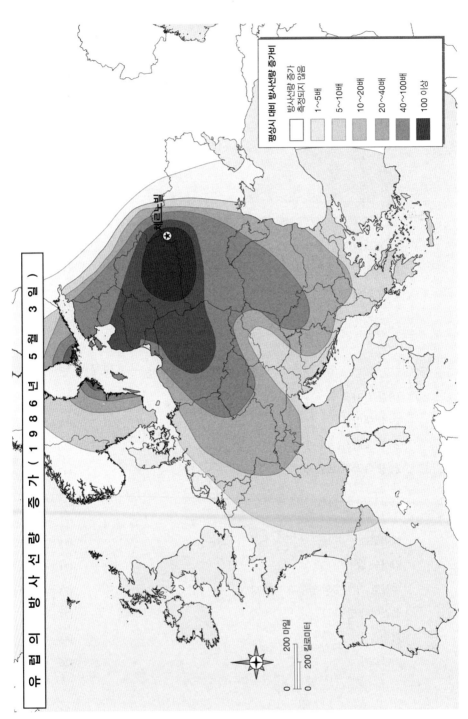

유럽의 방사선량 증가 (1 9 8 6 년 5 월 3 일)

체르노빌

평상시 대비 방사선량 증가비

방사선량 증가
측정되지 않음

1~5배
5~10배
10~20배
20~40배
40~100배
100 이상

200 마일
200 킬로미터

표시한 국경선은 2018년 기준이다.

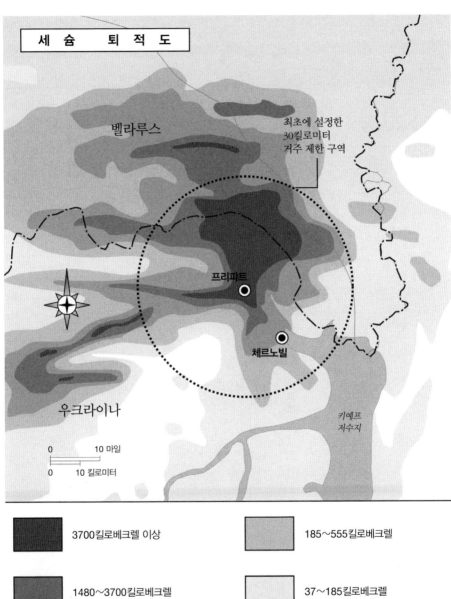

세 슘 퇴 적 도

벨라루스

최초에 설정한
30킬로미터
거주 제한 구역

프리퍄트

체르노빌

우크라이나

키예프
저수지

0   10 마일

0   10 킬로미터

3700킬로베크렐 이상

185~555킬로베크렐

1480~3700킬로베크렐

37~185킬로베크렐

555~1480킬로베크렐

37킬로베크렐 미만

1마이크로퀴리(μCi) = 37킬로베크렐(kBq)

서문

내가 휴대한 우크라이나 지도에 '초르노빌Chornobyl'로 표기된 체르노빌 Chernobyl로 향하는 우리 일행은 여덟 명이었다. 러시아와 동유럽을 여행 중이던 홍콩 출신 과학·기술 전공 학생 셋, 발음으로 보건대 영국인으로 짐작되는 20대 남성 세 명과 여성 한 명, 그리고 내가 같이 차를 타고 갔다. 이 남성들이 실제로 영국인이고, 어맨다라는 이름을 가진 여성은 자존심 강한 아일랜드인임을 곧 알게 되었다. 이들은 아주 사이가 좋아 보였다.

몇 주 전, 어맨다가 영국인 남편 스튜어트에게 이번 휴가에 어디를 가고 싶냐고 묻자, 체르노빌이라고 대답했다고 한다. 그리하여 이들은 스튜어트의 남동생, 가족의 친구와 함께 그곳으로 가는 중이었다. 이들의 체르노빌 여행에는 두 컴퓨터 게임이 영감을 주었다. 우선 '스토커: 쉐도우 오브 체르노빌S.T.A.L.K.E.R: Shadow of Chernobyl'은 슈팅 서바이벌 호러 게임으로, 체르노빌 제한 구역에서 가상의 두 번째 폭발이 발생한 이후에 사건이 벌어지는 내용의 게임이다. '콜 오브 듀티: 모던 워페어 Call of Duty: Modern Warfare'에서는 핵심 인물 존 프라이스 대위가 러시아 극우 세력의 지도자를 색출하기 위해 버려진 도시 프리퍄트로 가는 상황이 벌어진다. 스튜어트와 친구들은 이 장소를 직접 찾아가 보기로 한 것이다.

젊고 활기찬 우크라이나 여성 안내자 비타는 먼저 30킬로미터 제한 구역으로 우리를 데리고 들어간 다음, 더 엄격한 통제 구역인 10킬로미터 제한 구역으로 들어갔다. 체르노빌 원자력 발전소를 중심으로 각각 10킬로미터 동심원과 30킬로미터 동심원이 이중의 제한 구역을 형성하고 있었다. 우리는 로널드 레이건의 일명 '스타워즈'라 불린 전략방위구상에 대응해 만들어진 소련의 레이더 시설 '두가'(혹은 '아르치')에 도달했는데, 오늘날 기준으로 보기엔 낡은 장비였다. 이 장비는 미국 동부 해안에서 발사되는 핵무기를 탐지하도록 고안된 것이었다. 그곳에서 우리는 체르노빌 지역으로 들어가 원자력 발전소를 지나 체르노빌과 이웃한 프리퍄트시로 진입했다. 유령 도시 프리퍄트에서는 한때 파괴된 원자로의 건설 노동자들과 운영자들의 가족 약 5만 명이 살고 있었다. 비타는 방사능 양이 기준치를 초과하면 경보가 울리는 방사능 측정기를 우리에게 나누어 주었다. 손상된 원자로와 가까운 곳을 비롯해 일부 장소에서 방사능 측정기는 끊임없이 경보 신호를 울렸다. 그러자 비타는 측정기를 수거해 꺼버렸다. 이는 1986년에 사고를 수습하기 위해 이 지역에 파견된 소련 노동자들이 했던 것과 똑같은 행동이었다. 그들이 맡은 일을 처리하는 동안, 측정기는 용인될 수 없는 수준의 방사능 수치를 보였다. 비타는 자기 나름대로 해야 할 일을 했다. 그녀는 우리가 이 지역에 하루 종일 머물면서 노출되는 방사능 양이 비행기에 탑승한 승객이 한 시간 동안 노출되는 방사능 양에 불과하다고 말했다. 그녀는 방사능 수치가 터무니없다고 우리를 안심시켰고, 우리는 그 말을 믿었다.

체르노빌 원전 폭발로 누출된 방사능 양은 총 5000만 퀴리Ci, Curie인데, 이는 히로시마에서 터진 원자폭탄 몇백 개 분량이었다. 이처럼 치명적인 양의 방사능을 누출하는 데 원자로에 있던 핵연료의 절반도 들지 않았다. 원래 체르노빌 원자로는 유럽 지역 대부분을 오염시키고 파괴하기에 충분한 농축 우라늄 40만 파운드를 보유하고 있었다. 만일 체르노빌 원전의 다른 세 원자로가 첫 원자로 폭발로 손상되었다면 아마도 지구에 살아서 숨 쉬는 생명체가 거의 남아 있지 못했을 것이다. 사건이 일어나고 몇 주 동안 방사능을 누출한 체르노빌 화산의 뒤를 이어 더 참혹한 사건이 언제 터질지 모르는 상황이었다. 다행히 그런 일이 벌어지지는 않았지만, 첫 폭발이 불러온 피해는 수세기 동안 지속될 것이다. 체르노빌 원전이 폭발하고 바람에 실려 스웨덴까지 날아간 플루토늄-239의 반감기는 2만 4000년이다.

프리퍄트는 현대판 폼페이라고 불리기도 했다. 그 두 장소 사이에 유사점이 있는 것은 분명하지만 차이점도 있다. 우크라이나의 도시는 건물의 벽, 천장 그리고 가끔 보이는 유리창까지 기본적으로 그대로 남아 있기 때문이다. 그곳의 생명을 앗아가고 생활을 파괴한 것은 화산의 열이나 마그마가 아니라 눈에 보이지 않는 방사능 입자였다. 방사능은 주민들을 모두 몰아냈지만 대다수 식물은 살아남았고, 야생 동물이 이 지역으로 다시 돌아와 한때 사람들이 건설하고 거주한 공간을 차지했다. 이 도시의 거리에는 이미 오래전에 사라진 공산당의 흔적이 수도 없이 눈에 띄었다. 공산당 시절의 구호가 아직 남아 있고, 버려진 영화관 안에는 공산당 지도자의 초상화가 걸려 있다. 우리의 안내자 비타는 초상화의 주인공이 누구인지 아는 사람이 없다고 말했지만, 체르노빌 사고 당시 우크라이나에서 신참 교수 생활을 했던 나는 그 낯익은 얼굴을 바로 알아보았다. 그는 1982년부터 1988년까지 소련 KGB(국가보안위원회) 의장을 맡았던 빅토르 체브리코프*였다. 이 초상화는 지난 30년 세월 동안 기적적으로 살아남았다. 체브리코프의 코 아래에 생긴 작은 구멍만 빼고 초상화는 완벽했다. 우리는 계속 이동했다.

나는 뛰어난 안내자인 비타가 체브리코프를 알아보지 못했다는 사실이 의아했다. 그녀는 소련 시절에 슈퍼마켓이었던 건물 천장에 걸린 '육류' '우유' '치즈'가 적힌 표지판을 어떻게 설명해야 할지 잘 모르는 눈치였다. 그녀는 물었다. "소련 시절에는 모든 것이 부족했다고 하는데, 이것들을 어떻게 설명해야 할까요?" 나는 원자력 발전소가 있던 프리퍄트는 여러 면에서 특권을 누리던 도시였고, 발전소 노동자들은 일반 주민들에 비해 훨씬 나은 농산물과 소비재를 공급받았다고 설명해줬다. 그리고 '육류'나 '우유'라고 쓰인 표지판이 있다고 해서 실제로 그 상품들이 팔렸다는 것을 의미하지는 않는다는 사실도 덧붙여 말했다. 소련 시절에는 정부의 선전과 현실 사이의 간극이 농담으로 채워져 있었다. 나는 한 예를 들었다. "만약 여러분의 냉장고를 식품으로 가득 채우고 싶다면, 냉장고 플러그를 라디오 스피커에다 꽂으면 됩니다." 라디오는 계

● 빅토르 체브리코프(Viktor Mikhailovich Chebrikov, 1923~1999). 우크라이나 드네프르 페트롭스크(현 드니프르) 출신으로, 이 책의 지은이와 동향이다. 1982년부터 1988년까지 소련 KGB 의장을 맡았고, 그 뒤에는 소련 국내 안보를 책임지는 자리에 있었다. KGB 의장 재직 시절 미국 스파이망을 파괴하여 미국 측 정보기관에서도 유능한 정보 책임자로 인정받았다. 그의 후임인 크류츠코프는 1991년 8월에 고르바초프를 크림의 별장에 연금하고 쿠데타를 일으켰다가 체포되었다.

속해서 개선되는 생활에 대해 말했지만, 텅 빈 냉장고는 다른 말을 하고 있었다.

나는 프리퍄트를 여행하는 동안 체르노빌 재앙을 다루는 책을 써야겠다고 마음먹었다. 당시에 체르노빌에 있지는 않았지만, 운명적인 1986년 4월 26일 밤과 그 이후의 여러 달, 여러 해 동안 무슨 일이 일어났는지 알고 싶고, 이해하고 싶어 하는 사람들을 위해서 말이다. 체르노빌 참사는 발생 초기에 소련 정부가 사건을 은폐하고 그 결과를 축소하려 애를 썼는데도 결국 소련과 서방에 널리 알려져 모든 사람의 주목을 끌었다. 폭발 직후 언론 보도를 시작으로, 다큐멘터리 영화, 창작 영화, 논픽션 탐사 보도와 소설 등이 쏟아져 나왔다. 사건의 원인, 결과, 교훈을 이해하는 열쇠는 역사적 맥락과 이해이지만, 역사학자 중에 이 문제를 다룬 사람은 거의 없었다.

　이 책은 역사 연구물이다. 구체적으로 말하자면 원자로 폭발에서 시작해 2000년 12월 원전 폐쇄와 2018년 5월 손상된 원자로 위에 새로운 보호막을 설치한 마지막 단계까지 체르노빌 참사를 다룬 최초의 포괄적 역사서다. 체르노빌 역사 연구에 착수한 뒤, 나는 이전에는 접근 불가능했다가 최근에 공개된 체르노빌 사고 관련 문서고 자료에서 큰 도움을 받았다. 여러 정부 문서고의 자료가 공개되면서 사고 당시와 그 이후에 공산당과 정부기관들이 작성한 많은 문서를 보다 쉽게 참조할 수 있었다. 2004년 우크라이나의 '오렌지 혁명(마이단 혁명)Orange Revolution/Maidan Revolution'**과 2014년 '위엄을 갖춘 혁명(유로마이단 혁명)Revolution of Dignity/Euromaidan Revolution'*** 역시 문서고 혁명을 불러와, 이전에는 접근할 수 없던 KGB 비밀 자료에 접근할 수 있게 되었다.

나는 역사학자이자 논의의 주제가 된 사건들을 겪은 당사자로서 이 책을 썼다. 체르노빌 원전 사고가 벌어졌을 때, 나는 파괴된 원자로에서 드네프르강 하류 쪽으로 500킬로미터 떨어진 곳에서 살고 있었다. 나와 내 가족은 이 참사로부터 직접적으로 영향을 받지는 않았다. 그러나 몇 년이 지난 후, 당시 내가 교환교수로 체류하던 캐나다에서 나를 진찰한 의사들은 내 임파선이 과거에 염증을 일으켰다고 진단했다. 이는 내가 방사능에 노출된 적이 있음을 말해 주는 우려스러운 신호였다. 다행히도 내 아내와 아이들은 아무 문제가 없었다. 그러나 방사능은 예측할 수 없는 방법으로 인체에 영향을 미친다. 당시 경찰이었던 내 대학 동기 중 한 명은 사고 며칠 후에 현장에 파견되었다. 그는 그 후 매년 최소 한 달 이상을 병원에서 보내야 했다. 사고 현장에서 멀리 떨어지지 않은 곳에 있었던 또 다른 동기생은 별문제가 없었고, 지금은 미국에서 소련 역사를 강의한다. 그들을 비롯해 사고의 영향을 받은 사람들과 이야기를 나누고 스스로의 기억을 되살리는 것은, 체르노빌 원전 사고의 영향력을 최소화하기 위해 건강, 심지어 자신의 목숨까지 희생한 사람들의 생

- 2004년 11월 대통령 선거 부정행위에 반발해 일어난 민주혁명으로, 약 50만 명의 시민이 참여하여 평화 시위로 재선거를 이끌어냈다. 선관위가 출구 조사 결과와 크게 다르게 친러 후보 야누코비치의 승리를 선언하자, 대규모 시위가 일어나 대법원의 재선거 결정이 내려졌고, 유셴코가 야누코비치를 8퍼센트 차이로 누르고 대통령에 당선되었다. 그러나 졸속으로 개정된 헌법으로 유셴코 정권 집권기 내내 정치 혼란이 지속되었고, 유셴코 독극물 암살 시도 사건과 부정선거에 대한 사법적 심판이 내려지지 않은 것은 거대한 후유증을 낳았다.
- ● 2013년 11월, 야누코비치 정권이 유럽연합 준회원 협정에 서명하기로 한 결정을 번복함으로써 촉발된 민주 시위는 정부의 강경 대응으로 규모가 커져 100여 명의 사망자가 발생했고, 2014년에 야누코비치가 러시아로 도주하면서 정권이 붕괴했다. 이어 러시아는 2014년 3월 14일에 크림을 합병했고, 4월 초에는 우크라이나 동부 지역에서 교전이 발생하여 1만 명이 넘는 사상자가 발생했다.

각과 그들을 움직이게 한 동기를 재현하는 데 도움을 주었다.

사고가 발생한 시각에서 우리가 점점 멀어질수록 그 사건은 신화처럼 보인다. 그리고 재난의 실제 원인과 결과를 파악하기도 점점 어려워진다. 체르노빌 참사를 역사적 맥락에서 반추하며 나는 세계 최악의 핵 재앙을 좀 더 잘 이해해 보고자 했다. 나는 새로 공개된 문서고의 자료와 최근에 발행된 정부 문서를 연구하고, 증인들의 인터뷰, 스베틀라나 알렉시예비치*와 유리 셰르바크** 같은 다른 작가들의 설명을 참고한 덕분에 체르노빌 사고와 그 정치적·사회적·문화적 영향에 대한 장기적인 안목을 제시할 수 있었다. 이야기를 풀어가면서 나는 파괴된 원자로 통제실에서 제한 구역의 버려진 마을로, 키예프·모스크바·워싱턴 권력자들의 집무실로 이동한다. 체르노빌 사고를 국제정치사의 맥락에서 살펴

- 스베틀라나 알렉시예비치(Svetlana Alexandrovna Alexievich, Святлана Аляксандра ўна Алексіевіч, 1948~). 우크라이나 서부 스타니슬라브에서 우크라이나인 어머니와 벨라루스인 아버지 사이에서 태어나 벨라루스에서 성장했다. 민스크 대학교 언론학부를 졸업한 후, 탐사 보도 기자 생활을 하며 모은 자료를 바탕으로 이른바 '목소리 소설Novel of Voices'을 써서 2015년에 노벨문학상을 받았다. 소련 시절부터 전쟁의 참상을 고발하는 반체제 성향의 작품을 썼으며, 특히 어린이와 여성의 인권 문제에 관심을 기울였다. 1983년에 첫 소설로 2차 세계대전에 참전한 여자들의 운명을 서술한 《전쟁은 여자의 얼굴을 하지 않았다》를 썼고, 스탈린 시대를 다룬 《마지막 증인들》(1985), 전쟁 시기 아동들의 경험을 다룬 《아이답지 않은 이야기Unchildlike Stories》(1985), 아프가니스탄 전쟁을 주제로 한 《아연 소년들》(1989), 소련 붕괴 과정에서 체제 변화를 받아들이지 못하고 자살을 시도한 사람들의 이야기를 다룬 《죽음에 매료되다Enchanted with Death》(1993), 체르노빌 원전 참사를 다룬 《체르노빌의 목소리》(1997), 페레스트로이카의 희망과 좌절을 다룬 《세컨드 핸드타임》(2013)을 발표했다.
- •• 유리 셰르바크(Yurii Shcherbak, 1934~). 우크라이나의 의사 출신 작가. 이른바 '도시 산문urban prose'이라고 불리는 소설을 써서 여러 문학상을 받았다. 1980년대부터 환경 운동에 뛰어들었고, 소련 해체 시기에는 우크라이나의 대표적 환경 단체인 '녹색세계Green World'을 이끌었다. 1992~1998년에는 외교관으로 활동하며 주미 우크라이나 대사를 역임했으며, 우크라이나의 대표적 지정 전략가geo-strategist로 부상했다.

보면 세계적으로 중요한 교훈을 이끌어낼 수 있다.

역사로서 체르노빌은 소련의 원자력 산업뿐만 아니라 소련 체제 전체를 붕괴시킨 기술적 재앙의 이야기다. 이 사고는 소련 종말의 시작점이 되었다. 사고가 일어난 지 5년 남짓 지난 후, 공산주의 이념의 결함뿐만 아니라 기능하지 않는 경영과 경제 체제 때문에 세계 초강국은 와해되었다.

체르노빌 원전 폭발 사고는 구소련 질서에 도전했고, 그것을 변화시켰다. 언론과 국민들에게 정치·사회 문제를 토론할 권리를 부여해 준 '글라스노스트glasnost', 즉 '정보 공개 정책'은 체르노빌 사고 이후에 태동했다. 국민들이 정부에 점점 더 많은 정보를 요구하면서 공무상의 비밀주의 문화가 서서히 무너지기 시작했다. 체르노빌 참사는 소련 정부로 하여금 환경 문제를 인정하도록 만들었고, 공산당의 정치 활동 독점을 깨뜨리고 소련 국민들이 스스로 조직을 만들 수 있는 합법적 근거를 마련해 주었다. 소련 시절 최초의 대중 조직과 정당 들은 극심하게 오염된 소련의 산업 중심지를 휩쓸었던 환경 운동에 뛰어들었다.

공산당 지도자부터 일반 시민에 이르기까지 모든 사람이 방사능의 영향을 받게 되면서, 체르노빌 사고는 민족과 사회 전반에 걸친 모스크바와 중앙정부의 정책에 대한 불만을 급증시켰다. 다른 어느 곳보다 원자로 폭발 사고의 본거지였던 우크라이나에서의 정치적 파급력은 막대했다. 서로 대립하던 우크라이나의 두 정치 세력인 공산당 기득권 세력과 갓 태동한 신생 민주 야당은 모스크바 당국, 특히 고르바초프에게 대항하는 데 한목소리를 냈고, 1991년 12월에 우크라이나 시민들은 독립 투표에 압도적인 찬성표를 던졌다. 이들은 막강했던 소련이 역사의 쓰레기통으로 사라지도록 만들었다. 우크라이나의 독립 투표 몇 주 뒤 소련은 공식적으로 해체되었다. 소련에서 글라스노스트가 태동한 것, 우크라이나와 다른 공화국에서 민족 운동이 발현된 것을 모두 체르노빌 사고 탓으로 돌리는 것은 잘못되었지만, 상호 연계된 이 과정에 체르노빌이 미친 영향은 절대 과소평가할 수 없다.

체르노빌 사고를 망가진 공산주의 체제와 체르노빌형 원자로의 설계 결함 탓으로 돌리며, 이러한 문제들을 과거의 일이라고 치부하기는 쉽다. 그러나 이러한 생각은 분명 잘못된 것이다. 체르노빌 사고의 원인은 오늘날에도 여러 곳에서 보인다. 국가 위상을 높이거나 강대국 지위를 얻기 위해 경제 발전을 가속화하고, 에너지 및 인구 위기를 극복하려고 애쓰면서 환경 문제에 대해서는 립서비스만 제공하는 전제적 지도자들은 1986년보다 지금 훨씬 더 많이 발견된다. 핵아마겟돈이라고 불린 체르노빌 사고가 되풀이될까? 이 질문에 대한 답은 아무도 모른다. 그러나 우리가 이미 일어난 재앙에서 교훈을 얻지 않으면, 새로운 체르노빌식 재앙이 일어날 가능성이 더 크다는 데 의문을 제기할 사람은 없을 것이다.

프롤로그

1986년 4월 28일 오전 7시경, 스톡홀름에서 차로 두 시간 거리 떨어진 곳에 있는 포르스마르크 원자력 발전소에서 당직을 서던 클리프 로빈슨은 아침 식사를 마치고 양치질을 하러 화장실로 갔다. 화장실에서 사물함이 있는 방으로 가려면 방사능 측정기를 통과해야 했다. 전에도 수천 번 같은 과정을 거쳤지만 이번에는 뭔가 달랐다. 경보음이 계속 울렸다. 로빈슨은 방사능을 흡수할 가능성이 있는 원전 통제실 근처에 간 적이 없었던 터라 경보음이 왜 울리는지 이해할 수 없었다. 그는 방사능 측정기를 다시 한번 통과했고, 경보음이 다시 울렸다. 세 번을 통과한 다음에야 경보음이 그쳤다. 드디어 그는 이유를 알아냈다. 그 빌어먹을 기계가 오작동한 것이다.

로빈슨이 원전에서 맡은 일은 방사능 수치를 측정하는 것이었다. 그는 방사능 측정기가 예민하게 작동한다는 것을 보여주기 위해 자신을 선택한 것은 아주 역설적인 일이라고 생각했다. 기계가 다시 정상으로 돌아온 것은 다행이었다. 로빈슨은 느닷없이 경보음이 울렸던 일을 잊고 다시 자신이 맡은 일을 했다. 그러나 시간이 조금 지난 후 방사능 측정기가 있는 곳으로 가보니, 근무자들이 방사능 측정기를 끄지 않고는 안으로 들어올 수 없는 상황이 벌어지고 있었다. 그는 경보기를 체크하는 대신 측정기 앞에서 기다리는 출근자의 신발 한 짝을 벗겨서 검사해보려고 실험실로 가지고 갔다. 그곳에서 그가 발견한 것은 등골을 오싹하게 했다. "나는 평생 잊지 못할 광경을 목격했다"라고 그는 회상했다. "신발은 심하게 오염되어 있었다. 측정기 바늘이 순식간에 올라가는 것이 보였다."

처음에 로빈슨은 누군가 원자폭탄을 터뜨렸을 거라고 생각했다. 그 신발에서 통상 측정되지 않는 양의 방사능이 나왔기 때문이다. 그는 상급자에게 이 문제를 보고했고, 이들은 스톡홀름에 있는 스웨덴 방사능 안전국에 정식으로 보고했다. 스톡홀름의 관계자들은 문제의 원인이 원전 안에 있다고 추정했고, 원전의 모든 근무자를 황급히 대피시켰다. 그리고나서 발전소에서 방사능 검사를 실시했지만 아무 이상도 찾아낼 수 없었다. 몇 시간 후, 발전소가 문제의 원인이 아니라는 점이 분명해졌다. 원자탄 폭발 가설도 역시 배제되었다. 다른 원전들의 방사능 누출 수치도 매우 높다는 점이 보고되면서 방사능 입자는 다른 나라에서 유입된 것이 분명해졌다.

방사선 역학 계산과 바람의 방향은 세계 2대 핵강대국 중 하나인 소련의 남동쪽을 지목했다. 뭔가 경악할 만한 일이 그곳에서 일어난 것인가? 그러나 소련 당국은 침묵을 지키고 있었다. 스웨덴 방사능 안전국에서 소련 관리들에게 연락을 취했지만 이들은 자기 나라에서 핵오염을 일으킬 만한 일이 일어나지 않았다고 답했다. 그러나 스칸디나비아 국가들의 방사능 안전 담당 기관들이 측정한 방사능 누출량은 비정상적으로 높았다. 감마 방사선 수준이 스웨덴에서는 정상보다 30~40퍼센트 높았고, 노르웨이에서는 그보다 두 배나 높았으며, 핀란드에서는 정상치의 여섯 배에 달했다.

우라늄 핵분열 반응의 부산물로 방출되는 방사능 가스인 제논과 크립톤이 스칸디나비아 전역을 휩쓸어 핀란드, 스웨덴, 노르웨이뿐만 아니라 덴마크에까지 퍼졌다. 어딘가 방사능 오염의 근원지에서 계속해서 위험한 물질을 방출하는 것으로 검사에 나타났다. 스웨덴 당국은 원전 관리를 맡은 소련의 세 기관을 계속해서 접촉했지만, 이들은 사고나 폭발을 시종일관 부인했다. 스웨덴 환경 장관 비르기타 달은 방사능 확산에 책임이 있는 국가가 중요한 정보를 세계 공동체에 알리지 않음으로써 국제 협약을 위반하고 있다고 선언했다. 그래도 아무 반응이 없었다. 스웨덴 외교관들은 오스트리아 빈의 국제원자력기구IAEA, International Atomic Energy Agency 사무총장을 맡고 있는 한스 블릭스 전 스웨덴 외무장관에게 연락을 취했다. 그러나 국제원자력기구도 상황을 파악하지 못한 눈치였다.

다음에 무슨 일이 일어날지 알 수 없었다. 방사능 수준이 높기는 했지만 생명체와 식물을 직접적으로 위협하지는 않았다. 그러나 오염이 지속되고 방사능 수준이 높아진다면 어떻게 될 것인가? 그리고 철의 장막 뒤, 소련 국경 너머에서는 도대체 무슨 일이 일어난 것인가? 이것은 새로운 세계대전의 시작인가, 아니면 가공할 규모의 원자력 안전사고인가? 둘 중 어느 것이라도 세계는 이와 무관할 수 없었고, 이미 크게 영향을 받고 있었다. 그러나 소련은 여전히 침묵을 지키고 있었다.[1]

CHERNOBYL

1부

————

약쑥

1장

공산당대회

이날은 아주 중요한 날이었다. 모스크바와 소련 전역에서 많은 사람이 새 시대의 동이 터오는 신호로 믿었다. 1986년 2월 25일은 전날 밤 기온이 영하 17도까지 떨어질 정도로 추웠다. 이날 아침, 레닌 초상화가 장식된 모스크바 시내의 '붉은광장'에는 공산당과 정부의 관리, 군 장교, 과학자, 대형 국영회사의 책임자, 노동자와 집단농장(이른바 '노동하는 인민집단')의 대표로 구성된 5000여 명의 두꺼운 옷을 입은 남녀가 모여들었다. 이들은 19세기 말 소수의 이상주의 사회민주당원들*이 공산당을 창립한 이후 27번째 열리는 공산당대회에 참가하는 대표들이었다. 향후 5년간 국가의 새로운 진로를 정하는 것이 이들이 해야 할 일이었다.[1]

크렘린에 도착한 이 군중은 유리와 콘크리트로 만들어지고 대리석 벽

---

* 19세기 러시아의 급진적인 사회혁명 분파들은 1898년에 연합하여 사회민주노동당이라는 단일 정당을 창당했지만 곧 볼셰비키와 멘셰비키로 갈라졌고, 볼셰비키가 혁명에 성공한 후 공산당으로 개명하여 70년간 소련을 이끌었다.

으로 장식된 크렘린 대회의장 쪽으로 이동했다. 대회의장은 1961년에 16세기 차르 보리스 고두노프가 소유했던 건물들이 있던 자리에 세워졌다. 당시 소련 총리였던 니키타 흐루쇼프는 마오쩌둥이 1959년 베이징에 지은 인민대회당에 맞서는 건물을 짓고 싶어 했다. 중국의 인민대회당은 1만 명을 수용할 수 있었다. 이를 부러워한 소련인들은 자신들의 대회의장 수용 능력을 4000명에서 6000명으로 늘리기 위해 건물의 거의 절반을 지하로 들어가게 짓고, 여기에 회의장의 좌석 대부분을 배치했다. 발코니 좌석만이 지표보다 높은 곳에 들어갈 수 있었다. 소련 지도자들은 5년마다 열리는 공산당대회 때마다, 공산당원 수가 얼마가 되든 상관없이 참석 인원을 5000명으로 제한했다. 공산당원 수는 급격히 늘어났지만, 대회장에 수용 가능한 인원이 모두 차면 참석한 사람들이 그만큼 불편을 겪을 수밖에 없었기 때문이다. 소련에는 그 이상의 인원을 수용할 수 있는 대형 행사장이 없었고, 실내 체육관도 모자랐다.[2]

흐루쇼프는 22차 공산당대회가 열린 1961년 10월에 크렘린 대회의장을 개장했다. 당대회에서는 레닌의 시신 옆에 보관된 이오시프 스탈린의 시신을 치우기로 결정했고, 1980년대 초까지 공산주의 사회 건설을 위한 기반을 마련한다는 새 프로그램을 채택했다. 이제 1986년 27차 공산당대회에 참석한 대표들은 그동안 이룩한 성과를 점검해야 했다. 그러나 아무리 좋게 말하려고 해도 그 성과는 실망스러웠다. 인구가 늘어남에 따라 경제성장은 둔화되었고, 경제가 완전히 붕괴할 가능성은 그어느 때보다 높았다. 1950년대에 소련 경제학자들이 연평균 10퍼센트로 예측했던 경제성장률은 1985년에는 겨우 4퍼센트를 기록했다. 미국 중앙정보국CIA은 더욱 암울한 통계를 제시해, 실질적 성장률을 2~3퍼센트로 보았고, 후에는 대략 1퍼센트까지 떨어질 것으로 보았다.[3]

공산주의 사회를 건설한다는 목표는 온데간데없이 사라지고 경제가 추락하는 동안, 중국은 시장경제 체제를 도입하여 개혁을 시도하고, 미국은 신념에 찬 낙관주의자인 로널드 레이건 대통령의 지도하에 경제 발전뿐만 아니라 군비 경쟁에서도 앞으로 달려 나가는 상황에서, 소련 지도부는 길을 잃고 헤매고 있었다. 공산주의 실험에 진저리가 난 소련 국민들은 실의에 빠질 수밖에 없었다. 소련 국민들은 공산주의라는 신앙이 위기에 처하자 상대적으로 젊고 활력과 카리스마가 넘치는 신임 지도자에게서 새 메시아의 모습을 찾았다고 생각했다. 그는 미하일 고르바초프였다.

이 당대회는 54세의 고르바초프가 서기장으로서 처음 주도하는 것이었다. 그는 공산당 지도부와 소련 국민들뿐만 아니라 전 세계의 시선이 자신에게 쏠려 있다는 것을 잘 알고 있었다. 지난 3년은 크렘린 장례식의 시대였다. 1964년부터 소련을 통치해온 레오니트 브레즈네프는 병치레를 하다가 1982년 11월에 사망했다. 그의 자리를 이어받은 전 KGB 의장 유리 안드로포프는 재임 기간의 절반을 병상에서 보내다가 1984년 2월에 사망했다. 병치레를 하던 그의 후계자 콘스탄틴 체르넨코도 1985년 3월에 전임자들의 길을 따라갔다. 지도자들은 나라를 그들과 함께 무덤으로 데려가는 것 같았다. 경제 문제가 산적한 가운데, 그들은 1979년 이래 소련군이 수렁에 빠져 있던 아프가니스탄으로 소련 젊은이들을 보냈고, 서방과의 핵대결을 준비했다. 해외의 KGB 거점에는 모든 일을 중지하고 임박한 핵공격의 신호를 찾으라는 지시가 떨어졌다.

이제 공산당과 소련 사회는 새로운 아이디어로 무장한 고르바초프가 망조에 들어선 추세를 뒤집을 수 있을 것이라는 기대로 가득 찼다. 자신의 임기 중에 소련 지도자들이 계속 사망하는 데 지친 미국의 레이건 대통령은 같이 일을 도모할 수 있는 사람이 나타나기를 기다렸다. 레이건의 가까운 동지인 영국의 마거릿 대처 총리는 고르바초프가 그런 자격을 갖춘 인물이라고 그에게 말했다. 1985년 12월에 제네바에서 열린 레이건과 고르바초프의 첫 회담은 긴장 속에서 진행되었지만, 보다 생산적인 대화로 이어지는 문을 열었다. 회담은 개인적 회동과 외교 채널뿐만 아니라 대중 발표를 통해서도 진행되었다. 1986년 1월, 고르바초프는 핵무기 감축을 위한 소련 측의 계획을 발표해 레이건을 놀라게 했다. 그는 곧 있을 당대회에서 군비 감축과 관련해 미국 대통령에게 도전적인 제안을 할 것으로 기대되었다.[4]

소련이 당면한 복합적 위기의 해결책을 찾는 데 골몰하던 고르바초프는 당대회 연설에 신경을 많이 썼다. 1985년 늦가을, 그는 최측근인 두 참모 발레리 볼딘과 전 캐나다 대사 알렉산드르 야코블레프를 흑해 연안의 휴양지인 소치로 불렀다. 고르바초프는 그들과 함께 소련의 정치, 경제 체제를 급진적으로 개혁하는 '페레스트로이카Perestroika'를 어떻게 추진할지를 구상해야 했다. 얼마 후 야코블레프는 페레스트로이카의 대부로 알려지게 된다. 당시 핵심 주제는 '우스코레니예uskorenie', 즉 '가속화'였다. 체제 자체는 건전하니 '과학적·기술적 진보'를 강화하여 추진력을 제고할 필요가 있다는 믿음이 저변에 깔려 있는 이 개념은 기술 혁신을 뜻하는 소련식 용어다.

당대회를 며칠 앞두고 고르바초프는 관저에 틀어박혀 긴 연설문을 소리 내어 읽으며 연설 속도를 조정했다. 휴지나 중지 없이 읽어도 연설 원고는 6시간 넘게 읽어야 했다. 고르바초프가 연설 기술을 다듬는 동안, 당대회에 참석한 대표들은 모스크바의 화랑이나 박물관이 아니라 상점을 찾아다니느라 바빴다. "전국 각지에서 모여든 이들은 자신의 개인적 용무를 챙기느라 분주했다." 고르바초프의 연설문을 공동 기안한 볼딘이 메모에 쓴 내용이다. "이들은 자신과 가족, 친지를 위한 물건을 사느라 바빴다. 부탁받은 물건들이 너무 많아서 기차로 실어 나르기도 쉽지 않았다."[5]

대표들 대다수는 농산물과 소비재 상품의 만성적 부족에 시달리는 지방에서 올라왔다. 이런 물자 부족은 1980년대 내내 지속된 소련 생활의 일상적 풍경이었다. 일반 주민들의 생필품 부족을 해결할 수 없던 당 지도부는 당 간부들에게 필요한 물품을 공급하기 위해 최선을 다했다. 당 관료들은 대표들의 숙소로 지정된 호텔에 특별 식품점과 임시 백화점을 열었고, 이곳에는 평소에 구하기 힘들던 상품들이 소련 전역에서 공급되어 진열되었다. 멋진 양복, 드레스, 신발, 캐비어, 절인 고기, 소시지, 그리고 구하기 힘든 바나나도 이곳에 진열되었는데, 이런 상품들은 지방뿐만 아니라 상품 공급 상태가 훨씬 나은 모스크바, 레닌그라드(현 상트페테르부르크), 키예프 같은 대도시에 거주하는 주민들도 구하려 애쓰는 것들이었다. 우체국은 대표들이 모스크바에서 발송하는 상품들만 전담하는 특별 창구를 열었다.

정치 권력과 연줄 덕분에 희귀 상품을 쉽게 구할 수 있었던 지방의 고위 간부들과 대형 국영기업의 관리자들에게 당대회 참석은 또 다른 기회를 제공했다. 이들은 대회 기간 중에 모스크바의 후원자들과 장관들을 만나 자기네 지역과 기업을 위한 예산 배정과 자원 확보를 위해 열심히 로비했다. 이들은 오래된 인맥을 유지하고 새로운 인맥을 만들기 위해 애썼는데, 이는 종종 과음으로 이어졌다. 음주 문제는 소련 관리 체제의 전매특허와도 같은 것이었다. 한 해 전, 일반 국민들 사이에 광범위하게 퍼진 알코올 중독 문제에 놀란 고르바초프는 반反알코올 운동을 전개했다. 특히 당과 정부 관리들은 과음을 하면 처벌받는 대상이 되었다.

막강한 권력의 우크라이나 당 지도자 볼로디미르 셰르비츠키*의 최측근 비탈리 브루블렙스키는 당대회 참가자들의 음주 점검 임무를 맡은 KGB 요원이 술을 마신 대표 한 명을 적발해 상부에 보고한 에피소드를 회상했다. 적발된 대표는 루한스크 지역 탄광 책임자였고, 음주 적발은 당 최고위층에게 바로 보고되었다. "그 서기는 당장 자리에서 쫓겨났다" 라고 브루블렙스키는 말했다. 그 자신은 전날 소련 최초의 우주비행사들과 함께 거나하게 마셨지만 음주 단속에서 적발되지 않는 행운을 누렸다. "중앙에 앉은 볼로디미르 셰르비츠키는 대표단 전체를 계속 관찰했다. 내 운도 다했는지 눈꺼풀이 내려와 졸 수밖에 없었다." 그러나 연설이 진행되는 동안 옆에 있던 동료가 계속 브루블렙스키의 무릎을 찔러준 덕분에 위기에서 벗어났다.[6]

50세의 우크라이나 체르노빌 원자력 발전소장인 빅토르 브류하노프는 1986년 우크라이나 대표단의 일원이었다. 오랜 기간 충성스러운 당원과 고위 관리자 역할을 수행해온 브류하노프는 처음으로 당대회에 대표로 참석하는 영예를 누렸다. 대표단의 4분의 3이 당대회에 처음 참석하는 이들이었고, 브류하노프 같은 현장 관리자 수는 350명이 조금 넘었는데, 이는 전체 참가자의 7퍼센트에 해당했다. 보통 키, 살이 찌지 않고 꼿꼿한 체형, 뒤로 빗어 넘긴 곱슬머리에 다소 어색해 보이는 미소를 지

• 볼로디미르 셰르비츠키(Volodymyr Vasylyovych Shchervitsky, 1918~1990). 브레즈네프의 측근으로 오랜 기간(1972~1989년) 우크라이나 공산당 제1서기를 맡았다. 러시아화 정책을 따르면서도 우크라이나어 보존에도 힘썼다. 그가 집권하는 동안 부패가 광범위하게 나타난 데다 보수적인 정책을 고집하다가 1989년 고르바초프에 의해 해임되었다.

닌 브류하노프는 친절하고 공정한 관리자라는 인상을 풍겼다. 그의 부하 직원들은 그를 훌륭한 기술자이자 뛰어난 관리자로 여겼다. 그는 술을 거의 마시지 않았으며, 일 중독자였다. 그는 오랜 시간 일했고 말수가 적었으며, 아래 직원들을 배려하면서도 맡은 일을 제시간 안에 완수하는, 소련에서 보기 드문 유형의 관리자였다.[7]

세계에서 세 번째로 강력한 원자력 발전소의 관리자로서 그간의 업적을 인정받은 브류하노프는 당대회 대표가 되는 특권을 얻었다. 그는 아무것도 없는 상태에서 시작해 원전을 완공했고, 현재 원자로 네 개가 가동되어 원자로당 1000메가와트MWe의 전기를 생산하고 있다. 게다가 원자로 두 개가 추가로 건설 중이었고, 1985년에는 목표 생산량을 초과달성해 290억 킬로와트의 전기를 생산했다. 브류하노프는 달성한 업적을 인정받아 두 번이나 명예로운 훈장을 받았고, 많은 이들이 그가 소련 최고 등급 훈장인 레닌 훈장과 사회주의 영웅 훈장도 곧 받을 것이라고 믿었다. 1985년 11월 말, 우크라이나 공화국 최고회의는 그의 쉰 번째 생일을 공개적 찬사와 함께 축하했다. 대표로 선발되어 멋진 배지를 달고 당대회에 참석한 것은, 다른 국가 훈장보다 더 큰 명예는 아니더라도 그 자체로 큰 영예였다.

브류하노프의 생일 전날, 기자가 그가 이룬 업적과 앞으로의 계획에 대해 인터뷰하기 위해 키예프에서 프리퍄트로 왔다.* 보통 때는 말수가 적던 브류하노프는 이날만은 많은 말을 쏟아냈다. 그는 체르노빌에 처음 내려와 동네 호텔에 여장을 푼 1970년의 추운 겨울날을 회상했다.

---

* 체르노빌 원전은 우크라이나의 수도 키예프 중심부에서 북쪽으로 약 130킬로미터 떨어져 있다.

당시 35세에 불과했던 그는 아직 건설되지 않은 원자력 발전소의 소장으로 임명되었다. "솔직히 말해서, 처음에는 아주 겁이 났습니다"라고 브류하노프는 기자에게 말했다. 그러나 그때는 이제 과거가 되었다. 지금 브류하노프는 수천 명의 관리자, 기술자, 노동자로 이루어진 기업을 이끌고 있었다. 그는 약 5만 명의 건설 노동자와 발전소 노동자의 가족들이 살고 있는 프리퍄트시를 사실상 책임지고 있었다. 그는 기자에게 프리퍄트시의 인프라 마련을 위해 원전의 인력과 자원을 전용해야 하는 경우가 있다고 불평했다. 그러나 그에게 부여된 '도시의 아버지'라는 지위에 걸맞은 보상도 있었다. 당대회 기간 동안 브류하노프의 사진과 약력이 지역 신문에 실렸고, 체르노빌 신문에도 실린 것이다.[8]

당대회 기간에 '붉은광장'에서 키예프 대표단이 찍은 사진과 이들이 우크라이나에 귀환한 뒤에 찍은 사진을 보면, 브류하노프는 사향쥐 가죽으로 만든 멋진 모피 모자와 짧은 양가죽 코트를 걸치고 목에는 앙고라염소 털목도리를 두르고 있다. 이 물건들은 모두 당시 소련에서 구하기 힘든 것들로, 그것들을 가진 사람의 특권과 권력을 드러내는 상징이었다. 그는 일반 당대회 대표들을 위해 개설된 상점을 찾아다닐 필요가 없었다. 그 대신 모스크바에서 전력 산업 분야의 동료들을 만나고 당 중앙위원회와 체르노빌 원전을 관할하는 에너지전력부에 로비를 하러 다닐 기회를 얻었다. 그의 일은 비교적 쉽게 풀렸는데, 그 두 기관에서 일하는 관리의 상당수가 브류하노프가 관리하는 체르노빌 원전에서 근무한 전력이 있었기 때문이다.[9]

1986년 2월 25일 아침, 빅토르 브류하노프와 그의 동료 대표들은 크렘린 대회의장 연단 앞의 중앙에 자리를 잡고 앉았다. 브류하노프처럼 당대회에 처음 참석하는 이들에게 개회식은 흥미로운 볼거리였는데, 이 개막식은 스탈린 시대로 거슬러 올라가는 진풍경을 만들어냈다.

오전 10시, 고르바초프를 선두로 정치국원들이 연단으로 걸어 들어왔다. 다른 이들과 마찬가지로 브류하노프는 소련 전역의 공공건물에 걸려 있는 초상화를 통해 이들의 모습을 보아왔다. 그들 중에는 KGB 수장인 빅토르 체브리코프도 있었는데, 그의 초상화는 수십 년이 지난 후에도 프리퍄트 문화궁전에 걸려 있었다. 다른 사람들을 따라서 브류하노프도 지도부를 열렬히 환영하기 위해 자리에서 일어섰다. 박수와 환호가 끝나자 고르바초프는 자리에서 일어나 연단으로 향했다. "대표 동지 여러분," 당 서기장은 입을 열었다. 그의 목소리는 흥분에 차 있었다. "각 공화국과 지역, 주州 공산당대회에서 27차 소련 공산당대회에 참석하기 위해 5000명의 대표가 선출되었습니다. 그중에 4993명이 오늘 회의에 참석했고, 7명은 정당한 이유로 참석하지 못했습니다. 정족수가 채워졌으니 공산당대회 일정을 시작하겠습니다." 아무 이의 제기가 없었다. 공산당대회는 일정을 시작했다.[10]

회의 순서의 첫 번째는 1981년에 열린 당대회 이후 사망한 인물들을 추도하는 것이었다. 연로한 정치국원 6명이 사망했고, 그중에는 당 서기장 브레즈네프, 안드로포프, 체르넨코도 있었다. 망자를 위한 묵념이 끝났고 새로운 시작을 위한 길이 활짝 열렸다. 고르바초프는 보고를 시작했다. 점심 식사와 커피를 마시는 휴식시간을 빼고, 그의 연설이 그날 일정 전체를 차지했다. 후에 전문 아나운서팀이 그의 연설을 라디오 방송에서 다시 읽어주는 데 6시간이 걸렸다. 고르바초프는 한 달 전 피델 카스트로가 쿠바 공산당대회에서 발표한 7시간 10분짜리 공산주의 연설에 거의 육박하는 기록을 남겼다. 이제 카스트로는 당 서기장 바로 뒤쪽에 앉아서 통역관이 전해주는 고르바초프의 연설을 주의 깊게 듣고 있었다. 이 연설은 스탈린 시대 이후 소련 지도자가 행한 연설 중에 가장 논쟁적인 연설이 된다.[11]

"오랜 기간 동안 객관적 요인뿐만 아니라, 특히 주관적 이유 때문에 당과 국가 기관의 활동이 시대와 삶의 요구에 뒤처져 왔습니다"라고 당 서기장은 선언했다. "국가의 발전 과정에서 나타난 문제들이 해결되는 속도보다 그것들이 축적되는 속도가 빨랐습니다. 행정의 형식과 방법에서 드러난 관성과 정체停滯, 과업 수행에서 축소되는 역동성, 관료주의의 확대, 이 모든 것이 우리의 목표에 큰 손상을 입혔습니다. 정체 요소들이 우리 사회 생활에 명백히 드러났습니다." 소련의 현실과 고위 지도부를 향한 이러한 비판을 대표들이 들은 것은 1956년 2월 니키타 흐루쇼프가 20차 당대회에서 행한 '비밀' 연설 이후 처음이었다. 고르바초프는 현재의 당대회가 1956년 공산당대회와 같은 날인 2월 25일에 시작되었다고 덧붙여 언급했다. 고르바초프가 '정체'를 표현하기 위해 쓴 '자스토이zastoi'라는 단어는 1970년대 후반과 1980년대 초반 소련 경제 발전의 후퇴를 표현하는 공식 용어가 된다.

고르바초프는 "사회경제적 발전의 부정적 면을 최대한 빨리 극복하고, 그 과정에 필요한 역동성과 가속화를 촉진하고 과거의 교훈을 최대한 배울 것"을 공산당에 요구했다. 그는 소련 경제와 사회를 위해 야심찬 과제를 제시했다. 노동 생산성의 극적 향상을 통해 새로운 세기가 시작되기 전 15년 동안 소련의 국내총생산GDP을 두 배로 늘리자는 것이었다. 그는 이 과제 달성의 성패를 과학·기술 혁명에 걸었다. 이 혁명에는 새로운 기술 도입, 석탄과 석유와 가스 등의 화석 연료에서 원자력 에너지로의 전환과 같은 과제가 포함되어 있었다. 고르바초프는 선언을 이어갔다. "이번 5개년 경제계획 기간에는 과거 5개년 계획 기간에 비교하여 2배 반 늘어난 원자력 발전 설비가 가동될 것이고, 낡은 화력 발전 시설은 대규모로 교체될 것입니다."

브류하노프는 이 수치에 대해 잘 알고 있었다. 이는 당대회 전에 기획되고 발표된 정부 에너지 프로그램의 일부였다. 그러나 지금 당은 국민의 공개적 지지를 구하기 위해 이 프로그램을 당대회에 제시한 것이다. 5년 후 차기 당대회에서는 사업 결과를 검토하고, 당 지도부는 필요하다면 계획된 결과를 달성하지 못한 책임자를 징벌할 것이다. 이는 현재 가동 중인 원자로 4기가 목표치를 달성하거나 초과 달성하고, 다섯째와 여섯째 원자로가 완공되어 전력망에 연결되어야 한다는 것을 의미했다. 프리퍄트강 맞은편에 원자로 2기를 건설하고, 원자로 4기를 추가로 건설한다는 계획도 추진되고 있었다. 새로운 원자로들은 기존 원자로의 전기 생산 능력을 훨씬 초과하여 기존의 1000메가와트MWe가 아닌 1500메가와트MWe의 전기를 생산할 것이다. 지난 15년 동안 묘기를 부리듯 원자력 발전소의 건설과 운영을 동시에 감당해온 브류하노프는 진이 빠졌지만, 당은 더 많은 원자력 에너지 생산을 요구했고, 그 요구를 따르기 위해 전력을 다했다.

고르바초프는 보고 연설에서 원자력 에너지보다는 핵무기에 훨씬 더 깊은 주의를 기울였다. 그는 동지들에게 군비 통제를 위한 새로운 접근법을 생각해볼 것을 촉구했으며, 서로 대결하는 두 진영, 즉 북대서양 조약기구NATO, North Atlantic Treaty Organization와 바르샤바 조약기구가 이미 축적해 놓은 핵무기가 지구 위의 생명체들을 수차례 파괴할 수 있을 정도라고 지적했다. 고르바초프가 제안한 해결책은 세기말까지 핵무기를 완전히 제거하는 것이었다. 이제 그는 자신의 제안에 대한 레이건의

회답을 받았다고 당대회에 보고했다. 그러나 고르바초프는 그 회답을 부정적으로 여겼다. 레이건은 원칙적으로 핵무기를 제거하자는 제안에 동의했지만, 우주에 거점을 두는 미사일 방어 체계 구축에 초점을 맞춰 '스타워즈'라는 별명을 붙인 '전략방위구상'을 포기할 생각은 없었기 때문이다.[12] 고르바초프는 레이건의 사절들에게 "전략적 핵무기의 감축은 스타워즈 프로그램에 대한 우리의 합의와 소련의 재래식 무기의 감축에 대한 합의를 전제한 것"이라고 말했다.

고르바초프는 소련이 미국의 전략방위구상에 대항할 재원과 기술을 보유하지 못했다는 것을 잘 알았다. 이 체계는 아직은 구상 단계였지만, 만일 실현된다면 소련이 감당할 수 없는 군비 경쟁을 촉발할 것임이 분명했다. 낙후된 소련 경제를 현대화하려면 미사일과 핵무기 개발자들이 사용하는 재원과 기술적 전문성이 필요했다. 소련 과학계는 원칙적으로 고르바초프의 계획을 지지했다. 과학기술자들은 재정 지원을 더 늘려주기를 바랐고, 설사 그들이 제공해야 하는 것이 서방에서 구입 가능한 기술과 장비보다 열등하고 가격이 높더라도 지속적으로 국내 기술에 의존하기를 원했다. 소련에 첨단 기술의 판매를 막는 냉전 상황의 지속도 이들의 주장에 무게를 더해주었다. 국가의 지원을 받는 소련의 군산 복합체는 첨단 산업과 생산에서 독점을 유지하면서 경제 부문으로 진입하기를 열망했다. 고르바초프를 비롯한 많은 이들이 이것을 소련이 당면한 경제 문제를 풀 수 있는 가장 효과적인 해결책이라고 보았다.

소련 군산 복합체와 과학계의 욕망과 두려움, 지향점에 대해 소련과학아카데미 원장인 아나톨리 알렉산드로프*가 정리해서 당대회에 보고했다. 그가 당대회에서 연설한 최초의 지식인이라는 사실 자체가 당 서열

에서 그가 차지한 위치의 상징적 중요성과 새 지도자들이 과학 분야에 걸었던 희망을 잘 보여준다.[13]

긴 얼굴, 큰 코와 깔끔하게 면도한 달걀형 이마에 키가 큰 알렉산드로프는 그달 초 83세가 되었다. 그는 대다수 정치국원들보다 나이가 훨씬 많았고, 지난 3년 반 동안 사망한 당 서기장 세 명보다도 연배가 높았다. 그러나 어느 누구도 알렉산드로프가 직위에 맞지 않는 인물이라고 이의를 제기하거나, 그가 이끄는 원자력연구소나 과학아카데미에 '정체' 현상이 나타났다고 말하지 못했다. 그는 건강했고 활력이 넘쳤으며 아이디어가 풍부했다. 소련 핵 프로그램의 창시자 중 한 사람인 그는 당, 산업 부문, 과학계에서 상당히 존경받는 인물이었다. 소련 경제의 낙후성 극복에 필수적인 고르바초프의 비장의 무기, '과학과 기술의 진보'를 논할 때 모든 사람이 알렉산드로프와 그의 동료 과학자들이 새 길을 보여주기를 기대했다. 이들은 기적을 일으킬 수 있는 사람들이라는 기대를 한 몸에 받았다.[14]

알렉산드로프는 레닌과 자신이 소련의 과학 발전에 주의를 기울였다는 통설을 언급하면서 발언을 시작했다. 그러나 그가 역사적으로 강조한 대목은 소련의 핵 프로그램 발전에 이고르 쿠르차토프**가 세운 공

● 아나톨리 알렉산드로프(Anatoly Petrovich Aleksandrov, 1903~1994). 러시아 물리학자로 1953년부터 쿠르차토프 연구소장을 역임하고, 1975~1986년 러시아 과학아카데미 원장을 역임했다. 키예프주에서 태어나 레닌그라드 이오페 연구소에서 쿠르차토프와 함께 일하며 여러 업적을 쌓았다. 1943년부터 원자탄 개발 프로젝트에 참여했고, 체르노빌에 설치된 RBMK형 원자로 설계에서 주도적인 역할을 했다.

●● 이고르 쿠르차토프(Igor Vasilyevich Kurchatov, 1903~1960). 소련의 핵물리학자로 소련 '원자탄의 아버지'로 불린다. 1949년에 원자탄을 만들었고, 1950년에는 안드레이 사하로프와 함께 수소폭탄 개발에 성공했다. 소련 최초의 방사능가속기와 원자력연구소 건설에서도 주도적 역할을 했고, 1959년에는 소련 최초의 원자력 추진 선박인 레닌호를 건조했다.

이었다. 쿠르차토프는 당시 알렉산드로프가 책임지고 있던 원자력연구소를 창설한 인물이었다. "그의 지도 아래 소련 최초의 원자탄이 개발되었고, 미국보다 먼저 수소폭탄이 개발되었으며, 소련의 안전이 보장됐습니다"라고 알렉산드로프는 말했다. 그는 미국의 '맨해튼 프로젝트'* 진척 상황에 대한 정보를 모스크바에 보고한 핵 스파이들의 역할은 언급하지 않았다. 그가 특히 강조한 것은 원자력 에너지의 평화적 이용이었다. "원자탄이 개발된 직후 1954년에 세계 최초의 원자력 발전소가 소련에 건설되었습니다. 나는 첫 원전을 건설한 사람들에게 박수를 보낼 것을 요청하는 바입니다." 청중은 큰 박수로 응답했다.

알렉산드로프는 소련의 원자력 에너지 프로그램에서 전임자들이 이룬 업적을 찬양하기 위해서뿐만 아니라, 자신이 수행한 역할을 간접적으로 부각하기 위해 역사적 이정표가 될 만한 업적들을 상기시켰다. 이와 더불어 서방과 협력할 경우의 위험성도 청중에게 강조했다. 그는 정치적 이유에 의해 계약이 어느 때라도 취소될 수 있다는 이유를 들어 외국의 기술과 장비의 도입에 반대하는 논리를 펼쳤다. 그는 국내 과학 발전에 재원을 투자하고 싶어 했다. 자신의 연구소가 가진 소규모 생산 시설이 적절한 예라고 설명했다. 그가 "우리는 모든 부처를 향해 선언합니다. 동지들, 부품을 주문해야 한다면 우리에게 주문하십시오"라고 말하

● 미국이 2차 세계대전 당시 인류 최초의 핵무기를 개발하기 위해 진행한 비밀 프로젝트에 붙인 이름. 이 프로젝트를 총괄하는 특수 임무를 띤 군사 기구가 초기에 뉴욕 맨해튼에 설치된 데서 이런 명칭이 나왔다. 알베르트 아인슈타인은 독일이 원자탄을 먼저 개발할까 우려하여 1939년 8월에 미국 루스벨트 대통령에게 편지를 보내 원자탄 개발을 촉구했다. 프로젝트가 시작되자 로버트 오펜하이머가 프로젝트 책임을 맡았으며, 1945년 7월 15일에 원자폭탄 폭발 실험이 진행되었다. '리틀보이'와 '팻맨'이란 별명이 붙은 원자폭탄은 1945년 8월 6일과 9일에 일본 히로시마와 나가사키에 각각 투하되었다.

자 커다란 박수가 터져 나왔다.[15]

조금 전까지만 해도 알렉산드로프의 연설에 끼어들어 그를 지지하고 보증하는 말을 하던 고르바초프가 이번에는 가만히 침묵을 지켰다. 그는 알렉산드로프가 언급한 부처가 어디를 의미하는지 묻지 않았다. 그는 이에 대한 답을 이미 알고 있었다. 알렉산드로프는 '중형기계제작부 Ministry of Medium Machine Building'라는 어색한 이름을 가진 최고 기밀의 부처를 말한 것이었다. 그 부처의 장관 예핌 슬랍스키•는 연단 위 알렉산드로프 뒷자리에 앉아 있었다. 그는 알렉산드로프보다 다섯 살 더 많았고, 그보다 키도 더 크고 체격도 더 큰 거인 같은 인물이었다. 그는 소련 정부 내에서 매우 큰 권력을 가진 장관 중 한 명이었다. 1940년대 말에 쿠르차토프와 함께 소련의 핵 프로그램을 같이 연구하기 시작한 선구자인 슬랍스키는 지난 28년 동안 중형기계제작부를 이끌어왔다. 이 부처는 핵무기 생산을 관장했고, 이후에는 평화적 목적을 위한 원자력 생산도 담당했다. 정치적 권력과 자원에 관해 말하자면, 그는 사실상 알렉산드로프가 이끄는 원자력연구소와 과학아카데미를 관장했다. 알렉산드로프의 부하 직원들은 슬랍스키의 사무실 문을 수시로 두드리며 자신들의 프로젝트에 필요한 재원을 요청했다. 그는 타당하다고 판단되는 프로젝트의 재정 지원에 동의했다.[16]

슬랍스키와 알렉산드로프는 오랜 기간 동지였다. 두 사람 다 우크라이나 출신이었는데, 키예프 지역 유명한 판사의 아들인 알렉산드로프는

• 예핌 슬랍스키(Efim Pavlovich Slavsky, 1898~1991). 러시아 남부 타간로크의 돈코자르크 지역에서 태어났다. 금속 공장에서 일하다가 혁명기에 적군에 가담해 우크라이나 독립군 군대와 싸웠다. 러시아 내전 때 적군 기병대의 지휘관으로서 돈바스 지역에서 전투를 치렀고, 후에 정치장교가 되었다. 2차 세계대전 이후 여러 금속 공장에서 경력을 쌓은 후 1958년부터 중형기계제작부를 이끌며 소련의 핵무기 및 대륙간탄도탄 개발을 감독했다.

1917년 혁명 이후 내전 시기에 백군白軍으로서 볼셰비키에 대항해 싸운데 반해, 코자크의 아들 슬랍스키는 적군赤軍 기병대에 가담한 전력이 있다. 두 사람이 반대 진영에서 싸웠다는 사실이 오랜 기간 맺어온 이들의 동지 관계를 막지는 못했다. 전하는 말에 의하면, 1960년대 초 니키타 흐루쇼프는 슬랍스키와 알렉산드로프를 자신의 사무실로 불러, 우크라이나어로 말을 바꾸어 두 사람에게 원자력 발전소 건설에서 미국을 따라잡으라고 요구했다고 한다. 이들의 새로운 원자로 건설에 대한 영감은 소련의 유명 코미디언 아르카디 라이킨의 재담에서 나왔을 것으로 추정된다. 라이킨은 텔레비전에서 방영된 스탠드업 쇼에서 발레리나가 사회주의 경제를 위해 에너지를 만들어내지 않으면서 회전 기술을 보이는 것은 잘못된 일이라고 하며 발레리나의 몸에 회전자回轉子를 설치해야 한다고 일갈했다. 이 코미디를 본 슬랍스키와 알렉산드로프가 무기급 플루토늄을 생산하도록 설계된 원자로에 거대한 터빈 엔진과 회전자를 설치하여 원자로가 방출하는 초과열로 전기를 생산하기로 결정했다고 전해진다.[17]

이들이 영감을 얻은 근원이 무엇이든 간에, 슬랍스키가 관장하는 부처와 알렉산드로프의 연구소 합작으로 RBMK(흑연감속 비등경수 압력관형 원자로, Reactor Bolshoy Moshchnosti Kanalniy)라고 불리는 원자로가 생산되었다. 이 원자로의 주 설계자는 니콜라이 돌레잘이다. 역시 우크라이나 출신인 니콜라이 돌레잘은 소련 원자력 산업에서 큰 성공을 거두었고, 전력기술발전연구소 소장을 역임했다. 그는 소련 최초의 원자탄에 사용된 플루토늄을 생산한 원자로를 설계했고, 다음으로 소련 핵잠수함에 동력을 제공하는 원자로 설계에도 참여했다. 핵잠수함 설계에 참여한 알렉산드로프는 RBMK 설계에서 핵심 자문으로 일했다. 최초의

RBMK 모델은 슬랍스키의 부처에서 시험되고 가동되었다. 알렉산드로프는 자신이 설계한 원자로가 안전하고 잘 작동한다고 만나는 사람마다 설명했다. 소문에 의하면, 그는 이것이 사모바르(러시아 전통주전자)와 같아서 폭발할 가능성은 절대 없으며, 붉은광장에 설치해도 문제가 없을 정도라고 말하고 다녔다고 한다.[18]

그런 일은 일어나지 않았지만, 새 원자로는 슬랍스키 부처의 발전소에서 시험을 끝낸 다음 원자력 에너지를 다룬 경험이 전혀 없는 에너지전력부에 넘겨주어도 좋을 정도로 안전하다고 간주되었다. 원자력 산업의 군산 복합체가 주도한 과학과 기술의 결합이 국가에 가져올 긍정적 결과를 의심하는 사람은 거의 없었다. 알렉산드로프의 RBMK 원자로는 소련의 영토 중 유럽 지역 전체에 설치되어 국가가 필요로 하는 청정에너지를 생산했다. 원자로 단위(원자로 1기)당 전력 1000메가와트MWe를 생산하는 능력을 지닌 이 모델은 1970년대 초기부터 생산된 소련의 경쟁 모델인 VVER(러시아형 가압경수로형 원자로, Vodo-Vodyanoi Energetichesky Reactor 또는 Water-Water Energy Reactor)보다 훨씬 강력했다. 1982년까지 소련의 원자력 발전소에서 생산하는 전력의 절반 이상이 알렉산드로프의 원자로에서 생산되었다. 이 모델의 원자로 3기는 레닌그라드 근교 원자력 발전소에 설치되었고, 2기는 쿠르스크 원전에, 1기는 스몰렌스크 원전에, 3기는 체르노빌 원전에 설치되었다. 브류하노프는 1983년에 체르노빌에서 네 번째 RBMK 원자로를 설치했다.[19]

모스크바 당대회에 오기 전 브류하노프는 공정이 70퍼센트 정도 진척된 다섯 번째 원자로 건설을 완료하느라 큰 압박을 받던 상황이었다. 1986년 1월에 지역 당위원회로부터 브류하노프 밑의 부소장이 건설 일정을 맞추지 못하고 있다고 질책을 받으면서 이 압박은 더 커졌다. 이 뉴스는 지역 언론에 보도되었고, 만일 상황이 나아지지 않으면 다음 순서로 자신이 당의 질책을 받을 것임을 브류하노프는 잘 알고 있었다. 소련 총리 니콜라이 리시코프는 당대회 보고에서 하급 관리들에게 새 원자로를 설치하는 공사가 지연되는 것을 더 이상 용납하지 않겠다고 경고했다. 그는 "국가의 연료 균형에 대한 압박과 점점 중요해지는 원자력 에너지의 역할을 고려할 때, 앞으로 그러한 지체는 허용할 수 없습니다"라고 강조했다. 당 위계 피라미드의 최상층부뿐만 아니라 하층부에서도 원자력 에너지를 향한 욕구는 거대했다. 브류하노프는 자신의 지역에 원자력 에너지 사업 투자를 요구하며 핵열풍의 시류에 편승하려는 지역당 간부들의 열망을 무시할 수 없었다. 볼가 강변에 위치한 고리키(현재의 니즈니노브고로드) 지역의 당 서기장은 당대회 연설에서 고리키에 원자력 발전소를 건설해야 한다고 주장했다. 시베리아에서 온 대표는 자기 지역에 원자력 발전소를 지으려던 계획을 철회한 중앙 관리들을 비난했다. 모든 이들이 원자력 에너지를 원했다.[20]

소련을 핵천국으로 만드는 문지기 역할을 한 사람은 브류하노프의 직속상관인 56세의 에너지전력부 장관 아나톨리 마요레츠였다. 직책을 맡은 지 얼마 안 되었던 그는 자신의 능력을 보여주기 위해 몸이 달아 있었다. 5년 안에 원전을 이용한 전력 생산을 2배 반 이상 늘리는 중책을 맡은 그는 목표를 달성하기 위한 방법을 찾으려 했지만, 그러기가 쉽지 않았다. 발전소 설계에서 원자로 설치까지 원전 건설의 전 과정에는 7년이라는 시간이 필요했다. 마요레츠는 만일 설계와 건설이 동시에 진행된다면 공기工期를 5년으로 단축할 수 있다고 당대회에서 보고했다. 브류하노프는 건설 지역의 상황을 고려하지 않은 설익은 설계도를 가지고 원전을 건설하는 것이 얼마나 무모한 것인지 잘 알고 있었다. 사실 원자로가 7년 안에 건설된 경우는 거의 없었기에, 공기를 5년으로 단축하는 것은 불가능해 보였다. 그러나 당이 명령하고, 정부 관리들이 요구한다면 발전소 관리자들로서는 지시대로 그것을 완수하는 것 말고는 선택의 여지가 없었다.

마요레츠는 자신에 찬 목소리로 다음의 보고를 마쳤다. "27차 공산당 대회에서 고무된 전기공학자들과 건설자들은 당의 웅대한 계획을 수행하고, 공산주의를 위한 물질적 토대를 건설하는 데 가치 있는 공헌을 할 것이라고 여러분에게 장담하는 바입니다."[21] 공산당이 더 이상 공산 사회를 건설하고 있지 않다는 점에 그는 신경 쓰지 않는 것처럼 보였고, 새로 맡은 주무 장관으로서의 역할 수행에 과욕을 보였다.

당대회를 주도한 분위기는 의기양양함이었다. 모두가 크게 생각했고, 모든 것이 가능하다고 느껴졌다. 대표들 중 가장 낙관적인 사람은 고르바초프였다. 그의 보고는 열렬한 반향을 불러일으켰고, 과학과 기술의 진보에 바탕을 둔 경제 발전의 가속화를 내세운 그의 비전은 당대회에서 확고한 지지를 얻었다. 그는 이제 공산당 중앙위원회 전체 회의에서 선출된 당 서기장이었을 뿐만 아니라 공산당대회에서도 인준을 받은 것이다. 그의 지위는 격상되었고, 가속화 정책을 수행하기 위해 받은 위임권도 강화되었다.

이런 배경 속에서 고르바초프는 자기 사람들을 정치국원으로 앉힐 수 있었다. 그중에는 정력적인 모스크바 당 지도자 보리스 옐친도 있었다. 그는 수사를 동원해 다음과 같이 물었다. "우리는 왜 당대회가 반복될 때마다 같은 문제를 지적해야 합니까? 왜 지금도 혁신적 개혁에 대한 요구가 당 관료 가운데 반동적인 계층과 기회주의자들에 의해 발목 잡혀 있습니까?" 그의 발언은 브레즈네프에 의해 임명된 당 관료들이 가득 찬 회의장에 폭탄처럼 떨어졌다. '페레스트로이카' 혹은 '재건설'이라는 단어는 고르바초프의 연설에서 언급되기는 했지만, 단 한 번 나왔을 뿐이었다. 핵심 단어는 여전히 '우스코레니예', 즉 '가속화'였다. 이 용어는 1985년 봄 고르바초프가 권좌에 오른 직후에 당내 공식 담화에서 처음 사용되었다. 대표들 중 대다수는 자신들이 바른 길로 나아가고 있다고 믿었는데, 문제는 브레즈네프 시대의 정체였다. 그 해결책은 레닌이 제시한 이상인 진정한 공산주의로 돌아가는 것이었다.[22]

27차 당대회는 3월 6일에 폐막되었다. 우크라이나 대표단의 브류하노프와 동료들은 짐을 꾸려 고향으로 향했다. 원자력 산업뿐만 아니라 나라 전체의 미래는 밝아 보였다. 그러나 체르노빌 원자력 발전소장이 걱정하는 문제가 한 가지 있었다. 회의 기간의 어느 저녁에 그는 모스크바 호텔에서 얼마 전 자신의 쉰 번째 생일에 인터뷰를 요청했던 기자와 전화 인터뷰를 했다. 예상대로 그는 고르바초프의 보고를 치켜세우고 소련 원자력 산업에 부과된 과업을 지지했다. 그러나 그는 한 가지 경고의 말을 했다. "우리는 원자력 산업의 과업을 통해 특히 체르노빌 원자력 발전 시설의 신뢰성과 안전에 좀 더 주의가 기울여지기를 희망합니다." 브류하노프의 인터뷰는 이 말이 빠진 채 신문에 실렸다.[23]

2장

체르노빌로 가는 길

1986년 3월 6일 저녁, 활력이 넘치는 미하일 고르바초프는 크렘린궁에서 각국 공산당 대표를 위한 환영회를 열었다. 이들은 소련의 지원을 받아 모스크바로 왔으며, 환영회가 끝난 후 항공편, 기차편, 차편을 이용해 모스크바를 떠났다. 빅토르 브류하노프와 키예프 대표단의 동료들은 밤기차를 타고 우크라이나의 수도 키예프로 향했다.

그다음 날 아침 이들은 키예프에 도착해 지역 당 관료들로부터 환영 인사를 받았다. 관료들과 대표단은 서로 포옹을 나누고 악수를 하고, 여성 대표단에게는 꽃다발을 선물했다. 이튿날인 3월 8일 토요일은 소련에서 성대하게 축하를 하는 '세계 여성의 날'이었다. 3월 7일에 키예프 기차역에서 찍은 사진을 보면, 브류하노프는 모피 모자와 양가죽 코트를 입은 채 대표단에 둘러싸여 있고, 한 여성 대표는 카네이션 꽃다발을 안고 있다. 브류하노프는 아내 발렌티나에게 줄 꽃을 사야 했다. 그러나 거기서 집까지 가는 데는 두 시간 이상 걸렸다. 키예프와 프리퍄트 사이

의 거리는 150킬로미터였기 때문이다.[1]

브류하노프의 공용차 기사가 기차역으로 그를 마중 나왔고, 이들이 탄 차는 모스크바 대로를 지나 P02 고속도로에 들어섰다. 이 길은 1960년 대에 수력 발전소가 건설되면서 생긴 키예프 북쪽의 드네프르 저수지를 따라 이어졌다. 북동쪽으로 뻗은 길은 자작나무 숲을 지나 이반키프 마을을 지나고 체르노빌로 가까워지면서 소나무 숲이 펼쳐졌다.

브류하노프는 프리퍄트시가 생기기 전인 1970년 겨울에 버스를 타고 키예프와 프리퍄트 사이의 도로를 달린 적이 있었다. 그는 젊었고 열정이 넘쳤다. 35세에 발전소장이 된 것은 대단한 성취였지만, 당분간은 발전소가 없는 상황이었다. 브류하노프는 모든 것을 새로 지어야 했다. 발전소, 자신의 사무실, 자신의 가족이 살 집이 필요했다. 그에게는 아내 발렌티나와 아홉 살 난 딸 릴랴, 한 살배기 아들 올레그가 있었다. 그는 '초르노빌'이라는 이름의 작은 마을에 있는 허름한 호텔에 방을 잡았다. 러시아어로는 '체르노빌'인 이 마을의 명칭은 브류하노프가 지을 발전소의 이름이 된다. 그는 숙소 침대 위에 서류들을 늘어놓은 채, 설계도와 발전소 부지로 선택된 자리에 지어질 건물들의 건축 계약서를 펼쳐 놓고 일을 시작했다. 건설 공사는 1년 후에 시작될 예정이었다.[2]

그사이 브류하노프의 가족은 동부 우크라이나의 돈바스 지역에 있는 슬로뱐스크에 머물러 있었다. 당시 인구 12만 5000명의 이 도시는 브류하노프가 이전에 일했던 곳이었다. 이 도시는 2014년에 러시아와 우크라이나 사이에 무력 충돌이 시작된 후에 첫 사상자가 나온 도시로 알려지게 될 것이다. 슬로뱐스크는 고속도로와 철로의 중심지였을 뿐만 아니라 주요 산업의 거점이었기 때문에 전투가 몹시 치열했다. 그곳에서 브류하노프는 1966년부터 일하기 시작했다. 그는 석탄을 태워 전기를 생산하는 화력 발전소에서 근무했다.

브류하노프가 처음 근무한 곳은 1935년 12월 1일 그가 태어난 우즈베키스탄의 수도 타슈켄트에서 그리 멀지 않은 안그렌의 발전소였다. 그는 볼가 강변의 사라토프에서 이주해 온 러시아 노동 계급 가정의 장남이었다. 그는 아주 배가 고팠다는 것 말고는 2차 세계대전 시절을 거의 기억하지 못했다. 스물네 살 때 그는 타슈켄트의 공과대학을 졸업하고 인근의 안그렌에서 첫 직장을 잡았다. 같은 발전소에서 일하던 발렌티나도 이곳에서 만났다. 그녀는 발전소에서 일하는 동시에 저녁에 지역 대학에서 야간 과정을 듣고 있었다. 브류하노프는 발렌티나의 눈에 매혹되었다. 그가 나중에 기억한 바에 따르면, 그녀의 눈에 빠져 죽을 수도 있겠다는 생각이 들었다고 한다.

발렌티나가 브류하노프의 이름을 지역 잡지에서 처음 보았을 때, 그는 이미 탁월하고 성실한 기술자로서 기사 헤드라인을 장식한 상태였다. 그는 직장에 들어간 지 1년 만에 부서장이 되었고, 발렌티나는 혼자 이렇게 생각했다. '참 이상한 이름이구나….' '브류하노프Briukhanov'는 러시아어로 '배belly'라는 단어에서 왔고, 발음이 거의 같았다. 그러나 그녀가 빅토르라는 이름의 젊고 늘씬하고 활력이 넘치는 남자를 만났을 때 그런 걱정은 곧 잊어버렸다. 그는 그녀에게 꽃 선물로 사랑을 표현하며 그녀의 마음을 사로잡았다. 쿠라마 산지 근처에서 오는 트럭들은 야생 튤립을 싣고 왔는데, 브류하노프는 벽 전체를 채울 만큼 많은 튤립을 그녀에게 선물했다. 그들은 1년 후 결혼했고, 안그렌에서 행복한 신혼생활을 했다.

브류하노프 부부의 튤립 낙원은 체르노빌 재앙이 일어나기 정확히 20년 전인 1966년 4월 26일 이른 아침에 갑자기 끝나버렸다. 그날 화요일 아침, 강력한 지진이 일어나 안그렌에서 112킬로미터 떨어진 브류하노프의 고향 타슈켄트를 거의 다 파괴했다. 230개가 넘는 공공건물, 700개가 넘는 상점과 식당이 전파되거나 사용할 수 없게 되었다. 지진으로 인한 사망자 수가 8명에 불과한 것은 기적에 가까웠지만, 도시 인구의 거의 3분의 1에 해당하는 30만 명이 잠자리에서 일어났을 때 자기 집 지붕이 사라진 것을 발견했고, 그중에는 브류하노프의 부모도 있었다. 이들의 콘크리트 벽돌집은 심하게 금이 가서 무너지기 일보 직전이었다. 발렌티나 브류하노프는 이런 상황을 감내할 수 없었다. 타슈켄트를 강타한 지진이 안그렌을 휩쓴다면? 자신들과 이린 딸아이는 어찌 될 것인가? 그녀는 다른 곳으로 이사 가기로 결심했다. 빅토르는 소련 다른 지역의 발전소에 일자리를 수소문해 보았다. 마침 우크라이나에서 브류하노프 같은 사람을 찾는 중이었다. 브류하노프 가족은 짐을 싸서 슬로뱐스크로 이사했다. 브류하노프는 얼마 안 있어 터빈엔진 담당 부서장이 되었고, 그 뒤에 발전소의 수석 기사로 승진했다.[3]

1966년 브류하노프가 도착했을 때, 슬로뱐스크 발전소는 확장 일로에 있었다. 그가 후에 기억하기로는 소련에서 가장 큰 발전 설비가 건설되고 있었다. 그는 이 힘든 일을 맡아 곧 자신이 뛰어난 기사이자 조직자임을 다시 한번 증명해 보였다. 새로운 설비를 설치하는 시작 단계 작업은 만만치 않은 것이었지만, 브류하노프는 침착하게 중압감을 견뎌 내며 건설 공기를 놓친 건설 인력과 전기 생산 할당량을 동시에 챙겼다. 근면하고 능력 있으며 말수가 적고 차분한 브류하노프는 이런 상황을 처리하는 데 타고난 적임자였다. 키예프에서도 브류하노프를 눈여겨보았고, 1970년 봄에 그는 슬로뱐스크에서 그가 발휘한 것과 같은 능력을 필요로 하는 자리를 제안받았는데, 이번에는 훨씬 규모가 큰 일이었다.

당국은 그를 체르노빌 인근에 건설할 예정인 새 발전소의 건설 작업과 운영을 맡기고 싶어 했는데, 이 지역은 우즈베키스탄이나 우크라이나의 탄광 지역과는 멀리 떨어져 있었다. 새 발전소는 석탄을 필요로 하지 않았다. 대신 원자력 연료를 사용할 예정이었다.

이는 젊은 기술자에게는 어려운 결정이었다. 그는 부인 발렌티나에게 조언을 구했다. 그녀는 겁이 났다. 남편은 원자로와 원자력 발전에 대해 아는 바가 없는 터빈엔진 전문가인데, 그가 맡을 새 임무는 원자력 발전소 건설이었다. 그러나 키예프 관리들은 발전소이기는 매한가지라고 그에게 말했다. 모스크바의 상급 관리들도 같은 말을 했다. 원자력 발전 산업이 막 발돋움하는 시기에 원자력 발전소 건설에 투입할 원자력 전문가를 찾기가 어려운 상황이었다. 브류하노프는 새 임무를 맡기로 결정했다. 그러나 원자력 에너지 전문가가 되기 전에 그는 건설부터 잘 파악해야 했다. 건설은 어렵고 보상이 별로 없는 작업이었다. 그는 처음에는 자신의 선택을 후회했지만, 나중에 마음을 고쳐먹었다. 1985년 12월, 쉰 번째 생일을 맞아 진행한 인터뷰에서 그는 "아무 후회도 없습니다"라고 말했다.[4]

1986년 3월, 모스크바에서 열린 공산당대회를 치르고 돌아와 프리퍄트의 집으로 향하는 차에 오른 브류하노프는 후회할 이유가 더 줄었다. 키예프와 프리퍄트를 잇는 간선도로는 좁은 2차선이었지만 많은 차가 오갔다. 원자력 발전소와 위성도시 모두 이 도로를 통해 필요한 물자를 공급받았다.

브류하노프의 운전사는 키예프-프리퍄트 간선도로를 거의 눈감고 외울 정도로 잘 알았다. 그가 상관인 브류하노프를 태우고 두 도시 사이를 수도 없이 왕복한 덕분이다. 우크라이나의 당 간부, 장관, 각 부서장 모두 키예프에 있었기에 발전소장인 브류하노프는 수많은 회의에 참석하기 위해 그곳을 방문해야 했다. 수만 건까지는 아니더라도 수천 건의 허가서와 필요한 서류에 찍을 도장도 키예프에서만 받을 수 있었다. 아직 눈 덮인 나무가 울창한 시골 지역을 두 시간 가까이 달린 후, 그가 탄 차는 드디어 체르노빌에 도달했다. 왼쪽으로는 시의 이름이 새겨진 콘크리트 구조물과 레닌 동상이 있었다. 그 앞으로는 주민 1만 4000명이 거주하는 작은 도시치고는 꽤 큰 중앙광장이 펼쳐졌다.

원자력 발전소가 건설되고, 거기서 북쪽으로 10여 킬로미터 지점에 빠르게 성장해가는 프리퍄트시가 있음에도 불구하고, 체르노빌은 그 이름이 발전소에 붙여지기 전인 10년, 20년, 심지어 30년 전과도 달라진 것이 없었다. 체르노빌은 산업화된 사회주의 미래의 상징이 되었지만, 동시에 사회주의 이전 단계 과거의 시골을 보여주는 듯했다. 수백 년 동안 주민들의 생활 터전이 된 프리퍄트 강변과 항만에 위치한 체르노빌에는 러시아 혁명 이전으로 거슬러 올라가는 건물도 다수 있었다.

체르노빌에 사람이 정착해서 산 기록은 1193년에 쓰인 '키예프 연대기'에서 처음 언급되었다. 당시에 서쪽으로는 카르파티아 산맥에서, 동쪽으로는 볼가강에 이르는 광대한 중세의 영토를 통치하던 키예프 루스 공후들의 사냥터 위에 이 마을이 세워졌다. 연대기에는 마을 이름의 기원에 대한 설명이 없지만, 학자들은 검거나 짙은 적색 줄기 덕분에 눈에 잘 띄는 관목인 약쑥*Artemisia vulgaris*에서 유래한 것으로 추정했다. '초르느이Chornyi'는 우크라이나어로 '검은색'을 뜻한다. 따라서 이 식물에서 초르노빌 또는 체르노빌이라는 이름•이 유래했고, 한참 후 미래 세대는 성경에 나오는 '쑥wormwood'이라는 별에 관한 예언과 체르노빌 재앙을 연결해서 보게 되었다.

〈요한 계시록〉에는 다음과 같은 말이 나온다. "셋째 천사가 나팔을 부니 횃불같이 타는 큰 별이 하늘에서 떨어져 강들의 삼분의 일과 여러 물샘에 떨어지니, 이 별 이름은 쑥이라 물의 삼분의 일이 쑥이 되매 그 물이 쓴 물이 되므로 많은 사람이 죽더라."(8장 10~11절) 체르노빌 마을 이름의 기원이 된 일반적인 약쑥은 성경에 나오는 쑥*Artemisia absinthium*과는 종류가 다르다. 그러나 이 두 식물의 유사성 때문에 레이건 대통령을 비롯한 많은 이들이 체르노빌 재앙이 성경에 예언되어 있었다고 믿었다.[5]

성경 이야기를 떠나서, 체르노빌은 역사의 오랜 기간 동안 우크라이나 북부 야생 지대의 중심지였다. 이 지역의 통치자는 중세에 키예프 공후들이었다가 리투아니아 대공들이 그 지위를 이어받았으며, 그다음으로 폴란드 왕들이 그 자리를 차지했다. 17세기 중반에는 코자크인들이 지역을 차지했지만 얼마 안 가서 폴란드인들에게 넘겨주어야 했다. 이 지역은 토착 귀족과 대지주 들의 사적 소유지가 되었다. 주류 역사에서 체르노빌의 지배자와 주민 대다수는 잊혔지만, 지역 영주의 딸 로잘리아 류보미르스카는 예외였다. 로잘리아는 불운하게도 프랑스 혁명이 발생한 시점에 파리로 갔다. 로베스피에르는 황실과 가깝다는 이유로 로잘리아를 재판에 회부했고, 그녀는 1794년 6월 파리의 단두대에서 처형당했다. 그녀의 나이는 26세였다. 그녀의 모습은 옛 체르노빌 궁의 벽타일에 남아 있었고, 이 건물은 후에 지역 병원의 신경병동이 되었다.[6]

• 체르노빌(우크라이나어로 **чорнобиль**)은 약쑥(wormwood, 학명은 *Artemisia vulgaris*)이란 단어가 어원이다. 이 말은 원슬라브어 *črnobylъ 또는 čьrnobylʹ에서 유래했는데, 여기서 čьrnъ은 '검정', bylь은 '풀'을 뜻한다. 현대 우크라이나어에서는 **чорний**(ʹchórnyy: 검정), **било**(byló: 줄기, 풀)가 이 단어의 어근이 된다.

프랑스 혁명이 국제적으로 가장 잘 알려진 체르노빌 시민을 죽게 만들었다면, 1917년 볼셰비키 혁명은 이 도시의 관료 대다수를 제거했다. 이 도시의 인구 약 1만 명 중 약 60퍼센트가 17세기 말에 폴란드 지주들이 이곳에 정착시킨 정통 유대인들이었다. 이 유대인들의 정신적 지도자들은 18세기 후반에 랍비 메나쳄 나쿰 트베르스키가 형성한 하시디즘 중심지*의 랍비들이었다. 트베르스키는 하시디즘의 창시자 발 셈 토프의 제자로, 하시디즘 운동의 선구자였다. 그가 쓴 책《메오르 에이나임(눈의 빛)》은 하시디즘의 고전이 되었고 그의 아들과 손자 들도 우크라이나 여러 도시에서 랍비가 되었다.

체르노빌의 랍비들은 자선 사업을 위해 자금을 모으는 것으로 유명했다. 20세기 초반 체르노빌에는 유대인 기도원, 유대인 소녀들을 위한 학교, 정신병원 등이 있었다. 러시아 혁명과 뒤이은 내전 기간에 체르노빌 유대인들은 다른 주민들에 비해 많은 희생을 치렀다. 이 지역을 지나가던 부대뿐만 아니라 우크라이나와 벨라루스의 여러 마을의 군벌들이 조직한 무장 집단에게도 큰 고초를 겪었다.[7]

많은 유대인 젊은이들이 볼셰비키 진영에 가담했다. 볼셰비키는 가난한 유대인 대중에게 친근하게 다가왔고, 가장 빠른 시간 안에 그들을 해

• 하시디즘은 히브리어로 '하시드hasid'(또는 '차시드chassid', 곧 '경건한 자'라는 뜻)에서 유래한 말이다. 내면성을 존중하는 유대교 경건주의 운동을 가리키지만, 좁은 의미로는 18세기 초 폴란드와 우크라이나의 유대인 대중 사이에 널리 퍼진, 성속일여의 신앙을 강조한 종교적 혁신 운동을 말한다. 창시자는 '좋은 이름의 주인'이라는 의미의 예명인 발 셈 토프로 알려진 이스라엘 벤 엘리에제르(Israel Ben Eliezer, 1698경~1760)이다. 이 운동은 정통파로부터는 이단시되었고, 지식 계급에게는 미신적인 것으로 경시되었는데, 19~20세기의 유대인 종교학자 마르틴 부버가 종교적 의미를 재조명하면서 재평가되었다. 복잡한《탈무드》의 가르침이나 경전에 대한 믿음과 반대로, 하시디즘은 신의 계시에 담긴 현재적 의미를 강조했다. 우크라이나의 우만 지역은 하시디즘의 성지로 통한다.

방시켜 주겠다고 약속했다. 혁명적인 사회 변화를 이끈 지도자 중 한 사람이자 스탈린의 오른팔이었던 라자르 카가노비치*도 체르노빌 출신이었다. 카가노비치는 1920년대 중반에 우크라이나 공산당 조직 지도자가 되어 '토착화korenizatsiia 정책'**을 주도했다. 이 정책 덕분에 지역 주민의 문화적 러시아화가 일시적으로 중단되고 우크라이나 및 유대인 문화의 발전이 도모되었다.

스탈린의 정책이 바뀌자 카가노비치가 우크라이나에서 수행하던 역할도 바뀌었다. 1930년대 초반, 카가노비치는 대기근***의 주요 실행자 중 한 명이었다. 우크라이나 대기근으로 인해 혁명과 내전에서 살아남은 사람들과 혁명 이후 이들에게서 태어난 아이들 약 400만 명이 목숨을 잃었다. 키예프 지역에서만 약 100만 명이 죽었다. 카가노비치의 고향인 하브네 지역의 사망자 수는 1000명당 168명으로 평균 사망자 수를 웃돌았다. 수만 명의 주민들이 1934년에 하브네의 명칭이 카가노비

- 라자르 카가노비치(Lazar Moiseyevich Kaganovich, 1893~1991). 스탈린의 집권을 도운 측근으로, 우크라이나 농업 집단화를 주도했는데 그 여파로 대기근이 발생했다. 후에 그는 모스크바 지하철 공사를 주도했고, 구 볼셰비키 중 가장 오랫동안 살아남았다.
- ●● 1923년 12차 공산당대회에서 결정된 내용으로, 각 민족 공화국의 지도부와 행정 부서에 토착 민족 출신을 많이 등용하고 민족 문화와 민족어를 장려한 정책이다. 우크라이나의 경우 1923년 우크라이나의 행정 책임자가 된 추바르가 우크라이나어 사용을 장려하는 포고령을 발표하고 1925년 카가노비치가 우크라이나 당 제1서기로 임명되면서 '우크라이나화ukrainizatsiia' 정책이 본격적으로 펼쳐졌다. 그 결과, 공화국 지도부와 공산당에 우크라이나 출신이 대거 등용되었고, 교육·문화 부문에서 우크라이나화가 적극적으로 수행되었으며, 정교회도 영향력을 어느 정도 회복했다. 1928년 카가노비치가 코시오르로 경질되면서 토착화 정책은 공식적으로 종결되었고, 농업 집단화가 시작되었다.
- ●●● 우크라이나 대기근Holodomor(우크라이나어로는 Голодомор)은 1932년부터 1933년까지 우크라이나 소비에트 사회주의 공화국에서 발생한 대기근으로, 사망자가 250만 명에서 400만 명 발생한 것으로 추정된다. 이 우크라이나어 '홀로도모르'에는 '기아로 인한 치사致死'라는 뜻이 담겨 있다.

치-1, 1893년에 당 지도자가 태어난 마을 카바니가 카가노비치-2로 바뀌는 것을 보지 못하고 기근으로 죽었다. 마을 이름이 이렇게 바뀐 것은 카가노비치의 고향 땅에 대한 애틋함보다는 크렘린에 머물던 자신의 우두머리에 대한 충성심 때문에 벌인 일이었다.[8]

그 후 2차 세계대전의 공포가 시작되었다. 독일군은 1941년 8월 25일 체르노빌에 들어왔다. 그로부터 석 달이 지나지 않은 11월 19일, 독일 점령 당국은 아직 도시에 남아 있던 유대인 400여 명에게 시나고그 앞으로 모이라고 명령했다. 이들은 그곳에서 '신세계'로 불리는 유대인 집단농장으로 행진했다. 이들은 침략자들을 저지하려는 적군赤軍 지휘관들을 도와 탱크의 진격을 막기 위해 자신들이 직접 파놓은 구덩이 앞에서 기관총으로 처형당했다. 이 사건으로 체르노빌의 유대인 공동체는 하마터면 몰살될 뻔했다. 1970년 겨울, 브류하노프가 체르노빌 호텔에 방을 잡았을 때, 한때 이곳의 주류 주민이었던 유대인은 150가구만 남아 있었다. 이들의 유대교회당 중 한 곳은 지역 군사위원회의 사령부로 바뀌어 있었다.

체르노빌의 유대인들은 인근 숲에 있던 파르티잔 부대로 피신하여 홀로코스트를 피해 살아남았다. 공산 세력이 우크라이나 주민들과 벨라루스 주민들로 조직한 게릴라 부대는 1941년 가을부터 이 지역에서 활동하기 시작했다. 그러나 공산 세력이 후원하는 파르티잔과 독일군이 조직한 지역 경찰(지역 관리 포함) 사이의 간헐적 전투는 피비린내 나는 복수전으로 바뀌었다. 파르티잔이 공개적으로 처형당했고, 전쟁의 흐름이 바뀌어 경찰들의 처형이 공공연히 일어나자, 지역 주민들도 잔인해져 갔다. 이 충돌로 희생된 사람들의 친척 간 과거사 청산 문제는 전쟁이 끝나고 오랜 시간이 지난 후에도 지속되었다.[9]

소련군은 1943년 가을에 독일군으로부터 체르노빌과 인근 지역을 탈환했다. 길고도 격렬한 전투 끝에 얻은 결과였다. 도시 경제 활동의 중심지인 프리퍄트강 항만과 강을 가로지르는 다리와 인근의 기차역이 주요 전장이었다. 소련군은 많은 사상자를 냈다. 소련의 가장 영예로운 훈장인 소련 영웅 훈장을 받은 병사와 장교 10명이 전사했다. 지역 주민들이 오랫동안 기다려왔던 독일군으로부터의 해방은 더 많은 죽음과 고난을 가져왔다. 적군이 이 지역의 통제권을 되찾으면서 지역의 젊은 남성들이 군대에 징집되었다. 독일군 점령 기간에 살아남은 이들 중 많은 이가 무기나 훈련도 없이, 심지어 군복도 입지 않은 채 전투에 투입되어 마을과 도시 주변에서 죽어 나갔다.

브류하노프의 자동차가 체르노빌시 경계를 지나고 몇 분 뒤, 그는 도로 오른편에서 익숙한 구조물의 그림자를 보았다. 2차 세계대전 때 전사한 코파치 출신 소련 병사들과 1943년 마을을 지키기 위해 싸우다 죽은 군인들의 이름이 새겨진 동상이었다. 첫 번째 명단이 두 번째 명단보다 훨씬 길었다. 체르노빌에는 이 도시를 탈환하기 위해 벌어진 6주간의 전투에서 전사한 병사들이 묻혔고, 그 자리는 후에 '영광의 공원'으로 알려지게 된다. 양쪽에 영웅들의 이름이 새겨진 기념비를 지나면 꺼지지 않는 불꽃이 땅 위에서 타고 있는 오벨리스크가 나온다. 공원의 한 기념비에는 "체르노빌 노동 대중이 해방 전사들에게, 1977년 5월"이라고 새겨져 있었다. 그 옆에는 도시 탈환 전투를 지휘한 적군 장군들의 이름이 새겨진 명판이 붙어 있었다.[10]

여러 해 동안 브류하노프는 소련의 전승기념일인 5월 9일에 체르노빌의 '영광의 공원'에서 열리는 기념식에 참석했다. 소련에서 '대조국전쟁 Great Patriotic War'으로 일컬어지는 1941년부터 1945년까지 벌어진 소련-

독일 전쟁의 영웅들에 대한 숭배는 소련군 군복을 입은 전사자들만이 대상이 되었다. 나머지 사람들은 대부분 잊혀졌다. 유대인 학살이나 대기근으로 인한 희생을 기억하는 기념비는 없었다. 두 참극은 공식적으로 인정되지 않았다.

차가 전쟁 영웅 기념비를 지나고 몇 분 후, 지평선에서 체르노빌 발전소의 거대한 흰색 냉각탑이 브류하노프의 시야에 들어왔다. 소련의 공식 선전 문구에 따르면 그곳에서는 과거의 그림자가 사라지고 기술 발전의 기적이 밝은 앞날을 비추고 있었다. 차가 달리는 방향의 오른쪽 운하 건너편에서는 원자로 5호기 건설 공사가 한창이라 거대한 크레인들이 그 주변을 감싸고 있었다. 그다음으로 이미 가동되고 있던 원자로들이 보였다. 원자로 3호기와 4호기는 거대한 건물 안에 함께 설치되었고, 원자로 1호기와 2호기는 각각 별도의 건물에 설치되어 있었다.

코파치 마을 인근 지역은 1966년 12월에 새 원전 건설 부지로 선정되었다. 우크라이나 공화국 정부의 2인자인 올렉산드르 셰르반이 우크라이나 공산당 중앙위원회에 보낸 명령에 따라 그 한 해 전에 부지 물색이 시작되었다. 우크라이나 과학아카데미 부원장 출신으로 초기 원자력 에너지 옹호자였던 셰르반은 우크라이나에서 새로운 전력 공급원을 시급히 찾지 않으면 전기 부족으로 우크라이나의 경제 발전이 둔화될 것이라고 경고했다.

셰르반은 1964년에 러시아 연방 공화국에 원자력 발전소 두 곳이 완공되었다는 사실을 알고, 우크라이나에도 원자력 발전소 3기를 건설해야 한다고 주장했다. 하나는 남쪽에, 다른 하나는 서쪽 지역에, 세 번째 원전은 키예프 인근에 건설하자고 제안했다. 이 제안은 우크라이나 정부 총리인 볼로디미르 셰르비츠키와, 셰르비츠키의 상사이자 소련 공산당 정치국원이며 우크라이나 공산당 제1서기인 페트로 셸레스트*의 지지를 받았다. 셸레스트는 셰르반의 제안을 소련의 새로운 원전 건설 계획에 포함시켜 달라는 내용의 공문에 담아 모스크바에 보냈다. 이에 대해 중앙 정부는 우크라이나에 원자력 발전소를 하나 건설하는 데 동의한다는 응답을 보내왔다. 키예프 정부는 원자력 발전소 수가 줄어든 데에 크게 실망하지 않았다. 중요한 것은 우크라이나도 원전 건설 대열에 참여하게 되었고 당시 최첨단 기술로 여겨지던 원자력 기술을 얻게 되었다는 것이었다.[11]

1966년 가을, 셰르비츠키는 당시 '우크라이나 중앙 원자력 발전소'로 알려진 원전을 건설하는 데 필요한 조사를 시작하라는 명령을 담은 문서에 서명했다. 그해 11월에 구성된 건설 조사위원회는 얼마 지나지 않아 코파치가 최적의 장소라는 결론을 내렸다. 그곳은 주민이 1000명 넘게 살고 있는 주거 지역이었지만, 그 주변에는 거주 인구가 거의 없었다. 이 마을은 큰 도시와 군 중심지뿐만 아니라 휴양지에서도 멀리 떨어져 있었다. 또 다른 후보지는 이런 곳들과 너무 가까이 붙어 있어서 후보에서 탈락했다. 코파치는 원자력 발전소 가동을 위해 꼭 필요한 프리퍄트 강에 인접해 있었지만 습지가 아닌 것도 장점이었다. 철도역과 가까운 점도 이에 못지않게 중요했다. 이 철도는 소련의 1차 5개년 계획 기간에 체르노빌 출신의 라자르 카가노비치에 의해 건설된 것이었다.

• 페트로 셸레스트(Petro Yukhymovych Shelest, 1908~1996). 1953~1962년 키예프 시장을 역임한 후 1963~1972년에 우크라이나 공산당 제1서기를 맡아 우크라이나 문화 부흥에 기여했다. 1973년에 소련 각료 회의 부의장으로 전출된 것을 사실상 좌천으로 받아들여, 후임자인 셰르비츠키와 브레즈네프를 비난했다. 하지만 결국 1973년부터 1985년까지 모스크바 인근 항공기 설계 공장 책임자로 일했다.

코파치에도 몇 가지 문제는 있었다. 지하수가 지표에 너무 가까이 있었고, 건물의 기초를 단단히 다지려면 많은 양의 토사를 다른 곳에서 가져와야 했다. 코파치는 건설 자재인 암석과 화강암 채굴지로부터 멀리 떨어져 있었고, 단지 모래만 현지에서 조달할 수 있었다. 그러나 조사위원들은 이런 문제는 해결할 수 있다고 보았다. 이 지역은 농업 생산이 활발하지 않아 이곳을 산업 부지로 전환해도 지역 경제에 미치는 영향이 크지 않았다. 앞으로 지어질 원전의 냉각수를 보관할 저수지가 원전 건설 부지로 허용된 지역에서 큰 비중을 차지할 터였고, 주변 위성도시는 1400헥타르(약 42만 평)의 목초지와 130헥타르(3만 9000평)의 삼림, 96헥타르(2만 9000평)의 농경지, 주민들이 가꾸는 50헥타르(1만 5000평)의 과수원을 차지할 예정이었다.

코파치는 조사위원회에서 후보지로 올라온 16군데 부지 가운데 최적지로 평가받았다. 원전의 명칭도 '우크라이나 중앙 원자력 발전소'에서 '체르노빌 발전소'로 바뀌었다. '중앙'이 벨라루스와의 접경*인 북쪽 지역으로 이동한 셈이었다. 그러나 원자력 발전소 건설과 관련해 근처의 벨라루스 지역 주민들과 협의했다는 증거는 없었다.[12]

원전 건설 작업은 브류하노프의 총괄하에 시작되었다. 1970년 여름, 그는 현장 사무소를 호텔 방에서 2평도 안 되는 건설 노동자용 임시 건물의 사무실로 옮겼다. 그곳에서 그는 점점 수가 늘어나는 건설 기술자들을 지휘하고 건설 노동자들을 감독했으며 키예프와 모스크바의 고위 관리들을 만나러 다녔다. 1971년 겨울에 부수석 기사로 체르노빌에 온

---

* 체르노빌에서 벨라루스 국경까지의 거리는 약 25킬로미터로 사고 당시 남서풍이 불어 체르노빌 방사능 낙진의 70퍼센트가 벨라루스 지역에 떨어졌다.

그리고리 메드베데프는 건설이 시작될 당시의 목가적인 상황에 대한 기억을 떠올렸다. "사방으로 어린 소나무 숲이 펼쳐져서 다른 어느 곳과도 비교할 수 없는 낭만적 분위기가 연출되었다. 나무가 낮게 자란 숲과 짙은 녹색 이끼를 배경으로 노란 모래 더미가 쌓인 모래언덕들이 있었다. 눈은 내리지 않았다. 초록색 풀들이 따뜻한 햇살 아래에서 여기저기를 덮고 있었다. 고요와 창세의 원시적 분위기가 느껴졌다."[13]

그러나 고요는 오래 지속되지 않았다. 일꾼들이 기초 공사를 하기 위해 땅에서 흙을 70만 세제곱미터나 파냈다. 1972년 8월, 소련 에너지전력부 장관 페트로 네포로즈니가 첫 시멘트 타설을 직접 보기 위해 건설 현장을 방문했다. 고위 관료들이 연설도 하고 공약도 내놨지만 당국이 예상한 것보다 건설을 완료하고 원자로가 작동하기까지 훨씬 오랜 시간이 걸렸다. 원래는 1975년에 공사가 끝나고 원전이 가동될 예정이었지만, 원자로 부품과 관련 설비 공급에 문제가 생겼다. 완공 예정일인 1975년 4월을 넘기자, 우크라이나 정부 총리에서 당 제1서기로 승격된 볼로디미르 셰르비츠키는 직접 모스크바에 지원을 요청했다. 필요한 장비들이 도착했고, 다시 건설 작업이 순조롭게 진행되었다. 1977년 8월, 최초의 핵연료가 원자로 노심爐心, core of the reactor•에 장전되었다. 9월에는 발전 설비가 가동되어 전력망에 연결되었고, 마침내 12월 브류하노프는 원자로의 완전한 가동을 선언하는 서류에 서명했다.[14]

그제서야 브류하노프는 원전 건설 감독관에서 원전 소장으로 옮겨갈 수 있었다. 그해 말 그는, 우크라이나의 한 주요 신문에 "1977년은 소련

• 원자로에서 연료가 되는 핵분열성 물질과 감속재가 들어 있는 부분. 핵분열 연쇄반응이 이루어지는 곳이다.

의 원자력 에너지 역사에서 프리퍄트에 에너지 생산 거인이 탄생한 해로 기록될 것이다"라며 만족감을 피력했다. 이제 새로운 시대가 열렸다. 1978년 12월, 원자로 2호기가 전력망에 연결되었다. 3년 뒤인 1981년 12월에 원자로 3호기가 전력을 생산하기 시작했고, 1983년 12월에 원자로 4호기가 가동하기 시작했다.[15]

12월마다 원자로 설치가 완료되고 전력 생산이 시작된 것은 우연이 아니었다. 해당 연도가 끝나기 전에 원자로를 가동해야 한다는 압박을 무시할 수 없었다. 공산당 지도자와 정부 관리 들은 연간 보고에 자신들의 성과를 올리고 싶어 했다. 건설 담당자들과 원전 운영자들은 연말까지 주어진 과업을 완수하지 못하면 두둑한 보너스를 놓칠 수 있었다. 1973년에 프리퍄트에 도착한 원자력 기술자 아나톨리 댜틀로프는 "신기하게도 당에 12월 31일까지 원전을 가동하는 것은 불가능하다고 나서서 말하는 사람이 아무도 없었다"라고 회고했다.

원자로들 중 어느 것도 예정된 공기에 완성되지 못했다. 건설 현장에 도착한 댜틀로프는 식당 입구 위에 첫 원자로를 1975년에 가동하자고 노동자들과 기술자들을 독려하는 구호가 붙어 있는 모습을 보았다. 1975년에 원자로를 가동하지 못하자, '5'는 '6'으로 바뀌었고, 다시 '7'로 바뀌었다. 매년 에너지전력부에서 고위 관리들이 내려와 아무도 달성할 수 없는 비현실적인 공기를 제시했다. 댜틀로프는 말했다. "처음에는 애초부터 달성 불가능했던 기간에 건설을 완수하라는 엄격한 지시가 있었다. 작업을 독촉하는 생산 회의와 야간작업 호출이 이어졌다. 다시 공사가 지연되었고, 주의력이 떨어졌고, 이전과 같은 과정이 반복되었다. 그러면 감독관들이 다시 내려왔다."[16]

브류하노프는 각 원자로 설치 작업의 초반 상황을 생생히 기억했다.

그는 종종 건설 노동자들을 질책했다. 프리퍄트시 당 위원회 회의에서 그는 "원전 건설 작업의 비효율성은 부적합한 건설 부품과 형편없는 작업장에 그대로 드러납니다. 일례로 모서리의 각도를 맞추는 것과 같은 단순한 작업을 할 때에도 비뚤어진 문틀과 창틀, 못이 박힌 마감재, 잘못된 배관 설치 등 곳곳에 문제가 있었습니다"라고 불평했다. 브류하노프가 처한 상황은 쉽지 않았다. 그는 작업의 성공적 완수를 보장한다는 서류에 서명한 사람이었다. 그의 상관들은 그들 나름대로 계획의 완수를 보고해야 했고, 노동자들은 보너스를 원했다. 그러나 브류하노프는 원자로의 정상적인 작동과 안전을 책임져야 했다. 문제는 정부가 계약 당사자이자 동시에 주문 고객이라는 점이었다. 발전소 책임자와 건설 책임자는 키예프 당 지도부와 국가 당 지도부 모두에 보고해야 했다. 만일 브류하노프가 건설 담당 지도부가 한 일에 대해 너무 심하게 불평하면 그는 자신의 직책에서 해임될 수도 있었다.[17]

마침내 브류하노프가 탄 차는 그가 적극적으로 건설에 참여한 도시 프리퍄트에 도착했다. 가끔 그는 이 장소에 싫증을 느끼기도 했다. 그는 이제 지쳤고 뭔가 다른 일을 해보고 싶었다. 모스크바의 상관들은 그에게 해외, 예컨대 쿠바로 가서 원자력 발전소 건설을 도울 생각이 있는지 물었다. 1983년부터 소련 건설 노동자들과 기술자들이 쿠바의 첫 원전을 짓고 있었다. 그때 브류하노프는 마음이 잠시 흔들렸지만, 결국 프리퍄트에 남기로 결정했다.

　프리퍄트시는 원자력 발전소에서 불과 북쪽으로 3.5킬로미터 떨어져 있었다. 발전소에서 시작된 길이 프리퍄트의 중심 도로가 되었고, 넓은 차선 중앙에 나무와 꽃이 심어진 레닌 대로는 중앙광장으로 연결되었다.

이곳에는 지역당 본부와 시청, '에너지 일꾼'이라 불리는 문화궁전이 자리 잡고 있었다. '폴리시아'라는 이름의 호텔도 있었는데, 이는 '숲 지대'라는 뜻으로, 동쪽으로는 드네프르강부터 서쪽으로는 폴란드 국경까지 이어지는 북부 우크라이나 지역 전체를 뒤덮은 거대한 환경 보호 구역을 가리켰다. 중앙광장은 도시의 두 간선 도로가 교차하는 지점에 있었는데, 한 도로는 레닌 대로라는 이름이 붙었고, 이 도로와 수직으로 교차하는 다른 도로는 소련 원자력의 아버지 이고르 쿠르차토프의 이름을 땄다. 두 도로가 만나는 곳에는 도시의 지도층이 거주하는 아파트 '하얀 집'이 서 있었다.[18]

이 아파트 4층에 브류하노프 가족이 살고 있었다. 여기는 그의 두 번째 거주지였다. 그의 첫 거주지는 레닌 대로 아래쪽에 위치한 아파트로 1971년 프리퍄트에 지어진 최초의 아파트였다. 그러나 당시는 도시 조성 초기여서 주택이 너무 부족했기에, 브류하노프는 키예프 당 서기에게 입주 허가를 받은 후에야 겨우 들어갈 수 있었다. 당은 공급 물자나 특권과 관련해 노동자보다 감독자를 우선한다는 인상을 주어서 노동 계급을 화나게 하지 않으려고 애썼던 시기였다. 새 도시는 사회주의의 구현체가 될 예정이었기에 개인 주택은 허용되지 않았다. 도시 계획을 세운 이들은 새 도시가 1975년까지 약 1만 2000명의 발전소 및 건설 인력을 수용할 것으로 예상했다. 원자로 3호기와 4호기가 가동되는 1980년에는 1만 8000명까지 주민이 늘어났다가 다소 그 수가 줄어들어, 대략 1만 7000명 남짓한 인구가 향후 5년간 거주할 것으로 보았다. 그러나 실제로 프리퍄트시는 빠르게 성장해 1986년에 인구가 5만 명에 달했다. 이렇게 되자 주택 문제가 발생했다.[19]

공산당 청년 조직인 콤소몰Komsomol은 프리퍄트시와 체르노빌 발전소에 콤소몰 건설 지구의 지위를 부여해, 소련 전역에서 젊은이들을 건설 인력으로 차출할 수 있게 해주었다. 그러나 프리파트에 일하러 온 사람들 대다수는 특별히 독려받고 온 이들이 아니었다. 주택 문제는 소련 도시들에서 흔한 문제였고, 프리파트에는 다른 곳보다 훨씬 좋은 주택들이 더 빠르게 지어지고 있었다. 원자력 산업도 군산 복합체처럼 특권이 부여된 덕분에 프리파트는 소비재와 농산물 공급에서 특별한 지위를 누렸다.

1980년대 중반, 소련 대부분의 중소 도시와 대도시 국영 상점에서는 소시지와 치즈를 살 수 없었지만, 프리파트에서는 이런 물건들이 부족하지 않았다. 우리가 체르노빌 여행에서 본 지역 슈퍼마켓의 간판들이 거짓말을 한 것은 아니었다. 그러나 문제는 육류였다. 도시에 공급된 고기는 기름과 뼈가 잔뜩 붙어 있는 것이었지만, 인근 시골 지역에서 고기와 우유를 살 수는 있었다. 프리파트의 생활 여건이 다른 곳에 비해 양호했기 때문에 많은 사람들, 특히 인근 마을에서 그곳으로 이주하려는 이들이 많았다. 건설 노동자들처럼 일단 이 도시에 온 이들 모두가 원자력 발전소에서 일하기를 원했다. 원자력 발전소에서는 생산 할당량을 달성하거나 초과 달성하면 보너스를 받을 수 있었기 때문이다.

새 도시로 이주해 오는 사람들은 대체로 젊은 층이었고, 상당수가 미혼이었다. 1986년 프리파트 거주자의 평균 연령은 26세였다. 도시에는 미혼자들이 거주하는 집단 숙소가 18군데 있었고, 대다수 아파트가 젊은 가족을 위해 설계되었다. 거주자들 대부분이 젊었을 뿐만 아니라 이들의 자녀들도 어렸다. 부모들은 어린 나이에 자녀를 출산했다. 5곳의 초등학교에는 학년마다 15개 학급이 있었고, 각 학급에는 30명이 넘는 학생이 있었다. 이와 대조적으로 당시 대다수 농촌 지역 학교에서는 한 학년에 한 학급을 간신히 만들 정도로 학생 수가 적었다. 도시의 학교들도 한 학년의 학급 수가 많아야 세 개였다. 그리고 이러한 추세가 완화될 기미는 보이지 않았다. 프리퍄트에서는 매년 신생아가 1000명 이상 태어났다.[20]

프리퍄트에는 스타디움이 두 개, 수영장이 두 개 있었는데, 수영장 중 하나는 국제 경기를 치를 수 있는 시설을 갖추고 있었다. 브류하노프는 자신이 이 도시를 건설하는 데 이바지한 것을 자랑스러워했지만, 발전소의 자금과 자원을 프리퍄트 건설 사업으로 전용해야 하는 상황에 자주 짜증이 났다. 프리퍄트시는 원자력 발전소와 분리된 채 별도의 당 조직과 시 당국에 의해 운영되었다. 그러나 시의 금고가 바닥날 때에도 발전소는 막대한 예산을 확보하고 있었기에 시의 당 관료들은 기회가 있을 때마다 발전소 자금을 이용해 도시 시설을 건설해 달라고 브류하노프를 성가시게 했다. 브류하노프는 시의 당 관료들은 멀리할 수 있었지만, 지역 및 공화국의 당 관료들을 무시할 수는 없었다. 그들은 당과 정부 서열에서 브류하노프보다 지위가 높았다. 특히 키예프주 당 제1서기인 흐리호리 레벤코가 요구 사항이 많았는데, 1991년에 그는 고르바초프의 비서실장이 된다. 1980년대 중반, 레벤코는 브류하노프에게 국제 기준에 부합하는 두 번째 수영장을 건설하게 했다. 그런 다음에는 실내 스케이트장을 건설하자는 제안을 했다. 브류하노프는 이 제안에 발끈했다. "우크라이나 전체를 둘러보아도 그런 수준의 시설이 없었는데, 작은 우리 도시에 그것을 지어야 하는 상황이었다"라고 그는 후에 회고했다. 그러나 그는 결국 이 제안을 받아들였다.[21]

브류하노프는 원전 노동자들에게 체육 시설이 필요하고 그들이 그 시설을 활용하여 복지 혜택을 누릴 수 있다는 사실을 알았다. 상점 사정도 마찬가지였다. 도시 계획자들은 슈퍼마켓 하나만 도시 계획에 포함시켰지만, 이 도시에는 더 많은 슈퍼마켓이 필요했다. 브류하노프는 이를 위한 재원을 은행에서 빌렸고, 은행은 오해의 여지가 있는 이 자금에 대해 눈감아주었다. 브류하노프는 발전소를 위한 명목으로 돈을 빌려서 도시 시설을 짓는 데 썼다. "우리는 비정상적 관행에 익숙해진 나머지 점점 정상적인 것으로 받아들이고 있습니다. 이는 아주 잘못된 것입니다!"라고 그는 모스크바 당대회 몇 달 전에 진행된 신문 인터뷰에서 불평을 쏟아냈다. 그는 발전소 운영, 특히 안전 관리에 써야 할 자신의 시간과 에너지를 시의 문제를 해결하는 데 써야 했다. "이렇게 우선순위가 떨어지는 일을 해야 하는 상황에서 작업의 신뢰성과 안전을 확보하는 것이 가장 중요한 일이 되어버렸습니다"라며 그는 불만을 계속 털어놓았다. "사람들이 뭐라고 하든, 우리가 일하는 곳은 일반 기업이 아닙니다. 우리가 하는 일은 아무리 경미한 사고라도 절대 허용해서는 안 되는 종류의 일입니다. 우크라이나뿐만 아니라 소련 전체가 그런 재앙을 감당할 수 없다고 나는 생각합니다."[22]

그러나 이제 브류하노프는 이 모든 생각을 잠시 밀어놓을 수 있었다. 그는 마침내 집에 도착했다. 이튿날이 '세계 여성의 날'이어서 아내에게 축하 인사를 건네고 친구들, 동료들과 시간을 보낼 수 있었다. 외동딸은 그들과 같이 살고 있지 않았다. 딸과 사위는 키예프에서 의과 대학을 곧 수료할 예정이었다. 그는 딸에게 전화를 걸어 여성의 날을 축하했지만, 딸 내외가 곧 프리퍄트에 오리라 기대했다. 딸이 출산을 앞두고 있어서, 브류하노프는 이제 할아버지가 될 예정이었다. 그는 자신의 인생에서 얻은 모든 것을 위해 정말 열심히 일해 왔지만, 행운도 많이 따랐다고 생각했다. 특히 1986년은 아주 상서롭게 시작된 것 같았다. 우선 그는 모스크바에서 열린 소련 공산당대회에 대표로 참석했고, 곧 그가 사회주의 노동 영웅 훈장을 받을 것이라는 소문도 돌았다. 물론 이는 주어진 과업의 달성을 넘어 초과 달성을 전제했지만, 그에게는 이것이 전혀 새로운 일은 아니었다. 이전에도 그것을 이루었으니까.[23]

이튿날인 3월 8일 아침, 지역 신문은 모스크바 당대회에서 키예프로 귀환한 브류하노프가 다른 대표들에게 둘러싸여 미소 짓는 사진을 실었다. 그는 낯을 가리는 듯했고 다소 피곤해 보였지만, 전반적으로 행복하고 만족감을 느끼는 것 같았다. 그는 자신과 주변 사람들의 운명을 잘 통제하는 사람이었다.[24]

3장
원자력 발전소

'세계 여성의 날'이 다가왔지만 1986년 3월에 빅토르 브류하노프, 그의 동료들, 부하 직원들에게 가장 큰 행사는 체르노빌 원자력 발전소에 건설 자재와 장비를 공급하는 소련 기업 대표들이 참가하는 회의였다. 3월 마지막 주에 개최될 사흘간의 회의는 발전소 운영자들과 건설 작업 감독자들, 자재 공급자들의 작업 일정을 조정하고, 최신 발전소인 원자로 5호기 건설에서 드러난 문제점을 해결하기 위해 열리는 것이었다. 1985년에 건설을 마친다는 계획은 달성되지 못했으며, 1986년에 원자로를 가동할 전망은 어두웠다. 그러나 모스크바 당대회는 앞으로 5년 이내에 발전용 원자로 건설을 2배로 늘린다는 목표를 세웠다.[1]

프리퍄트에서 이 회의를 성공적으로 치르는 데 가장 큰 책임을 짊어진 사람은 54세의 발전소 건설감독부 수장 바실 키지마였다. 프리퍄트 시에서 권력과 권위에 있어 키지마가 브류하노프보다 위였다. 브류하노프는 아파트에서 살고 있었지만, 키지마는 단독 주택을 지을 수 없는 프리퍄트에 지어진 단독 주택 네 채 중 한 채에서 가족과 함께 살고 있었다. 1970년대 중반에 우크라이나 공산당 서기장 볼로디미르 셰르비츠키가 발전소 건설 현장을 방문했을 때 그는 이 젊은 건설 감독자에게 깊은 인상을 받아서 보좌관들에게 키지마를 우크라이나 최고회의 의원으로 선출하라고 지시했다. 이 조치는 키지마의 급여만 높여준 것이 아니라 권위도 높여주고 지역 공산당과 지역 재정 상황으로부터의 독립도 보장해 주었다. 1984년에 키지마는 소련 최고의 영예인 사회주의 노동 영웅 훈장을 받았다. 브류하노프는 모스크바에서 열린 소련 공산당대회 대표로 뽑히기는 했지만 이 영예를 차지하려면 좀 더 기다려야 했다.[2]

그러나 두 감독자의 성과, 특히 목표 달성량을 고려하면 이는 납득하기 어려운 포상이었다. 키지마와 건설팀은 어느 원자로 공사도 원래 예정된 공기 안에 끝내지 못했지만, 브류하노프와 그 밑의 기사들은 늘 목표량을 달성하거나 초과 달성했다. 전년도인 1985년만 보아도 그러했다. 그해에 브류하노프가 운영하는 발전소의 4개 발전 설비는 290억 킬로와트의 전기를 생산했는데, 이것은 당시 체코슬로바키아 발전소 전체의 발전량보다 많았고, 2억 8000만 소련 인구의 거의 절반에 해당하는 3000만 가구가 1년 동안 쓸 수 있는 전력량이었다. 이들이 원래 목표치의 9퍼센트를 초과 달성했다고 프리퍄트의 일간지 《트리부나 에네르게티카(에너지 신문)》가 1986년 1월에 보도했다. 같은 호에서 신문은 "왜 1985년 원자력 발전 설비 건설 계획은 달성되지 못했는가?"라고 의문을 제기하는 기사를 게재했다. 이 제목만 가지고 건설 목표치가 달성되지 못했다는 사실과 관련이 있다고 짐작하기는 어려웠다.[3]

그때까지 바실 키지마는 지역에서 비판을 받거나, 상관들에게 질책을 받지도 않았다. 그 이유는 단순했다. 늘 노동력과 건설 자재가 부족한 상황에서 상관들은 건설 작업 감독이 발전소 운영보다 어려운 과업이라고 생각했기 때문이다. 그리고 키지마는 다른 현장 감독자들보다 건설 작업을 더 빨리, 더 효과적으로 진척시켰다.

키예프 지역 토박이인 키지마는 1932년 1월에 키예프시 남쪽 타라샤군郡의 농민 집안에서 태어났다. 그는 이 지역에 대기근이 발생했을 때 겨우 한 살이었다. 그는 운 좋게 살아남았다. 같은 군의 주민 세 명 중 한 명이 우크라이나 대기근으로 사망했다. 인근 볼로다르카군에서는 사망률이 훨씬 높았다. 주민 1000명당 466명이 1934년이 오는 것을 보지 못하고 사망했다. 어린아이와 노인의 사망률이 특히 높았다. 키지마는 1941년부터 1944년까지 이어진 잔혹한 나치 독일군 점령 기간에도 살아남았다. 지역의 중등 학교를 마치고 키예프의 공업 대학을 졸업한 그는 우크라이나 서부의 탄광 건설 현장에서 첫 일자리를 얻었다. 1971년에 고향으로 돌아온 그는 프리퍄트시와 인근 원자력 발전소의 지지부진한 건설을 감독하는 역할을 맡았다.[4]

공사 초기부터 그는 상관들에게 건설 현장에는 단 한 명의 감독자만 있을 수 있으니 키예프의 여러 부처에서 온 감독관들은 짐을 꾸려 집으로 돌아가도 된다고 말했다. 키지마는 건설 현장의 유일한 감독관이 되었다. 그러나 프리퍄트시에서 그는 원자력 발전소에서 일하는 브류하노프 및 관리자들과 권력과 권위를 나눠야 했다. 브류하노프는 유능하지만 앞에 나서지 않고 사람들과 잘 어울리지 않는 편이었고, 키지마는 전문성과 건설 감독자로서의 강인함, 정치인처럼 사람을 끄는 힘이 있었다. 키지마의 상관들은 그의 전략적 사고를 칭찬했지만, 약삭빠른 태도에 대해 다소 우려했다. 일반 건설 노동자들은 키지마를 자기들의 편을 들어주는 보스로 여겼지만, 그의 부하 직원들은 그를 엄격한 상관으로 여겼다.

브류하노프는 존경을 받았지만, 키지마는 하급자들이 처한 상황에 따라 숭배의 대상이 되기도 했고 두려움의 대상이 되기도 했다. 결국 두 사람은 함께 힘을 모아 일하는 법을 터득했고 서로를 존중했다. 궁극적으로 그들은 발전소 운영자라는 고객과, 건설 감독자라는 공급자로서 여러 면에서 서로에게 의존하며 같은 목표를 공유했다.

이 도시의 두 운영자가 맺은 개인적 관계를 떠나 두 집단 사이에는 관리의 문제뿐만 아니라 사회적·문화적 차이로 발생하는 불협화음이 있었다. 브류하노프 팀의 노동자들은 대부분 전문 교육을 받은 1급 기술자들이며 러시아에서 온 이들이 많았다. 이들은 원전 운영 기술뿐만 아니라 대도시의 관습과 문화, 때때로 오만함까지 프리퍄트에 가지고 왔다. 이에 반해 키지마의 건설 노동팀을 구성한 현지인들은 대부분 농사꾼 출신으로, 그들만의 관습, 문화, 편견을 가지고 있었다. 새로 프리퍄트에 온 사람들은 러시아어를 사용했지만, 이 지역 출신들은 프리퍄트시의 공용어lingua franca*로 떠오르는 러시아어-우크라이나어 혼합어인 수르지크surzhyk**를 사용했다.

- 모국어가 다른 사람들이 상호 이해를 위하여 만들어 사용하는 언어. 어느 한쪽의 모국어이거나 제3의 언어일 때도 있고, 양쪽 언어가 혼합되고 문법이 간략해진 혼합어가 사용되는 경우도 있다. 중세에 십자군이나 무역업자들 사이에서 사용된, 프로방스어를 중심으로 한 여러 언어의 혼합어에서 유래했다. 소련 시절, 소련 다민족 사회의 공용어는 러시아어였다.
- 우크라이나어로는 суржик. 원래는 밀과 호밀을 섞어 만든 빵이라는 의미인데, 나중에는 러시아어와 우크라이나어 혼합어를 가리키게 되었다. 광의로는 우크라이나 내에서나 인접국과의 접경 지역에서 언어 접촉으로 발생한 모든 혼합어를 뜻한다. 2010년 조사에 의하면 우크라이나 국민 중 약 9퍼센트가 수르지크를 제1언어로 사용한다고 답했고, 일부 지역에서는 이 비율이 20퍼센트에 이르렀다. 일상생활에서 수르지크가 사용되는 비율은 이보다 훨씬 높다. 벨라루스에도 유사한 현상이 있는데, 벨라루스어-러시아어 혼합어는 트라샨카trasianka 또는 메샨카mesianka라고 부른다.

두 집단 사이, 그리고 지역 젊은이들과 '렉스Rex'라 불리는 키지마가 데려온 건설 노동자들 사이의 충돌을 막는 일은 프리퍄트 경찰에게 골 칫거리였다. 특히 노동자들이 월급의 절반을 선불로 받는 날과 그 나머지를 받는 날에 질서를 유지하기가 가장 힘들었다. 두 급여일에 여럿이 함께 모여 술을 마시는 것은 소련의 오랜 전통이었다. 경찰은 사태를 방관하지 않고 다섯 명 이상의 청년들이 모인 곳이면 전부 다 주시했다. 그러나 이러한 경계 조치도 어느 정도만 효과가 있었다. 1985년, 경찰과 시의 관리들은 차를 전복시키고 창문을 부수는 젊은이들의 폭동을 진압해야 했다.[5]

모든 연령의 원전 노동자들은 건설팀 노동자들의 부러움을 샀다. 발전소 노동자들의 월급과 노동 환경은 건설팀보다 훨씬 좋았고, 단체 숙소에서 아파트로 이주하는 것도 실제 아파트를 짓는 그들보다 빨랐다. 건설 노동자들은 건설 현장의 분위기가 더 좋고, 그들의 동료들이 개방적이고 직선적인 반면, 원전 노동자들은 교활하고 계산적이라고 생각했다. 그러나 원전 근무자들은 이는 얼토당토않다고 여겼다.[6]

키지마는 건설감독부를 농촌의 대가족처럼 이끌었다. 각 건설 부문 책임자는 '로마시카'라고 불리는 발전소 식당으로 불려가 우크라이나식 보르시•를 먹는 것을 두려워했다. 권위적인 가장을 위해 마련된 긴 테이블 끝자리에는 키지마가 앉아 있었고, 그의 '자녀들'인 중간 감독자들이 양옆에 앉았다. "모두 조용히 숟가락으로 보르시를 떠먹고 있을 때 갑자기 그의 목소리가 침묵을 깬다. 화가 난 목소리는 아니지만 엄격하고 단호한 목소리로 그는 이 운반팀은 제시간에 건설 크레인을 설치하지 못

• 러시아와 우크라이나, 동유럽 지역에서 주식으로 먹는 수프.

했고, 콘크리트 담당팀은 콘크리트 타설 작업을 제대로 완수하지 못했다고 질책했다"라고 키지마의 업무 점심 식사에 초대된 한 기자가 회고했다. 키지마는 기억력이 대단한 사람이어서 수많은 부하들의 이름과 부칭*을 모두 외우고, 그들이 맡은 업무와 처리할 수 있는 자재도 죄다 기억했다.[7]

키지마는 그 도시를 진정으로 사랑하는 감독자여서 원자력 발전소뿐만 아니라 프리퍄트시의 공공건물, 주택, 인프라 건설에 필요한 돈과 자원을 찾아냈다. 그는 또한 신속한 공사 완수에 대한 압박을 물리치고 건설 공사를 제대로 하려고 노력했다. 당 간부들이 프리퍄트 문화궁전 공사가 지연된다고 비난하자, 그는 키예프의 성 볼로디미르 성당을 예로 들었다. 이 성당은 짓는 데 수십 년이 걸렸지만 그 덕분에 아직 건재하다고 말해 당 간부들을 놀라게 했다. 사회주의 문화궁전을 성당과 비교하는 것보다 더 큰 이념적 죄악은 없었다. 그러나 키지마는 그런 것에 신경 쓰지 않았다. 그는 시간을 끌었을 뿐만 아니라, 자신이 짓는 궁전이 우크라이나에서 가장 뛰어난 작품이 되어야 한다는 생각을 굽히지 않았다. 그는 문화궁전 벽을 장식하기 위해 구하기 어려운 대리석을 찾아 가져왔고, 그 구조물에 쓸 알루미늄(소련에서는 거의 구하기 힘든 자재였다)도 구해 왔으며, 귀한 목재를 사용해 바닥을 깔았다. 프리퍄트 문화궁전에 나무 마루를 깐 이들은 키예프의 제정러시아 시대 궁전을 복원한 전문 목수들이었다.[8]

• 러시아인의 이름은 이름, 부칭, 성으로 구성되는데, 상대를 존중해 부를 때는 이름과 부칭을 함께 부른다. 대체로 이름과 성만 표기되는 경우가 많아 부칭까지 외우기는 쉽지 않은 일이고, 외국인들에게는 더욱 그러하다.

체르노빌의 원자로 5호기 건설 작업은 키지마에게 새로운 문제를 안겨 주었다. 그는 이전에도 원자로를 건설한 경험이 있었기에 공기를 최소한으로 지연하면서 공사를 완수하는 법을 알고 있었다. 그러나 모스크바의 당 간부들이 원자로를 최대한 많이 건설하기 위해 새 원자로 1기의 건설 기간을 3년에서 2년으로 단축해놓은 상태였다. 1985년에 시작된 원자로 공사는 1986년 말에 완수해야 했다. 신임 에너지전력부 장관 아나톨리 마요레츠는 1986년 2월에 열린 공산당대회에서 여러 개의 원자로를 갖춘 원전의 건설 기간을 7년에서 5년으로 단축할 수 있고, 또 그렇게 되어야 한다고 선언했다. 그는 원자력 산업에 자신의 족적을 남기고 싶어 했다.

1985년 12월, 마요레츠는 건설 현상을 직접 점검하기 위해 프리퍄트로 내려왔다. 그는 이미 기간이 늦어진 공사를 가속화하길 원했다. 그가 있는 자리에서 키예프 지역 당위원회는 공사 속도를 가속화하는 내용의 결의문을 통과시켰다. 공산당은 자신들이 쓸 수 있는 주된 수단을 사용했다. 바로 공사 지연을 책임져야 할 관리들에게 질책을 퍼붓는 것이었다. 어떤 때는 구두로, 어떤 때는 서면으로 공격을 했고, 해당 관리의 당 이력에 견책 기록을 남기기도 했다. 상황이 나아질 경우 비난을 거두었고 감독자는 보상을 받았으며 일이 다시 진행되었다. 1986년 1월, 프리퍄트 건설 감독자들은 당의 질책 대상이 되었다. 희생양이 된 사람 중에는 브류하노프 밑의 부책임자로 원전 건설 책임을 맡은 솔로비예프도 포함되었다. 그는 키지마 및 그의 팀과 함께 일한 대가를 치렀다. 프리퍄트시 당위원회 회의에서 솔로비예프에 대해 당 이력에 기록을 남기는 매우 강한 수준의 견책이 결정되었다. 키지마와 그 밑의 직원들은 견책 대상에서 제외되었지만, 잠시 동안 유예된 것이었다.

키지마는 소련 관리들 중에서도 별종이었다. 그는 자신이 건설하는 원자력 발전소와 자신이 소중히 생각하는 도시 건설에 투입되는 자재를 다른 곳으로 전용하도록 압력을 가하는 당 간부들에게 주저하지 않고 반기를 들었다. 스탈린 시대의 강제적 농업 집단화 이후 소련 경제의 한 부문인 농업은 만성적으로 생산성이 떨어졌다. 농업 부문의 생산량을 늘리기 위해 공산당은 집단농장과 도시의 대규모 산업, 과학기술 기업 사이의 '파트너십'이라는 제도를 만들었다. 이는 실제로는 도시 주민들을 농촌으로 보내 농사일을 돕게 하는 것이었다. 프리퍄트의 당 관리들은 원전과 건설 현장의 인력이 이런 일에 나서기를 바랐고, 지역 신문은 정기적으로 그 결과를 보도했다. 브류하노프는 불평을 하면서도 발전소 직원들을 인근 집단농장으로 보냈다. 그러나 키지마는 이를 거부했다.

한번은 당 간부가 발전소 건설 현장의 인력을 농업 노동에 투입하라고 요구하자, 키지마는 키예프의 당 본부에 전화를 걸었다. 키지마는 전화를 받은 당 간부에게 "당신 부하가 내 사무실에 와 있고, 나한테 이래라저래라 하는데, 나도 지금 내가 할 일이 목까지 차 있는 상태요. 당신이 한번 알아보시오. 여기서 누가 대장인지를. 이 사람인지 아니면 나인지!"라고 소리치고 전화를 끊었다. 그것으로 일은 종결되었다. 당 간부들은 원자력 에너지의 중요성을 고려하면 자신들의 제안을 철회할 수밖에 없었다. 그러나 이들은 잔뜩 화가 났다. 이들이 보기에 키지마는 안하무인이었다.[9]

키지마가 당의 압박을 처리할 때 사용하는 무기 중 하나는 언론을 이용하는 것이었다. 그는 언론에 문제를 노출시켜 당 관리들이 자재 공급자들로 하여금 제때에 건설 자재를 공급하도록 닦달하게 만들었다. 키지마는 고르바초프의 글라스노스트, 즉 '정보 공개 정책'이 시작되기 훨씬 전부터 언론을 이용하는 방법을 터득했다. 1980년 봄, 키지마와 브류하노프는 키예프로 소환되어 소련 부총리에게 원자로 3호기 건설 현황을 보고해야 했다. 다른 발전소 대표들도 그 자리에 불려왔지만, 체르노빌 건설 현장의 공사 진척 속도가 가장 느렸다. 다른 곳의 평균 공사 진척도가 90퍼센트인 데 반해, 체르노빌은 68퍼센트 진척되었다고 보고했다. 문제는 전문 기술자, 장비, 자재의 부족이었다. 이들은 한 달 내에 다른 현장의 공사 속도를 따라잡으라는 명령을 받았으나, 이는 달성 불가능한 주문이었다. 공사 속도는 최소 2~3개월 뒤처져 있었다.[10]

새로 설정된 데드라인은 맞출 수 없었고, 소련 당과 정부 피라미드의 최상부로부터 질책이 곧 떨어질 상황에 처한 키지마는 《크입스카 프라우다(키예프의 진실)》 신문의 기자인 올렉산드르 볼랴스니를 사무실로 불러 인터뷰를 했다. 이 신문사의 편집장은 낙관적인 보도, 목표를 아주 빠른 시간 안에 달성할 것이라는 약속을 기대한 터였다. 그러나 키지마는 기자를 몇 시간 앉아서 기다리게 하고는 펜과 종이를 가져와 인터뷰 질문에 하나하나 스스로 답을 만들었다. 키지마는 공사가 늦어지는 이유는 필요한 자재와 인력이 없기 때문이라고 단순하게 적었다. 사회주의 경제에서는 기적이 일어나지 않았다. 그는 당 관료들이 건설 자재 공급자들에게 압박을 가해 제때에 건설 자재를 공급하도록 만들기를 바랐다. 기사를 보고 놀란 편집장은 당 관료들에게 연락했고, 당 관료들은 기분이 언짢았지만 결국은 기사가 나가도록 허락했다. 이렇게 해서 이들은 모스크바로부터 떨어질 부당한 비판을 모면할 수 있었다.[11]

1986년 초, 원자로 5호기 건설도 유사한 상황에 처해 있었다. 건설 인력은 그곳에 있었지만 건설 자재가 제대로 공급되지 않고 있었다. 모스크바의 공산당대회에서 결의가 통과되기 한참 전에 공기 단축 지시가 내려졌지만 키지마와 건설 기사들은 1985년 7월까지 설계도도 받지 못한 상황이었다. 그 결과 가을 전에 건설 자재와 장비를 주문하지 못했고, 공급자들은 그해 말이 되어서야 건설용 벽돌과 다른 자재들을 공급하기 시작했다. 일부 자재는 제시간에 공급되었지만 다른 자재들은 공급이 지연되어 공사가 자주 중단됐다.

프리퍄트 신문《트리부나 에네르게티카》의 기자 류보프 코발렙스카야가 자재 공급 문제를 다루는 특집 기사에 대한 아이디어를 제안하자, 키지마는 기다렸다는 듯이 이에 동의했다. 더 중요한 것은, 키지마가 보안 규정을 어기고 코발렙스카야로 하여금 공급받는 자재의 질과 양을 한눈에 볼 수 있는 원전 전산센터의 자료를 보여준 것이었다. 이는 코발렙스카야에게는 대단한 혜택이었지만, 다른 직원들은 키지마의 생각에 동의하지 않았다. 상주하는 KGB 요원들을 의식한 전산센터의 관리자들은 코발렙스카야가 스프레드시트 출력물을 볼 시간을 15분으로 제한했다. 그들은 이 짧은 시간 안에 러시아어와 문학을 전공한 여성 기자가 그 내용을 거의 이해하지 못할 것이라고 여겼다. 그러나 그녀는 용케도 30분 동안 스프레드시트를 보면서 많은 내용을 기록했다.

코발렙스카야가 적은 수치들은 놀라운 그림을 보여주었다. 한 공급자가 공급한 자재의 70퍼센트가 불량품이었다. 사용된 핵연료를 보관할 저장소에 쓰이는 철재 구조물 356톤이 불량이었다. 다른 공급자가 제공한 콘크리트 패널은 사이즈가 맞지 않아 건설 현장에서 다시 가공해서 사용해야 했다. 그러나 가장 큰 문제는, 일부 자재는 견적에 맞게 제작되었지만 다른 자재들은 아예 도착하지 않은 것이었다. 총 2435톤의 철근 구조물이 아직 도착하지 않은 상태였다. 키지마는 이 사실을 그대로 보도하도록 허용했고, 이 기사는 코발렙스카야의 필명인 L. 스타니슬랍스카야란 이름으로 1986년 3월 21일 금요일자 《트리부나 에네르게티카》에 실렸다. 전소련 원전 자재 공급자 회의는 그다음 주 월요일에 개최될 예정이었다.[12]

체르노빌 원자력 발전소의 부수석 기술자인 아나톨리 댜틀로프는 키지마의 건설팀이 원자로 건설 공사를 잘 진행하고 있다고 믿었다. 이들은 또한 비현실적인 요구를 하며 불가능한 공사 완료 시한을 내세운 당과 산업계 관리들의 압박도 잘 막아내고 있었다. 댜틀로프에 따르면 키지마와 그의 부하 직원들은 "겉으로는 드러내지 않았지만 이런 공격을 진지하게 받아들이지 않았다. 그렇게 하지 않으면 이런 작업 조건에서 오래 살아남기가 불가능했다."[13]

댜틀로프가 생각하기에 가장 크게 염려되는 점은 키지마의 태도가 아니라 원자력 발전소 건설을 위한 적절한 부품 생산 기반이 없다는 사실이었고, 따라서 부품 공급자가 문제였다. 체르노빌 같은 원전은 더 이상 소련의 핵 프로그램과 군산 복합체의 중심이자 막강한 권력을 소유한 중형기계제작부의 수장 예핌 슬랍스키의 관할이 아니었다. 슬랍스키의 부처는 원자력 산업에 필요한 부품과 장비 대부분을 생산해내는 거대한 제국으로, 국가 안의 또 다른 국가나 마찬가지였다. 여기에 소속된 기계 제작소들이 레닌그라드 근처 소스노비보르의 원전에 필요한 부품들을 제작했다. 이 원전의 첫 원자로는 1973년 12월부터 전기 에너지를 생산하기 시작했다. 그런데 얼마 후 원자력 발전소 건설은 에너지전력부 관할로 바뀌었다. 이 부처는 군산 복합체의 일원이 아니어서 생산 기반이 빈약했고, 슬랍스키의 권력과 권위에 따랐던 것과 같은 정치적 영향력도 없었다.

댜틀로프는 후에 이렇게 회고했다. "정부 결의안에는 체르노빌 원전의 원자로 1호기와 2호기에 들어가는 비표준적 부품도 레닌그라드 원전을 만든 공장에서 생산하기로 되어 있었다. 그러나 중형기계제작부는 정부 결의안을 명령으로 여기지 않았다." 어느 총리도 핵무기를 만드는 것이 주 임무인 슬랍스키를 통제할 수 없었다. 체르노빌 발전소와 같은 원자력 발전소들은 이 부처의 도움 없이 알아서 건설해야 했다. "그들은 '당신들 공장이 있으니 거기서 필요한 부품을 만들면 되지 않는가. 우리는 설계도만 제공하겠다'라고 말했다'라며 댜틀로프는 이어서 말했다. "우리는 에너지전력부 안에 보조 부품을 만드는 기계 제작소 몇 개를 가지고 있었다. 그러나 이곳의 제작 기술은 공방 수준이었다. 여기에서 원자로에 들어가는 부품을 만들라고 하는 것은 마치 초보 목수에게 정교한 가구를 만들라고 주문하는 것과 마찬가지였다. 그래서 원자로를 만들 때마다 문제가 계속 발생했다."[14]

새 원자로를 건설하면서 부딪히는 어려움에 대한 불만은 상부에서 거의 무시됐다. 결국 체르노빌 원전에는 이론적으로 비용에 상관없이 불특정 기계 제작소 어디서나 제작할 수 있는 원자로가 설치되었다. 체르노빌 원전은 원래 미국의 가압경수로형 원자로PWRs, Pressurized Water Reactors와 동일한 유형인 VVER 원자로를 설치하게 되어 있었다. 미국의 원자로와 마찬가지로 소련의 VVER 원자로는 1950년대에 핵잠수함용 원자로를 만들면서 생긴 부산물에 연유한 것이었다. 이 원자로에서는 우라늄 원자의 핵분열로 열을 발생시키는 연료봉을 경수로에 넣어 에너지를 생산했다. 물이 전체 시스템이 과열되는 것을 막기 위해 냉각재로도 사용되었다. 이 설계는 매우 안전한 것이었다. 실제로 일어나기 힘든 상황이지만, 냉각수의 순환이 정지할 경우에 초과열이 효과적으로 핵분열을 차단했다(원자로 노심에 물이 적을수록 고속 중성자 운동의 감속 효과가 줄어들어 물이 없는 상태에서는 핵분열이 지속될 수 없었다). VVER 원자로는 소련의 여러 원전에서 검증이 잘 이루어졌고, 그래서 처음에는 체르노빌 원전에 설치할 모델로 선택되었다.

그러나 권력 싸움의 한복판에서 VVER 원자로는 RBMK 원자로에 밀렸다. RBMK 원자로는 핵반응 제어를 위해 흑연을 쓰고 냉각재로 물을 사용했으며, VVER 원자로 생산량의 2배인 1000메가와트$_{MWe}$의 전기를 생산했다. 출력이 강력했을 뿐만 아니라 건설과 운영 비용이 적게 드는 원자로였다. VVER 원자로는 농축 우라늄을 사용하는 데 반해, RBMK 원자로는 천연 우라늄을 사용할 수 있으며, 보통 2~3퍼센트의 농축 우라늄을 연료로 사용하도록 고안되었다. 이에 못지않게 중요한 것은 RBMK 원자로는 기계 제작소에서 제작한 부품을 현장에서 조립해 건설할 수 있다는 점이었다. 이 부품들은 원자력 산업에 필요한 고정밀 장비 생산에 특화되지 않은 공장에서도 생산할 수 있었다. 모스크바 공산당 지도부가 보기에 이는 서로 윈윈한 상황이었다. 다른 국가들이 VVER 원자로를 택했지만, 소련은 전부는 아니어도 주로 RBMK 원자로를 채택했다. 체르노빌 원자력 발전소는 소련의 새로운 유형을 따랐다.

체르노빌의 원자로를 VVER 원자로에서 RBMK 원자로로 바꾸기로 결정했을 때 후자는 아직 시험을 완전히 마치지 못한 상태였다. 그러나 막강한 권력을 가진 예핌 슬랍스키가 RBMK 원자로 채택을 밀어붙였다. 이고르쿠르차토프 원자력연구소장인 아나톨리 알렉산드로프는 두 원자로 모델의 기술 감독자였고, 두 원자로의 장단점을 잘 알고 있었다. 그는 RBMK 원자로가 사모바르*만큼이나 안전하다고 주장하면서 값싸고 강력한 모델을 전반적으로 선호하는 분위기를 따랐다. 이 원자로 설계자들은 RBMK 원자로가 아주 안전해서 원자로의 오작동 시 방사능을 막을 콘크리트 구조물 없이도 원자로를 건설할 수 있으므로 비용을 더 절감할 수 있다고 주장했다.

이에 대해 반론을 펴는 사람들이 일부 있었지만, 이들은 침묵을 강요당하거나 무시되었다. 가장 강력한 이견을 가진 사람은 RBMK 원자로의 주 설계자인 니콜라이 돌레잘이었다. 돌레잘은 자신의 발명품을 부정하지는 않았지만, 원전을 소련의 유럽 지역에 건설하는 것은 잘못된 조치라고 비판했다. 그의 생각에 이런 추세로는 원자력 산업 전체가 안전하지 않게 될 수 있었다. 돌레잘은 동료들을 설득하고 정부에 로비를 했지만 아무 소용이 없었다. 그는 자신의 우려를 담은 글을 학술지에 발표하기로 결정했다. 당국은 그에게 당의 핵심 이념 잡지인 《코무니스트(공산주의자)》에 글을 실을 것을 제안했다. 그는 논문 출간을 위해 자신의 비판 강도를 누그러뜨려야 했지만, 그래도 더 넓은 독자층에게 호소함으로써 대중적 논의를 촉발할 여지가 있었다. 그는 이 거래를 택했다.[15]

돌레잘이 동료인 코랴킨과 공저한 논문 〈원자력 에너지-성취와 문제점〉은 미국의 스리마일섬 원전 사고가 발생하고 몇 달이 지난 1979년 여름에 《코무니스트》에 게재되었다. 그해 3월, 스리마일섬 원전에서 냉각장치의 오작동으로 원자로 하나가 일부 용융되어 방사능 가스를 유출했고, 이로 인해 14만 명 정도 되는 인근 지역 주민들이 자발적으로 대피하는 사고가 발생했다. 돌레잘과 그의 공저자는, 미국에서는 안전 문제로 인해 원전 건설 비용이 7~8배 상승했는데, 소련 원자력 산업은 이

• 러시아 가정에서 물을 끓이는 데 사용하는 주전자. 러시아어로 '자기 스스로 끓는 용기'라는 뜻을 가지고 있다. 18세기에 홍차가 보급되면서 함께 발달했다. 중심에 가열부가 있고 연통 위에 찻주전자 받침이 있다.

런 경향을 따르지 않는다고 비판했다. 이들은 특히 소련의 원자력 발전 장비의 질, 핵연료와 핵폐기물의 운송 과정에 대해 우려를 표했으며, 원전 개수가 늘어날수록 사고가 일어날 확률도 높아진다고 주장했다. 또한 원전 건설이 불러올 기후 변화에 대해서도 염려했다. 소련의 원전들은 전기로 전환되는 양의 2~3배에 달하는 막대한 열을 대기 중에 방출했다. 돌레잘은 원전을 현재 정책처럼 유럽 지역에 건설하는 대신, 인구가 희박하고 우라늄 광산과 가까운 소련 북부 지역에 건설해야 한다고 제안했다.[16]

돌레잘의 논문은 현행 소련 원자력 산업을 향한 거대한 도전이었다. 이미 유럽 지역에 건설 중인 원전에 수십억 루블의 재원과 원자력 분야 지도자들의 명성이 투입된 상태였다. 장거리 송전(원전이 인구 밀집 지역에서 먼 위치에 건설되는 경우에 필요)에 대한 연구는 아직 우선순위가 높지 않았다. 일반 통념에 따르면 원전은 소비자로부터 최대 500~600킬로미터 떨어져 있어야 했다. 이것이 체르노빌 발전소 입지를 선정하는 데 사용된 논리였다. 소련 원자력 기득권 세력은 반격을 가했다. 아나톨리 알렉산드로프는 돌레잘의 주장을 반박하는 논문을 외국, 주로 동유럽 독자층을 거느린 학술지 《평화와 사회주의의 문제》에 실었다. 그는 소련이 해외에서도 원전을 건설하고 있으므로, 소련의 다른 기술, 산업 수출과 마찬가지로 안전 문제는 최우선 고려 사항이라고 말했다. 그러나 흥미롭게도 동유럽에 소련이 건설한 원전은 모두 VVER형이었고, 중성자 감속에 흑연이 아니라 물을 사용했다.[17]

우크라이나에서는 돌레잘이 원자로 건설 전반과 특히 소련의 유럽 지역에 RBMK 원자로를 건설하는 것에 보인 우려가 공화국의 에너지전력부 장관 알렉세이 마쿠힌의 관심을 끌었다. 그의 부처는 소연방 에너지전력부와 함께 체르노빌 원전의 가동을 감독하고 있었다. 마쿠힌은 원자력 분야의 신참자들과 마찬가지로 새로 건설되는 원전의 안전에 관심이 높았지만, 이 문제에 대해 독자적으로 의견을 개진할 수는 없었다. 돌레잘의 논문이 출간되기 훨씬 이전부터 그의 우려 사항을 잘 알고 있었던 마쿠힌은 당시 체르노빌 원전의 부수석 기술자인 그리고리 메드베데프에게 의견을 물었다. 메드베데프는 돌레잘이 맞다고 대답했다. RBMK 원자로는 실제로 "방사능 배출량이 많았다." 걱정이 커진 마쿠힌이 "체르노빌 원자로의 예상 오염원 배출량은 얼마나 되는가?"라고 묻자, "24시간 동안 4000퀴리입니다"라는 답이 왔다. "그러면 노보보로네시 원자로는?" 마쿠힌은 러시아 중부 지역 노보보로네시 인근의 원전에서 사용하는 VVER 원자로에 대해 물었다. "차이가 큽니다"라고 메드베데프는 답했다. "그런데 학자들은 다 그렇지…. 내각이 RBMK 원자로 설치를 승인했고, 아나톨리 페트로비치 알렉산드로프가 이 원자로를 가장 안전하고 경제적인 모델이라고 칭찬했어"라고 마쿠힌은 대답한 다음 이렇게 덧붙였다. "자네가 문제를 과장한 거야. 문제없을 거야. 우리는 잘 해결할 수 있어."[18]

슬랍스키가 이끄는 중형기계제작부의 전문성과 생산 기반 없이 체르노빌 원전을 건설하는 것은 커다란 도전이었다. 당 관료와 마찬가지로 건설 감독관과 원전 감독관은 자신들의 성취만을 보고하는 경향이 있었지만, 기밀로 간주되는 기술의 보안과 가동의 안전성을 책임져야 하는 KGB는 설계와 건설의 문제점을 지적하느라 분주했다. 원전의 안전과 보안을 관장하는 KGB 감시 부서는 종종 키지마의 비밀 무기로 사용되었다. 키지마와 건설팀은 KGB 채널을 통해 당과 정부 관리들에게 공급

품의 문제점에 대해 경고를 보내고 자신들의 이익을 로비했다. 일례로 원자로 1호기 가동이 임박한 1976년 8월, KGB는 우크라이나 공화국 수뇌부에 부품과 장비 조달 문제, 기준 미달이거나 불량한 자재에 대해 보고했다. KGB 본부는 요원들이 발견한 문제를 키예프의 당 중앙위원회에 보고했다.[19]

그러나 KGB는 공급 기한과 품질 기준을 지키지 못한 공급자들만 겨냥하지는 않았다. 그들은 키지마 건설팀의 부실한 공사와 산업 기준에 맞지 않는 건설을 용인한 브류하노프에 대해서도 보고했다. 1979년 2월, 원자로 2호기 건설의 문제점을 다룬 현지 KGB의 보고가 모스크바 KGB 본부에 전달되었다. 이 문제점은 다른 사람이 아닌 당시 KGB 수장이자 장차 공산당 서기장이 될 유리 안드로포프가 당 중앙위원회에 직접 보고했다. 보고서는 키지마 아래 부책임자 중 한 명이 적절한 수리적 격리 hydro isolation 없이 원자로의 기반 공사를 진행하고, 설계도에서 10센티미터 벗어나게 기둥을 세우고, 원위치에서 15센티 벗어나게 벽을 세운 책임에 대해 지적하고 있었다.[20]

놀랍게도 원전에서 부실 공사 문제로 직결되는 사고는 일어나지 않았다. 이 단계에서 일어난 가장 심각한 사고는 1982년 9월 9일에 일어났다. 그날 예정된 원자로 1호기 수리 작업이 완료되었고 운영자들은 원자로를 최대 출력으로 가동했다. 원자로가 예정된 최대 출력의 3분의 2 지점이자 RBMK 원자로가 가장 불안정한 상태에 이르는 700메가와트에 도달할 때까지는 아무 문제가 없었다. 그런데 이때 핵연료 채널fuel channel 하나가 폭발하여 농축 우라늄이 원자로 노심으로 누출되었다. 운영자들이 무언가 문제가 발생했음을 깨닫고 원자로 가동을 중지할 때까지 30분 가까이 걸렸다. KGB 보고에 따르면 농축 우라늄 유출로 오염된 지역의

베타 방사선(고에너지 전자high-energy electron)은 정상 수치의 10배까지 상승했다.[21]

사고 원인을 조사한 조사위원회는 수리공의 과실로 결론을 내렸다. 한 수리공이 원자로의 노심으로 통하는 냉각수 관의 밸브를 실수로 닫아서 핵연료 채널이 폭발했다는 것이다. 브류하노프 밑의 부책임자인 수석 기술자가 이 사고의 책임을 지고 옷을 벗었지만, 브류하노프는 살아남았다. 결론적으로 원자력 산업계의 기준으로 볼 때 체르노빌 원전은 같은 모델의 다른 원전보다 사고율이 낮은 상태로 잘 운영되고 있었다. 그다음 해에 브류하노프는 영예로운 10월 혁명 훈장을 받았다.[22]

하지만 문제는 계속 발생했다. 1986년 2월, 브류하노프도 참석했던 모스크바 공산당대회에서 당 지도자들이 5년 내에 원자로를 2배로 증설한다는 계획을 발표할 때에도 KGB는 원자로 5호기 건설 현장에서 발생한 기술 규정 위반 사항을 지적하며 원전에서 지속적으로 발생하는 어려움에 대해 보고했다. 자재 공급자들이 콘크리트 주조에 들어가는 자갈을 제대로 공급하지 않아 현장 책임자들은 그들이 가지고 있는, 원래 사용해야 할 자갈보다 두 배나 크기가 큰 돌을 써야 했다. 거푸집에 타설한 콘크리트가 단단하게 굳지 않아 구조물에는 구멍이 생겼다. "사용 불능으로 판명된 표면은 300미터다." KGB 보고서에 적힌 내용이다. "원자로 5호기가 가동되면 콘크리트 생산에서 발견된 기술적 하자가 인명 사고를 포함해 위험 사고를 일으키는 상황에 처할 수 있다." 그러나 이 보고에 상응하는 조치는 전혀 취해지지 않았다.[23]

1986년 3월, 프리퍄트에서 3일동안 진행된 원자로 5호기의 건축 자재와 전문 부품 공급을 논의하는 전소련 공급자 회의는 성공적으로 마무리되었다고 선언되었다. 프리퍄트 현지의 건설 책임자인 바실 키지마도 기조연설에 참여했다. 원자로 5호기 건설 부품을 제공하는 28개 공장의 대표자들이 회의에 참석했고, 단지 두 업체만 불참했다.[24]

빅토르 브류하노프는 이 회의에 참석하지 않았고, 그의 대리인으로 수석 기술자 니콜라이 포민을 보냈다. 건설감독부와 새 원자로 가동 팀의 업무를 조율하는 것이 포민의 임무였다. 포민은 2월에 영어 잡지 《소련 생활》에 기고한 글에서 체르노빌 원전의 냉각 수조에 물고기를 기른다고 언급해 국제적인 유명인사가 되었다. 이는 원전의 안전성을 보여주는 상징적인 문장이었다. 혹시 사고가 나더라도 자동 안전장치가 즉시 원자로를 가동 중단시킨다고 그는 자신만만하게 말했다.[25]

포민은 1982년에 일어났던 원전 사고는 언급하지 않았다. 그렇게 하는 것은 위법 행위였기 때문이다. 1985년 여름, 에너지전력부 장관으로 취임한 아나톨리 마요레츠는 원자력 사고의 정보에 대한 검열을 한층 강화하라고 지시했다. 원자력 산업 종사자들에게 내려진 장관 훈령은 "관리 직원들과 주민뿐만 아니라 에너지원(자기장, 방사능 유출, 대기, 수원, 토양 오염)에 미치는 생태학적 영향의 부정적인 결과에 대한 보고서는 신문, 잡지, 라디오방송, TV방송의 대상이 되어서는 안 된다"라고 규정했다.[26]

적극적이고 활력이 넘치는 포민은 공급자 회의에서 대체로 침묵을 지키고 앉아 있었다. 장관 훈령 때문이 아니라 1985년 말에 당한 교통사고 때문이었다. 그는 막 병가에서 복귀한 상태여서, 회의에 참석한 것 자체가 기적에 가까웠다. 회의 참석자들은 말하는 것조차 힘들어하는 그가 회의에 참여하기 얼마나 어려운 상황이었는지 생생히 보았다. 원전 부수석 기술자였다가 에너지전력부로 전근한 그리고리 메드베데프는 에너지전력부 대표로서 회의에 참석했다. 그는 포민에게서 과거 자신의 그림자를 보았다. 그는 포민을 거의 알아보지 못할 뻔했다. 포민은 매력 있는 미소와 명랑한 음성을 가진 건강한 사람이었다. "그는 튀어오를 준비가 된 용수철처럼 활력이 넘치는 사람이었다. 그러나 그곳에 있는 그의 모습에는 사고 후유증으로 억눌린 듯한 무언가가 있었다"라고 메드베데프는 후에 회상했다. 그는 포민에게 "몇 달 더 병가를 내서 건강을 회복하는 게 좋겠네"라고 조언했다. 그러나 포민은 그의 말을 귀담아 듣지 않았다. 포민은 "어서 일에 복귀해야 해"라고 대답했다.

브류하노프는 포민을 전적으로 지원했다. 그는 이렇게 말했다. "나는 그의 건강 상태가 심각하다고 보지 않았다. 그는 잘 회복해서 예상보다 빨리 업무에 복귀했다." 체르노빌 원전의 공산당 서기는 브류하노프가 모스크바에서 열리는 공산당대회에 참가하고 있으니, 부책임자인 포민이 예정보다 빨리 복귀해 원전 운영 책임을 맡아야 한다고 설득했다. 메드베데프가 볼 때 브류하노프는 과로로 진이 빠진 것 같았다. 원전 소장은 특히 방사능이 누출되고 있는 원자로 때문에 염려가 큰 듯했다. 배수로와 배기구에서 시간당 50세제곱미터의 방사능을 함유한 물이 흘러 나오고 있었다. 증기 배기구는 간신히 오염수를 처리하고 있었고, 이제 한계에 도달하고 있었다. 문제를 해결하는 유일하고도 효과적인 방법은 원자로 가동을 멈추고 문제 부분을 수리하는 것이었지만, 그렇게 하면 연간 전기 생산 목표량 달성에 차질이 생길 것이 뻔했다. 브류하노프는 공기 마감일과 목표량에만 관심 있는 당 관료들에게 질책을 받을 생각이 없었다. 브류하노프는 메드베데프에게 다른 곳으로 전근가는 것을 고려하고 있다고 말했다. 이전에는 외국에서 일한다는 생각을 떨쳐버렸지만, 지금은 이 생각이 프리퍄트에 계속 남으려 하는 자신의 의지를 흔

들고 있었다.[27]

경고 신호는 프리퍄트뿐만 아니라 키예프에서도 울리고 있었다. 부품 공급자 회의가 끝난 다음 날 《트리부나 에네르게티카》의 기자 류보프 코발렙스카야는 체르노빌 원자로 5호기 공사의 문제점을 다룬 자신의 글을 수정해, 우크라이나 작가협회 기관지인 《리테라투르나 우크라이나(우크라이나 문학)》에 실었다. 이 글은 그녀가 러시아어로 《트리부나 에네르게티카》에 썼던 기사를 거의 그대로 우크라이나어로 옮긴 것이었다.

그러나 《리테라투르나 우크라이나》에 실린 기사는 훨씬 많은 독자들이 읽었고, 중요성이 큰 문제들을 부각했다. 기사에 의무적으로 들어가야 하는 소련식 사회주의의 이상화와 공산당의 성취, 소련 주민에 대한 배려에 의례적인 찬양을 한 다음, 그녀는 체르노빌 원전 건설 담당자들이 맞닥뜨린 문제를 다루었다. 그녀의 주장에 의하면 1985년 건설감독부가 주문한 4만 5500세제곱미터의 사전 조립 콘크리트 블록 중 3200세제곱미터는 도착하지 않았고, 6000세제곱미터는 불량품으로 드러났다. 현재 건설 중인 핵연료 저장 탱크에 사용되는 326톤과 원자로 터빈실의 기둥 자재 220톤도 불량품이었다. 코발렙스카야는 건축 자재와 부품을 제시간에 공급하지 못한 공급자뿐만 아니라 자신이 일하는 신문사의 사주인 건설감독부도 비판했다.

"무체계는 규율을 약화시켰을 뿐 아니라 각자의 책임과 공동 작업의 결과에 대한 책임도 약화시켰다"라고 코발렙스카야는 일갈했다.

엔지니어링과 기술 담당 인력이 작업팀을 조직하지 못하는 무능력은 작업 수준을 떨어뜨렸다. 장비, 기계, 기술 저하, 기구와 장비 부족 등의 문제로 인한 '소진 현상'이 그대로 드러났다. 한마디로 건설 메커니즘의 온갖 전형적인 문제가 심각한 형태로 나타났다. 그리고 문제가 발생한 시기는 알려진 바와 같이 무엇보다 인간의 의식 개조를 필요로 하는 경제 개혁이 시작된 시기와 일치한다.[28]

코발렙스카야는 자신의 기고문에 대한 반응을 기다렸지만, 프리퍄트와 키예프를 막론하고 어느 곳도 이렇다 할 반응이 없었다. 프리퍄트의 당 관리들은 고위 관리의 직무 태만을 고발하는 탐사 보도를 기록한 그녀를 오래전부터 말썽꾼으로 여겼다. 상관들이 그녀가 기자 생활을 하지 못하도록 당에서 쫓아낼 준비를 하고 있다는 소문도 돌았다. 그러나 한동안은 아무도 그녀의 기사에 신경 쓰지 않는 듯했다. 세계 언론은 1986년 4월 26일이 될 때까지 그녀의 기사와 기사 작성자에 대해 알지 못했다.[29]

CHERNOBYL

2부

———

지옥불

4장

금요일 밤

4월 25일 금요일, 프리퍄트 주민들은 주말을 고대했다. 지난 주말에 그들은 제대로 쉬지 못했다. 당 관료들이 지난 토요일인 4월 19일을 블라디미르 레닌의 생일을 기념하는 연례의식을 위한 무급 노동일로 바꾸었기 때문이다. 만일 소련의 국부가 영생을 누렸다면 그는 4월 22일에 116세가 되었을 것이다. 이날은 별로 중요하지 않은 기념일이었지만, 그것은 큰 관심거리가 아니었다.

레닌의 생일과 가까운 주말에 일하는 것은 겉보기에는 자발적 노동이었지만 실제로는 당 관료들이 요구한 것이었다. 미하일 고르바초프는 동독을 공식 방문해 자신의 '가속화' 정책을 밀어붙이느라 여기에 직접 관여하지는 않았지만, 국민들은 그를 실망시키지 않았다. 모스크바의 정치국은 전 소련 인구의 절반이 넘는 1억 5900만 명이 이 행사에 참여했다고 발표했다.[1]

프리퍄트시 전역에 배포되는 신문 《트리부나 에네르게티카》는 공식적으로 '붉은 토요일'이라고 불리는 토요일 노동에 시민들이 열성적으로 참여했다고 보도했다. 〈노동 휴일〉이라는 제목의 기고문에서 한 당 관료는 시민 2만 2000명이 임금을 받지 않고 일터로 나갔다고 보고했다. 원자력 발전소의 관리들과 시 관리들은 10만 루블이 넘는 상품과 서비스를 생산했고, 건설 관련 종사자들이 기여한 액수를 환산하면 22만 루블이 넘는다고 했다. 당의 내부 보고서에 따르면 주요 작업장은 당연히 공기가 지연되고 있던 원자로 5호기 건설 현장이었다. 신문은 작업자들의 노력이 배가되고 있다고 보도했는데, 한 노동자는 콘크리트를 30세제곱미터나 타설해서 크게 칭송받을 만한 성과를 냈다고 했다. 이러한 노력은 〈완벽한 보상〉이라는 제목의 기사로 인정을 받았다.[2]

다음 주말은 이런 의무 없이 쉴 수 있는 주말이었다. 프리퍄트의 많은 커플이 4월 26에 결혼식을 계획하고 있었다. 일요일은 주로 신생아 출생 신고를 하는 날이었다. 콤소몰 조직자들은 기꺼이 결혼식을 위한 장소를 예약하고 이념적 허가를 해주었다.* 이전에는 결혼식이 정교회 의례로 진행되었으나 이제는 단순하게 세속화됐을 뿐 아니라 이념화가 심화됐다. 신혼부부들은 레닌 동상과 대조국전쟁 영웅 기념비에 헌화해야 했다. 고르바초프가 반反알코올 운동을 시작한 이후 당과 콤소몰 간부들은 술 없이 결혼식을 거행하도록 압박했다. 그러나 이를 제대로 지키는 사람은 거의 없었다. 당국은 결혼식이 원전 노동자들과 '렉스'라 불리는 시골 출신 건설 노동자들 사이의 주먹다툼으로 끝나지만 않으면 다행이라고 여겼다.

• 소련 시대에는 결혼을 할 때 별도의 결혼식이 있지 않고, 신랑·신부가 레닌 초상화가 걸려 있는 출생·사망·결혼등록소(우리의 주민센터와 비슷함)에 가서 관리 앞에서 혼인서약을 하는 것으로 혼인이 성사되었다.

그날은 결혼식을 떠나 날씨가 좋아졌다고 모두들 기뻐했다. 기온이 20도가 넘었고 계절에 맞지 않게 날이 따뜻했다. 사람들은 2~3일간의 주말을 프리퍄트강과 그 지류가 흐르는 인근 숲에서 소풍과 하이킹을 즐기고, 낚시를 할 수 있는 시간으로 반겼다. 체르노빌이 아무 근거 없이 고대 공후들의 사냥터로 기록에 남았던 것이 아니다. 사냥 시즌은 아직 멀었지만 낚시는 이미 시작된 상태였다. 그날 금요일에 《트리부나 에네르게티카》는 신문 마지막 면에 프리퍄트의 한 젊은이가 팔에 거대한 메기를 안고 있는 사진을 올렸다. 사진에는 "이만한 대어는 '붉은 코너 red corner'에 오를 만한 가치가 있다"라는 설명이 달려 있었다. '붉은 코너'란 각 직장에서 당 관료들이 운영하는 선전 지면을 가리켰다. 사진으로 보건대 메기는 적어도 20킬로그램은 나갔을 것 같았으며, 사진 설명은 이만한 물고기를 낚아 올린 일은 대중의 인정을 받을 만하다는 것을 암시했다.

신문은 낚시 시즌과 관련된 중요한 정보를 전했다. 통상 낚시는 산란기가 끝나는 6월까지는 금지되었지만, 당국은 산란이 없는 일부 지역에서는 낚시를 허용했다. 사진과 함께 실린 기사에서는 드네프르강, 프리퍄트강, 우시강에서 강둑 낚시가 허용된 지점이 공지되었다. 낚시 클럽과 사냥 클럽의 회원들은 매일 3킬로그램까지 잉어나 도미처럼 '값나가는' 물고기를 잡을 수 있었고, 붕어나 작은 잉어처럼 '저렴한' 잡어는 10킬로그램까지 잡을 수 있었다. 클럽에 소속되지 않은 일반인은 값비싼 물고기와 잡어를 각각 2킬로그램과 5킬로그램까지 잡을 수 있었다. 그러나 신문은 얼마 전 니콜라이 포민이 물고기를 키우기에 안전한 장소라고 선전한 체르노빌 원전의 냉각수 연못에서 낚시를 할 수 있는지 여부는 알리지 않았다. 사실 이곳에서 낚시하는 것은 엄격히 금지되었지만,

여전히 여기에서 낚시하는 사람이 많았다. 낚시 감시원이 잠을 자는 야간에 원전 근로자들 상당수가 여기서 낚시를 했는데, 연못가에서만이 아니라 보트를 타고 나가 중앙에서 하기도 했다.[3]

《트리부나 에네르게티카》가 주말 야외 활동을 준비하는 도시인들의 구미에 맞는 기사를 실은 반면, 체르노빌 지역 신문 《프라포르 페레모히 (승리의 깃발)》는 농촌 인구가 주요 독자층이었다. 프리퍄트에서 남쪽으로 16킬로미터 떨어진 곳에 위치한 체르노빌은 여전히 그 주변의 전통적 농촌 지역에서 행정 중심지 역할을 했다. 농민들은 자작나무 수액을 채취하고 주요 상업용 작물이자 농민들의 가장 중요한 주식인 감자를 심느라 주말을 바쁘게 보냈다. 토요일판 신문에는 두 주제에 대한 흥미로운 기사가 실렸다. 체르노빌 남쪽에 위치한 디탸트키구는 후에 체르노빌 제한 구역으로 들어가는 입구로 유명해졌는데, 이 지역의 농산물 수확단은 자작나무 수액을 90톤 채취하여 소비자들에게 보냈다. 지역 집단농장들은 감자 심기에서 치열한 경쟁을 벌였다. 이름에 걸맞게 페레모하(승리) 집단농장이 이 경쟁에서 1등을 차지했다. 페레모하 농장 본부는 스테찬카 마을에 있었는데, 이 마을은 곧 폐쇄되고 주민들은 모두 다른 곳으로 이주하게 될 것이다.[4]

체르노빌 지역 신문에 실린 기사 중에 가장 중요한 것은 파종 가능한 다양한 감자 종류에 대한 정보였다. 키예프 연구소와 체르노빌 종묘 센터에서 온 두 전문가는 각 종자가 지닌 장단점을 설명했다. 이 정보는 프리퍄트 주민들에게도 아주 중요했다. 이들 중 일부는 '다차'라고 불리는 주말별장 또는 작은 여름 농가를 가지고 있었고, 그곳에서 감자를 비롯해 여러 가지 채소를 심곤 했다. 그러나 바실 키지마 팀의 건설 노동자들, 즉 훨씬 많은 수의 이 지역 출신 남녀 젊은이들은 주말에 고향 집으로 내려가 부모님의 감자 파종을 도와야 했다. 이들이 집으로 가져갈 수 있는 가장 좋은 선물은 뛰어난 감자 종자의 정보였다. 기나긴 겨울 내내 이들은 부모님이 텃밭에서 길러 도시 아파트로 보내준 채소에 의존하며 끼니를 때웠다.[5]

무엇보다 다가오는 주말이 좋은 점은 길게 이어지는 연휴의 시작이라는 것이었다. 5월 1일은 소련의 법정 공휴일인 '국제 노동자의 날'이었다. 5월 4일은 당국이 공식적으로 인정하지는 않았지만 주민들 대다수가 기념하는 정교회 부활절이었다. 그다음 주 역시 노동일자가 단축되었다. 5월 9일이 당국과 주민 모두가 크게 경축하는 법정 기념일인 2차 세계대전 전승기념일이었기 때문이다. 4월 25일 금요일은 도시 전체가 연휴 분위기에 젖기 전에 아직 끝내지 못한 사무를 볼 수 있는 마지막 날이었다. 이때 끝내지 못한 일은 5월 중순이 되어서야 다시 시작할 수 있었다.

프리파트의 다른 이들과 마찬가지로 빅토르 브류하노프도 휴식을 취할 수 있는 주말을 기대했다. 그에겐 절대적으로 휴식이 필요했다. 모스크바에서 돌아온 후 그는 집에서 잠만 자고 나갈 정도로 쉬지 않고 일했다. 이제 그도 따뜻한 날씨의 야외 생활을 즐길 수 있게 되었다. 4월 초 아내 발렌티나와 강에서 물놀이를 할 때, 그는 물가에서 큰뿔사슴 두 마리를 발견한 적이 있었다. 쉽게 잊을 수 없는 경험이었다. 잘하면 사슴을 다시 볼 수도 있을 것 같았다. 그러나 가장 중요한 것은 키예프에서 딸과 사위가 방문하기로 한 것이었다.[6]

늘 그렇듯이 금요일은 남은 일을 처리하느라 정신없는 날이었으나 주말을 망칠 만한 문제가 발생할 가능성은 없어 보였다. 방사능 누출이 계속되긴 했지만 통제할 수 있는 상태였다. 몇 주 전 우크라이나의 자포리지아 원전에서 일어난 일처럼, 현재로서는 방사능 누출을 차단하기 위해 원자로 가동 중지 조치를 할 필요는 없었다. 자포리지아 원전에는 원자로 2기가 가동 중이었고, 1기가 건설 중이었는데, 해당 원전의 운영자들이 4월 7일 원자로의 냉각수에서 정상치의 14배에 달하는 방사능 누출을 탐지했다. 이 문제를 해결하기 위해 2주 동안 원자로를 가동 중지해야 했고, 진행 중인 원자로 공사도 중단했다. 세 번째 원자로를 수리하는 동안에는 전력 생산 자체가 중단되었다. 전력 생산이 안 되면 보너스가 안 나오고 당과 정부의 간부들에게 호되게 질책을 받아야 했다.[7]

체르노빌 원전은 정상적으로 잘 가동되고 있었고, 소련에서 가장 뛰어난 시설로 평가되었다. 연 평균 기술 사고와 부품 오작동 횟수는 평균 5회에 불과했다. 원자로 4호기를 곧 가동 중지할 예정이었지만, 이는 원자력 산업 규정에 따른 정기 검사와 수리를 위해서였다. 상황에 따라 이런 수리 작업은 몇 달이 걸릴 수도 있었다. 얼마나 자주 원자로 가동을 중지하느냐는 소관 부처가 결정할 일이었다. 새로 에너지전력부 장관이 된 마요레츠는 가동이 중지되는 간격을 늘리고 수리에 필요한 시간을 줄여서 새로운 역사를 만들고 상관들의 눈에 들고 싶어 했다. 에너지 생산량을 늘리면 당연히 윗사람들이 기뻐할 터였다. 1985년에 체르노빌 원전은 목표 생산량을 거의 10퍼센트나 초과 달성했는데, 예정된 수리 기간을 단축한 것도 여기에 일조했다. 1986년 전력 생산은 꼭 필요한 가동 중지가 예정된 상태여서 전년도보다 낮아질 가능성이 높았고, 지역 당국은 이를 달가워하지 않았다.[8]

그렇다 하더라도 당 간부나 해당 부처가 무시할 수 없는 산업 기준이라는 것이 있었다. 원자로 4호기는 정기 수리 작업을 위해 4월 말에 가동을 중지하기로 되어 있었고, 브류하노프 팀의 기술자들은 이에 필요한 준비를 했다. 이런 경우에는 통상 진행되던 대로, 원자로 가동 중지기간에 방사능이 아주 낮은 수준에서 여러 가지 시험을 시도했다. 가동 중지에 들어가기 전 실시하기로 한 시험은 증기터빈과 관련된 것으로, 스크램 가동 중에 원자로를 보다 안전하게 만드는 방법을 찾는 시험이었다. 스크램SCRAM, Safety Control Rods Activation Mechanism이란 비상사태가 발생했을 때 제어봉을 원자로의 핵반응 영역에 삽입해 핵분열 반응을 정지시키는 조치였다. 이 시험의 배경이 되는 아이디어는 간단했다. 원자로 가동이 중지되는 비상사태가 발생하면, 원자로의 과열과 용융을 막기 위해 냉각수를 보내는 펌프의 전기도 차단된다. 그러면 비상 디젤발전기에서 냉각수 공급 펌프에 필요한 전기를 대신 공급하게 되어 있었지만, 현재 원자로 가동이 중지된 후에 비상 디젤 발전기가 가동하기까지 45초가 걸려서 얼마간 전기 공급이 중단되고 이에 따라 안전사고가발생할 가능성이 있었다. 이 문제를 해결할 방법을 찾아야 했다.

우크라이나 동부의 도네츠크에 있는 연구소 기술자들이 이 문제의 해결책을 제시하고자 나섰다. 원자로는 가동 중지 이후에도 곧바로 열이식지 않으므로 남아 있는 증기압으로 한동안 터빈이 계속 돌아갈 수 있었다. 이 터빈 회전으로 발생하는 전기가 45초라는 전기 공급 중단의 간극을 메울 수 있다는 것이다. 도네츠크 연구자들은 원자로 4호기 가동이 중지되었을 때 터빈 발전기가 관성으로 얼마나 돌아갈 수 있으며 에너지가 얼마나 생산되는지에 대한 답을 체르노빌 동료들의 도움을 받아얻고 싶어 했다. 이것이 시험의 요체였다.

궁극적으로 자동 정지 시스템을 향상시키기 위한 이 실험의 핵심은 원전 운전을 위한 전원 공급 실패power failure와 정전blackout을 인위적으로 만들어서 자동 정지 시스템 작동을 비활성화하는 것이었다. 그 결과로 시험 도중에 원자로가 통제에서 벗어날 위험성이 있었다. 그러나 아무도 이 시험의 위험 부담이 크다고 생각하지 않았다. 원전 운영자들은 원자로를 설계자들이 구상했던 또 다른 비상 안전장치를 가동해볼 수 있는 기회였기에 이 시험에 흥미가 있었다. 게다가 에너지전력부에서도 시험을 해보라는 지시가 내려온 상황이었다. 이들은 이전에도 같은 시험을 시도했지만, 증기터빈 발전기가 오작동하는 바람에 실패했던 터였다. 이제 그 문제도 해결되었으니 시험을 위한 준비가 완전하게 갖춰진 듯했다.[9]

시험 준비는 3월부터 시작되어 4월에 본격화되었다. 증기터빈 시험은 원자로 4호기에서 실시되는 시스템 검사에서 가장 복잡한 부분이었지만, 몇 가지 다른 과정도 수행되어야 했다. 시험 과정의 진행 일정을 짜는 일은 경험이 가장 풍부한 원전 기술자 비탈리 보레츠가 맡았다. 40대 후반의 보레츠는 소련 여러 곳의 원전에서 일한 경험이 있었다. 그는 1974년 3월에 프리퍄트에 처음 왔다. 그 무렵 그는 원자력 산업계에서 12년 가까이 경험을 쌓았는데, 대부분 시베리아의 도시 톰스크 근처 원자력 시설과 폐쇄된 도시 톰스크-7에서였다. 톰스크시와 다르게 톰스크-7은 지도에도 나오지 않는 곳이었다. 1958년 그곳에 소련 최초로 원자력 발전소가 설치되었는데, 거기서 생산한 것은 전기가 아니라 무기급 플루토늄이었다. 1963년 12월에 보레츠는 이 원전의 네 번째 원자로 ADE-4를 가동시키는 팀에 배치되었다. 체르노빌 원전과 마찬가지로 톰스크-7의 원자로는 농축 우라늄의 핵과 충돌하는 중성자 활동을 흑연 제어봉을 사용해 둔화시키는 유형이었다. 보레츠는 원자로를 가동하는 계약업체에서 일하기 전, 10년간 체르노빌에서 일한 적이 있었다. 원자로 가동

중지도 그의 전문 분야에 속했다.[10]

시험 시간표를 준비해달라는 요청에 보레츠는 기꺼이 응했다. 그는 누구보다 원전을 잘 알았다. 원자로 4호기는 가장 최근에 설치된 것이었고, 프리퍄트의 많은 이들이 보기에 전체 발전소에서 가장 안전한 원자로였다. 4호기는 원전 건설 2단계 공사의 일환으로 건설되었다. 1호기, 2호기처럼 별도의 건물에 설치된 것이 아니라, 원자로 3호기와 한 건물 안에 지어졌다. 이 두 원자로는 각각 1000메가와트의 전기에너지 MWe, megawatts of electrical energy 생산능력을 가지고 있었다. 이 생산능력에 도달하기 위해서는 최소한 3000메가와트의 열 에너지MWt, megawatts of thermal energy 출력을 내야 했다. 두 원자로의 생산능력은 3200메가와트로 평가되었다. 원자로 3호기는 1981년 12월에 가동에 들어갔고, 4호기는 1983년 12월에 가동이 시작되었다. 원자로 4호기 감리위원회의 승인서에는 1983년 12월 18일에 니콜라이 포민이 서명했다.

감리서에는 원자로의 주요 특징이 기술되어 있었다. 고순도 흑연으로 만든 지름 10미터, 높이 7미터의 용기가 길이 22미터, 폭 22미터, 높이 26미터의 콘크리트 구조물 안에 안치되어 있었다. 이 구조물은 빠르게 운동하는 중성자의 속도를 늦추고, 우라늄 원자를 더 작은 원자로 쪼개어 운동 에너지를 방출함으로써 핵 연쇄반응을 유지하도록 돕는 흑연 블록으로 채워졌다. 원통 구조물의 윗부분과 바닥은 생물학적 보호막 biological shield 역할을 하는 두 개의 거대한 금속판으로 덮여 있었다. 원전 운영자들이 '엘레나'라는 별명을 붙인 상판 '시스템 E'는 두 가지 종류의 연료 삽입구로 사용되는 수많은 관이 관통하고 있었는데, 이것들은 제어봉과 연료봉 삽입용으로 쓰였다. 원자로는 길이가 약 3.5미터인 연료봉 또는 압력 채널pressure channels을 1661개 갖고 있었다. 연료봉은

2~3퍼센트 농도의 농축 우라늄-235와 천연 우라늄-238의 알갱이로 채워졌다. 중성자를 흡수하는 탄화붕소로 만들어진 211개의 제어봉도 있었기 때문에 이 제어봉이 원자로의 노심에 삽입되면, 핵분열 반응을 감소시켰고, 핵반응 영역에서 제거되면 반응 속도를 높일 수 있었다. 두 냉각재 유로流路, coolant loops는 핵연료봉의 연쇄반응으로 발생한 에너지로 가열된 물을 순환시켜 증기드럼으로 전달했고, 증기드럼에 의해 수분과 분리된 증기가 터빈을 돌려 전기를 생산했다.

소련의 다른 원자로와 마찬가지로 원자로 4호기에는 원형 구조의 콘크리트 구조물 말고는 안전 격납 장치가 없었지만, 감리위원회는 원자로 시스템의 작동이 모두 만족스럽다고 결론 내렸다. 늘 그렇듯이 개선해야 할 사항도 있었다. 감리위원회는 앞으로 고쳐야 할 문제들을 지적했다. 다른 여러 지적 사항도 있었지만 우선 제어봉의 구조를 수정하라고 요구했다. 제어봉은 2미터 이내로 삽입되는 경우에 양의 반응도 효과effect of positive reactivity 또는 핵반응의 폭발적 증가로 원자로의 출력 상승을 유발할 수 있었다(제어봉의 전체 길이는 6미터다). 감리위원회가 요구한 개선 사항이 원자로 3호기에서는 이미 시행되고 있었다. 이러한 개선은 1975년에 레닌그라드 원전에서 발생했던 것과 같은 문제를 해결하는 데 필요한 조치였다. 레닌그라드 원전에서는 양의 보이드 효과positive void effect에 의한 반응도 상승으로 방사능 수치가 급격히 상승하고 원자로의 불안정이 초래되었다. 양의 보이드 효과란 원자로 내의 냉각재가 소실되면서 방사능이 증가하는 현상을 말한다. 원자로가 거의 파괴될 뻔한 이 사건의 세부 사항이 다른 원전 운영자들에게는 기밀이었지만, 보레츠는 레닌그라드 원전이 처했던 상황이 얼마나 위험했는지 현장에서 직접 경험했다.[11]

RBMK형 원자로에 대한 훈련을 받기 위해 체르노빌 원전에서 레닌그라드 원전으로 파견된 보레츠는 1975년 11월 30일에 원자로 역사상 최악의 사고를 우연히 목격하게 되었다. 그날 그는 당직 근무가 끝난 후 '운영 모드 변환' 작업 중에 원자로가 어떻게 반응하는지 보기 위해 통제실에 남아 있었다. 이 작업은 원자로 가동을 중지하고 한 운영 모드에서 다른 운영 모드로 전환하는 작업이었다. 보레츠는 원자로에 뭔가 이상이 생겼음을 곧장 알아차렸다. 운영자가 원자로의 핵반응 영역에 추가로 제어봉을 삽입한 뒤에도 낮은 출력 상태로 가동되던 원자로의 방사능 수치가 계속 올라갔다. 보통은 핵반응이 일어나고, 연료봉에서 원자력 에너지가 방출되는 원자로의 핵반응 영역에 제어봉을 삽입하면 방사능 수준이 감소되기 마련이었다. 그러나 레닌그라드 원전의 RBMK형 원자로는 다른 양태를 보였다. 보레츠가 감탄할 정도로 기술과 경험이 풍부한 운영자가 수동으로 제어봉을 추가로 삽입했는데도 이 조치가 급격히 상승하는 방사능 수치를 떨어뜨리지 못했다. 원자로가 기대한 바와 다르게 작동했던 것이다.

보레츠가 보기에 원자로는 통제를 벗어난 것 같았다. 이전에 원자로를 운영한 경험이 있는 보레츠는 급격히 상승하는 방사능 수준이 제어되지 않으면 폭발로 이어질 수 있다는 것을 알았다. 이튿날 보레츠는 핵물리학을 이해하지 못하는 안전요원에게 이런 비유를 들어 설명했다. "당신이 지금 차를 운전한다고 생각해 보시오. 시동을 걸면 차가 천천히 움직입니다. 당신은 기어를 바꿔서 속도를 60킬로미터로 올립니다. 당신이 액셀레이터에서 발을 뗐는데 차가 갑자기 80, 100, 130, 150킬로미터로 달립니다. 브레이크를 밟았지만 아무 효과도 없습니다. 그럴 때 어떤 느낌이 들 것 같소?"[12]

통제되지 않는 원자로는 두 번이나 원자로 가동을 자동으로 중지시키는 스크램에 의해 제어되었다. 이때 폭발은 막았지만, 핵반응의 폭발적 증가로 원자로 내의 연료 채널 하나가 용융되어 우라늄이 중심부로 방출되었다. 그러자 원자로는 가동 중지되었다. 그다음 날 질소가 '소제되었고', 총 150만 퀴리에 해당하는 폐기물이 배기관을 통해 대기에 누출되었다. 1퀴리는 370억 개 원자의 핵분열로 방출되는 방사능 양이다. 이는 100억 쿼트°의 우유를 오염시켜 사람이 마실 수 없게 만들 수 있었다. 국제원자력기구에 따르면 핵 오염 안전 기준은 1제곱킬로미터당 5퀴리다. 150만 퀴리의 방사능 누출이 불과 50킬로미터도 떨어져 있지 않은 레닌그라드시를 포함한 원전 주변 지역의 사람들과 환경에 어떤 영향을 미쳤을지 짐작할 수 있다.[13]

비탈리 보레츠는 원자로에 무슨 문제가 생겼는지 어떠한 설명도 듣지 못했고, 원자로 설계에 내재된 중대한 기술적 결함에 대해서도 전혀 알지 못했다. 정보는 철저히 비밀에 부쳐졌다. 원자로 설계자들은 RBMK형 원자로의 설계를 크게 바꾸지 않았다. 그 대신에 이들은 제어봉의 개선 조치에 관한 지침만 내려보냈고, 왜 이런 조치가 필요한지는 설명하지 않았다. 이러한 지침은 체르노빌 원자로 4호기를 살펴본 감리위원회에게도 전달되었다. 그러나 기술자들은 하나같이 제어봉 문제는 큰 것이 아니라고 믿었다. 레닌그라드 원전에서 일어난 사고가 남긴 교훈은 전혀 학습되지 않았다. 원자로에 적용할 수 있는 개선점이 많았지만, 원전 운영자들의 가장 중요한 임무는 전기를 생산하는 것이었지, 이미 가동 중인 원자로를 개량하는 것이 아니었다. 수리 작업은 조금 뒤로 미루

● 1쿼트는 약 1.14리터다.

어도 상관없었다.

원전 관리 실태를 상시로 감시하는 KGB는 새로 설치된 원자로 2기의 상태에 전반적으로 만족을 표했다. 체르노빌의 원전 증설 현장을 감시하던 KGB 요원들은 원자로 3, 4호기가 원자로 1, 2호기보다 전반적으로 안전하다고 믿었다. 1984년에 KGB는 원전에 여러 안전 문제가 있는데도 전반적으로 상황이 개선되고 있다고 결론 내렸다. 1982년에 안전사고가 세 번 일어났고 3기의 원자로에서 부품 문제가 총 16회 발생했지만, 1984년에는 첫 9개월 동안 아무 사고도 없었고, 단지 10건의 부품 문제만 있었을 뿐이라는 것이다.[14]

시험을 위해 원자로 4호기의 가동 중지를 준비할 때 보레츠나 다른 기술자들이 레닌그라드 원전에서 일어났던 사고를 떠올릴 이유는 없었다. 보레츠는 요청받은 일을 수행했다. 그는 원자로와 자문 기술자들이 제안한 시험에 대한 정보를 모두 수집한 다음, 원자로 가동 중지를 책임지는 전문가 그룹을 위한 시험 시간표를 짰다. 보레츠는 4월 24일 밤 10시에 원자로를 가동 중지하도록 계획을 짰다. 가동 중지 시험을 포함한 모든 작업은 4월 25일 금요일 오후 1시에 마치도록 되어 있었다.

전문가 그룹의 가동 중지 작업은 그날 오전 10시에 완료되어야 했다. 그렇지 않으면 원자로 내의 방사능 수치가 허용된 것보다 아래로 떨어질 수 있었다. 이에 모두가 동의했다. 수석 기술자 니콜라이 포민은 이 프로그램에 재가 서명을 했다. 나중에 그는 가동 중지가 원래 4월 23일로 예정되어 있었으나 다시 주말에 수행하기로 결정되었다고 회고했다. 원전 운영자들은 이 프로그램을 모스크바의 에너지전력부나 원자로 생산 기관에 통보하지 않았다. 규정에는 관계 기관에 보고하게 되어 있었지만 실제로는 거의 지켜지지 않았다. 원자로 4호기는 안전하게 가동 중

지된 상태에서 4월 마지막 주말을 맞이하게 되어 있었다.[15]

원자로 4호기 가동 중지를 위한 준비는 보레츠가 제시한 4월 24일 저녁이 아닌 새 교대팀이 업무 인수를 한 4월 25일 새벽에 시작되었다. 그날 새벽 4시 48분에 원자로 출력 수준은 절반으로 떨어져서 1600메가와트로 낮아졌다.[16]

가동 중지 과정은 원자로 4호기 교대팀장인 이고르 카자치코프가 맡아 계속 진행했다. 그는 4월 25일 아침 8시에 야간 작업팀에게서 작업을 인수받았다. 당시 30대 중반이었던 카자치코프는 체르노빌 원전에서 가장 경험 많은 교대팀장이었다. 그는 1974년에 오데사 공과대학을 졸업하자마자 프리퍄트로 온 뒤 성공적으로 경력을 쌓으며 현재의 자리까지 올랐다. 1985년 12월에 지역 신문은 그의 경력 보도 기사를 사진과 함께 실었다. 그는 흰 작업모와 가운, 선글라스를 착용한 채 염소수염을 기른 모습으로 원전의 컴퓨터 화면 옆에 서 있었다. 그는 생각이 깊은 젊은이처럼 보였고, 신문은 그의 "정확한 조직 능력과 근무 원칙"을 칭찬하는 기사를 실었다.[17]

카자치코프는 핵반응의 강도를 줄이기 위해 제어봉의 거의 대부분이 삽입된 원자로를 야간 교대팀에게서 인수받았다. 제어봉 중에 약 15개 정도만이 삽입되지 않은 채로 남아 있었는데, 그는 이것들을 사용하여 원자로의 작동 상태를 조절할 수 있었다. 원자로 생산자의 매뉴얼에 따르면 이런 상태에서는 원자로 가동을 중지하도록 되어 있었지만, 야간 교대팀 기술자들이나 카자치코프 누구도 가동 중지 절차에 들어가지 않았다. 이는 상관들이 지시한 지침을 어기는 행위였다. 예정된 여러 가지 다른 시험 및 측정과 함께 발전기 시험은 아직 진행되지 않은 상태였다.

그리고 더욱 중요한 것은, 아주 위험한 비상사태가 발생하지 않는 한 원전 고위 책임자들의 지시에 의해서만 원자로 가동 중지가 가능하고 전력망과의 연계가 차단될 수 있다는 점이었다. 그리고 고위 책임자들이 이 조치를 취하려면 키예프 송전 감독관의 승인을 받아야 했다.

카자치코프는 후에 이렇게 말했다. "(핵반응 영역에 삽입되지 않은) 제어봉 수가 줄어들었을 때 왜 나나 동료들이 원자로 가동 중지를 하지 않았는가? 우리 중 누구도 이 조치가 사고를 유발할 것이라고 생각하지 않았기 때문이다. 원자로 생산자 매뉴얼에서는 그렇게 하는 것(가동 중지를 지연시키는 것)이 허용되지 않는다는 것을 우리는 알고 있었지만, 그렇게 할 수밖에 없었다. 만약 원자로 가동을 중지시켰다면 호되게 질책을 받았을 것이다. 어찌 되었건 우리는 예정된 계획을 완수하기 위해 서둘렀다." 만일 원자로 가동 중지를 실시했다면 어떤 일이 일어났겠느냐는 질문을 받자 카자치코프는 이렇게 대답했다. "아마도 나는 목이 달아났을 것이다. 그들은 분명히 나를 해고했을 것이다. 물론 그것을 문제 삼지는 않았겠지만, 다른 것을 트집잡았을 것이다. 제어봉 개수라는 특정한 규정을 우리는 심각하게 여기지 않았다."[18]

자신이 통제할 수 있는 제어봉 개수에 대해 크게 염려하지 않은 카자치코프는 미리 준비된 시험 프로그램에 따라 원자로의 비상 냉각수 공급 장치를 비활성화했다. 원자로 가동을 중지하는 과정은 단지 몇 시간 동안만 지속될 예정이었다. 그동안에 비상 냉각수 공급 장치가 오작동할 확률은 날아가는 비행기가 누군가의 머리 위에 떨어질 확률과 비슷하다고 생각했다. 비상 냉각수 공급 장치를 정지시키는 것은 시간이 걸리고 품이 많이 들어가는 과정이었다. 운영자들은 거대한 관의 밸브를 손으로 잠궈야 했고, 운영자 두세 명으로 구성된 팀이 각 밸브를 조작하는 데 45분이 걸렸다. 오후 2시경에야 비상 냉각수 공급 장치가 차단되었다. 실제 원자로의 가동 중지 시각까지는 15~20분이 남은 상태였다. 그때 원전 행정팀에서 원자로 출력을 1600메가와트로 유지하라는 전화가 걸려왔다. 700메가와트 출력 수준에서 수행되어야 하는 원자로 차단과 시험은 연기해야 했다.

원전에서 생산하는 전력의 분배와 소비를 담당하는 키예프 전력 송전 기관에서 걸려온 전화 때문에 원전 운영팀은 계획을 변경했다. 그들은 체르노빌 원전의 유일한 고객이었다. 원전에 비상사태가 발생하지 않는 이상 송전 감독관의 요구를 수용해야 했다. 그때 미콜라이프 지역에 있는 남부 원자력 발전소에서 원자로 1기가 갑자기 작동 불능 상태가 되었고, 송전 감독관은 체르노빌 원전에서 전력 수요가 줄어들고 실제 가동 중지가 시행되어야 하는 그날 저녁까지 원래의 출력을 유지하기를 바랐던 것이다. 비상 냉각수 공급 장치는 이미 차단되었고, 시험 시작을 불과 15분 앞둔 상태에서 원전의 그 누구도 이 요구를 달가워하지 않았다. 그러나 이들은 키예프 전력 공급 당국의 지시를 따르는 것 외에 다른 도리가 없었다. 체르노빌의 원자로 1기가 생산하는 전기가 키예프시 전체 전력 공급을 담당할 정도였기에 이들은 전력 생산을 마음대로 계속하거나 중단할 수는 없었다. 이들은 과거에도 이런 상황에 대해 불평을 터뜨린 적 있었으나 아무 소용이 없었다.[19]

1986년 2월에는 체르노빌 원전 관계자들이 송전 감독관에게 불만을 품고 있다는 사실이 KGB에 탐지되어 모스크바에까지 보고된 적이 있었다. 1985년만 해도 체르노빌 원전 운영자들이 송전 감독관의 명령으로 원자로의 출력을 변경했던 경우가 26회나 있었다. 1986년에는 첫 3주 동안 벌써 9회나 그런 상황이 발생하여 전체 전력 생산이 감소했다. 원전 운영자들은 RBMK-1000형 원자로는 일정한 출력 상태에서 작동하도록 설계되어 출력 감소는 오작동으로 이어질 수 있다고 불평했다. 또한 출력 변화는 대기 중으로 방사능 입자를 방출시켰다. 이 보고에 모스크바 당국이 보인 반응은 KGB 보고조차 현 관행을 변화시키는 데 아무 힘이 없다는 것을 증명했다. 모스크바 정부의 원자력 산업 담당 부처는 이 문제를 참고 사항으로만 받아들였다.[20]

4월 25일 오후 4시, 야간 교대팀이 통제실 업무를 인수했다. 교대팀장인 유리 트레후프는 시험 프로그램에 대해 잘 모르고 있었다. 원자로 가동 중지는 자신의 당직 근무 시작 전에 완료됐어야 했는데, 이치에 맞지 않는 송전 감독관의 명령 때문에 그는 화가 났다. "나는 상황이 그렇게 바뀐 데에 놀랐다. 송전 감독관이 원전에 명령을 내리다니!" 트레후프는 불만을 토로하며 몇 달 후 이렇게 말했다. "결국 우리에게 사고나 정전이 발생했다고 해도 송전 감독관은 원자로 가동 중지를 허가하지 않았을 수도 있다. 그러나 여기는 보일러가 터지는 정도의 사고가 나는 화력발전소가 아니었다. … 송전 감독관을 상대하는 일은 늘 힘들었다. 매번 논쟁이 벌어졌다."[21]

트레후프와 그의 팀 기술자들은 벌어진 상황을 해결할 방법을 찾으려고 노력했다. 그의 교대팀이 업무를 인수했을 때 출력은 최대 3200메가와트에서 1600메가와트로 절반까지 떨어진 상태였다. 트레후프는 비상 냉각수 공급 장치가 이미 꺼져 있는 것을 보고 놀랐다. "비상 냉각수 공급 장치를 끄다니, 자네 무슨 말을 하는 건가?"라고 그는 카자치코프에게 물었다. "나도 이 조치에 반대했지만, 시험 프로그램에 따라 그렇게 했네"라는 답이 돌아왔다. 카자치코프는 송전 감독관이 오후 6시를 기준으로 원자로 가동 중지를 허가할 것이라는 말도 덧붙였다. 이에 따라 비상 냉각수 공급 장치를 꺼야 했던 증기터빈 시험은 취소가 아니라 연기되었다. 트레후프는 비상 냉각수 공급 장치를 다시 가동하고 중지하는 과정이 힘들고 손이 많이 갔기에 그걸 그대로 둔 채 송전 감독관의 허가를 기다렸다가 원자로 가동 중지를 시행하기로 결정했다. 그는 이 문제를 저녁 교대팀의 직속 상관과 논의했지만, 트레후프가 연구한 승인받은 시험 프로그램대로 진행하는 것 외에 다른 선택지가 없다는 데 의견이 일치했다. 트레후프는 의문이 완전히 풀리지는 않았지만 문제를 상의할 사람이 없었고, 보레츠가 작성한 다른 시험 프로그램을 준비하느라 여념이 없었다. 대부분의 시험 프로그램은 원자로가 완전히 가동 중지 상태일 필요가 없었다. 그의 앞에는 원자로의 작동 상태를 관찰하고 통제하는 4000여 개의 계기판이 있었다.

6시가 되어도 송전 감독관에게서 아무 소식이 없었다. 걱정이 된 트레후프는 저녁 8시경 원전 야간 당직팀장에게 전화를 걸었으나 그에게서도 아무 이야기를 들을 수 없었다. 팀장은 원전 부수석 기술자인 아나톨리 댜틀로프가 도착하기 전까지 원자로 가동 중지를 시행하지 말라고 조언했다. 댜틀로프는 원자로 가동 중지 문제를 최종적으로 책임지는 고위직 운영자였다. 트레후프는 댜틀로프에게 전화를 걸었으나 그가 휴식을 취하기 위해 오후 4시경에 사무실을 나갔다는 사실만 알아냈다. 트레후프는 결국 전화로 집에서 쉬고 있는 댜틀로프에게 전화해 "저는 물어볼 게 많습니다. 아주 많습니다"라고 하소연했다. 그러나 그는 "이건 전화로 할 얘기가 아니네. 내가 갈 때까지 시작하지 말게"라는 사무적인 답을 들었을 뿐이다. 그런 상황에서 트레후프는 느닷없이 댜틀로프의 상관인 니콜라이 포민에게서 직접 걸려온 전화를 받았다. 그도 댜틀로프 없이 일을 시작하지 말라고 지시했다. 그러나 댜틀로프는 송전 감독관의 원자로 가동 중지 허가가 떨어질 때까지 원전에 오지 않을 것임이 분명했다. 9시가 조금 넘은 시각, 송전 감독관으로부터 밤 10시에 원자로 가동 중지 작업을 시작해도 된다는 연락을 받았다. 트레후프는 즉시 댜틀로프에게 전화를 걸었는데, 그의 부인 이사벨라는 그가 이미 집을 나서서 사무실로 향했다고 답했다.[22]

드디어 원자로 가동 중지 작업을 시작할 수 있게 되었다. 시험은 두 시간이 채 안 되게 진행될 예정이었으므로 트레후프는 자신이 당직을 맡은 4월 25일 자정 전까지 마칠 수 있을 것으로 보았다. 그런데 댜틀로프는 어디에 있단 말인가?

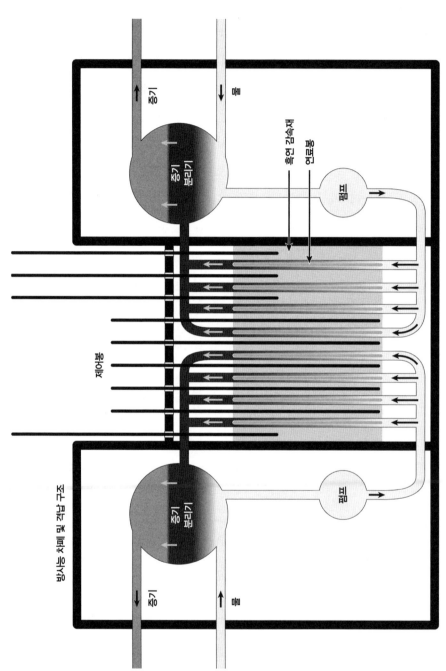

방사능 차폐 및 격납 구조

증기

물

증기

증기 분리기

흑연 감속재

연료봉

펌프

제어봉

증기 분리기

펌프

증기

물

RBMK 원자로 구조도

5장

폭발

55세의 체르노빌 원전 부수석 기술자 아나톨리 댜틀로프는 여느 때와 다름없이 걸어서 일터로 왔다. 은회색 머리카락이 정직해 보이는 시원한 얼굴을 덮고 있고 콧수염을 기른 그는 키가 크고 체격이 좋았고, 몸매를 유지하기 위해 신경을 썼다. 레닌 대로에 있는 자신의 아파트에서 원전까지 걸어서 출근하는 것은 그의 일상이었다. 그가 계산한 바로는 편도로 4킬로미터를 걸어서 오면 한 달에 200킬로미터를 걷는 셈이었다. 그는 속보로 출퇴근하는 것과 더불어 원자로를 하나하나 찾아다니며 각 원자로 시설을 점검했는데, 이로써 한 달에 200킬로미터를 더 걸을 수 있었다. 이 정도면 신체를 건강하게 유지하는 데 충분한 운동량이라고 생각했다. "걸으면 머릿속의 언짢은 생각을 다 털어낼 수 있다. 쓸데없는 생각이 들어오려고 하면 더 빠르게 걸으면 된다." 그가 후에 남긴 기록이다.[1]

4월 25일 밤, 출근하는 그의 발걸음도 여느 때와 다름이 없었다. 뜻밖의 생각이 머릿속에 떠올랐으나 나중에는 이를 기억하지 못했다. 모든 것이 잘 돌아가고 잘 통제되고 있는 것 같았다. 원자로 가동 중지 일정은 다소 조정되었지만 염려할 일은 아니었다. 이런 일은 전에도 있었다. 프리퍄트의 다른 이들처럼 그도 주중에는 가족과 많은 시간을 보낼 수 없었기에 가족과 함께 쉴 수 있는 주말을 기다리고 있었다. 그는 손녀딸과 보낼 시간을 고대했다. 러시아 시를 좋아하는 그는 알렉산드르 블로크와 세르게이 예세닌의 시를 통째로 암송할 수 있었고, 주말에 책도 읽을 생각이었다. 그러나 완수해야 할 과제가 있었다. 원전의 고위 운영진 중에 원자로 4호기의 가동을 중지하는 일은 그의 책임이었다.

댜틀로프는 체르노빌 원전의 고위 기술자 중 한 명이었고, 원전 건설 초기에 프리퍄트에 온 원년 멤버였다. 그는 1973년 9월 42세의 나이로 프리퍄트에 왔다. 시베리아 태생인 그는 북쪽 오지 노릴스크에서 공부했고, 핵물리학자, 엔지니어 및 기타 기술 분야의 실무자를 양성하는 소련 최고의 교육연구 기관인 모스크바 기계물리학연구소MIFI, Moscow Engineering Physical Institute에서도 공부했다. 그는 인구 20만 명이 넘는 극동의 콤소몰스크나아무르에 있는 조선소에서 잠수함용 원자로를 시험하는 그룹의 책임자로 10년 이상 일했다. 핵잠수함에 원자로 엔진을 설치하고 시험하는 일에 싫증이 나자 그와 가족은 다른 일자리를 찾기로 했다. 댜틀로프는 체르노빌 원전의 원자로와 같은 발전용 원자로에서 일한 경험이 없었지만, 새 직무에 맞게 스스로를 훈련시키는 데 전혀 어려움이 없었다. 그는 후에 콤소몰스크나아무르에서 같이 일했던 동료 상당수를 체르노빌 원전으로 데려왔다.

프리퍄트에서 댜틀로프는 순조롭게 원자로 운영팀 부책임자에서 부수석 기술자로 승진했다. 그는 업무 성과를 인정받아 국가 표창을 두 번

받았다. 니콜라이 포민이 교통사고로 부상을 당하자 일부 직원들은 그가 포민을 대신해 수석 기술자 직무를 맡으리라 예상했다. 그렇게 되면 그에게 좋은 일이었다. 원전의 두 책임자인 브류하노프와 포민은 석탄을 이용하는 화력 발전소 출신이었고, 두 사람 다 원자력 전문가는 아니었다. 그러나 댜틀로프는 이 분야 전문가였다. 실제로 그가 원자력 발전에 관한 한 체르노빌 원전에서 최고의 전문가였다. 그는 원자로 운영을 책임졌고, 원자로 가동과 중지도 그의 주요 업무였다.

비행기와 마찬가지로 원자로에서도 '가동'과 '중지'가 가장 어려운 작업이었다. 댜틀로프는 원자로 4호기 가동 중지 작업 전체가 프로그램대로 진행되는지를 감독하기 위해 출근했다. 하루 전날 댜틀로프의 상관인 포민이 재가한 터빈 시험도 진행될 예정이었다. 이를 위한 준비는 3월에 시작되었지만, 포민이 원전 기술자들, 관련 연구소 및 자문 기관의 대표들과 시험 절차를 논의하고 시험 프로그램을 완성한 시기는 4월 중순이었다. 비탈리 보레츠에게 시험 일정을 조율하도록 지시한 사람은 댜틀로프였다. 제안된 시험 프로그램과 시간표를 재가한 첫 관리자도 그였다.[2]

원전에서 댜틀로프는 까탈스럽고 때로는 거친 상관으로 여겨졌다. "댜틀로프는 상관의 견해에 맞춰 자신의 생각을 바꾸는 사람이 아니라, 자신의 고집을 밀고 나가는 까다로운 사람이었다. 그는 결국 위계에 복종하면서도 자신의 의견을 관철하곤 했다"라고 그를 잘 아는 이가 회고했다. "같은 식으로, 그는 부하들의 의견도 경청하지 않았다. 누구도 그런 사람을 좋아하지 않는다는 것을 잘 알 것이다." 댜틀로프의 감독 방법에 좀 더 호의적인 평가를 내린 동료도 있다. "댜틀로프는 자신을 속이고 직무를 태만하게 수행하는 직원은 바로 호되게 야단쳤다. 또한 변명을 늘어놓으며 제대로 일하지 않거나, 특히 규정을 준수하지 않는 직원을 단단히 혼냈다. 그는 상벌이 분명했다. 많은 직원들이 이에 분개하고 화를 냈지만, 나는 그의 판단이 공정하다고 생각했다."[3]

다틀로프는 규율이 엄격한 사람이긴 했으나 맡은 일은 확실히 수행했다. 이것이야말로 상관들이 가장 중요하게 생각하는 자질이었다. 그 덕분에 그의 논쟁적인 성격과 종종 부하들에게 보인 거친 태도는 큰 문제가 되지 않았다. 다틀로프를 잘 아는 사람은 그의 유머 감각을 높이 평가했다. 그는 또 기억력이 대단해서 여러 쪽짜리 시뿐만 아니라 기술 사양서까지 모조리 외웠다. 그의 기억력은 그가 업무를 수행하는 데 있어서 아주 소중한 자산이었다.

4월 25일 밤, 다틀로프는 출근을 서두르지 않았다. 당직인 유리 트레후프는 다틀로프의 아파트가 원전에서 불과 몇 킬로미터 떨어진 곳에 있고, 그는 체력이 좋으니 원전까지 걸어서 와도 40~50분이면 충분하다고 생각했다. 트레후프는 밤 9시에 다틀로프의 집에 전화를 걸었는데, 그는 이미 집을 나선 상황이었다. 그러나 키예프의 송전 감독관이 원자로 가동 중지 허가를 내렸고, 이미 10시가 지났는데도 다틀로프는 나타나지 않았다. 11시경에야 다틀로프가 그곳에 도착했다고 원자로 3호기의 동료들이 트레후프에게 전화로 알려 주었다. "그는 원자로 3호기에 들렀는데, 그곳에서 뭔가 규율 위반이 발생했음을 알아차린 것 같았다. 그는 그곳 작업자들을 훈계하느라 시간을 끌었던 것 같다"라고 트레후프는 회상했다. 훈계는 다틀로프가 자주 하는 행동이었다. "그는 큰소리로 신경질을 내며 부하 직원들의 복무 태만과 지시 불이행을 강하게 질책하곤 했다"라고 다른 동료들도 말했다.[4]

그러나 댜틀로프는 서두르지 않았다. 그리고 그가 원전 통제실에 오는 것을 늦춘 이유가 있었다. 이날 낮에 송전 감독관은 원자로 가동 중지 보류를 요청했는데, 댜틀로프는 터빈 시험을 실시하는 도네츠크 연구소의 헨나디 메틀렌코에게 밤에 시험을 시작할 수 있을지 10시 30분에 교대 근무를 점검하도록 했다. 시험 연구자들이 원전에 도착하는 데 최소 30분이 걸렸기 때문에 그는 11시 이전에 서둘러 도착할 필요가 없었다. 댜틀로프가 원자로 4호기 통제실에 도착했을 때는 이미 그 뒤였고, 메틀렌코가 이끄는 시험 자문팀은 그보다 몇 분 후에 도착했다. 이제 이들은 시험에 착수할 수 있었다. 트레후프는 가동 중지에 대해 물어볼 게 많았지만, 댜틀로프는 이에 대한 논의를 거부했다. 트레후프는 댜틀로프가 다음 교대팀과 함께 터빈 시험을 진행하기로 결정한 것으로 이해했고, 이는 이치에 맞는 결정이었다. 밤 11시 10분, 트레후프는 원자로의 출력을 1600메가와트로 낮췄다. 터빈 시험 프로그램에는 그가 교대하기로 되어 있는 공식 시간인 밤 12시에 원자로 출력을 760메가와트로 낮추도록 되어 있었다.[5]

트레후프에게서 임무를 인수받은 새 교대팀의 책임자는 알렉산드르 아키모프였다. 당시 34세였던 그는 체르노빌 원전에서 10년째 근속 중이었다. 안경을 쓰고 멋진 콧수염을 기른 그는 유능하고 친절하며 상관들의 압력도 잘 처리하는 팀장으로 평판이 나 있었다. 프리퍄트시 공산당원인 그는 승진 가도를 달리고 있었고 불과 넉 달 전 교대팀장으로 임명되었다. 25세의 레오니트 톱투노프도 신참 교대팀원이었다. 그도 아키모프처럼 근시에 안경을 쓰고 콧수염을 기르고 있었다. 톱투노프는 원자로 가동 감시를 하는 상급 기술자로 승진한 지 불과 두 달 남짓밖에 안 되었는데, 이는 수많은 버튼과 스위치를 조작해야 하는 힘든 일이었다.

원자로 가동을 맡은 기술자들이 휴가에서 돌아온 후 기술자 한 명이 이 작업에 추가로 투입되었다. 교대 전에 이 일을 담당했던 트레후프는 만약 그러지 않았다면 마치 피아니스트에게 리허설 없이 공연하기를 바라는 것과 마찬가지라고 비꼬아 말했다. 원자로와 터빈 작동을 담당하는 교대팀의 다른 구성원들은 각자 맡은 일에 경험이 더 많았다.[6]

아키모프와 그의 교대팀은 그 전날 밤에 근무했는데, 4월 25일 이른 시각에도 원자로 출력의 감소를 감시해야 했다. 이들은 자신들이 임무를 교대할 때면 원자로 가동 중지 작업은 이미 완료되어 있고, 경험 많은 앞 팀이 가동 중지한 원지로를 지켜보는 비교적 편한 시간을 보낼 것으로 기대했다. 그러나 원자로 가동 중지 업무가 다시 자신들에게 넘어왔기 때문에 교대 근무 30분 전에 도착한 아키모프는 자신이 해야 할 일을 파악하고자 했다. 원자로 가동 중지 작업은 어려운 일이었고, 인수인계가 서둘러 진행되었다. 통제실에는 사람이 가득했다. 전 교대팀, 새 교대팀, 터빈 시험에 관여하는 다른 부서의 관리자들과 기술자들, 단순히 원자로가 가동 중지된 상태에서 다른 부품들이 어떻게 작동하는지 보러 온 사람들, 모두 합해서 20여 명이 통제실 안에 있었다.

트레후프는 원자로 가동을 중지하는 방법을 터득할 시간적 여유가 있었지만, 아키모프는 그렇지 못했다. 아키모프는 트레후프 옆에 앉았고, 트레후프는 시험 프로그램에 대해 자신이 이해한 바를 그에게 설명해줬다. 트레후프는 교대팀 근무 시간 내내 시험 프로그램을 학습하는 데 보냈다. 그러나 몇 가지 문제에 대한 답은 찾지 못했다. 예를 들어 가열된 물과 증기가 터빈에서부터 차단되면 원자로가 생산하는 전기를 어떻게 처리할 것인가와 같은 문제 말이다. 댜틀로프는 이런 문제에 대해 트레후프와 논의할 생각이 없었기에 트레후프는 자신이 최선의 해결 방법이

라고 생각한 바에 대해 아키모프에게 설명했다. 트레후프는 교대 후에
도 후속 팀과 같이 남아 있기로 했으나, 시험이 어떻게 진행되는지에 관
심이 있었기 때문에 그저 관찰자로서 자리를 지킨 것이다. 아키모프가
이제 공식적으로 통제실의 책임을 맡았고, 비공식 책임은 통제실 안에
서 최고 선임자인 댜틀로프에게 있었다. 그리고 모두가 이 사실을 잘 인
지하고 있었다.[7]

터빈팀의 부팀장 라짐 다블렛바예프도 그날 밤 통제실 안에 있었다.
그는 이렇게 회고했다.

교대가 완료되자마자 댜틀로프는 시험 프로그램 진행을 속개하라고 지시
했다. 아키모프는 자리에 앉아 시험 프로그램을 들여다보았다. 댜틀로프는
그가 일하는 속도가 너무 느리고 원자로에서 발생하는 복잡한 문제에 주의
를 기울이지 않는다고 야단을 쳤다. 댜틀로프는 아키모프에게 일어나라고
소리치고 속도를 내라고 다그쳤다. 손에 (시험 프로그램으로 보이는) 종이 뭉
치를 든 아키모프는 통제실 여기저기를 다니며 각 장비가 진행 중인 시험 프
로그램에 맞는 적합한 상태인지 확인했다.[8]

교대팀은 원자로 가동 중지에 들어갔다. 이 시점에 원자로의 출력은
1600메가와트에서 520메가와트로 떨어졌다. 시험 프로그램에 따라 톱
투노프는 제어봉을 원자로 노심에 삽입하여 출력을 단계적으로 낮추었
다. 제어봉이 깊이 들어갈수록 중성자를 더 많이 중화시켜 핵분열이 느
려지게 되어 있었다. 모든 것이 계획대로 진행되는 듯했으나 원자로에
공급되는 냉각수가 용인될 수 없는 낮은 수준으로 떨어지면서 비상등
에 불이 들어왔다. 그것을 본 유리 트레후프는 톱투노프를 도와주러 달

려갔다. 당황한 톱투노프는 비상등이 제대로 작동하는지, 냉각수 공급을 늘리기 위해 밸브를 열어야 할지 여부를 담당 기술자에게 확인하지 않았다. 대신 트레후프가 이 작업을 했다. 트레후프는 냉각수 상태를 확인하기 위해 스위치를 올렸는데, 이때 갑자기 "출력을 올리세요!"라고 소리치는 아키모프의 목소리가 들렸다. 트레후프가 제어판의 수치를 바라보니, 원자로의 출력이 급격히 떨어지고 있었다.

후에 밝혀진 바로는 톱투노프가 작동시킨 제어봉 스위치가 오작동되는 바람에 출력이 급격히 떨어지는 사태가 발생했고, 그 결과 원자로는 시험이 완료되기 한참 진에 거의 가동 중지 상태가 되어 있었다. 4월 26일 0시 28분, 원자로 컴퓨터는 출력 수치를 30메가와트로 기록했다. 520메가와트에서 시험이 시작된 것과 비교하면 엄청난 하락이었다. 당시 현장에 있던 증인의 말에 따르면 출력 수치는 거의 0까지 떨어졌다고 한다. 톱투노프는 아키모프의 도움을 받아, 제어봉을 통제하는 자동 제어 장치를 끄고 거의 중지된 원자로 출력을 살리기 위해 수작업으로 제어봉을 끌어올렸다. 트레후프도 이들의 작업을 도왔다. "왜 자네는 제어봉을 들쑥날쑥하게 끌어올리나? 여기서부터 제어봉을 끌어올려야 해"라고 그는 원자로의 일부 구역에서만 제어봉을 끌어올리고 다른 곳은 그대로 놔둔 톱투노프에게 말했다. 결국 트레후프가 톱투노프를 대신해 통제실 지휘를 맡아 원자로가 계속 가동될 수 있도록 출력을 높였다. 이들은 4분 만에 출력 수준을 30메가와트에서 160메가와트로 끌어올렸다. 그러자 모두가 안도의 한숨을 쉬었다. "출력 수준을 끌어올리는 과정은 신경을 곤두서게 했다"라고 트레후프는 회상했다. "출력을 200메가와트까지 끌어올리고 자동 제어 스위치를 켠 뒤에야 모든 것이 정상으로 돌아왔다."[9]

문제는, 그다음에 무엇을 해야 하는가였다. 정상적 방법으로 원자로를 가동 중지할 것인가, 아니면 시험을 계속할 수 있도록 출력을 끌어올릴 것인가? 만일 원자로를 가동 중지하면 그토록 오랫동안 준비해온 터빈 시험은 포기해야 했다. 그런 상황을 원하는 사람은 아무도 없었다. 출력이 급감할 때 통제실을 떠났던 댜틀로프가 다시 통제실로 돌아왔고, 후에 그가 회고한 대로 그는 출력을 높이라고 지시했다. 통제실 안에 있던 사람들은 그가 이마의 땀을 닦아내는 모습을 보았다. 댜틀로프는 아키모프와 얘기를 나누었는데, 손에 서류 뭉치를 들고 있던 아키모프가 댜틀로프에게 뭔가를 설득하려고 하는 것 같았다고 트레후프는 회상했다. 트레후프는 댜틀로프가 출력을 200메가와트로 유지하라고 말하는 것을 옆에서 들었다. 이 수치는 시험 프로그램이 제시한 760메가와트보다 훨씬 낮은 수준이었기 때문에 미리 정해진 시험 프로그램에서 벗어나면 큰 사고를 일으킬 수 있었다. 그러나 이들은 200메가와트 수준에서 원자로를 안정화하고 시험을 재개할 수 있다고 보았다. 댜틀로프가 이 수준을 먼저 제안하고 아키모프와 톱투노프에게 이를 달성하도록 지시했는지, 아니면 단순히 그들의 제안을 받아들였는지는 미스터리로 남아 있다. 그러나 댜틀로프가 이 출력 수준에서 시험을 진행하도록 허가한 것을 부정하지는 않았다. 그는 통제실 안에서 최고 선임자였으므로 모든 것이 그의 지시대로 진행되었다.[10]

댜틀로프는 시험을 계속하기로 마음먹었다. 통제실에 있던 사람들은 그가 직원들에게 서두르라고 지시한 것을 기억했다. 0시 43분에 댜틀로프는 운영자들에게 시험 대상인 두 증기터빈의 비상 신호 스위치를 끄라고 지시했다. 그로부터 20분 후인 새벽 1시 3분, 원자로에 공급되는 물의 양을 늘리기 위해 운영자들은 보조 펌프 두 개 중 하나를 가동했고,

4분 후에 하나를 더 가동했다. 이런 조치는 모두 시험 프로그램에 나와 있는 내용이었다. 그러나 원자로의 출력이 낮아진 상태에서 이미 작동하고 있는 6개의 펌프 외에 추가로 두 개의 펌프를 더 가동한 조치는 원자로를 불안정하게 만들었다. 추가로 작동하는 펌프들이 원자로에 주입되는 물의 양을 늘렸고, 물과 증기를 분리하는 증기드럼에서 나오는 증기의 양을 감소시켰다. 그러자 출력 수준은 한층 더 낮아졌다. 증기와 달리 물은 중성자를 흡수해 핵반응을 감소시켰다. 새벽 1시 19분, 증기압 저하를 알리는 비상벨이 울렸다. 운영자들은 비상벨을 끄고 보조 펌프 작동을 중단했다.

시험 시작 시간이 임박하자 200메가와트라는 낮은 출력 수준에서 원자로를 계속 가동하는 것은 더욱 해결하기 어려운 문제가 되었다. 출력 수준은 계속 떨어졌다. 그날 새벽, 출력 수준이 급격히 떨어지는 상황에서 원자로 출력 수준을 200메가와트 이하로 유지했기 때문에 연료봉에는 핵분열의 부산물인 제논-135가 급격히 축적되었다. 이 물질은 중성자를 흡수함으로써 핵분열을 '방해했다'. 출력이 더 떨어지는 것을 막기 위해 톱투노프는 원자로의 핵반응 영역에서 제어봉을 계속 끌어올렸다. 원자로가 불안정한 상태임을 암시하는 여러 경고 신호는 무시되었다. 곧 167개 제어봉 중에 9개만 노심에 남아 있고 나머지는 모두 끌어올려져 원자로는 점점 더 통제하기 어려워졌고 지극히 불안정한 상태가 되었다.

새벽 1시 22분, 통제실 컴퓨터에는 급격히 상승하는 핵반응 수치가 나타났는데, 이 또한 통제할 수 없는 요인으로 작용했다. 4개의 펌프만 작동하는 상황에서 냉각로 안에 있던 물은 곧장 비등점에 도달해 증기로 바뀌었고, 중성자를 흡수하여 냉각재로 작용하는 물의 양이 급격히 줄어들었다. 물이 줄어들고 증기가 증가하자 흡수되지 않은 중성자가 늘어났고, 이는 핵분열의 강도를 높였다. 톱투노프는 컴퓨터에 나타난 이 수치를 아키모프에게 보고했다. 놀랄 만한 속도로 출력이 증가하고 있었다. 그러나 아키모프는 몇 초 후에 시작될 터빈 시험 절차에만 몰두했다.[11]

당시 통제실 안에 있던 터빈팀의 부팀장 라짐 다블렛바예프는 이렇게 회고했다. "원자로 4호기 당직팀장인 알렉산드르 페도로비치 아키모프는 터빈을 담당한 선임 기술자인 이고르 키르셴바움을 비롯한 작업자에게 가서 시험을 시작하라는 명령이 떨어지면 8번 터빈의 증기를 차단하라고 지시했다. 그런 다음 운영자들에게 준비하라고 했고, 그다음에 시험 진행자인 돈테에네르고 대표인 메틀렌코가 명령을 내렸다. '준비, 파형기록기 시작.'" 이때 시각이 새벽 1시 23분 4초였다. "그 명령 후에…" 다블렛바예프는 회고를 이어갔다.

그 명령이 떨어진 다음에 키르셴바움이 터빈 정지 밸브를 잠갔다. 나는 그 옆에 서서 8번 터빈의 속도를 체크하는 회전속도계를 관찰했다. 예상했던 대로 발전기 전기역학 제동의 결과로 속도는 급격히 떨어졌다. 터빈 발전기의 속도가 시험 프로그램에 예시된 수준으로 떨어지자, 발전기가 다시 가동되었다. 즉 시험 프로그램의 '타력 발전coasting down' 부분은 적절하게 작동했다. 그리고 우리는 원자로 가동 중지를 명령하는 아키모프의 소리를 들었다. 원자로 계기판 운영자는 그대로 실행했다.

이때가 새벽 1시 23분 40초였다.[12] 시험은 36초간 진행되었다. 이 극히 짧은 시간에 원자로와 4호기 통제실 안에 있던 사람들의 운명이 결정된 것으로 드러났다. 원자로의 출력은 통제 불능 상태로 치달았다. 중성자를 흡수하지 못하는 냉각수 안의 증기 공백이 증가하고, 핵반응을 되살리기 위해 원자로의 핵반응 영역에서 제어봉을 빼낸 것도 상황을 악화시켰다. 자동 제어 시스템은 남아 있는 제어봉 12개로 핵반응 속도를 낮추려고 했지만, 수동 조작에 의해 위로 끌어올려진 나머지 제어봉들은 핵반응 영역 바깥에 있었다.

컴퓨터의 데이터를 보고 있던 톱투노프는 출력이 급격히 상승하고 있다고 소리쳤다. 후에 댜틀로프는 시험이 끝나갈 무렵 아키모프와 톱투노프가 소리치는 것을 들었다고 기억했다. "나는 이들에게서 10미터 정도 떨어져 있었고, 톱투노프가 뭐라고 소리치는지 알아들을 수 없었다"라고 그는 회고했다. "아키모프는 원자로의 가동 중지를 외쳤고, 손가락으로 비상 버튼을 누르라고 가리켰다." 아키모프가 톱투노프에게 누르라고 명령한 버튼은 비상 정지 버튼(AZ-5)으로, 스크램이나 비상 상황에서 원자로를 가동 중지하기 위해 만들어진 스위치였다. 톱투노프는 버튼 위의 종이 덮개를 벗기고 스위치를 눌렀다. 댜틀로프와 통제실에 있던 나머지 직원들은 그 모습을 보고 나서야 안도의 한숨을 내쉴 수 있었다. 어려운 시험이 드디어 끝났다. 붉은색 AZ-5 버튼은 제 역할을 해서 원자로 가동을 중지할 것으로 예상했다. 이것은 통상적인 조치는 아니었지만, 지금은 비상 상황이었다.[13]

비상 버튼을 누르자 178개 제어봉이 원자로의 핵반응 영역으로 들어가기 시작했다. 길이 7미터의 제어봉이 초당 40센티미터씩 하강했다. 제어봉은 중성자를 흡수하는 붕소로 만들어져 핵반응 속도를 늦출 수 있었다. 그러나 제어봉 끝은 흑연으로 만들어졌고, 이것이 이미 극도로 불안정한 상태가 된 원자로를 재앙으로 이끌었다. 흑연으로 된 제어봉

끝이 노심으로 들어가자 핵반응 영역의 상부에서 중성자를 흡수하는 물을 대신해 핵반응 속도를 감소시키는 것이 아니라 증가시켰다. 이는 양의 보이드 효과로, 1975년에 레닌그라드 원전의 원자로 중 하나를 거의 파괴할 뻔한 RBMK 원자로의 치명적 설계 결함이었다. 지금 양의 보이드 효과가 다시 시작된 것이다.

끝 부분이 흑연으로 된 제어봉을 집어넣자 폭발적인 핵반응이 일어났고, 노심의 온도가 극적으로 상승했다. 온도의 상승으로 인해 연료봉 피복이 파손되었다. 반경이 14밀리미터에 불과한 연료봉은 머리카락보다 얇은 1밀리미터 두께의 지르코늄 벽zircaloy wall으로 감싸져 있었다. 파손된 연료봉들이 제어봉이 내려오는 곳을 가로막았다. 이때 제어봉은 3분의 1 정도만 삽입된 상태였다. 원자로의 노심과 핵반응 영역 아래쪽에는 제어봉이 도달하지 않아 이 영역의 핵분열은 통제할 수 없을 정도로 가속화되었다. 200메가와트 수준의 출력은 몇 초 만에 500메가와트로 뛰어올랐고, 그다음에는 정상 수치의 10배인 3만 메가와트로 치솟았다. 흡수되지 않은 중성자 수가 급격히 늘어나면서 몇 분 전만 해도 원자로의 핵분열 속도 증가를 방해했던 제논-135를 연소시켜 버렸다. 이제 핵분열을 늦출 수 있는 수단은 아무것도 없었다. 연료봉은 분해되었고 지르코늄 튜브로 된 연료봉 안의 우라늄 연료 소결체uranium fuel tablet는 냉각기의 물로 녹아 들어가 어디로도 빠져나갈 수 없는 증기를 폭발적으로 생성했다.[14]

통제실에 있던 사람들은 갑자기 우르릉 하고 울리는 소리를 들었다. "그 소리는 아주 생소한 소리였다. 마치 사람이 신음을 내는 듯 아주 낮은 톤의 울림이었다"라고 라짐 다블렛바예프는 기억했다. 유리 트레후프가 듣기에 이 소리는 처음에는 "마치 최고 속도로 달리던 볼가 승용차가 갑자기 브레이크를 밟아서 미끄러질 때 나는 소리 같았다. 두-두-두-두 소리가 났다." 트레후프도 다블렛바예프가 묘사한 것과 같은 낮은 울림을 들었다. 그 후에 진동이 왔다. "하지만 지진과는 달랐다. 10초를 세면, 굉음이 들리고 진동의 빈도는 감소했지만 강도는 커졌다. 그다음에 폭발음이 들렸다." 그것은 원자로 덮개를 파괴하는 증기 폭발의 소리였다. 이때 '엘레나'라고 불리는 200톤 무게의 생물학적 보호막인 콘크리트 덮개가 원자로 4호기 지붕에서 공중으로 날아가 버렸다. 원자로 구조 전체를 고정시킨 이 덮개는 공중으로 솟아올랐다가 다시 원자로 위로 떨어졌지만, 원자로를 완전히 덮지 않고 대기로 방사능을 '토해낼' 수 있는 커다란 구멍을 만들어놓았다. 이때 시각이 새벽 1시 23분 44초였다.

2초 후에, 운영자들은 훨씬 강력한 폭발음을 들었다. "바닥과 천장이 심하게 흔들렸고, 먼지와 파편이 떨어졌으며, 조명은 반쯤 나가 어두컴컴한 상태가 되었다. 비상등만 켜져 있었다." 다블렛바예프는 기억을 더듬었다. 통제실 안에 있던 사람들은 폭발 소리를 듣고 느꼈지만 정확히 무슨 일이 일어났는지는 알아차리지 못했다. 원자로가 폭발했을 것이라고는 꿈에도 생각지 못했던 것이다. 당직 작업은 힘들었고 여러 경고 신호가 울렸지만 전에도 이런 일은 여러 번 있었다. 만일 뭔가 문제가 생겼다면, 냉각 장치나 증기터빈의 문제이지 원자로의 문제일 리는 없었다. 이들이 알기로 원자로와 안전장치 조작기들은 누구나 다룰 수 있을 정도로 쉽게 만들어졌다. 그들이 읽은 어떤 교과서에도 원자로가 폭발할 수 있다는 내용은 언급되어 있지 않았다. "모두가 큰 충격에 빠졌다." 통제실에 다시 전기가 들어온 후의 상황을 트레후프는 다음과 같이 묘사했다. "모두가 심각한 얼굴로 서 있었고, 크게 겁을 먹었다. 대단한 충격이었다."[15]

통제실 사람들은 지진이 일어났다고 생각했다. 그 지진이 사람이, 바로 자신들이 만들어낸 지진이라는 사실을 깨닫기까지는 시간이 걸렸다. 첫 폭발은 연료봉들이 파손되면서 생성된, 과도하게 팽창한 증기가 외부 냉각 장치로 들어가 일으킨 증기 폭발이었다. 이 폭발은 생물학적 보호막인 엘레나를 공중으로 날려버렸고, 그 결과 연료봉이 더 크게 손상을 입었으며, 보호막에 붙어 있던 냉각수 관도 파괴되었다. 핵반응 영역을 냉각할 물이 없어지자 파손된 원자로의 온도가 더욱 상승하여 두 번째 폭발이 일어났다.

두 번째 폭발은 원자로 격납고를 상당 부분 파괴하며 원자로 감속재인 흑연 덩어리를 공중으로 분출시켰다. 강력한 방사능을 내뿜는 흑연 조각들이 옆에 있던 원자로 3호기 지붕 위로 떨어졌고, 원전이 세워진 지상 곳곳에 흩뿌려졌다. 흑연은 파괴된 원자로 안에서도 발화되어 공중으로 방사능 입자를 분출했다.

사고를 외부에서 처음으로 목격한 사람은 따뜻한 4월 밤 날씨를 즐기며 원전 냉각수 연못에서 낚시를 하던 10여 명의 낚시꾼이었다. 이 연못은 물고기를 기르며 원전의 안전을 증명하는 상징이었다. 낚시꾼 두 명은 터빈실에서 불과 260미터 떨어진, 원자로 4호기와 아주 가까운 곳에 있었다. 그들은 갑자기 연속적으로 이어진 두 번의 둔탁한 폭발 소리를 들었다. 그들이 서 있던 땅이 흔들렸고 폭발을 수반한 불빛이 근처를 환히 밝히며 그들이 있는 곳을 노출시켰다. 그러나 아무도 조사하러 나오지 않았다. 불길이 파손된 원자로 위로 점점 더 높이 치솟는 동안 이들은 하던 낚시를 계속 했다. 그들은 자신들이 목격한 광경이 무엇을 의미하는지 이해할 능력이 없었다. 원자력 별이 땅에 떨어져 땅과 인근의 연못, 자신들이 잡은 물고기와 그들 자신까지도 피폭시켰다는 사실을 전혀 알지 못했다. 그들은 모든 것을 목격했지만 아무것도 알아차리지 못했다. 그들은 현실을 제대로 파악하지 못한 첫 번째 사람들이었지만, 마지막 사람들은 아니었다.[16]

6장

화재

제2군특수소방대에 소속된 소방관들에게 4월 25일은 금요일이란 점을 빼곤 여느 날과 다름이 없었다. 소방관들은 서로 다가오는 주말 계획을 얘기했다. 그들 중 다수가 인근 소도시와 마을에 사는 가족을 방문해 감자 파종을 도울 준비를 하고 있었다. 체르노빌에 사는 사람들은 시골 별장(다챠) 옆에 작은 텃밭을 가지고 있었다. 모두의 마음속에 감자가 큰 자리를 차지하고 있었다. 원전에서 일하는 기술자들과 운영 인력 대부분은 러시아와 우크라이나 각지에서 새로 온 이주자들이었지만, 소방관들은 건설 노동자와 같은 현지 출신으로서 우크라이나인이거나 가까운 경계를 넘어온 벨라루스인들이었다. 이 시골 청년들은 좋은 직장을 얻어, 고향인 농촌에서라면 꿈에서나 가능했을 급료를 받았다.

교대 근무는 아침 8시부터 그다음 날 아침 8시까지 24시간 지속되었다. 다음 소방관 팀과의 교대 시간 30분을 더하면 이들은 4월 26일 아침 8시 30분에 집으로 갈 수 있었다. 그런 다음에는 48시간 동안 비번이었고, 다음 교대 근무는 4월 28일 월요일이었다. 그들은 아직 건설 작업이 진행 중인 원자로 5호기 주변에서 직무 관련 공부를 하고, 운동을 하고 훈련을 하면서 낮 시간을 보내다가 저녁에는 여가 시간을 가졌다. 어떤 이들은 잠을 잤고, 어떤 이들은 TV를 보았다. 저녁 뉴스는 밤 9시에 방영되었다.

메인 뉴스는 고르바초프와 당 지도부가 소비재 생산을 늘리는 방안을 논의한 정치국 회의 보도였다. 기본 생활용품이 부족한 사회에서 아주 중요한 문제였다. 특히 선망의 대상인 승용차는 대기 명단에 이름을 올린 후 몇 년이 지난 다음에야 구입할 수 있었다. 나이 든 일부 소방관은 개인 차를 가지고 있었지만, 젊은 소방관들은 오토바이를 몰았다. 국제 뉴스에서는 미국과 리비아 사이의 분쟁이 화제가 되었다. 미국의 레이건 대통령은 열흘 전 미국 병사들이 자주 드나드는 서베를린의 '라벨 디스코텍' 폭발 사고에 대한 보복으로 4월 15일에 리비아 공습을 명령했다. 이 조치는 소련뿐만 아니라 서방에서도 논란이 되었고, 소련 TV는 전 세계에서 벌어지는 반미 시위를 보도하는 데 열을 올렸다.[1]

금요일 밤, 시청자들은 뉴스가 끝난 후 시작되는 오락 프로그램을 기다리고 있었다. 밤 11시 10분에 전소련 채널 두 개 중 한 곳에서 대중음악 콘테스트 프로그램 〈노래 86〉을 방영했다. 두 번째 채널은 국가적 자랑이자 소련 시청자들이 가장 좋아하는 전소련 체조 대회를 방영했다. 그해 체조 대회의 스타는 옐레나 슈슈노바였다. 2년 뒤 그녀는 서울 올림픽에서 금메달을 목에 건다. 서울 올림픽은 1976년 이후 소련과 미국 선수들이 함께 참가한 첫 올림픽이었다. 미국은 소련의 아프가니스탄 침공을 항의하는 뜻에서 1980년 모스크바 올림픽을 보이콧했고, 소련은 이에 대한 보복으로 1984년 로스앤젤레스 올림픽 참가를 거부했다.[2]

다른 소방관들이 TV를 시청하고 잡담을 나누고 잠깐 잠을 자는 동안, 당직 소방팀 팀장인 23세의 볼로디미르 프라비크 중위는 사무실에 앉아 뭔가를 계속 쓰고 있었다. 어떤 이들은 공부를 계속해서 소방공무원 학교에 입학할 계획인 그가 학습 노트를 정리하고 있을 거라고 생각했다. 그러나 사실 프라비크는 시간 날 때마다 부인 나디카에게 편지를 쓰곤 했다. 왜냐하면 부부는 1년 동안 떨어져 지냈기 때문이다. 프라비크는 체르노빌에 있었고, 나디카는 남쪽으로 320킬로미터 떨어진 드네프르 강변에 위치한 체르카시에서 공부를 끝마쳤다. 두 사람은 프라비크가 체르카시에 있는 소방 학교에서 교육을 받을 때 만났고, 당시 나디카는 음악학교 학생이었다. 두 사람은 만나자마자 사랑에 빠졌지만, 나디카는 겨우 17세여서 결혼하기에는 너무 어린 나이였다. 프라비크는 고향인 체르노빌로 돌아왔고, 나디카는 체르카시에 남았다. 그들은 1984년에 결혼했다. 그다음 해에 나디카는 프리퍄트로 이사왔지만, 프라비크는 그녀에 대한 깊은 사랑을 편지로 표현할 때 더 편안함을 느꼈다. 가족과 떨어져 지내는 긴 비번 시간 동안 그는 아내에게 편지를 쓰면서 보냈다.

2주 전 나디카는 첫딸을 낳았다. 딸의 이름은 나탈카로 정했다. 프라비크 중위는 가족과 함께 좀 더 시간을 보내기 위해 야간 근무가 없는 다른 직무로 전근시켜 달라고 요청했다. 상관들은 그렇게 하겠다고 약속했지만, 그를 대체할 사람을 아직 찾지 못해서 당분간 그는 자리를 지켜야 했다. 그는 자신의 직업과 팀원들을 사랑했고, 소방서의 환경을 개선하기 위해 항상 노력했다. 그는 한 소방관의 도움을 받아 당시로서는 드문 발명품인 리모트 컨트롤로 소방서 문을 조정하는 장치를 개발해 설치하기도 했다. 그날 그는 다가오는 연휴를 기념하기 위해 음악 인사를 준비하자는 생각으로 녹음기를 가지고 출근했었다. 새벽 2시에 임무 교대를 하고 8시에 교대 근무가 끝나기 전에 잠깐 눈을 붙이고자 했다. 그날 아침에 그와 아내 나디카, 그리고 그들의 딸은 체르노빌에 있는 부모의 집을 방문할 계획이었다. 그의 팀의 다른 소방관들과 마찬가지로 부모님의 봄 농사를 도울 준비를 하고 있었다.[3]

프라비크 중위와 그의 팀원들은 소방서 내에서 가장 사랑받는 대원들은 아니었다. 오히려 이들은 35세의 소방 대장인 레오니트 텔랴트니코프 소령이 보기엔 특별히 주의가 필요한 팀이었다. "그 팀은 아주 독특했다. 개인주의가 강한 팀이었다"라고 텔랴트니코프는 회상했다. "각자가 자기 식대로 행동했다. 참전 용사도 많았고, 독불장군도 많은 팀이었다." 프라비크는 팀에서 가장 나이가 어렸고, 팀원들 모두 그보다 나이가 많았다. 소방관들은 급여 수준이 높았기 때문에 경쟁이 치열하여 일자리를 구하기가 쉽지 않았다. 많은 소방관이 가족의 연줄을 이용해 자리를 얻었다. 노련한 지휘관도 뚫고 들어가기 어려울 정도로 아버지, 아들, 형제가 끈끈한 관계를 형성하고 있었다. 프라비크는 솔선수범으로 팀을 이끌었다. 텔랴트니코프는 프라비크가 때로는 그를 이용하고 종종 낙담시키는 그의 팀원들에게 좀 더 강한 통솔력을 발휘하기를 바랐다.

프라비크는 더 나은 생활 여건과 비번 날짜 등을 원하는 이들의 요구 사항을 바로 텔랴트니코프에게 전달했다. 한번은 자신의 당직 날짜를 혼동해 당직을 빼먹은 팀원을 징계하려는 소방 대장에게 공개적으로 반대한 적이 있었다. 프라비크는 그 대원이 너무 심하게 견책을 받지 않기를 바랐다. 텔랴트니코프는 이에 동의하지 않았고 프라비크와 여러 번 대화를 했다. 심지어 그녀의 남편에게 영향력이 있을 거라고 생각해 프라비크의 아내와도 대화를 했지만, 아무 소용이 없었다. 프라비크는 자신의 팀원을 가장 중요하게 여겼다. 이로 인해 그의 휴가가 늦춰졌고, 다음 계급으로의 승진도 지연되었다. 그러나 거친 노장들은 젊은 팀장을 사랑했다. "프라비크는 아주 좋은 친구다." 35세의 팀원 레오니트 샤브레이는 자신의 지휘관에 대해 이렇게 말했다. "그는 영특한 데다 수완이 좋았다. 무선공학에 아주 깊은 식견을 가지고 있었고, 여기에 관심이 매우 많았다. 그는 조명과 라디오 수리, 녹음기 전문가였다. 그는 팀원들과 아주 잘 지냈다. 아주 좋은 지휘관이었다. 그는 어떤 문제라도 해결할 수 있었다. 부하 대원이 문제를 가져가면 그는 늘 문제를 바로 해결하려고 노력했다."[4]

샤브레이는 우크라이나에 접경한 벨라루스 마을 출신 소방관 삼형제 중 맏형이었다. 프리퍄트는 이들의 고향에서 불과 17킬로미터 떨어져 있었고, 벨라루스 행정 중심지는 50킬로미터 떨어져 있었다. 레오니트와 이반 샤브레이 형제는 프라비크 팀에 소속되어 있었고, 그날 당직을 섰다. 막내인 표트르 중위는 집에 있었다. 레오니트는 TV를 시청하다가 잠시 잠을 자러 갔다. 그는 새벽 2시까지 당직을 서는 프라비크와 교대하기로 되어 있었다. 이반은 소방서 앞에서 동료들과 잡담을 나누고 있었다. 그때 이들은 큰 소리를 들었다. 이반은 그것이 원전에서 증기가 뿜어져 나오는 소리임을 즉각 알아차렸다. 이런 일은 전에도 있었던 터라 그들은 여기에 별로 신경 쓰지 않았다.[5]

이반은 폭발 소리를 한 번, 연이어 또 한 번 들었을 때 막 소방서 안으로 들어오고 있었다. 무슨 일이 일어난 거지? 창문으로 달려간 그는 원자로 4호기 위로 불덩이가 치솟는 모습을 보았다. 사이렌이 울렸고, 그는 레오니트를 깨웠다. "저기 봐, 불이 났어"라고 동료 소방관들이 원전 쪽을 가리키며 말했다. 보통 밤에 여러 가지 빛의 조명을 받던 원전 위로 버섯 모양의 연기 구름이 피어오르고 있었다. 붉은색 기둥은 위로 올라가면서 파란색으로 변했고, 검은 구름이 되면서 폭발했다.[6]

이들은 어느새 소방차에 탑승하고 있었다. 레오니트 샤브레이는 프라비크 중위 옆에 앉았고, 이반 샤브레이는 다음 소방차를 몰고 뒤따랐다. 소방차 3대가 원전을 향해 달려갔다. 이들이 원전 정문으로 다가갔을 때에는 조금 전에 보았던 불길이나 연기를 볼 수 없었다. 이들은 원자로 1, 2호기에서 조금 떨어진 원전 관리 건물로 갔다. 그 건물 뒤에는 터빈 홀이 있었는데, 4기의 원자로와 모두 연결되어 있는 32미터 높이의 긴 구조물이었다. 원자로 3호기와 4호기는 서로 붙어 있었으며 원전 사진마다 빠지지 않고 나오는 높은 배기구를 공유하고 있었다. 배기구가 세워진 원자로 건물의 높이는 72미터로 17층 건물에 맞먹는 높이였으며, 1920~1930년대 미국의 중간 크기 마천루에 견줄 만한 크기였다. 배기구 쪽을 바라보던 소방관들은 사고의 규모를 보고 깜짝 놀랐다. 원자로 4호기의 지붕은 날아갔고, 벽의 상당 부분도 사라져 있었다. 남아 있는 벽들은 불길에 타고 있었다.

충격에 빠진 프라비크는 최고 경보 단계인 비상 경보 3호를 발동했다. 키예프주 전역의 모든 소방대가 곧장 작전에 돌입하게 하는 경보였다. 프라비크는 늘 그렇듯이 책임 있게 행동했다. "이런 미하일로비치, 우리에게 큰일이 닥쳤습니다." 프라비크는 경청을 사용해 레오니트 샤브레이를 부르며 말했다. "우리는 여기서 사태에 제대로 대응해야겠군요." 상황의 엄중함을 즉각 이해한 샤브레이가 말했다. "나는 머리카락이 곤두서는 듯한 전율을 느꼈다"라고 그는 후에 회고했다. 이때가 첫 폭발이 일어나고 5분 뒤인 새벽 1시 28분이었다.

프라비크와 소방대원들은 소방차에서 내려서 무슨 일이 일어났는지 파악하기 위해 원자로 3호기의 화물 운송 복도를 따라 달렸다. 복도에서 비상 전화기를 발견하고 전화를 걸었으나 아무도 받지 않았다. 드디어 그들은 원자로 4호기 쪽에서 자신들을 향해 뛰어오는 낙담한 기술자 두 명과 마주쳤다. "무슨 사고가 난 겁니까? 어디에 불이 났습니까?"라고 소방관들은 물었다. 기술자들은 확신하지는 못했지만 터빈 홀의 지붕에 불이 난 것 같다고 말했다. 이것은 좋지 않은 뉴스라고 프라비크는 생각했다. 그곳에는 연소 물질이 가득했고, 아주 값비싼 장비들이 있었다. 네 개의 원자로에 모두 연결된 터빈 홀에 불이 났다면, 화재가 발전소 전체로 번질 수도 있었다.[7]

프라비크는 신속하게 행동을 취해야 했다. 그는 레오니트 샤브레이에게 소방차로 돌아가 차를 몰고 터빈 홀 벽으로 가라고 명령했다. 프라비크는 건물에 남아 사고에 대해 좀 더 알아보고 다음 조치를 취할 계획이었다. 샤브레이는 명령 대로 터빈 홀로 이동했으며, 동석한 볼로디미르 프리셰파 대원과 함께 터빈 홀 지붕으로 올라갔다. 그러나 무거운 장비를 걸치고 사다리를 올라가기가 쉽지는 않았다. 외벽 사다리의 높이가 12미터였는데, 이들이 올라갈 때마다 흔들렸다. 지붕에 올라간 샤브레이가 본 것은 단순한 화재보다 훨씬 큰 사고였다. 프리셰파는 며칠 후 이렇게 회상했다. "지붕에 올라갔을 때 나는 천장 일부가 파손되고 일부는 아래쪽으로 떨어진 것을 보았다. 원자로 4호기 지붕의 가장자리로 접근했을 때 불이 붙기 시작한 지점을 발견했다. 화재를 진압하기 위해 다가갔으나 지붕이 흔들렸다. 나는 다시 돌아와 소방수 공급용 배관을 따라 벽을 끼고 걸어서 불이 난 곳으로 접근했다. 그런데 소방 호스를 연결할 수가 없어서 적재된 모래를 지붕에 끼얹었다."

레오니트 샤브레이도 물 없이 불을 진압했다고 회고했다. "우리는 캔버스로 된 소방 호스를 이용해 불을 끄려고 시도했다. 지붕에 소방수 공급용 배관이 있었고, 호스가 소방 상자에 보관되어 있었다. 그래서 우리는 이 호스를 이용해 불을 끄려고 했다. … 지붕에 구멍이 뚫려 있었고, 우리가 물을 퍼붓자 아마도 합선이 일어난 것 같았다. 우리는 호스로 물을 뿌려 불길을 잡으면서 불꽃을 발로 밟았다." 소방관들이 딛고 선 지붕은 휘발성이 아주 강한 석유에서 나온 역청으로 덮여 있었는데, 이는 안전 규정을 완전히 위반한 재질이었다. "지붕 위의 역청이 녹으면서 걷기 힘들었다"라고 샤브레이는 회고했다. "열기가 대단했다. 온도기 조금만 더 올라가면 역청에 불이 붙을 수도 있었다. 그 위에서는 한 발을 짚으면 다음 발을 뗄 수가 없었다. 뜨거운 역청이 장화를 찢었다. 지붕 전체에 역청이 도포되어 있었고, 은색 파편이 널려 있었다. 우리는 파편들을 발로 차냈다. 이 조각들은 언뜻 보기에는 그냥 여기저기 널려 있었지만, 어느 순간에라도 불이 붙을 수 있었다."[8]

샤브레이와 프리셰파가 발로 찬 것은 흑연 조각과 방사능 연료였다. 이 물질들은 사방으로 방사능을 뿜어댔다. 방사능 측정 장비나 보호 장비를 갖추지 못한 소방관들이 먼저 방사능에 오염되었다. 이들은 일상적인 화재를 진압하고 연기가 가득한 방이나 건물로 뛰어드는 훈련만 받았었다. 소방서가 발전소 바로 옆에 있었지만 아무도 이들에게 방사능을 어떻게 다루어야 하는지 가르쳐주지 않았다. 이들은 자신들이 진압하려고 사투를 벌이는 화재가 방사능 화재라는 사실을, 그것이 일반 화재와 어떻게 다른지를 전혀 알지 못했다. 열기가 올라오자 샤브레이와 프리셰파는 장비 일부를 벗어던졌다. "온도가 너무 높아서 숨 쉬기가 힘들었다. 우리는 장비의 단추를 풀고, 헬멧을 벗어 바닥에 내려놓았다"

라고 샤브레이는 회고했다. 이들은 전혀 알지 못했지만, 지상에서 이들의 진화 작업을 지켜보던 사람들은 그 모습을 보고 박수를 쳤다. 이 광경을 지켜보던 인근 연못의 낚시꾼들도 감탄했다. "헬멧을 벗다니, 정말로 멋있다! 그는 진짜 영웅이야!"라고 한 낚시꾼이 소리쳤다.[9]

프리퍄트시의 소방을 책임지던 제6소방대 대원 바실 이흐나텐코의 부인인 류드밀라 이흐나텐코는 창문 아래에서 나는 소란스러운 소리를 듣고 잠에서 깼다. 다른 젊은 소방관의 가족들처럼 바실과 류드밀라는 소방서 차고 위에 지어진 아파트에서 살고 있었다. 바실은 그날 밤 당직이었다. 류드밀라는 창밖을 내다보며 바실을 찾았다. 소방차에 올라타는 바실이 눈에 들어왔다. "창문 닫고 자요"라고 바실은 부인에게 소리쳤다. "원자로에 화재가 발생했대요. 곧 돌아올게요." 류드밀라는 원전 쪽을 바라보았고, 원자로 4호기 위에 불길이 치솟는 것을 보았다. "모든 것이 환하게 빛나고 있었다. 하늘 전체에 높은 불길이 치솟고, 연기로 가득 찼다."

소방차고에서 나온 소방차는 원전으로 달려갔다. 바실이 속한 소방팀의 팀장은 23세의 중위 빅토르 키베노크였다. 프라비크보다 1년 늦게 1984년에 체르카시 소방 학교를 졸업한 그는 모범적인 소방팀을 이끌고 있었다. 소방대원 전원이 그와 나이가 비슷했고, 그는 바실 이흐나텐코를 포함한 많은 대원들과 친구 사이였다. '소련 스포츠 마스터' 타이틀의 운동선수 출신 바실 이흐나텐코는 키베노크보다 두 살 많았다. 이들 가족은 함께 주말을 보냈고, 부인들도 친구 사이였다. 두 사람은 같은 교대팀에 속했고, 지금 원전으로 같이 달려가고 있었다.[10]

키베노크 중위는 프라비크 소방팀보다 7분 늦은 1시 45분에 원전에 도착했다. 프라비크와 동료들은 터빈 홀 지붕의 화재를 진압하고 있었기 때문에 원자로 3호기 지붕의 화재를 진압하는 것이 이들의 급선무였다. 그것은 원자로 4호기에서 발생한 화재가 옮겨 온 것이었다. 비용을 절감하기 위해 한 건물 안에 설치된 두 원자로는 배기구와 기타 시설을 공유했다. 하지만 지금 두 원자로의 밀집은 아주 위험한 상황을 만들어 내고 있었다. 키베노크와 이흐나텐코를 비롯한 소방 대원들은 소방 호스를 소화전과 원자로 건물 벽에 있는 소방용 배관과 연결했다. 그런 다음 건물 벽에 붙은 사다리를 타고 지붕으로 올라갔다. 모든 소방 장비를 착용한 채 72미터 가까이 되는 건물을 올라가는 것은 위험한 작업이었다. 이들은 원자로 3호기 지붕에서 폭발한 원자로 홀과 그 아래에서 올라오는 불길을 보고 경악했고, 이내 지붕에 설치된 호스를 찾아내 벽의 배관에 연결하고 불을 끄기 시작했다.

프라비크 중위가 곧 원자로 홀 지붕에서 화재 진압을 하는 키베노크 팀에 합류했다. 레오니트 샤브레이와 그의 팀원들이 터빈 홀 지붕에서 화재를 진압하고 있었기에 프라비크는 키베노크 팀을 도울 수 있었다. 지상에 남아 있던 대원들은 프라비크가 사다리를 타고 올라가 기계실로 간 후 그곳에서 다시 원자로 3호기 지붕으로 올라가는 것을 보았다. 배기관 바닥 주변이 이들의 주요 전투장이 되었다. 바실 이흐나텐코를 비롯한 일부 소방관은 호스로 물을 뿌리며 화재를 진압했고, 다른 대원들은 흑연 조각을 지붕에서 발로 차내느라 바빴다. 이들은 이 파편들이 원자로에서 튀어나왔고 방사능을 방출해 주변의 모든 것을 죽인다는 사실을 전혀 알지 못했다. 이들의 급선무는 지붕에 있는 고열의 흑연으로 인해 불길이 번져 새로운 화재가 일어나는 것을 막는 것이었다.[11]

제2소방대 대장이자 프라비크의 상관인 레오니트 텔랴트니코프는 프리퍄트의 아파트에서 깊이 잠든 상태에서 울려오는 전화벨 소리를 들었다. 당직 소방관이 원전에서 화재가 발생했다고 그에게 보고했다. 텔랴트니코프는 휴가 중이었지만 지금은 무조건 원전에서 화재 진압 중인 부하 대원들에게 달려가야 했다. 소방차가 전부 출동한 상황이어서 그는 경찰서에 전화를 걸어 경찰차를 보내달라고 했다. 경찰은 차를 보냈고, 그는 새벽 1시 45분 키베노크 소방팀과 거의 같은 시각에 화재 현장에 도착했다. 그는 파괴된 원자로 4호기와 3호기의 지붕에 번지고 있는 불길을 보았다. 불의 혀는 거의 2미터 높이로 치솟고 있었다. 화재 말고 또 무슨 일이 벌어졌는가? 그는 프라비크가 그랬던 것처럼, 처음 몇 분 동안 주변을 뛰어다니며 상황을 파악하려고 했다.[12]

그는 터빈 홀의 벽 근처에서 프라비크 팀의 레오니트 샤브레이를 만났다. 샤브레이는 소방 호스를 구하기 위해 터빈 홀 지붕에서 막 내려온 참이었다. "레오니트 페트로비치, 여기 전력 공급선이 절단되어 있네요. 저는 거의 죽을 뻔했어요." 샤브레이는 그의 상사에게 텔랴트니코프가 상황을 살피고 온 원자로 4호기의 벽에 매달린 절단된 전력선과 전기 배선을 가리키며 말했다. "아직 자네를 죽이지는 않았군. 그러니 살아 있지." 텔랴트니코프가 답했다. 그는 샤브레이에게 프라비크가 어디에 있는지 물었다. 텔랴트니코프는 젊은 중위의 안위를 염려했다. 샤브레이의 대답은 고무적이었다. "그 소방팀의 내부 갈등과 상관없이 화재가 발생하자 모든 대원이 주저하지 않고 프라비크를 따라갔다. 뒤로 물러선 사람은 아무도 없었다"라고 텔랴트니코프는 회상했다.[13]

마침내 텔랴트니코프는 프라비크를 발견했다. 그와 소방대원들은 원자로 3호기 지붕에서 내려오는 중이었다. 프라비크는 지붕 위의 불길이 거의 잡혔다고 보고했다. 그러나 그의 상태는 분명히 좋지 않았다. "그를 포함해 대원이 7명 있었는데, 모두 상태가 좋지 않았고 몸에 이상이 있었다"라고 텔랴트니코프는 회고했다. 그는 현장에 있던 앰뷸런스를 불러 프라비크와 그의 팀원들을 타게 했다. 이때가 새벽 2시 25분이었다. 이들이 지붕에서 보낸 시간은 30분도 채 안 되었는데, 몸 상태가 아주 좋지 않았다. 그것이 단지 화재 탓이 아님을 모두가 알아차렸다. 프라비크는 앰뷸런스에 올라타면서 주변에 있는 대원들에게 자기 아내 나디카에게 전화를 걸어 아파트 창문을 닫고 있으라고 말해 달라고 부탁했다. 앰뷸런스는 프리퍄트 병원으로 달려갔다. 그 시각에 터빈 홀 지붕에 있던 이반 샤브레이는 키베노크 팀의 대원들이 다시 지상으로 내려오는 것을 보았다. 이들 역시 상태가 몹시 안 좋았다. 특히 지붕 가장자리에 주저앉아 있던 바실 이흐나텐코의 상태가 심각했다. 키베노크는 셔츠를 풀어 헤친 상태로 천천히 벽을 잡고 내려오고 있었다. 대원들은 동료들의 도움을 받아 땅에 발을 디뎠고, 앰뷸런스가 이들을 바로 병원으로 이송했다.[14]

그날 밤 프리퍄트 병원에서 당직을 섰던 유일한 의사는 28세의 발렌틴 벨로콘이었다. 그는 비상 당직 의사였다. 그날 그는 아픈 어린이들, 도움이 필요한 만성 질환자, 과음을 한 뒤 창문에서 뛰어내린 주정꾼 등을 치료했다. 그러다가 원전에서 전화가 걸려왔다. 그는 화상을 치료할 것이라 생각하고 진통제와 화상 치료약을 가지고 왔지만, 화상을 입은 사람은 아무도 없었다. 그는 원자로 3호기 지붕에 올라가기 전의 키베노크와 마주쳤다. "화상 입은 사람이 있습니까?"라고 벨로콘이 물었다. "아니오, 아무도 없습니다. 그러나 상황을 제대로 파악할 수 없습니다. 무언가 다른 것 때문에 우리 대원들 상태가 아주 안 좋아요"라고 키베노크는 대답했다. 벨로콘은 키베노크 중위가 "좀 당황하고 흥분한 상태였

다"라고 회상했다.[15]

벨로콘이 키베노크와 대화를 마쳤을 때, 소방대원들은 18세가량 되는 젊은 인턴을 그에게 데려왔다. 원자로 3호기에서 일하던 그는 명령을 받고 원자로 4호기로 들어갔다가 나왔다. 그는 극심한 두통과 구역질을 느꼈다. 벨로콘은 그가 무엇을 먹고 마셨는지 물었다. 그날이 금요일 밤이었기에 벨로콘은 처음에 알코올 부작용을 의심했다. 청년은 술을 마신 적이 없다고 대답했다. 그러는 동안 그의 상태는 더욱 나빠졌다. 그는 말을 똑바로 할 수 없었고, 얼굴은 창백해졌다. 계속 "무서워, 무서워!"라고 외치는 그의 입에서는 술 냄새가 전혀 나지 않았다. 벨로콘은 두 가지 이완제, 즉 서방에는 '다이아제팜diazepam'이라고 알려진 렐라니움relanium, '프로메나진promenazin'이라는 약명으로 알려진 아미나진aminazin을 처방했다.[16]

곧 더 많은 사람들이 벨로콘에게 왔다. 원전 운영자 모두 두통과 목구멍의 건조함, 구역질을 호소했다. 벨로콘은 이들에게 같은 약을 처방하고 병원으로 보냈다. 그다음으로는 상태가 더 심각한 소방대원들이 왔다. 벨로콘은 소방대원들을 병원으로 보냈을 때 비로소 무슨 일이 벌어졌는지 짐작할 수 있었다. 그는 자신의 상관 의사들에게 전화를 걸어 요오드화칼륨potassium iodide을 보내달라고 요청했다. 갑상샘을 방사능으로부터 보호하는 역할을 하는 약이었다. 병원 의사들은 처음에 이 요청에 의구심을 품었지만, 병원에 들이닥치는 환자들을 보고서 그에게 약을 보냈다. 의사들은 자신들이 방사능 피폭 환자를 다루고 있다는 사실을 더 이상 의심하지 않았다. 그러나 방사능 수치가 얼마나 높은지는 아무도 알지 못했다.

벨로콘은 의과 대학에서 방사능에 대해 배운 내용을 떠올려보려고 했지만, 별로 배운 것이 없었다. 원전 운영자들조차 방사능 위험을 의식하지 않았다. 벨로콘에게 이송돼 온 사람들은 구토를 하기 시작했다. 그들은 충격 때문에 이런 상태가 되었다고 생각하며 실제 방사능에 피폭된 것을 인정하려 들지 않았다. 구토하는 모습이 부끄러워 다른 동료들이 보지 못하도록 건물 밖으로 나가는 이들도 있었다.[17]

텔랴트니코프 소령에게는 시간이 없었다. 그는 원자로 3호기로 추가 인력을 보냈다. 새벽 3시 30분, 그도 1시간 전 병원으로 이송된 소방대원들이 보인 증상과 같은 욕지기와 메스꺼움을 느꼈다. 이번에는 그가 병원으로 이송될 차례였다.[18]

그 시각 원전에서는 화재 진압을 하던 샤브레이 형제, 레오니트와 이반에 이어 이번에는 동생 표트르도 동참했다. 레오니트는 터빈 홀에서 화재를 진압하고 있었고, 이반은 프라비크와 키베노크 팀을 대신해서 원자로 3호기 지붕으로 올라갔다. 표트르는 비번이던 다른 소방관과 함께 화재를 진압하기 위해 현장에 도착했다. 그는 소방 장비도 갖추지 않고 터빈 홀로 다가갔다. 그때 그는 형인 레오니트가 소리치는 것을 들었다. "호스를 가져와, 여기 호스가 없어!" 레오니트가 사용하던 호스는 녹아내린 역청에 타버려 쓸 수가 없었다. "나는 바로 신었던 신발을 벗고 장화로 갈아 신고서 모자를 차 안에 던져 넣었다. 나는 호스 두 개를 팔로 안고 사다리를 타고 지붕으로 올라갔다. 나의 보호 장비는 장화 한 켤레가 전부였다. 몸을 보호하는 데 신경 쓸 겨를이 없었다. 불이 번지는 것을 막으려면 몇 초도 아까운 상황이었다"라고 표트르는 회상했다.

새 호스가 드디어 터빈 홀 지붕까지 끌어올려졌지만 물을 쓸 수가 없었다. 전기가 나가서 배관에 물을 공급하는 펌프가 작동하지 않았기 때문이다. 표트르 샤브레이는 그 자리에서 인근의 냉각수 연못의 물을 사용하자는 결정을 내렸다. 그것은 말은 쉬웠지만 실행하기가 어려운 것이었다. 주변에는 세상의 종말과 같은 광경이 펼쳐지고 있었다. 폭발로 사방에 흩어진 콘크리트 조각, 깨진 유리 조각, 흑연과 연료봉 조각 들이 지옥 같은 광경을 형성하며 연못까지 가야 하는 소방 트럭의 앞을 가로막고 있었다. "나는 소방차 앞에서 뛰어갔다. 불빛이 전혀 없었고, 사방은 잔해로 덮여 있었다"라고 표트르는 회상했다. "나는 토끼처럼 이리저리 잔해를 피해 달렸고, 소방차가 내 뒤를 따라왔다. 그러나 소방차 바퀴는 곧 펑크가 났다. 나는 바퀴 아래에 깔린 금속 조각들을 맨손으로 치우거나 발로 차냈다. 내 살이 벗겨져 나갔다. 금속 조각이 방사능을 뿜어내고 있었던 것이다." 마침내 이들은 연못에 도달했고 물을 터빈 홀 지붕으로 보낼 수 있었다. 다시 불길이 잡혔다.

화재는 아침 7시가 되어서야 겨우 진압되었고, 샤브레이 형제는 손상된 원자로 주변을 떠날 수 있었다. 원자로 3호기 위에서 불길을 잡던 이반은 앰뷸런스에 실려 병원으로 이송되었다. 그는 자신의 입에서 단내가 나는 것을 느꼈고, 서 있기조차 힘들었다. 레오니트는 자기 발로 터빈 홀 지붕에서 내려왔지만 구토를 하기 시작했다. 마지막으로 땅에 내려온 표트르도 상태가 좋지 않았다. "나는 구토가 났고 힘이 모조리 빠져나간 것 같았다. 내 다리는 솜뭉치처럼 말을 듣지 않았다"라고 그는 기억했다. 그에게 제일 시급한 것은 물을 마시는 것이었다. 그는 소방 호스로 달려가 물을 들이켰고, 바로 갈증이 해소되었다. "뭐하는 거야? 그 물은 더러워!" 동료 소방관이 냉각수 연못에서 올라온 물을 가리키며 말했다. 표트르는 물이 깨끗해 보인다고 답했다. "물은 방사능에 오염되어 있었다. 나도 그 사실을 알았다. 하지만 몇 방울이라도 들이키지 않으면 바로 쓰러져서 일어나지 못할 것 같았다"라고 표트르는 회상했다. 그는 체르노빌 연못의 물을 몇 모금 마신 일로 값비싼 대가를 치러야 했다. 그의 소화관은 심하게 손상되었다.[19]

또 다른 젊은 소방관 페트로 흐멜은 표트르와 같은 시각에 원전에 도착했다. 표트르와 마찬가지로 그도 화재 현장에 가족이 있었다. 체르노빌 소방서의 소방차 운전수인 그의 아버지 흐리호리는 프라비크가 울린 경보 3호를 듣고 가장 먼저 화재 현장에 도착한 소방관 중 한 명이었다. 페트로 흐멜은 제2소방대 대원이었고, 아침 8시에 프라비크 팀과 교대하도록 되어 있었다. 그가 현장에 도착해서 안 첫 번째 사실은 프라비크가 이미 병원으로 이송되었다는 것이었다. "나는 상황을 판단하기 위해 기계실 지붕으로 올라갔다. 지붕은 완전히 파손되어 있었고 불길이 일고 있었다. 사실 그렇게 큰 불길은 아니었다. 대원들이 나에게 호스를 전달해 주었다. … 잠시 후 유일하게 나만 현장에 남았다. 나는 무전기에 대고 무슨 조치를 취해야 하느냐고 물었다. 응답이 왔다. '추가 대원들이 올 때까지 대기하라.'" 그는 그 자리에 계속 머물렀다. 그는 급하게 원전으로 달려오느라 시계를 집에 놓고 나와서 자신이 얼마나 오래 그곳에 있었는지 기억하지 못했다. 나중에야 그는 매분 매초가 중요했다는 끔찍한 진실을 알게 된다.[20]

페트로 흐멜이 지붕 위에 있는 동안 그의 아버지 흐리호리는 터빈 홀 벽 옆에서 거의 밤을 새웠다. 그는 프라비크가 소방 사다리에 올라가는 모습을 보았지만, 나중에 프라비크뿐만 아니라 텔랴트니코프도 병원으로 이송된 것을 알고 아들이 걱정되기 시작했다. 그는 페트로도 비상 연락을 받고 현장에 출동했을 거라는 점을 의심하지 않았다. 아침 7시, 흐리호리와 동료 소방관들은 현장을 떠나라는 명령을 받았고 요오드화칼름을 지급받았다. 그는 페트로를 본 사람이 있는지 물었다. 보았다고 대답하는 사람이 없었다. 그때 누군가가 말했다. "페트로는 대체 요원으로 그곳으로 올라갔어요." 흐리호리는 가슴이 철렁했다. '그곳'은 파손된 원자로를 의미했다. "나는 이제 모든 것이 끝났다고 생각했다"라고 그는 후에 회상했다.

흐리호리는 옷을 전부 다 벗어서 내놓고 샤워를 하라는 지시를 받았다. 그 후에야 그는 아들을 발견했다. "나는 거리로 나가 사방을 둘러보았다. 이미 날이 밝았고 모든 것이 잘 보였다. 그때 페트로가 소방 코트, 벨트, 헬멧을 쓰고, 장화를 신은 채 내게로 다가오는 모습이 보였다." "아버지 여기 계셨네요?" 페트로는 방사능 오염 방제 작업을 하러 가기 전에 그의 아버지에게 말했다. 흐리호리는 니콜라이 고골의 《타라스 불바 Taras Bulba》•에서 아들 오스타프가 처형당하기 직전에 외친 말이 떠올랐다. "아버지, 어디 계세요? 제 말 들리세요?" 흐리호리는 그 자리를 떠나지 않고 아들이 샤워를 마치고 나오기를 기다렸다. 페트로는 분명 상태가 좋지 않았다. "나는 샤워를 하는 동안 몸 상태가 아주 좋지 않음을 느꼈다. 밖으로 나갔을 때 아버지가 나를 기다리고 계셨다. 아버지는 '아들아, 어떠니?'라고 물었다. 나는 이미 그때 거의 아무 소리도 들을 수 없었고, 단지 '참고 견뎌내라'라는 말을 들었을 뿐이다."[21]

프리퍄트 제6소방대 차고 위의 아파트에서 류드빌라 이흐나텐코는

• 우크라이나 출신 러시아 작가 니콜라이 고골의 대표작 중 하나로, 처음에 작품집《미르고르트》(1835)에 수록되었고 1842년에 대폭 수정된 최종본이 발표되었다. 16~17세기에 드네프르강 하류를 근거지로 자포리지아 코자크들이 자유를 얻어내고 정교회 신앙을 수호하기 위해 폴란드군과 투쟁하는 내용이다. 율 브리너, 토니 커티스가 주연한 영화 〈대장 부리바〉가 1980년대에 제작되어 상연되었다. 러시아 문학사에서 이 작품의 위치는《코자크와 러시아 문학》(주디스 도이치 콘블랫 지음, 허승철 옮김)에 자세히 설명되어 있다.

남편 바실이 새벽 2시 전에 발전소로 출동한 이후 잠을 이룰 수 없었다. 그녀는 첫 아이를 임신한 상태였고 곧 출산을 앞두고 있었다. 그녀는 뭔가 잘못되었다고 느꼈다. 소방차들이 돌아오지 않았기 때문이다. "새벽 4시, 5시, 6시. 아침 6시에 우리는 부모님 댁으로 출발하기로 되어 있었다"라고 그녀는 회상했다. 류드밀라는 아침 7시가 되어서야 바실이 집으로 돌아오지 못한다는 것을 알게 되었다. 그는 병원에 있었다. 그녀는 병원으로 달려갔지만 안으로 들어갈 수 없었다. 경찰이 통제선을 두르고 빠른 속도로 드나드는 앰뷸런스만 출입을 허용했다. 경찰은 사람들에게 앰뷸런스에서 멀리 떨어져 있으라고 지시했다.

류드밀라는 절망했다. 그녀는 아는 의사를 발견했다. "나는 앰뷸런스에서 나오는 그녀의 흰 가운을 붙잡고 말했다. '나 좀 들어가게 해주세요!'" "그럴 수 없어요. 그의 상태가 좋지 않아요. 모든 사람이 다 그래요." 류드밀라는 애원했고 의사는 결국 허락했다. "그는 몸이 온통 부어오르고 눈이 튀어나와 있었다"라고 류드밀라는 회상했다. 그녀는 바실의 눈을 거의 볼 수 없었다. 류드밀라는 남편에게 어떻게 도와주면 좋겠냐고 물었다. "여기서 나가, 빨리 가! 당신은 아기를 가지고 있잖아!" 그는 가느다란 목소리로 말했다. "빨리 나가! 아기를 구해야지!" 류드밀라는 의사들이 바실과 환자들에게 그들이 가스에 중독되었다고 설명하는 것을 들었지만, 의사들은 아마 방사능 피폭임을 알고 있었을 것이다. 바실과 동료 소방관들은 이 사실을 너무 늦게 깨달았지만, 일단 무슨 일이 벌어졌는지 알아차린 후에는 가족들이 병실에서 나가기를 바랐다. 이들은 화재는 진압했지만 방사능에는 속수무책이었다. 방사능은 이미 통제할 수 없는 수준으로 누출되었고, 이들의 몸과 환경을 파괴하기 시작했다.[22]

볼로디미르 프라비크의 부모는 몇 시간 동안 아들이 와서 과수원 가꾸는 것을 도와주기를 기다렸으나 허사였다. 마침내 아들이 프리퍄트 병원에 입원했다는 사실을 알게 된 이들은 그를 보러 달려갔다. 볼로디미르는 병원 창문을 통해 딸을 담요로 몇 겹 말아서 감싸고 아내 나디카와 함께 오토바이에 태워 프리퍄트와 체르노빌에서 멀리 떨어진 우크라이나 중부 지역에 있는 처가로 데리고 가라고 부모에게 말했다. 그들은 그가 말한 대로 했다. 자신들이 살던 아파트를 떠나기 전, 나디카는 볼로미디르에게 자신과 나탈카가 가는 곳의 위치를 알리는 편지를 써서 식탁 위에 올려놓았다. 두 사람의 사랑은 주로 편지를 통해 이루어졌지만, 이 편지는 답장을 받지 못하는 유일한 편지로 남는다.[23]

7장

부인

빅토르 브류하노프는 4월 26일 새벽 2시경 전화가 울렸을 때 레닌 대로와 쿠르차토프 대로 모퉁이에 있는 그의 고급 아파트에서 잠을 자고 있었다. "빅토르 페트로비치, 발전소에 일이 생겼습니다. 무슨 일인지 아시는지요?" 원전의 화학부장은 온갖 서면 및 비공식 행동 지침을 어기고 원전 소장을 깨웠다. 브류하노프는 아무것도 모르고 있었다.

화학부장은 원전에 폭발이 일어났다고 보고했다. 그러나 그도 그 이상은 상세히 알지 못했다. 전화기를 내려놓은 브류하노프는 원전에 전화를 걸어보았지만 아무도 받는 사람이 없었다. 그는 옷을 입고 아래층으로 달려 내려갔다. 거리에서 그는 원전으로 향하는 회사 버스에 올라탔다. 무슨 일이 일어난 거지? 그런 일이 없기를 바랐지만, 그가 추측할 수 있는 일은 증기 배관라인에 문제가 생긴 것이었다. 이것이 그가 상상할 수 있는 발생 가능한 사고였다. 버스가 원자력 발전소 안으로 진입하자 그는 배관 사고가 아님을 알아차렸다. 원자로 4호기의 지붕이 사라져

있었기 때문이다. 그는 가슴이 철렁 내려앉았다. "여기가 내 감옥이다"라고 그는 혼잣말을 했다.[1]

즉시 브류하노프는 지금껏 자기가 살아온 삶, 즉 성공적인 경력, 공산당대회에 대표로 참석한 일, 정부 훈장 등 모든 것이 끝장났다는 것을 깨달았다. 그는 자신이 죄가 있건 없건 간에 사고에 책임을 져야 함을 알았다. 1930년대에 수천 명의 관리자가 그들이 관리하는 공장에서 일어난 사고에 대해 사보타주 혐의 아니면 더 악질적인 스파이 혐의로 재판을 받고 강제 수용소에서 오랜 기간 수형 생활을 하거나 사형을 당했다. 이런 기소가 더는 유행하지는 않았지만, 소련 체제에서 소장은 그가 관리하는 곳에서 일어난 재난 사고에 대한 비난을 피할 수 없었다. 평상시에 말이 별로 없던 브류하노프는 말수가 더 줄었다. 그날 밤 그를 본 사람들은 그가 스트레스를 많이 받고, 크게 낙담한 모습을 볼 수밖에 없었다. 그의 얼굴은 굳어 있었고, 행동은 느릿했으며, 전반적으로 정신이 나간 사람처럼 망연자실해 있었다.[2]

상황은 분명히 나빴다. 그러나 브류하노프는 상황이 얼마나 나쁜지, 무슨 원인으로 사고가 일어났는지 알고 싶었다. 관리 건물에 있는 소장 집무실에서 그는 야간 당직팀장 보리스 로고시킨에게 전화를 걸었다. 그러나 그는 전화를 받지 않았다. 브류하노프는 원전의 각 부서장 모두를 원전으로 불러들이는 명령을 내렸다. 전화 교환수는 이미 로고시킨의 명령을 받고 부서장들 한 사람, 한 사람에게 전화를 걸고 있었다. 브류하노프는 미리 녹음된 테이프를 사용해 자동으로 각 부서장에게 전화를 거는 자동 경보 시스템이 작동하지 않느냐고 물었다. 교환수는 사고가 얼마나 심각한지 파악하지 못했고, 어느 녹음 테이프를 사용해야 할지 모르겠다고 답했다. 브류하노프는 최고위 경보를 의미하는 '대형 사고' 테이프를 사용하라고 지시했다. 이 말은 사고가 원전 부지 너머로까지 영향을 미친다는 것을 의미했다. 브류하노프는 정확히 무슨 일이 일어났는지 아직 알지 못했지만, 눈으로 본 것만으로도 사고의 심각성을 충분히 알아차릴 수 있었다.

원전에서 무슨 사고가 일어났는지 얘기해줄 수 있는 사람이 없는 상황에 낙담한 브류하노프는 자신이 직접 알아보기로 하고 원자로 4호기 쪽으로 달려갔다. 그쪽으로 다가갈 때 흑연 조각이 발에 걸렸는데 이것들이 원자로 내부에서 튀어나왔을 거라고는 생각도 못했다. 흑연 조각 하나가 그의 신발에 끼었지만, 그는 계속 걸어갔다. 비상 냉각수 공급 장치가 설치된 원자로 옆 건물은 폭발로 폐허가 되다시피 한 상태였다. 한마디로 아주 안 좋은 상황이었다. 그는 사고 현장을 더 이상 보고 싶지 않았다. 그는 발걸음을 돌려 자기 사무실로 돌아갔다.

한밤중에 전화를 받은 부서장들이 도착하기 시작했다. 브류하노프는 핵전쟁이나 비상사태 시 사용하도록 설계된 핵 대피소인 지하 벙커의 문을 열라고 지시했다. 그는 부서장들에게 각 부서에서 일어난 일을 즉시 파악해 자신에게 보고하라고 했다. 모두가 전화기로 달려갔다. 원전 소장은 가장 힘든 임무를 떠맡았다. 바로 모스크바와 키예프의 부처 관리, 당 간부들에게 사고를 알리는 전화를 거는 것이었다. 그는 자신이 본 바대로 폭발로 원자로 4호기 상당 부분이 파괴되었고, 현재 상황을 조사하는 중이라고 했다. 보고를 받은 상관들은 관계자들을 원전으로 파견하겠다고 했고, 무슨 일이 일어났는지 최대한 신속히 파악하라고 지시했다.[3]

드디어 브류하노프는 로고시킨과 통화가 되었다. 이 야간 당직팀장은 터빈 홀을 돌아보고 자기 사무실로 돌아와 있었다. 또한 그는 원자로

4호기 통제실에 가서 야간 교대팀장인 알렉산드르 아키모프, 원자로 운영 담당 레오니트 톱투노프, 터빈 시험 진행의 책임자였던 부수석 기술자 아나톨리 댜틀로프와 벌어진 상황에 대해 논의했다. 이들 모두 충격을 받아 크게 낙담한 상태였고, 무슨 일이 일어났는지 이해하지 못했다. "보랴", 댜틀로프는 로고시킨의 이름인 '보리스'의 애칭으로 그를 불렀다. "우리는 AZ-5버튼(비상 정지 버튼)을 눌렀는데, 12~15초 후에 원자로가 폭발했네." 로고시킨은 운영자들이 증기에 열상을 입은 모습을 보고 이들 중 한 명인 볼로디미르 샤셰노크의 이송을 도왔다. 이들은 실종된 사람들을 찾고 있었다. 아직 몇 명이 확인되지 않은 상태였다. 이것이 로고시킨이 브류하노프에게 보고할 수 있는 내용의 전부였다. 그는 브류하노프가 댜틀로프와 대화할 수 있도록 전화를 연결하겠다고 했지만, 브류하노프는 자신이 직접 댜틀로프에게 걸겠다고 말했다.[4]

다른 이들과 마찬가지로 아나톨리 댜틀로프도 무슨 일이 일어났는지 정확히 알지 못해 당황했다. 두 번째 폭발 이후 비상 발전기가 가동되어 통제실에 불이 들어왔을 때 그의 첫 번째 추측은 11만 리터의 뜨거운 물과 증기가 들어 있고 통제실 바로 위, 71미터 높이에 있는 비상 냉각수 탱크의 폭발이었다. 만일 이것이 실제로 벌어진 일이라면 통제실은 곧 뜨거운 물속에 잠길 터였다. 그는 직원들에게 비상 통제실로 이동하라고 명령했지만, 운영자들은 놀란 데다 여기저기에서 번쩍이는 신호와 오작동으로 바늘이 심하게 흔들리는 계기판을 들여다보느라 그 명령에 신경 쓸 겨를이 없었다. 천장에서 물이 떨어지지 않았으므로 댜틀로프도 그 명령을 고집하지 않았다. 그러나 비상 냉각수 탱크가 폭발하지 않았다면 도대체 무슨 일이 일어났단 말인가?

댜틀로프는 계기판으로 달려가 눈금과 지표를 살펴보기 시작했다. 계기판은 이미 작동을 멈췄거나 이해할 수 없는 정보들을 쏟아냈다. 그것들은 원자로의 핵반응 영역에 흘러들어 오는 물의 양이 제로라고 나타냈다. 그것은 무서운 뉴스였다. 댜틀로프는 핵분열이 이미 정지되었다고 생각했다. 그러나 그는 원자로가 가열된 상태에서 냉각수가 없으면 연료봉이 곧 분해된다는 것도 알았다. 그는 큰 소리로 명령을 내렸다. "비상 속도로 원자로를 냉각하라." 시험을 위해 가동 중지된 비상 냉각수 공급 장치를 다시 가동해야 했다. 그러려면 수문 밸브를 여는 힘든 작업을 아주 빠른 시간 내에 완수해야 했다. 댜틀로프는 연료봉을 냉각시키기는 데 시간이 충분치 않을까봐 염려했지만 원자로를 살리기 위해서는 다른 방법이 없었다. 그는 아키모프에게, 전기 담당자에게 연락해 즉시 펌프를 재가동하라고 명령했다.

그때 댜틀로프는 냉각수 쪽 상황이 큰 문제가 아니라 해도 제어봉에 아주 심각한 문제가 발생했음을 발견했다. 계기판은 핵반응을 정지시켜야 할 제어봉들이 핵반응 영역에 3분의 1 정도만 삽입된 상태임을 보여주었다. 핵반응은 계속되고 있었다. 댜틀로프가 아는 한 이제 연료봉을 식힐 냉각수는 그곳에 없었다. 아키모프는 걸려 있는 제어봉이 스스로 하강하기를 바라며 제어봉의 제어 드라이버 전원을 차단했다. 그러나 제어봉은 더 이상 내려가지 않았다. 댜틀로프는 시험이 진행되는 동안 통제실에 있었던 두 인턴 빅토르 프로스쿠랴코프와 알렉산드르 쿠드랍체프에게 원자로 홀로 달려가서 손으로 기계 레버를 당겨 제어봉을 핵반응 영역까지 더 깊숙이 내리라고 지시했다. 이들은 댜틀로프가 자신의 명령이 얼마나 어리석은 것인지 깨닫기도 전에 방을 뛰어나갔다. 만일 제어 드라이버의 전기가 차단된 상황에서 제어봉이 내려가지 않는

다면, 그걸 수작업으로 내리는 것은 불가능했다. 댜틀로프는 인턴들을 돌아오게 하려고 복도로 뛰어나갔지만, 이들은 이미 사라진 뒤였다. 복도에는 연기와 먼지가 자욱했다. 통제실로 돌아온 댜틀로프는 환기 장치를 가동하라고 명령했다.[5]

댜틀로프가 다음으로 향한 곳은 통제실 반대편에 있는 터빈 홀이었다. 터빈 홀에서는 불이 번지고 있었다. 이 충격적인 소식은 댜틀로프가 비상 속도로 원자로를 냉각시키라고 지시한 직후 한 기술자에 의해 통제실로 전달되었다. 그곳으로 제일 먼저 달려간 사람은 터빈팀 부팀장인 라짐 다블렛바예프였다. 그의 눈앞에 벌어진 광경은 충격 그 이상이었다. 한 터빈의 지붕이 갈라져서 안쪽으로 떨어져 내려앉아 있었다. "대들보 여러 개가 아래로 떨어져 매달려 있었다"라고 다블렛바예프는 회고했다. "그중 하나가 7번 터빈 발전기의 저압 실린더 위로 떨어져 내리는 것을 보았다. 위쪽 어디에선가 증기가 빠져나가는 소리가 들렸다. 그러나 부서진 천장 공간에는 증기나 연기, 불길, 아무것도 보이지 않았다. 대신에 밤하늘에서 빛나는 별들만 보였다."[6]

댜틀로프는 자신의 눈앞에 벌어진 광경에 경악했다. "그것은 단테나 묘사할 수 있는 광경이었다!"라고 그가 후에 회고했다. "파손된 배관에서 뜨거운 물이 터져 나와 전기 부품 위에 떨어졌다. 사방에 증기가 가득했다. 전기 배선에서 합선이 일어나는 소리가 마치 총소리처럼 날카롭게 울렸다." 댜틀로프는 7번 터빈 근처에서 터빈 기술자들이 소화기와 소방 호스를 이용해 불에 타는 기계 윤활유의 불을 끄려고 시도하는 모습을 보았다. 오일 펌프가 낙하된 장비로 인해 파손되어 200톤의 기계 오일이 바닥으로 흘러내리고 있었다. 이 오일이 터빈 홀을 불타오르는 지옥으로 만들 수 있었고, 원자로 4호기뿐만 아니라 원전 전체를 태워버릴 수 있었다. 모든 원자로가 같은 터빈 홀을 공유하고 있었기 때문이다. 다블렛바예프와 그의 팀원들은 오일의 흐름을 배관과 터빈으로부터 지하 저장 시설로 돌리려고 노력했다. 그들은 또한 새로운 폭발을 막기 위해 파손된 터빈 발전기 옆에 위치한 터빈에서 수소를 제거하기 시작했다.[7]

통제실 밖에서 댜틀로프는 폭발 사고의 첫 희생자들과 마주했다. 파손된 배관에서 쏟아져 나온 증기에 화상을 입은 기술자들이었다. 그는 그들에게 의무실로 가라고 말했다. 그가 통제실로 돌아온 후, 직원들이 발전시동부에 있다가 큰 부상을 입은 볼로디미르 샤셰노크를 데리고 들어왔다. 시험이 진행되는 동안 24미터 높이에서 계기판을 모니터하고 있던 샤셰노크는 폭발로 쏟아져 나온 고온의 물과 증기로 인해 전신에 화상을 입었다. "볼로댜는 의자에 앉아 힘없이 눈을 움직일 뿐 울음소리도 내지 못했다. 아마도 고통이 그가 의식할 수 있는 수준을 넘어선 것 같았고, 그를 의식불명으로 만들었다"라고 댜틀로프는 회상했다. 그때 통제실을 찾아온 로고시킨은 샤셰노크를 들것에 실어 의무실로 옮기는 것을 도왔다. 폭발 당시 원자로에서 근무했던 직원 몇 명도 소재가 파악되지 않았다.

그사이 아키모프는 과열된 원자로에 물을 공급하려고 분투했다. 폭발로 전화선이 절단되어 내부 전화 시스템이 고장났지만, 기적적으로 시내와 통하는 전화는 작동되었다. 아키모프는 전기 기술자들에게 전화를 걸어 냉각수 펌프에 공급되는 전원을 복구시켜 원자로를 냉각할 수 있게 해달라고 부탁했다. 이들은 할 수 있는 일은 다 해보겠다고 약속했다. 아키모프는 근처에 있던 저녁 교대팀장 유리 트레후프에게 냉각수 공급 밸브를 손으로 열어보라고 요청했다. 트레후프와 같은 교대팀원인

세르게이 가진은 사다리를 타고 27미터 높이까지 올라갔다. 이들은 그곳에 가는 동안 목과 혀가 부어올라 침을 삼키기가 어렵다는 사실을 알아챘다. 그러나 그런 증상은 그들에게 닥친 문제 중 가장 작은 것이었다. 트레후프가 밸브가 있는 기계실의 문을 열었을 때, 뜨거운 증기가 그를 덮쳤다. 그는 기계실 안으로 들어가기를 포기했다. 트레후프와 가진은 임무를 수행하지 못하고 통제실로 돌아왔다. 원자로가 이미 폭발했다는 사실을 알지 못했던 아키모프는 과열로 인해 원자로에 무슨 일이 생길까 봐 무척 두려워했다.[8]

더 나쁜 소식은 댜틀로프가 수동으로 제어봉을 원자로에 삽입시켜 보라고 보낸 두 인턴 프로스쿠랴코프와 쿠드랍체프가 통제실로 돌아왔을 때 전해졌다. 그들은 엘리베이터를 타고 지상 36미터 높이에 있는 원자로 홀로 가려고 했으나 엘리베이터가 막혀 있어서 계단을 이용해야 했다. 그러나 계단에 온갖 파편이 널려 있었고, 파손된 배관에서 뿜어져 나온 물과 증기로 젖어 있었으며, 위험할 정도로 뜨거웠다. 원자로 홀로 접근하는 길이 무너져 내린 벽과 떨어진 천장 일부로 막혀 있어서 그들은 되돌아가야 했다. 이들은 목표물에 도달하지는 못했지만 그 여행으로 생명을 대가로 치를 만큼 원자로에 상당이 가까이 다가갔다. 두 인턴은 댜틀로프와 아키모프의 명령을 수행하지 못했다고 보고했다. 통제실 안에 있던 사람들은 원자로를 냉각시킬 물이 전혀 없는 상태에서 핵분열이 계속 진행되고 있다고 결론 내렸다. 그들은 이로 인한 결과를 생각하지 않으려고 애썼다.

프로스쿠랴코프는 트레후프에게 원자로의 핵반응 영역이 이미 녹아내린 것 같다고 말했다. 과열된 데다 용기에서 빠져 나온 우라늄 연료로 인해 노심이 용융되고 있다는 것이 그의 추측이었다. 트레후프도 그의 추측에 동의했다. 그는 몇 분 전 원자로를 빠져나왔을 때 섬광을 보았고, 이미 과열된 원자로가 용융되면서 온도가 급격히 상승해 원자로를 덮고 있던 200톤의 콘크리트 덮개인 '엘레나'가 달아올라 주변을 밝혔다고 생각했다. 그는 첫 폭발로 엘레나가 공중으로 날아갔을 거라고는 상상도 하지 못했다. "어떻게 할 수 있는 일이 없나요?"라고 낙담한 프로스쿠랴코프가 물었다. 트레후프는 댜틀로프에게 가서 자신이 염려한 바를 설명했다. "나가세." 댜틀로프가 대답했다. 그들은 밖으로 나왔다. 트레후프는 그의 상사에게 이렇게 말한 것을 기억했다. "이건 히로시마예요!" 댜틀로프는 처음에는 침묵을 지켰으나 잠시 후 트레후프에게 이렇게 말했다. "악몽 속에서도 이런 일은 꿈꿔본 적이 없네." 그날 밤 댜틀로프는 새벽 1시 40분에 한 번, 다음으로 새벽 2시에 한 번 더 사고 현장 주변을 돌아보았다. 그는 아직도 무슨 일이 일어났는지 이해할 수 없었다. 비상 냉각수 탱크가 폭발했다는 그의 이론은 다른 이론에 자리를 내주었다. 어떤 이유에서든지 냉각수 펌프가 원자로의 핵반응 영역에서 터졌고, 이로 인해 엘레나가 공중으로 날아가버렸다. 이 폭발로 날아갔던 콘크리트 덮개가 다시 제자리로 떨어져 원자로를 봉쇄하기 전에 증기와 방사선이 누출되었다.[9]

댜틀로프는 다시 통제실로 돌아와 재난이 원자로 4호기 지역 너머로 확산되는 것을 막을 수 있을지를 생각했다. 그는 아키모프에게 합선과 화재가 원자로 3호기로 번지는 것을 막기 위해 모든 전기선의 스위치를 끄라고 지시했다. 다블렛바예프와 그의 팀원들은 배관과 터빈 발전기에서 기계 오일을 내보내고 있었고, 댜틀로프는 통제실에 나타난 소방대장 텔랴트니코프 소령에게 터빈 홀 지붕의 화재가 진압된 상태에서 다음에 취할 급선무는 원자로 3호기 지붕의 불을 끄는 것이라고 말했다.

댜틀로프는 원자로 3호기 통제실로 가서 가능할 때 원자로 가동을 중지하라고 말했다.

이것 말고 무슨 조치를 취할 수 있겠는가? 댜틀로프는 사람들이 운영실 주변에 몰려 있을 필요가 없다고 생각했다. 그는 방사능 수치가 치솟아 상당히 높은 수준에 도달했다는 사실을 알아챘다. 운영자들은 폭발이 일어난 직후에 방사능 수치를 측정하려 했지만, 제대로 측정할 수 없었다. 그들이 사용하는 방사능 측정기는 초당 마이크로뢴트겐 방사선을 측정하는 것이었다. '뢴트겐Roentgen'이란 감마선과 엑스선에 노출됐을 때 측정하는 단위로서, 엑스선을 발견한 빌헬름 뢴트겐에서 이름을 따온 것이다. 뢴트겐, 밀리뢴트겐milliroentgen(0.01뢴트겐), 마이크로뢴트겐microroentgen(0.001밀리뢴트겐)은 중성자뿐만 아니라 알파 입자와 베타 입자를 포함하는 이온화 방사선ionized radiation을 모두 측정하지는 않았지만, 전체적인 방사선 수치를 잘 보여주었다. 댜틀로프가 가진 측정기의 측정 최대치는 초당 1000마이크로뢴트겐 또는 시간당 3.6뢴트겐이었다. 방사능 측정기는 통제실 한쪽 구역이 초당 800마이크로뢴트겐에 도달한 반면, 다른 구역에서는 측정 가능치를 초과했음을 보여주었다. 그들은 방사능 수치가 시간당 5뢴트겐일 것으로 추정했다. 비상사태 시 허용된 수치는 25뢴트겐이었다. 댜틀로프와 다른 운영자들은 비상 상황이니 몇 시간 정도는 거기에 머무를 수 있다고 생각했다.

만일 통제실 안이 용인될 만한 수준이라면 외부의 방사능 수치는 극도로 높을 것임이 분명했다. 통제실 밖에서 여러 시간을 보낸 사람들은 이미 어지러움을 느끼고 있었다. 그들의 피부색은 까매지고 두통도 심해졌다. 이 모든 것이 방사능 피폭 증상이었다. 가능한 빨리 방사성 선원에서 멀어지는 것이 그들에겐 상책이었다. 댜틀로프는 교대팀 팀원이 아닌 사람들은 모두 빨리 나가라고 명령했다. 인턴 쿠드럅체프와 프로스쿠랴코프가 그런 인력에 해당했다. 그는 아키모프 교대팀 멤버인 레오니트 톱투노프와 이고르 키르셴바움도 그 자리에 더 있을 필요가 없다고 보고 그들에게 원자로 3호기로 가라고 명령했다. 그는 방사능이 3호기로 퍼지는 것을 막기 위해 4호기의 환기 장치를 끄고 3호기의 환기 장치는 최대로 가동하라고 지시했다. 그러나 댜틀로프의 명령은 외부에서 방사능 공기를 더 끌어들이는 효과를 가져왔다. 바깥 공기는 원자로 4호기 내부 공기보다 방사능에 훨씬 더 오염되어 있었기 때문이다.

폭발 직후 소재를 알 수 없던 직원들은 그날 밤 교대 근무를 했던 순환 펌프 담당자 발레리 호뎀추크만 제외하고 모두 소재가 파악되었다. 호뎀추크가 일하던 지상 10미터 높이의 엔진실은 붕괴되었다. 댜틀로프와 다른 두 기술자는 한 번 더 그를 찾아보기로 했다. 그들은 엔진실 입구까지 갔지만 더는 들어갈 수가 없었다. 콘크리트 천장이 무너져 내린 상태였고, 운영실 문은 무너진 크레인이 가로막고 있었다. 한 층 위의 파손된 배수관에서는 물이 쏟아져 내리고 있었다. 그들은 발길을 돌려야 했다. 방사능 샤워로 생명이 위태로울 수 있었기 때문이다.

그때 댜틀로프는 몸에서 진이 빠진 느낌이 들었다. 구역질이 났고 간신히 버티고 서 있을 수 있었다. 의사들은 후에 그에게 나타난 이온화 방사선 수치가 정상치의 13배임을 발견했다. 그가 입은 생체적 타격이면 보통 사람은 60일 이상 생존하기가 어려웠다. 댜틀로프는 이제 원자로를 살리는 싸움을 포기했다. 후에 그가 회고록에 썼듯이 그는 원자로가 이미 가동 불능 상태임을 알았지만 그 사실을 큰소리로 말할 힘이 없었다. 그는 말이 필요 없다고 생각했다. 경험 많은 기술자인 아키모프는 원자로에 물 공급을 차단한 결과가 무엇인지 잘 알았다. 그러나 아키모프는 원자로가 완전히 파손되었다는 사실을 인정하지 않고 계속 물을 주입하려고 애를 썼다. 일부 증인은 댜틀로프가 그 작업을 명령한 것으로 기억했다. 아마도 댜틀로프는 이러지도 저러지도 못했던 것 같다. 그는 물을 공급해도 소용이 없다는 것을 알면서도 더 나은 대안을 생각할 수 없었을 것이다. 어쩌면 물을 계속 공급하라고 하면서 일말의 희망을 품었는지도 모른다. 할 수 있는 건 다 했다고 생각한 즈음에 그는 빅토르 브류하노프의 전화를 받았고, 지하 벙커로 내려오라는 지시를 받았다. 새벽 4시경, 댜틀로프는 결국 원자로 4호기를 떠났다. 아키모프는 뒤에 남았다. 교대 때까지 그의 근무는 아직 끝나지 않았다.[10]

"도대체 무슨 일이 일어난 건가?" 댜틀로프가 도착했을 때 브류하노프가 던진 첫 질문이었다. 댜틀로프는 자신도 모르겠다는 의미로 양손을 펼쳤다. 그는 브류하노프 옆에 앉아 있던 원전 공산당 위원장 세르게이 파라신에게 "저도 이유를 전혀 모르겠습니다"라고 말했다. 폭발 이전에 전력 수준이 급격히 올라갔고, 이때 뭔가 잘못되어 제어봉이 연료관 중간에 고착되었다고 설명했다. 댜틀로프는 소장에게 원자로 4호기의 장비에 대한 자동 기록 자료를 보여주었다. 브류하노프는 자료를 받았지만 얘기를 계속 끌고 나가는 데 관심이 없는 듯했다. 댜틀로프는 분명히 몸 상태가 좋지 않았다. 그는 창백했고 구역질을 했으며 거의 구토가 나올 지경이었다. 브류하노프, 파라신과 얘기를 마친 후 댜틀로프는 지하 벙커에서 뛰쳐나와 앰뷸런스에 올라탔다.[11]

그러는 동안 지하 벙커에 있던 모든 사람이 한 가지 목표에 집중했다. 바로 원자로 4호기에 물을 공급하는 것이었다. 댜틀로프는 원자로가 폭발했다는 사실을 알아챘지만, 이 사실을 상관들에게 알리지 않았다. "벙커 안에는 30~40명이 있었는데, 각자 자기 부서에 전화를 거느라 계속 소란스러웠다"라고 원자력 기술자에서 당 관료로 변신한 39세의 파라신은 회고했다. 브류하노프는 모스크바와 키예프에서 연이어 걸려오는 전화를 받느라 바빴다. 파라신은 위기 관리자 역할을 맡아 벙커에 들어오는 사람들과 대화를 했고, 해결법을 제시했으며, 소장에게 여러 조치를 제안했다. 브류하노프는 이를 기꺼이 받아들였다.

댜틀로프가 벙커에 도착하기 몇 시간 전, 여전히 원자로 4호기에서 일어난 일에 대해 제대로 파악하지 못했던 브류하노프는 다른 부수석 기술자인 아나톨리 시트니코프와 원자로 1호기 책임자 블라디미르 추구노프를 보내 상황을 알아보라고 지시했다. 원자로 4호기에서 일한 경험이 있던 두 사람은 누구보다 이 원자로를 잘 알았다. "그들을 보내야 합니다. 그들이 상황을 잘 알고, 누구보다 댜틀로프를 잘 도울 수 있습니다"라고 파라신이 제안했고, 브류하노프는 이에 동의했다. 두 사람의 임무는 상황을 파악하고 원자로의 비상 냉각수 공급 장치가 가동되도록 하는 것이었다. 그들은 반쯤 파괴된 원자로 4호기를 살펴보았다. 원자로는 폭발로 상당 부분 파괴되어 날아가 버렸고 방사능 수치가 아주 높았지만 얼마나 높은지는 정확히 알 수 없었다. 초당 1000마이크로뢴트겐까지 표시하는 방사능 측정기는 아무런 쓸모가 없었다. 시트니코프는 흑연 덩어리들과 붉게 달아오른 연료봉 조각들이 사방에 흩어져 있는 것을 발견했다. 그는 원자로 홀 지붕으로 올라가 폭발한 원자로 내부를 들여다보았다. 그의 건강과 생명을 앗아갈 관찰이었다. 몇 시간 후 그는 동료 기술자들에게 "원자로는 파괴되었네. 불에 타고 있었어. 믿기 어렵겠지만 사실이야"라고 말했다.[12]

그래도 시트니코프와 추구노프는 지시받은 일을 계속 수행했다. 그들은 원자로에 물을 공급하는 수문의 밸브를 열려고 시도했다. 시트니코프는 원자로가 파괴된 것을 알았지만 그것을 인정하지 않았다. 수문 밸브는 단단히 잠겨 있었다. 방사능 피폭으로 금세 탈진하고 어지러움을 느낀 두 사람에겐 도움이 필요했다. 추구노프는 도움을 청하러 돌아갔다. 아침 7시쯤 젊은 기술자 3명과 함께 원자로 4호기로 돌아왔을 때, 그는 자신이 상관인 시트니코프가 구역질을 하며 괴로워하는 모습을 보았다. 그의 옆에는 야간 교대팀장 알렉산드르 아키모프와 원자로 운영자 레오니트 톱투노프가 앉아 있었다. 그들은 원자로를 떠나라는 댜틀로프의 명령을 듣지 않았다. 그들 또한 상태가 좋지 않았다. 밸브 여는 작업을 돕기 위해 같이 갔던 아르카디 우스코프는 톱투노프가 "당황해하고 의기소침한 상태로 말없이 서 있는" 모습을 기억했다. 우스코프와 또 다른 기술자가 밸브 하나를 여는 데 성공했고, 물이 원자로로 쏟아져 들어가는 소리를 들었다. 아키모프, 톱투노프, 새로 도착한 다른 기술자는 다른 밸브를 열어야 했다. 우스코프 팀이 작업을 완수하고 아키모프 팀을 보러 갔을 때 그들은 구토를 하고 있었다.

원자로 4호기에 새로 도착한 빅토르 스마긴은 통제실로 돌아오는 아키모프, 톱투노프와 마주쳤다. 그는 두 사람이 "극도로 낙담한 데다 얼굴과 손이 검게 부어오른 상태였고, 입술과 혀가 부어서 거의 말을 할 수 없는 지경이었다"라고 회고했다. 두 사람은 분명히 방사능 피폭 증세를 보였지만 그것이 그들에게 가장 큰 걱정거리는 아니었다. 스마긴은 그 두 사람이 당황해하고 곤혹스러워했으며 죄책감에 사로잡혀 있었다고 회상했다. 그날 오전, 원자로 4호기 업무 교대 예정이었던 교대팀장 스마긴에게 아키모프는 이렇게 말했다. "우리는 모든 것을 제대로 했는데, 왜 이런 일이 일어났지?" 그는 스마긴을 애칭으로 부르며 계속 이렇게 말했다. "비차, 정말 가슴이 아파. 우리가 모두 망쳐버렸어."[13]

우스코프 팀이 두 번째 밸브를 연 후에 통제실로 돌아왔을 때 아키모프와 톱투노프는 화장실로 달려가 계속 구토를 했다. 톱투노프가 통제실로 돌아오자 우스코프는 "자네 어떤가?"라고 물었고, "괜찮아, 이제 나아졌어"라고 톱투노프가 대답했다. "나는 좀 더 일할 수 있어." 새로 온 직원이 아키모프와 톱투노프가 걸어서 원자로 3호기로 가는 것을 도와주었다. 아키모프는 터빈 시험 서류를 손에 들고 있었다. 그는 이것이 그날 밤 원자로 4호기에서 일어난 일이 자신의 잘못이 아님을 증명하는 유일한 희망이라고 생각하는 것 같았다. 아키모프는 그의 친구 중 한 명에게 자신은 시험 프로그램대로 따랐다고 말하고, 문서를 다른 사람 말고 자신의 부인에게 전달해 달라고 부탁했다. 그는 더 이상 아무도 믿지 않는 것 같았다. 곧 교대 근무 시간이 끝났고 앰뷸런스가 와서 그를 프리퍄트 병원으로 이송했다. 아키모프는 프라비크 중위가 사망한 날인 5월 11일에 사망했고, 톱투노프는 그로부터 사흘 뒤에 사망했다.[14]

스마긴, 우스코프와 다른 팀원들은 원자로 4호기에 남아 새 밸브들을 여는 작업을 도왔다. 물이 원자로 안으로 쏟아져 들어왔으나 물이 정확히 어디로 들어가는지는 아무도 몰랐다. 방사능에 오염된 이 물은 기어 장치와 전선으로 가득 찬 원자로의 지하실을 채웠다. 새로 투입된 교대팀이 창밖을 보았을 때 눈에 보이는 광경을 믿을 수가 없었다. 4호기의 원자로 홀은 폐허가 되어 있었고, 파편들 사이에는 핵분열 영역에서 튀어나온 흑연 조각들이 널려 있었다. "우리가 본 광경이 너무 무서워서 큰소리로 그것을 말할 수 없었다"라고 우스코프는 회상했다. 그들은 교대팀의 부수석 기술자 미하일 류토프가 현장에 도착하자마자 흑연 조각에 대해 보고했지만 그는 이들의 두려움을 무시했다. 류토프의 공식 직함은 과학 담당 부수석 기술자였고, 만약 원자로 내부의 흑연 온도를 말해줄 사람이 있다면 자신이 현재의 원자로 상태를 정확하게 설명하겠다고 큰소리쳤다. 그들은 흑연이 원자로 안에 있지 않고 밖으로 쏟아져 나와 있다고 설명했다. 류토프는 그들의 말을 믿지 않았다. "비록 그가 내 상관이었지만, 나는 그에게 지금 보고 있는 것이 흑연이 아니면 무엇이냐고 소리쳤다"라고 스마긴은 회고했다. 류토프는 결국 눈에 보이는 것들이 흑연이라는 데 동의했다.[15]

이제 흑연이 밖으로 튀어나왔다는 사실을 부정할 수 없었다. 그렇다면 이것들이 어디에서 왔단 말인가? 직원들은 건설 중인 원자로 5호기에 쓸 흑연을 체크했다. 그 흑연 더미는 온전히 있었다. 그렇다면 유일한 출처는 원자로 4호기일 수밖에 없었다. 이로써 원전에서 비정상적으로 높아진 방사능 수치에 대해 설명할 수 있었다. 그러나 원자로는 폭발할 수 없다는 믿음에 감히 도전하는 사람은 없었다. "모두가 마음속으로 상상할 수 있는 최악의 사태가 발생했다는 사실을 믿기를 거부했다"라고 우스코프는 당일 일기에 썼다. 스마긴과 마찬가지로 그는 류토프가 명약관화한 사실을 인정하려 들지 않는 데에 화가 났다. "스트레스가 너무나 컸고, 원자로는 폭발하지 않았을 것이라는 우리의 믿음도 매우 컸다"라고 세르게이 파라신은 몇 달 후 당시 상황을 요약하며 말했다. "이는 집단 환각이었다. 많은 사람들이 눈으로 분명히 보았지만, 본 것을 믿지 않았다."[16]

폐허가 된 원자로 4호기 위로 해가 떠올랐을 때, 지하 벙커에는 키예프에서 도착한 고위 관리들로 가득 찼다. 그중 최고위 직급자는 키예프주 당위원회 부위원장 볼로디미르 말로무시였다. 그는 몇 달 전에 열린 모스크바 당대회의 키예프 대표단 인솔자였다. 브류하노프는 몇 시간 전 그에게 전화를 걸어 사고 상황을 보고했다. 당시 그가 가지고 있던 정보는 피상적이었다. 파라신은 키예프 당위원회 간부와 함께 브류하노프에게 접근해 말로무시가 사고의 원인과 원전의 현재 상황에 대한 공식 보고서를 요구한다고 말했다.

브류하노프는 보고서 작성 임무를 파라신에게 맡겼다. 많은 직원과 관리의 도움을 받아 작성된 보고서가 준비되었을 때, 브류하노프는 원전의 방사능 측정 담당자 블라디미르 코로베이니코프와 함께 그 문서에 서명했다. 이 보고서에는 사고에 대한 일반적인 정보가 담겨 있었다. 원자로 4호기 지붕의 붕괴에 대해 설명해놓았고, 방사능 수치도 제시돼 있었다. 원전의 방사능은 초당 1000마이크로뢴트겐이었고, 프리퍄트시는 2~4마이크로뢴트겐이었다. 이 수치는 현실보다는 희망적 사고를 반영한 것으로, 원전의 방사능 수치가 특히 그러했다. 브류하노프는 실제 방사능 수치가 그보다 높다는 것을 알고 있었지만, 당시에 보유한 방사능 측정기의 측정 한도가 초당 1000마이크로뢴트겐이었기 때문에 그 숫자를 기입하기로 했다. 프리퍄트시의 방사능 수치를 측정한 코로베이니코프도 브류하노프와 같은 입장이었다. 이온화 방사선은 인간 DNA의 전자를 대체하고 그 기능을 방해할 수 있다. 코로베이니코프가 측정한 불안정한 핵을 가진 핵종 또는 원자를 방출하는 이온화 방사선은 반감기가 아주 짧고 인체에 어떤 해도 미치지 않고 소멸되는 것이었다. 폭발로 인해 발생한 방사능 구름도 당분간은 프리퍄트시를 '피해 간' 것으로 드러났다.[17]

코로베이니코프가 방사능 수치가 상대적으로 낮다고 보고하자, 브류하노프는 원전 자체에서 측정되는 경계할 만한 데이터를 무시할 수 있다고 느꼈다. 원전의 민방위대장 세라핌 보로베프는 브류하노프와 원전 운영 수뇌부의 비상 본부로 사용할 지하 벙커 문을 열라는 브류하노프의 명령을 이행하고 몇 분 뒤에 방사능을 측정했다. 보로베프는 새벽 2시가 조금 지났을 때 방사능 측정기를 켰는데, 그 측정기는 원전에서 유일하게 200뢴트겐까지 측정할 수 있는 기기였다. 벙커 안의 방사능은 정상보다 600배 높은 시간당 30밀리뢴트겐이었다. 방사능은 외부에서 들어오는 것이 분명했으므로 브류하노프는 보로베프에게 환기 장치를 끄라고 명령했다. 보로베프는 지시대로 한 다음, 밖으로 나가 방사능을 측정했다. 외부의 방사능 수치는 지하 벙커에서 측정한 수치보다 5배 높았다. 그는 측정기를 들고 원전 여기저기를 다니며 방사능을 측정했다. 원자로 4호기 근처에서 측정기는 눈금을 벗어났는데, 이는 그곳의 방사능이 시간당 200뢴트겐이 넘는다는 것을 의미했다.[18]

보로베프는 지하 벙커로 돌아와 자신이 측정한 결과를 브류하노프에게 보고했으나, 소장은 듣고 싶어 하지 않았다. "나가게"라며 브류하노프는 유일하게 제대로 작동하는 방사능 측정기를 가진 직원을 밀어냈다. 보로베프는 파라신에게 다가갔다. 그러나 당 책임자도 도움이 되지 못했다. 그도 브류하노프와 마찬가지로 더는 나쁜 뉴스를 받아들일 심리적 준비가 되어 있지 않았다. "내가 왜 그의 말을 믿지 않았을까?" 파라신은 당시 상황을 회고하면서 그때 들었던 말에 보인 반응을 설명하기 위해 스스로에게 물었다. "보로베프는 아주 감정적이었다. 보고할 때 그의 표정은 쳐다보기가 무서울 정도였다. 그래서 나는 그의 말을 믿지 않았다. 그에게 '소장에게 가서 잘 말해 보게'라고 했다."

보로베프는 다시 브류하노프에게 갔다. 그는 자신이 가진 매뉴얼에 따라 브류하노프가 방사능 비상사태임을 선언해야 한다고 요구했다.

"이런 상황에 대한 표준 지침은 다음과 같습니다. 만일 방사능 수치가 시간당 0.05밀리뢴트겐 이상이면 민간인에게 이를 통지해야 하고 이러한 상황에서 취해야 할 조치를 알려줘야 합니다." 그는 말을 이어갔다. "만일 방사능 수치가 200밀리뢴트겐을 넘어서면 '방사능 위험'을 알리는 사이렌 경보를 울려야 합니다." 그는 브류하노프에게 방사능 지침을 다시 환기시켰으나, 브류하노프는 그 말을 들으려 하지 않았다. 그는 보로베프에게 키예프 민방위 본부에 이 사실을 알리되, 다른 누구에게도 그가 측정한 수치를 알리지 말라고 지시했다.[19]

보로베프가 벙커 안과 밖에서 측정한 방사능 수치는 이온화 방사선 수치였다. 이온화 방사선은 고속의 고에너지 원자와 원자보다 작은 입자가 원자에서 전자를 분리할 정도로 빠르게 움직이거나 혹은 이것들이 이온화될 때 발생하는 방사선이다. 전기장 파동도 아주 강하면 이와 똑같은 효과를 가져올 수 있다. 감마선과 엑스선은 후자에 속했고, 알파 입자와 베타 입자(중성자도 마찬가지)는 전자에 속했다. 체르노빌의 이온화 방사선은 원자로의 폭발로 대기로 방출된 방사성 핵분열 물질들로 인해 더욱 활성화되었다. 이것들은 요오드-131과 세슘-137을 비롯한 요오드와 세슘 동위원소, 제논-133 같은 기체를 포함하고 있었다. 폭발 후에 방사능 수치가 극도로 높아졌기에 보로베프의 방사능 측정기가 측정 한계인 시간당 200뢴트겐을 넘어선 데는 합당한 이유가 있었다. 나중에 파손된 원자로 주변에 흩어진 파편들은 시간당 1만 뢴트겐의 방사능을 분출한 것으로 추정되었다. 이런 방사능은 인간의 세포를 파괴하고 세포가 제 기능을 하지 못하게 만든다. 세포가 더 많이 파괴될수록 생존할 가능성은 더 낮아진다. 5시간에 걸쳐 500뢴트겐의 방사능에 피폭되면 사망에 이른다.[20]

브류하노프는 보로베프가 측정한 수치를 부정했지만, 결코 민방위대장이 없는 말을 만들어냈다고는 생각하지 않았다. 브류하노프가 보로베프와 대화를 마쳤을 때 파라신이 어떤 상황인지를 묻자 브류하노프는 "심각하네"라고 답했다. 브류하노프의 주된 고민거리는 원전이 아닌 프리퍄트시였다. 그는 오전에 진행한 지역과 당 관료와의 대화에서 민간인들의 소개疏開 여부를 처음으로 언급했다. 프리퍄트 시장은 그를 꾸짖었다. "당신은 왜 공황에 빠져 있습니까? 조사위원회가 곧 옵니다. 주에서 위원회가 오면 그들이 결정할 겁니다." 오전 늦은 시간에 볼로디미르 말로무시가 도착하자 브류하노프는 같은 문제를 다시 제기했다. 그의 대답도 같았다. "겁먹지 말게!" 브류하노프는 당 고위 간부들과 논쟁할 위치가 아니었다. 게다가 그가 이른 아침에 서명한 보고서는 특별한 조치를 취할 필요가 없다고 장담하고 있었다.

브류하노프는 오전 11시에 말로무시가 주관하는 프리퍄트 당위원회 회의에 불려갔을 때 침묵을 지켰다. "회의에서 주로 발언한 사람은 말로무시였다"라고 브류하노프는 회고했다. 말로무시는 극단적 조치를 취하기에는 방사능 수치가 낮다는 식의 이야기를 했다. 시간이 지나 시와 당 관리들은 브류하노프가 정확한 자료를 제공하지 않았다고 비난할 것이다. 그러나 그는 기억하고 있었다. "감독자들은 같은 얘기를 반복했다. '겁먹지 말게! 사고대책위원회가 곧 도착해서 조사를 하고 필요한 조치를 취할 것이네!'" 소련의 관료들은 오랜 기간 공산당 통치가 그들에게 가르친 대로 나서서 책임지지 않는 것을 답습했다. 그들 모두 공황을 확산시켰다는 비난을 받을까 두려워했고, 자신의 상급자가 어떤 결정을 내릴 때까지 아무 결정도 하지 않았다. 그들은 회사원이었고, 그 '회사'는 소련이라는 체제였다.[21]

4월 26일, 이른 아침부터 시작해 하루 내내 소방관, 원전 운영자, 기술자 132명이 급성 방사능 피폭 증상으로 프리퍄트 병원에 입원했다. 소방차가 원자로로 달려가고 앰뷸런스가 사람들을 병원으로 이송하는 동안 KGB는 사고 소식이 프리퍄트시 밖으로 퍼져 나가는 것을 막기 위해 시외로 연결되는 전화선을 차단했다. 4월 26일 밤에 원전에서 당직 근무를 한 기술자들과 노동자들에게는 아침에 집으로 귀가할 때 사고에 대해 일체 함구하라는 지시가 떨어졌다. 파괴된 원자로 4호기 중앙 홀에서 피어오른 연기는 프리퍄트 시내의 아파트 발코니에서도 볼 수 있었는데, 경찰차가 원전으로 접근하는 것을 막긴 했지만 원전이 폭발한 사실은 프리퍄트 주민들에게 공개된 비밀이었다. 그러나 정확히 무슨 일이 벌어지고 있는가? 사고가 심각하다고 생각하는 사람은 많지 않았다. 4월 26일에 결혼식이 7건 있었고, 사람들은 그을린 원자로 4호기 근처에서 즐거운 시간을 보내고 있었다.[22]

원전에 장비를 설치하는 프리퍄트 기업 중 한 곳의 관리인인 G. N. 페트로프는 아침 10시경에 잠자리에서 일어났다. 그는 밤에 잠을 제대로 이루지 못했다. 새벽 2시 30분경에 차를 몰고 프리퍄트로 돌아오던 그는 원자로 4호기에서 일어난 화재를 목격했다. 그는 원자로 30미터 지점에 차를 세우고 사고 후 상황과 화재를 진압하는 소방관들의 모습을 잠시 지켜봤다. 그때 그는 뭔가 심상치 않은 일이 일어났음을 감지하고 겁에 질려 집으로 갔다. 집에 도착했을 때 남편이 원자로 4호기에서 일하는 이웃이 페트로프가 이미 목격한 광경을 확인시켜 주었다. 원전에 사고가 난 것이다. 그녀는 방사능에 대해 말하며 치료법 하나를 알려주었다. 보드카를 마시라는 것이었다. 그들은 사고에 대해 농담을 주고받으며 보드카를 마셨다. 페트로프가 잠에서 깨어났을 때에는 모든 것

이 평소대로 돌아가는 듯이 보였다.[23]

　"담배를 피우러 발코니로 나가 보니 거리에 많은 아이들이 나와서 놀고 있었다. 모래로 집을 짓거나 진흙더미를 가지고 노는 아이들이 있었고, 나이 든 사람들은 자전거를 타고 있었다. 젊은 엄마들은 유모차를 끌고 다녔다. 모든 것이 정상으로 보였다"라고 그는 회상했다. 페트로프의 이웃은 그날 좀 여유를 부리기로 하고 아파트 옥상에서 선탠을 했다. "그는 잠시 술을 마시러 내려와서 오늘 선탠이 아주 잘됐다고 말했다. 그는 전에는 이런 적이 없었다며, 피부에서 곧장 타는 냄새가 난다고 말했다." 페트로프는 "그는 마치 술이라도 한잔 걸친 것처럼 아주 신이 났다"라고 기억했다. 그는 페트로프에게 "해변에 갈 필요가 있나요?"라고 하며 같이 옥상에서 선탠을 하자고 부추겼다. 그날 저녁 앰뷸런스가 와서 그 이웃을 싣고 갔다. 그는 자꾸 구역질을 했다. 그러나 페트로프는 이웃이 갑자기 몸이 안 좋아진 것과 원전에서 일어난 사고를 연관 짓지 못했다. "그날은 모든 것이 지극히 평범했다"라고 그는 기억했다.[24]

　사고가 나기 한 달 전, 체르노빌 원전의 원자로 5호기 건설의 문제점을 지적했지만 대체로 무시된 신문 기사를 쓴 류보프 코발렙스카야는 그날 오전 11시경에 일어났다. 그녀는 밤새 〈파가니니〉라는 제목의 장시를 쓰느라 씨름했다. 이제 그녀는 자신이 조직하는 과정을 도왔던 프리퍄트시 작가협회에 갈 예정이었다. 작가협회는 올림포스산에서 불을 훔쳐와 인간에게 전해준 그리스 신화의 영웅 '프로메테우스'라는 이름을 따와서 명명되었다. 모임에 가는 길에 그녀는 평소와 사뭇 다른 분위기를 느꼈다. "여기도 경찰, 저기에도 경찰이 있었다. 나는 시내에 그렇게 많은 경찰을 본 적이 없었다." 놀란 그녀는 집으로 돌아가서 어머니에게 딸과 조카가 학교에서 돌아오면 나가지 못하게 하라고 일렀다. 어머니는 무슨 일이 생겼느냐고 물었다. "내가 아는 건 없지만, 뭔가 안 좋은 느낌이 들어요"라고 그녀는 대답했다.[25]

그녀의 불길한 예감은 맞아떨어졌다. 그날 새벽 코로베이니코프가 프리퍄트 시내에서 측정한 4마이크로뢴트겐 방사선 수치는 자연 상태보다 1000배나 높은 수치였다. 오후 2시에는 이 수치가 10배나 더 상승해 초당 40마이크로뢴트겐이 되었고, 저녁에는 320마이크로뢴트겐까지 치솟았다(이는 정상 수치의 8만 배다). 그날 오후, 상황을 조사하기 위해 모스크바에서 프리퍄트로 내려온 전문가들은 방사능 누출로 인한 영향을 렘rem이라는 단위로 측정했다(1렘 혹은 인체 뢴트겐 당량roentgen equivalent man은 0.88뢴트겐이고, 오늘날 일반적으로 쓰이는 단위로는 0.01시버트sievert에 해당한다). 전문가들은 원자로에서 3킬로미터 이내에 있는 어린이의 갑상샘에 대한 방사능 공격은 1000렘, 프리퍄트 시내에서는 100렘에 이른 것으로 추산했다. 프리퍄트 거리에서 놀고 있는 아이들은 비상사태 시 원전에서 일하는 노동자들에게 허용된 방사능 노출 수치의 최소 3배 이상의 방사능에 노출되고 있었다.[26]

방사능 피폭 환자를 다루는 장비를 거의 갖추지 못한 프리퍄트 병원의 직원들은 계속 실려 오는 급성 방사능 피폭 환자들을 위한 병상을 만드느라 분주했다. 이들은 병원 내 방사능 수치를 떨어뜨리기 위해 바닥을 부지런히 세정했다. 아키모프와 톱투노프가 수문 밸브를 열 때 함께 도왔던 빅토르 스마긴도 한낮에 병원으로 실려 왔다. 그는 복도에 있던 방사능 측정 기사가 좀 더 청소를 철저히 하라고 직원들을 다그치는 소리를 들었다. 그러나 이들이 할 수 있는 일은 별로 없었다. 방사능은 환자들로부터 방출되고 있었다. "진실을 말하자면 세계 어디에도 이런 일이 발생한 적이 없었다. 우리는 히로시마와 나가사키 이후 첫 피폭자이고, 이는 전혀 자랑할 만한 일이 아니었다"라고 스마긴은 회상했다. 아직 걸을 수 있는 환자들은 병원 흡연실로 모였다. 그중에는 댜틀로프와 아키모프도 있었다. 모두가 폭발의 원인을 알고 싶어 했지만 두 사람은 말이 없었다.[27]

CHERNOBYL

3부

폭발하는 분화구 위에서

8장
사고대책위원회

4월 26일 새벽 5시경 이 땅에서 가장 강력한 권력을 지닌 인물인 미하일 고르바초프 소련 공산당 서기장을 깨우는 전화가 울렸다. 전화 내용은 체르노빌 원자력 발전소에서 폭발과 화재가 있었으나 원자로는 무사하다는 보고였다.

고르바초프의 첫 반응은 어떻게 폭발이 일어날 수 있느냐는 것이었다. "과학자들은 우리 국민들과 소련 지도자들에게 원자로는 절대적으로 안전하다고 말하지 않았는가?" 고르바초프는 다음과 같이 회고했다. "과학아카데미 원사 알렉산드로프는 RBMK 원자로가 사모바르보다 위험하지 않다며 붉은광장에 설치해도 될 정도로 안전하다고 했다." 고르바초프는 이른 시각에 잠을 깨운 보고에 놀라고 화도 났지만, 전화를 받은 당시에는 크게 걱정하지 않았다. "사고가 난 직후와 심지어 그 첫날에도 원자로가 폭발해 거대한 양의 방사능이 대기 중에 누출되었다는 사실을 이해하지 못했다"라고 그는 회고했다. 다른 소련 지도자들을 깨우거나 주말을 방해하며 비상 정치국 회의를 열 필요는 없었다. 고르바초프는 사고의 원인을 조사하고 그 결과에 대처하기 위해 사고대책위원회를 설립하는 데 동의했다. 이는 대형 사고가 발생했을 때 시행하는 표준적인 절차였다. 그리고 체르노빌 사고와 관련한 초기 경보는 핵, 방사능, 화재, 폭발의 네 가지 다른 유형의 비상사태 가능성을 상정했다.[1]

니콜라이 리시코프 소연방 총리는 새벽 2시 40분부터 전화기에 매달렸다. 그는 올렉산드르 랴시코 우크라이나 공화국 총리에게 전화를 걸어 사고를 알렸다. 당시 리시코프는 사고 상황에 대해 잘 알지 못했고, 아침이 될 때까지 사고의 상세한 사항에 대해 파악하지 못했다. 나중에 그는 당시에 크게 걱정하지 않았다고 회고했다. 우크라이나 동부에서 광부의 아들로 태어난 그는 오랫동안 소련 기계 제작 분야에서 관리직 경력을 쌓았는데, 이 분야에서는 기계의 오작동이나 결함으로 사고가 일어나는 일이 종종 있었다. "그래, 그곳에서 무슨 일이 발생했겠는가?" 그는 스스로에게 물었다. "원자력, 증기, 석탄, 가스를 막론하고 어떤 발전소이건 간에 온갖 종류의 날개가 달린 거대한 터빈이 있다"라고 리시코프는 그날 아침의 생각을 떠올리며 회고를 이어갔다. "예를 들어 이 날개가 부러지는 경우에 사고가 종종 발생한다. 어딘가에 결함이 있어서 이런 일이 생기기도 하고, 터빈의 일부가 지붕으로 날아가서 지붕이 부서지는 경우도 있다. 기술자들은 이런 사고를 어떻게 처리해야 하는지 잘 알고 있다. 우리는 계속 부품을 교체하고 파손된 부분을 수리했다. 우리나라는 거대하다. 사고는 항상 있었고, 이 사고도 그런 사고 중 하나일 거라 생각했다."[2]

아침에 집무실에 출근한 리시코프는 체르노빌 원전을 관장하는 아나톨리 마요레츠 에너지전력부 장관의 보고를 듣고 나서야 훨씬 심각한 사고가 발생했다는 것을 깨달았다. 이것은 터빈 날개가 지붕을 뚫고 나온 수준의 사고가 아니었다. 최소한 원전을 원상복구하려면 여러 가지 작업이 필요해 보였다. 에너지전력부 장관직을 수행한 지 1년이 채 안 되었던 마요레츠는 상관인 리시코프에게 선뜻 나쁜 소식을 전할 수 없었다. 27차 공산당대회에서 그는 앞으로 5년 안에 원자로를 2배 더 건설하고 그 목표를 달성하기 위해 원전 설계에 들어가는 시간을 단축하는 혁신적인 방법을 제안한 바 있었다. 장관직을 수행한 지 몇 달 안 되었을 때 그는 전기 에너지 생산 목표량을 달성했으며, 그 전에는 예기치 못한 전압 불안정을 겪었던 전력 공급망에 안정적으로 전기를 공급하는 성과를 거두었다. 그런 상황에서 이런 사고가 발생한 것이다.

마요레츠는 멀리 떨어진 프리퍄트에서 벌어지고 있는 일을 제대로 파악하기 위해 새벽 5시에 사무실로 나왔다. 다행히도 방사능 수치는 정상 범위 이내였고 사상자 수도 극히 적었다. 하지만 이 사고로 전기 생산 계획이 지연되고 안정적인 전력 공급에 차질이 생길 수 있었다. 하루빨리 원전을 다시 가동해야 했다. 그렇지 않으면 목표 달성과 자신의 경력이 위험해질 수 있었다. 사고와 관련해 에너지전력부가 당 중앙위원회에 올린 보고서는 이러한 안일한 분위기를 반영했다.

이 보고서는 우크라이나 전前 에너지전력부 장관이자 체르노빌 원전 공사를 지휘했던 알렉세이 마쿠힌이 작성한 것이었다. 그는 체르노빌 원전 소장 빅토르 브류하노프가 제출한 보고서를 바탕으로 당에 올릴 보고서를 작성했다. 브류하노프의 보고서에 따르면 새벽 1시 21분에 폭발이 일어나 원자로 4호기의 지붕과 원자로 벽 일부가 파괴되었다고 당 간부들에게 알렸다. 또 이 사고로 발생한 화재는 새벽 3시 30분에 진압되었다. 그리고 소방관 25명과 기술자 9명이 병원에서 치료를 받고 있었지만, 의료 전문가들은 원전 근무자를 위해 특별한 조치를 취하거나 프리퍄트시 주민들을 소개할 필요는 없다고 보았다. 원전 운영자들은 원자로를 식히고 있었고, 정부 부처에서는 사고 원인과 그 영향을 조사하고 있었다. 이렇듯 모든 일이 잘 통제되고 있는 것 같았다.[3]

정부 규정에 따르면 사고를 조사할 위원회를 설치해야 했다. 당 중앙위원회 또는 내각의 누군가로 구성된 고위급 사고대책위원회를 설립하기로 결정했다. 위원회를 이끌 인물로는 마요레츠의 상관인 66세의 보리스 셰르비나가 지명되었다. 그는 내각의 에너지 분야 담당 부총리•였다. 마요레츠와 부처 내의 간부들, 과학자들, 다른 부처와 과학아카데미의 전문가들도 위원회에 포함되었다. 각 부처의 중견 간부들이 4월 26일 9시에 비행기를 타고 모스크바에서 출발해 프리퍄트로 향했다. 그들은 먼저 키예프로 간 다음, 그곳에서 헬리콥터나 차를 타고 프리퍄트와 원전으로 향했다. 그날 많은 비행기가 수십 명의 관리, 전문가 들을 모스크바에서 싣고 사고가 난 원전으로 향했다.[4]

마요레츠 장관은 4월 26일 오후 4시에 모스크바 공항에서 비행기에 올랐다. 그는 프리퍄트에서 이틀 이상 머물 거라고는 생각하지 않았다. 그날은 토요일이었고, 그다음 주 초에는 모든 일이 제자리로 돌아가리라 생각했다. 당 중앙위원회의 원자력 산업 전문가인 블라디미르 마린도 낙관적으로 보였다. 그는 방사능 수치가 더 오르지 않고 있다는 보고에 고무되었다. "놀랍게도 방사능 오염이 없다고 합니다"라고 그는 함께

• 소련의 내각에는 총리 밑에 경제, 교육과학, 복지, 에너지 등을 다루는 5~8명의 부총리가 있었다. 현재 러시아에는 8명의 부총리가 있다.

출장 가는 인사에게 말했다. "정말 훌륭한 원자로입니다." 크림반도에서 휴가를 보내다가 마요레츠에 의해 소환된 에너지전력부 차관 겐나디 샤샤린은 피해 규모를 파악하고 가능한 빨리 원전을 수리하도록 자문해줄 전문가 그룹을 조성하는 일에 착수했다. 건설 관리자들은 원자로의 지붕을 어떻게 수리할지를 궁리했다.[5]

키예프에 도착하고 나서야 위원회 대표단은 생각보다 상황이 심각하다는 것을 깨달았다. 우크라이나의 에너지전력부 장관은 마요레츠에게 원전의 방사능 수치가 정상 범위 이상이라고 보고했다. 그들은 헬리콥터를 타고 프리퍄트로 날아갔는데, 놀랍게도 원전 관리자들의 환영을 받지 못했다. 브류하노프 소장이나 2인자인 수석 기술자 포민의 모습은 보이지 않았다. 그 대신 늘 활력 넘치고 결단력 있는 바실 키지마 원전 건설 감독관이 그들을 맞았다. 현지 당 간부들이 마요레츠를 맞이하는 동안, 마린과 샤샤린은 키지마의 지프를 타고 손상된 원자로를 보러 갔다. 그곳에서 그들은 처음으로 충격을 받았다. 사고에서 기인한 피해는 브류하노프가 보고한 것보다 훨씬 심각했다. 그들은 원자로로 가는 도로에서 사고의 규모를 볼 수 있었다. "이 엉망진창인 광경을 보게나. 심각하구만. 우린 브류하노프와 포민에게 속은 거야"라고 마린은 불만을 터뜨렸다. 키지마도 브류하노프를 비난했다. 샤샤린은 키지마가 한 말을 기억했다. "그는 결단력 없는 브류하노프에게 기대가 없었다면서 그의 생각에 이런 일은 언제가 일어날 줄 알았다고 했다."[6]

키지마가 원자로 4호기의 파괴된 파편들 옆에 차를 세웠고 그들은 차에서 내렸다. "키지마는 조금도 겁내지 않고 여기저기를 돌아다녔고, 진정한 책임자처럼 보였다. 그는 이것을 건설하기 위해 쏟아부은 온갖 노력이 물거품이 되었다며 한탄했다. 그들은 자신들의 노동의 결실이 산산이 부서진 폐허 사이를 돌아다녔다"라고 샤샤린은 회상했다. 마린은 자신의 눈에 비친 광경에 격노했다. 그는 욕을 하며 흑연 조각을 발로 걸어찼다. 그는 한참 후에야 이 흑연 덩어리가 시간당 2000뢴트겐의 방사능을 뿜어내고 있었다는 사실을 알게 되었다. 그 자리에 있던 우라늄 연료 입자는 2만 뢴트겐의 방사능을 방출하고 있었다. "숨 쉬기가 힘들었고, 눈이 쿡쿡 쑤셨다. 기침도 심하게 나왔다. 우리 마음 깊은 곳에 공포심이 들기 시작하고 빨리 이곳을 벗어나 다른 곳으로 가야 한다는 생각이 들었다"라고 샤샤린은 회고했다. 그들은 차를 몰아 원전의 지하 벙커로 갔는데, 그곳에 원전 운영자들이 모여 있었다.[7]

모스크바에서 전문가들이 도착하고 그 후 마요레츠 장관과 보좌진들이 도착하자 브류하노프와 원전 운영팀은 안도감을 느꼈다. 그들은 심하게 낙담하고 죄책감에 짓눌려서 사고 원인을 제대로 파악할 수 없는 상태였다. 고위 인사들이 도착함으로써 그들은 앞으로의 대책에 대한 큰 책임을 어깨에서 내려놓을 수 있었다. 그들은 이미 일어난 일에 대해서만 책임지면 되었다. 방문객들은 원전 운영자들이 자신들이 해야 할 일에 전혀 손도 못 대고 스스로 아무 결정도 내리지 못하고 있는 모습을 발견했다. "고위급 인사들의 등장은 심리적으로 큰 영향을 미쳤다. 그들은 모두 진지했으며, 현지 운영팀에 자신감을 불어넣었다. 마치 모든 것을 잘 알고 이해한 사람들이 온 것 같았다"라고 원전의 공산당 위원장 세르게이 파라신은 회고했다. "우리 운영팀은 마치 잠에서 덜 깬 파리처럼 기계적으로 일을 처리했다."[8]

마린과 샤샤린은 이런 사고가 발생했다는 사실에 브류하노프와 포민에게 너무 화가 났지만, 이들도 사고의 심각성과 후유증을 부정하는 데는 두 현지인과 입장을 같이했다. 원자로의 핵반응 영역에서 튀어나온 것이 분명한 흑연 조각들을 발로 걷어차고 호흡 곤란을 겪은 후에도, 두 고위 관리들은 원자로가 폭발했다는 사실을 인정하려 들지 않았다. 위아래를 막론하고 이 업계에서는 모든 사람이 원자로가 안전하다는 신화를 공유했다. 마린은 당 중앙위원회에서 원자력 분야를 책임지는 핵심 인물이었고, 샤샤린 에너지전력부 차관은 정부 차원에서 같은 책임을 지고 있었다. 작은 사고라면 부하들에게 책임을 돌릴 수 있겠지만, 이들이 방금 목격한 사고는 그런 식으로 다루기에는 너무 심각했다. 사고가 그보다 훨씬 심각할 수도 있음을 인정하는 것은 불가능했다. 원자로가 멀쩡하다고 믿는 것이 훨씬 쉬웠다. 그럴 경우, 이들은 최소한 무슨 일을 해야 하는지 알고 있었다. 그러나 원자로가 파손되었다면, 이들이 받은 훈련이나 경험으로 처리할 수 있는 수준을 넘어서는 것이었다.

현장의 최고 책임자인 마요레츠는 프리퍄트 공산당 본부에 모스크바에서 내려온 전문가들과 현지 전문가들을 불러 모아 첫 회의를 열었다. 그는 자신과 다른 관리들이 모스크바에서 보고받지 못한 정보인 방사능 수치가 높다는 현지 관리들의 말에 동요하지 않는 듯이 보였다. 그렇다 하더라도 그의 임무는 달라질 것이 없었다. 그는 며칠 내에 문제를 해결하고 원자로를 다시 전력망에 연결한 후 모스크바로 귀환해야 했다. 노동절 연휴가 코앞에 다가와 있었다. 회의에서는 마린, 키지마와 함께 원자로 4호기 사고 현상을 돌아보고 온 샤샤린이 주로 발언했다. 그는 상황이 잘 통제되고 있다고 말했다. 냉각수를 원자로에 퍼붓고 있고, 화재를 진압하기 위해 붕산을 뿌릴 예정이라고 했다. 전문가들은 헬리콥터를 타고 원전 위로 가서 현장의 상황을 파악하고 있었다.

원자로 4호기에서 본 장면에 화가 난 마린은 참석자들에게 흑연 조각이 어디서 나왔느냐고 물었다. 마요레츠는 브류하노프에게 답을 하게 했다. 그는 아주 피곤해 보였다. "그의 얼굴은 잿빛이고 눈은 튀어나와 있었다"라고 현장에 있던 한 증인이 회고했다. 브류하노프는 원래 사람들 앞에서 말을 잘하지 못하는 편이었는데, 그때는 두 배나 더 힘들었다. 그는 자리에서 일어나 장관의 질문에 답하는 데 뜸을 들이다가 어렵게 답을 했다. "상상하기 힘든 일입니다만, 새로 짓는 원자로 5호기에 사용하는 흑연 자재는 모두 제자리에 있었습니다. 그렇다면 이 흑연들은 원자로 4호기에서 나왔을 수 있습니다." 쉽게 말해, 이는 원자로가 폭발했다는 것을 의미했다. 그러나 전문가들은 눈앞에 벌어진 일을 아직 제대로 이해하지 못했거나, 아니면 최소한 그 사실을 인정하려 하지 않았다. 마요레츠가 방사능 수치가 높다며 불평을 터뜨리는 샤샤린에게 무엇 때문에 사고가 일어났느냐고 묻자, 샤샤린은 아직 사고의 원인이 분명히 밝혀지지 않았다고 답했다. "이 사고에 책임이 있는 모든 사람들이 진실이 낱낱이 드러나는 각성의 순간을 최대한 늦추려고 애쓰는 것 같았다"라고 회의에 참석한 블라디미르 시시킨 에너지전력부 임원이 결론을 내렸다.[9]

회의는 계속되었다. 현지 관리들이 모스크바에서 내려온 막강한 장관 앞에서 차례로 보고를 했다. 프리퍄트시 공산당 시당위원장은 시내 상황이 평온하다며, 예정된 결혼식들이 문제 없이 진행되었다고 보고했다. 그러나 은발에 잘생긴 우크라이나 내무 차관 헨나디 베르도프 장군은 좀 더 우려되는 보고를 했다. 새벽 5시부터 현장에 와 있었던 그는 오염 지역을 순찰하는 경찰관들의 노고에 대해 보고하고, 근무 이탈자가 단 한 사람도 없다고 말했다. 그는 사고대책위원회에 한 가지 조치를 요청했다. 파손된 원자로에서 불과 500미터 떨어진 곳에 철로가 지나가고 있었기 때문에 기차가 이 지역에 접근하지 못하게 해달라고 요청했다.

베르도프는 우크라이나 당국이 프리퍄트 주민을 소개해야 할 경우를 대비해 버스 약 1100대를 징발해놓았다고 보고해 장관을 놀라게 했다.

"주민 소개라니 무슨 소리를 하는 거요? 당신들 공황사태를 일으킬 셈이오?" 노동절 연휴 전에 모스크바로 돌아가기를 희망하고 있던 마요레츠가 놀라서 물었다. 브류하노프도 논의에 끼어들었다. 그는 그날 아침에 보리스 셰르비나의 보좌관에게 주민 소개 준비를 하자고 제안했으나 사고대책위원회가 내려올 때까지 기다리라는 지시를 받았다고 했다. 체르노빌 민방위대장 세라핌 보로베프는 원자로 주변의 방사능 수치가 시간당 250뢴트겐까지 올라갔다고 보고했다. 그러나 그 수치는 그가 보유하고 있는 측정기가 측정할 수 있는 최고 수치였다. 평소처럼 부스스한 옷차림의 괴로워 보이는 보로베프는 즉각적인 주민 소개를 요구했다. 브류하노프는 그를 진정시키려고 노력했다.

심각한 방사능 오염은 없다는 전제하에 출발한 출장, 프리퍄트의 상황이 잘 통제되고 있다는 확신을 품고 시작된 회의는 마요레츠가 필사적으로 피하고자 했던 방향으로 선회하고 있었다. 그는 무슨 일이 일어났는지를 직접 묻기 위해 원자로 운영자들을 불러오라고 했으나, 모두가 병원에서 치료를 받고 있다는 답이 돌아왔다. 회의에 참석한 의료 전문가들은 방사능 화상radiation tan 때문에 원전 운영자들의 피부가 갈색으로 변했고, 그들은 치명적인 방사능 노출의 3~4배 수준에 피폭되었다고 보고했다. 원자력 에너지에 대한 지식이 얕은 마요레츠는 원자로 가동을 중지하면 나쁜 영향이 사라질 것이라고 생각했다. 그러나 샤샤린은 운영자들이 이미 원자로 가동을 중지시켰지만, 원자로가 '요오드 구멍iodine pit'에 빠진 상태라고 마요레츠에게 설명했다. 이는 수명이 짧은 '중성자 독물질nuclear poison', 특히 요오드와 제논 입자의 수가 증가함에 따라 원자로가 한동안 가동 불능 상태가 되는 것을 의미했다. 원자로가 이 '중독' 상태에 놓여 있으면 통상 핵반응이 느려지게 되어 있다. 명시적으로 말하지는 않았지만, 샤샤린은 다른 전문가들과 마찬가지로 원자로가 '중독 상태'에서 벗어나 핵반응이 가속화될 것을 염려했다. 그러면 다른 폭발이 이어질 수 있고, 원전과 인근 도시, 위원회 구성원들을 이 땅에서 사라지게 만들 수 있었다.

마요레츠는 충격을 받은 것처럼 보이지 않았다. 한 하급 관리가 관찰한 대로 "그는 늘 그랬듯이 말쑥한 모습이었다. 분홍빛 이마 위 단정한 가르마에 둥근 얼굴은 표정이 없었다. 아마도 그는 단순히 어떤 상황인지 이해하지 못했는지도 모른다." 마요레츠는 새로운 폭발 가능성보다 주민들을 소개해야 할 가능성을 더 염려하는 것 같았다. 고위 관리들은 주민들이 공황 사태에 빠지는 것을 피하고 싶어 했지만, 이보다 더 피하고 싶은 것은 소개 명령을 내리는 책임이었다. 그것은 끔찍한 상황이 발생했음을 인정하는 일이었기 때문이다. 2차 세계대전 이후로는 어떤 이유에서건 주민 소개 명령이 내려진 적이 없었다. 이와 유사한 일을 제안하는 것조차 고위 관리의 경력을 망가뜨릴 수 있었다. "만일 자네들이 잘못 판단했다면 어떻게 할 텐가?" 마요레츠는 주민 소개를 제안하는 관리들에게 물었다. "나는 주민 소개에 반대하네. 위험이 과장된 게 분명하네."[10]

회의 참석자들은 중간 휴식을 결정했다. 마요레츠는 공산당 본부 복도에서 담배를 피우는 샤샤린 옆에 서 있었다. 그때 모스크바에서 온 전문가들, 보리스 프루신스키와 콘스탄틴 폴루시킨이 그들 앞에 나타났다. 프루신스키는 에너지전력부 원자력 부서의 수석 기술자였고, 폴루시킨은 RBMK 원자로를 설계한 연구소의 선임 연구원이었다. 이 두 사람은 사고대책위원회의 그 누구보다 높은 전문 지식을 가지고 있었다. 그들은 모스크바에서 9시에 출발한 비행기를 타고 이른 오후에 프리퍄트에 도착했다. 결혼식 피로연이 진행되고 있던 원전 구내식당에서 점심 식사를 한 그들이 처음으로 한 일은 헬리콥터를 수배하는 것이었다. 조종사, 사진 기사 한 명과 함께 그들은 원자로 4호기 상공을 비행했다. 현장을 본 그들은 사고대책위원회의 작업 전제가 잘못되었음을 깨달았다. 원자로는 온전하지 않았다. 원자로는 폭발했다.

프루신스키와 폴루시킨은 마요레츠에게 자신들이 눈으로 본 것을 보고했다. 원자로 건물 중앙 홀이 폭발로 파괴되었다. 중앙순환펌프실과 증기분류실도 마찬가지였다. 보조 물탱크의 증기 폭발만으로는 이러한 손상을 입힐 수 없었다. "원자로 상부의 생물학적 보호막은 초고온의 밝은 분홍빛으로 변한 채 원자로 천장에 비스듬히 걸려 있었다"라고 프루신스키는 회상했다. 사방에 흑연 조각들이 흩어져 있었다. 원자로는 더 이상 존재하지 않았다. 방사능 덩어리인 원자로 내부 부품들이 사방에 널려 있었을 뿐이다. "원자로는 완전히 파손되었다고 말하는 것이 정확했다." 프루신스키는 그렇게 말할 수 있었지만, 폭발 위험이 없다고 여겨진 원자로를 설계한 폴루시킨은 그런 말을 쉽게 할 수 없는 처지였다. 그러나 그도 동료의 말에 동의했다. 그럼 무엇을 해야 한단 말인가? 크게 낙담한 마요레츠가 물었다. 프루신스키가 대답했다. "지금 당장은 말할 수 없습니다. 원자로에서 흑연이 불타고 있습니다. 무엇보다 이것을 먼저 진화해야 합니다. 하지만 어떻게 무엇을 가지고 할지는 생각해봐야 합니다."[11]

소련 정부의 부총리이자 사고대책위원회의 위원장인 보리스 셰르비나는 저녁 8시에 프리퍄트에 도착했다. 둥근 얼굴에 머리가 살짝 벗겨지고, 보통 체격에 단호한 눈빛을 가진 그는 차분하고 배려심 있는 성격으로 하급 관리들에게 존경을 받았다. 우크라이나 출신으로 우크라이나 동부의 공업 도시 하르키프에서 당 관료 생활을 시작한 그는 서부 시베리아 지역에서 당 서기장으로 경력을 쌓았으며, 튜멘 지역의 석유·가스 기업과 가스 파이프라인 건설을 관장하는 장관이 되었다. 11년 후인 1984년에는 에너지 부문을 담당하는 부총리로 승진했다. 소련 산업 부문에서 외화를 벌어들이는 석유와 가스의 비중이 크긴 했지만, 원자력 에너지가 그가 관장하는 업무에서 점점 중요한 위치를 차지하게 되었다.[12]

셰르비나는 체르노빌 사고대책위원회를 이끄는 데 적임자였다. 유일한 문제는 그가 4월 26일 아침에 모스크바가 아니라 러시아 중앙부에 위치한 바르나울을 방문하고 있다는 점이었다. 그는 주말마다 비행기를 타고 소련 전역의 에너지 기업들과 건설 현장을 방문하는 것을 일과로 삼았다. 4월 26일은 토요일이었고, 자신의 일정에 충실했던 셰르비나는 지방 출장 중이었다. 상관인 니콜라이 리시코프 총리가 호출하자 그는 급히 모스크바로 돌아왔고, 그곳에서 약 20분간 사고에 대해 논의한 두 사람은 방사능 수치가 올라가지 않고 있다고 믿었다. 그 후 셰르비나는 모스크바에서 여러 전문가를 대동하고 키예프로 날아갔다.[13]

키예프행 비행기에서 셰르비나는 발레리 레가소프에게 원자력 사고의 역사에 대해 집중 강의를 들었다. 중간 키에 안경을 끼고 높은 코에 돌출된 입을 가진 49세의 레가소프는 아나톨리 알렉산드로프가 이끄는 쿠르차토프원자력연구소의 수석 부소장이었다. 레가소프는 토요일에 휴식을 취하는 대신, 쿠르차토프연구소가 소속된 원자력 공룡 부처 중형기계제작부의 전문가 및 당 관료 들과 온종일 회의를 했다.

"내 성격과 오래된 습관에 따라 차를 불러서 당의 원전 운영 회의에 달려갔다"라고 레가소프는 회고했다. 그는 회의 전에 체르노빌 원전에 사고가 났다는 소식을 먼저 들었지만 그때는 크게 우려하지 않았다. 그날 저녁 회의에서 주로 발언한 사람은 87세의 중형기계제작부 장관 예핌 슬랍스키였다. 레가소프의 상관인 알렉산드로프와 함께 1960년대에 RBMK 원자로를 설계하고 제작한 슬랍스키는 2시간 동안 발언을 했지만, 사고에 대해서는 단 한 번만 언급했다.

"우리는 모두 연로하지만 아주 선동적이고 매사에 적극적인 장관께서 우렁차고 확신에 찬 목소리로 우리가 관할한 모든 것이 얼마나 뛰어나고 우수한지 1시간씩 설교하는 것을 듣는 데 익숙해져 있었다"라고 레가소프는 회상했다. "이번에도 그는 여느 때와 마찬가지로 원자력 에너지와 원전 건설에서 거둔 성과에 대한 찬가를 부른 다음, 짧게 체르노빌에서 사고가 일어난 것은 사실이라고 말했다. 체르노빌 원전은 인접 부처인 에너지전력부 관할이었다. 그래서 그는 에너지전력부가 그곳에서 뭔가 문제를 일으켜서 사고가 일어났지만, 이 일로 원자력 에너지의 발전이 중단되지는 않을 거라고 말했다."[14]

슬랍스키의 발언이 끝난 후 가진 휴식 시간에 레가소프는 자신이 세르비나가 이끄는 사고대책위원회의 구성원으로 지명되었다는 소식을 들었다. 그는 오후 4시까지 모스크바 공항으로 나오라는 지시를 받았다. 연구소로 돌아간 레가소프는 RBMK 원자로와 체르노빌 원전 관련 자료를 챙겼다. 그는 원자로의 작동 원리를 잘 아는 동료들과 대화를 나눈 다음, 비행기 시간에 늦지 않기 위해 서둘러 공항으로 향했다.

비행기 안에서 그는 자신이 알고 있는 원자력 산업에 대한 지식을 보리스 셰르비나와 공유했다. 누군가 미국 스리마일섬 원전에서 일어난 사고를 언급하자 레가소프가 이에 대해 설명했다. "나는 보리스 옙도키모비치•에게 1979년에 스리마일섬에서 일어난 사고에 대해 말했다"라고 레가소프는 회고했다. 이 사고는 원전의 원자력과 관계 없는 오작동으로 일어난 일이며, 원자로에서 냉각수가 빠져나가면서 방사능 수치가 급격하게 올라갔다. 이는 부분적으로 운영자가 초기에 어떤 문제가 발생했는지 제대로 파악하지 못한 것에 책임이 있었다. 스리마일섬 사고는 7등급으로 분류된 원전 사고에서 5등급 사고로 분류되었다. 7등급이 가장 심각한 사고였다. 그곳의 주민 1만 4000명은 원전 320킬로미터 바깥으로 자발적으로 철수했다. 레가소프는 "두 원전의 작동 방식이 근본적으로 다르기 때문에 체르노빌 사고 원인을 규명하는 데 스리마일섬 사고에서 참고할 만한 점이 없습니다"라고 설명했다. 그의 말이 맞았다. 미국에서는 RBMK형 원자로보다 훨씬 안전한 가압경수로형 원자로를 사용했다. 미국의 원자로에는 콘크리트 격납고가 있었지만, RBMK형 원자로는 그렇지 않았다. 소련의 사고대책위원회는 훨씬 위험한 상황을 다뤄야 하는 운명에 처해 있었다.[15]

키예프에 비행기가 착륙했을 때, 레가소프는 자신이 본 광경에 크게 놀랐다. "정부의 관용차 여러 대가 줄지어 있었고 … 우크라이나 지도자들은 하나같이 크게 동요하고 있었다. 그들은 몹시 당황한 표정이었다. 그들은 정확한 정보를 가지고 있지는 않았지만 체르노빌의 상황이 엄중하다는 얘기를 들었다." 레가소프와 그 동료들은 대기하고 있던 차량에 올라 타 체르노빌을 향해 달려갔고, 프리퍄트시에 도착했다. 목적지로 가는 길에 펼쳐진 풍경은 아름다웠다. 낮 시간에 도착한 위원들은 이 풍

• 셰르비나의 이름과 부칭으로, 상대에 대한 존경을 나타낸다.

경을 제대로 즐길 수 있었다. "완연한 봄이었고, 과수원에는 꽃이 만발했다. 우시강에는 오리들이 헤엄치고 있었다"라고 그들 중 한 사람이 회상했다. "우리가 가는 내내 자연이 주는 선물은 끊이지 않았다." 셰르비나와 레가소프는 이 경치를 제대로 볼 수 없었다. 저녁 7시가 넘자 해가 떨어지고 다른 광경이 펼쳐졌다. "프리퍄트시에 도달했을 무렵, 8~10킬로미터 앞에 펼쳐진 하늘의 모습에 나는 충격을 받았다. 원전 위의 하늘은 붉은색, 좀 더 정확히 말해서 진분홍빛을 띠고 있었다"라고 레가소프는 회상했다.[16]

저녁 8시 20분, 셰르비나 일행은 마요레츠가 나머지 위원들과 회의를 진행하고 있던 프리퍄트 공산당 본부에 들어섰다. 헬리콥터로 원자로 상공을 돌아보고 막 돌아온 원자력 발전 부책임자 겐나디 샤샤린 차관은 셰르비나에게 곧바로 다가갔다. 원자로가 파손되었다는 샤샤린의 보고에 셰르비나는 크게 놀랐다. 원자로 내부의 온도는 급격히 상승하고 있었다(프루신스키는 원자로 안의 흑연이 체리 빛깔처럼 붉은색으로 달구어진 모습을 보았고, 샤샤린은 노란색을 보았다). 방사능 수치는 매우 높았다. 샤샤린은 프리퍄트시 주민의 즉각적 소개를 제안했다. 셰르비나는 이 제안을 충격적으로 받아들였으나 차분하게 생각을 가다듬었다. 그는 샤샤린에게 주민 소개는 방사능 자체보다 더 큰 공황 사태를 유발할 것이라고 말했다.[17]

셰르비나는 이제 브레인스토밍 장이 된 새 회의를 주재했다. 거기 모인 사람들은 몇 시간 전에는 생각할 수 없었던 현실을 받아들였다. 원자로 용융이 시작되었고, 노심이 파손되어 사방에 방사능을 누출하고 있는 현실을. 문제의 핵심은 원자로에서 계속 진행되는 핵분열과 점점 더 증가하는 방사능 누출을 어떻게 막느냐 하는 것이었다. 그들은 아이디어를 교환했다. 셰르비나는 물을 써서 문제를 해결하고 싶어 했으나 전문가들은 물을 사용하면 문제를 더 악화시킬 수 있다고 설명했다. 원자로를 식히기 위해 물을 주입하는 것과, 원자로의 화재를 진압하기 위해 물을 뿌리는 것은 완전히 다른 문제였다. 물은 원자로 화재를 더 키울 수 있었다. 셰르비나는 자신의 생각을 포기하지 않았지만 다른 대안들을 고려했다. 누군가 모래를 사용하자고 제안했다. 그러나 모래를 어떻게 원자로 내부로 투입할 것인가? 헬리콥터를 이용하면 어떻겠는가? 셰르비나는 이미 군용 헬기와 화생방 부대를 현장에 출동시켜 놓은 상태였다. 그들의 말이 떨어지기 무섭게 군 지휘관들이 현장으로 달려왔다.

당국이 드디어 어떻게 일을 처리해야 할지 알아낸 것처럼 보였다. 셰르비나의 태도는 몇 분 만에 극적으로 바뀌었다. 그는 마침내 해야 할 일을 알았다. "밤늦은 시간임에도 불구하고(실제로는 새벽 시간이었다) 그는 피곤해 보이지 않았다"라고 그의 보좌관인 B. N. 모토빌로프가 회상했다. 키예프 공군 관구 사령관 니콜라이 안토시킨 장군은 자정이 조금 넘은 시간에 프리퍄트 공산당 본부에 도착했다. 셰르비나는 다음과 같이 말하며 그를 맞았다. "모든 일이 자네와 자네의 헬리콥터 조종사들에게 달렸소, 장군." 그는 안토시킨에게 즉시 모래주머니를 원자로 안에 투입하라고 명했다. 사령관은 그것은 불가능하다고 답했다. 헬리콥터들이 아직 그곳에 도착하지 않았기 때문이다. 셰르비나는 좀더 기다리기로 했지만, 날이 밝을 때까지만이었다. 다른 방법은 없었다.[18]

셰르비나가 아침까지 연기한 다른 하나의 조치는 프리퍄트 주민들의 소개였다. 불과 몇 시간 전만 해도 공황 사태를 야기한다며 반대했던 일이 4월 26일 늦은 시간에는 필수 불가결한 일이 되었다. 밤 9시가 조금 넘은 시각, 원자로 파손에 모두가 동의하고 파손된 원자로를 어떻게 할지에 대해 대책을 짜내고 있을 때, 원자로가 갑자기 깨어났다. 세 번의 강력한 폭발이 원자로 4호기 상공의 밤하늘을 밝게 비추었고, 붉게 타는 연료봉과 흑연 조각이 공중으로 날아올랐다. 당시 공산당 본부 건물 3층에서 이 광경을 지켜본, 모스크바의 전문가 레오니트 하먀노프는 "그것은 놀라운 광경이었다"라고 회상했다. "그 순간에는 원자로가 다시 깨어난 것인지, 불에 타고 있던 흑연에 물이 닿아서 증기 폭발을 일으킨 것인지 알 수 없었다"라고 그는 말했다.[19]

이제 최악의 시나리오가 현실로 나타난 것처럼 보였다. 그날 낮에 전문가들은 원자로가 요오드 우물iodine well•에서 깨어나자마자 연쇄반응이 일어날 것이라고 예측했다. 원자로가 깨어나는 시각을 저녁 7시로 예측한 전문가도 있었고, 밤 9시로 예측한 전문가도 있었다. 이제 이 예측이 정확하게 맞아떨어진 것 같았다. 이 폭발들은 앞으로 거대한 폭발이 있을 것임을 예고하는 신호였다. 이들은 벌어지는 일을 기다리며 지켜보는 것 외에 다른 선택지가 없었다. 그러나 더 이상의 폭발 없이도, 밤 9시부터 10시 사이에 일어난 폭발만으로도 프리퍄트 주민들은 낮보다훨씬 위험한 상황에 놓이게 되었다. 전에는 거의 느껴지지 않았던 바람이 갑자기 강해지더니 방사능 구름을 원자로에서 북쪽으로 이동시켜 프리퍄트시로 향하게 했다. 프리퍄트 시내 공산당 본부 건물 앞에 있는 중앙광장의 방사능 수치는 초당 40마이크로뢴트겐에서 330마이크로뢴트겐, 시간당 1.2뢴트겐까지 치솟았다.[20]

그날 밤 늦게 사고대책위원회 일원으로 프리퍄트에 파견됐던 모스크

• 원자로 가동이 중단되면 원자로의 반응도는 감소했다가, 중성자를 흡수하는 요오드-134가 감소함에 따라 반응도가 일시적으로 증가한다. 반응도의 변화 모양이 우물 모양을 하고 있어서 요오드 우물이라고 부른다.

바의 원자력연구소장 아르멘 아바기안이 셰르비나에게 다가가 주민들 소개를 요청했다. 그는 막 원전에서 돌아온 참이었다. 그곳에서 그는 전혀 예상치 못한 상황에서 폭발 현상을 맞닥뜨렸다. 그와 동료들은 즉시 철로 된 다리 아래로 피신해야 했다. "나는 셰르비나에게 시내 거리에서 아이들이 뛰어놀고 있고 주민들이 빨래를 널고 있다고 말했다. 대기는 방사능으로 오염되고 있었다"라고 아바기안은 회고했다. "그런 모습들이 아직 방사능 수치가 위험하지 않다는 인상을 주었다." 1963년에 만들어진 정부 규정에 따르면 개인에게 축적된 방사능이 75뢴트겐에 도달하지 않는 한 주민 소개는 필요하지 않았다. 계산 결과 기존의 방사능 수준에서 하루에 개인이 흡수하는 수치는 4.5뢴트겐이었다. 아직 방사능 수치가 75뢴트겐에 도달하지 않은 상태였기에, 보건부 차관이자 위원회의 선임 의료 전문가인 예브게니 보로베프는 주민 소개 명령의 책임을 지기 꺼려했다.[21]

토론은 계속되었다. 위원들 중 일부는 후에 레가소프가 이 토론에서 결정적 역할을 했다고 기억했다. 키예프 주지사인 이반 플류시치는 다음과 같이 회고했다. "과학아카데미 원사 레가소프는 마치 선서를 하듯 자신의 가슴에 손을 올린 후 말했다. '나는 주민들을 소개하자고 여러분에게 호소합니다. 내일 원자로에서 무슨 일이 일어날지 전혀 알 수 없기 때문입니다. 원자로는 통제할 수 없는 상태입니다. 우리가 물을 퍼붓고 있지만 이것이 어디로 가는지도 모릅니다. 우리는 이전에 한 번도 해보지 않은 작업을 하고 있습니다. 과학자인 나는 어떠한 결과가 벌어질지 예측할 수가 없습니다. 그래서 나는 주민들을 소개하자고 호소하는 것입니다.'" 플류시치의 말에 따르면, 예브게니 보로베프는 주민 소개에 반대했다. "방사능 수치가 25베르ber*에 도달하면 주민 소개를 실시할 수 있습니다. 이것이 우리의 규정입니다"라고 그는 뢴트겐의 생물학적 수치를 언급하며 모여 있는 사람들에게 말했다. "하지만 보시다시피, 여기에서는 밀리뢴트겐과 뢴트겐을 기준으로 논의하고 있습니다. 우리는 주민들의 소개 필요성을 확인할 수 없습니다." 레가소프의 말에 따르면 "그 방에 있는 과학자들은 상황이 안 좋은 방향으로 바뀔 것이라는 불길한 예감을 감지하고 반드시 주민 소개 결정을 내려야 한다고 주장했다. 의학 전문가들은 물리학자들에게 양보할 수밖에 없었다."[22]

레가소프와 아바기안을 비롯한 과학자들은 결국 셰르비나를 설득하는 데 성공했다. "우리의 논쟁을 듣고 있던 셰르비나는 드디어 4월 26일 밤 10시에서 11시 사이에 주민들을 소개한다는 결정을 내렸다"라고 레가소프는 회고했다. 그러나 셰르비나의 결정만으로는 충분하지 않았다. "한 당 서기에게 의견을 묻자 그는 이에 동의할 수 없다고 했다. 다른 당 서기에게 묻자 그도 상황은 이해하지만 주민 소개에 동의할 수 없다고 했다. 세 번째 당 서기까지 물어볼 필요도 없었다"라고 플류시치가 회고했다. 결국 셰르비나는 자신의 상관인 니콜라이 리시코프 총리에게 전화를 걸었다. 리시코프는 당시 상황을 이렇게 회고했다. "토요일 새벽에 셰르비나가 내게 전화를 해서 당시 상황을 보고했다. '우리는 방사능 수치를 측정하고 있는데, 프리퍄트 주민들을 소개해야 하는 상황입니다. 바로 당장에요. 원전이 바로 근처에 있고, 방사능 오염 물질을 쏟아내고 있습니다. 그런데 시 주민들은 아무렇지도 않은 듯이 생활하고 있습니다. 결혼식까지 거행하고 있습니다.' 나는 이렇게 결정했다. '내일 주민을 소개합니다. 기차와 버스를 오늘 중으로 준비하고, 주민들에게는 필

• 'biological equivalent of roentgen'의 러시아어 약자.

수적인 물품, 돈, 서류만 챙기고 나머지는 가지고 나오지 못하게 하세요. 가구는 안 됩니다.'" 4월 27일 새벽 1시, 프리퍄트시 관리들은 소개 대상 주민 명단을 만들라는 셰르비나의 긴급 명령을 받았다. 이들은 2시간 안에 이 임무를 마쳐야 했다. 주민 소개는 이른 아침부터 시작할 예정이었다.[23]

프리퍄트 공산당 본부 회의실에 모인 사람들에게는 무척 긴 하루였다. 그날은 원전이 폭발했다는 충격적인 뉴스로 시작해서 혼돈과 불신, 부정의 단계를 거쳤다. 그러나 현실 부정은 이제 참담한 상황에 대한 깨달음에 자리를 내주었고, 이제 최악의 상황이 다가오고 있었다. 연쇄반응이 다시 일어날 것인가? 원자로는 다시 폭발할 것인가? 만약 그렇다면 프리퍄트와 인근의 인구 밀집 지역은 어떻게 될 것인가? 우크라이나 공화국의 수도는 원전에서 불과 130킬로미터 떨어져 있었다. 질문에 답할 수 있는 사람은 아무도 없었고, 그들이 할 수 있는 일도 없었다. 더 이상 재앙이 일어나지 않기를 바라며 동이 틀 때까지 기다리는 수밖에 없었다.

9장

대탈출

프리퍄트 주민들의 소개 결정에 70세의 우크라이나 공화국 총리 올렉산드르 랴시코는 안도의 한숨을 내쉬었다. 4월 26일 새벽 2시 40분, 니콜라이 리시코프 소련 총리의 전화를 받은 직후, 그는 '민심동요자 alarmist'*라고 손가락질받을 수 있다는 염려 속에서 주민 소개를 준비했다. 랴시코는 소련과 우크라이나의 다른 최고위 관리들이 꿈쩍도 하지 않고 체르노빌 문제가 통제되고 있다고 확신하는 상황에서 자신이 어떻게 만약의 사태를 대비했는지 설명할 수 없었다. 그러나 스스로 밝힌 대로, 그것은 "주민들에게 위험이 닥칠 것이라는 분명한 예감"[1]에서 얻은 직관이었다.

소련에서 러시아 공화국 다음으로 인구가 많은 우크라이나 공화국의

---

* '민심 소요를 일으키는 자'라는 뜻. 선전을 중시하는 소련을 비롯한 옛 공산 국가에서는 나쁜 뉴스로 주민을 선동하는 것을 죄로 다스렸다.

총리인 랴시코는 소련의 정치 위계질서에서 중요하기는 하지만 권력이 막강하지는 않은 인물이었다. 그의 위로는 소련 지도자였던 레오니트 브레즈네프의 동지이자 오랜 피후견인이며 우크라이나 당 제1서기인 볼로디미르 셰르비츠키가 있었다. 소련 정부 전체로 보면 랴시코는 소련 총리인 니콜라이 리시코프에게 보고하는 처지였다. 리시코프와 랴시코 둘 다 우크라이나 동부의 탄광 지대인 돈바스 출신이었고 두 사람은 사이가 좋았다. 사실 랴시코는 어떤 사람과도 좋은 관계를 유지했다. 소련에서 두 번째로 큰 경제 단위를 그는 합리적이고 이념에 치우치지 않은 방식으로 운영하여 동료들과 부하들에게 존경을 받았다. 그러나 4월 26일 오전 10시에 열린 우크라이나 최고위 지도자 회의에서 그가 프리퍄트 주민의 소개 가능성을 염두에 두고 키예프의 버스를 징발하자고 제안하자 셰르비츠키를 포함한 많은 지도자들이 회의적인 반응을 보였다. 후에 이들 중 대다수는 체르노빌 원자력 발전소에 화재가 발생했고 그것이 곧 진화되었다는 사실만 알았을 뿐이라고 주장했다. 키예프 관리들 사이의 일반적인 분위기는 소동을 일으켜서 모스크바 상관들의 분노를 유발하지 말아야 한다는 것이었다.[2]

랴시코를 비롯한 우크라이나 최고위 지도자들이 프리퍄트에서 일어난 사건을 모스크바를 통해 안 것은 별로 놀라운 일이 아니다. 체르노빌 발전소는 모스크바에 있는 소연방 중앙정부 관리들의 통제 아래에 있었다. 우크라이나 공산당 간부들과 장관들은 발전소 수뇌 요원들의 인사에 관여할 수 있었고 그렇게 해왔지만, 체르노빌 발전소에서 진행되는 일에 대한 통제권은 없었다. 그러나 폭발 사고 직후 긴급 대응에 나선 소방서와 경찰서는 우크라이나 공화국 정부의 지휘를 받았다. 두 기관 모두 공화국 내무 장관에게 사고를 보고해야 했다. 그리고 프리퍄트와 인근 도시들의 당과 시의 관리들도 키예프의 지휘 아래에 있었다. 발전소에서 방출된 방사능은 소연방 당국의 책임이 되었지만, 사고의 후유증이 지역에 미치는 영향을 처리하는 것은 공화국 관리들의 몫이었고, 사건이 진행될수록 우크라이나 관리들은 모스크바 상관들이 만들어놓은 쓰레기를 치워야 한다는 것을 깨달았다.

체르노빌 발전소에서 일어난 사고와 관련해 우크라이나 지도자들이 정보를 얻는 주요 채널은 공화국 내무부*였다. 우크라이나 내무부는 키예프와 모스크바 양쪽에서 지휘를 받았다. 우크라이나 내무 장관인 이반 흘라두시 장군은 하르키프의 호텔에서 새벽 2시에 전화를 받았다. 당직 장교는 지금 보고하는 소식은 무척 중요한 것이니 호텔에서 나와 지역 당사로 가서 비선 전화로 통화해야 한다고 말했다. 발전소에서 발생한 화재에 대해 처음으로 보고를 받은 키예프의 내무부 관리들은 랴시코 총리를 깨우지 않고도 자신들이 사태를 해결할 수 있다고 생각했다. 프라비크 중위는 폭발 직후에 키예프 지역의 소방대를 전부 동원하라는 경보를 발령했다. 프리퍄트 경찰서장인 바실 쿠체렌코 소령은 브류하노프보다 먼저 사고 현장에 도착했다. 그는 그곳에서 키예프의 상관들에게 전화를 걸어 폭발과 화재에 대해 보고했다. 전화를 받은 사람들은 믿지 못하겠다는 반응을 보였다. "자네, 지금 무슨 얘기를 하고 있나? 자네 옆에 다른 사람 있나?"라며 키예프의 경찰 간부는 쿠체렌코가 보고하는 내용이 사실인지를 확인하며 물었다.[3]

새벽 5시, 우크라이나 내무부 차관인 헨나디 베르도프와 고위 장교

---

* 소련 내무부는 일반적인 내무부, 경찰, 국경수비대를 합친 역할을 수행한다. 러시아 내무부는 2016년까지는 오몬OMON, 소브르SOBR 같은 특수 부대도 관장했다.

들은 키예프를 떠나 프리퍄트로 향했다. 베르도프는 사고가 난 직후 아수라장 같은 상황에서 또렷한 인상을 남겼다. 목격자들에 따르면, 그는 "금실과 밝은 색 리본으로 장식되고 내무부 노동 공훈을 나타내는 배지가 달린 새 정복을 입고 있었다"고 한다. 베르도프는 조용하면서도 에너지가 넘치는 장교로, 폭발 사고 직후 인근 도시와 군에서 출동한 400명이 넘는 경찰의 현장 지휘를 맡았다. 이들은 원전으로 향하는 길뿐만 아니라 인근 야니프의 기차역도 통제했다. 준사관, 중위, 대위, 소령, 대령도 나서서 이곳 현장을 순찰했다. 베르도프는 자기 자신뿐만 아니라 여러 부하를 위험한 방사능에 노출시켰지만, 폭발 직후 몇 시간 동안 단순히 기술적 재앙을 넘어 인간 생명과 공공질서에 심각한 위협이 되는 상황에 처했다는 사실을 아는 사람은 거의 없었다.[4]

키예프에서 내무부의 조치를 총괄하던 내무부 1차관* 바실 두르디네츠는 4월 26일 정오까지 방사능 누출에 대해 아는 바가 전혀 없었다고 회고했다. 키예프 민방위 당국 역시 아무 얘기도 하지 않았다. 그날 아침 체르노빌 민방위대장 세라핌 보로베프는 우여곡절 끝에 민방위 당국의 상관들과 연락이 닿았다. 이들이 그에게 던진 첫 질문은 화재가 진압되었느냐 하는 것이었다. "무슨 말씀을 하시는지요, 화재라니요? 여기서 대형 사고가 발생했다고요! 대형 사고요! 주민들에게 알려야 합니다"라고 그는 소리쳤다. 키예프 관리도 맞받아서 소리쳤다. "자넨 민심 동요자야! 지금 무슨 말을 하는 건가? 그런 보고를 하면 우리 목이 날아가는 걸 모르나?" 보로베프는 사고의 심각성을 계속 강조했다. "DP-5

---

* 러시아의 장관 밑에는 복수의 차관이 있다. 1차관이 수석 차관이고, 다른 차관들은 우리의 차관보나 국장과 같은 역할을 한다.

측정기가 방사능을 측정할 수 없을 정도입니다. 시간당 200뢴트겐의 방사능이 누출되고 있다고요!" 그는 다시 퇴짜를 맞았다. 접수된 보고를 녹음한 테이프는 나중에 세라핌 보로베프가 키예프 민방위 본부에 실제로 전화한 시각보다 뒤에 보고한 것처럼 조작되었다. 올렉산드르 랴시코 총리는 민방위 대원들이 프리퍄트에 파견되었을 때, 이들은 방사능 수치를 제대로 측정할 수 있는 장비를 갖고 가지 못했다고 회고했다.[5]

내무부 청사에서 거의 밤을 새운 내무부 차관 두르디네츠는 아침 9시 경 공화국 지도자들에게 전날 일어난 주요 사건들을 보고했다. 체르노빌 사고에 대한 보고는 그의 여러 보고 사항 중 하나였다. 우크라이나 최고회의 의장(당시 공산당 당국의 결정을 추인하는 형식적 의회의 지도부이기도 했던) 발렌티나 셉첸코는 두르디네츠가 짧은 보고의 끄트머리에 체르노빌을 언급했다고 회고했다. 그는 그곳에서 화재가 발생했지만 진화되었다고 보고했다(그다음 날 우크라이나 내무부가 당 중앙위원회에 보고한 바에 따르면, 화재는 오전 8시에 이미 진화된 것으로 되어 있었다). "사람들은 어떻게 되었어요?"라고 셉첸코가 내무부 차관에게 묻자, 그는 "특별한 일은 없었습니다"라고 답했다. "일부 주민들은 결혼식을 올렸고, 다른 주민들은 텃밭에 채소를 심고 프리퍄트강에서 낚시를 하고 있었습니다."[6]

셉첸코는 우크라이나 총리 랴시코에게 곧장 전화를 걸었다. 총리는 이때 하급 관리 한 명과 함께 체르노빌 사태를 논의하고 있었다. 랴시코는 프리퍄트 주민 소개에 대비해 버스를 징발하도록 지시해놓은 상태였다. 내무부가 모스크바와 우크라이나 공화국 모두의 지시를 받듯이 민방위국도 키예프와 모스크바의 공동 관할이었다. 랴시코는 자신이 관할하는 두 기관에 버스 징발을 시작하도록 명했다. 민방위대장이 토요일 아침이라 버스 운전사를 소집하기 어렵다고 하자, 랴시코는 내무부 장관 이반 흘라두시에게 전화를 걸어 경찰이 쉬고 있는 버스 운전사를 소집하게 하라고 지시했다. "그쪽 상황도 심각한가요?"라고 흘라두시는 총리에게 물었다. "나도 잘 모르겠네. 그러나 전시 상황에 하는 것처럼 민방위 대원들과 함께 버스와 운송 수단을 징발해서 체르노빌 원전으로 파견하게"라고 지시를 내렸다.[7]

모스크바와 우크라이나 관리들에게서 소식을 듣고 놀란 우크라이나 최고 권력자인 볼로디미르 셰르비츠키는 오전 10시에 비상 정치국 회의를 소집했다. 지역 당 관리들을 통해 들은 빅토르 브류하노프의 보고 내용은 그다지 심각하지 않았다. 화재는 진압되었고, 방사능 수치가 높기는 했지만 정상 범위 이내였다. 랴시코가 버스를 징발하고 있다는 소식을 들은 셰르비츠키는 "당신 너무 성급한 것 아니요?"라고 물었다. "사고대책위원회가 곧 도착해서 상황을 파악할 거요. 그때 행동을 취하도록 하세요." 랴시코는 자신이 내린 지시를 철회하지 않겠다고 하며 상황이 분명히 파악될 때까지 시간을 달라고 했다. "만일 주민 소개를 할 필요가 없어진다면, 당신의 행동은 얼마나 많은 비용을 허비한 것이 되겠소?"라고 셰르비츠키는 랴시코에게 물었다.[8]

랴시코는 상관의 압력에 굴복하지 않았다. "나는 만일 그곳의 상황이 좋다면 모든 비용을 민방위국에 청구할 것이라고 대답했다. 과거에도 그렇게 한 적이 있었기에 우리는 수백만 루블을 민방위국에 청구할 수 있다고 답했다." 셰르비츠키는 결국 그 요구를 승인했다. 그러나 그것만으로는 충분하지 않았다. 오전 11시경 그는 모스크바에 있는 자신의 상관 니콜라이 리시코프 총리에게 전화를 걸어 최종 허락을 받았다. "14시에 버스 1200대와 트럭 240대가 준비되었다는 보고를 받았다"라고 랴시코는 회상했다.

셰르비츠키는 아직 의구심을 떨쳐내지 못했다. 그날 우크라이나와 키예프의 KGB 본부는 체르노빌 원전 및 프리퍄트시의 상황에 대해 두 건의 보고를 올렸다. 4월 26일 늦은 아침 시간에 올라온 상황 분석 보고서에 이미 높아진 방사능 수치가 언급되었지만, 보로베프가 실제로 측정한 수치보다는 한참 낮았다. KGB 보고에 따르면, 원전의 방사능 수치는 초당 20~25마이크로뢴트겐이고, 프리퍄트 지역은 초당 4~14마이크로뢴트겐이었다. 방사능 수치가 오르는 원인은 폭발로 파손된 냉각 장치에서 흘러나온 것으로 보이는 '오염된 물'이었다. 4월 26일 오후 3시 상황을 기술한 두 번째 KGB 보고에 따르면 원자로 주변의 방사능 수치가 초당 1000마이크로뢴트겐이었고, 원전은 100마이크로뢴트겐, 프리퍄트시는 초당 2~4마이크로뢴트겐이었다. 당시 이들은 측정 최대치가 1000마이크로뢴트겐인 방사능 측정기를 사용했다.[9]

하지만 랴시코는 그 시점에 만약의 사태에 대비해 주민 소개에 필요한 모든 권한을 확보했다. 당 중앙위원회에 제출된 보고서에 따르면 주민을 소개하라는 명령은 4월 26일 저녁 8시에 내려졌다. 버스와 트럭 대열이 그날 저녁 체르노빌로 향하는 시골 길을 가득 메웠고, 기차 두 조가 인근의 야니프역에서 승객들을 태우기 위해 대기했다. 버스 운전사들과 열차 기관사들은 시내로 진입하라는 명령을 기다리며 원자로와 가까운 거리에서 대기한 채 온 밤을 지샐 수도 있었다. 이들은 이 명령이 언제 떨어질지 알지 못했다.[10]

4월 26일 저녁, 마요레츠가 소집한 첫 사고대책위원회 회의에서 베르도프 장군이 주민 소개를 위해 버스가 동원되었다고 보고했을 때, 그의 보고는 민심을 동요시킨다고 퇴짜를 맞았다. 몇 시간 후 사고대책위원회 위원들은 원자로가 다시 깨어나 프리퍄트 주변 상공에 방사능을 배출하는 모습을 목격했다. 그러자 대화의 분위기가 바뀌었고, 밤 10시가 넘었을 때 랴시코 총리는 보리스 셰르비나가 참여한 위원회로부터 원자로가 손상되었으며 추가적인 방사능 오염이 있다고 결론 내렸다는 전갈을 받았다. 소연방 당국이 주민 소개를 시작하라는 최종 결정을 내리기까지는 시간이 걸렸다. 랴시코는 4월 27일 아침 내내 주민 소개가 시작되었는지 확인하기 위해 프리퍄트 쪽과 통화했다. 드디어 오후 2시에 주민 소개가 곧 시작된다는 연락을 받았다. 그는 이제 더 이상 민심동요자가 아니었다. 그의 판단이 맞았던 것이다. 주민을 소개해야 하는 상황이 되었고, 사고대책위원회는 이를 실행하기로 결정했다.[11]

당과 시 당국자들이 주민 소개 문제를 놓고 논란을 벌이는 동안, 주민들은 대거 프리퍄트를 떠나기 시작했다. 4월 26일 아침, 제일 먼저 떠난 이들은 소방관의 부인과 아이들이었다. 이들의 남편과 아버지 들은 원전에서 발생한 화재가 단순한 사고가 아니라는 것을 알기 위해 때로는 목숨도 희생해야 하는 대가를 치렀다. 어떤 경고나 자비 없이 사람을 불구로 만들고 죽게 만드는, 눈에 보이지 않는 방사능이 배출된 원인은 원자로 폭발이었다. 볼로디미르 프라비크의 부모는 병실에서 아내와 딸을 신속하게 프리퍄트에서 대피시키라고 한 아들의 청을 거절할 수 없었다. 이들은 병원에서 나와 바로 프라비크의 아파트로 가서 그의 부인 나디카와 태어난 지 한 달 된 딸 나탈카를 차에 태우고 기차역으로 가서 첫 기차에 이들을 태워 프리퍄트를 벗어나게 했다.[12]

그다음으로는 소방관들이 프리퍄트를 떠났다. 특히 방사능 피폭 증상이 심한 소방관들이 떠났다. 볼로디미르 프라비크 중위와 같은 소방차를 타고 원전에 갔던 레오니트 샤브레이는 4월 26일 새벽 5시에 밤새 화재를 진압하던 터빈 홀 지붕에서 철수하라는 명령을 받았을 때, 자신들이 진압했던 화재가 뭔가 심상치 않다는 것을 깨달았다. 담뱃불을 붙였을 때 그는 입안에서 달콤한 냄새를 맡았다. "무슨 놈의 담배가 달아?"라고 그는 동료 소방관에게 말했다. 프라비크는 그보다 먼저 입안에서 이상한 맛이 난다고 불평했다. 의료팀은 그에게 요오드화칼륨 정제를 주고 물로 몸을 닦으라고 했다. 그때 샤브레이는 구토를 하기 시작했다. "참을 수 없을 정도로 구토가 났다"라고 그는 회고했다. "나는 몹시 갈증이 났지만 물을 마실 수도 없었다. 물을 마시자마자 구역질이 올라왔기 때문이다." 의료팀은 그에게 의무실로 가라고 했지만 그는 말을 듣지 않았다. 집으로 돌아간 그는 차에 부인과 어린 자녀를 태우고 프리퍄트에서 벗어났다.[13]

4월 26일 늦은 오후, 부인과 아이를 인근 마을의 친척집에 맡겨두고 프리퍄트로 돌아온 레오니트 샤브레이는 동료 소방관의 상태를 살펴보기 위해 병원으로 달려갔다. 그의 팀 지휘관인 프라비크 중위가 얼굴이 부어오른 모습으로 창밖을 내다보고 있었다. "어떠세요?"라고 샤브레이가 묻자 "괜찮아요"라고 확신 없는 답이 돌아왔다. "당신은 어때요?" 샤브레이도 똑같은 목소리로 대답했다. "나도 괜찮아요." 샤브레이는 동료 모두가 사기가 좋은 상태임을 발견했다. 프라비크와 동료들은 정맥 수액과 주사를 맞았다고 했다. 그들은 여러 말 하시 않았다. 샤브레이는 이튿날 그들을 다시 볼 것이라 생각하고 집으로 돌아갔다. 그러나 그가 이튿날 병원을 찾았을 때, 그들은 이미 그곳에 없었다.[14]

의사들은 방사능에 피폭된 환자들을 치료할 가장 좋은 방법을 찾기 위해 고심했다. 처음에 나온 제안은 우유를 마시게 하자는 것이었다. "우유를 마셔야 해요, 아주 많이"라고 제일 먼저 입원한 소방관 바실 이흐나텐코의 부인 류드밀라에게 의사가 말했다. "남편은 우유를 좋아하지 않아요"라고 류드밀라가 말하자 "지금은 그걸 마셔야 해요"라는 답이 돌아왔다. 류드밀라는 소방관 빅토르 키베노크의 아내 테탸나와 함께 우유를 구하러 시골 마을로 달려갔다. 이들은 병실에 있던 소방관들 모두가 마실 수 있는 3리터짜리 우유 단지를 가지고 돌아왔다. 그러나 바실을 비롯한 소방관들은 우유를 입에 넣자마자 토하기 시작했다. 그때서야 환자들을 가스 중독 환자로 보고 치료하던 의사들은 아질산염이 함유된 정맥 주사를 놓기 시작했는데, 그 조치가 효과가 있었다. 그날 저녁 류드밀라는 남편이 창문 옆에 스스로의 힘으로 서 있는 모습을 볼 수 있었다.[15]

4월 26일 아침 8시에 원자로 4호기 야간 당직팀의 알렉산드르 아키모프, 레오니트 톱투노프와 교대한 빅토르 스마긴은 6시간 후 앰뷸런스에 실려 병원으로 이송되어 왔다. 그는 두통과 어지럼증, 참을 수 없는 메스꺼움을 느꼈다. 그는 두 시간 동안 정맥 주사를 맞은 후 상태가 상당히 좋아졌다. 스마긴은 주사약이 연속 세 병 주입되었다고 회고했다. 정맥 주사 주입이 끝나자 그는 담배를 피우고 싶어졌다. 환자들은 병원에 들어올 때 옷을 벗고 소지품을 전부 놔두고 와야 했기에 담배가 없었다. 그러나 친구들을 보러 온 동료들이 기꺼이 도움을 주었다. 한 동료가 스마긴이 2층 병실에서 늘어뜨린 줄에다 담배 한 박스를 묶어 올려 보낸 것이다. 담배를 손에 쥔 스마긴은 바로 흡연실로 갔다. 그곳에 원전 운영자 동료들이 모여 있었다. 그들은 정맥 주사를 맞고 반은 정상으로 돌아온 상태였다. 아키모프와 댜틀로프도 사고의 원인을 논하며 그곳에 있었다. 다른 기술자와 운영자도 같은 화제를 가지고 이야기를 했다. 그러나 정맥 주사를 맞았다고 해서 모두가 걸을 수 있는 상태는 아니었다.

레오니트 톱투노프는 병상에 계속 누워 있었고, 그의 피부는 '방사능 화상'으로 검게 변해 있었다. 그는 입술이 심하게 부어올라 말을 하기도 힘들 지경이었다.[16]

높은 수치의 방사능에 노출된 소방관들과 원전 운영자들은 4월 26일 늦은 오후에 특별 치료를 받기 위해 모스크바로 이송되었다. 가족들과 작별 인사를 나눌 시간조차 없었다. 이들의 이송은 서둘러서 진행되었고, 출발 시간은 가족에게도 비밀이었다. 4월 26일 오후에 모스크바에서 프리퍄트로 날아온 일군의 의사와 과학자가 방사능에 피폭된 소방관과 원전 운영자를 모스크바로 이송한다는 결정을 내렸다. 이들은 보건부 산하 생물물리학연구소와 방사능 피폭 치료를 전문으로 하는 모스크바 제6병원 소속이었으며, 이 병원은 방사능 피폭 환자를 치료할 전문 의사와 장비를 보유하고 있었다. 방사능 병동의 수장인 61세의 안겔리나 구스코바 박사는 1949년부터 이런 환자들을 치료해왔다. 그녀는 젊은 시절에 소련 최초의 핵무기를 제조하기 위한 플루토늄 생산 시설이 설치된, 폐쇄 도시 첼랴빈스크-40에서 근무한 적이 있었다. 그곳에서 소련 초기의 핵실험에 실험동물처럼 이용된 강제 수용소의 수용자들을 치료한 경험이 있었다. 이제 그녀 밑에서 일하는 의사들이 소방관들과 원전 운영자들을 치료하러 체르노빌에 내려온 것이다.[17]

구스코바 수하의 의사들은 보통 50뢴트겐 이상의 방사능에 노출된 사람들에게 나타나는 급성 방사능 피폭 증상을 찾아내려고 노력했다. 의사들은 이 증상을 정확히 측정하기 위해 그레이gray라는 단위를 사용했다. 그레이는 인체가 이온화 방사선 형태로 흡수한 원자력 에너지의 양으로 정의되었다. 1그레이는 방사능 물질 1킬로그램당 1줄joule에 상응했다. 이것이 렘rem과 어떤 관계인지는 관련된 이온화 방사선의 종류에 따라 달랐다. 베타 방사선의 경우, 1그래이는 100렘과 같았고, 중성자 방사선의 경우는 1000렘, 알파 방사선의 경우는 2000렘과 같았다.[18]

방사능 측정 단위와 이것의 인체 흡수, 영향에 따라 급성 방사능 피폭 증상은 한 번에 50뢴트겐 이상의 노출과 0.8그래이 이온화 방사선을 흡수한 경우에 나타난다. 증상으로는 식욕 감퇴, 메스꺼움, 구토 등을 포함한다. 방사능을 50그래이 이상 흡수하면 증상들이 즉각 나타난다. 여기에는 신경과민, 정신 착란, 설사, 때로는 의식 불명 등이 포함된다. 10~50그래이를 흡수한 사람은 방사능 노출 후 몇 시간 안에 식욕 상실, 메스꺼움, 구토 증세가 나타나고, 1~10그래이를 흡수한 사람은 몇 시간 후부터 이틀 사이에 이런 증세를 보인다. 이 모든 경우에 방사능은 골수 안의 줄기세포를 파괴하고, 10~50그래이를 흡수하면 소화기관 관속 gastrointestinal tract의 세포도 파괴한다. 50그래이가 넘으면 심혈관계와 신경계도 영향을 받는다. 피폭된 환자는 질병에서 세 단계를 거친다. 첫 단계에서는 증상들이 나타나고, 잠복기인 두 번째 단계에서는 거의 정상처럼 보이고 상태가 좋다. 마지막 단계에서는 증상들이 훨씬 큰 강도로 나타난다. 10그래이 이하의 방사능을 흡수한 첫 범주의 환자들만 생존할 가능성이 있고, 생존율은 60퍼센트 정도다. 두 번째와 세 번째 범주의 환자들은 사망한다.[19]

급성 방사능 피폭 환자로 분류된 남녀 134명은 후에 네 범주로 분류되었다. 첫째 범주에는 6.5~16그래이를 흡수한 20여 명이 포함되었는데, 대부분이 얼마 안 가서 사망했다. 둘째 범주에 들어간 거의 같은 수의 환자들은 4.2~6.4그래이를 흡수했는데, 이들 중 3분의 1이 사망했다. 2.2~4.1그래이를 흡수한 환자들의 통계는 훨씬 고무적이다. 이들 중 단 한 명만 사망했다. 0.8~2.1그래이를 흡수한 넷째 범주에선 사망자가 한 명도 나오지 않았다. 네 범주의 환자를 전부 합해서 28명이 급성 방사능 피폭 증상으로 4개월 이내에 사망했다. 그리고 골수 이식 수술을 받은 13명 중 12명이 병에서 회복하지 못하고 사망했다. 사고 몇년 후 둘째, 셋째, 넷째 범주에 속한 환자들 중 약 20명이 사망했는데, 이들은 방사능 노출로 인한 사망으로 인정되지 않았다.[20]

4월 26일 모스크바에서 프리퍄트로 날아온 의사들은 급성 방사능 피폭 환자를 치료하기 위한 전문 지식을 지닌 의사들이었지만, 환자들이 얼마나 많은 양의 방사능을 흡수했는지를 측정할 수 있는 적절한 장비가 없었다. 그 대신에 그들은 첫 증상을 관찰하고 혈액 검사를 실시했다. 구스코바의 제자이자 일류 전문의인 게오르기 셀리돕킨은 현장에서 환자 상태를 파악하고 모스크바로 이송해 응급 치료를 받을 환자를 가려내기 위해 프리퍄트로 왔다. 프리퍄트 병원에 있던 많은 환자가 1980년 대 소련에서는 흔치 않게 턱수염을 기른 셀리돕킨 박사를 잘 기억하고 있었다. 당시에는 턱수염이 데카당스나 자유로운 사고 방식을 지닌 사람의 상징으로 여겨졌다.

셀리돕킨은 4월 26일 오후 4시경부터 환자들을 검진하기 시작했다. 모스크바에 남아 있던 구스코바는 우크라이나에 있는 동료들과 전화로 의견을 나눴다. 모스크바에서 온 의사들은 환자를 350명 가까이 진찰했다. 셀리돕킨은 환자들의 피부를 관찰하고, 언제부터 구토를 시작했는지 묻고, 혈액의 백혈구 수를 측정했다. 골수에서 만들어지는 백혈구는 교체율이 빨랐다. 혈액세포 속 백혈구 수치는 방사능 노출을 쉽게 감지할 수 있는 신호였다. 이른 저녁 무렵 셀리돕킨은 환자 중 28명을 병세가 가장 위중한 집단으로 분류했다. 이들 중에는 프라비크, 키베노크, 이흐나텐코를 비롯한 소방관들 대다수가 포함되었고, 원전 운영자로는 아키모프, 톱투노프와 부수석 기술자 아나톨리 댜틀로프가 포함되었다. 이들은 지체 없이 모스크바 병원으로 이송되어야 했다. 시간이 가장 중요했고, 죽느냐 사느냐를 결정할 수 있었다.[21]

34세의 프리퍄트 부시장 알렉산드르 예사울로프는 셀리돕킨과 동료 의사들이 분류한 이 28명을 프리퍄트에서 가능한 신속하게 키예프의 보리스필 공항까지 이송한 다음, 그곳에서 모스크바로 이송하는 책임을 맡았다. 그보다 며칠 전 예사울로프는 지역 신문에 소련 창설자와 공산주의 이념에 대한 헌신의 표시로 무보수로 일하는 '레닌의 토요일'의 성과를 다룬 글을 실은 바 있었다. 이제 이 모든 일이 아주 멀게 느껴졌다. 시내 곳곳에 레닌을 찬양하는 포스터가 붙었지만 시민들은 새로운 탈이데올로기적 현실과 마주했다. 4월 26일 아침, 예사울로프가 해야 할 첫 과제는 시내 거리의 방사능 먼지를 씻어낼 차량을 배치하는 것이었다. 그다음으로 그는 똑같은 방사능 먼지를 피부와 소화기관에 흡수한 사람들을 철수시키는 업무를 처리해야 했다.[22]

민방위국이 준비한 비행기가 보리스필 공항에 대기하고 있었다. 버스와 앰뷸런스도 줄지어 있었다. 가장 어려운 문제는 모스크바로 가는 환자들의 서류를 준비하는 것이었다. 4월 26일 이른 아침에 그들은 병원에 입원했을 때 소지한 신분증을 모두 병원 측에 내놓아야 했다. 환자들 각각의 서류와 검사 결과를 대조하는 것도 쉬운 일은 아니었다. 소련에서는 직인이 찍히지 않은 서류는 인정되지 않았는데 필요한 도장이 원전 안에 있었다. 결국 직인은 포기하기로 했다. 서류가 준비되었을 때 예사울로프는 새로운 문제에 부딪혔다. 모스크바로 이송되는 환자들 가족의 문제였다. 병원에 들어오는 것이 금지된 환자들의 가족과 친척들은 밖에서 병원을 둘러쌌고 사랑하는 가족이 모스크바로 이송된다는 소식이 퍼지자마자 행동에 돌입했다.

"부인들 모두가 똘똘 뭉쳐 하나로 행동했다. 그들은 남편과 함께 모스크바로 가기를 원했다"라고 류드밀라 이흐나텐코는 회고했다. 그녀의 남편 바실은 곧 자신들이 모스크바로 이송된다는 사실을 창문 너머로 소리쳐 알렸다. "'남편들과 같이 모스크바로 가게 해주세요! 당신들은 이렇게 할 권리가 없어요!'라고 외치며 우리는 손으로 밀치고 할퀴었다"라고 류드밀라는 자신과 다른 부인들이 취한 행동을 설명했다. 그들은 병원 주위에 통제선을 친 병사들에 의해 뒤로 떠밀렸지만, 포기하지 않았다. 그때 한 의사가 병원 현관으로 나와 부인들에게 다가갔다. 그는 남편들이 모스크바로 가는 것은 맞지만 옷을 갈아입어야 한다고 말했다. 그들이 병원에 입원했을 때 입고 있던 옷은 방사능에 오염되어 바로 벗긴 후 소각했다고 설명했다. 부인들은 아파트로 돌아가 깨끗한 셔츠와 바지와 속옷을 가지러 시내를 가로질러 뛰어갔다. 이미 밤늦은 시각이라 대중교통은 끊긴 상황이었기에 걸어서 집에 갔다 와야 했다. 그들은 달렸다. 그러나 그들이 병원에 돌아왔을 때 남편들은 이미 떠난 뒤였다. "그들이 우리를 속였다"라고 류드밀라는 회고했다. "우리가 그곳에서 소리치고 울지 못하도록 그렇게 한 것이다."[23]

예사울로프는 환자를 실은 버스 2대와 앰뷸런스 2대의 앞쪽에 자리잡고 키예프로 출발했다. 버스는 아직 걸을 수 있는 환자 26명을 태웠고, 앰뷸런스는 끓는 물과 증기로 전신 30퍼센트의 화상을 입은 두 원전 운영자를 운반했다. 키예프에 도착한 차량은 도시의 중심가인 흐레샤티크 거리를 통과했다. 파자마를 입은 사람들이 창문을 통해 이 행렬을 지켜보았지만 무슨 일이 일어났는지 몰랐기에 대수롭지 않게 여겼다. 버스 행렬은 보리스필 공항으로 향했고, 4월 27일 새벽 3시경에 공항에 도착했다. 몇 시간 후 방사능 오염 방지용 플라스틱이 장착된 앰뷸런스가 모스크바 공항에서 프리퍄트의 환자들을 인수하여 제6병원으로 이송시켰다. 강제 수용소의 수용자들을 치료한 경험이 있는 의사들이 이들을 치료할 준비를 하며 기다리고 있었다.

자신의 임무를 성공적으로 수행한 예사울로프는 프리퍄트시의 주민 소개에 착수했다. 공항에서 프리퍄트로 돌아가는 길에 그는 수백 대의 버스가 같은 방향으로 가고 있는 모습을 발견했다. 프리퍄트시 전체의 주민 소개가 시작될 참이었다.[24]

체르노빌과 프리퍄트 사이의 도로에서 높은 수치의 방사능을 흡수하며 서 있던 수백 대의 버스는 4월 27일 새벽 1시 30분에 움직이기 시작했다. 시내의 방사능 수치가 급격히 올라가고 있었다. 4월 26일 방사능 수치는 시간당 14~140밀리뢴트겐 사이를 오르내렸지만, 4월 27일 아침 7시경에는 180~300밀리뢴트겐으로 치솟았다. 원전 인근 지역에서는 시간당 600밀리뢴트겐까지 올라갔다. 원래는 4월 27일 아침에 주민 소개를 시작할 계획이었다. 하지만 결정적인 시점을 놓치고 늦게 명령이 내려져서 27일 이른 오후에 시작되었다.[25]

프리퍄트 시민들에게 소개는 놀랍다기보다는 오랫동안 기다려온 구호 조치였다. 시내 전화선이 차단되었고 원전에서 일하던 기술자들과 노동자들은 친구나 친지에게 사고에 대해 말하지 말라는 함구령이 내려진 상태였다. 그러나 정부가 통제하는 언론보다 소련 시민에게 더 중요한 역할을 한 가족 연락망과 비공식 네트워크가 활발하게 작동했다. 원전에서 발생한 사고에 대한 소문은 불과 폭발 몇 시간 만에 프리퍄트시 안에 퍼졌다.

체르노빌 건설 회사의 직원 리댜 로만첸코는 이렇게 회상했다. "4월 26일 아침 8시경에 한 이웃이 내게 찾아와 자기 이웃이 원전에서 돌아오지 않았다고 말했다. 그곳에서 사고가 발생했다는 것이다." 이 정보는 다른 경위를 통해서도 확인되었다. "치과 의사인 친구는 한밤중에 비상 호출로 잠에서 깨어나 병원으로 달려갔고, 이곳으로 원전 사람들이 계속 이송되어 왔다고 말했다." 착한 사마리아인처럼 로만첸코는 이 뉴스를 친구들과 가족에게 전했다. "나는 이웃들과 가까운 친구들에게 바로 연락했는데, 이들은 그날 밤 벌써 '짐을 싸고' 있었다. 그리고 친구가 전화를 걸어 사고를 알려주었다."[26]

프리퍄트시 주민들은 참혹한 사고의 실상을 그 한가운데에서 서서히 알게 되었다. 건설 회사의 고위 기술자 류드밀라 하리토노바는 프리퍄트 인근에 있는 시골 별장으로 차를 몰고 가고 있었는데, 경찰이 차를 세우더니 도시로 되돌아가라고 말했다. 도시로 돌아와 보니 살수차가 뿌린 용액으로 인해 도로가 거품으로 덮여 있었다. 오후에 군대 수송 차량들이 거리에 나타났고, 군용기와 헬리콥터가 하늘을 채웠다. 경찰과 군인은 마스크와 방독면을 쓰고 있었다. 학생들은 학교에서 요오드화칼륨을 지급받아 귀가했고, 집 안에 머물라는 지시를 받았다.

"저녁이 되자 우리는 더욱 걱정이 되기 시작했다"라고 하리토노바는 회상했다. "그러한 경보가 어디서 왔는지, 아마도 우리 내부에서 혹은 쇳가루 냄새가 나는 공기에서 왔는지 알 수 없다." 도시를 떠날 수 있는 사람은 떠나도 된다는 소문도 돌았다. 하지만 아직 무슨 일이 일어났는지, 그리고 앞으로 어떻게 될지 공식적인 정보는 없었다. 하리토노바의 가족은 야니프역으로 가서 모스크바행 기차에 올라탔다. "군인들이 야니프역에서 순찰을 돌았고, 어린아이를 데리고 떠나는 여성이 많이 보였다. 모두가 당황한 표정이었지만, 침착하게 행동했다. 그럼에도 불구하고 기차가 역에 들어왔을 때 나는 새로운 세상이 다가왔다고 느꼈다. 우리가 알던 이전의 깨끗한 세계는 사라지고 오염된 시대, 체르노빌 시대로 들어서는 것 같았다."[27]

4월 27일 아침 10시가 조금 넘은 시각, 시 당국은 회사, 학교, 기관의 대표들을 불러 소개 계획을 짰다. 겁에 질린 시민들은 시당 본부 건물로 몰려들었다. 내무부 차관 헨나디 베르도프 장군은 건물 앞 계단에 서서 동요한 군중을 진정시켰다. 그가 인솔한 경찰 부대가 아파트 건물을 돌며 각 집마다 찾아가 이주 준비를 하라고 알렸다. 그날 정오에 사고대책위원회가 모스크바의 재가를 받아 최종적으로 주민 소개 결정을 내렸는데, 이때는 소개가 시작되기 불과 2시간 전이었다.[28]

보리스필 공항에서 막 돌아온 부시장 예사울로프에게 새로운 임무가 맡겨졌다. 프리퍄트시의 병원에 남아 있는, 100명이 넘는 나머지 방사능 피폭 환자들을 이주시키는 것이었다. 당 관리들은 그에게 환자들을 데리고 보리스필 공항에 정오까지 도착해야 한다고 지시했다. 나머지 환자들 모두 모스크바로 이송될 예정이었다. 그때가 아침 10시였다. 그 임무의 마감 시간은 전혀 현실적이지 않았다. 프리퍄트에서 키예프까지 가는 데 2시간이 걸렸고, 거기서 서류 작업도 해야 했다. 정오에 이들은 드디어 출발 준비를 마쳤다. 이번에는 떠나는 환자들의 아내와 가족을 속일 방법이 없었고, 예사울로프는 그런 시도조차 않았다. 작별의 포옹과 눈물, 울음 속에서 그는 간신히 환자들을 집합시켜 보리스필 공항으로 출발했다.

그러나 출발하자마자 그들은 멈춰 서야 했다. 환자 한 명에게 응급 처치를 해야 했기 때문이다. 버스는 체르노빌에서 몇 마일 떨어진 잘리샤 마을에 섰다. 파자마를 입은 환자들은 버스에서 내려 기지개를 켜고 담배를 피웠다. 바로 그때 예사울로프는 한 여성의 통곡 소리를 들었다. 이송되던 환자 중 한 명이 잘리샤 출신이라는 사실을 예사울로프가 깨닫는 데는 시간이 걸렸다. 환자의 어머니가 아들을 알아보고 충격과 슬픔의 감정을 억제하지 못한 것이다. "어떤 설명도 더는 필요하지 않았다. 어떻게 이런 우연이 생겼을까? 그녀가 어디서 나타났는지 나는 전혀 알 수 없었다"라고 예사울로프는 회상했다. "엄마, 엄마." 젊은이가 자신의 어머니를 진정시키려고 한 말이 그의 가슴속에서 떠나지 않았다. 결국 그들은 잘리샤를 떠났다. 예사울로프는 지난 24시간 동안 일어난 일에 너무 충격을 받아서 보리스필 공항 소장 사무실에서 관행대로 일행이 마신 커피 몇 잔의 값을 내라는 얘기를 들었을 때 한동안 무슨 뜻인지 이해하지 못했다. "나는 마치 다른 세계에 있다가 온 것 같았다"라고 그는 회고했다.

두 세계는 경계선과 통제로 분리되었다. 예사울로프는 보리스필 공항을 떠나기 전에 버스를 청소하고 샤워를 해야 했다. 사고가 불러일으킨 고준위 방사능은 이제 공공연한 비밀이었다. 예사울로프 일행은 4월 27일 오후 4시경에 귀환 길에 올랐다. 프리퍄트로 가는 길에 이들은 반대 방향에서 오는 버스 행렬을 마주쳤다. 전부 1125대였다. 프리퍄트 주민의 소개가 시작된 것이다.[29]

프리퍄트시 라디오 방송국은 오후 1시가 조금 넘었을 때 공지 사항을 발표했다. "시민 여러분, 시민 여러분!" 여자 아나운서가 강한 우크라이나 억양이 들어간 러시아어로 방송을 했다.

체르노빌 원자력 발전소에서 일어난 사고로 인해 우려할 만한 방사능 오염 상황이 프리퍄트시에 발생했습니다. 시민 여러분, 특히 아동의 안전을 확실히 확보하려면 키예프주 인근의 주거지로 철수해야 합니다. 이를 위해 4월 27일 14시, 경찰과 시 관리들의 감독하에 모든 주민에게 버스가 제공될 것입니다. 서류와 필수품, 비상 식품만 가지고 나오시기 바랍니다. 동지 여러분, 집을 떠날 때 창문을 닫고, 전기 스위치와 가스 기기를 끄고, 수도꼭지 잠그는 것을 잊지 마시기 바랍니다. 평정심을 유지하고, 조직적이고 질서 있게 임시 철수 계획을 이행하시기 바랍니다.[30]

라디오는 거의 같은 내용을 네 번 반복해서 방송했다. 그러나 대다수 주민들이 상황의 심각성을 알아차리기 힘들었다. 시 관리였던 아넬리아 페르콥스카야는 이렇게 회상했다. "철수까지 1시간 30분밖에 남지 않은 상황이었다. 쇼핑센터의 어린이 식당에는 아이스크림을 먹는 부모들과 아이들로 가득했고, 그날은 주말이었고, 모든 것이 좋았고 평온했다." 폭발이 일어난 지 36시간이 지났지만 사고에 대한 신뢰할 만한 정보가 제공되지 않았고, 시민들은 알아서 행동해야 했다. 그들은 자신과 아이들을 어떻게 보호해야 하는지 제대로 된 지침을 받지 못했다. 소련 법 규정에 따르면 대중에게 자동으로 경보를 발해야 하는 방사능 수치는 이미 4월 26일 새벽 시간에 측정된 상태였지만, 모든 관리가 이 규정을 무시했다. 결국 소개가 시작되기 50분 전에 각자 물건을 챙겨 길에서 버스를 기다리라는 지시를 받은 것이다. 선량한 시민들은 지시받은 대로 행동에 나섰다.[31]

지역의 촬영기사가 4월 26일과 27일에 찍은 영상을 보면 방사능 입자의 공격을 받은 도시에서 결혼식이 거행되는 장면이 나온다. 가벼운 여름옷을 입은 성인 남녀가 어린아이들과 함께 거리를 걷고, 운동장에서는 축구 경기가 진행되고, 야외에서 아이스크림을 먹는 모습도 담겨 있다. 이 장면들은 다른 촬영기사들이 찍은 영상 속 인물들과 나란히 배치될 때 초현실적으로 보인다. 거리를 청소하는 살수차들, 방호복을 입은 경찰과 병력 수송 차량에 탄 군인들, 그리고 자신을 멀리 데려갈 버스를 기다리는 주민들. 또 어떤 장면은 마치 주인이 돌아오기를 기다리는 듯 아파트 창틀에 놓인 인형을 보여준다. 화면 가장자리의 검게 그을린 부분과 흰 빛은 우리가 화면에서 보고 있는 것이 진정으로 의미하는 바를 나타낸다. 그것은 카메라의 두꺼운 렌즈를 뚫고 들어온 방사능 입자 공격의 흔적이다.[32]

체르노빌 원전 공사장의 품질 관리에 대한 기사를 쓴 류보프 코발렙스카야도 그날 오후 버스에 올라타 다시는 집에 돌아오지 못할 수천 명의 대열에 합류했다. 그녀는 전날 밤 거의 내내 나이 든 어머니를 진정시키는 데 시간을 쏟았다. 그녀의 어머니는 곧 주민 소개가 있을 것이라는 소문을 듣고 잠을 이루지 못했다. 이제 그녀의 가족 모두, 즉 코발렙스카야와 어머니, 딸, 조카는 떠날 준비를 했다. 이들은 사흘 동안만 떠나 있을 것이라는 말을 들었다. "아파트 입구마다 버스들이 줄지어 서 있었다"라고 코발렙스카야는 회고했다. "모든 사람이 소풍 가는 것 같은 옷차림이었고 농담을 주고받았다. 주위 사람들은 차분한 분위기였다. 버스마다 경찰들이 주민 명단을 체크했고, 사람들이 소지품을 버스에 싣는 것을 도왔다. 경찰은 아마도 지난 24시간 동안 보지 못한 자신들의 가족을 떠올리며 주민들을 도왔을 것이다. … 버스는 출발했다." 체르노빌의 사진사와 촬영기사 들은 출발하는 버스 창문을 통해 계속 촬영을 했다. 이들이 촬영한 모습이 주민들로 가득했던 이 도시의 마지막 모습이 된다.[33] 주민 소개는 오후 4시 30분에 거의 완료되었다.

우크라이나 당국자들은 그들이 처음으로 성공적으로 수행한 임무를 모스크바에 보고하고자 했다. 셰르비나는 니콜라이 리시코프 총리에게 전화를 걸어, "니콜라이 니콜라예비치, 이제 프리퍄트에 남아 있는 주민은 없습니다. 개들만 돌아다닐 뿐입니다"라고 보고했다. 주민들은 반려동물을 데려갈 수 없었다. 그러나 프리퍄트에 남은 것은 개들만이 아니었다. 약 5000명의 원전 노동자들이 원전 가동 중지 절차를 확실히 진행하기 위해 남았다. 젊은 연인들은 부모가 떠난 틈을 타 아파트를 차지했다. 최종적으로 도시에 남아 있기로 결정한 부류는 나이 많은 이들이었다. 그들은 사흘 동안만 철수해야 한다면 왜 집을 떠나야 하는지 이해할 수 없었다.[34]

"우리는 주민들을 설득해야 했다"라고 우크라이나 내무 장관 이반 흘라두시는 회고했다. 그는 자신의 부하 직원들이 주민 철수 작업을 전반적으로 잘 이행한 것을 자랑스러워했다. 이튿날 그는 우크라이나 당 중앙위원회에 총 4만 4460명의 프리퍄트시 주민이 소개되어 인근 43개 마을로 이주했다고 보고했다. "우리는 주민들을 마을로 데려가 문화센터, 학교, 현지 주민들의 아파트에 분산 수용했다. 모든 이들이 수용적인 태도를 보였다"라고 그는 회고했다. 체르노빌 원전 소장인 브류하노프는 계속 남아 있었지만, 그의 아내 발렌티나 브류하노바는 다른 사람과 마찬가지로 인근 지역 마을로 이주했다. 신문 기자들은 며칠 후 그녀가 그곳의 소목장에서 일하는 모습을 보았다.[35]

KGB 요원들은 우크라이나 당 간부들에게 인근 체르니히프주의 도시와 마을로 이주한 1000여 명의 주민 중에 26명이 방사능 피폭 증세로 병원에 입원했다고 보고했다. KGB는 "민심을 동요시키는 소문과 근거 없는 정보의 확산"을 막기 위해 바쁘게 움직였지만, 방사능 확산에 대해서는 아무것도 할 수 없었다. 소개된 주민들은 임시로 거주하는 거처에 방사능에 노출된 몸뿐만 아니라 방사능에 오염된 옷과 소지품도 가져왔다. 프리퍄트시와 인근 마을의 주민 소개가 완료되자 버스들은 키예프로 돌아갔다. 버스들은 전에 다니던 정규 노선에 다시 배치되었고, 200만 명이 사는 도시에 고준위 방사능을 뿌리고 다녔다.[36]

10장
원자로 잠재우기

4월 27일 아침, 프리퍄트에서는 방사능에 대해 아무것도 모르는 어린이들만 모래를 가지고 놀고 있었던 것은 아니다. 이 노란색 알갱이는 사고와 그 영향에 대해 잘 알고 있는 어른들에게도 거부할 수 없을 만큼 매력적으로 보였다. 사고대책위원회 회의가 열리고 있던 프리퍄트 공산당 본부에서 400여 미터 떨어진 곳에는 건축용 모래가 산더미처럼 쌓여 있었다. 인근 아파트 건물 창밖에서는 군복을 입거나 말끔한 정장 차림을 한 40대 남자 세 명이 가져온 자루에 모래를 퍼담는 모습을 볼 수 있었다. 세 일꾼이 땀을 흘리며 일할수록 입고 있던 옷들이 점차 지저분해졌고, 채워진 자루의 수도 늘어갔다.

모래를 퍼 담던 장군은 키예프 지역 공군 관구 사령관이자 헬리콥터 부대 지휘관인 니콜라이 안토시킨이었다. 그의 헬리콥터 부대는 그날 아침 일찍 헬리콥터 이착륙장으로 개조된 공산당 본부 앞 광장에 도착했다. 양복을 입은 두 사람은 막강한 권력을 가진 중형기계제작부의 예핌 슬랍스키 장관 밑에서 일하는 수석 차관 알렉산드르 메시코프와 소련 에너지전력부 원자력 담당 차관인 수석 기술자 겐나디 샤샤린이었다. 그들은 안토시킨의 헬리콥터가 원자로에 투하할 모래주머니를 만드는 중이었다. 원자로가 방사능을 배출하지 못하도록 원자로 입구를 모래로 막기 위해서였다.

모래주머니를 투하한다는 결정은 그 전날 밤에 내려졌지만 작업 실행은 4월 27일 새벽까지 미루어졌다. 헬리콥터 착륙장을 만들고 안토시킨의 헬리콥터 부대가 현장에 도착해 원자로까지 접근 경로를 정찰할 시간이 필요했다. 헬리콥터가 준비되자 안토시킨 장군은 사고대책위원회를 이끌고 있는 보리스 셰르비나에게 모래주머니를 만들어 헬리콥터에 실을 장비와 인력을 요청했다. 헬리콥터 조종사들은 만반의 준비가 되어 있었다. 셰르비나는 짜증을 감추지 않았다. 그는 조종사들이 그 일을 하기를 바랐다. 그것은 위원회가 책임질 일이 아니었다. 셰르비나는 장군에게 메시코프와 샤샤린을 데리고 가서 모래주머니를 만들라고 명령했다. 고위 관리들은 그 명령을 따랐다. "셰르비나는 극도로 짜증이 난 상태였다. 헬리콥터 엔진 소리가 크게 울리는 가운데 그는 힘을 다해 큰 목소리로 우리가 시원찮은 일꾼이고 아무 쓸모가 없다고 소리쳤다. 그는 우리 모두를 소 떼처럼 몰았다. 다른 사람은 말할 것도 없고 장관, 차관, 장군 들도 몰아세웠다. 우리가 원자로를 폭파하는 데는 아주 뛰어나고 모래주머니를 만드는 데는 아무 쓸모가 없다고 화를 냈다"라고 샤샤린은 회고했다.

셰르비나는 고대의 전제 군주처럼 행동했다. 4월 27일 아침에 그는 도대체 무슨 일이 일어났으며 무슨 행동을 취해야 할지 모르는 상태에서 깨어났다. 그는 이제 충격과 불확실성을 털어버리고 정신을 차린 상태였고, 분명한 목표가 눈앞에 나타나자 사람과 상황을 위압적으로 지휘하는 옛날 방식으로 돌아간 것이다. 그것은 부하 직원을 다루는 오래되고 입증된 방식, 즉 1930년대 산업화와 강제 집단화 운동에서 스탈린 시대 감독자들이 구사했던 방식이었다. 그 과정은 부하들에게 겁을 주어 복종하게 만든 다음, 비현실적인 생산 목표를 달성하게 하는 것이었다. 안토시킨, 샤샤린, 메시코프는 다른 사람들에게 이 일을 시킬 수도 있는 위치였지만, 결국 그들 스스로 모래주머니를 채워야 했다.[1]

잠시 후 그들은 사람과 삽을 더 모았다. "중대장과 젊은 장교들이 모래주머니를 채운 후 헬리콥터에 싣는 모습을 보았다. 모래주머니를 실은 헬리콥터는 목표물에 접근한 다음, 모래주머니를 떨어뜨린 후 돌아오는 식으로 작업을 반복했다"라고 발레리 레가소프는 회고했다. 그는 이 작업에 깊은 인상을 받지 못했다. "4월 27일, 28일 이틀 동안 에너지전력부와 지방 당국 모두 원자로 입구에 투하해야 할 방재 물질을 준비하지 못하는 등 신속하고도 정확하게 수행해야 할 작업을 제대로 조직하지 못했다"라고 그는 기억했다. 4월 29일이 되어서야 적절한 채석장을 찾아내 납이 공급되기 시작했고, 인력이 자리를 잡았고, 일이 제대로 돌아가기 시작했다. 거의 비슷한 시점에 헬리콥터 조종사들은 작전을 효과적으로 수행할 방법을 찾아냈다. 그들은 프리퍄트시 공산당 본부 옥상에 관측소를 설치했고, 그곳에서 원자로 4호기 위의 작업팀들이 목표물에 정확하게 방재 물질을 떨어뜨리도록 지도했다."[2]

모래주머니를 채우는 작업은 결국 프리퍄트 공산당 청년 조직인 콤소몰의 지도자들이 맡았다. 그들은 노동자들의 숙소를 찾아가 도움을 요청했다. 자원 봉사 요청에 대한 반응은 뜨거웠다. 그러나 아직도 삽, 모래주머니, 주머니를 묶을 끈이 부족했다. 그들은 노동절 퍼레이드를 위해 준비한 천을 사용했다. 도시 주민들이 소개된 이후에는 주로 인근 마을에서 필요한 모래더미를 가져왔다. 전쟁 때와 마찬가지로 현장에서 일하는 인력의 대다수는 여성이었다. 체르노빌 주민인 발렌티나 코발렌코는 이렇게 회상했다. "인력이 부족하니 주머니에 모래를 채워달라는 부탁을 받았다. 아침부터 밤까지 주머니에 모래를 담는 일은 여자들이 맡아 수행했다."[3] 우크라이나 당국은 필요한 인력을 공급했고, 모스크바 관리들은 금전적 인센티브를 제공했다.

콤소몰 간부들과 지방 관리들이 모래주머니 만드는 인력의 지도를 떠맡자, 안토시킨 장군은 원래 자신의 임무로 돌아가 모래주머니를 원자로에 투하하는 헬리콥터 작업을 총괄했다. 셰르비나가 그를 모래주머니 채우는 일에 투입하기 전에 그는 파괴된 원자로 4호기 상공을 비행하며 헬기 접근로를 구상하는 일을 했다. 이 작업에는 두 가지 난관이 있었다. 처음에는 원전의 구조를 모르는 조종사들이 연기도 없고 눈에 보이지 않는 방사능 구름을 뿜어내는 원자로의 위치를 찾아내기 어려워했다. 그다음으로 높은 배기 굴뚝이 폭발 이후에도 온전히 남아 있었기에 공중에서 원자로에 접근하기가 쉽지 않았다. 안토시킨과 휘하 장교들은 두 가지 문제를 다 해결했다. 헬기 이동로를 정확히 지정했고 이 항로를 따라 그 후 며칠 동안 수천 번의 비행이 이루어졌다.

곧이어 파손된 원자로에서 3킬로미터도 채 떨어지지 않은 프리퍄트 중앙광장에서 연달아 이착륙하는 헬리콥터 소리가 지축을 울렸다. 모래주머니를 실은 헬리콥터가 목표 지점에 도달하면 대원들은 문을 열고 손으로 모래주머니를 들어서 던졌다. 그러나 이것은 완수가 거의 불가능한 임무였다. '엘레나'로 덮이지 않은 원자로 위 열린 공간은 폭이 5미터에 불과했다. 원자로에 투하한 모래와 방재물질 중에 20퍼센트 정도만 목표물에 정확히 떨어졌다.[4] 대원들이 헬리콥터 문을 닫기 전에 던진 모래주머니로 인해 방사능 구름에서 방사능 가스와 입자가 올라와 객실 안으로 들어왔다. 방사능 수치는 모래주머니를 던질 때마다 시간당 500뢴트겐에서 1800뢴트겐까지 상승했다. 그날 하루에 작전이 끝날 때까지 안토시킨의 대원들은 110번의 비행으로 150톤의 모래를 투하했다. 그 자체로 대단한 성과였지만, 셰르비나를 만족시킬 만큼 충분한 성과는 아니었다.

4월 27일 저녁, 탈진한 안토시킨이 셰르비나에게 작전 결과를 보고했을 때 셰르비나는 수고했다는 말을 하지 않았다. 대신 그는 안토시킨과 그의 민간인 파트너 샤샤린에게 욕설을 퍼부었다. 그는 샤샤린을 모래주머니 운송을 감독하는 직무에서 제외시켰다. 셰르비나는 좀 더 많은 비행과 더 많은 양의 모래 운반을 요구했다. 우크라이나 기술자들은 헬리콥터에 고리를 매달아 10여 개의 모래주머니를 낙하산 천에 싸서 운송하는 방법을 고안해 냈다. 이 고리(그들은 이 고리를 3만 개 만들었다)는 대원들이 헬리콥터 문을 열지 않고 모래주머니를 떨어뜨릴 수 있게 해주었다. 그리하여 조종사들은 방사능 가스와 입자가 헬기 안으로 더 이상 들어오지 못하게 막을 수 있었다. 이 조치는 헬기 밑바닥에 납판을 대는 다른 개선책과 함께 많은 조종사의 목숨을 구했다.

그러나 방사능 문제는 여전히 심각했다. 처음에 헬기 조종사들은 방사능 장場, radioactive field•의 위험성을 깨닫지 못했다. 그러나 방사능 측정기가 보여주는 수치 덕분에 이를 깨닫는 데는 오랜 시간이 걸리지 않았다. "날씨는 아주 좋았다. 햇볕이 쏟아지고 온갖 식물이 피어나고 생

• 원전 사고가 발생했을 때 방사능이 미치는 범위.

명이 살아나고 있었다. 그러나 근처에 있던 힘이 빠진 까마귀는 날지 못했다"라고 헬리콥터 조종사 발레리 시마코프는 회고했다. "그런 뒤에 우리는 상황이 심각하다는 것을 깨달았다." 그의 동료 중 많은 이들이 구토를 했고, 또 다른 조종사들은 피부가 검게 변했다. 시마코프는 근무시간 내내 극심한 피로를 느꼈다. 피로는 사고 직후 프리퍄트로 파견된 많은 사람들이 보고한 방사능 피폭 증상이었다. 그와 동료 조종사들은 자신들의 운명이 끝났다고 생각했다. "우리가 원자로 상공으로 비행을 시작하고 오염 방제 과정을 거친 후 우리의 장비와 군복이 특수물질로 처리되었을 때, 이 비행이 정말 위험하다고 서로 이야기했다. 아마도 우리는 사고의 후유증을 전부 겪어야 할 것이고, 지금 수행하고 있는 작전으로 인해 저주받은 인간이 되어버릴 것이라고 불평했다"라고 시마코프는 회고했다.[5]

안토시킨 장군을 비롯해 처음 비행을 한 조종사들은 보호 장비를 전혀 착용하지 않았다. 조종사들은 모래주머니를 떨어뜨리기 위해 원자로 분화구 위를 약 4분간 비행해야 했다. 한 번 비행을 하고 돌아올 때 조종사들은 20~80뢴트겐의 방사능에 노출되었다. 돌아오자마자 바로 병원으로 가야 하는 수치였다. 현장에서 8일 동안 밤낮을 가리지 않고 원자로 위에서 작전을 수행한 이들에게는 치사량까지는 아니더라도 극히 높은 방사능 피폭량이 쌓여갔다. 이들의 방사능 피폭량은 원자로 위에서가 아니라 군복을 측정한 수치였다. 이들의 임무가 종료된 5월 초에는 4월 27일에 처음으로 모래를 투하했던 조종사들은 한 명도 현장에 남아 있지 않았다. 이들 대다수는 키예프의 병원에서 방사능 피폭 증상으로 치료를 받아야 했다.[6]

보리스 셰르비나는 원자로에 모래를 퍼붓기를 원했고, 이 작업을 수행했다. 하지만 그가 지시한 '모래 투하 비행bombing run' 작전은 올바른 것이었을까? 그는 수석 과학 자문관인 발레리 레가소프의 조언을 그대로 따랐다. 그러나 레가소프와 동료 과학자들이 틀렸다면 어떻게 되겠는가? 모스크바 원자력연구소의 레가소프 동료들 중 일부는 그가 완전히 틀렸다고 생각했다. 첫 번째 폭발과 두 번째 폭발이 일어난 원인을 정확히 파악하지 못한 상황이었고, 그때 원자로 안에서 무슨 일이 벌어지고 있는지 아는 사람이 아무도 없었다. 원자로를 모래로 덮으면 새로운 폭발이 일어나지는 않을까?

4월 27일 밤, 모래주머니 채우기 작업에서 벗어난 샤샤린은 레가소프를 비롯한 주요 과학자들과 함께 상황을 분석했다. "우리가 염려한 첫 번째 문제는, 원자로 일부가 아직도 작동하고 있는지 여부였다. 즉 단수명 동위원소 생산이 여전히 계속되고 있는가 하는 것이었다"라고 레가소프는 회고했다. 현장에 신속한 조치를 내려야 했다. 이들은 감마선과 중성자 운동을 측정하는 장치를 갖춘 방호 차량을 파손된 원자로에 최대한 가까이 접근시키기로 했다. 그 결과는 충격적이었다. 계기판이 높은 수준의 중성자 방사능을 기록했다. 이는 핵분열이 아직 진행되고 있음을 의미했다. 원자로는 아직 살아 있었고, 사고대책위원회가 프리퍄트 주민들을 소개하도록 결정하게 만든 원자로 4호기를 파괴한 폭발보다 훨씬 강력한 폭발이 일어날 수 있었다. 다음 폭발은 발전소 전체를 파괴할 뿐만 아니라 유럽의 상당 지역을 사람이 살 수 없게 만들 만큼 거대한 방사능 구름을 생성할 수도 있었다.

레가소프는 직접 방호 차량에 타고 차량을 원자로에 접근시키라고 지시했다. 그는 중성자 측정, 즉 원자로에서 일어나고 있는 일을 보여줄 수 있는 원자보다 작은 이온화된 입자인 중성자를 측정하는 것 자체가 또 하나의 이온화 방사선 요소인 강력한 감마선 장gamma field의 영향을 받을 수 있다는 것을 깨달았다. 레가소프는 원자로 내의 방사능을 측정하는 다른 방법을 제안했다. "우리는 요오드-134와 요오드-131의 단수명 동위원소와 장수명 동위원소의 상관관계를 분석하고 방사화학적 radiochemical 측정 방법을 이용해 원자로가 어떤 상태인지 가장 믿을 만한 정보를 얻어냈다"라고 그는 회고했다. 그들은 곧 "요오드의 단수명 동위원소는 생산되고 있지 않다는 사실을 알아냈다. 이는 원자로가 작동하고 있지 않으며, 방사능 수치가 임계점 이하에 있다는 것을 보여주는 지표였다." 정말 다행이었다. 그들은 사고대책위원회 구성원들이 수행한 측정에서 매초 제곱미터당 20개의 중성자 값을 보여줬다고 보고했다. "우리는 다소 떨어진 거리에서 콘크리트 벽을 사이에 두고 측정했다"라고 샤샤린은 회고했다.[7]

레가소프의 다음 과제는 원자로 안에서 타고 있는 흑연의 온도를 우라늄 연료 캡슐이 방사능을 추가로 누출하지 않을 정도로 낮추는 것이었다. 그는 원자로가 '과열되는' 것을 막기 위해 중성자를 흡수하는 휘귀한 화학 물질인 붕소를 사용하자고 제안했다. 그는 먼저 모스크바와 프리퍄트의 상관들이 자신의 아이디어를 수용하도록 설득한 뒤에, 이 작업을 할 수 있을 만큼 충분한 양의 납을 얻어야 했다(붕소는 원전 창고에 충분히 있었다). 모스크바에 있는 그의 상관들, 특히 원자력연구소장이자 과학아카데미 원장인 아나톨리 알렉산드로프는 이 아이디어를 승인하기를 꺼려했다. 알렉산드로프는 붕소 대신 진흙을 사용할 것을 제안했다. 셰르비나는 붕소와 진흙 모두 사용하기로 결정했다. 그는 납과 붕소, 그리고 다른 방재 물질이 얼마나 필요한지 알고 싶었다. 레가소프가 납 2000톤을 요청하면서 아마도 이 정도로도 부족할 수 있다고 말하자, 세르비나는 납을 6000톤 주문했다. 지나치게 많은 양이었지만, 그는 신경 쓰지 않았다. 소련 경제 전체가 그의 관할하에 있었다.[8]

헬기 조종사들은 이제 모래뿐만 아니라 진흙, 붕소, 납을 원자로의 뚫린 지붕으로 투하했다. 모래는 흑연 화재를 진압하는 데 필요했고, 납은 불타는 흑연의 온도를 낮추는 데, 붕소와 진흙은 연쇄반응을 막는 데 필요했다. 그러나 일부 과학자들은 연료 채널이 파괴되었고 원자로 내부에서는 흑연의 연소만 진행되고 있어서 연쇄반응은 이론적으로 볼 때 불가능하므로 붕소는 필요 없다고 레가소프를 설득하려 했다. 4월 27일 오후 프리퍄트에 도착한 원자력연구소의 RBMK 원자로 전문가 발렌틴 페둘렌코는 모래, 진흙, 납의 투하가 필요 없다고 확신했다.

RBMK 원자로의 아버지 중 한 명인 아나톨리 알렉산드로프가 보기에 레가소프는 전공이나 학문적 관심에 있어서 물리학자가 아니라 화학자였으며, RBMK 원자로 작업에는 관여하지 않았기 때문에 그에게 과학적 조언을 해주기 위해 페둘렌코를 프리퍄트에 파견했다. 4월 27일 저녁, 프리퍄트에서 첫날 밤을 보낸 페둘렌코는 상공에서 원자로를 관찰한 뒤 원자로가 파괴되었다는 결론을 처음으로 내린 과학자 콘스탄틴 폴루시킨을 만나 이야기를 나누었다. 폴루시킨은 페둘렌코와 동료 과학자들에게 그날 자신이 헬리콥터에서 찍은 파손된 원자로 촬영 화면을 보여주었다. 화면에서 페둘렌코는 거대한 '엘레나'가 원자로의 대부분을 가린 채 아직 원래 자리에 위치해 있는 것을 보았다. 이것 때문에 헬리콥터 조종사들이 필요한 방재 물질을 협소한 공간에 투입하기가 아주 어려웠던 것이다.

레가소프의 제안에 대해 들은 페둘렌코는 그가 채택한 전략이 소용없을 뿐만 아니라 위험하다고 믿었다. 한편 조종사들의 건강과 목숨을 담보로 투하하는 방재 물질은 대부분 원자로에 도달하지 못한 채, 그것들을 떨어뜨릴 때마다 작은 방사능 폭발이 일어나 방사능 누출량을 늘렸다. 페둘렌코는 "1초 후 핵연료와 흑연 먼지와 재로 구성된 검은 버섯구름(원자탄 폭발 후의 구름과 똑같지만 아주 작고 훨씬 검은 구름)이 파손된 원자로 위로 솟아올랐다"라고 공중 투하 장면을 지켜본 다음에 기록했다. "3~4초 후 불길한 버섯구름의 뚜껑이 환기 파이프의 3분의 2 높이까지 솟아올랐고, 회색 하늘에서 내리는 비를 닮은 무겁고 덥수룩한 검은 띠 모양으로 하강했다. 10~12초 후에는 버섯구름이 사라지고 하늘이 맑아졌다. 바람이 버섯구름을 멀리 날려 보냈다."[9]

페둘렌코는 원자로에 계속 여러 방재 물질을 쏟아붓는 것에 반대했지만, 레가소프는 그의 말을 듣지 않았다. 레가소프는 "물론 우리가 모래와 다른 물질을 투입한 직후 방사능 활동이 증가한 것은 맞습니다. 그러나 이것은 일시적 현상일 것입니다"라고 페둘렌코에게 말했다. 레가소프는 다음과 같은 말도 덧붙였다. "우리가 아무 일도 하지 않으면 국민들이 이해하지 못할 것이오." 사실 원자로에 방재 물질을 쏟아붓는 조치는 소련의 권력 피라미드 최상부에서 결정한 것이었다. 지도부가 염려한 것은 그런 물질의 투하로 인한 방사능 확산이 아니라 새로운 폭발이 일어날 가능성이었다. 이는 4월 27일 당 중앙위원회 원자력 부문 책임자인 블라디미르 돌기호가 과학자들에게 제기했던 문제였다.[10]

4월 28일 아침, 돌기호는 미하일 고르바초프와 소련 지도부 전체에 원자로 4호기는 파괴되었으니 매몰해야 한다고 직접 보고했다. 그 과정은 모래, 납, 진흙, 붕소를 공중에서 투하하는 것으로 시작되었다. 고르바초프는 "모래주머니와 붕소를 공중에서 투하한다고요?"라고 물었다.

"헬리콥터를 이용해서요"라고 돌기흐는 대답하며 아주 낮은 수치를 보고했다. "지금까지 모래주머니 60부대가 투하되었는데 앞으로 총 1800부대를 투하해야 합니다. 그러나 헬기의 비행도 안전하지는 않습니다." 아마도 그가 가진 자료는 그 전날 한낮까지의 실적에 기반한 내용이었을 것이다. 고르바초프가 소련군 총참모총장 세르게이 아흐로메예프에게 현 상황에서 무슨 조치를 취하는 것이 좋겠냐고 묻자, 그는 "유일한 현실적 조치는 원자로를 모래주머니와 붕소로 덮는 것입니다"라고 답했다.[11]

보리스 셰르비나는 가능한 빨리 원자로를 묻기 위해 할 수 있는 일을 다 했다. 매일 원자로에 투하되는 모래, 납, 붕소의 양이 늘어났다. 4월 28일에는 300톤, 4월 29일에는 750톤, 4월 30일에는 1500톤으로 늘어났다. 절정은 1900톤이 투하된 5월 1일이었다. 더 이상의 투하는 방재 물질 더미가 너무 커지고 무거워질 수 있으므로 작업을 중단해야 했다. 그 무게로 원자로가 원전의 지하구조물 밑으로 무너져 내릴지도 몰랐고, 그렇게 되면 지하수가 방사능으로 오염될 수 있었다. 전부 약 5000톤의 물질들이 원자로에 투하되었는데, 원자로가 저 밑바닥까지 주저앉지 않은 것은 기적이었다.[12]

헬기 조종사들이 치른 희생은 정당화될 수 있는가? 레가소프는 그렇다고 생각했다. 원자로 주변의 방사능 수치는 떨어지고 있었다. 후에 그와 동료 과학자들은 폭발로 인해 공기 중으로 방출된 방사능의 약 25퍼센트는 4월 26일 사고 직후 첫 24시간 동안에 나온 것으로 추산했다. 5월 2일이 되자 방사능 누출 양은 첫날의 6분의 1 수준으로 떨어졌다. 레가소프는 이러한 감소가 사고대책위원회가 취한 조치, 특히 모래와 다른 방재 물질들을 집중적으로 투하한 조치 덕분이라고 확신했다.[13]

우크라이나와 벨라루스, 러시아 서부 지역의 많은 주민들에게 이러한 상황 개선은 상대적으로 너무 미약하고 늦은 것이었다. 헬기들이 원자로에 방재 물질을 투하하는 동안, 사고 후 첫날에 서쪽과 북쪽으로 불던 바람이 방향을 바꿔 동쪽과 남쪽으로 불었다. 사고 직후 현장에 도착해 방사능 수치 측정과 방사선 구역의 지도 작성을 담당했던 블라디미르 피칼로프 장군 휘하의 화생방 부대는 너무 넓게 산재 배치되어서 급격히 악화되는 상황에 대처할 수 없었다.[14]

프리퍄트 주민들이 소개된 다음 날인 4월 28일, 보리스 셰르비나와 사고대책위원회는 모스크바의 동의를 얻어 원자로 주변 반경 10킬로미터의 제한 구역을 설정하고, 제한 구역 내의 주민 모두를 이주시켰다. 그리고 사고대책위원회는 방사능 수치가 올라가고 있는 프리퍄트에서 철수하기로 했다. 안전한 원자로 가동 중지를 위해 프리퍄트에 잔류했던 사고대책위원회 위원들과 기술 인력, 사태 수습을 위해 현장에 파견된 경찰, 군대까지 합하면 전부 5000명 가까이 되었는데, 이들 모두 고준위 방사능에 대처할 수 있는 장비를 제대로 갖추지 못한 상태였다.

방독면은 필요한 만큼 준비되지 않았고, 방사능 측정기도 모자랐다. 그나마 준비된 측정기도 배터리가 없어서 무용지물이었다. 요오드화칼륨 정제를 구하기도 힘들었고, 주민들의 갑상샘이 대기에서 방사성 요오드를 흡수한 다음에 너무 늦게 지급되었다. 방사능 수치가 높은 지역에서 경고 표시가 제대로 부착되지 않았고, 고위 관리들의 집무실은 도시에서 방사능 수치가 가장 높은 지역에 몰려 있었다. 건물 안 사무실과 복도에 깔린 모피 카펫은 방사능 입자를 흡수하는 저장소가 되었다. 경찰 본부에서 이런 상황을 깨닫는 데 4일이 걸렸고, 그 후에야 카펫을 걷어냈다.[15]

사고 결과를 처리하기 위해 모스크바에서 온 과학자들은 대체로 자신들이 직면한 위험 상황을 알고 있었으나 자신을 보호하는 일은 게을리했다. '하면 된다'라는 무모한 분위기가 프리퍄트에 있던 사람들의 행동을 지배했다. "당직 근무 중인 젊은 친구들은 현장에서 담배를 피우고 얘기를 나눴다." 파손된 원전을 돌아보고 온 페둘렌코는 이렇게 서술했다. "헬기가 옆으로 날았다. 그물에 투하물을 싣고 낮게 날아서 모든 것이 잘 보였다. 헬기는 적재물을 투하했다. 광장에 있는 사람들은 차분했다. 이들의 얼굴은 행복해 보였고, 아무도 마스크를 쓰지 않았다. 나는 마스크가 있다는 사실을 깨닫고 주머니 안을 뒤졌다. 그러나 아무도 마스크를 쓰지 않아서 나만 마스크를 쓰는 것이 어색하다고 느꼈다." 다른 사람들과 마찬가지로 그도 아무 방호 장비를 사용하지 않았다. 불과 몇백 미터 떨어져 있는 원자로와 페둘렌코 사이의 유일한 방호물은 인근 건물의 콘크리트 벽이었다.[16]

프리퍄트의 방사능 수치는 시간당 1뢴트겐 내외를 오르내렸다. 후에 방사능 오염 지역에서 근무하는 소련 경찰을 위해 채택된 기준에 따르면, 경찰관은 이런 상황에서 20시간 이상 머무를 수 없었다. 사고대책위원회 위원들은 프리퍄트에 60시간 가까이 머물렀다. 첫 주민 소개 이후 프리퍄트에 머물던 모든 사람에게 좀 더 안전한 지역으로 이동하라는 지시가 떨어졌다.[17]

이미 이주한 사람들과 달리 이들은 사흘간 떠나 있는 것이 아니라 영구히 프리퍄트를 떠난다는 사실을 알았다. 발렌틴 페둘렌코는 결코 잊을 수 없는 탈출 광경에 대해 다음과 같이 묘사했다. "철수하는 길에 우리는 사람들이 원자로 4호기에 투하할 모래주머니를 채우고 있는 장소에 잠깐 멈췄다. 감독관들은 이런저런 지시를 내리고 있었다. 오랫동안 기억될 광경이 눈앞에서 벌어지고 있었다. 거대한 원전을 배경으로 500미터쯤 떨어진 곳에 작은 마을의 농가들이 보였다. 원전 울타리 너머 한 농부가 말에 쟁기를 채워 텃밭을 갈고 있었다. 방사능에 오염된 들판에서 목가적인 전원 풍경이 펼쳐지고 있었다."[18]

프리퍄트시의 마지막 거주자들이 도시를 떠나기 전, 이들은 사고의 첫 사망자로 기록된 볼로디미르 샤셰노크에 대한 마지막 의무를 수행했다. 그는 터빈 시험이 진행되는 동안 계기판 수치를 기록하는 일을 했다. 그때 폭발로 뜨거운 물과 증기가 이동하는 관이 터졌다. 4월 26일 아침 6시경, 샤셰노크는 몸에 입은 중화상으로 사망했다. 그는 자신의 아내가 간호사로 일하던 병원에 이송되어왔을 때 거의 말을 할 수 없었지만, 사람들에게 자기가 원자로에서 왔으니 떨어져 있으라고 간신히 말했다. 그의 장례식을 치를 때가 되었을 때 원전에는 묘지까지 운구할 버스가 없었다. 프리퍄트 부시장 알렉산드르 예사울로프는 시내를 지나가는 버스 한 대를 징발해 샤셰노크의 장례가 제대로 치러지도록 했다.[19]

프리퍄트에서 철수한 사람들은 시에서 남쪽 35킬로미터 지점에 위치한 스카조츠니Skazochnyi, 즉 '동화童話'라는 이름의 캠프에 자리를 잡았다. 그 캠프에 동화 같은 요소는 전혀 없었고, 오히려 그곳 거주자들은 다시 방사능에 노출되어야 했다. 그들이 이주한 다음 날 그곳의 방사능 수치도 올라가기 시작했다. 그러나 시간당 1300마이크로뢴트겐을 넘지는 않았다. 시간당 1뢴트겐이던 프리퍄트의 방사능 수치에 비하면 아직 '양호한' 수준이었다.[20] 사고대책위원회의 이동과 함께 방사능도 남쪽으로 이동하며 키예프로 접근해 갔다.

4월 28일, 소련 시절의 명목상 의회였던 우크라이나 최고회의 의장인 51세의 발렌티나 셉첸코는 프리퍄트 주민들이 임시로 이주한 키예프 북부 지역으로 차를 몰고 갔다. 그녀는 우크라이나의 최고 권력자인 당 제 1서기 볼로디미르 셰르비츠키와 상의하지 않고 스스로 결정해서 시찰에 나섰다. "나는 재난이 일어났지만 실제로 사고 초기에 위험이 어느 정도인지 제대로 파악하는 사람이 아무도 없다는 생각이 들었다. 프리퍄트 주민을 얼마나 수용할 수 있고, 이들이 필요로 하는 것은 무엇인지 걱정이 되었다. 그래서 4월 28일 아침 이른 시각에 체르노빌 쪽으로 출발했다"라고 그녀는 회고했다. 소개된 주민들은 학교와 공공건물, 인근 집단농장의 농가에 수용되어 있었다. 이주민 집단은 다양한 이들로 구성되어 있었다. 도시에서 살던 사람들은 시골 환경에 적응하기 어려워했다. 그러나 배경이 어찌 되었든 간에 그들은 일을 해야 했다. 이주민 중에는 프리퍄트의 옛 퍼스트 레이디라고 할 수 있는 체르노빌 원전 소장의 부인 발렌티나 브류하노바도 있었다.[21]

3월에 체르노빌 원전 공사의 문제점을 비판하는 기사를 쓴 류보프 코발렙스카야는 폴리스케 근처 막시모비치 마을로 옮겨 왔다. 얼마 지나지 않아 이곳도 방사능 수치가 높다는 점이 분명해졌다. 소개된 주민들에게 다시 버스에 오르라는 지시가 내려왔다. 임산부와 어린이 들이 먼저 떠났다. 이들은 방사능 측정기 검사를 받았는데, 이미 방사능에 오염된 것으로 나타났다. "방사능 측정 기사가 자신의 자녀에게 다가가 신발을 검사하고 '오염됨,' 바지를 검사하고 '오염됨,' 머리카락을 검사하고 '오염됨'이라고 할 때 그 어머니의 심정이 어떨지 상상해 보라." 주민 소개가 황급하게 진행된 바람에 종종 이산가족이 생겼다. 아이들은 한 마을에, 부모와 조부모는 각각 다른 마을에 배치되기도 했다. 마을에 설치된 스피커에서 뉴스와 공지 사항이 흘러나왔는데, 가장 일반적인 것은 부모들이 자녀를 찾는 내용의 방송이었다.[22]

발렌티나 셉첸코는 인근 마을로 이주해온 주민들이 걱정보다는 당황했음을 알아차렸다. 자신들이 겪고 있는 현 상황을 2차 세계대전 때 독일군 점령 시기와 비교하는 주민들은 현재가 그때보다는 덜 위협적이라고 생각했다. "나는 주민들이 머물고 있는 곳을 돌아다니면서 그들과 얘기를 나누며 어떻게 생활하는지 물었다. 그들은 동요하지 않았고 곧 집으로 돌아갈 수 있으리라 생각했다. 모두가 내게 물었다. '이게 무슨 재난인가요? 독일군이 여기 들어왔을 때, 그때가 정말 위험했지요. 그런데 지금은요? 지금 해가 나고 날씨가 좋으니 우리는 텃밭을 가꿔야 해요.'" 고위 관리이지만 상황에 대한 구체적 정보를 갖지 못한 셉첸코도 궁금하기는 마찬가지였다. 그녀와 그녀의 운전기사는 야외에서 점심을 먹기도 하고 주민들이 주는 음식도 맛보았다.

방사능이 야기한 위험을 그녀는 그날 밤 늦게 집으로 돌아오는 길에 제대로 인식했다. 그녀의 차는 키예프로 돌아오다가 빌체 마을 인근에서 잠시 멈춰야 했다. 아침에 그곳에 설치된 방사능 측정 검문소가 지나가는 사람들의 방사능 수치를 체크하고 있었다. 셉첸코의 여름 신발에서 방사능 수치가 높게 나왔다. 그녀는 검문소에 신발을 두고 나올 수밖에 없었고, 우크라이나 최고회의 의장은 맨발로 집에 돌아왔다. 그다음날 방사능 측정 기사들은 키예프의 방사능 수치가 시간당 100마이크로뢴트겐에 도달했음을 발견했다. 정상보다 5배 높은 수치였다. 그러나 이것은 시작에 불과했다.[23]

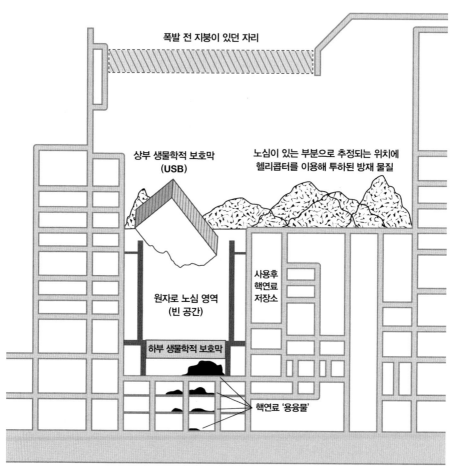

폭발 전 지붕이 있던 자리

상부 생물학적 보호막
(USB)

노심이 있는 부분으로 추정되는 위치에
헬리콥터를 이용해 투하된 방재 물질

사용후
핵연료
저장소

원자로 노심 영역
(빈 공간)

하부 생물학적 보호막

핵연료 '용융물'

폭발 이후 초기의 체르노빌 원자로 4호기 상태

CHERNOBYL

4부

———

보이지 않는 적

11장

쥐죽은 듯한 침묵

프리퍄트에서 벌어진 일에 대한 정보는 그곳을 벗어나지 않았다. 이것이 사고가 일어나기 전까지의 규칙이었고, 그 후에도 한동안 유효했다. 주민 수만 명이 프리퍄트와 주변 마을에서 소개되었지만, 소련 정부는 국민들, 그리고 세계에 무슨 일이 일어났는지 알리기를 거부했다. TV와 라디오, 심지어 우크라이나의 지역 언론도 이 사건에 대해 침묵했다.

크렘린은 방사능 오염이 소련 국민과 세계에 가하는 위험에 대해 침묵하면서 이전의 대형 원전 사고를 잘 은폐해 왔다. 소련 지도층에게는 '첼랴빈스크-40'이라는 암호로 알려진, 1957년 우랄 지역의 폐쇄도시 오제르스크에서 일어난 사고도 그러했다. 그곳에는 무기급 플루토늄을 생산하는 핵연료 공장이 있었다. 그해 9월 29일, 지하에 있는 핵폐기물 탱크가 폭발하여 철과 콘크리트로 만들어진 저장 탱크를 덮고 있던 160톤의 콘크리트 덮개를 날려버리고 2000만 퀴리의 방사능을 대기로 누출시켰다. 당국은 주거가 불가능하다고 판단된 이 지역 23개 마을, 1만

2000명의 주민을 소개했다. 주민들이 사용하던 주택과 장비를 땅에 파묻었고, 가장 피해가 큰 지역은 제한 지역으로 설정했다.

소련 지도자들은 오제르스크 폭발 사고에 대한 정보 공표를 거부했고, 사고로 유발된 위험을 최소화하는 법을 모르는 사람들이 평소와 같은 생활을 계속 유지하도록 만들어 수십만 소련 국민들의 생명을 위험에 처하게 했다. 방사능 구름이 소련 국경을 넘어가지는 않았지만, 이처럼 거대한 방사능 누출 사고를 세계의 다른 나라에 숨기는 것은 불가능했다. 미국 군사 및 민간 관리들은 1957년에 일어난 사고를 알았지만, 이를 냉전 상대를 겨냥한 프로파간다에 이용하지는 않기로 결정했다. 양국 모두 자국의 국민들을 공포에 떨게 할 만한 사실을 은폐하고 그들이 원자력 에너지를 청정 에너지로 받아들이지 못하는 상황을 막는 데 이해관계가 일치했다.[1]

오제르스크 사고 이후 소련 당국은 30년 후 체르노빌 원전 사고에서 사용할 여러 가지 규칙을 세웠다. 핵폭발 사고 뒤처리를 위한 군 징집, 오염된 장비를 땅에 묻고 방사능 오염 지역을 콘크리트로 덮는 오염 제거 기술, 주민 소개, 제한 구역 설정, 급성 방사능 피폭 증상을 보이는 환자들의 취급 등 이 모든 전략은 오제르스크 사고 때 처음 적용된 것이었다. 소련 에너지 산업의 차르인 예핌 슬랍스키와 그 밑의 관리들은 1957년에 오제르스크 재난을 처리하는 책임을 맡았었다. 이들은 체르노빌 사고 처리에도 동원되었다.

체르노빌 사고에 대해 국내외적으로 침묵을 지킨 것도 오제르스크 패턴을 따랐다. 1986년에 미하일 고르바초프, 니콜라이 리시코프, 그리고 모스크바와 키예프에 있던 그 아래 관료들은 핵재난 사고를 다룰 때 답습해야 할 모델이 있었고, 사고의 공표, 아니 이것에 대해 침묵을 지키는 것과 관련한 선례도 있었다. 원자력 프로그램에 대한 완전한 기밀을 유지하는 전통도 이에 해당했다. 세계 최초로 원자력 발전소를 세웠다는 사실과 핵의 평화적 이용을 자부하던 정권이 재난이 일어났음을 인정하지 않는 것(그때까지 그러한 무능은 자본주의 국가 미국의 일로 치부해왔다), 공포 확산에 대한 우려로 재난에 대처하는 데 필요한 자원을 동원하지 못하는 것도 여기에 포함되었다. 이 모든 것이 귀를 막고 입을 닫은 정부의 침묵 속에 모여 있었다.

그러나 이번에는 정보를 차단하기가 이전보다 훨씬 어려웠다. 오제르스크 사고에서는 방사능이 2000만 퀴리가 누출된 데 비해, 체르노빌 재앙에서는 5000만 퀴리가 누출되었다. 게다가 체르노빌은 소련 중앙부의 우랄 지역이 아닌 서쪽 국경에 더 가까웠고, 바람이 방사능을 이동시켜서 북유럽과 중부 유럽 국가들이 이 사실을 인지할 수밖에 없었다. 1970년대에 체르노빌 원전의 기본 설계를 담당했던 이들이 이 지역의 풍향이 보통 서풍이거나 서북풍이라는 사실을 지적한 바 있었다. 4월 26일 밤, 바람이 서북쪽으로 불어 방사능 기둥을 우크라이나 국경 너머 벨라루스로 이동시켰고, 그다음에는 리투아니아와 발트해를 건너 스웨덴, 핀란드, 덴마크로 이동시켰다.[2]

최초로 경보가 울린 곳은 체르노빌에서 1257킬로미터 떨어진 스웨덴 웁살라 인근 포르스마르크 원전의 방사능 측정기였다. 포르스마르크 원전의 방사능 측정 담당 직원 클리프 로빈슨은 4월 28일 아침 7시에 원전 내 한 구역에서 다른 구역으로 이동하다가 방사능 경보 소리를 들었다. 그날 낮에 스웨덴 당국은 원전 직원들을 소개했고, 다른 원전의 방사능 양을 측정했는데, 모든 곳에서 정상 범위가 넘는 방사능이 측정되었다. 스웨덴의 원자력 전문가들은 방사능이 발트해 너머에서부터 바람에 의해 이동해 왔다고 추측했다. 스웨덴 외교관들은 원자력 발전을 담당하는 세 곳의 소련 기관에 연락해 해명을 요청했으나 아무런 답도 듣지 못했다. 스웨덴 사람들은 인내심을 잃었다. 환경 장관 비르기타 달은 방사능 물질의 누출 정보를 감추는 것은 국제 관행과 협약을 위반하는 행위라는 내용을 담은 성명을 발표했다. 상황이 이렇게 되자 소련 지도자들은 1957년에 그랬던 것처럼 사실을 감출 수 없게 되었다. 이들의 비밀이 드러났고, 국제 여론이 들끓기 시작했다.[3]

소련 언론도, 사고가 일어난 지 거의 사흘이 지나가고 고준위 방사능이 스웨덴에서 측정된 지 12시간 이상이 지난 후인 4월 28일 월요일 밤 9시에 침묵을 깼다. 저녁 정기 뉴스인 〈브레먀(시간)〉를 진행하던 앵커는 따분한 목소리로 소련의 뉴스 통신사 타스에서 타전된 단신 보도를 읽었다. "체르노빌 원자력 발전소에서 사고가 발생했습니다. 원자로 1기가 손상되었습니다. 사고 결과를 처리하기 위한 조치가 취해졌고, 사고를 당한 사람들에게 필요한 도움이 제공되었습니다. 사고대책위원회가 구성되어 사고 조사를 진행할 것입니다." 그게 다였다. 모든 것이 통제되는 듯이 보였고, 방사능 수치나 프리퍄트 주민 소개에 대해서는 일절 언급이 없었다. 그날과 이튿날 소련의 어떤 신문도 사고를 다룬 기사를 내지 않았다.[4]

그러나 이런 간단한 보도조차 크렘린 지도부에게는 쉬운 일이 아니었다. 그들은 더 큰 이상과 밝은 미래에 초점을 맞추며 주민의 즉각적인 안위를 위한다는 명목으로 '기밀 유지'와 '방임'이라는 전통에 깊이 뿌리를 내리고 있었다. 체르노빌에서 발생한 사고에 대해 제한된 정보나마 발표하기로 한 결정은 사고 이후 처음 열린 소련 정치국 회의에서 오랜 토론을 거친 끝에 내려진 것이었다.

스웨덴에서 고준위 방사능이 관측된 지 몇 시간 뒤인 4월 28일 오전, 에너지 부문을 담당하는 소련 공산당 중앙위원 블라디미르 돌기흐는 고르바초프와 정치국원들에게 보고했다. 그는 원자로 4호기를 매립하기 위해 모래주머니를 이미 원자로에 투하하고 있다고 말했다. 정치국원들은 모래주머니가 방사능 확산을 막을 수 있는 타당한 방법이라는 결론을 마지못해 받아들였다. 사고의 원인은 아직 밝혀지지 않았다. 작업 가설은 수소 폭발이었지만, 분명한 사고 원인을 아는 사람이 없었다. "이것은 한시적 추측일 뿐입니다"라고 고르바초프가 말했다. 돌기흐는 130명이 입원했고, 소개된 사람들에게 숙소와 일자리를 제공했다고 보고했다. 소개된 사람들을 돌보는 것은 우크라이나 당국자들이 수행해야 할 임무로 간주되었다. "우리가 아는 한 크게 경계해야 할 일은 없습니다. 주민들은 동요하지 않았습니다"라고 KGB의 수장 빅토르 체브리코프가 보고했다. "그러나 아직 사고가 제한된 사람들에게만 알려졌다는 사실을 고려해야 합니다."

이때 고르바초프는 핵심적인 질문을 했다. "정보 통제 문제를 어떻게 해야겠습니까?" 돌기흐가 질문에 처음으로 답했다. "우리는 방사능 확산 피해를 국소화해야 합니다." 그러나 고르바초프는 기다릴 여유가 없었다. "서둘러 발표해야 합니다. 더 지체할 수가 없습니다. 폭발이 발생했고 영향을 최소화하기 위해 필요한 조치가 취해지고 있다고 말해야 합니다." 당시 고르바초프의 오른팔 역할을 했지만 나중에 그에게 대항하는 반대파를 이끌었던 예고르 리가초프* 가 가장 먼저 동의 의사를 밝혔다. 고르바초프의 개혁파 지지자인 알렉산드르 야코블레프도 지지표를 더했다. "사고 경위를 빨리 발표할수록 더 낫습니다." 다른 이들도 동의를 표시했다. 오랫동안 주미 대사로 일하다가 국제 문제를 담당하게 된 아나톨리 도브리닌 당 중앙위원은 고르바초프의 제안을 지지하는 자신만의 이유가 있었다. "미국은 폭발 사실과 방사능 구름의 확산을 결국 알게 될 것입니다"라고 그는 동료들에게 말했다.

도브리닌의 전임 상관이자 전 외무장관이었던 안드레이 그로미코 소련 최고회의 의장도 이 제안에 반대하지는 않았지만, 동료들에게 주의할 것을 촉구했다. "발표는 지나친 경각심과 공포심을 불러일으키지 않는 수준에서 공식화해야 합니다." 몇 분 후 그는 다른 제안을 했다. "아마 우리는 사고에 대해 우방 국가들에게 먼저 알려야 할 것입니다. 이들 국가는 우리에게서 원자력 기술을 도입하고 있습니다." 이는 정보를 세분화하는 구소련 시절의 관행으로 다시 돌아가는 방식이었다. 진실의 전모는 정치국원들만 알고, 정보를 선별하고 다른 강조점을 택해 먼저 사회주의 진영의 '친구들'에게 알리고, 그다음으로 서방의 '적들'에게 알리고, 마지막으로 자국 국민들에게 알리는 방식이었다. 고르바초프는 그런 방식을 조금도 바라지 않았다. "우리는 국민들에게 제일 먼저 알려야 합니다"라고 그는 그로미코에게 말했다.

4월 28일 늦은 아침에 정치국원들이 사고를 공표할지 말지를 놓고 논의했을 때, 그들은 방사능 오염이 소련 영토 안에 국한된 일이고 전적으로 소련의 문제라고 생각했다. 돌기흐는 방사능 '오염'이 발생한 지역은 반경 60킬로미터에 불과하다고 주장했다. 니콜라이 리시코프 총리는 방사능이 발트 지역의 빌뉴스에 도달했다고 말했다. 소련군 총참모총장

● 예고르 리가초프(Yegor Kuzmich Ligachov, 1920~). 소련 공산당 정치국원으로 수슬로프의 뒤를 이어 이념 담당 서기가 되었으나, 고르바초프에게 대항해 개혁 노선에 반기를 들었다가 한직으로 좌천되었다.

아흐로메예프 원수는 방사능 구름의 반경을 600킬로미터로 추산했다. 정치국원들이 인지하지 못하는 사이, 오염된 구름은 소련 국경을 이미 넘어갔고, 해외에서 대혼란을 일으키기 시작했다.[5]

4월 28일 늦저녁에 소련의 TV 뉴스 앵커가 간결한 발표를 전달했을 무렵엔 벌써 국제적 소동이 벌어지고 있었다. 소련 당국은 서방 정부와 입소문을 통해 소련 국민 상당수가 이미 사실을 인지했다는 것을 겨우 인정하기 시작했다. 고르바초프는 나중에 자신과 동료들은 당시에 필요한 정보를 갖고 있지 못했다고 항변했다. "나는 소련 지도부가 의도적으로 체르노빌의 진실을 감추고 있었다는 비난을 절대적으로 거부한다"라고 그는 자서전에 썼다. "당시 우리는 단지 진실의 전모를 파악하지 못했을 뿐이다." 그러나 사실 이들은 자신들이 인정한 것보다 훨씬 많은 것을 알고 있었다. 고르바초프와 리시코프처럼 소련의 기밀주의 전통을 깨려 하는 사람들도 상황에 대한 통제력을 상실할까 두려워했다. "그러면 내가 국민들에게 무슨 말을 했어야 하나요? 국민 여러분, 원자로가 폭발했습니다, 방사능이 측정 불가능할 정도로 누출되었습니다, 할 수 있는 한 당신들 스스로를 보호하세요?"라고 후에 리시코프는 중얼거리며 되물었다.[6]

소련이 공식 발표를 한 다음 날인 4월 29일, 미국 대사를 태운 팬아메리칸 비행기가 모스크바에 착륙했고, 소련의 아에로플로트기가 워싱턴의 덜레스 국제공항에 도착했다. 두 경우 모두 특별한 이벤트였다. 1981년 12월, 폴란드 계엄령 선포에 항의하기 위해 미국 레이건 행정부는 양국 간 직항 노선을 취소했다. 그러다 1985년 12월에 제네바에서 열린 로널드 레이건과 미하일 고르바초프의 정상회담 결과로 직항 노선이 다시 열렸다. 제네바에서 양국 정상은 상대에 대한 평가를 내린 후 이념적·철학적 차이에도 불구하고 함께 일할 수 있다고 결정했다.[7]

아에로플로트에 탑승한 소련 대표단은 민간항공부 차관이 이끌었는데, 그는 미국 기자들에게 양국 직항 노선의 재개가 양국 간의 협력을 증대시키길 희망한다는 성명을 냈다. 그는 미래에 대해 얘기하고자 했으나, 기자들은 체르노빌 사건에 더 관심이 있었다. 그들은 재앙의 범위와 희생자 수에 대해 물었다. 소련 차관은 당황했다. 그는 질문을 하는 기자들보다 더 아는 바가 없었다.[8]

같은 날 미국 국민들은 체르노빌 인근에서 벌어진 일에 대한 정보를 처음으로 접했다. "스칸디나비아에서도 측정되는 방사능 물질을 누출한 이 사고의 심각성은 즉각 밝혀지지 않았다"라고 AP 통신 특파원 세르지 슈메만이 《뉴욕 타임스》에 기고했다. "그러나 타스 통신이 보도하고 그날 저녁 뉴스에 나온 간단한 내용으로 판단하건대 대형 사고가 일어난 것이 틀림없다. 이 뉴스의 문장은 원전 사고 현장의 상황을 아직 통제하지 못했음을 암시한다"라고 했다. 슈메만은 스칸디나비아 국가들에서는 방사능 수치가 올라가는 것을 크게 우려하고 있다며 "스웨덴, 핀란드, 덴마크가 영공에서 비정상적으로 높은 방사능 수치를 보고한 지 몇 시간 뒤에야" 소련의 발표가 나왔다고 전했다.[9]

로널드 레이건 대통령도 같은 날인 4월 29일에 외교 정책 및 국가안보팀으로부터 체르노빌 사고 관련 첫 보고를 받았다. 그는 아세안 정상회담에 참석하기 위해 대통령 전용기(에어포스원)를 타고 괌에서 발리로 이동하고 있었다. 레이건 정부는 바로 대응팀을 구성하고 사고와 미국에 미칠 영향을 주시하기 시작했다. 이 팀은 조지 부시 부통령이 관장했고, 미국 환경 장관인 리 토머스가 이끌었다.

체르노빌 사고에 대한 CIA의 첫 정보 보고서도 4월 29일에 작성되었다. CIA 정보 전문가들은 체르노빌 사고를 세계 역사상 최악의 사고로 규정하고, 수천 명은 아니더라도 수백 명이 폭발 사고로 죽어가고 있다는 소문이 돌고 있다고 보고했다. CIA는 정보 수집 실패를 인정했다. 스칸디나비아 국가들이 고준위 방사능을 관측하고 소련이 공식적으로 사고를 발표하기 전에는 어떠한 정보도 얻지 못했음을 인정한 것이다. CIA는 보고서에 다음과 같이 적었다. "우리는 스웨덴이 사고를 밝히고 비슷한 시각에 소련이 발표하기 전까지 정보를 얻지 못했으며 이미 사흘 가까이 사고의 영향이 확대되고 있었다는 점에 깊은 유감을 표한다. 그리고 이것이 나토의 '전쟁 경보' 구역 심장부에서 발생한 점도 깊이 우려한다. 우리는 상황이 이렇게 전개된 이유를 찾아낼 필요가 있다."[10]

위성 촬영 사진을 바탕으로 보고서를 작성한 CIA 요원은 첫 폭발에 의해 파괴된 흑연들이 아직 불타고 있고 계속해서 방사능을 대기에 뿜어내고 있을 것으로 추측했다. 이어 "넓은 지역이 방사능 낙진의 영향을 받으면서 원전과 관련 시설 가동 불능, 주민 소개, 오염 방제 작업이 진행될 것"으로 예상했다. 또한 "방사능이 농업, 특히 낙농업에 미치는 영향과 수원의 오염, 특히 키예프로 흘러가는 드네프르강의 오염"도 예상했다. CIA는 소련이 사고에 대한 정보를 은폐하는 행위는 국제무대에서 소련에 악영향을 미칠 것이 분명하다고 전망했다. "동유럽과 서유럽 국가의 정부와 국민 들에게 소련이 사흘이나 시간이 있었음에도 조기 경보를 발령하지 않은 일로 양쪽 국가들과 관계가 오랫동안 소원해질 수 있다. 이것은 군비 제한, 무역, 이와 관련된 선전 공세 등 모든 협상에서 소련 측의 설득력을 떨어뜨릴 것이다."[11]

체르노빌 사고에 대해 레이건 행정부가 처음으로 보인 반응은 도움을 제공하겠다는 것이었다. 이 제안은 4월 29일에 핵무기 통제 협상을 위해 미 국무부를 방문한 소련 외교관들에게 제시되었다. 소련 외교관들은 추가적인 사고 정보를 요청받았으나 그들에겐 제공할 정보가 없었다. 그러자 미 국무부는 소련 측이 상세한 정보를 제공하지 않는다고 처음으로 비판했다. "재난에 대해 아무 정보도 제공하지 않고, 아주 단편적인 정보만 공개하는 것은 소련이 늘 해오던 일이다"라고 국무부 관리는 언론에 말했다. 소련이 정말로 미국의 도움을 수용할 것이라는 미 정부의 기대는 아주 낮았고, 일부는 체르노빌 원전이 군사용 프로그램의 일환일 것이라고 잘못 추측하기도 했다.[12]

그다음 날인 4월 30일, 소련 외교관들은 고르바초프가 레이건 미 대통령에게 전하는 메시지를 전달했다. 이 메시지는 사고가 발생한 사실을 시인하는 것이었다. "방사능 물질의 누출로 사고 발생지의 인근 주민들을 일부 이주시켜야 했다." 래리 스피크스 백악관 대변인은 언론에 다음과 같이 말했다. "소련 측은 방사능 상황이 안정되었다고 말하며, 결국 방사능 오염 전파가 서부, 북부, 남부 지역에서 탐지된 사실을 인정했다. 메시지에는 방사능 오염 수준이 허용된 수치보다는 다소 높지만, 주민 보호를 위해 특별한 조치를 취할 정도는 아니라는 내용이 추가되어 있었다." 스피크스는 미국 정부가 소련에 좀 더 많은 정보를 공개하도록 압박하고 있다고 밝혔다.[13]

미국 정보 당국과 언론이 세계 최대의 핵재앙이라고 부른 사고에 대한 정보는 곧 소문으로 대체되었다. 4월 29일, 유피아이UPI, United Press International 모스크바 특파원 루서 휘팅턴은 사고 현장에서 80명이 사망했고 2000명 이상이 병원으로 이송되었다고 보도했다. 그는 이 정보를 키예프의 익명 보도원과의 통화로 얻었다고 밝혔다. 이 보도원은 약 1만 명에서 1만 5000명의 주민이 프리퍄트시에서 소개되었다고 주장했다. 앞에 인용된 숫자는 과장된 것으로 드러난 반면, 뒤의 숫자는 프리퍄트와 인근 지역에서 소개된 주민 수보다 훨씬 적었다. 그럼에도 불구하고 많은 서방 언론은 유피아이 보도를 인용하며 확산시켰다. 시카고 거래소는 소련 작물의 대량 오염과 잠재적 손실로 미국의 농산물 수출이 급격히 늘어날 것으로 예측했다. 그리고 체르노빌 사고와 방사능 낙진에 영향을 받은 소련뿐만 아니라 북유럽과 동유럽 국가들도 마찬가지일 거라는 예상이 지배적이었다.[14]

소련 당국은 이런 소문들에 격노했다. 4월 29일에 덜레스 공항에 도착한 소련 대표단을 수행했던 소련 기자 블라디미르 프로닌은 화가 나는 한편, 미국 주요 TV들이 체르노빌 사건을 다루는 모습을 보며 겁이 나기 시작했다. 프로닌은 이 사고가 소련과 미국 사이에서 고조되던 협력 분위기를 깨는 데 이용되고 있다고 결론 내렸다. 후에 소련 언론에 실린 기사에서 프로닌은 소련 당국이 자국민들에게 진실을 숨기고 있다는 주장은 터무니없는 생각이라고 비판했다. 그는 미국 언론이 소련에 보인 적대적 태도를 1986년 1월 우주 왕복선의 폭발로 인한 7명의 미국 우주비행사의 죽음에 대해 소련 언론이 보인 태도와 비교했다. "'챌린저호'를 기억해 보자. 당시 양국 언론과 국민들의 마음은 오직 애도로 가득했던 때를 생각하면, 마음이 씁쓸해신나."[15]

프로닌과 소련 당국은 매우 방어적인 태도를 보였다. 프로닌은 미국이 도움을 제공하겠다고 제안한 사실은 보도에서 누락했다. 소련의 선전 책임자들은 체르노빌에 대해서는 침묵하면서 외국에서 일어난 원자력 안전사고에 대한 정보를 자국 언론에 대량으로 제공했다. 세르지 슈메만은 《뉴욕 타임스》에 이렇게 썼다. "체르노빌 사고에 대해 간결하게 보도한 후 타스 통신은 펜실베이니아 해리스버그 인근 스리마일섬에서 일어난 원전 사고에서부터 뉴욕 로체스터 인근 진나의 사고에 이르기까지 미국에서 수많은 원전 사고가 일어났다고 지적하는 뉴스를 쏟아냈다. 또한 타스 통신은 1979년 한 해에만 2300건의 사고, 작동 문제와 기타 다른 문제가 있었다고 미국 반핵 단체의 기록을 인용하며 밝혔다."[16]

4월 30일, 소련의 주요 신문인 《프라우다》는 6면 중 2면 하단에 짧은 기사를 실어 체르노빌 사고에 대한 인쇄 언론의 침묵을 깼다. 이 기사는 4월 28일에 타스 통신이 보도한 내용을 반복했지만, 새로운 정보도 추가했다. 보리스 셰르비나가 사고대책위원회의 대표를 맡게 되었다는 사실, 시가 아니라 마을이라고 언급되기는 했지만 프리퍄트시 주민의 소개, 방사능 수치가 면밀히 관측되고 있어서 주민들이 안심하고 있다는 사실이 보도되었다. 체르노빌 사고에 대해 제한된 정보를 제공한 미하일 고르바초프, 니콜라이 리시코프와 정치국 동료들에게 가장 힘든 일은 책임 있는 세계 시민으로서 신뢰성을 유지하고자 하는 바람과, 통제력을 상실해 재난의 영향을 받은 지역에 공황 사태가 발생하지 않을까 하는 우려 사이에서 균형을 잡는 것이었다.[17]

4월 28일, 우크라이나 KGB는 키예프의 당 수뇌부에게 "주민들이 추정하는 방사능의 확산" 때문에 체르노빌 원전에서 가까운 지역에 사는 주민들의 염려가 깊어가고 있다고 보고했다. 특히 파손된 원자로에서 불과 130킬로미터 떨어진 지점에 위치한 키예프에서 긴장감이 고조되었다. 사고 영향을 처리하기 위해 버스와 원자력 전문가, 경찰이 동원되면서 우크라이나 수도인 키예프의 주민들 사이에는 걷잡을 수 없이 소문이 퍼졌다. 방사능 피폭 환자들이 키예프 병원으로 이송되어 오면서 더욱 그랬다. 그러나 정부는 재앙의 범위와 시민들이 스스로를 보호해야 할 필요성에 대해서 아무 말이 없었다. "도시 전체가 깊은 근심에 빠졌고, 병원에 환자들이 넘쳐난다는 소문이 돌았다"라고 우크라이나의 저명한 작가 올레스 혼차르는 일기에 적었다. "그러나 라디오에서는 한마디도 없었고, 신나고 경쾌한 음악만 나왔다."[18]

4월 30일, 우크라이나 정치국은 상황을 논의하기 위해 회의를 열었다. 가장 중요한 안건은 5월 1일과 그다음 날 시내 중심부에서 진행하기로 예정된 노동절 축하 퍼레이드였다. 노동절은 볼셰비키가 1917년에 정권을 장악한 날인 11월 7일 혁명기념일과 함께 소련 달력에서 가장 중요한 경축일이었다. 공식적으로 '국제 노동자 연대의 날'로 알려진 노동절은 1886년 5월 1일 경찰이 노동자들에게 발포한 시카고의 헤이마켓 사건에서 기원했다. 이날은 러시아 공산주의의 국제적 기원起源과 야망을 드러내는 기념일이었다. 노동절마다 소련 당국은 대중 집회를 조직했다. 많은 소련 시민이 이날을 정치색 없는 봄 축제로 여겼다. 소련 시민들은 이날을 친구들이나 직장 동료들과 함께 시간을 보낼 수 있는 날, 정권이 공식적으로 유일하게 허용한 집회에 참가할 수 있는 날로 여겼다.

우크라이나 정치국 회의가 열리기 하루 전인 4월 29일, 우크라이나 KGB 수장인 스테판 무하는 우크라이나 공산당 제1서기 볼로디미르 셰르비츠키에게 중요한 노동절 행사를 위한 비밀경찰의 준비 상황을 담은 보고를 보냈다. 가장 큰 염려는 정권에 대한 불만이 표출되는 것이었고, 특히 정부를 비판하는 유인물이 뿌려지는 것이었다. 4월 21일부터 KGB 요원들은 정보원들을 더 자주 만났다. 키예프에 주재하거나 방문 중인 서방 외교관 4명과 외국 학생들 6060명에 대한 감시도 강화되었다. 이

중 38명은 스파이 혐의를 받고 있었고, 22명은 급진 이슬람 조직에 소속되어 있었다. 특별 감시를 받는 소련 시민 중에는 스파이 혐의를 받던 89명, 우크라이나 민족주의자로 분류된 54명, 시오니스트 24명, 종교 이탈자(대부분이 신교도) 17명, 크림의 타타르 행동가 6명, 정신질환자 223명이 포함되어 있었다. KGB는 체르노빌 사고가 사보타주의 일환은 아니었는지 조사하고 있었고, 체르노빌 원전 주변과 우크라이나의 나머지 원전에 대한 감시를 강화했다. 이들의 가장 큰 우려는 "민심을 동요시키는 소문의 유포와 과격한 정보의 확산"[19]이었다.

정치 상황을 보면 모든 것이 잘 통제되고 있는 듯이 보였다. 그러나 이것으로 끝나지 않았다. 방사능이 퍼지는 것은 KGB가 어떻게 할 수 있는 도리가 없는 문제였다. 우크라이나 지도부 앞에 던져진 가장 중요한 문제는 바람의 방향이 바뀌어 방사능 전선이 키예프로 향하는 상황에서 노동절 퍼레이드 개최 여부를 결정하는 것이었다. 4월 28일, KGB는 키예프 시내의 방사능 수치가 기준 범위 이내 또는 시간당 20마이크로뢴트겐이라고 보고했다. 그러나 그다음 날 방사능 수치가 100마이크로뢴트겐까지 상승했다. 방사능 데이터가 의미하는 바를 제대로 이해하지 못하는 우크라이나 지도부는 혼란에 빠졌다. 셰르비츠키는 읽고 있던 KGB 보고서에 계속 질문거리를 메모했다. "이것이 의미하는 바는 무엇인가?"[20]

모스크바의 당 수뇌부는 이것이 대단한 일이 아니라고 생각하거나, 오히려 방사능 수준이 정상 범위 이내라고 생각했다. 우크라이나 최고회의 의장 발렌티나 솁첸코는 정치국 회의에 앞서 모스크바에서 노동절 행사를 예정대로 하라는 지시를 내려보냈다고 회고했다. 키예프의 노동절 퍼레이드는 전 세계를 향해 모든 것이 정상이고, 주민들은 안전하며,

그들 자신이 안전하다고 느끼고 있음을 보여주는 신호가 되어야 했다. 체르노빌 폭발로 엄청난 피해가 발생하고 희생자가 수천 명이 발생했다는 잘못된 뉴스를 퍼뜨려서 프로파간다 전쟁을 벌이고 있는 서방 언론에도 이런 신호를 보내야 했다. 키예프 시내 중심부를 행진하는 행복한 시민들을 보여주는 TV 방송과 신문 사진은 모든 것이 정상이고 공산당이 통제력을 잘 유지하고 있다는 사실을 국내와 해외 시청자, 신문 독자들에게 알려주는 좋은 메시지가 될 수 있었다.[21]

정치국은 잠시 자체 논의와 전문가들과의 협의를 거친 후 노동절 퍼레이드를 진행하기로 결정했다. 그 대신 퍼레이드 시간을 단축하고 참석자 수를 줄이기로 했다. 이전까지는 키예프의 10개 구區에서 저마다 4000~4500명의 참가자를 보냈다. 이번에는 각 구에 할당된 파견 인원을 2000명으로 줄였고, 퍼레이드에 참가하는 연령대도 젊은 층이 주류가 되었다. 셰르비츠키는 정치국원들과 시 당국자들이 자녀와 손자, 손녀를 포함한 가족들과 함께 참가해 키예프 시민들에게 상황이 안전하다는 것을 보여주라고 요구했다.[22]

5월 1일 아침, 《프라우다》는 1면 상단에 "국제 노동자 연대의 날 5월 1일 만세! 전 세계 프롤레타리아여, 단결하라!"라고 늘 싣던 구호를 실었다. 체르노빌과 그 인근의 상황을 다룬 보도는 2면 맨 하단에 실렸다. 기사는 상황이 나아지고 있다고 설명했다. 또한 소련에서 공황 사태를 일으키려고 시도한 서방 언론을 비난했다. "일부 서방 언론들은 원전 사고로 수천 명이 사망했다는 식의 소문을 퍼뜨리고 있다. 이미 보도된 대로, 실제로는 2명이 사망하고 197명이 병원에 입원했으며, 이중 49명은 진찰을 받은 뒤 퇴원했다. 기업, 국영 농장, 기관 들은 정상적으로 업무를 수행하고 있다"라고 《프라우다》는 보도했다.[23]

기술적으로 《프라우다》가 보도한 수치는 맞았다. 그러나 원자로 폭발 사고와 방사능 유출로 피해를 입은 소방관들과 원전 운영자들은 모스크바와 키예프의 병원에서 자기 목숨이 얼마나 더 남았는지 생각하며 보내고 있었다. 사고의 중·장기 영향은 아직 알 수 없었다. 소련 정권은 정보를 더는 노출하지 않으면서 정보 전쟁에서 선제적인 입장을 취하겠다는 결정을 했음이 분명했다. 5월 1일 리시코프 총리가 이끄는 정치국의 사고 대응팀은 다음과 같은 결의안을 채택했다. "체르노빌 원전 인근 지역에 기자단을 보내 이 지역에서 정상적인 일상생활이 이루어지고 있는 모습을 취재하여 언론과 TV에 제공하도록 하겠다."[24]

그러는 동안 키예프의 방사능 수치는 점차 위험한 상태가 되어가고 있었다. 우크라이나 원자력연구소 전문가들이 수집한 자료에 의하면 4월 30일 아침 키예프의 감마 방사선 수치가 급격히 상승했다. 정오가 되자 시간당 1700마이크로뢴트겐까지 치솟았다가 다소 내려갔다. 정치국 회의가 끝난 저녁 6시경에는 시간당 500마이크로뢴트겐까지 떨어졌다. 이것은 좋은 신호였다. 그날 밤사이에 방사능 수치는 변동이 없었지만, 사람들이 퍼레이드를 위해 모여들던 5월 1일 아침 8시에는 다시 상승하기 시작했다. 재앙이 생성되고 있었던 것이다.

방사능 수치는 특히 퍼레이드가 진행될 예정인 키예프 중심의 흐레샤치크 거리에서 빠르게 상승하고 있었다. 흐레샤치크는 도시의 두 언덕 사이 저지대에 만들어진 거리였다. "퍼레이드 참가자 모두에게 심각한 위험이 미칠 만한 상황이었다"라고 키예프 시장 발렌틴 즈구르스키는 회상했다. "대기 중의 방사능 물결이 드네프르강 쪽에서 흐레샤치크 거리로 곧장 향하고 있었다."[25] 오전 9시경 정치국원들과 시 간부들은 흐레샤치크 거리 중앙에 놓인 레닌 동상 주변에 모였다. 이들은 공화국의 당 지도자 볼로디미르 셰르비츠키가 행사 개회를 위해 나타나기를 기다리고 있었다. 행사의 불문율에 따르면 그만이 행사를 시작할 수 있었다. 그 시간대에 방사능 수치는 시간당 2500마이크로뢴트겐까지 치솟았다. 이 수치는 그날 확인된 것 중 가장 높았다. 그러나 셰르비츠키는 어디에도 보이지 않았다.

오전 10시 직전, 레닌 동상 주변에 모인 사람들은 셰르비츠키를 태운 차가 광장을 향해 달려오는 것을 보았다. 셰르비츠키는 화가 나서 욕설을 퍼부으며 리무진에서 내렸다. 즈구르스키는 그가 이렇게 말하는 것을 들었다. "나는 흐레샤치크 거리에서 퍼레이드를 진행할 수 없다고 분명히 말했어. 여기는 붉은광장이 아니라 계곡이라고, 여기에 방사능이 집중된다고! 그런데 그는 나한테 '퍼레이드를 진행하지 말아 보시오! 당신을 썩어버리게 할테니'라고 했어." 후에 셰르비츠키의 아내 라다의 회고에 따르면, 고르바초프가 그녀의 남편을 당에서 추방하겠다고 위협했다고 한다. "만일 퍼레이드를 진행하지 않으면, 당신은 당에서 쫓겨날 것이오"라고 했다는 것이다. 셰르비츠키가 동료들에게 하소연할 때 대화를 나눈 사람의 이름을 부른 적은 없었다. 그러나 '그가 고르바초프를 지칭한다는 사실을 모르는 사람은 없었다. "그는 지옥에나 가라고 해. 퍼레이드를 시작합시다"라고 셰르비츠키는 말했다.[26]

이들 모두가 계단을 올라가 연단에 섰다. 셰르비츠키는 중앙에 섰고, 그의 왼쪽에 최고회의 의장 발렌티나 솁첸코가 섰으며, 그의 오른쪽에는 우크라이나 공화국의 수장 올렉산드르 랴시코가 섰다. "모자를 쓴 사람은 아무도 없었다"라고 랴시코는 회상했다. "나의 손자, 손녀들이 행진 대열에 끼어 있었다. 아내는 다른 인사들의 부인들과 함께 연단 귀빈석에 앉아 있었다. 결국 우리 중 누구도 당시에 정확한 정보를 받지 못했다. 하지만 사람들은 위험을 최소화하려고 노력했다." 모스크바에 있던 정치·산업 지도자들보다 이를 위해 더 열심히 노력한 사람은 없었다. "나는 원자력 에너지를 다루는 중형기계제작부 장관인 슬랍스키에게서 전화를 받았다. 그는 내게 이렇게 말했다. '당신은 왜 쓸데없는 소동을 일으키는 거요? 내가 혼자 내려가 엉덩이로 원자로를 막을 수 있소'"라고 랴시코는 회고했다.[27]

그날 키예프 중심가를 찍은 사진을 보면, 셰르비츠키와 랴시코, 셉첸코는 다른 우크라이나 지도자들과 함께 방사능 수치가 최고에 달하는 그 순간에 흐레샤치크 거리를 행진하는 군중에게 손을 흔들었다. 연단에 있던 사람들과 달리, 행진하던 사람들은 아무것도 몰랐다. 사진을 보면 우크라이나 전통 복장을 한 민속 공연단이 지나갔고, 마르크스·엥겔스·레닌의 사진과 고르바초프를 필두로 한 소련 정치국원들의 사진을 든 젊은이들이 행진을 했다. 행진하는 사람들의 옷차림은 가벼웠다. 그날은 화창하고 따뜻한 봄날이었다. 많은 사람이 어린아이를 데리고 나왔다. 아이를 어깨에 목말을 태운 채 행진하는 아버지들도 있었다. 어린아이들도 열을 맞춰 행진했다. "우리의 미래 후계자들인 아이들은 대열 끝에서 웃고 춤추며 우리를 따라왔다"라고 한 참석자가 기억했다.[28]

이날 행진했던 사람 중 한 명인 나탈랴 페트리브나는 나중에 이 행사를 묘사하면서 처음에는 모든 것이 예년 행사와 다름없어 보였다고 말했다. 그러나 그녀와 동료 행진자들이 연단이 있는 주 광장에 들어섰을 때, 그녀는 자신이 보는 광경을 믿을 수가 없었다. 연단은 거의 절반이 비어 있었기 때문이다. 통상 연단은 소련 경제의 각 부문을 대표하는 사람들로 가득 차 있었다. 최고 경영자들, 최고의 모범과 생산성으로 표창을 받은 노동 영웅들이 이 자리를 메웠어야 했다. "나는 혼잣말로 물었다.

'에너지 일꾼들은 어디로 갔지?" 그녀는 이전 퍼레이드에서 본, 원자력 발전소의 노동자들을 지칭한 것이었다. 그때 평범한 옷을 입은 사람이 그녀에게 다가왔다. 그가 보인 행동을 볼 때 KGB 요원임이 분명했다. 나탈랴 페트리브나는 그 사람이 이렇게 속삭였다고 말했다. "'빨리 가세요, 빨리!' 그 사람은 나의 팔을 잡아 행진자들의 출발선 뒤로 데려갔다." KGB는 그 누구라도 정부 관리들이 늘어선 연단 앞에서 질서 있게 행진하는 대열을 방해하는 것을 원치 않았다. 그리고 도시에 공황을 유발할 수 있는 질문을 제기하는 것도 허용하지 않았다.[29]

퍼레이드가 끝난 후의 일을 나탈랴 페트리브나는 이렇게 회상했다. "나는 벤치에 앉아 잠시 쉬었다. 기운이 빠지고 머리가 어지러웠다. 목은 건조하고 심하게 가려웠다." 이런 증상은 방사능 과다 피폭의 분명한 신호였으나 그녀에게는 장기적으로 피폭 후유증이 나타나지는 않았다. 노동절 휴가를 맞아 오데사에서 키예프로 온 여성 나탈랴 모로조바는 그렇게 운이 좋지는 못했다. "나는 모두를 저주한다"라고 그녀는 나중에 우크라이나 의회가 체르노빌 사고 처리 과정을 조사하기 위해 구성한 조사위원회에서 서면으로 증언했다. "나의 저주 대상은 행진하는 사람들에게 인사한 연단의 우크라이나 지도자들이다. 당시 임신한 상태였던 나는 친척 여성을 방문하러 4월 24일에 키예프에 왔다. 나는 행사를 보러 갔고, 드네프르강에서 보트도 탔다. 나는 키예프를 5월 12일에 떠났는데, 7월에 사산했다."[30]

5월 1일, 우크라이나의 저명한 작가 올레스 혼차르는 일기에 이렇게 적었다. "흐레샤치크 거리에서 퍼레이드가 진행되었고, 사람들은 구호를 외치며 아무 일도 일어나지 않은 양 행동했다." 소련 지도자들은 공황 사태가 발생하는 것은 막았는지 몰라도, '방사능' 퍼레이드의 의도치 않은 결과로 강화하고자 했던 정권의 정당성에 큰 손실을 입혔다. "우리 정부는 나를 기만하고 배신했다. 체르노빌 사고가 났을 때, 나는 이것을 우리 정부를 통해서가 아니라 외국 정부의 발표를 듣고 알았다"라고 키예프의 노동자 헤오르히 랄은 우크라이나 의회 조사위원회에서 말했다. 실제로 스웨덴에서 방사능 수치가 크게 상승했다는 정보를 접한 서방 언론들이 뉴스를 처음 내보냈고, 러시아어, 우크라이나어로 방송되는 〈미국의 소리〉 방송과 〈자유 라디오〉 방송이 소련 시민들에게 주의 조치를 취하라고 경고하는 일에 앞장섰다. 그러는 와중에도 KGB 요원들은 자신들이 생각하기에 "체르노빌 원전에서 일어난 일을 극단적으로 왜곡하는" 내용을 담은 유인물을 압수하느라 바빴다.[31]

미하일 고르바초프는 노동절에 키예프에서 진행된 일과 관련해 자신의 책임을 밝힌 적이 없다. 그러나 후에 그는 이날 퍼레이드를 진행한 것은 실책이었다고 인정했다. "5월 1일 당시 일어난 일에 대한 완전한 정보가 없었기에 행사를 취소하지 않았습니다"라고 그는 2006년에 진행된 인터뷰에서 밝혔다. "사실 우리는 공황이 발생할 것을 염려했습니다. 한번 상상해 보십시오. 수백만 명이 사는 도시에 공황 사태가 발생하면 어떤 일이 일어날지를! 그러나 오늘에 와선 그 일이 실수였음이 분명히 드러났습니다."[32]

12장
제한 구역

아나톨리 슈마크라는 이름의 젊은 KGB 요원이 밴 차량의 핸들을 움켜잡은 것은 운 좋은 일이었다. 그렇지 않았다면 그와 다른 요원들 9명이 도랑에 빠져 죽었을지도 모른다. 그때가 5월 1일 밤늦은 시각이었고, 그룹의 지휘관은 최종 목적지를 밝히지 않았으며, 슈마크가 차출된 작전은 그렇게 비밀스럽게 진행되었다. 밴 차량이 어두운 키예프 거리를 통과할 때 지휘관은 오른쪽, 왼쪽, 직진, 다시 오른쪽, 하는 식으로 방향을 지시했다. 순간순간 내려지는 지시에 짜증이 난 운전자는 이성을 잃고 핸들에서 손을 뗀 채 두 손으로 자기 머리를 감쌌다. 이때 슈마크가 뛰어들어 핸들을 잡아 사고를 막았다.

그리고 나서야 지휘관은 그 그룹이 키예프 근교의 보리스필 공항으로 향한다는 것을 알려줬다. 이들의 임무는 핵공격을 받을 경우에 소련 지도자들이 사용하도록 설계된 방사능 방어 차량을 인수해 체르노빌로 가져가는 것이었다. 지휘관은 부하들에게 해당 차량은 소련에서 한 대밖에 없는 특수한 차량이니, 잘 보호하며 운송하는 것이 임무라고 말했다. 이들은 명령을 따랐고, 5월 2일 정오에 이 차량은 체르노빌 원전에 도착했다. 미하일 고르바초프가 파손된 원전을 손수 방문한다는 소문이 돌았다.[1]

고르바초프는 오지 않았다. 그의 첫 체르노빌 방문은 사고가 난 지 거의 2년이 지난 1988년 2월에나 이루어졌다. 슈마크와 동료 장교들이 비밀 화물을 배달하던 날, 사고 장소를 방문한 사람은 고르바초프의 최측근인 니콜라이 리시코프 총리와 당 중앙위원회의 2인자 예고르 리가초프였다. 이들은 5월 2일 아침에 모스크바에서 비행기를 타고 키예프로 내려왔다. 키예프에서 이들은 우크라이나 지도자인 볼로디미르 셰르비츠키와 올렉산드르 랴시코를 대동해 헬리콥터를 타고 체르노빌 원전으로 갔다. 사고대책위원회의 특별 과학 자문관인 발레리 레가소프를 비롯해 사고 후 조사에 참여한 사람들 중 일부는 이 방문이 키예프와 다른 우크라이나 도시에서 방사능 수치가 상승하고 있다는 보고에 대한 대응으로 보았다.[2]

노동절에 키예프에서 퍼레이드를 예정대로 진행하라고 명령한 뒤, 모스크바의 지도자들은 상황을 직접 파악하기 위해 이 지역에 내려왔던 것이다. 이들은 휴대용 방사능 측정기를 가지고 왔지만, 파손된 원자로가 품고 있는 위험성을 거의 이해할 수 없었다. 이들이 탄 헬리콥터가 원전에 접근하자, 리시코프는 고도를 낮춰 원자로 위를 비행하라고 지시했다. "경보기의 경보음이 점점 더 잦아지다가 미친 듯이 지속적으로 울부짖었다. 경보기 바늘은 무서운 속도로 한계에 도달했다"라고 리시코프, 리가초프와 함께 비행한 랴시코가 회상했다. 그는 헬리콥터에 방사능을 막는 장치가 전혀 없었다고 말했다. 헬리콥터 동체 밑에 납판이 부착된 것 말고 다른 장치는 없었다. 원자로 4호기를 보고 나서야 이들은 폭발이 야기한 손상의 범위를 처음으로 이해할 수 있었다. 그러나 이들이 사고가 미칠 영향을 제대로 인지하기란 불가능했다.[3]

체르노빌에서 크렘린의 전권대사들은 사고대책위원회 회의를 진행하며 그들이 직면한 엄청난 문제에 대해 조금이나마 이해하기 시작했다. 회의의 주요 발언자인 소련 에너지전력부 장관 아나톨리 마요레츠는 체르노빌 원전의 미래를 낙관했다. 자기 상관들의 기대에 부응하여, 그는 다음과 같은 말로 자신의 발표를 마쳤다. "우리는 모든 필요한 조치를 취할 것입니다. 원자로 4호기는 10월이면 다시 가동될 것이고, 5호기는 12월에 가동될 것입니다!" 이제는 어떠한 결정도 내릴 권한이 없었지만 회의에 참석한 체르노빌 원전 소장 빅토르 브류하노프는 이 말에 충격을 받았다. 나중에 그는 마요레츠의 발언을 들은 후 자신이 어떤 생각을 했는지 떠올렸다. "그런데 아무도 그에게 '왜 당신은 말도 안 되는 소리를 하는 거요? 이 원자로는 다시 원상 복구될 수 없소!'라고 말하지 않았다. 원자력 전문가들은 아무 말도 하지 않고 앉아 있었다. 나는 회의에서 쫓겨나지 않기 위해 한마디도 하지 않았다." 강하게 의견을 내세우지는 않았지만 침묵을 지키지 않은 유일한 사람은 우크라이나 총리 랴시코였다. 그는 조용히 리시코프에게 물었다. "저 친구 지금 무슨 말을 하는 겁니까? 10킬로미터 구역이 정상 수치가 넘는 방사능에 오염됐는데 어떻게 원자로를 다시 가동한다는 거요?" 리시코프는 아무 대답도 하지 않았고, 회의는 계속 진행되었다.[4]

그날은 5월치고는 더웠다. 창문이 활짝 열려 있었고, 이들 옆에는 볼로디미르 셰르비츠키가 줄담배를 피우며 앉아 있었다. 그는 손수건으로 눈물을 닦았다. 그는 아마도 봄 알레르기로 고통스러워하는 것 같았다.

그러나 상황이 정말 눈물을 흘려야 할 만큼 암담했다. 모든 발언자가 마요레츠처럼 낙관적인 것은 아니었다. 체르노빌의 화생방 부대장 블라디미르 피칼로프 장군은 방사능 수치에 대해 보고했다. 주요 과학자들은 방사능 수치가 이미 높을 뿐 아니라 매일 높아지고 있다는 사실을 의심하지 않았다. 소연방 기상청장 유리 이즈라엘은 원전 주변의 오염 지역을 표시한 지도를 펼쳤다. 오염 지역은 반경 30킬로미터까지 펼쳐져 있었는데, 폭발 당시와 그 이후 며칠 동안 나타난 바람의 방향과 강도에 따라 방사능의 '혀'와 '오염된' 지점이 표시되어 있었다. 사고대책위원회의 위원들은 자신들이 이전에 합의한 10킬로미터 제한 구역이 확대되어야 한다는 사실을 깨달았다.[5]

확산되는 방사능으로 인해 발생하는 문제를 서서히 깨달은 리시코프 총리는 새로운 제한 구역이 어느 정도가 되어야 할지 물었다. 그 자리에 있던 사람들은 일부 '청정한' 지역이 포함되어 있기는 하지만, 반경 30킬로미터를 제안했다. 리시코프는 후에 이렇게 회상했다. "우리는 환경학자, 지질학자, 기상학자, 군사 및 민방위 전문가 등 몇 가지 다른 분야의 전문가들로 구성되어 있었다. 우리는 모든 지도를 대조하며 오염되었다고 표시된 일부 지역이 왜 지도에서 서로 일치하지 않는지를 분석했다. 우리는 지도 하나하나를 전부 다 올려놓고 우크라이나, 벨라루스, 러시아의 오염 지역이 모두 중첩되는 지점을 표시했다. 나는 오랫동안 앉아서 생각했다. 결정을 내려야 했다." 잠시 주저하다가 리시코프는 반경 30킬로미터의 제한 구역을 설정하는 데 동의했다. 제한 구역은 2000제곱킬로미터가 넘는 지역과 80개 이상의 거주지를 포함했고, 4만 명 이상의 주민이 추가로 소개되어야 했다.[6]

라시코는 결정이 내려진 순간을 다소 다르게 기억했다. 체르노빌에서 회의를 마친 후 고위 관리들은 프리퍄트에서 소개된 주민들이 머물고 있던 인근 마을로 향했다. 랴시코가 프리퍄트에서 소개된 여자와 얘기를 나누는 도중에 화생방 부대장인 피칼로프 장군과 휘하 장교들이 오염된 지역을 표시한 지도를 들고 왔다. 랴시코가 지도를 들여다보았고, 프리퍄트 시민들은 며칠 전 자신들이 이주하여 머물고 있던 마을도 방사능 오염 지역 안에 포함된 것을 알았다. 랴시코는 이 지도를 리시코프에게 보여주었고, 그는 그때 30킬로미터 반경 내의 모든 마을 주민을 소개한다는 결정을 내렸다.

그러고 나서 랴시코는 이주민들과 계속해서 대화를 나누었다. 조금 전 얘기를 나누었던 여성은 그녀가 가족과 함께 이주하여 같이 살게 된 마을 학교의 물리 교사가 그녀에게 "방사능에 오염되었다는" 이유로 그 지역의 방갈로로 옮겨 가라 했다고 하소연했다. "나는 순간 이런 생각이 들었다. 이 이주민들에게 그렇게 적대적으로 말한 그 교사란 작자에게 지금 살고 있는 집을 당장 내일 비우고 떠나라고 명령하면 무슨 반응을 보일까?"[7]

사고대책위원회 위원들은 소련 고위 관리들이 체르노빌을 방문해 현지에서 문제를 논의한 사실을 기뻐했다. "그것은 중요한 회의였다"라고 발레리 레가소프는 회고했다. "우선 그들은 우리의 보고를 이해했다. 나도 보고를 맡은 사람 중 하나였다. 그들은 이 지역에 국한된 사고가 아니라 장기적 영향을 미칠 수 있는 훨씬 더 중요한 사고라는 점, 파손된 원자로의 영향을 국부적으로 만들기 위해서는 엄청난 노력이 필요하다는 점, 대규모 불활성화 조치를 취하려면 준비를 해야 한다는 점, 파손된 원자로 4호기를 덮을 장치를 설계하고 만들어야 한다는 점을 인지했다." 원자로 4호기를 복구하거나 그것을 연말까지 가동한다는 말은 이제

더 이상 나오지 않았다. 모스크바의 최고위 관리들이 이 재앙이 미친 영향을 이해하기 시작한 것이다.[8]

우크라이나 관리들은 모스크바 고위 관리들의 방문에 복잡한 감정이 생겼다. 프리퍄트 시민의 소개와 제한 구역 확장에 정치적 책임이 있었던 리시코프 총리는 지역민들에게 누가 총책임자인지를 거침없이 보여주었다. 위기 상황에서 이루어진 의료적 대응이 느리고 적절하지 않은 데 대해 그는 주저 없이 지방 관리들을 나무랐다. 우크라이나 보건부 차관이 앰뷸런스가 부족하다고 불평하자, 그는 그를 해임할 뻔했다. "그런 말을 하면 자네는 오늘부로 해임될 수 있네. 소연방은 모든 것을 충분히 보유하고 있다네." 이는 생산 할당량을 달성하도록 위협할 때 부하 직원들을 겁주는, 스탈린 시대부터 내려오는 소련식 경영 방식이었다. 기업을 운영하는 중앙정부의 무능력 때문에 자신이 벌을 받아야 한다고 느끼는 지방 관리들은 이런 관행에 불만을 품을 수밖에 없었다.[9]

당 이념 담당인 예고르 리가초프는 잘못된 방식으로 지방 관리들을 애먹였다. "그는 인민위원*처럼 공산당원들을 단결시켜서 당이 좀 더 책임을 지도록 지시했다"라고 키예프의 농업국장 바실 신코는 회고했다. 우크라이나 경제기획위원장이자 사고대책위원회 위원인 비탈리 마솔**은 리가초프가 재앙이 닥친 지역의 일상을 전혀 이해하지 못한다고 느꼈다. 현장에서 일하는 한 노동자가 리가초프에게 다가와 오염된 지역에

- 볼셰비키 정부에서 각 부문 장관에 해당하는 직위.
- ●● 비탈리 마솔(Vitaliy Andriyovych Masol, 1928~2018). 소련 시절에 우크라이나 공화국에서 여러 직책을 수행했고, 소련이 해체될 때까지 우크라이나 각료 회의 의장을 맡았다(1987~1990년). 우크라이나 독립 이후에는 쿠치마 정권에서도 총리를 역임했다(1994~1995년).

서 일하는 사람들이 보드카를 얻을 수 있는지 물었다. 당시 보드카가 신체에 쌓인 방사능 입자를 씻어낸다는 소문이 퍼져 있었다. 그러자 리가초프는 이렇게 답했다. "보드카는 안 됩니다. 우리는 소련 정치국의 결의를 준수해야 합니다." 몇 달 전 자신이 주도해서 만든 전소련의 반음주 캠페인을 염두에 두고 한 말이었다. "그때 나는 참을 수 없어서 나섰다. '걱정하지 마십시오. 식당에서 100~200그램 정도는 마실 수 있을 겁니다'"라고 그 노동자에게 말했다고 마솔은 회상했다.

바실 신코는 리가초프가 지역 주민들에게 동정심을 보이지 않는 것을 보고 놀랐다. 그는 리가초프가 이렇게 말한 것을 기억했다. "자, 이것은 분명히 큰 불행입니다. 하지만 우리는 이 불행에서 배움을 얻을 것입니다." 신코는 모스크바가 우크라이나인들을 실험 대상으로 여긴다고 생각했다. "그래서 재앙의 핵심이 소비에트사회주의연방공화국이 우리의 불행으로부터 교훈을 얻는 것이란 말인가? 이것이 소개 명령을 내리는 데 그렇게 오랜 시간이 걸린 이유란 말인가!"라고 그의 생각을 메모에 남겼다. "추측건대 모스크바 고위층은 방사능이 우크라이나 주민들에게 어떤 영향을 미치는지 보고 싶었던 것이다."[10]

체르노빌 재앙은 우크라이나 당 관료들과 모스크바 당 고위층 간부 간의 틈새를 벌려 놓았다. 원전 운영의 통제권을 가지고 있지 않던 지역 당 관료들은 사고가 미친 영향을 처리해야 했던 반면, 모스크바의 고위층은 현장을 방문하여 호통을 쳤고, 상황을 통제하지 못했다고 생각한 사람들을 해임했다. 심지어 KGB 요원들도 불만이 많았다. 이들 중 수십 명이 당 고위층 간부들을 공격이나 암살 시도로부터 경호하기 위해 체르노빌 원전 인근 지역의 풀밭에서 대기하고 있으면서 높은 수준의 방사능을 흡수해야 했다.[11]

크렘린의 고위층이 우크라이나를 떠난 다음 날인 5월 3일, 올렉산드르 랴시코는 체르노빌 사고의 영향을 다룰 우크라이나 정치국 특별위원회를 소집했다. 소연방 당국과 사고대책위원회가 원자로에서 누출되는 방사능을 막으려고 노력하는 동안, 랴시코가 구성한 위원회는 피난민 문제와 민간인들을 방사능으로부터 보호하는 문제를 놓고 씨름했다. 이는 해결하기 어려운 과제였다. 정보 공개와 관련해 모스크바에서 내려진 결정에 의해 우크라이나 위원회의 권한이 제한되었기 때문이다. 랴시코 위원회는 주민들에게 실제로 벌어지고 있는 일에 대해 제대로 말할 수 없는 상황에서 주민들을 보호해야 했다.

랴시코와 그의 동료들에게 주된 걱정거리는 계속 높아지는 방사능 수치였다. 사고가 발생한 초기부터 우크라이나 KGB와 보건부는 매일 방사능 피폭으로 영향을 받은 인원수를 키예프 수뇌부에 보고했다. KGB 보고에 따르면, 4월 28일에 54명이 방사능 피폭 증상으로 병원에 입원했다. 같은 날 모스크바 정치국은 소련 전체에 170명이 입원한 것을 알았다. 5월 1일자 《프라우다》는 197명이 병원에 입원했다고 보도했다. 5월 3일이 되자 우크라이나에만 911명이 입원했고, 5월 4일에는 1345명의 환자가 발생했다. 방사능 피폭 증상을 보인 아동의 수도 늘어서, 5월 3일에 142명이었는데 5월 4일에는 330명이 되었다. 키예프 병원의 방사능 치료 병실이 만원이 되거나 한계에 다다르자, 의료 당국자들은 다른 도시의 병원까지 준비시켜서 추가로 환자 1680명을 받게 했다.[12]

우크라이나 보건 장관 아나톨리 로마넨코는 체르노빌 지역을 다녀온 랴시코 위원회 위원들에게 병원에서 진찰을 받으라고 촉구했다. 그는 점증하는 방사능 위기를 다루기 위해 230개 의료팀을 체르노빌 지역으로 파견했다. 의료 인력이 부족했기에 파견된 의료인의 상당수는 키예프 의과대학의 학생들이었다. 어린 간호학과 여학생들을 제한 구역에 파견하는 데 부모들의 반대가 거세다는 KGB 보고가 들어오자, 당국은 의대 6~7학년 남학생들만 파견했다. 5월 4일에는 수업 중이던 학생들에게 제한 구역으로 출발할 준비를 하라는 통지가 내려왔다고 우크라이나의 저명 시인 이반 드라치의 아들 막심 드라치는 회고했다. "우리는 버스에 올라타고서 기분이 좋아 농담까지 했다"라고 그는 기억했다. 막심과 친구들은 제한 구역 경계에 있는 방사능 측정팀에 배정되었다. 현장에서 본 장면에 그들은 가슴이 아팠다. "우리에게 오는 사람들은 주로 나이가 들고 구부정한 노인과 어린이들이었다"라고 그는 기억했다. 그와 친구들은 아무런 보호 장비도 갖추지 못했다. 이 지역에서 며칠을 보낸 뒤, 그들 역시 병원에 입원해야 했다.[13]

우크라이나 관리들은 원자로 사고가 일반 주민들에게 제기하는 위험에 대해 어떤 말을 할 수 있을지, 또 해야 하는지를 놓고 고민했다. 모스크바에서 주도하는 지속적인 정보 차단은 다른 곳이 아닌 제한 구역 내에서 더 명확하고 많은 문제를 일으켰다. 프리퍄트 지역 신문은 사고 후에 발행이 중단되었고, 체르노빌 신문 《프라포르 페레모히》는 계속 발행되었지만 원전 사고나 그 영향에 대해 보도하는 것은 금지되었다. 지역 주민들이 방사능 피폭 증상을 보이고 소개 명령에 따라 짐을 싸는 동안에도, 이 신문은 사고 후 처음 발행된 4월 29일 판이나 5월 1일 판에서 사고에 대해 한 글자도 싣지 않았다. 5월 1일 판의 전면에는 레닌의 사진과 선별된 당 구호들이 실렸다. 27차 당대회 때 고르바초프가 한 연설에서 따온 구호는 이것이었다. "소련 국민들은 당이 국가의 미래에 대한 책임을 깊이 인식하고 있음을 확신해도 좋다."[14]

랴시코 위원회 회의에서 보건 장관 아나톨리 로마넨코는 정보가 좀 더 공개되어야 한다고 주장했다. "우리가 해야 할 일은 주민들에게 진실을 말하는 것입니다. 그런데 그렇게 하고 있지 않습니다"라고 그는 회의에 모인 사람들에게 말했다. 그러나 모스크바가 통제하는 정보 독점에 신경을 쓰고 있던 랴시코는 사고와 관련된 공개 성명 발표를 꺼려했다. 그는 사고가 난 원전에 대해 TV 보도를 하자는 제안에 반대했고, 상황을 좀 더 잘 파악하도록 이 문제에 대한 논의를 이튿날까지 연기하자고 제안했다. 우크라이나 KGB 수장인 스테판 무하는 로마넨코의 주장에 반대하지 않았다. 그의 유일한 관심사는 모스크바의 정보 정책을 공유하는 것이었다. "모스크바는 우리와 상의하지 않고 자료를 발행합니다. 그들은 17명이 중태라고 했는데, 우리는 30명이라고 보고했습니다." 결국 이들은 아무것도 하지 않기로 결정했다. 5월 4일에 랴시코는 로마넨코에게 주민들이 스스로를 보호하는 방법을 알려주는 정보를 준비하라고 지시했다. "내일 우리는 정치국에 발표 문안을 제출할 것이오. 허가가 떨어지면 그날 늦게 발표하시오."[15]

　모스크바에 복종하는 것은 우크라이나 정치 엘리트들의 역사적 DNA의 일부였다. 우크라이나 관리들은 모스크바의 질책을 두려워한 나머지 공중 보건을 수호하는 데 필수적인 대중 홍보를 지연시켰고, 방사능이 환경에 미치는 영향을 축소했다. 이들은 오염된 지역에서조차 정부가 내린 농업 생산량 달성을 충족하기로 결의했다. 소련 정부는 식량 자급에 어려움을 겪고 있어서 1985년에 곡물 4500만 톤과 육류 100만 톤을 해외에서 수입했다. 모스크바는 소련의 빵 바구니인 우크라이나의 꾸준한 농산물 공급에 의존하고 있었다.

　랴시코 위원회는 경찰과 군대에 제한 구역 순찰을 명령했다. 그러나 들판의 작물들을 어떻게 처리할지에 대해서는 확실히 결정하지 못했다.

이주하는 농민들은 자신의 집뿐만 아니라 겨울 밀밭 1만 헥타르와 봄 밀밭 1만 3000헥타르, 감자밭 4만 5000헥타르를 포기해야 했다. 방사능이 미치는 영향을 완전히 이해하지 못한 당국자들은 방사능에 오염된 곡물을 살려보려고 애썼다. "방사능은 곡물 생장에 사실상 아무런 영향을 끼치지 않습니다"라고 낙관에 가득 찬 우크라이나 농업 장관 올렉산드르 트카첸코가 5월 4일 랴시코 위원회에서 말했다. "80뢴트겐 수준에서는 곡물의 25~30퍼센트를 상실하고, 330뢴트겐 수준에서는 100퍼센트를 상실합니다." 이들이 실제로 얻은 방사능 수치는 그보다 훨씬 낮았다. 우크라이나 집단농업 지도자들은 방사능이 누출된 후 곧장 시들지 않은 작물을 소비하는 데 아무 문제도 없다고 생각했다.

모스크바 당국이 우크라이나에서 들어오는 채소를 모스크바의 상점과 시장에서 판매하기를 거부한 뒤에야 우크라이나 당국은 자신들의 정책을 재고하기 시작했다. 한동안 이들은 방사능에 오염된 풀을 먹은 암소가 생산하는 우유를 소비하고 있었다. 만성적으로 식량 부족에 시달리는 국가에서 당국자들은 제한 구역에서 생산되는 농산물의 소비를 금지할 수 없었다.[16]

랴시코와 그의 동료들이 재난에 대해 얼마나 많이 공표해야 할지를 논의하는 동안 30킬로미터 제한 구역 밖의 방사능 상황도 악화되어 갔다. 사고 이후 감소하던 방사능 수치가 다시 올라간 것이다. 4월 27일, 파손된 원자로는 400만 퀴리에 가까운 방사능 입자를 누출했다. 5월 1일에는 누출량이 절반으로 줄었다가 리시코프와 랴시코가 이 지역을 시찰한 5월 2일에는 400만 퀴리로 다시 뛰어올랐다. 5월 3일에는 500만 퀴리, 5월 4일에는 700만 퀴리로 상승했다.

무엇이 방사능 수치의 극적 상승을 불러왔는지, 이것이 어떤 결과를 불러올지 몰라서 원자력 과학자들은 당황했다. 한 가설은, 원자로 위에 쏟아부은 모래와 납, 진흙과 붕소가 원자로 노심을 바깥 공기와 차단했지만 산소가 계속 유입되어 노심의 흑연 연소를 가속화한다는 것이었다. 방재 물질 투하는 중지했지만, 상황은 계속 악화되었다. 무게 때문에 밑으로 가라앉은 과열된 원자로가 콘크리트 지반을 뚫고 지하까지 내려가, 사고 이후 화재 진압용으로 퍼부어진 물과 접촉하는 상황에 대한 우려도 컸다. 이렇게 되면 4월 26일의 폭발보다 훨씬 강력한 폭발로 이어질 수도 있었다. 일부 전문가들은 원자로의 핵반응 영역에 있던 핵물질 10퍼센트 정도가 공기 중으로 누출되었다고 산정했다. 이것이 사실이라면 나머지 핵물질 90퍼센트가 폭발하는 경우, 체르노빌에서 수천 킬로미터까지 날아가 전 세계적 재앙을 초래할 수 있었다.[17]

과학자들이 다음에 무슨 일이 일어날지 갈피를 못잡고 예측하지 못하는 사이, 지역 관리들은 새로운 폭발이 일어날까 깊이 우려했다. 관리들은 수십만 명을 이주시킬 방법을 찾는 데 몰두하면서도 상태가 악화되는 원자로에서도 시선을 떼지 않았다. 가장 중요한 지표는 원자로 내의 온도였다. "전문가들은 24시간 동안 100도씩 상승하는 원자로 내의 온도를 제어할 방법을 찾지 못했다"라고 랴시코 위원회에 참석해 위험성의 범위를 이해했던 키예프주 농업국장 바실 신코는 기억했다. "사고 당시 원자로의 온도는 1200도였다. 2200도를 원자로 온도 상승의 임계치로 보았고, 그 이상이 되면 첫 폭발의 수백 배가 되는 폭발이 일어날 수 있었다. 그럴 경우 우크라이나와 유럽 전체가 황량한 폐허가 될 터였다."[18]

신코는 5월 2일 밤늦게 열린 사고대책위원회 회의에서 원자로에 새로이 형성되는 위험을 알게 되었다. "5월 3일 새벽 3시, 회의를 마치고 사무실로 걸어가고 있었다. 사람을 가득 실은 버스가 지나갔고, 온갖 소리를 내는 동물을 실은 트럭이 지나갔다. 나는 손가락으로 세어보았다. 4월 26일, 27일, 28일, 29일, 30일, 5월 1일, 2일, 3일. 그렇다면 원자로의 온도는 이미 800도 상승해 계산상으로는 2000도까지 올라갔고, 이론적으로 임계점까지 올라가는 데 이틀밖에 남지 않은 상황이었다."[19]

그날 밤 신코는 수천 명의 주민들을 방사능에 추가로 노출되는 상황으로부터 구할 수 있었다. 며칠 전 군부대는 데스나강 위에 임시 부교를 설치하여 강의 북쪽에 거주하던 주민들과 가축들이 강을 건너 소개하는 것을 도왔다. 이 부교는 강의 정상적인 항행을 막았다. 5월 3일에 벨라루스로 화물을 운반하던 선박 10여 척이 부교 앞에서 더 나아가지 못하고 멈춰 섰다. 사고대책위원회의 보리스 셰르비나는 선박이 통과할 수 있도록 부교를 철거하라는 지시를 내렸다. 신코는 이 지시를 듣고 크게 놀랐다. 이 지시는 수십 대의 버스에 가득 올라탄 주민과 수십 대의 트럭에 실린 가축이 데스나강 좌안을 떠나 안전한 강 남쪽 지역으로 이동할 수 없게 되는 것을 의미했다. "만일 이 사람들이 강을 건너지 못하면 방사능을 흡수하며 버스 안에서 밤을 새워야 한다는 것을 의미했다. 그리고 굶주린 가축들은 어떻게 한단 말인가? 생각만 해도 끔찍한 일이었다"라고 신코는 회상했다. 신코는 지역 당 대표와 힘을 모아 부교를 철거하기 전에 주민과 가축을 통과시키도록 셰르비나를 설득하는 데 성공한 후에야 안도의 한숨을 내쉬었다.[20]

5월 초에 살던 집을 떠나라는 명령을 받은 체르노빌 지역 주민 중에는 체르노빌 인근 마을 크라스노의 정교회 사제도 있었다. 마을을 떠나라는 명령은 지역 교구 레오니트 신부에게 깜짝 놀랄 일이었다. 그는 신도 믿지만 소련 과학의 힘도 신봉하고 있었다. "우리는 아주 막강한 과학을 보유하고 있으니 이 모든 일을 해결할 것이오"라고 그는 사고 직후 부인에게 말했었다.* 소련 과학에 대한 레오니트 신부의 믿음은 성 금요일**인 5월 2일에 무너지기 시작했다. 오후 2시에 그는 마을 예배를 주관했는데, 이때 지역 신자들이 와서 체르노빌 공산당위원회 사람들이 찾아왔다고 알렸다. 그들은 마을의 성인은 전부 모이라고 했다. 그래서 예배를 중단해야 했다.

당 관리들은 주민들에게 4시간 안에 마을을 떠나야 한다고 통보했다. 마을이 원전과 너무 가까워서 더 오래 머물 수가 없다고 했다. 언덕 위에 있는 교회에서 레오니트 신부와 신도들은 헬리콥터가 방재 물질을 원자로에 투하하는 장면을 볼 수 있었다. 프리퍄트와 마찬가지로 크라스노의 주민들도 사흘만 마을을 떠나니 중요한 물건만 챙겨 나오라는 지시를 받았다. 그러나 농촌 마을 주민을 소개하는 것은 도시민을 소개할 때보다 문제가 더 있었다. 주민들은 기르던 소, 돼지, 거위, 토끼를 데리고 떠나겠다고 고집을 피웠다. 가축을 실어 나를 트럭이 5월 3일 새벽 2시에 도착했다. "무슨 일이 벌어졌는지 당신이 한번 봤어야 하는데!"라고 레오니트 신부는 회상했다. "이 사람들은 모든 것을 일일이 기록했어요. 누가 얼마나 많은 가축을 데리고 가는지, 가축의 무게는 얼마인지. 그런 다음 가축을 트럭에 실어 지정된 장소로 이동시켰지요."

아침 해가 뜨고 나서야 트럭들이 떠나고 주민들을 소개할 버스가 도착했다. "나도 그 사람들과 함께 가야 했지요. 나는 아픈 사람들을 찾아다니고 필요한 사람에게는 영성체를 베풀었어요. 거기에는 연로한 노인

---

* 정교회와 그리스 가톨릭교회에서 주교 이상의 사제는 독신이어야 하지만, 이미 결혼한 남자가 사제로 임명될 수는 있다. 보통은 사제로 임명된 후에는 결혼이 허용되지 않는다.
** 부활절 전의 금요일. 예수가 십자가에 못 박힌 날을 기억하기 위한 날.

들과 몇 년째 누워 있던 병자들도 있었지요." 일부 주민은 떠나기를 거부했다. "신부님, 우리는 여기에 계속 있을 겁니다. 아무 데도 안 가요. 어차피 우리는 죽을 몸이에요"라고 말했다. 레오니트 신부는 노인들이 가족과 함께 마을을 떠나도록 최선을 다해 설득했다. 이들은 마지못해 그의 충고를 들었다. 그는 곧 돌아오리라는 희망을 품고 모든 전례복과 성상을 그대로 놔두고 교회 문을 잠근 다음, 교회 열쇠를 구역장에게 넘겨준 후 버스에 올라탔다. 드디어 버스들이 움직이기 시작했다. "크라스노를 떠날 때 모든 이들이 집을 떠나는 것을 너무나 슬퍼하며 울었어요. 모두 빨리 돌아올 수 있기를 기도하며 성호를 긋고 신의 가호를 간구했지요"라고 레오니트 신부는 회고했다.

긴장감이 고조되고 모든 것이 불확실한 상황에서 마을의 공산당원들도 신부와 그가 대표하는 교회에 주목했다. 한 당 관리는 신부에게 다시 마을로 돌아오면 보드카를 한잔 하자는 제안을 했다. 신부가 자신은 술을 마시지 않는다고 대답하자, 그는 신부에게 이렇게 말했다. "아무 문제 없어요. 당신은 신부이고 우리는 공산주의자예요. 다시 돌아오면 아무 것도 무서워할 것 없어요. 귀환을 축하하며 보드카 100그램씩 마십시다. 우리가 돌아온다면 말입니다." 그러나 이들은 결코 돌아오지 못했다. 자신의 교회에서 예배를 올리다가 중단한 채 마을을 떠난 레오니트 신부는 체르노빌에서 부활절 예배를 치렀다. 5월 4일 일요일 새벽 3시에 부활절 빵을 축복하면서[*] 철야 기도는 끝났다. 같은 날 아침 9시에 레오니트 신부와 그의 아들, 그리고 나머지 체르노빌 주민들은 버스에 올라 체

---

[*] 러시아정교회에서는 부활절에 각 가정에서 구운 부활절 빵을 교회로 가져오면 신부가 나와 성수로 이 빵을 축복하는 전통이 있다.

르노빌을 떠났다. 부활절 체르노빌 탈출이 시작된 것이다.[21]

키예프 지역의 농업국장 바실 신코는 공산주의 사상을 접어두고 전통 정교회 방식에 따라 부활절을 기념했다. 5월 3일 밤, 그가 사고대책위원회 회의를 마치고 직원들에게 돌아왔을 때 낙담에 빠졌지만 또한 싸우겠다는 마음도 강해져 있었다. 세계적 재앙이 일어날 수 있는 상황에서 그는 위에서 내려오는 바보 같은 지시를 따르지 않기로 마음먹었다. 그는 직원들에게 민방위 당국자들에게 보낼 자료를 작성하기 위해 제한구역에서 이주시킨 가축 수에 대한 추적을 중단하라고 지시하고, 그 자리에 있던 대령에게 사무실에서 나가라고 명령했다. 대령은 신코의 명령 불복종을 상부에 보고하겠다고 위협했지만 신코는 신경 쓰지 않았다. 그는 좀 더 높은 존재의 말을 들을 의무가 있다고 생각했다. 정교회 부활절이 다가오고 있었다.

"우리는 탕비실에서 감자와 절인 버섯을 가져다가 테이블에 차리고 술 한 병을 올려놓은 다음 부활절 저녁 식사, 정확히 말해서 아침 식사를 했다"라고 그는 직원들과의 부활절 식사를 회고했다. "부활절 아침이 다가왔다. 우리는 스스로를 무신론자라고 생각했지만, 체르노빌 사고 이후 현명한 선조들이 세상의 종말에 대해 했던 예언을 다시 생각했다. 우리는 하늘을 쳐다보며 탄원했다. 거기에는 소련 공산당보다 훨씬 강하고 영향력이 큰 누군가가 있었다. 모든 것이 그의 손에 달려 있었다." 재앙이 닥치자 무신론자가 신자가 되었고, 공산주의 이념의 힘은 모스크바의 권위처럼 체르노빌 방사능의 영향 아래 무너져갔다.[22]

부활 주일은 방사능 수치 측면에서 원자로 폭발 이후 최악의 날이 되었다. 하루 전 500만 퀴리였던 방사능 수치가 700만 퀴리로 상승했다. KGB 보고에 따르면 5월 1일 시간당 60~80뢴트겐이었던 원자로 주변의 방사능 수치가 5월 4일에는 시간당 210뢴트겐으로 치솟았다. 설상가상으로 과학자들은 원자로에서 뿜어져 나오는 루테늄-103 수치도 올라가고 있는 것을 관측했다. 루테늄은 화씨 1250도 이상에서 녹기 때문에 이는 원자로 내 온도가 상승하고 있다는 증거였다. 5월 5일 월요일, 방사능 수치는 다시 한번 상승했다. 그날 원자로는 가장 많은 양의 방사능을 방출하여 800만 퀴리에서 1200만 퀴리까지 수치가 치솟았다.[23]

원전에서 일어나고 있는 일에 어떤 영향력도 행사할 수 없는 상황에서 우크라이나 당국은 제한 구역 주민들의 소개를 가속화하는 데 최선을 다했다. "5월 3일 반경 10킬로미터 안에 위치한 보로댠카군에서 9864명을 소개하는 일이 완료되었다. 대형 가축 1만 2180두도 소개되었다"라고 당일 KGB 보고는 기록했다. "30킬로미터 반경 내에서의 주민 소개는 5월 4일이나 5일에 완료될 것으로 예상된다." 그러나 이 일은 말이 쉽지 실행에 옮기기가 어려운 과제였다. 3만 명 이상의 주민이 추가로 소개 명령을 받았다. "주민 소개는 많은 어려움 속에서 진행되었다"라고 바실 신코는 회고했다. "마치 전쟁이 벌어진 듯한 인상을 받았다. 공포와 혼란, 오류가 난무했다. 그럼에도 불구하고 제한 구역 밖으로 주민들을 소개하는 책임을 맡은 사람들을 떠받친 것은 체력과 용기, 희생정신이었다. 하루, 아니 한 시간이라도 지체하면 사람들의 생체 기능에 치명적 효과를 미친다는 것을 모두가 잘 알고 있었다."[24]

2차 세계대전 때를 기억하는 모든 지역 주민, 관리, 농민 들은 소개 작업을 전쟁 당시에 겪은 경험과 비교했다. 그 시기에 주민들은 소련 당국에 의해 동쪽으로 소개되거나 파르티잔 활동에 대한 독일군의 보복을 피하기 위해 숲속으로 숨어야 했다. 그러나 이번에는 상황이 달랐다. 당시에는 누가 적군인지 분명히 알 수 있었고, 숲이 피난처를 제공했다.

1932~1933년 대기근에서 살아남을 수 있도록 돕고 독일군의 보복을 피하는 것도 도와주었던 숲이 이제는 가장 위험한 장소가 되었다. 나무에 달린 잎사귀와 풀이 머금은 방사능은 아주 위험한 수준이었다. 프리퍄트 인근의 한 숲은 '붉은 숲'으로 알려지게 된다. 유럽소나무들이 방사능 오염으로 붉게 변했기 때문이다. 인근 마을 중 하나는 '무서운 숲'이라는 뜻의 '스트라홀리샤Strakholissia'라는 이름을 갖고 있었는데, 이 이름은 불현듯 완전히 새롭고 무서운 의미를 계시했다.

13장
차이나 신드롬

미하일 고르바초프와 그의 동료들은 1986년 5월 5일에 의제가 넘쳐나는 정치국 회의를 열었다. 키예프를 포함해 이 거대한 나라 전역에서 진행된 노동절 퍼레이드 보고를 빼면 소련 지도부의 사기를 돋울 만한 일은 없었다. 크렘린 측은 소련이 국내외적으로 포위되어 있다고 보았다.

나라 밖을 보면 아프가니스탄 전쟁이 소련의 재정에 커다란 부담을 안기고 국제 무대에서 소련의 이미지에 손상을 입히고 있었다. "병력을 아무리 많이 파견해도 그곳에서 군사적 승리를 거둘 수 없다는 점이 분명해졌습니다"라고 그날 이침 고르바초프는 정치국원들에게 말했다. "우리가 아프가니스탄인들의 사회적 혁명을 완수하지 못한 것은 분명합니다. 그 의도는 애초부터 실패할 씨앗을 품고 있었음이 '자명한' 사실로 드러났습니다. 우리는 남쪽 취약 지역을 강화하는 대신 스스로 아프간의 불안정과 국내 분쟁에 휘말렸습니다. 우리는 이전 어느 때보다 미국이 깊이 이 지역에 개입하도록 만들었습니다. 우리는 이슬람 세계가 단합하여 우리에게 대항하게 만들었고, 파키스탄이 공개적으로 우리와 싸우도록 만들었습니다. 한마디로 우리의 완전한 패배입니다."[1]

나라 안에서는 체르노빌 원전 폭발 사고가 소련의 재정에 거대한 구멍을 또 하나 만들었고 소련과 새 지도자의 국제적 이미지를 한 번 더 손상시켰다. 상황이 개선되고 있다는 것을 강조하기 위해 온갖 선전공세를 펼치고 있음에도 불구하고, 날이 갈수록 악화되는 상황을 아무도 제대로 파악할 수 없었다. 5월 5일, 니콜라이 리시코프 총리는 체르노빌 사고가 인체의 건강에 미치는 영향을 다룬 최신 보고 자료를 받았다. "병원에 입원한 인원수는 2757명이고, 이중 569명이 아동이다. 이들 중 914명은 방사능 피폭 증상을 보였고, 18명은 중태다"라고 보고서에는 적혀 있었다. 그 전날 병원에 입원한 수가 1882명으로 보고되었으니 새 통계는 입원자 수가 45퍼센트나 증가했음을 보여주었다. 방사능 피폭 증세를 보이는 환자들은 이제 소방관이나 원전 운영자, 그 지역의 민간인에 국한되지 않았다. 상황을 수습하도록 모스크바에서 파견한 사고대책위원회 지도부와 위원들까지 방사능에 피폭되었다.[2]

그 전날 저녁, 사고대책위원장 보리스 셰르비나와 여러 부책임자, 보좌진, 여러 부처 장관과 국장 들을 태운 비행기가 모스크바 브누코보 공항에 도착했다. 셰르비나 일행은 대기 중인 버스에 올라타 방사능 피폭 치료 전문 병원인 제6병원으로 직행했다. 이곳에서 이들은 곧장 방사능 측정기로 검사를 받았고, 옷을 벗고 샤워를 하고 면도를 했다. 이들 대다수는 추가 검진과 치료를 받기 위해 병원에 머물렀다. 셰르비나와 조사팀을 모스크바로 데려오기로 한 결정은 이틀 전 리시코프 총리가 체르노빌 현장을 방문할 때 내려졌다.[3]

그러나 셰르비나는 건강을 돌보기 전에 정치국에 와서 조사 활동을 보고하라는 지시를 받았다. 그가 당 간부들에게 보고한 내용은 절대 낙관적이지 않았다. 상황은 엄중했다. 5월 2일에 감소하던 방사능 누출량이 다시 끝도 없이 치솟았고, 계속 상승하는 중이었다. 당국자들은 할 말을 잃었다. 5월 3일은 언론 공표문 없이 지나갔다. 사고 원자로에 모래와 납을 퍼붓는 것은 이제 효과가 없는 것 같았다. 헬리콥터 비행 횟수도 줄어들었고, 이날 그 일은 완전히 취소되었다.

많은 과학자들이 새로운 폭발이 일어날까 염려했다. 또 다른 위험도 도사리고 있었다. 이것은 마이클 더글러스가 제작하고 잭 레먼과 제인 폰다가 더글러스와 함께 출연한 영화 제목에서 따와 '차이나 신드롬 China syndrome'이라고 불렀다. 이 영화는 1979년 3월에 미국에서 개봉되었고, 1981년에 소련에서도 상영되었다. 영화 제목은 원자로 노심의 용융에 대해 과학자들끼리 나눈 농담에 바탕을 둔 것이었다. 그 농담은 파손된 원자로의 핵연료가 연소되어 지구의 핵을 뚫고 내려간 다음, 지구의 반대편인 중국에 나타나는 상황을 상상한 것이었다. 영화에서 설명했듯이 가장 우려되는 상황은 핵연료가 지하수층에 닿는 것이었다. 체르노빌에서 일부 과학자들은 파손된 원자로에서 누출된 방사능이 드네프르강 유역을 오염시키고, 궁극적으로 세계의 대양을 오염시키는 상황을 우려했다. 이는 사고 지역뿐만 아니라, 전 세계까지는 아니더라도 유럽 전체에 영향을 미치는 재앙이 될 것이었다.[4]

고르바초프는 셰르비나 말고도 사고대책위원회의 수석 과학 자문관인 발레리 레가소프를 정치국 회의에 불러들였다. 레가소프는 5월 5일 이른 아침에 체르노빌에서 모스크바로 날아왔다. 크렘린으로 들어가기 전, 그는 자신의 연구소에 들러 방사능을 세척했다. 그리고 잠깐 집에 들를 수 있는 시간을 확보해 아내를 최대한 안심시키려고 애썼다. 그가 체르노빌에 가 있는 동안 누구하고도 개인적인 통화를 할 수 없었기에 그의 아내는 걱정이 컸다. 체르노빌과 인근 지역에서 진행되는 일에 대한 정보를 통제하기 위해 KGB가 시행한 보안 조치는 고위급 과학자와 단순 노동자, 기술자를 가리지 않았다.

오전 10시에 크렘린에 도착한 레가소프는 스탈린 시대 이후부터 정치국 회의가 열린 장소인 떡갈나무로 장식된 방으로 안내되었다. 모든 사람이 생각하고 있는 핵심 질문은 어떤 조치를 취해야 하느냐였다. 고르바초프는 "사고 책임 소재를 따지고 원인을 알아내는 데에는 전혀 관심 없습니다"라고 바로 말했다. 그가 관심 있는 것은 "현재의 상황과 필요한 조치, 그리고 현재 상황을 가능한 빨리 통제하기 위해 국가가 해야 할 일"이었다고 레가소프는 기억했다. 정치국은 토론을 거친 뒤 다음과 같은 결의안을 채택했다. "체르노빌 원자력 발전소에 발생한 사고의 영향을 제거하기 위한 조치의 수와 속도는 이 비상사태의 규모와 복잡성을 아직 따라잡지 못하고 있다." 고르바초프는 참석자 모두에게 자기 자리로 돌아가 맡은 업무를 열심히 하라고 지시했다. 그러나 현재 상황을 결정적으로 해결하기 위해 어떤 일을 해야 하는지에 대해서는 거의 무대책이었다.[5]

고르바초프와 그의 참모들은 몹시 당혹스러웠다. 지금까지 취한 조치들은 이제 효과가 없었다. 사고가 난 직후 원자로에 퍼부은 물은 원자로의 바닥에 가득 차 있는 상태였고, 만일 원자로가 녹아내려 바닥까지 타내려 가면 훨씬 강력한 폭발이 일어날 위험성을 배가시켰다. 많은 사람들이 원자로를 덮기 위해 퍼부은 모래와 납이 원자로 내 온도를 상승시켜서 폭발 가능성을 높였다고 생각했다. 셰르비나는 한 가지라도 효과가 있기를 바라며 이 방법, 저 방법을 동원했으나, 아직까지 제대로 효과를 낸 방법은 없었다. 그는 자신의 손 안에 있는 모든 선택지를 다 사용했을 뿐만 아니라 자신의 건강을 해치지 않으면서 체르노빌에 머물 수 있는 시간도 다 써버렸다. 그는 모스크바에 남아 치료를 받으라는 명령을 받았다.

체르노빌 사고 해결을 위한 횃불은 셰르비나에게서 이반 실라예프의 손으로 넘어갔다. 55세 은발의 소련 부총리 실라예프는 1991년 8월에 보수파가 쿠데타를 일으켰을 때 보리스 옐친을 도와 러시아 의회를 방어한 인물이다. 차분하면서 확신이 넘치게 일을 해나가는 그는 5월 4일부터 셰르비나를 대신해 임시로 사고대책위원회를 이끌었다. 보리스 셰르비나 같은 최고 관리는 대체할 수 있었지만, 과학자들은 대체할 수 없었다. 실라예프에게는 레가소프의 과학적 조언이 절대적으로 필요했고, 그를 바로 옆에 두고 싶어 했다. 모스크바에 머문 지 몇 시간 지났을 때 레가소프에게 다시 체르노빌로 돌아오라는 지시가 떨어졌다.[6]

실라예프는 원자로 4호기 밑에 고인 물을 제거해 새로운 폭발이 일어날 가능성을 줄이고자 했다. 이 조치는 이미 발생한 원자로의 파괴를 막기 위해 운영자들이 물을 퍼부었던 참사 첫날의 악몽을 끔찍하게 상기시켰다. 다시 소방관들이 최전선에 나서야 했다. 이번에는 소방 장비를 이용해 바닥에 고인 물을 빼내야 했다. 전체적으로 방사능에 오염된 물약 2만 톤이 원자로 밑에 고인 채 온도가 빠르게 상승하고 있었다. 과학자들은 이 방법의 실행을 지지했다. "우리는 일부 용융된 핵연료가 물이 고여 있는 곳까지 내려가 증기를 다량 발생시켜 추가적으로 방사능을 누출할까 두려웠다"라고 발레리 레가소프는 회고했다.[7]

이 과업을 달성할 유일한 방법은 물로 가득 찬 지하 통로를 뚫고 들어가 수문 밸브를 여는 것이었다. "그것은 매우 어려운 작업이었는데, 왜냐하면 그들이 원자로를 식히려고 물을 쏟아부은 순간 냉각수 수조와 통로에 물이 가득 찼기 때문이다"라고 레가소프는 회고했다. "그곳의 수위와 방사능 수치는 이미 아주 높아서, 시간과 장소에 따라 리터당 1퀴리에 달했다." 이는 사실상 거의 자살이나 마찬가지인 임무였고, 실라예프도 이 점을 잘 알았다. 그가 자본주의식 인센티브 제도를 이용해 상황을 해결하기로 결정한 것은 바로 그때였다. 모스크바 최고위층의 허가를 얻은 후 그는 이 위험한 작업을 위해 뛰어들 잠수부에게는 그와 가족에게 차와 아파트를 제공할 뿐 아니라 금전적 보너스를 주기로 했다.[8]

지하 구조를 잘 아는 원전 작업자들이 제일 먼저 수조에 들어갔다. 잠수복을 입은 기술자 3명이 한 팀이 되어 물에 잠긴 수조의 문까지 접근해 문을 열고 그곳에 들어찬 물을 옆에 있는 격실로 빼내면 소방관들이 이 물을 펌프로 퍼낼 수 있게 했다. 레가소프는 후에, 많은 사람이 모인 자리에서 현금을 상금으로 수여하는 제안이 작업에 참가한 한 기술자에게 일으킨 복합적인 감정을 회고했다. "그의 얼굴은 지극히 어려운 상황에서 맡은 임무를 완수했다는 자부심이 넘쳤지만, 구겨진 돈다발을 받을 때의 표정은 포상받은 사람의 얼굴이 아니었다. 한마디로 말해, 그는 상금을 사양하는 것은 불편하지만 그와 동시에 이 상이 그에게 조금도 만족감을 주지 않는다고 생각했다. 모든 이들이 물질적이든 정신적이든 보상 따위는 전혀 생각하지 않고 사고를 처리하기 위해 온갖 노력을 쏟아붓던 그 시점에는 특히 그랬다." 다이버로 나선 기술자 3명 모두 이 위험한 임무를 마치고 살아서 나왔다.[9]

원자로 밑바닥에 있던 물이 제거되었으니 이제 원자로 4호기가 또 한 번 폭발할 가능성은 크게 줄었다. 그러나 차이나 신드롬의 위협, 즉 지하수가 방사능으로 오염될 가능성은 여전히 남아 있었다. 방사능에 오염된 물이 드네프르강 유역으로 흘러든 다음, 흑해를 오염시키고 그런 뒤에는 지중해와 대서양과 나머지 바다까지 오염시킬 수 있었다. 이렇게 되면 '쑥'이라는 이름이 붙은 별이 떨어져 이 세상 강의 3분의 1을 오염시키고 강물을 쓰게 만든다는 예언, 즉 독이 되게 한다는 성경의 예언이 실현될 터였다. 과학자들은 방사능이 지하수층에 도달하지 못하게 해야 한다는 데는 동의했지만, 그 방법을 두고는 의견이 엇갈렸다.

발레리 레가소프는 원자로 바닥에서 펌프로 퍼 올린 방사능에 오염된 물이 가장 큰 위협이라고 보았다. 이 물이 제대로 처리되지 않은 채 다시 땅속으로 스며들 수 있었다. 그는 이 물을 정제하는 필터를 설치하자고 주장했고, 이 조치가 취해졌다. 5월 4일에 군부대가 나서서 프리퍄트 강과 다른 하천의 둑을 높이고, 빗물로 씻겨 나간 방사능 입자가 강물에 유입되는 것을 막는 화약 약품으로 강둑을 덮었다. 이 조치는 시간이 아주 많이 걸리고 막대한 노력이 필요한 작업의 시작에 불과했다.

5월 초에 체르노빌에 도착한, 레가소프의 동료이자 과학아카데미 원사 예브게니 벨리호프는 다른 의견을 가지고 있었다. 그는 정말 큰 위협은 과열된 원자로가 계속 타 내려가서 지하수층에 닿는 것이라고 보았다. 그는 원자로 아래의 지층이 식도록 그것을 얼리고, 그다음으로 원자로 밑에 콘크리트 지지대를 만들어 지하수 오염을 막는 방법을 제안했다. 레가소프는 이 제안에 매우 회의적이었다. 이렇듯 레가소프와 벨리호프의 의견이 엇갈리자 사고대책위원회의 위원장을 새로 맡은 실라예프는 두 원사 중 누구의 안을 실행해야 할지 몰라 당혹스러워했다.

사고대책위원회 본부는 체르노빌에서 남쪽으로 50킬로미터 떨어진 이반키프에 자리를 잡았는데, 레가소프와 벨리호프는 같은 방을 썼다. 그러나 그것 말고 이 두 사람이 공유하는 바는 거의 없었다. 둘은 동료가 아니라 라이벌이었다. 전공이 화학인 쿠르차토프연구소 수석 부소장 레가소프는 벨리호프보다 한 계급 높았다. 물리학을 전공한 벨리호프는 연구소에 여러 명 있는 '일반' 부소장 중 한 명이었다.* 그러나 레가소프보다 한 살 더 많은 벨리호프는 레가소프보다 7년 앞서 소련 과학아카데미 원사가 되었고, 1978년부터 과학아카데미 부원장을 맡고 있었다. 1979년에는 새로운 소행성에 그의 이름을 딴 명칭이 붙여졌고, 1985년에는 소련 최고의 훈장인 사회주의 노동 영웅 훈장을 받았다. 레가소프는 이 훈장을 받지는 못했지만, 당시 소련 당국은 그 없이는 아무 일도 할 수 없는 상황에 처한 것처럼 보였다. 실제로 레가소프는 이반 실라예프가 자신을 벨리호프의 막강한 영향력을 견제하는 균형추로서 불렀다고 생각했다.[10]

벨리호프의 말에 따르면, 그는 사고가 발생하고 사흘 뒤에 전혀 예상하지 못한 상황에서 체르노빌로 파견되었다. 그는 니콜라이 리시코프 총리가 체르노빌 재앙을 다루는 부처들과 기관들의 활동을 조율하기 위해 매일 소집한 정치국 대응팀의 초기 회의에 참석했다. 벨리호프는 자신의 미국인 친구인 프린스턴 대학의 물리학 교수 프랭크 폰 히펠의 조언을 소개하기 위해 회의에 참석했었다. 폰 히펠 교수는 미국의 맨해튼 프로젝트에 참여했던 과학자들이 평화와 안보 증진을 목적으로 1945년에 창설한 미국과학자연합Federation of American Scientists의 회장이었다.

• 소련에선 행정 부처와 마찬가지로 일반 기관, 연구소 등에서도 소장 밑에 복수의 부소장을 두고 각각 다른 업무를 관장했다.

체르노빌 사고 소식을 들은 폰 히펠은 어린이들에게 요오드화칼륨 정제를 먹이도록 권하는 전보를 보냈다. 벨리호프는 폰 히펠 교수의 전보를 정치국 대응팀 회의에 가져왔다. "리시코프는 셰르비나와 레가소프를 비롯해 체르노빌에 다녀온 사람들 모두에게 이 약을 복용하라고 권하고 이들을 잠시 직무에서 면제해주었다"라고 벨리호프는 회고했다. 그는 다른 사람들이 잠시 휴식을 취하는 동안 현지 상황 통제를 돕기 위해 갑작스레 체르노빌로 파견되었다.[11]

체르노빌 지역에 들어온 벨리호프는 자신의 전문 분야가 아닌 일의 결정에는 참여하지 않는 조심스런 태도를 취했다. 그러나 물리학자인 그는 원자로의 핵분열 영역이 기반 아래로 가라앉아 원전 아래 지하수층에 닿을 가능성을 점차 더 우려하게 되었다. 레가소프는 이에 동의하지 않았다. 그는 벨리호프가 쓸데없는 염려를 한다며 그가 미국 영화를 너무 많이 보았다고 말하기도 했다. 레가소프는 원자로가 계속 타들어가서 아래까지 내려앉을 가능성을 믿지 않았다. "그런 일이 생길 가능성은 극히 희박했다. 그럼에도 불구하고 벨리호프는 원자로 기반 아래에 콘크리트 막을 설치해야 한다고 주장했다"라고 그는 회고했다. 벨리호프는 레가소프가 내린 결정을 공개적으로 문제 삼은 적은 없다. 그러나 다른 사람들은 그렇게 했다. 원자로 비활성화 작업에 투입된 유리 안드레예프는 후에 회고하기를 "레가소프가 물에서 방사능 입자를 제거하는 흡수 필터를 설치하는 데 너무 열을 냈다. 그러나 그는 얼마나 많은 방사능 물질이 물에 용해될지에 대해서는 검토하지 않았다. 그것은 노력 낭비였다. 그는 기계공학을 몰라서 그런 결정을 내렸다. 벨리호프는 원자로에 대해 뭔가 알고 있었지만, 이 분야에 대한 레가소프의 지식은 깊지 않았다"라고 했다.[12]

서로 논쟁하는 두 과학자 사이에 낀 이반 실라예프는 두 사람의 의견을 다 따르기로 결정했다. 레가소프는 물 여과 필터를 설치해도 된다는 허락을 받았고, 벨리호프는 원자로 아래 땅을 동결시키고 그곳에 콘크리트 막을 설치하는 일을 진행했다. 두 번째 작업은 굉장한 노력이 들어가는 작업이었다. 작업자들은 원자로 주변을 드릴로 판 후 영하 100도의 액체질소를 파놓은 터널에 부어 넣었다. 원자로 주변 지반을 동결시키고 원자로를 냉각시키려면 액체질소 25톤을 매일 부어야 했다. 그러나 이런 조치가 원하는 효과를 불러올지는 아무도 예측할 수 없었다. 원자로는 계속 가열되어 방사능 입자 구름을 대기 중에 쏟아냈고 5월 4일 방사능 수치는 700만 퀴리에 근접했다. 이 방사능 구름은 유럽 지역 전체에 방사능 물질을 확산시켰다.[13]

5월 6일 저녁, 우크라이나 보건 장관 아나톨리 로마넨코는 고준위 방사능이 지닌 위험성에 대해 키예프와 인근 지역 주민들에게 TV 방송을 하도록 허락받았다. 그는 키예프 시민들에게 어떠한 해를 끼치기에는 방사능 수치가 아주 낮다고 안심을 시켰지만, "바람의 방향과 세기가 최근에 바뀌어서 키예프시와 인근 지역의 자연방사선background radiation이 증가했습니다"라고 말했다. 그런 다음 그는 "약간 증가한" 방사능에 대처하는 방법을 설명했다. "공화국 보건부는 키예프시와 키예프주 주민들이 방사능 물질이 인체에 미칠 수 있는 영향을 크게 줄일 수 있는 권고 사항을 국민들에게 알리는 것이 바람직하다고 봅니다"라고 로마넨코는 이어갔다. "가능한 어린이와 임산부는 노천에서 보내는 시간을 줄여야 합니다. 이에 더해 방사능 물질은 에어로졸aerosol 형태로 퍼진다는 사실을 고려해야 합니다. 그러니 주거 시설의 창문과 환풍기를 닫고 굴뚝을 통한 환기도 막을 필요가 있습니다."[14]

소련 공화국 국민들이 일반적으로 가지고 있던 환풍기 공포*는 우크라이나에서 새로운 의미를 갖게 되었다. 사고가 일어난 지 10일이 지나고, 방사능 구름이 키예프를 덮친 지 일주일이 지난 다음에야 보건부의 권장 사항이 주민들에게 공표되었다. 주민들은 당국을 믿지 않았고, 이미 한참 전에 소문으로 퍼지고 있던 사실을 당국이 인정한 것은 악화되는 상황의 증거로 받아들여졌다. 믿을 만한 정보의 부족에 의해 생긴 공백을 소문이 채웠고, 키예프 시민들 사이에 도는 뉴스의 내용은 아주 심각했다.

우크라이나 경제기획위원장이며 사고대책위원회 위원인 비탈리 마솔은 5월 초 중요하게 취급된 문제는 30킬로미터 반경의 제한 구역뿐만 아니라 키예프시 자체의 앞날이었다고 후에 회고했다. "5월 2일 체르노빌 원전에서 열린 회의에서 이미 반경 500킬로미터 안에 영향을 미칠 새로운 폭발이 일어날 수 있다는 말이 나왔다. 그리고 '죽음의 구역'(반경 30킬로미터)에서는 아무것도 살아남을 수 없다는 말도 들었다'라고 마솔은 밝혔다. "솔직히 말해서, 우리는 이미 키예프의 소개를 준비하고 있었다." 우크라이나 관리들은 그런 가능성을 두려워했다. 마솔은 자신이 상상했던 바를 말했다. "나는 공황이라는 말조차 꺼내기 두려웠다. 어떤 약탈이 일어날 것인가? 모든 상점, 아파트, 박물관이 약탈될 것이고 … 수백 명이 기차역에서, 공항에서 압사될 것이고 …."[15]

250만 명 이상의 인구가 거주하던 키예프는 진앙지인 체르노빌에서

---

* 소련의 아파트는 각 가구가 환풍기로 연결되어 있었는데, 이것을 통해 공기로 전파되는 전염병이 확산된다는 공포가 있었다. 국내에서도 환기구에서 코로나-19 바이러스가 검출되는 경우가 몇 번 있었다.

남쪽으로 130킬로미터 떨어진 곳에 있었기에 30킬로미터 제한 구역 안에 들어가지는 않았지만, 만약 새로운 폭발이 일어나면 큰 재앙을 맞을 수 있는 반경 500킬로미터 안에 있었다. 새로운 폭발 가능성과 키예프시의 소개에 관한 소문이 들불처럼 번져 나갔다. 과학자, 기술자, 관리자, 관료 등 체르노빌과 관련된 정보에 접근할 수 있는 사람들에게서 이 소문이 퍼졌다. 우크라이나 공산당 중앙위원회 서기인 보리스 카추라는 전문가 집단이 "중앙위원회 건물의 한 방에 앉아 키예프시의 소개 계획을 세웠다. 과학자, 의사, 기타 관련자 등 많은 사람이 여기에 대해 알고 있었다. 이를 알아차린 일반 주민들도 매우 불안해하는 반응을 보였다"라고 회고했다.[16]

KGB는 우크라이나 과학아카데미의 과학자 한 사람이 원자로가 완전히 용융될 경우 새로운 폭발이 일어날 것이고, 이로 인해 방사능이 지하수에 흘러들어갈 것으로 예측했다고 보고했다. 키예프에는 성경의 예언에 버금가는 새로운 재앙이 기다리고 있었다. 사람들은 서둘러 공항과 기차역 매표소로 달려갔고, 곧 키예프를 떠나는 비행기, 기차, 버스표는 동이 났다. 사람들은 매표소를 습격하다시피 했다.[17]

5월 6일, 올렉산드르 랴시코 총리가 이끄는 우크라이나 정치국의 체르노빌 위원회는 그 전날 주민 5만 5000명이 키예프를 이탈했다는 소식을 들었다. 이는 평상시에 기차를 타고 키예프를 떠나거나 이곳을 통과하는 인원의 2배였다. 약 2만 명은 버스와 승용차로 떠났고, 9000명은 비행기를 타고 떠났다. 키예프 시민들은 만일의 사태에 대비해 스스로를 보호하기 위해 가능한 모든 방법을 동원했다.* 키예프시 당국은 5월 4일에 키예프 전체 학생의 11퍼센트인 3만 3000명이 수업에 결석했다고 당 간부들에게 보고했다. 5월 6일에는 17퍼센트에 해당하는 5만 5000명이,

5월 7일에는 28퍼센트인 8만 3000명이 결석했다. 그날 정보에 가장 쉽게 접근할 수 있었던 당의 고위층과 지도층 대다수가 거주하는 레닌구에서는 학생들 중 62퍼센트가 학교에 나오지 않았다. 이들은 누구보다 먼저 도시를 떠났다.[18]

수많은 주민이 한꺼번에 키예프를 탈출하자, 우크라이나 공산당 제1서기인 볼로디미르 셰르비츠키는 우크라이나 정치국 회의를 소집했다. 가장 중요한 의제는 아동들을 공황에 빠진 도시에서 소개할 것인지 여부였다. 회의가 시작되자 셰르비츠키는 모스크바에서 온 두 손님을 소개했다. 한 사람은 생물물리학연구소장이자 유엔 방사능 영향 조사위원회의 소련 대표인 58세의 레오니트 일린이었고, 다른 한 사람은 국립 수력·기상학연구소장인 56세의 유리 이즈라엘이었다. 이들은 우크라이나 정부의 요청에 의해 보리스 셰르비나가 파견한 전문가였다.

정치국 회의에 참석했던 보리스 카추라의 회고에 따르면, 셰르비츠키는 회의가 시작되자마자 일린과 이즈라엘에게 다음 질문을 던졌다. "우리가 얻은 정보가 부족하다는 사실을 알고 있습니다. 이와 관련해 당신들에게 분명한 답을 듣고 싶습니다. 구체적으로 어떤 상황에서 어느 지역의 주민들을 대피시켜야 합니까? 어디에 있는 사람들이 위험합니까?" 카추라는 셰르비츠키가 모스크바에서 온 과학자들에게서 시원치 않은 답을 들었다고 기억했다. "우리에겐 답할 권한이 없습니다. 상황은 아주

• 체르노빌 사고 당시 우크라이나 공화국의 면적은 남한의 6배가 넘는 60만 3000제곱킬로미터였으며 국토 동서 최장 거리는 1316킬로미터, 남북 최장 거리는 893킬로미터에 달했다. 체르노빌이 우크라이나 북쪽 끝에 위치하고 있기 때문에 우크라이나 사람들은 남부의 오데사나 크림반도, 서부의 르비프 지역 등으로 피신하면 사고 반경 500킬로미터를 벗어날 수 있었다.

유동적입니다. 계속 변하고 있습니다." 셰르비츠키는 실망스러운 답에 화가 났다. "나는 미하일 세르게예비치 고르바초프에게 허락을 받았습니다. 당신들이 우리에게 적절한 조언을 하지 않으면 당신들을 내보내지 않아도 된다는 허락 말입니다"라고 그는 모스크바에서 온 손님들을 인질로 만들며 대답했다.

후에 셰르비츠키는 측근에게 자신이 공갈을 쳤다고 털어놨다. 고르바초프는 그가 이 과학자들을 만난다는 사실 자체를 몰랐다. 그러나 일린과 이즈라엘은 그 말을 액면 그대로 받아들였다. 문제는 이들도 셰르비츠키의 질문에 직접적으로 답할 수 없었고 시간이 필요했다는 데 있었다. "그들에게 필요한 것들이 제공되었고, 사무실이 마련되었다. 필요한 모든 것이 준비되었고, 그들은 공화국 보건 장관 로마넨코와 같이 앉아서 자료를 만들기 시작했다"라고 카추라는 회고했다. 결국 이들은 다음과 같은 내용이 적힌 서류에 서명했다. "30킬로미터 반경 밖에 있는 키예프와 우크라이나 다른 도시의 주민에게는 아무 위험이 없다. 그리고 주민들을 다른 곳으로 소개할 필요도 없다. 시행되어야 할 일은 우유가 생산되는 지역을 철저히 검사하는 것이다. 현재 우유에서 고준위 방사성 물질이 검출되고 있는 실정이다."[19]

우크라이나 최고회의 의장이며 정치국원인 발렌티나 셉첸코는 이 답에 만족할 수 없었다. "아동들을 키예프에서 소개하는 문제가 거론되자 과학자들은 그럴 필요가 없다고 했다. 나는 눈물을 흘리며 '만일 당신들의 자녀들과 손자, 손녀 들이 키예프에 있다면 이들을 데리고 나가지 않을 건가요?' 하고 물었다. 그들은 아무 말도 하지 않았다. 우리로서는 그 반응이 어린아이들을 소개하는 과정의 신호가 되었다"라고 그녀는 회고했다. 랴시코는 일린과 이즈라엘이 "우리가 제안하는 것과 같은 극단적 조치에 책임지기를 꺼린다는 인상을 받았다. 이런 조치는 어마어마한 경비가 필요하다는 것을 그들도 잘 알았기 때문이다"라고 생각했다. 그들은 체르노빌 인근 지역에서만 아이들을 대피시켜야 한다고 했는데, 그 아이들은 이미 대피하는 중이었다.

책임을 다른 사람에게 떠넘기는 관료주의 관행이 계속되면서 모스크바의 과학자들은 우크라이나 당 지도자들을 지치게 만들었다. "우리 스스로 결정을 내려야 합니다"라고 셰르비츠키가 랴시코에게 말했다. "그러나 분명한 것은 공황이 확산되지 않도록 해야 한다는 것입니다." 이들은 15세 이하 학생들의 학년도 종강을 6월 말이 아니라 5월 중순으로 앞당기기로 결정했다. 그리고 이 학생들을 소련 남부에 있는 피오네르 캠프●로 보내기로 결정했다. 솁첸코는 다른 공화국의 최고회의 의장들에게 전화를 걸어 키예프의 아동들을 받아달라고 부탁했다. 대부분이 동의했다. 그러나 우크라이나 관리들이 아동들을 실어 나를 추가 열차편을 모스크바에 요구했을 때, 모스크바로부터 부정적인 답이 돌아왔다. 화가 난 보리스 셰르비나는 키예프 지도부에게 공황을 확대하지 말고 도시 인구의 일부를 소개하려고 한 준비 활동을 중단하라고 지시하는 개인적 전보를 보냈다.[20]

모스크바의 미하일 고르바초프는 체르노빌 위기에 소련이 잘못 대처한 일로 발생하는 국제적 파장에 대한 우려가 점점 깊어졌다. "거기서 무슨 일이 일어나고 있는 거요? 나는 아주 염려가 크오. 이 사고 때문에 고

● 피오네르Pioneer, Пионер는 유소년 공산당 조직으로, 소련 곳곳에 피오네르 캠프가 있었다. 크림반도 구루주프 인근의 아르테크가 가장 유명하며, 오데사 인근에도 몰로다야 그바르디야 캠프가 있었다.

르바초프라는 이름이 세계 도처에서 매질을 당하고 있고, 거대한 편집 증이 세계에 번지고 있소. 그곳의 실제 상황은 어떠하오?"라고 고르바초프는 레가소프가 체르노빌에서 돌아오고 나서 며칠 후에 전화로 물었다. 레가소프는 최악의 시간은 지나갔다고 고르바초프에게 보고했다. "파손된 원자로에서의 방사능 누출은 기본적으로 멈췄습니다. 이제 상황은 통제되고 있습니다. 전반적으로 우리는 체르노빌 원전 주변과 세계의 방사능 오염의 범위를 파악하고 있습니다." 실제로 5월 5일에 원자로에서 누출되는 방사능 양은 며칠 전 갑자기 치솟았던 양태와 똑같이 갑자기 줄어들었다. 5월 6일의 방사능 누출량은 15만 퀴리였는데, 이는 5월 5일에 비해 100배나 줄어든 것이었다. 고르바초프는 레가소프의 대답에 만족스러워했다.[21]

소련의 2차 세계대전 전승기념일인 5월 9일, 자신감을 되찾은 고르바초프가 셰르비츠키에게 전화를 걸어 키예프의 상황을 물어봤다. 고르바초프는 도시 소개 계획을 크게 염려했다. 셰르비츠키는 안전한 길을 택하며 이렇게 말했다. "공황을 일으킨 사람은 발렌티나 셉첸코이고 우리 모두가 거기에 휘말렸습니다." 이는 성차별적 태도였지만 남성 위주 분위기의 소련 지도부에게는 잘 먹혀들었다. 셰르비츠키가 고르바초프와 통화한 내용을 셉첸코에게 전하자 그녀는 눈물을 흘리며 이렇게 물었다. "그러면 우리는 어떻게 하지요?" 셰르비츠키는 "어린이들은 소개할 겁니다. 아이들 문제 때문에 우리를 처벌하지는 못할 겁니다"라고 답했다. 우크라이나 정부의 계획은 5월 말까지 98만 6000명의 아동을 키예프시와 인근 지역에서 소개하는 것이었다. 당국은 아이들과 그들의 부모들이 미친 듯이 키예프를 빠져나가는 것을 즉각 중단시키려 했다. 그날 셰르비츠키는 어린 손자를 데리고 키예프 시내에서 열린 전승기념일

행사에 참석했다. 스스로 의구심을 품고 있었음에도 당국은 키예프 시민들을 안심시키는 메시지를 전하고 싶어 했다. "만일 공화국 1인자가 키예프에서 손자를 데리고 있는 모습을 보면 부모들은 아이들을 계속 키예프에서 데리고 있어도 안전할 것이라고 생각할 터"였다.[22]

그날 저녁 이반키프시의 사고대책위원회 본부에 앉아 있던 발레리 레가소프도 전승기념일을 준비하면서 기분이 좋았다. 그 전날 좋은 소식이 많이 들어왔기 때문이다. 2만 톤 가까이 되는 물이 원자로 밑에서 펌프로 퍼 올려졌다. 방사능 수치가 떨어졌다는 뉴스도 접해서 좀 더 확신을 가지고 미래를 예측할 수 있는 근거도 생겼다. 레가소프와 동료들은 전승기념일을 축하하는 저녁 식사를 하기 위해 몇 시간 동안 일을 멈추기로 했다. 레가소프는 그날 저녁을 우크라이나 정부 대표로서 체르노빌에 파견 나와 있던 비탈리 마솔과 함께 보냈다. 그는 나중에 이렇게 회고했다. "갑자기 원자로 위로 불길이 솟아오르더니 분홍색 잔광이 나타났다. 무슨 일이 생긴 건지 우리는 알 수 없었다." 레가소프는 실망을 감추지 못했다. "우리는 당연히 비통했다. 5월 9일 전승기념일 분위기는 엉망이 되어버렸다."[23]

2차 세계대전 전승기념일과 더불어 체르노빌에서의 성공을 축하하기에는 아직 일렀다. 원자로는 아직 통제되지 못한 상태였다. 방사능 수치가 왜 떨어졌는지 정확히 아는 사람도 없었다. 세 가지 가능성을 설명할 수 있었다. 첫째, 5월 4일과 5일에 핵물질이 대량 방출되어서 원자로 안에 이 물질이 얼마 남아 있지 않게 되었고, 그 결과 원자로 내부의 온도가 떨어졌다. 둘째, 휘발성이 강한 방사능 입자들이 이날 대량으로 방출되어 그 이후 방사능 수치가 떨어졌다. 셋째, 그것도 아니면 원자로 내부의 고온이 핵연료를 용융시켜 이것이 액체로 변한 다음, 원자로 보관실의 바닥에 쌓였다가 원자로 아래쪽에 액체질소를 주입하자 온도가 내려가면서 응고되었다. 갑자기 상황이 개선된 배경으로, 셋째 시나리오만이 과학자들과 기술자들이 취한 조치 덕에 일어난 것으로 간주할 수 있었다.[24]

차이나 신드롬은 예브게니 벨리호프와 많은 동료 과학자들의 머릿속에서 사라지지 않았다. 그들이 생각하기에 원자로는 계속 타면서 지하 수층으로 향하고 있었다. 이를 막기 위해 그들은 원자로 아래쪽 기반을 가능한 빨리 동결시키기를 원했다.

소련 원자력 산업의 발전에 새 목표를 설정한 27차 공산당대회. 단상에는 미하일 고르바초프, 니콜라이 리시코프, 예고르 리
가초프, 볼로디미르 셰르비츠키가 있다. 이들은 체르노빌 사고의 여파와 그것이 인간과 환경에 미치는 영향을 은폐하는 데 중
요한 역할을 했다. 모스크바, 1986년 2월.(Yurii Abramochkin, Sputnik Images)

폭발 사고 전 체르노빌 원전의 원자로 통제실 모습. 당직팀장의 책상이 중앙에 있고, 운영자들은 통제 패널 앞에 앉아 있다. 1985년 11월.(RIA Novosti, Sputnik Images)

배경에 보이는 손상된 원자로 위를 비행하는 헬리콥터. 폭발이 일어난 초기에 헬리콥터 조종사들은 폭발로 구멍이 난 원자로 지붕의 틈새에 수천 톤의 모래, 진흙, 붕소, 납을 투하하는 작업을 수행하면서 신체가 극도의 고준위 방사능에 노출되었다. 1986년 5월.(Igor Kostin, Sputnik Images)

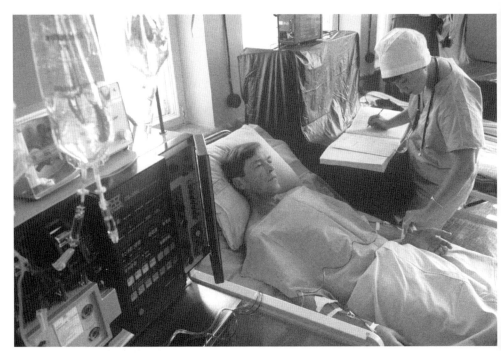

원자로 운영자 및 소방관 30여 명이 급성 방사능 피폭 증상으로 사고 첫날 모스크바로 이송되었으나 이들 중 극소수만 살아 남았다. 이 사진은 모스크바 제6병원에서 치료받는 체르노빌 사고 피해자 중 한 사람을 보여준다. 1986년 8월.(Vladimir Vyatkin, Sputnik Images)

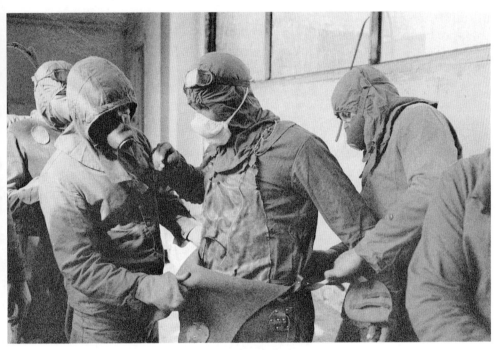

방사능 제거 작업을 하는 노동자들이 삽과 손수레를 가지고 방사능 파편을 치우기 위해 파괴된 원자로 지붕으로 올라갈 준비를 하고 있다. 이들 중 많은 수는 '살아 있는 로봇'이라고 불린 예비군이었다. 1986년 10월.(Igor Kostin, Sputnik Images)

방사능에 오염되어 체르노빌 제한 구역에 버려진 차량들. 방사능 제거 작업에 동원된 수천 대의 소방차, 헬리콥터, 중장비 들이 사용 불가 판정을 받았고, 체르노빌 거주 제한 구역을 떠나는 것이 허용되지 않았다.(Liukov, iStock, Getty Images)

유죄 판결을 받은 피고인들. 체르노빌 원자력 발전소 운영자들을 대상으로 한 재판 장면. 왼쪽부터 오른쪽으로 원전 소장 빅토르 브류하노프, 부수석 기술자 아나톨리 댜틀로프, 수석 기술자 니콜라이 포민. 1987년 7월 체르노빌.(Igor Kostin, Sputnik Images)

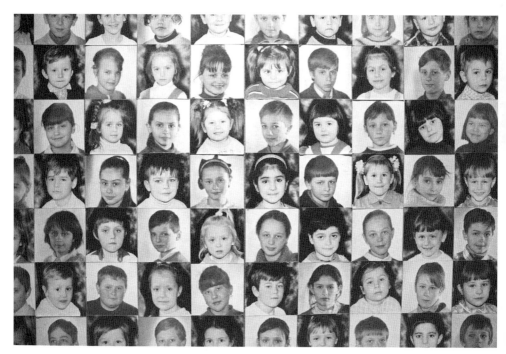

체르노빌 방사능 낙진의 영향을 가장 많이 받은 연령층은 어린이로, 1990년대에 벨라루스, 러시아, 우크라이나에서 14세 미만 인구 중 3000건의 갑상샘암이 등록되었다. 사진은 2013년 5월 키예프 체르노빌 박물관에 전시된 체르노빌 거주 제한 구역 내 청산 관리인과 재정착자들의 가족에게서 태어난 아이들이다.(Oktay Ortakcioglu, iStock, Getty Images)

체르노빌 사고의 결과를 은폐한 것에 항의하고 자국의 독립을 요구하는 우크라이나인들. 1990년 4월 키예프.(Igor Kostin, Sputnik Images)

핵 폼페이. 1990년 4월 사고 이전에는 5만 명이 거주했으나 버려진 도시 프리퍄트.(STF／AFP／Getty Images)

14장
희생자 집계

5월 9일, 발레리 레가소프와 예브게니 벨리호프가 아나톨리 마요레츠 에너지전력부 장관과 함께 이반키프의 사고대책위원회 본부에서 상황 수습에 대해 논의하고 있을 때, 모스크바에서 이제 막 도착한 그리고리 메드베데프가 여기에 합류했다. 원자력 전문가이자 에너지전력부 고위 관리인 메드베데프는 1970년대 초반에 체르노빌 원전 부소장으로 근무한 적이 있었다. 그는 폭발 사고가 일어나기 몇 주 전에도 체르노빌 원 전을 방문했다.

　메드베데프는 파손된 원자로를 통제하는 일을 돕기 위해 이반키프로 왔다. 현장에서 보니 여러 가지가 그를 놀라게 했다. 첫 번째는 대화의 주제였다. 과학자들은 마요레츠 장관에게 그의 부처에서 담당하는 일이 니 사고 수습을 그가 진두지휘하도록 설득하고 있었다. 사고가 발생한 지 2주가 지났지만 사고 수습을 지휘하는 컨트롤 타워가 어디인지 아직 분명하지 않았다. 실제적인 지휘 기관이 없는 셈이었다. 사고대책위원회는 한 가지 비상사태를 처리하면 다음 사태에 몰두하는 식의 소방서처럼 일하고 있었다. "여기에서 수십 개의 부처가 일하고 있습니다. 에너지전력부가 모든 것을 총괄할 수는 없습니다"라고 마요레츠는 메드베데프에게 말했다. 벨리호프는 에너지전력부가 그렇게 할 수 있다고 믿었으며, 다른 부처들의 작업을 조정하는 것은 마요레츠 장관의 책임이라고 보았다. "체르노빌 원전은 당신 관할입니다. 그러니 당신이 모든 것을 조직해야 합니다. 아나톨리 이바노비치,• 당신은 사람들 수와 희생자 수를 집계해야 합니다." 벨리호프는 이렇게 주장했다.

시간이 흐른 뒤에야 메드베데프는 그 상황에서 '사람들 수와 희생자 수를 센다'라는 말이 무엇을 의미하는지 깨달았다. "그날 저녁과 이튿날 오전 회의에서 폭발로 날아간 핵연료와 흑연 조각을 모으는 것, 고준위 방사능 지역에 들어가는 것, 격납고의 문을 열거나 닫는 것 같은 특정한 작업을 수행할 때마다 사고대책위원회 위원장인 실라예프는 '이 일을 하려면 우리는 2~3명의 희생을 전제해야 한다, 저 일을 하려면 한 명이 필요하다'는 식으로 말했다." 사고가 일어난 지 2주가 지나자 모두가 암담한 현실에 익숙해져 있었다. 어떤 작업을 하려면 그 작업에 투입된 사람들이 고준위 방사능 구역에서 버틸 수 있는 시간도 계산해야 하지만, 그와 동시에 그 작업을 수행하다가 희생될 인원수도 계산해야 했다. 여기에는 그들 자신도 포함되었다. 레가소프는 방사능 피폭 증상을 치료하는 대신 체르노빌로 다시 돌아왔다. 메드베데프가 보기에 레가소프보다 며칠 후에 현장에 내려온 벨리호프가 지쳐 보였을 뿐 아니라 창백해 보였다. 그는 이미 허용 수치의 2배인 50뢴트겐의 방사능에 노출된 상

• 마요레츠를 가리킨다.

태였다. 그들은 다른 선택을 할 수 없다고 생각했다. 자신과 다른 사람들을 희생하는 것만이 이 핵괴물을 통제할 수 있는 유일한 방법이었다. 그 작업이 제일 먼저였다. 사람들 수와 희생자 수를 세는 것은 그다음 문제였다.[1]

당시 소련식 명칭으로 사고수습자liquidator는 '릭비다토르likvidator'라고 불렸다. 수십만 명의 사람들, 주로 남자들이 체르노빌 원전 사고 후 '수습'을 위해 국가에 의해 동원되었다. 이들 중 일부는 '살아 있는 로봇biorobot'이라고 불렸다. 이들이 맡은 일은 사고 현장에서 잔해 더미를 걷어내는 것이었다. 60만 명 가까이 되는 사람들이 당 기관, 정부 부처, 각종 기관에 의해 동원되었다. 그리고 대부분의 예비군도 정화 작업을 위해 체르노빌로 파견되었다. 원자력 산업의 안전을 확보하는 데는 무능했던 전제적인 소련 정권이 재앙이 미친 영향을 처리하는 자원을 동원하는 데는 매우 뛰어난 능력을 보였다.

"전화 한 통이나 결정 한 번으로 모든 일이 아주 조직적으로 진행되었다"라고 벨리호프는 《프라우다》 기자에게 말했다. "이전에는 결정을 하나 내리는 데 몇 달씩 걸렸지만, 지금은 어떤 문제를 해결하는 데 하룻밤이면 충분하다. 일하기를 거절하는 사람은 아무도 없다. 모든 사람이 이기심 없이 일한다." 레가소프는 소련 TV에 출연해서 새로운 게임의 규칙을 찬양했다. 관료주의가 더는 과학자들과 기술자들의 활동을 제약하지 않았고, 끝없이 이어지는 관료주의적 허가 절차도 생략되었다. 또 다른 참혹한 재앙을 막기 위해 신속하게 결정이 내려지고 시행되었다. 모두가 이를 이해했다. "예전에는 일이 이렇게 정확하게 시행된 적이 없었다"라고 체르노빌 사고 수습을 담당한 우크라이나 당 중앙위원회 서

기 보리스 카추라가 회고했다.[2]

소련 전체에서 인력과 자원이 동원되었다. 사고 뒷수습을 위한 병참 본부는 우크라이나에 있었지만 소련 계획경제의 중앙통제 체계는 소련 전체에서 자원을 동원할 수 있도록 했다. 신문들은 앞 다투어 소방관들의 영웅적 임무 수행과 방사능 원천의 진압을 다룬 기사를 썼다. 또한 한껏 과시된 "국민들의 우애"도 찬양했다. 《프라우다》는 프리퍄트강에 임시 부교를 설치하는 일을 맡은 사고수습자 중 한 사람인 드미트리 주라블레프 인터뷰 기사를 실었다. "우리는 성스러운 원칙을 품고 있다. 성스러운 형제애 원칙 말이다. 벨라루스에서 온 전문가들이 우리와 나란히 일하고 있다. 나는 모스크바, 레닌그라드를 비롯한 조국의 여러 도시에서 온 사람들을 시내에서 만났다. 그들은 모두 우크라이나 사람들이 이곳에서 일어난 재난을 가능한 신속히 처리하도록 돕고자 했다."[3]

과학자들은 어떤 조치를 취해야 할지 잘 몰랐지만, 지구상에서 가장 위험한 곳에 파견할 사람들은 전혀 부족하지 않았다. 소련이 무한히 동원할 수 있는 것은 인적 자원뿐이었다. 핵태풍의 중심에 제일 먼저 파견된 이들은 군인이었다. 방사능 화재를 진압하기 위해 사투를 벌인 소방관들은 현역 군인들로, 내무부 병력에 소속되어 있었다. 헬리콥터 조종사들은 소련 공군이었고, 화생방 부대의 장교들과 병사들은 소련 육군 소속이었다. 그리고 화생방 부대 병사들 절대 다수는 18세에서 20세 사이의 징집병이었다.

원자력 산업 분야에서 가장 위험한 작업에 군대, 특히 징집병을 이용하는 관행은 소련 원자력 프로그램 시행 초반부터 있었다. 과학자, 기술자, 숙련 노동자 들이 방사능 최대 허용 수치를 견디며 작업한 뒤에는 병사들이 가장 위험한 작업을 수행하기 위해 투입되었다. 프로그램을 실행하는 데에는 전문가들을 필요로 했지만 병사들은 소모품으로만 여겨졌다. 소련 당국은 강제 수용소의 수감자들을 신뢰하지 않았기에 병사들이 먼저 '살아 있는 로봇'으로 투입되었다. 러시아어 구사력이 떨어지고 원자력 산업에 내포된 위험성을 잘 모르는 중앙아시아 출신 병사들이 특히 이런 착취의 대상이 되었다. 원자력 산업 종사자에게 허용된 최대 방사능 수치가 25렘인 데 반해, 병사들은 허용 수치의 거의 2배에 달하는 45렘을 흡수할 때까지 작업을 계속했다.[4]

1957년 가을에 우랄 지역의 폐쇄 도시 오제르스크에 위치한 마야크 핵시설에서 방사능 폐기물을 담은 저장 탱크가 폭발했을 때, 인근 지역에서 근무하던 병사들에게 방사능 구름이 덮쳤다. 이들은 소련 최초의 대형 원자력 사고의 희생자이자 사고수습자가 되었다. 군인들은 사고의 잔해를 제거하기 위해 가장 위험한 지역에 파견되었다. 일부 병사는 명령 수행을 거부했지만, 대부분의 병사는 명령을 따랐다. 소련 당국이 핵재앙에 대처하는 것뿐만 아니라 오염 제거 작업에 군인들을 이용하는 방법을 처음 터득한 것은 오제르스크에서였다.[5]

체르노빌 사고는 소련 당국이 원자력 에너지 부문에서 다루어보거나 발생할 것으로 예상했던 모든 경우의 수를 뛰어넘는 사고였다. 군대는 방사능 제거 훈련을 받은 화생방 부대의 인원이 금세 부족해졌다. 그러자 당국은 예비군을 동원하는 전례 없는 조치를 취했다. 이는 대규모 인력을 동원하는 데 필요한 방법이었을 뿐만 아니라 전문성을 갖춘 인력을 동원하는 유일한 방법이었다. 5월 말, 소련 중앙정부는 다음과 같은 포고령을 발표했다. "방사능 제거 작업의 거대한 규모를 고려해 부대와 하위 부대의 적절한 배치가 요구되고, 의무 군복무자 중 필요 인력은 최대 6개월 동안 특별 임무에 소집되어야 한다." 그 '필요한 수'가 얼마가 될지는 아무도 몰랐다. 1986년부터 1989년까지 약 34만 명의 병력이 체르노빌 사고 수습에 투입되었고, 이들 대다수는 예비군이었다. 즉 사고 수습 인력 2명 중 1명은 군인이거나 예비군이었다.

1986년 5월, 첫 예비군 병력이 체르노빌에 도착했을 때, 기술적 재난에 예비군을 동원하는 것을 허용하는 법 규정이 없었다. 이듬해에 새로 만들어진 법은 이런 작업에 두 달까지만 예비군을 동원하는 것을 허용했다. 그러나 소련은 법의 지배를 받는 국가가 아니었다. 군사위원들이 내린 명령에 의해 사람들이 소집되어 체르노빌로 파견되었고, 일부 군사위원은 통상 임금보다 5배 높은 임금, 본인과 가족에게 특혜를 준다는 조건을 내걸고 사람들을 소집했지만 정부의 제재를 전혀 받지 않았다. 군사위원들은 할당된 인원수를 채워야 했다. 일부 예비군은 작업장에서 바로 동원되어 가족들에게 작별 인사도 하지 못한 채 체르노빌로 파견되었다. 이는 전쟁에 준하는 상황이었다. 일부는 온갖 수단을 동원해 징집을 피하려고 노력했지만, 또 다른 사람들은 시민의 책무를 수행하기 위해 징집에 응했다.[6]

체르노빌의 방사능 오염을 제거하는 임무와 책임은 군대에게 떨어졌고, 군부대는 임무를 완수하기 위해 최선을 다했다. "체르노빌 원전과 30킬로미터 제한 구역 내의 큰 마을, 촌락, 도로의 방사능 제거 작업은 군대가 맡았고, 그들은 대단한 일을 해냈다"라고 레가소프는 회고했다. 헬리콥터 조종사들은 방사능 먼지가 표면에 달라붙게 만드는, '물 수프 water soup'라고 불리는 액체를 투하했고, 지상의 화생방 부대는 토양과 식물, 건물 외벽을 방사능 제거 화학 물질로 청소했다. 공병대는 방사능을 제거할 수 없는 건물, 구조물, 기계를 해체해서 묻었다. 군대가 파묻은 대상 중 가장 잘 알려진 것은 '붉은 숲'이었다. 이 숲은 사고 당시 누출된 방사능을 흡수해 붉게 변한 소나무 숲이었는데, 10제곱킬로미터에 걸쳐 펼쳐져 있었다. 주민들이 떠난 30킬로미터 제한 구역 안에 있던 마을 전체를 불도저로 밀어서 파묻는 작업은 육체적으로도 정신적으로도 매우 힘든 작업이었다.

그러나 군부대가 수행한 가장 유명한 정화 작업은 원자로 3호기 지붕에서 진행한 것이다. 약 3000명의 장교, 예비군, 사관생도가 니콜라이 타라카노프 장군의 지휘하에 기계로 할 수 없는 작업을 수행했는데, 파손된 원자로 4호기와 인접한 지붕에서 방사능을 뿜어내는 흑연 조각을 직접 손으로 거둬내는 것이었다. 납 앞치마, 수영복, 생식기를 가리는 납 조각 등 방사능 방제복을 스스로 만들어 입은 병사들은 지붕 위에서 불과 몇 분, 심지어는 몇십 초 동안만 작업할 수 있었다. 이들의 임무는 지붕으로 올라가 삽으로 방사능을 뿜어내는 잔해를 들어 올려 지붕 가장자리로 달려가서 아래로 던진 후 재빠르게 상대적으로 안전한 콘크리트 원자로 건물 아래로 뛰어오는 것이었다. 이 작업은 원자로 3호기 지붕의 방사능 수준을 낮춘 후에 다시 가동하기 위해서 수행되었다.[7]

타라카노프 장군과 그의 병사들은 명령을 수행했지만, 전문가들은 군인들의 몸을 희생해가며 수행하는 작업이 과연 수행할 만한 가치가 있는지를 두고 의견이 갈렸다. 일부 전문가들은 지붕을 완전히 방제하는 일은 성공할 수 없다고 주장했다. 다른 전문가들은 이 작업이 야기할 인명 희생을 염려했다. "나는 거의 맨손으로 원자로에서 나온 파편과 핵연료를 치우는 젊은 병사들에게 큰 감동을 받았다"라고 우크라이나 에너지전력부 장관 비탈리 스클랴로프가 회고했다. "하지만 그곳의 방사능 수치는 상상할 수 없을 정도로 높았다. 누가 그런 명령을 내렸는가?

이런 미친 짓과 범죄가 어떻게 영웅적 행동으로 묘사된단 말인가? 나라 전체가 이 공포스러운 광경을 지켜보았다. 이 장면은 첫 뉴스로 방영되었다." 타라카노프 장군의 '살아 있는 로봇'은 제대로 효과를 가져올 수 없는 작업에 투입된 첫 희생자도 아니고 마지막 희생자도 아니었다. 당시에는 누구도 어떤 조치가 효과가 있고 어떤 것이 그렇지 않은지 알 수 없었다.[8]

군대는 인력, 재능, 기술을 동원하는 데 큰 역할을 할 수 있었지만, 이것으로 모든 일을 해결할 수는 없었다. 원자력과 에너지 관련 부처들은 자발적으로 인력을 동원해 추가로 사고 지역에 보냈다. 건축, 광산, 정유공장과 수력 관리 인력들이 파견되었다. 사고대책위원회가 원자로를 통제하기 위해 다양한 조치를 번갈아 취하자 더 많은 전문가, 장비, 인력이 필요해졌다.

5월 9일 아침, 원자로가 다시 '깨어나면서' 레가소프와 동료들의 전승기념일 축하 분위기를 망쳤다. 방사능 수치는 5월 5일부터 떨어지기 시작했지만, 이런 변화로 원자로가 아직 위험하게 살아 있음을 모두가 깨달았다. 이튿날인 5월 10일, 레가소프는 원자로의 상태를 직접 관찰하고 파악하기 위해 헬리콥터를 탔다. 그는 이렇게 회상했다. "아래에서 여전히 불타고 있는 것이 납을 떨어뜨리기 위해 사용한 낙하산인지 아니면 다른 물질인지 확실히 알 수가 없었다. 그러나 내 생각에 아무래도 그런 물질이 아닌 것 같았다. 이것은 붉고 뜨거운 덩어리였는데, 시간이 훨씬 지난 후에 깨달은 바로는 원자로에 투하된 모래, 납, 기타 모든 물질이 한데 엉킨 묽은 덩어리였다." 그날 우크라이나의 올렉산드르 랴시코 총리는 체르노빌 특별위원회 위원들에게 원자로 위에 쌓인 여러 물질이 무너져 내리면서 폭발이 발생했다고 말했다. 이 물질 덩어리는 열에 의해 녹아내린 것이었다. 한 가지 다행한 일은, 일시적 폭발 직후 원자로에서 뿜어져 나오는 방사능 입자들이 증가했다가 다시 줄어들고 있다는 점이었다.[9]

그러나 이런 상황에서도 다음 날 원자로가 어떻게 될지 아무도 알 수 없었다. 차이나 신드롬에 대한 공포가 아직 끝나지 않았는데. 주된 우려는 원자로가 계속 타들어가서 방사능 연료가 지하수층까지 내려가는 것이었다. 처음에 사고대책위원회는 원자로를 식히기 위해 그 아래쪽에 액체질소를 주입하기로 결정했다. 그리하여 건설 노동자, 굴착 노동자와 장비가 현장에 도착했다. 그러나 이 계획은 취소될 수밖에 없었다. 고준위 방사능 때문에 건설 노동자들이 원자로 4호기에 접근할 수 없었고, 원자로 3호기 뒤의 안전한 장소에서 수평 터널을 뚫는 것은 너무 어려운 작업임이 드러났다. 현장에 있는 굴착 장비를 이용해 파손된 원자로 아래쪽에 냉동 포켓frozen pocket을 만들 수는 있었지만, 아래로부터 원자로를 냉각시키는 데 필요한 단단한 냉동막frozen platform을 만들 수는 없었다.

레가소프는 회의적이었지만, 사고대책위원회의 새 수장인 이반 실라예프는 벨리호프가 제안한 대로 암모늄 소석회를 넣은 파이프로 냉동막이 될 콘크리트 지지층을 만드는 것을 승인했다. 이 지지층을 만들려면 터널을 파서 원자로 아래쪽에 공간을 만든 뒤에 냉각 장비를 그곳에 반입해야 했다. 그런 다음에야 파이프를 들여오고 원자로 아래쪽에 콘크리트를 타설할 수 있었다. 벨리호프의 아이디어를 지지하는 사람들은 어떤 방법으로든 원자로 밑에 콘크리트 지지층을 만들어야 한다고 생각했다. 이들은 빈에서 체르노빌 상황을 모니터하던 국제원자력기구 관계자들에게 이 지지층은 원자로를 안전하게 감싸기 위해 건설되어야 할 구조물의 기초가 될 수 있다고 설명했다.[10]

굴착 장비가 동원되고 광부들이 작업에 투입되었다. 광부 선발대는 우크라이나 동부 돈바스 탄광 지역에서 왔고, 곧이어 러시아와 소련의 다른 지역 탄광 지대에서도 광부들이 도착했다. 돈바스 지역에서 광부 230명 이상, 툴라 지역(모스크바에서 남쪽으로 약 240킬로미터 떨어져 있는)에서 150명 이상이 이 작업에 투입되었다. 소련 전역의 탄광 공산당위원회에 가장 실력이 출중한 광부들을 선발하라는 지시가 떨어졌다. 5월 14일에 프리퍄트에 도착한 툴라 출신의 30세 광부 블라디미르 나우모프는 체르노빌에 파견되는 광부 한 명 한 명을 공산당위원회가 직접 승인했다고 말했다.

과학자들은 작업에 투입된 중장비의 진동으로 인해 건물의 기반이 흔들리고 균열이 발생해 원자로 노심의 방사능 물질이 지하수로 누출되지 않을까 우려했다. 이런 이유로 광부들에게 중장비를 사용하지 못하게 했다. 이들은 사실상 손으로 터널을 파고 터널에 쌓인 흙을 손수레에 실어 날라야 했다. "공간이 만들어지면 좁은 수레 궤도(광부들은 터널에 즉시 궤도를 설치했다)를 이용해 토사를 실어 날랐다"라고 나우모프는 회상했다. "작업에는 0.5톤짜리 수레가 사용되었다. 각 교대팀마다 수레 90대로 흙을 실어 나르는 모습을 상상해 보라. 96대 분량의 흙을 나른 팀도 있었다. 계산을 해 보자. 한 팀이 일하는 시간 3시간은 180분이다. 2분마다 수레가 오갔다는 얘기가 된다. 0.5톤 수레에 흙을 담아 150미터를 궤도를 이용해서 밀고 나온 다음, 흙을 쏟고 다시 터널로 들어갔다. 5~6명이 손이나 삽으로 흙을 파내는 동안 두 사람이 흙을 옮기는 작업을 해야 했다."

광부들은 3시간 교대로 작업을 했고, 나우모프에 따르면 모두가 기꺼이 작업에 임했다. 이들은 나중에 소련 기준으로 두둑한 보너스를 받게 되어 있었지만, 당시에는 5월 7일에 통과된 사고 수습 작업과 관련한 보상 규정을 전혀 알지 못했다고 나우모프는 말했다. "삽을 서로 먼저 잡으려고 경쟁하는 상황이 벌어졌다. 새로운 교대팀이 들어오면 일하던 팀은 시간이 아직 이르다고 말했다. 그러면 후속팀은 이렇게 말했다. '우리 교대 시간이 벌써 2분 지났네!' 열의가 넘쳐났다. 결국 당시의 이념은 소비에트였고, 다른 교육이었다. 그때 잘 알려진 좌우명이 있었다. '우리가 아니면 누가 하겠는가?'"[11]

2차 세계대전 참전용사이자 우크라이나의 저명한 다큐멘터리 영화 감독인 헴 살하니크는 사고 이후 체르노빌에 처음 도착한 당시를 향수에 젖은 채 회고했다. "대체로 멋진 시간이었다고 말하면 죄를 짓는 일일 것이다. 나는 전쟁을, 그리고 함께 동고동락한 동지들을 잘 기억한다. 나는 그 장소를 떠나고 싶지 않았다. 그럴 정도로 우리는 서로 끈끈하게 뭉쳤다. 모든 사람이 무섭게 자기 일에 집중한 것 말고 다른 것은 전혀 없었다." 제한 구역에서 땀을 흘린 사람들이 방사능과 벌인 사투를 전쟁과 비교한 것은 당연했다. 그러나 가장 중요한 차이점은 적을 볼 수 없다는 점이었다. 전쟁에는 허가를 받지 않고 전선을 탈영하는 사람이 있는가 하면, 자원하여 전투에 임하는 사람이 있다. 후자는 그 과정에서 자신을 희생한다.[12]

보통 위험 앞에서 몸을 사리지 않는 사람이 먼저 죽었다. 사고가 일어난 지 2주가 넘어가는 동안 사고로 사망한 사람 수는 2명에 머물렀다. 그러나 5월 7일부터 사망자가 늘기 시작했다. 그날 원전의 전기부 부책임자

47세의 올렉산드로 렐리첸코가 키예프에서 사망했다. 그는 프리퍄트 병원에 입원했으나 원전에서 사투하는 동료들에게 달려가기 위해 허락을 받지 않고 병원을 빠져나왔다가 치사량의 방사능에 노출되었다.

렐리첸코의 죽음은 시작에 불과했다. 체르노빌 소방팀장인 23세의 볼로디미르 프라비크 중위, 그리고 그와 나이가 같은 빅토르 키베노크 중위가 사흘 뒤인 5월 11일에 사망했다. 프라비크가 죽기 전 그의 모친은 자신을 대신 데려가 달라고 신께 기도했다고, 같은 병실에 입원했던 소방 경위 바실 이흐나텐코의 부인 류드밀라 이흐나텐코가 기억했다. 첫 아이를 임신한 상황이었던 류드밀라는 방사능을 배출하는 남편의 병상을 지키기 위해 뱃속의 아기와 자신의 건강을 희생했다. 그녀 역시 와병했으나 살아남아서 자신의 이야기와 방사능 화재를 진압하기 위해 사투를 벌인 사람들의 마지막 순간을 전해주었다.

류드밀라는 남편이 모스크바로 이송된 4월 26일에 바로 밤기차를 타고 모스크바로 갔다. 그녀는 기차역에서 경찰에게 제6병원의 위치를 물어본 후, 병원에 와서는 현관 당직을 서는 나이 든 여성에게 몇 루블을 쥐여주고 병원으로 들어갔다. 병원 직원에게 남편이 치료받고 있는 곳을 물었고, 결국 병원의 방사선 피폭 치료팀장 안겔리나 구스코바의 사무실까지 들어갔다. 구스코바는 그녀를 환대하지 않았다. 그녀는 류드밀라에게 자녀가 있느냐고 물었다. 그때 류드밀라는 남편을 꼭 만나야 한다는 생각밖에 없었다. 자녀가 있다고 말하는 편이 유리하다고 생각한 그녀는 아들과 딸이 있다고 답했다. 실제로 그녀는 자녀가 없었다. 그녀는 자신이 임신 6개월이라는 사실을 숨겼다. 류드밀라의 말을 들은 구스코바는 만족했다. 바실의 현재 용태를 보면 이 부부가 앞으로 아이를 가질 가능성은 없었다. 류드밀라는 사고로 남편의 건강이 망가졌다면 더 이상 아이를 가질 수 없다는 사실을 받아들일 수 있다고 생각했다. 그때 가장 중요한 일은 남편을 보는 것이었다. 구스코바는 면회를 허락했다.[13]

바실은 프리퍄트의 병원에 있을 때보다 상태가 좋았다. 프리퍄트에서 그의 얼굴이 부어올랐었는데, 이제는 정상으로 보였다. 그는 폭발 몇 시간 후 병원에 이송되었기에 나머지 소방관들과 같은 병실에 있었는데, 그중에는 프라비크 중위와 키베노크 중위도 있었다. 류드밀라를 본 바실은 이제 그녀가 탈출할 수 없다고 농담을 했다. 다른 소방관들도 그녀를 보고 기뻐했고, 프리퍄트가 어떻게 되었느냐고 물었다. 그들은 왜 사고가 났는지를 알고 싶어 했다. 그들 대다수는 사고가 테러나 고의적 파괴의 결과라고 생각했다.

류드밀라는 남편뿐만 아니라 아직 가족이 모스크바에 오지 못한 다른 소방관들까지 돌봤다. 그녀는 모스크바에 사는 친구의 집에 임시로 머물며 요리를 해서 가져왔다. 그들이 음식을 씹을 수 없게 되자 음식을 갈아 와서 먹였다. 시간이 지나면서 그녀는 바실과 그의 동료들 곁에 있기 위해 아예 병실에서 살았다. 사람들은 병원복을 입은 그녀를 의료 직원으로 착각했다. 그녀는 방사능 치료약에 대한 기본 정보도 익혔다. 구스코바 박사가 설명한 대로 급성 방사능 피폭 증상은 단계적으로 진척되었다. 4월 마지막 며칠 동안에 모스크바로 이송된 체르노빌 소방관과 원자로 운영자 들은 비교적 상태가 좋았다.[14]

원전 운영팀 중 한 명이었던 아르카디 우스코프는 폭발 사고 발생 몇 시간 후 현장으로 달려와 알렉산드르 아키모프에게서 원전 운영 책임을 넘겨받았다. 그는 일기에 이렇게 적었다. "내 건강은 정상이다." 그러나 4월 26일 밤에 그는 프리퍄트에서 모스크바로 이송된 첫 환자들과 함께 제6병원으로 이송되었다. 그의 유일한 불편은 계속 목이 마르다는 것이었다. 사고가 일어난 날, 그의 주된 염려사항은 혈액 검사로 인한 불편함이었다. "손가락에서 피가 나는 것은 문제가 되지 않았지만 정맥에서 피가 계속 나는 것은 우려할 수밖에 없었다"라고 32세의 원자로 운영자는 일기에 적었다. 5월 2일 일기에는 이렇게 적혀 있었다. "나는 아무 문제없다. 무엇이나 먹어치울 수 있을 정도로 식욕이 왕성하다."

그 시점에 대부분의 환자들은 자신의 건강보다 사고의 원인과 앞으로 원전에서 일어날 일에 대한 염려가 더 컸다. 많은 환자들이 다시 체르노빌로 돌아가 사태를 수습해야 한다고 생각했다. 우스코프는 5월 4일 일기에 이렇게 적었다. "우리는 자주 우리의 근무지를 생각했다. 동지들이여, 우리가 여기 있다는 게 얼마나 낙담스러운 상황인가. 지금 우리가 있어야 할 곳은 그곳이다." 4월 26일 새벽에 일어난 사건의 핵심 인물인 댜틀로프와 이틀 전에 나눈 대화에 대해 그는 이렇게 적었다. "우리가 내내 얘기한 것은 사고의 원인이었다."

우스코프가 동료 환자들의 변화에 처음 주목한 날은 5월 6일이다. 의사 한 사람이 방사능 피폭의 '보이지 않는' 기간이 끝나간다고 말했다. 댜틀로프는 얼굴과 다리에 열상이 나타났고 오른손에 커다란 열상이 나타났다. 댜틀로프가 사고 발생 몇 분 후에 무슨 일이 일어났는지 알아보라고 원자로 격납고로 보낸 인턴 중 한 명인 빅토르 프로스쿠랴코프의 상태가 특히 좋지 않았다. 사람들은 죽어가기 시작했다. "가장 기력이 넘치는 젊은 나이에 죽는 것은 정말 안 된 일이다"라고 전승기념일인 5월 9일에 우스코프는 적었다. "저녁에 우리는 경축 불꽃놀이를 보았지만, 전혀 즐겁지 않았다." 5월 11일, 우스코프는 손가락부터 시작해 자신의 몸에서 방사능 열상이 나타나는 것을 기록했다. 그는 이 고난에서 살아남아 체르노빌 원전으로 돌아온, 몇 안 되는 운 좋은 사람이 되었다. 그의 동료 환자 대다수는 그러지 못했다.[15]

5월 9일에 바실 이흐나텐코는 아내 류드밀라에게 마지막으로 꽃을 선물했다.* 그가 눈을 떴을 때 그녀는 방 안에 있었다. 그가 아내에게 물었다. "지금 밤이야, 낮이야?" 그녀는 저녁 9시경이라고 말해주었다. 그는 창문을 열어달라고 말했다. 밖에서는 불꽃놀이가 진행되고 있었다. "내가 당신에게 모스크바를 보여준다고 약속했지?"라고 바실이 말했다. 그는 군복무를 모스크바에서 했다. 그는 늘 부인에게 언젠가 소련의 수도로 데려가 주겠다고 약속했다. "그리고 나는 당신에게 경축일마다 꽃을 선물한다고 약속했어"라며 베개 밑에서 카네이션 세 송이를 꺼냈다. 그녀는 남편에게 달려가 껴안고 입을 맞췄다. 그는 그녀를 막으려고 했다. 그는 자신이 방사능 배출 환자라는 것을 잘 알고 있었고, 아내는 임신 중이었다. 그녀는 그날 밤 내내 남편 곁을 지켰다. 바실은 골수 이식 수술이 며칠 안에 예정되어 있었다. 골수가 방사능으로 파괴되어 생존에 절대적으로 필요한 백혈구를 더 이상 만들어내지 못했기 때문이다. 28세인 바실의 여동생이 오빠를 구하기 위해 골수를 제공했다. 그녀는 골수가 추출되어 이식되는 동안 마취 상태였다. 류드밀라는 기적이 일어나기를 기다렸다.

바실 이흐나텐코는 5월 13일에 숨을 거두었다. 같은 날 쁘라비그 중위와 키베노크 중위의 시신도 모스크바의 미티노 묘지에 아연으로 만든 관 안에 담겨 매장되었다. 이들의 시신은 관에 들어가기 전 플라스틱 백

• 이 두 사람의 이야기는 노벨상 수상 작가 스베틀라나 알렉시예비치의 대표작《체르노빌의 목소리》앞부분에 실려 있다.

에 싸였고, 관도 플라스틱 백에 싸여서 좀 더 큰 아연 관에 들어갔다. 그렇게 한 다음에 두 관은 하관되었고, 관 위에는 시멘트 타일을 붙여 외부와 차단했다. 유가족은 시신에 방사능이 너무 강해서 가족에게 인계되거나 다른 곳에서 다른 방식으로 매장할 수 없다는 설명을 들었다. 유가족은 주어진 서류에 서명하여 동의의 의사를 표현했다. 그들은 자신들의 아들이 영웅이라는 말을 들었다. 그런데 그들은 이제 가족의 가문에 속하지 않았다. 그들이 지상에 남긴 유골은 이제 국가에 속했고, 국가는 이것을 어떻게 처리하고 기릴지를 결정했다.

바실 이흐나텐코의 장례식은 극도의 보안 속에서 치러졌다. 우려되는 것은 방사능의 확산이 아니라 사람들이 방사능 피폭으로 죽어간다는 뉴스의 확산이었다. 이흐나텐코의 장례를 책임진 현역 대령은 이흐나텐코의 관과 유가족을 태운 버스를 몰고 여러 시간 모스크바 시내를 돈 뒤에 묘지에 도착했다. 그는 장례식 진행자들에게 말했다. "아무도 묘지 안에 들어오게 해서는 안 됩니다. 묘지에 외국 특파원들이 몰려올 겁니다. 조금만 기다립시다." 더는 감정을 억누를 수 없던 류드밀라가 폭발했다. "왜 내 남편을 숨기는 거예요? 그 사람이 뭘 잘못했기에? 살인자인가요, 범죄자인가요? 지금 우리가 매장하는 사람이 누구죠?" 대령은 통제를 포기했다. "묘지 안으로 들어가게. 부인이 히스테리 상태야"라고 그는 부하들에게 말했다. 안으로 들어가자, 몇 안 되는 장례식 일행이 완전히 병사들에게 둘러싸였다. "아무도 안으로 들어오지 못했다. 우리만 달랑 있었다. 그들은 남편의 관을 재빨리 흙으로 덮었다. '더 빨리! 더 빨리!'라고 장교는 소리쳤다. 그들은 내가 관을 한 번 안아볼 기회도 주지 않았다. 그리고 모두가 버스에 올라탔고 묘지를 떠났다. 모든 것이 은밀히 진행되었다."[16]

소방관들이 죽고 있다는 나쁜 뉴스는 외국 특파원들에게 알려져서는 안 되었고, 이들을 거쳐 소련 국민들에게 알려져서도 안 되었다. 사상자 집계는 이제 막 시작되었다. 몇 달 지나지 않아 28명이 급성 방사능 피폭 증상으로 사망했다. 그리고 앞으로 몇 달, 몇 년 동안 훨씬 많은 이들이 방사능 과다 노출이 야기한 합병증으로 사망할 것이다. 60만 명에 달하는 사고수습자가 흡수한 평균 방사능은 방사능방호국제위원회 International Commission on Radiological Protection가 안전하다고 인정한 연평균 수치의 120배인 12렘이었다. 앞으로 몇 년, 몇십 년간 사고수습자의 사망률과 장애 발생률은 일반 국민보다 훨씬 높게 나타날 것이다.[17]

CHERNOBYL

5부

—

결산

15장

말들의 전쟁

미하일 고르바초프는 재난이 일어난 지 18일만인 5월 14일에 마침내 공식적인 침묵을 깼다. "친애하는 동지 여러분, 우리는 모두 최근에 불행이 닥친 것을 알고 있습니다"라는 말로 그는 TV 연설을 시작했다. 그는 1941년에 독일이 소련을 침공했을 때 이오시프 스탈린이 국민들에게 쓴 '형제자매 여러분'이란 말 대신, '우리'라는 말을 씀으로써 지배자와 피지배자 사이에 신뢰와 연대감을 불러일으키고자 했다. 그러나 소련 시대에 그런 것들이 조금이라도 존재했다 하더라도, 체르노빌 참사에 대한 정보를 다루는 정부의 방식에 의해 산산이 부서졌다.

고르바초프는 진실을 말하는 것이 가장 좋은 통치 방법이라고 생각하지 않았다. "사상 처음으로 우리는 통제에서 벗어난 원자력 에너지의 위협적인 힘과 맞닥뜨렸습니다"라고 그는 '사상 처음으로'라는 말을 씀으로써 1957년 오제르스크 원자력 사고에 대한 공식적인 침묵을 유지하며 연설을 이어갔다. 그러나 고르바초프는 당국이 재난에 대처하기 위해 불철주야 온갖 노력을 기울이고 있다는 점을 시청자들에게 확신시키는 데는 전적으로 진실했다. 그는 그 사고에 직접적으로 영향을 받은 사람의 수에 대해 당시 자신이 확보하고 있던 정확한 수치를 밝혔다. 즉 방사능 피폭 증상을 보인 사람이 299명이고, 사망자 수가 2명에서 7명으로 늘었다고 말했다. 그는 사고 첫날 사망한 사람의 이름을 거명했지만, 5월 첫주에 모스크바와 키예프의 병원에서 사망한 이들의 이름은 언급하지 않았다.

고르바초프는 방사능으로 오염된 지역에서 최대한 빠른 시간 안에 주민을 소개하기 위해 최선을 다하고 있다고 말했다. "우리는 주요 보도원에게서 믿을 만한 정보를 얻는 대로 소련 국민들에게 전달했고, 외교 채널을 통해 외국 정부에도 전달했습니다"라고 그는 주장했다. 이 주장은 이후에 고르바초프 정부의 공식 변명이 되었다. 물론 무엇이 '믿을 만한' 정보인지는 생각하기에 달렸다. 이에 대해서 한편에는 고르바초프가, 다른 한편에는 프리퍄트와 키예프의 시민, 외국 정부 사이에 분명한 의견 불일치가 있었다.

고르바초프가 체르노빌 사고와 관련해 소련 국민에게 한 첫 연설은 절반 이상이 서방에 대한 공격의 수사로 채워졌다. "미국의 지배층과 이들의 가장 열성적인 동맹들, 특히 그중에서도 서독을 거론하지 않을 수 없습니다. 서독은 이 사건을 동·서 간 대화의 발전과 심화를 막는 추가적 장벽을 올리는 기회로 삼으며, 핵군비 경쟁을 부추기고 있습니다"라고 고르바초프는 비판했다. "마치 그것으로도 부족한 듯, 소련과의 합의는 물론이고 협상도 불가능하다는 것을 세계에 보여주어 계속 전쟁 준비에 열을 올리고 있습니다."[1]

고르바초프의 이런 발언은 중부 유럽과 서유럽을 강타하고 결국 미국까지 번진 분노와 비난의 물결에 대한 반응이었다. 서방의 비난은 초기에 재앙의 발생과 영향에 대한 정보를 숨기고 나중에 마지못해 내놓은 소련 당국을 향해 있었다. 방사능 구름이 소련 국경을 넘어갔다는 소식을 접한 유럽 대중과 정치인들은 한목소리로 재앙의 즉각적이고도 장기적인 영향에 대해 깊은 우려를 표명했다.

이런 반응은 서독에서 가장 강력하게 일어났는데, 한스디트리히 겐셔 서독 외무 장관은 소련에 원자로 가동을 전면 중단하라고 요구했다. 이탈리아는 우크라이나에서 출발한 화물선이 자국 항구에 기항하는 것을 거부했다. 하지만 각 국가의 정치상황과 그 나라에서 원자력 산업이 차지하는 비중에 따라 반응은 달랐다. 전기의 대부분을 원전에서 생산하는 프랑스에서는 체르노빌 방사능 구름이 자국 영공에 들어왔다는 사실을 인정하지 않는 태도를 취했다. 프랑스를 거쳐 방사능 구름이 자국으로 흘러들어 온 영국에서는 그 사실을 숨기거나 부정하지 않았다. 동유럽 공산 정권들은 침묵을 지켰지만 그 국민들은 그렇지 않았다. "소련이 아무 말도 하지 않고 우리 아이들을 여러 날 동안 방사능 구름에 노출시킨 것은 용서할 수 없는 일입니다"라고 한 폴란드 시민은 《타임》지와의 인터뷰에서 말했다.[2]

체르노빌 사고로부터 직접적으로 영향을 받지 않은 미국은 국제 질서의 유지와 원자력 산업 사고에 대한 정보 교환을 크게 중시했다. 임기 2기를 시작해 최고의 지지도를 누리고 있던 로널드 레이건 대통령은 5월 4일에 라디오 대국민 연설에서 사고의 영향을 받은 사람들에게 동정을 표했다. 그는 "우리는 다른 많은 나라들과 마찬가지로 가능한 방법으로 도울 준비가 되어 있습니다"라고 말한 뒤, "이 재앙이 초래한 공통의 위험에 대해 국제 사회에 알리기를 완강히 거부하고 비밀주의를 유지하는" 소련을 공격했다. "이 사건을 다루는 소련의 행태는 세계인들의 근거 있는 염려를 무시하는 양상으로 나타났습니다. 많은 국가를 방사능 물질로 오염시키는 원자력 사고는 단순히 내부의 문제가 아닙니다. 소련 당국은 세계에 해명할 의무가 있습니다. 체르노빌에서 일어난 일과 현재 일어나고 있는 일에 대한 충분한 설명은 세계 사회가 요구할 수 있는 최소한의 권리입니다"라고 말했다.[3]

레이건 대통령은 서방 지도자 가운데 처음으로 소련의 체르노빌 사고에 대한 대응 방식을 공개적으로 비판했다. 이러한 비판적 연설을 한 직후 기자들의 질문을 받은 자리에서 그는 이렇게 말했다. "이게 그 사람들이 일하는 방식 아니었던가요? 그들은 우리 모두를 불신하고 있습니다." 노련한 냉전 시대의 전사였던 레이건의 입장에서 이 말은 소련 체제에 대한 아주 온건한 비판이었지만, 문제는 1985년 12월 제네바에서 고르바초프와 희망적인 회동을 한 지 불과 몇 달 만에 나온 발언이라는 점이었다. 두 정상은 그다음 해에 그곳에서 다시 한 번 만나기로 약속한 상태였기에 언론은 다음 정상회담의 시점과 의제를 두고 활발하게 추측을 이어가는 상황이었다. 1986년 2월, 소련 공산당대회 연설에서 고르바초프는 미국의 제국주의와 두 초강대국 간의 상호 의존성을 언급했다. 이제 체르노빌 원전 사고, 좀 더 정확히 말해서 이 재난을 다루는 소련의 방식과 이에 대한 미국의 반응은 두 초강대국 간 관계 정상화에 암운을 드리우고 있었다.[4]

5월 5일, 캐나다, 프랑스, 독일, 이탈리아, 일본, 영국, 미국으로 구성된 경제 선진국이자 민주 국가의 모임인 G7 지도자들은 도쿄에 모여 전날 레이건이 표명한 내용에 동의하는 공동 성명을 발표했다. 이들은 사고로 사망하거나 부상당한 사람들에게 동정을 표하면서 원자력 발전소를 운영하는 국가들은 자국에서 벌어진 핵사고, 특히 국경을 넘어 영향을 미치는 사고는 이웃 국가들에게 알릴 책임이 있다고 언명하고, 소련에 같은 요구를 했다. 그들은 소련이 원자력 에너지의 평화적 이용을 위한 협력 증진을 목적으로 설립된 빈의 국제원자력기구에 협조하기 시작했다는 뉴스를 환영했다. 그러나 그들은 좀 더 많은 정보 공개와 협조를 요구했다. "우리는 체르노빌 사고의 경우 그런 태도를 보이지 않은 소련 정부에게 우리와 다른 국가들이 요구한 정보를 조속히 제공할 것을 촉구한다"라고 공동 성명에서 밝혔다.[5]

외부 세계는 정보를 최대한 많이 얻기 위해 노력했다. 4월 27일부터 5월 16일 사이 외국 외교관들이 키예프를 방문한 건수는 22회에 이르렀다. 단지 몇 개의 영사관, 그것도 대부분 동유럽 국가의 공관만 있는 키예프로서는 예외적으로 주목을 받은 셈이다. KGB는 외교관들과 외국 기자들이 사고에 관한 비공식 정보를 얻는 것을 막기 위해 노력했다. 외국 특파원들의 통화가 감청되었고, 모스크바에 주재하는 기자들은 기사를 송고하는 데 기술적 문제를 겪었다. 소련 관리들은 서방 정부의 전쟁광들과 우크라이나 이민 사회 민족주의자들이 벌이는, 자신들이 '반소련 운동'이라고 부르는 움직임을 비난했다. 이들이 미국 의회에 로비하여 소련 정부가 자국 국민들과 세계에 더 많은 정보를 내놓도록 압력을 넣었다고 주장했다.[6]

4월 30일, 모스크바 주재 외국 대사들은 소련 외무부에 초청되어 사건에 대한 브리핑을 들었다. 소련 외무 차관 아나톨리 코발레프는 사상자 수를 밝혔지만, 방사능 누출로 인한 위험은 축소해서 설명했다. 그러나 이런 설명은 잘 먹히지 않았다. 회의는 5월 1일 새벽 2시 30분까지 이어졌다. 그런 다음 코발레프는 각 민족 공화국의 외무 장관에게 확대되는 위기에 대한 대응 지침을 전달했다. 각 지역 당국에서 우려하는 외국인들에게 사고가 건강에는 아무런 위협이 되지 않는다고 설명하라고 했고, 그래도 만일 외국인들이 출국하고 싶어 하면 출국을 허용하라는 지시를 내렸다. 이들이 의료 검진을 원하면 즉시 그렇게 하라고 했고, 만일 방사능 피폭 증상을 보이면 소련에 남아 있어야 한다고 지시했다. 우크라이나 외무 장관이 코발레프의 지시를 요약한 바에 따르면, "우리의 임무는 적들이 이 사건을 반소련 선전 목적에 이용하지 못하도록 방사능에 피폭된 외국인을 현지에서 떠나지 못하게 하는 것이었다."[7]

코발레프가 외국 대사들을 안심시키려고 한 시도는 의도한 결과를 가져오지 못했다. 영국은 키예프에 인접한 공화국인 벨라루스의 수도 민스크에 체류하던 자국 학생 100명을 철수시켰다. 핀란드도 키예프에서 자국 학생들을 철수시켰다. 미국과 영국의 어학 연수생 87명이 키예프를 떠났다. 캐나다인 16명도 출국했다. KGB는 소련 정부가 이들에게 정보를 숨기고 있지 않다고 설득하는 데 실패한 셈이다. 부자 나라에서 온 학생들이 떠나는 모습을 지켜본 '개발도상국' 출신 학생들은 자신들이 차별 대우를 받고 있다고 불평하며 자국 대사관에 자신들을 출국시켜 달라고 요청했다. 나이지리아, 인도, 이집트, 이라크, 기타 국가의 학생들은 투표를 실시해 학년도가 끝나기 전에 키예프를 떠나기로 결정했다.● KGB가 이들 중 일부는 고국으로 가는 무료 비행기표, 긴 방학, 빠르게 치러지는 기말 시험을 원하는 것이라고 보고했지만, 이유야 어찌 되었건 이 학생들도 떠나기 시작했다.[8]

4월 말, 키예프에 있던 일군의 미국 관광객들은 사고 소식을 듣고 가

● 소련의 학제는 9월 초에 학년도가 시작되고 7월 초에 마감된다.

능한 빨리 우크라이나를 벗어나기 위해 레닌그라드행 비행기 표를 구하려고 애썼다. 우크라이나 KGB의 수장은 우크라이나 당 제1서기인 볼로디미르 셰르비츠키에게 "상황을 정상화했다"라고 보고했는데, 다시 말해 외국인들이 떠나는 것을 연기했다는 것을 의미했다. 캐나다인 관광객 14명은 소련 언론이 "실제 상황을 은폐하고" 있다고 주장하며 당장 이 나라를 떠나게 해달라고 요구했다. KGB는 이 관광단에도 같은 조치를 취하려고 했다. 현지에 있는 외국인들을 이용해 서방 정부와 여론에 소련에서 비정상적인 상황이 발생하지 않았다는 것을 보여주는 것이 KGB의 목적이었다.[9]

이미 키예프에 들어와 있는 외국 학생들과 방문객들은 키예프를 떠나기 시작했고, 이 도시를 방문하려던 사람들은 방문을 포기했다. 관광 회사들은 키예프 관광을 취소했다. KGB는 1년 전인 1985년 5월에 하루에 최대 1000명 정도 되는 "자본주의 국가에서 온" 외국인 관광객을 맞이했던 키예프에서 1986년 5월 초반에는 150명도 안 되는 관광객이 머무른 것으로 파악했다. 미국, 영국, 노르웨이, 기타 서방 국가의 경륜 선수들은 5월 6일에 시작되는 국제 경륜 대회에 참가하기 위해 키예프에 들어가는 것을 거부했다. 상황이 정상적이고 통제가 잘되고 있다는 것을 보여주기 위해 소련 TV는 소련과 동유럽 국가 경륜 선수들이 키예프 시가를 관통해 경주하는 모습을 보여주었다. 그러나 이 중계 방송은 여느 때 같으면 선수들을 환영하고 자기 팀을 응원하는 사람들로 꽉 들어차야 할 시내 거리가 텅텅 빈 모습을 보여주었다.[10]

외국에 비치는 자신의 이미지에 늘 예민했던 미하일 고르바초프는 자신과 소련 정부에 대해 점증하는 서방의 비판을 깊이 우려하며 지켜보았다.

그는 과학아카데미 원사 발레리 레가소프에게 그의 이름이 서방에서 헛되이 알려졌다고 불평하기도 했다. 무언가 조치를 취해야 했고, 이 조치는 신속히 취해졌다.[11]

이전 며칠간 놀라울 정도로 치솟던 방사능 수치가 내려가기 시작한 5월 6일, 소련 외무부는 사건 브리핑을 위한 기자 회견을 가졌다. 며칠 전 외국 대사들을 만났던 코발레프가 이번에도 기자 회견을 진행했다. 그는 전통적인 냉전 노선을 유지하며 미국이 "과잉 흥분 공세"를 펼치고 있다고 비난했다. 그러나 기자 회견장에는 새로운 인물도 있었다. 프리퍄트에서 막 도착한 사고대책위원회의 수장 보리스 셰르비나가 기자 회견장에 나왔다. 그는 이전에 방사능 누출 수준이 과소평가되었고, 민간인 소개가 지연된 사실을 인정했다. 소련 기자와 동유럽 국가 기자 들에게는 현장에서의 질문이 허용되었지만, 서방 기자들은 사전에 질문지를 제출해야 했다. 서방 기자들은 실망했지만, 소련 정부는 마침내 국민과 세계를 향해 진실을 말하기 시작했다.[12]

같은 날,《프라우다》는 4월 26일에 체르노빌 원전에서 폭발 사고가 일어나 큰 화재가 발생했다는 내용을 담은 기사를 실었다. 기사를 쓴 기자는 소방관들이 화재 진압을 위해 벌인 영웅적 투쟁을 기술했다. 소련의 뉴스 통신사 타스는 재난의 영향에 대한 더 많은 정보를 제공하기 위한 시도로, 방사능이 제한 구역을 넘어 우크라이나와 벨라루스 지역으로 퍼졌고 드네프르강을 오염시킬 가능성이 있다고 밝혔다. 그러나 소련 언론은 단순히 사실 보도만 하지 않고, 높아가는 방사능 누출 수준에 대해 소련 정부가 더는 침묵할 수 없게 만든 서방 세계를 공격했다.

"폭넓은 동정과 이해 속에도 특정 집단들이 정치적 목적을 달성하기 위해 지금의 사건을 이용하려고 하는 것은 유감스러운 일이다. 기본적인 윤리 기준에 어긋나는 소문과 추측이 선전 공세의 일환으로 유포되고 있다. 일례로 수천 명이 사망하고 주민들이 공포에 떨고 있다는 식의 비상식적인 과장이 떠돌고 있다"라고 타스는 주장했다. 소련 언론은 사고 발생 직후의 사망자 수에 대한 서방 언론의 미확인 보도를 문제 삼았다. 더 많은 정보를 원하는 서방 정부와 기자들의 신뢰를 떨어뜨리는 것이 소련 언론의 목표였다. 소련 당국은 입을 열면서도 자신들의 체면을 살리려고 애썼다.[13]

비슷한 시기에 오랫동안 이어진 취재 금지 조치 끝에 소련 외무부는 서방 기자를 비롯해 선별된 외국 기자단이 키예프와 체르노빌 사고 현장을 방문하는 것을 허가했다. 우크라이나 체르노빌 사고대책위원회는 5월 5일에 회의를 갖고 기자단 방문 문제를 논의했다. 방문 일정을 마련했고, 외국 기자들과 대화를 나눌 사람을 교육하라는 지시가 내려왔다. 후자의 임무는 당 프로파간다를 맡은 기관의 책임자이자 후에 우크라이나 대통령으로 선출되는 레오니트 크랍추크*에게 맡겨졌다. 기자들은 병원과 방사능에 오염된 지역을 방문할 것으로 예상되었다. 비밀주의 원칙을 지키면서도 외국인들을 영접하는 임무를 맡은 사람들은 자존심이 걸린 겉치레에도 신경을 많이 썼다. "우리는 병실 침대보를 비롯해 보기에 좋지 않은 병원 가운에 신경 써야 한다"라고 키예프주 당 제1서기 흐리호리 레벤코가 지적했다. 우크라이나 정부 부총리 옙헨 카찰롭스키는 준비 회의에 모인 사람들에게 "새로운 천과 침대보를 준비하는 것을 보장하는 서류"에 서명할 수 있다고 밝혔다. 당국은 방문자들에게

---

* 우크라이나 공산당에서 이념과 프로파간다를 맡은 크랍추크는 당시 당 제2서기로 권력 서열상 2인자였다.

소련 병원의 실상과 공산주의 초강대국의 생활 수준을 보여주고 싶어하지 않았다.

병원에 새 침대보가 지급되었고, 기자단을 맞을 준비는 5월 8일에 끝났지만, 겉치레의 필요성은 여기서 끝나지 않았다. KGB는 특히 키예프를 떠나는 기차표를 사기 위해 긴 줄로 늘어선 사람들에게 신경을 썼다. "외국 기자의 차들이 기차표 창구에 가장 먼저 가볼 것이고 우리에게 필요 없는 정보를 퍼트릴 것입니다"라고 우크라이나 KGB 수장 스테판 무하가 준비 회의에서 말했다. 그는 동료들에게 그날 키예프에 내려오는 20명의 기자 중 절반이 '자본주의 국가'에서 온 외국 기자라고 말했다. 우크라이나 관리들은 외국 기자들이 헷갈리도록 새 매표소를 설치해 기차역 대기 줄을 줄이겠다고 약속했다. 5월 9일자 《뉴욕 타임스》는 키예프 시민들 수백 명이 지역을 떠나고 있다고 보도했지만, 실제로는 수십만 명이 떠나고 있었다.[14]

5월 8일 저녁에 키예프에 도착한 기자단은 많은 경찰이 거리에서 근무하는 모습을 보았다. 그것 말고 공황의 기미는 보이지 않았다. 키예프 시민들이 거리를 돌아다니고 있었고, 몇몇은 드네프르강에서 낚시를 하고 있었다. 이는 원전 폭발로 수만 명이 사망하거나 부상을 입었다는 일부 미확인 보도와는 너무나 다른 상황이었다. 기자들을 만난 우크라이나 총리 올렉산드르 라시코는 프로파간다 전쟁에서 점수를 따고 싶어 했다. 그는 사고의 영향에 대해 공포스러운 기사를 쓴 기자는 자리에서 일어나달라고 요청했다. 그는 아마도 유피아이 통신의 특파원 루서 휘팅턴을 염두에 둔 듯했다. 휘팅턴은 몇 주 전 모스크바에 머물렀을 때, 키예프에서 온 어떤 여성에게서 잘못된 정보를 얻었다. 그의 동료들 중 일부는 러시아어를 제대로 구사하지 못하는 휘팅턴이 그녀의 얘기를 잘못 알아들었을 것으로 추측했다. 상황이 어찌 되었든 휘팅턴은 키예프에 오지 않았다. "그 사람은 나쁜 소문을 퍼뜨리고 숨어버렸군요"라고 라시코는 말했다. 그는 오보의 일부를 직접 읽었다. "특파원들은 상당히 당황했다. 그 순간 방을 채운 술렁거림이 이를 말해주었다"라고 이 에피소드에 크게 만족한 라시코가 후에 회고했다.[15]

외국 기자들이 키예프에 도착한 5월 8일, 전 스웨덴 외무 장관이자 당시 국제원자력기구 사무총장이던 한스 블릭스가 체르노빌 원전을 방문했다. 이것도 소련 정부의 개방성을 드러내는 신호였다. 소련 과학아카데미 원사 예브게니 벨리호프가 수행한 가운데 블릭스와 그의 미국인 안보 자문관 모리스 로센은 키예프에서 헬리콥터를 타고 체르노빌로 와서 손상된 원자로 주변 지역을 시찰했다.[16]

5월 4일에 블릭스에게 공식 초청장을 보낸 소련 당국은 그의 방문을 대비해 해결해야 할 일이 많았다. 소련은 블릭스에게 초기 보도와 공포가 과장되었다는 것을 보여줌으로써 그가 서방의 여론을 잠재워주기를 바랐기 때문에 폭발로 야기된 손해를 더 이상 확산시키지 않기 위해 갖은 애를 썼다. 그러나 소련 최고의 원자력 전문가들도 폭발 사고의 원인이 무엇이며, 예측할 수 없게 과열과 냉각을 반복하고 있는 통제 불능 상태의 원자로에서 무슨 일이 일어날지 모르는 상황인데 어떻게 그것이 가능하겠는가.

블릭스의 방문이 확정되자, 벨리호프는 그를 차에 태워 체르노빌로 데려가는 것은 좋은 생각이 아니라는 의견을 냈다. 원전의 화장실(그리고 그가 언급하지는 않지만 아마도 가는 길에 있는 화장실 상태)이 손을 많이 봐야 하는 상태였고, 그 점이 손님들에게 나쁜 인상을 남길 것이 분명했다.

그러나 사실 벨리호프는 체르노빌로 가는 길에 블릭스 일행이 방사능 입자 구름을 맞닥뜨리고, 그것이 그들이 소지한 가이거 계수기Geiger 計數器[•]에 나타나면 방문 목적 전체를 망칠까 염려했다. 벨리호프는 헬리콥터로 이동할 것을 제안했지만, 그것도 추가로 여러 문제를 제기했다.

소련 당국은 1970년대 중반에 체르노빌에서 몇 킬로미터 떨어진 곳에 '두가(아치)'라고 불리는 거대한 레이더 기지를 건설했다. 이는 소련에 있는 두 곳의 핵심 대륙간탄도미사일 조기 경보 시설 중 하나였다. 레이더를 가동하기 위해서는 엄청난 양의 전력이 필요했기에 레이더 기지는 비밀 송전선으로 체르노빌 원전과 연결되어 있었다. 이 레이더는 북대서양조약기구가 발사한 미사일을 탐지하기 위한 시설이었다. 또 하나의 유사한 레이더는 미국 서부에서 발사되는 미사일을 탐지하기 위해 소련 극동 지역인 아무르 강변의 콤소몰스크에 설치되었다. 체르노빌 사고로 첫 레이더 기지는 작동 불능이 되었다. 체르노빌-2라고 불린 지역에서 두가 레이더를 가동하던 군부대는 폭발 이후 이 지역의 방사능 수치가 급격히 상승하자 레이더의 가동을 중단했다. 미국 전문가들이 '철제 작품'이라고 부른 거대한 레이더 시설은 공중에서 눈에 바로 띄었다. 헬리콥터로 원전을 시찰하면 일급 기밀 시설인 이 레이더 기지가 당연히 눈에 들어올 수밖에 없었다.

소련 당국은 블릭스에게 상태가 안 좋은 화장실을 보여주고 일급 기밀 시설인 레이더 기지를 숨길 것인지, 아니면 그 반대로 할 것인지를

• 1908년 한스 가이거가 처음 발명한 방사능 측정기. 불활성 기체를 담은 가이거-뮐러 계수관을 이용하여 알파 입자, 베타 입자, 감마선과 같은 방사능에 의해 불활성 기체가 이온화되는 정도를 표시하여 방사능을 측정한다. 현재 사용하는 계수기는 1928년에 가이거의 제자 발터 뮐러가 개량한 모델이다.

선택해야 했다. 벨리호프에 따르면 고르바초프가 직접 관여해 헬리콥터 시찰로 결정했다고 한다. 이 결정으로 블릭스 일행이 체르노빌로 가는 길에 방사능 구름을 만날 가능성을 없앴고, 원전에 취해진 조치를 보고 블릭스와 전문가들이 재앙의 실제 규모를 파악할 가능성도 없앴다. 이는 소련 당국이 세계에 발표한 내용과 모순된 선택이었다. 소련 당국은 원자로에서 나오는 방사능 누출은 멈췄고, 남아 있는 방사능은 폭발로 인해 흩어진 파편 때문이라고 주장했다. 소련 당국자들이 인식했듯이, 이러한 반쪽 진실은 거짓말이나 마찬가지였다.[17]

블릭스 일행이 헬리콥터로 이동하면서 레이더 시설 '두가'를 보았는지 아닌지는 알 수 없다. 그러나 블릭스는 원자로에서 나오는 연기를 보았다. 이것은 흑연 입자가 여전히 타고 있다는 증거였다. 벨리호프는 블릭스의 핵안전 자문관인 로센이 고준위 방사능을 측정하는 장비를 가져오지 않았고, 원자로에 더 접근하겠느냐고 묻자 이를 거부했다고 기억했다. 블릭스는 원자로에서 800미터 떨어져 있고 400미터 고도에 있는 헬리콥터 내부에서 자신의 측정기가 시간당 350밀리뢴트겐의 방사능 수치를 보였다고 보고했다. 그의 일행은 상대적으로 안전한 은신처인 헬리콥터 내부가 아닌 외부의 방사능 수준을 측정하지 않았고, 원전 자체를 방문하지 않았다. 그 대신에 이들은 심하게 오염된 프리퍄트의 반대편, 체르노빌에서 비교적 안전한 지역에 한 번 내렸고, 그런 다음 키예프로 돌아갔다. 원자로에서 나오는 연기를 빼면 헬리콥터에서 보기에 상황은 크게 나빠 보이지 않았다. "전체적으로 상황은 안전해 보였고, 아래에서 누군가 무언가를 하고 있었으며, 수만 명의 시신의 흔적은 보이지 않았다"라고 벨리호프는 회고했다.

이어 모스크바에서 열린 기자 회견에서 한스 블릭스는 원전 재앙으로부터 영향을 받은 지역의 앞날에 오히려 낙관적인 견해를 보였다. "우리는 사람들이 들판에서 일하고, 가축들이 초원에서 풀을 뜯고, 거리에 차가 다니는 것을 보았습니다. 러시아인들은 이 지역을 다시 깨끗하게 만들 수 있다고 확신합니다. 오염이 미친 땅에서 다시 농사짓기가 가능해질 것입니다"라고 그는 기자들에게 말했다. 블릭스는 사고 원인을 조사하고 미래의 재발을 막을 국제회의를 빈에서 갖자고 제안했다. 그는 청중에게 차이나 신드롬, 즉 방사능이 지하수를 오염시키고 대양을 오염시킬 위험은 없다고 말했다. 로센은 원자로의 용융은 발생하지 않았다고 결론 내렸다. 빈에서 소련 기자와 진행한 인터뷰에서 그는 헬리콥터로 이동할 때 자신이 측정한 방사능 수치가 10밀리렘이었다고 밝혔다. "이는 그렇게 높은 수치는 아니다. 예를 든다면, 미국 사람이 유럽까지 왕복 여행하는 비행기에서도 받을 수 있는 방사능 수치와 비슷하다"라고 그는 말했다.[18]

블릭스의 체르노빌 방문은 서방과의 프로파간다 전쟁에서 소련 측에 첫 승리를 안겨주었다. 블릭스가 체르노빌을 방문한 다음 날인 5월 9일, 《프라우다》는 소련의 저명한 국제 문제 전문가인 미국·캐나다연구소장 게오르기 아르바토프의 기고문을 실었다. 그는 서방이 소련을 비판하기 위해 대동단결했다고 주장했다. '좋은 사람'과 '나쁜 사람'이 있는데, 좋은 사람은 5월 2일에 사고 희생자들을 치료하기 위해 동료 폴 테라사키 박사와 함께 모스크바로 날아온 미국의 골수 이식 전문가 로버트 피터 게일 박사처럼 진정한 동정심을 가지고 피해자들에게 도움을 주려는 사람이라고 말했다. 그 반대 진영에는 소련이 주도하는 평화 공세를 두려워하여 소련을 상대로 심리전을 펼치는, 이름을 밝힐 수 없는 사람이 있다고 주장했다. 이 사람은 소련이 사고에 대한 정보를 은폐해서 소련의 제안을 신뢰할 수 없다고 주장한다고 했다. "이들은 선전 공세를 일으켜 이것을 소련을 공격하는 데 사용하기 위해, 심각하긴 하지만 지역 차원의 사고를 세계적 핵재앙으로 크게 과장하기로 결정했다"라고 아르바토프는 기고했다.[19]

고르바초프가 5월 14일에 자국과 세계를 상대로 처음이자 마지막으로 체르노빌에 대해 연설했을 때, 그는 아르바토프가 주장한 내용에서 많을 아이디어를 얻었고 이를 발전시켰다. 아르바토프와 마찬가지로 그는 게일 박사와 테라사키 박사에게 사의를 표했다. 또한 한스 블릭스가 보여준 '객관성'을 언급했지만, 서방, 특히 미국과 서독에서 터져 나온 "억제되지 않은 반소련 캠페인"을 비난했다. 그는 도쿄에서 열린 G7 정상회담에서 발표된 공동 성명을 공격하고 블릭스가 이끄는 국제원자력기구의 역할을 증대시키는 계획안을 밝혔다. 또한 국제원자력기구가 조직하는 국제회의에서 사고에 대해 상세히 보고할 것이라는 약속도 했다. 그는 더불어 레이건 대통령과 히로시마에서 만나 핵실험을 금지하는 조약에 서명하자고 제안했다. 고르바초프는 체르노빌 사고를 논의하는 데 히로시마를 끼워 넣어 미국과의 관계를 역전시키기를 원했다.[20]

서방에 대해 고르바초프가 펼친 반격이 효과가 있었는지 여부를 떠나, 국내에서 그의 연설은 그가 바라던 정치적 효과를 거의 가져오지 못했다. 고르바초프의 연설을 지켜본 그의 통역사 파벨 팔라즈첸코는 고르바초프가 재앙을 축소하려 하지 않는 동시에 대중에게 공포를 불러일으킬 만한 내용을 언급하지 말아야 하는 어려운 상황에 처했다고 평가했다. 그 결과는 고르바초프나 그의 연설문 담당자가 원하던 바와는 거리가 멀었다. 모스크바는 '거의 공황 상태'에 처했다고 팔라즈첸코는 회고했다. "모스크바에는 온갖 소문이 난무했고, 사고에 대한 정부의 공식 해명을 믿는 사람은 거의 없었다. 정부가 통제하는 언론은 재앙을 축소하려고 노력했는데, 이는 습관에서 기인한 것이기도 했지만 공포심을 조성하지 않을까 하는 두려움에서 나온 것이기도 했다. 그러나 모스크바의 분위기는 암울했고, 분노가 터져 나왔다. 당국에 대한 불신의 분위기가 만연했다. 돌아보면, 고르바초프의 연설은 국민과 정부 사이에 결코 메워질 수 없는 골을 파놓았다고 생각한다"라고 그는 말했다.[21]

모스크바에서 고르바초프가 신뢰를 얻지 못했다면, 키예프에서 그는 분노의 대상이 되었다. 많은 사람들의 큰 기대를 업고 출발한 고르바초프의 정치 생명도 체르노빌로 끝났다고 생각했다. 여러 일들이 벌어졌지만, 키예프 시민들은 블랙유머로 스스로를 위로했다. 블럭스를 이용한 프로파간다 전투에서 승리를 거둔 벨리호프에 대해 우크라이나의 동료들은 새로운 농담을 만들어냈다. 체르노빌 사람과 키예프 사람이 천국에서 만났다. "당신은 어떻게 여기에 오게 되었습니까?"라고 키예프 사람이 묻자, 체르노빌 사람은 "방사능 때문에 왔습니다"라고 대답했다. 그러면 "당신은 어떻게 여기 왔습니까?"라고 묻자, 키예프 사람은 "정보 때문에요"라고 대답했다. 고르바초프는 외국에만 정보를 은폐한 것이 아니라 자국민에게도 은폐했다. 그러나 소련 국민들은 누구보다 많은 것을 알고 있었고, 서방 방송이 여기에 한몫했다.[22]

그러나 고르바초프는 포기하려 하지 않았다. TV 연설을 한 다음 날, 그는 자신의 연설에서 칭송한 게일 박사와 저명한 미국 사업가 아먼드 해머를 만났다. 소련과의 관계 개선에 큰 역할을 한 해머는 체르노빌 희생자들에게 필요한 약품을 가져왔다. 해머는 레닌 시절부터 소련을 상대로 사업을 했고, 실제로 소련을 출범시킨 레닌을 만났다. 이러한 세부 사항을 소련 언론은 놓치지 않았다. 이제 소련 당국은 해머가 고르바초프에게 1985년 12월 제네바에서 약속한 레이건과의 정상회담 가능성을 문의했다고 보도했다. 고르바초프는 두 가지 조건이 충족되면 정상회담을 할 용의가 있다고 대답했다. 하나는 가시적 성과를 낼 수 있어야 한다는 것이고, 또 다른 하나는 정치적 분위기가 정상회담에 합당해야 한다는 것이었다. 소련 언론은 "정치적 분위기"란 말은 고르바초프가 연설에서 언급한 이른바 "사악한 반소련 캠페인의 종결"을 의미한다고 보도했다. 이는 서방은 소련 정부가 체르노빌 사고를 다루는 방식에 대해 이의 제기를 하지 말아야 한다는 것이었다.[23]

고르바초프와 만난 날인 5월 15일, 로버트 게일 박사는 기자 회견에서 재앙의 실제적·잠재적 희생자 수를 밝혔는데, 이 수치는 고르바초프를 비롯해 소련 당국자들이 발표한 것을 훨씬 상회했다. 게일은 고르바초프의 말을 인용해 그 시점까지 9명이 사망했고, 299명이 다양한 수준의 방사능 피폭 증상으로 병원에서 치료를 받고 있다고 말했다. 그러나 그는 다른 수치도 가지고 있었다. 35명이 위중한 상태였고, 그와 그의 의료팀이 그중 19명을 수술했다고 했다. 게일은 방사능의 영향을 받은 사람의 수가 5만 명에서 6만 명에 이를 것으로 예측했다. 그는 해머가 모스크바에 가져온 것 외에도 의약품과 의료 장비를 더 공급해달라고 요청했다. 소련 동료가 게일의 실명을 보충했다. 그들은 함께 연구를 진행할 것이고, 이 연구 결과를 공동으로 발표할 것이라고 했다.[24]

기자 회견은 소련 당국의 프로파간다에 성공을 안겨주었다. 소련 당국은 원전 사고로 피해를 입은 사람들을 포함해 전 세계에 자신들이 모든 것을 밝히고 있고, 숨기는 게 전혀 없다는 것을 보여주었다. 게일 박사의 방사능 피폭 환자 치료 결과는 평가하기가 쉽지 않았다. 5월 말에 그는 모스크바에서 다시 한번 기자 회견을 가졌는데, 이 자리에서 사망자 수가 23명에 이른다고 밝혔다. 소련 보건부 차관이자 과학아카데미 원사인 예브게니 차조프가 골수 이식 수술을 받은 환자 중 11명이 사망했다고 밝히면서 게일 박사와 미-소 공동 치료팀이 곤란에 처하게 되었다. 후에 소련 방사능 치료 전문가 안겔리나 구스코바는 골수 이식 수술이 치료에 도움을 주기보다는 해를 입혔다고 밝혔다. 이 시술을 한 게일은 이제 자신의 명성을 지키기 위해 싸워야 했다. "골수 이식은 단지 골수 부전으로 사망하는 것을 막을 뿐이지, 열상이나 방사능이 야기한 간 손상으로 사망하는 것을 막을 수는 없다"라고 그는 항변했다.

게일은 자신의 수술 성공률이 90퍼센트라고 평가했다. 이 말은 소련과 미국 양쪽에서 다 의심스럽게 받아들여졌다. 그러나 이 모든 것은 나중에 일어난 일이다. 그가 한 수술의 실제 효과가 어찌 되었건, 체르노빌을 둘러싼 동·서 진영의 프로파간다 싸움에서 게일은 미국인이 도움을 주기 위해 나섰다는 것을 소련인들에게 보여주었고, 소련 당국이 국제무대에서 체르노빌 관련 논의를 펼쳐가는 방식을 바꾸었다. 당시 게일은 냉전의 적수에 의해 나누어진 세계에 희망을 전하는 메신저였다.[25]

소련 지도자들은 체르노빌 사고가 발생한 직후, 그리고 그 이후에 사건의 발발과 그 영향을 은폐한 것에 대해 세계가 보인 반응에 적지 않게 놀랐다. 레이건 미 대통령은 체르노빌 특별대책반을 구성했고, 백악관의 래리 스피크스 대변인은 체르노빌에 대해 1일 브리핑을 했다. 레이건 행정부는 필요한 정보를 필요한 시간에 공개하지 않는 소련 정부를 비난했다. 정당한 환경, 보건에 대한 당연한 우려를 떠나서, 서방은 소련과 새로운 프로파간다 전쟁을 치를 준비를 했다. "경제 이슈는 하품만나게 할 뿐이다." 고르바초프보다 거의 2주 앞서 체르노빌 문제를 거론한 레이건의 라디오 연설을 준비했던 행정부 관리는 이렇게 말했다.[26]

소련은 체르노빌 관련 선전 공세의 주도권을 다시 잡기 위해 반격을 가했다. 누가 무엇을 알고 있고, 언제 무슨 일이 일어났는지는 정치적으로 아주 중요한 문제였다. 소련 국민을 동원하고 국내 문제와 경제적 어려움에서 국민들의 관심을 돌리게 하는 초기 시도에서 소련식 냉전 수사는 효과를 거두었다. 체르노빌 사고가 발생하고 나서 한 달 동안 이 사안을 다루는 언론 보도 내용의 3분의 1은 서방에 대한 공격으로 채워졌다. 소련 선전가들은 사고에 대한 서방 언론의 초기 오보와 과장을 지적하는 데 열을 올렸다. 그러나 이러한 부정확성은 소련의 정보 봉쇄가 야기한 결과였다. 고르바초프는 이 사건을 핵실험 금지 정책을 밀어붙이는 데 활용했다. 이 조치는 국제 긴장을 완화하고 어려운 상황에 놓인 소련 경제를 군비 경쟁의 부담에서 벗어나게 하려는 외교 정책의 일환이었다. 그러나 체르노빌 선전 공세 충돌에서 소련 당국은 자신들이 싸움에서 지고 있다는 것을 깨달았고, 소련 언론에 대한 검열의 고삐를 늦추었다.[27]

정확한 정보를 원하는 서방과 소련 대중의 압박은 고르바초프의 정책에 크나큰 영향을 미쳤다. 소련 기자들은 갑작스레 과거에는 감히 접근하기 어려웠던 원자력 산업 종사자들에게 다가가 취재할 수 있게 되었다. 비밀주의 관행이 흔들렸고, 불과 몇 달 전에 시작된 고르바초프 개혁의 핵심인 글라스노스트, 즉 '정보 공개'가 시작되었다. 후에 CBS 모스크바 특파원이 되는, 미국 컬럼비아 대학 해리먼소련연구소Harriman Institute for Advanced Study of the Soviet Union•의 조너선 샌더스 박사는 소련 TV 조사팀을 구성했다. 이 팀은 소련 TV 방송을 녹화하는 새로운 기법을 사용했다. 그는 학술 대회에서 발표한 논문에서 "체르노빌 사고 보도는 소련 언론 역사의 전환점을 만들었다. 처음으로 소련 TV는 '나쁜 뉴스'를 원하는 국민들의 요구를 받아들이고, 국가의 재난에 침묵하는 관행을 버렸다"라고 말했다.[28]

이 전환점은 소련 언론 발전과 미·소 관계, 소련 붕괴의 시작에 아주 중요한 역할을 했다. 소련은 이제 최후의 단계에 들어섰다. 앞으로 수많은 나쁜 뉴스가 터져 나오고, 체르노빌 사고 이후 소련 정권은 이를 국민과 세계에 숨길 수 없게 된다.

• 1943~1946년 주 소련 미국 대사를 역임한 에버리얼 해리먼Averall Harriman의 이름을 딴 연구소로, 하버드 대학교의 데이비드 러시아-유라시아 연구소David Center for Russian and Eurasian Studies와 더불어 미국의 2대 소련·러시아 연구소로 꼽힌다.

16장
석관

아직 건장한 80세의 중형기계제작부 장관 예핌 슬랍스키는 사고가 난 지 거의 한 달이 지난 5월 21일에 체르노빌로 왔다. 그는 사실상 소련 원자력 산업의 제왕으로 통했다. 그가 체르노빌에 오는 것이 지체된 이유는 여러 가지가 있었지만, 그의 잘못은 아니었다. 체르노빌 사고는 그가 이끄는 부처가 관할하지 않는 시설에서 발생한 것이지만, 폭발한 원자로는 그가 설립하고 자금을 지원했으며 수많은 민간 기술자와 군사 기술자 들이 일하는 과학연구소들의 발명품이라는 것을 모두가 알고 있었다. 체르노빌형의 RDMK 원자로는 슬랍스키가 이끄는 연구소에서 처음 만들어져 운영되고 홍보되었다. 체르노빌 사고가 일어난 후 당과 정부의 많은 인사들은 한때 권력이 막강했던 이 장관과 거리를 두려고 했지만, 결국 그에게 도움을 청하는 것 말고 선택의 여지가 없었다. 그 어느 때보다 원자력 비상사태를 다뤄본 슬랍스키의 경험과 그가 관장하는 부처가 가진 인적·기술적 자원이 필요했기 때문이다.

5월 15일, 소련 정치국은 슬랍스키와 그의 부처에 폭발한 원자로를 '매장하는' 임무를 맡겼다. 즉 방사능 누출을 영구히 차단하기 위해 원자로를 봉쇄하게 했다. 이 과제를 어떻게 완수할지는 슬랍스키에게 달려 있었다. 그는 곧장 일을 시작했다. 5일 후 그는 자신의 부처 안에 과업을 담당할 특별건설팀을 만들고 이를 이끌 장군을 임명했다. 기술자들과 건축가들은 다양한 해결법을 가지고 왔다. 그중 하나가 원자로를 모래, 콘크리트, 금속 구球로 뒤섞인 더미 아래 묻는 것이었다. 원자로 위에 아치나 우산 모양의 구조를 씌우자는 제안도 있었다. 최종적으로 폭발 후에도 그대로 남아 있는 원자로의 기반과 벽, 다른 부분들과 연결되는 콘크리트 구조물을 만들기로 결정했다. 가장 관건이 되는 문제는 시간이었다. 정치국은 4개월 안에 원자로를 묻길 바랐다. 원자로 4호기에 남아 있는 요소들을 이용해 보호 구조물을 만드는 것이 문제를 해결하는 가장 빠른 방법이었다. 공식적으로 원자로 위에 씌우는 건축물을 '보호막shelter'이라 불렀다. 그러나 비공식적으로는 '석관sarcophagus'•이라고 불렀다. 슬랍스키가 콘크리트 관을 만드는 주요 건축가이자 사제, 원자로를 매장하는 장의사가 되었다.[1]

복잡한 문제가 생겼을 때 임시방편적이고, 신속하고, 비용이 적게 드는 해결책을 세우는 것은 슬랍스키의 경력 전체와 소련 원자력 산업의 출발에서부터 핵심적인 일이었다. 이런 일은 늘 부족한 기술 자원과 인적 자원의 도움을 받아 이루어졌다. 손상된 원자로뿐 아니라 소련 원자

• 고대의 제왕이나 귀족의 시신을 담는, 육면체 돌로 만든 관. 시신의 분해를 촉진하는 석회석으로 만드는 것이 일반적이었으며, 지상에 노출시키거나 땅속에 묻었다. 원자로의 방사능 누출을 막기 위해 원자로 위에 씌우는 거대한 콘크리트 구조물을 고대 석관에 비유한 것이다.

력 에너지 개발의 전체 시대를 잠재울 석관을 짓는 데 슬랍스키보다 더 나은 적임자는 없었을 것이다. 그가 처음 원전 사고를 수습해본 것은 1957년 폐쇄 도시 오제르스크의 마야크(등대) 군사 원전에서였다. 당시 그는 겨우 두 달 전에 장관에 임명되어 직무를 막 시작한 시점이었다. 그의 감독하에 오염된 지역을 두꺼운 콘크리트로 덮는 소련식 방사능 오염 확산 방지법이 탄생했다. 그 후 거의 30년이 지났는데도 이것이 여전히 문제 해결 방법으로 통했다.

1986년 6월 초, 정치국은 블라디미르 쿠르노소프가 이끄는 레닌그라드의 건축가들과 기술자들이 개발한 석관 건설 계획을 승인했다. 슬랍스키는 자기 휘하의 과학, 산업, 군사 인력을 총동원했다. 이는 슬랍스키를 총사령관으로 하는 군사 작전과 같은 작업이었다. 그는 늘 기꺼이 최전선에 직접 나섰다. 수많은 원자력 관련 사고에서 독특한 문제 해결 능력을 보인 이 노령의 장관은 '소량의 방사능 피폭'과 같은 부정적 영향에 신경 쓰지 않았다. 5월 21일에 체르노빌 원전에 처음 나타난 그는 헬리콥터를 타고 파손된 원자로 위를 비행한 다음에 걸어서 원자로 4호기에 접근했다. 그는 수행원 두 명을 데리고 원자로 3호기 건물로 접근했는데, 수행원들에게 이렇게 말했다. "일 마치고 보드카 한잔 하면 모든 게 다 사라질 것이네. 하지만 제대로 살펴보고 여기서 무슨 일이 일어나고 있는지 알아내야 하네." 슬랍스키의 수행원들은 그때 방사능 수치가 '미친 듯이' 올라갔고, 원자로에 다가가던 슬랍스키가 수행원들에게 더 이상 따라오지 말라고 하며, "나는 늙었으니까 무서울 게 아무것도 없다네. 그러나 자네들은 아직 젊어"라고 말했다고 회상했다.[2]

슬랍스키가 이끄는 인력은 건축 구간을 12개로 나누어 각 구간을 거대한 부처에 산재한 여러 건축팀이 하나씩 맡게 했다. 파손된 원자로 건물 주변에 작은 도시 하나가 만들어졌다. 새로운 도로와 철로가 깔렸고, 인근에 콘크리트 생산 공장이 통째로 세워졌다. 1957년 오제르스크에서처럼 이들은 먼저 원자로 주변 고준위 방사능 오염 지역을 콘크리트로 덮어서 이곳을 비교적 안전한 건축 현장으로 만들었다. 그런데도 원자로로 콘크리트를 운반해 오는 트럭들은 방사능 수치가 시간당 50뢴트겐인 콘크리트 벽 뒤에서 콘크리트를 부어야 했다. 우크라이나와 소련의 주요 기계 제작 공장에는 슬랍스키의 기술자들이 설계한 석관에 필요한 장비와 재료를 만들도록 명령이 하달되었다. 우크라이나 당국자들은 특별건설팀의 인력, 자재, 장비 공급 명령을 이행하느라 손이 열 개라도 모자랄 지경이었다. 석관의 기반을 만들기 위해 이탈리아 장비가 도입되었고, 원자로를 덮는 벽을 만드는 데 필요한 콘크리트를 공급하기 위해 서독에서 강력한 펌프를 수입해 왔다.[3]

슬랍스키가 직접 정찰을 마친 뒤에 석관 건설 전투에 처음 투입된 인력은 군인이었다. 슬랍스키 선발대의 일원인 유리 사비노프 장군은 자신의 임무를 새롭게 나타난, 눈에 보이지 않는 적을 패퇴시키기 위해 상륙 작전을 준비하는 부대로 비유했다. 군대는 오염 제거와 건설, 두 가지 임무를 수행했다. 6월 초에 총 2만 명의 장교와 대부분이 예비군인 인력이 건설 대대로 조직되었다. 이들 중 많은 사람이 체르노빌 작업에 동원된다는 사실을 알지 못했다. 자신들이 어디로 가는지 알았던 사람들은 종종 다섯 배 많은 급여를 보장받았다. 이 약속은 지켜지지 않았지만, 동원된 사람들은 규율을 지키며 헌신적으로 일했다. KGB가 대응해야 할 유일한 불만은 과도한 방사능 노출이었다. 6월 2일에 25뢴트겐에 노출된 대대장과 두 중대장이 부대를 떠나자 예비군 200명이 식사를 거부했다. 그러나 같은 수준의 방사능에 노출된 병사 170명은 계속 그 지역

에 남아서 일했다.[4]

과도한 방사능 노출은 석관 작업이 끝날 때까지 계속 문제가 되었다. 원자로에 처음 접근한 사람들은 시간당 5~370뢴트겐의 방사능에 노출되었다. 그러나 슬랍스키는 계속 작업을 밀어붙였고, 그 밑의 장군들과 감독자들은 성과를 냈다. 7월 5일까지 이들은 원전 주변의 80만 제곱미터에 이르는 지역과 2만 4000제곱미터에 이르는 건물 표면을 특수 약품으로 청소했다. 9000개 기계와 장비로 무장한 8만 인력의 26개 건설 대대가 원자로 잔해 주변에 6미터 두께의 콘크리트 벽을 만들어 이 지역으로의 접근을 좀 더 안전하게 만들었다. 7월 말에는 석관의 기반이 완성되었다. 이때까지 콘크리트가 1만 5000제곱미터 타설되었고, 건설을 완료하기까지 30만 톤의 콘크리트가 소요될 것으로 추산되었다.

그러나 모든 것이 계획 대로 진행되지는 않았다. 알루미늄 8톤으로 만든 둥근 지붕 큐폴라cupola를 새로 만든 석관 벽 위에 헬리콥터로 내려서 원자로를 덮으려던 슬랍스키의 계획은 실패했다. 헬리콥터가 완성된 둥근 지붕을 원자로로 옮겨 갈 때 둥근 지붕을 묶은 쇠줄이 떨어진 것이다. "헬리콥터는 지상 400미터 고도를 시속 50킬로미터로 비행했는데, 둥근 지붕이 땅에 떨어져 부서졌다"라고 KGB는 사고를 보고했다. 천만 다행으로 이 지붕이 원자로 위로 떨어지지 않았고 지상에 있던 그 누구도 다치지 않았다. 이 광경을 보고 있던 슬랍스키는 성호를 그으며 "하느님, 맙소사!"라고 말했다는 소문이 전해진다. 둥근 지붕을 씌우려는 생각은 그 자리에서 폐기되었다. 석관의 천장은 나머지 구조물과 마찬가지로 콘크리트로 만들기로 결정되었다.[5]

소련 전역에서 모집된 슬랍스키의 설계자, 기술자, 군 지휘관과 예비군 들은 교대로 일했다. 첫 번째 그룹은 5월 중순부터 7월 중순까지 일했고, 두 번째 그룹이 7월 중순에 들어와 9월 중순까지 일했다. 세 번째 이자 마지막 그룹은 석관 건설이 완료된 11월 중순까지 일했다. 공사 완료는 5월 중순에 정치국이 정한 비현실적인 공기를 겨우 두 달 넘겼다. 이때까지 총 인원 약 20만 명이 슬랍스키의 건설 현장에서 일했고, 40만 톤의 콘크리트를 이용해 석관을 완성했다. 이렇게 해서 파손된 원자로가 누출하는 무서운 방사능으로부터 자국과 세계를 보호하는 보호막을 완성했다.[6]

슬랍스키는 공사 진척 상황을 살피기 위해 2주마다 한 번씩 현장에 내려왔다. 체르노빌 원전은 그에게 있어 수많은 전장 중 하나였다. 또 다른 전장은 크렘린이었다. 슬랍스키는 7월 3일에 체르노빌 사고의 원인을 검토하고, 결론을 이끌어내고, 죄지은 사람을 징벌하기 위해 소집된 정치국 회의에 불려 나왔다. 성서에나 나올 법한 기술적 재앙을 책임져야 할 사람은 규칙과 과정을 중대하게 위반하여 완벽하다고 여겨진 원자로를 파괴한 원전 운영자들인가, 아니면 쿠르차토프연구소를 비롯한 슬랍스키의 원자력 제국에 속한 원자로 설계자들인가? 이 질문에 대한 답에 따라 부처 장관인 슬랍스키의 직책과 명성, 그리고 무엇보다 중요한 그의 유산은 다시 한번 신임되거나, 반대로 쓰레기 취급을 받게 될 터였다. 또한 RBMK 원자로와 소련의 원자력 산업 전체의 사활도 걸려 있었다.

슬랍스키는 자신의 부하 직원들이 잘못을 저질렀다고 생각하지 않았다. 사고 소식을 처음 접했을 때 그는 그것을 다른 부처, 즉 체르노빌 원전 운영을 책임지는 에너지전력부의 문제로 생각했다. 슬랍스키 원자력 제국의 일원이며 체르노빌형 원자로를 설계한, 니콜라이 돌레잘이 이끄는 전력기술발전연구소는 우크라이나 전문가들이 사고를 일으킨 주범이라고 비난했다. 원전 폭발 소식을 들은 한 유명한 과학자는 "호홀 khokhly들*이 원자로를 파괴했어"라고 말했다. 그는 체르노빌 원전이 위치한 우크라이나의 관리자들과 운영자들을 비난하기 위해 우크라이나인들을 비하하는 멸칭을 사용했다. 슬랍스키, 돌레잘, 아나톨리 알렉산드로프 쿠르차토프연구소장이 우크라이나인이거나 우크라이나 출신이라는 사실은 중요하지 않았다. 비난의 방향은 인종이 아니라 책임 소재 기관이었다. 슬랍스키와 그의 동료들은 비난의 화살을 자신의 부처나 모스크바 소재 연구소에서 변방의 인력들로 돌리려고 애썼다.[7]

사고 원인을 조사하는 임무를 맡은 사고대책위원회의 초대 위원장 보리스 셰르비나는 4월 29일에 조사 작업팀을 구성했다. 이 작업팀은 슬랍스키 부처의 부책임자인 알렉산드르 메시코프가 이끌었고, 원자로를 설계한 모스크바의 돌레잘 연구소와 이 프로젝트에 과학적 연구 자료를 지원한 알렉산드로프의 쿠르차토프연구소에서 나온 전문가들이 주류를 이루었다. 작업팀은 사고 원인을 가지고 여섯 가지 가능한 시나리오를 세웠다. 그러나 5월 2일이 되자 작업팀은 이중 한 가지 시나리오에만 집중했다. 원자로 터빈 시험을 하던 중에 원전 운영자들이 저지른 기술적 절차 때문에 사고가 발생했다는 시나리오였다.

이는 원자력 기득권층의 공식 의견이 되었다. 다른 의견을 가진 사람들은 그 의견을 조용히 혼자 간직했다. 이 작업팀의 일원이었던 알렉산드르 칼루긴은 조사가 시작된 4월 29일에 "가동 중지 때 제어봉이 떨어져서 원자로가 폭발했네"라고 동료 발렌틴 페둘렌코에게 조용히 말한

---

* 호홀khokhol, хохол은 원래 우크라이나풍의 관모를 뜻하는 단어이나 러시아인들이 우크라이나 사람을 비하해서 부르는 명칭이 되었다.

적이 있었다. 이 말은 제어봉을 내리면서 갑자기 전력 출력구에 발생한 스파크로 폭발이 일어났다는 것을 의미했다. 이 시나리오는 사고가 일어나기 얼마 전에 원자력 과학자들 사이에 회람된 논문에서 예측된 것이었다. 폭발과 관련해 원자로 설계자들에게 책임이 있거나 최소한 부분적으로 책임이 있음을 의미하는 이 설명은 원자로를 설계한 연구소 출신 과학자들에게 수용되지 못했다. 5월 중순에 이들은 과학아카데미 원장 알렉산드로프에게 원자로 가동 절차 위반이 사고의 모든 원인이라고 보고했다. 원자로 설계의 과학 부문 책임자인 알렉산드로프는 이 설명을 수용했다.[8]

보리스 셰르비나의 사고대책위원회도 비슷한 입장을 취했다. 셰르비나는 원자로 설계의 문제점을 완전히 배제하지는 않았지만, 사고 원인을 논하기 위해 7월 3일에 소집된 정치국 회의에서 사고의 주된 책임이 원자로 운영자들에게 있다고 보고했다. "사고는 운영자들의 심각한 기술 규칙 위반의 결과로 일어났고, 원자로 건설 과정의 결함과 연계되어 있다"라고 셰르비나 보고서는 서술했다. "그러나 두 원인의 중요도가 동일하지는 않다. 사고대책위원회는 운영 책임을 맡은 인력이 범한 실수가 사고의 근본 원인임을 발견했다." 이 결론은 정치국이 인정한 공식 입장이 되었고, 전 세계 과학계와 소련 국내 및 국외 언론에 배포되었다.[9]

5월 말에 직위에서 해임된 체르노빌 원전 소장 빅토르 브류하노프가 당의 새로운 공식 입장으로부터 가장 먼저 영향을 받았다. 7월 초에 정치국의 청문에 응하기 위해 모스크바로 소환된 브류하노프는 여전히 낙담한 상태였지만 자신의 앞날에 전혀 신경 쓰지 않았다고 후에 회고했다. 그럼에도 그는 회의장 분위기를 분명히 기억했다. 참나무로 장식된 크렘린의 방 중앙에는 거대한 테이블이 있었다. 건축계에 오래 몸담은 그는 그 테이블의 길이를 50미터, 넓이는 20미터로 추정했다. 테이블 상석에는 미하일 고르바초프가 앉아 있었고, 좌우로 정치국원들이 앉아 있었다. 회의는 점심 시간 없이 오전 11시부터 저녁 7시까지 진행되었고, 중간에 급사들이 샌드위치와 음료를 가져다주었다. 브류하노프는 4월 26일에 발생한 사고의 원인이 무엇인지 자신의 생각을 약 15분간 설명했다. 고르바초프는 딱 한 가지 질문만 던졌다. 그가 1979년에 미국 스리마일섬에서 발생한 원전 사고를 알고 있는지 여부였다. 브류하노프는 알고 있다고 대답했다. 다른 사람은 아무것도 묻지 않았다. 그들은 무슨 일이 일어났는지 잘 알고 있었고, 그가 어떤 역할을 했는지도 알고 있다는 태도를 보였다. 그는 희생양으로 그곳에 불려 나온 것이었다.

발표 후 브류하노프는 자리에 앉아 오랜 시간 지속된 토론의 나머지 과정을 지켜보았다. 회의 말미에 고르바초프는 공산당에서 브류하노프를 제명시키는 결의안 초안을 낭독했다. 정치국은 만장일치로 이를 통과시켰다. 이전에 우크라이나 당 제1서기 볼로디미르 셰르비츠키가 주재한 우크라이나 당 중앙위원회에 참석한 경험이 있었던 브류하노프는 고르바초프의 태도가 전혀 단호하지 않다고 느꼈다. 그는 나중에 고르바초프를 '무골충triapka'이라고 불렀는데, 이 말은 브류하노프 자신이 동료들과 부하들에게 듣던 말이었다. 그러나 결국 브류하노프는 회의장에서 풀려 나왔고, 정치국원 중 누구도 그를 모욕하려 들지 않았다는 사실에 안도했다. 그가 원전 소장으로 있는 동안 당 서기들이 계획 달성을 요구하며 그를 "거꾸로 매달겠다"라고 위협하던 고위급 회의 때와는 사뭇 분위기가 달랐다.

이제 아무도 브류하노프에게 그런 말을 하지 않았지만, 언론은 그를 재앙에 가장 큰 책임이 있는 죄인으로 다루었다. 소련의 주요 TV 저녁 뉴스 프로그램인 〈브레먀〉는 그가 당에서 제명되었다는 사실을 소련 전역에 알렸다. 그것이 무엇을 의미하는지를 모르는 사람은 없었다. 그다음에 그를 감옥에 수감하는 형사 소추가 기다리고 있었다. 당에서의 축출은 곧 투옥임이 소련 사법 제도의 불문율이었다. 브류하노프가 태어난 먼 우즈베키스탄의 타슈켄트에서 그의 동생은 연로한 어머니가 TV 뉴스를 보지 못하게 막았다. 그러나 이웃들이 무슨 일이 벌어졌는지 말해주었고 그의 어머니는 심장발작을 일으켰다.[10]

바깥세상에서 보기에 예핌 슬랍스키와 알렉산드로프 소련 과학아카데미 원장은 이 고난에서 아무 상처를 입지 않고 살아난 듯했다. 그러나 정치국의 굳게 잠긴 문 안쪽의 분위기는 달랐다. "내 기억으로는 전체적으로 혼란스러운 분위기가 지배했다. 무엇을 해야 할지 아무도 몰랐다"라고 고르바초프의 최측근 자문관이자 페레스트로이카의 설계자 알렉산드르 야코블레프가 회상했다. "이 분야를 책임지는 슬랍스키 장관과 알렉산드로프 원장은 알아들을 수 없는 말을 했다. 어떤 시점에 이들은 농담을 주고받기까지 했다. '예핌(슬랍스키의 이름), 우리가 노바야제믈랴에서 방사능에 얼마나 많이 노출되었는지 기억하나? 그런데도 아무 일 없었어. 아직 살아 있잖아.' '물론 기억하지. 그때 우리는 1리터짜리 보드카 한 병씩을 비웠지'." 이들은 1954년 이후 소련 핵실험 장소로 사용된 북극해의 노바야제믈랴 군도에서의 무용담을 자랑했다.[11]

80세가 넘은 두 노인이 좋은 시절을 회상하는 동안, 고르바초프는 단순한 질문에 대한 답을 요구했다. "원자로는 믿을 만한가, 아닌가?" 이 질문에 대한 답은 소련 원자력 산업의 미래뿐만 아니라 자신의 페레스트로이카 계획에서 아주 중요했다. 만일 RBMK형 원자로가 모두 가동 중지되어야 한다면, 고르바초프가 꿈꾸는 경제 개혁도 중단되어야 하고 다른 에너지원을 찾아야 했다. 체르노빌 원자로 말고도 소련 전역에 RBMK형 원자로 12개가 가동 중이었다. 소련의 국고는 이미 텅 비어 있었다. 소련 원전이 생산하는 전력의 40퍼센트를 담당하는 나머지 RBMK형 원자로를 가동 중지하는 것은 둘째치고, 체르노빌 재앙으로 초래된 손실을 무슨 재원으로 메울 수 있단 말인가. 고르바초프는 물론이고 누구도 재앙이 미친 영향을 해소하는 데 재원이 얼마나 필요한지 아는 사람이 없었다. 수십 년 후 벨라루스 정부는 자체 내 처리 비용을 2350억 달러로 추산했다. 이는 1985년도 벨라루스 정부 예산의 32배에 해당하는 비용이었다.[12]

그럼에도 고르바초프는 자신의 질문에 대한 답을 원했다. 그는 슬랍스키가 관장하는 부처와 연구소 소속 핵과학자들의 의견을 듣고 싶어 했지만, 이들은 모두 침묵을 지키거나 답을 피했다. 결국 고르바초프 스스로가 답을 했다. "사고의 발생은 분명히 운영자들에게 책임이 있지만, 사고의 규모를 보면 원자로에 물리학적 결함이 있음이 분명합니다." 그는 슬랍스키의 부하들에게 RBMK형 원자로를 계속 건설해 사용할 수 있겠느냐고 물었다. 슬랍스키 휘하의 부책임자 알렉산드르 메시코프는 긍정적인 답을 내놓았다. "규정만 철저히 지킨다면, 사용할 수 있습니다." 고르바초프는 이 답을 만족스러워하지 않았다. "당신은 나를 놀라게 하는군요. 체르노빌 사고에 대해 지금까지 수집된 자료는 한 가지 결론을 가리킵니다. 원자로가 문제투성이고 아주 위험하다는 것 말이오. 그런데도 당신은 아직도 자신이 하는 일을 옹호하는군요"라고 고르바초프가 말하자, 메시코프는 이렇게 받아쳤다. "나는 원자력 에너지를 옹호하는 겁니다." 고르바초프는 지체하지 않고 되받아쳤다. "어떤 이익이 우선입니까? 이것이 우리가 답해야 하는 문제입니다. 이것이 국내외

수백만 명의 사람들이 우리에게 요구하고 있는 답입니다."[13]

사고 원인 조사 보고서를 낭독한 다음 고르바초프는 슬랍스키 부처에 대한 공격을 이어갔다. "메시코프 씨는 모든 책임을 원전 운영자들에게 돌렸습니다. 그런 재난이 발생한 다음에 당신이 할 일은 무엇입니까? 우리가 당신의 의견에 동의한다면 어떻게 되는 겁니까? 이전처럼 계속 해 나가는 겁니까? 메시코프 씨만 남기고 나머지 사람 모두를 파면하는 겁니까? 그렇다면 메시코프 씨가 해임되는 게 낫겠지요." 이 공격은 그의 부책임자와 자신을 방어하려는 슬랍스키를 향한다는 사실을 모르는 사람은 없었다. 슬랍스키는 정치국에 이렇게 말했다. "이 사고는 인재입니다. 원자로는 문제가 없습니다. 수리해서 오래 쓸 수 있습니다. 그들이 한 짓이 무엇입니까? 어찌 되었건, 그렇게 할 권한이 없는 지역 기술자가 문제의 시험을 진행했습니다."

체르노빌 원전 운영을 관할하는 에너지전력부의 겐나디 샤샤린 차관은 이 논쟁에 적극 가담해 원자로 설계자들에게 최대한 비난의 화살을 돌렸다. 그는 정치국원들에게 "원자로의 물리적 결함이 사고의 규모를 결정했습니다. 그런 상황에서 원자로의 핵반응이 가속화된다는 것을 사람들은 알지 못했습니다"라고 말했다. "물론 운영자들에게 사고 책임이 있기는 합니다. 그러나 사고의 규모를 보면 원자로의 물리적 결함이 근본 문제였습니다"라고 그는 첨언했다. 샤샤린은 안전성을 보장할 수 없는, 당시 가동 중인 모든 RBMK형 원자로를 가동 중지하는 안에 찬성했다. 그러나 고르바초프로서는 이 안을 아직 받아들일 준비가 되어 있지 않았다. "모든 원자력 발전소를 폐쇄하자는 샤샤린 씨의 말은 진지하지 않습니다"라고 고르바초프는 말했다. 그러나 RBMK형 원자로가 안전하지 않다는 사실을 인지한 고르바초프는 원자로 가동 중지나 폐쇄가 아니라 원자로를 좀 더 안전하게 만드는 타협안을 제시했다. "보호막을 만드는 것은 어떤가요?" 그는 원자로 주변에 콘크리트 보호막을 만드는 방안에 대해 회의 참석자들에게 물었다. 체르노빌에는 없었지만 미국의 모든 원자로에는 필수적으로 보호막을 설계해야 했다. 그러나 그런 보호막을 만드는 것은 소련 재정이 감당할 수 없을 만큼 막대한 비용이 들어가는 사업이었다. 고르바초프도 이 점에 대해 잘 알았다. 아마 이러한 이유 때문에 자신의 제안을 재빨리 철회했을 것이다. "체르노빌에 보호막이 있었다면 방사능 누출이 더 심각했을지도 모른다고 말하는 사람도 있습니다."

당 중앙위원회 원자력 에너지 담당 위원 블라디미르 돌기흐도 RBMK형 원자로를 어떻게 할지에 대한 논쟁에 뛰어들었다. 그는 원자로를 개선할 수 있다는 알렉산드로프의 제안에 호응하며 "처음부터 다시 원자로를 만드는 것은 비경제적입니다"라고 말했다. "우리는 거대한 에너지 손실의 위험에 직면했습니다. 체르노빌형 원자로는 코메콘COMECON, Council for Mutual Economic Assistance countries in Eastern Europe● 국가에 10기가 있고, 우리나라에 10기가 있습니다. 그러나 모두가 낡았고 위험합니다." 공산당 이념 담당 서기 예고르 리가초프는 원자력 에너지 의존도를 낮추는 안을 선호했다. "원자력 에너지 산업의 구조는 완전히 바뀌어야 합니다. 현재 무책임이 산업 구조 안에 팽배해 있습니다. 다른 에너지원을 찾읍시다. 천연가스를 이용합시다!"

● 경제상호원조회의 약칭(СЭВ). 1949년 1월 소련의 주도하에 중부 유럽 국가들을 중심으로 한 공산주의 국가의 경제 협력 기구로 결성되었고, 본부는 모스크바에 있었다. 2차 세계대전 이후에 미국이 실시한 유럽 재건, 원조 계획인 마셜 플랜에 대항하기 위해 설립되었고, 냉전이 종식된 1991년 6월에 해체되었다.

정치국 회의는 원자력 산업에서 진지한 개혁이 이루어질 필요가 있다는 결론을 내렸다. 회의에서 공식적으로는 원전 운영자들이 비난을 받았지만, RBMK 원자로의 안정성에 대한 의구심이 내밀하게 제기된 셈이었다. "원자로 형태를 결정합시다. 체르노빌형은 없애버립시다"라고 니콜라이 리시코프 총리가 정치국원들에게 말했다. 논의의 결론을 맺으면서 고르바초프는 정치국원들에게 "정치국 결의안은 에너지 생산 계획과 원자력 발전소, 천연가스 발전소, 석유 발전소, 수력 발전소, 화력 발전소 사이의 균형과 관련해 내용을 수정해야 합니다. 정부는 2000년까지의 에너지 부문 발전 프로그램을 개정해야 합니다. 우리는 원전을 폐쇄하기보다는 원자력을 계속 이용하는 것이 더 나쁜 결정은 아닌지 숙고해야 합니다." 그것은 슬랍스키와 그의 제국에 결코 좋은 소식이 아니었다. 그러나 이것이 다가 아니었다. 많은 이들이 슬랍스키가 체르노빌 사고에 간접적으로 책임이 있다고 생각했다.

"우리는 이제 중형기계제작부의 지나친 기밀주의에 맞서야 하는 상황에 도달했습니다"라고 돌기흐는 슬랍스키 원자력 제국에 대한 외부 통제력의 부재에 대해 언급했다. "슬랍스키와 알렉산드로프의 권위가 너무 막강해졌습니다"라고 리시코프 총리가 돌기흐의 말에 동의했다. 그는 슬랍스키의 영역을 분산하기로 결심하고 다음과 같이 제안했다. "원자력부를 새로 만들어야 합니다. 중형기계제작부의 업무 일부를 새 부처로 이관해야 합니다. 그리고 부처 간 협의체를 만들어서 슬랍스키 대신 과학아카데미나 과학기술국가위원회가 관장하거나, 아니면 더 좋은 방식으로 내각이 관장해야 합니다." 고르바초프는 원전 사고에 책임이 있거나 다양한 방법으로 당의 견책을 받은 사람들의 명단을 읽었는데, 브류하노프가 명단 가장 위쪽에 있었고 슬랍스키의 이름은 빠져 있었다.

고르바초프는 "알렉산드로프 원사가 이 산업 전체에 대해 자신이 지고 있는 책임을 의식하도록 해야 합니다"라고 말하며 중형기계제작부의 부책임자인 알렉산드르 메시코프는 해임할 것을 제안했다. 당분간 슬랍스키는 책임을 모면했다. 석관을 건설하기 위해서는 여전히 그가 필요했기 때문이다.[14]

정치국의 전투는 고르바초프와 그의 보좌진, 정치국원 들과 슬랍스키 주변에 포진한 원자로의 설계와 건설을 맡은 핵과학자들과의 대결을 고조시켰다. 슬랍스키 진영에서 이탈한 사람은 단 한 명 있었는데, 그는 보리스 셰르비나의 사고대책위원회 수석 과학 자문관을 맡은 발레리 레가소프였다. 정치국 회의에서 고르바초프는 원자로에 대해 질문할 때 체르노빌형 원자로의 '아버지'이자 레가소프의 상관인 아나톨리 알렉산드로프 대신 레가소프에게 물었다. "사고대책위원회는 어떻게 이런 유형의 원자로 제조 허가가 났는지를 밝혀냈습니까? 미국에서는 이런 유형의 원자로의 생산이 거부되었습니다. 이게 맞지요, 레가소프 동무?" 고르바초프는 회의에 참석한 핵과학자들의 동의를 구하며 물었다. 레가소프는 미국에서는 체르노빌형 원자로가 생산되거나 가동된 적이 없다고 답했다. "이 원자로는 가장 중요한 규정을 담은 안전 기준을 충족하지 못합니다"라고 그는 정치국에 답했다. "1985년에 핀란드 물리학자들은 우리 원자력 발전소에 높은 점수를 주었습니다. 그러나 평가를 받기 전에 스웨덴-미국 부품으로 대체했던 우리의 자동화 요소와 기술 부품들을 없앴기에 이런 평가를 받을 수 있었습니다."[15]

후에 레가소프는 리시코프 총리가 회의에서 한 발언을 떠올리며 체르노빌 사고는 절대 우연히 일어난 일이 아니고 소련의 원자력 산업이 오랫동안 그 방향으로 달려가고 있었기 때문이라고 말한 것을 기억했다. 레가소프는 자신이 몸담고 있고, 쿠르차토프원자력연구소의 동료들이 공들여 업적을 쌓아온 원자력 에너지 산업에서 사고의 원인을 찾으려 했다. 연구소 동료들은 연구소 부소장인 레가소프가 연구소와 원자력 산업의 이익을 방어하기 위해 활동할 것이라고 생각했다. 그러나 충성스런 공산주의자이자 소련 체제의 신뢰자인 레가소프는 체제의 이익을 슬랍스키 원자력 제국의 이익보다 우선시했다. 많은 사람들이 그를 기회주의자로 간주하고 의심의 눈길을 보냈다. 자신의 동료들을 등지고 정치국 편에 서서 내부의 비밀을 폭로했다고 보았다. 동료들은 그의 '배신'을 용서할 수 없었다.

사고 직후 몇 주 동안 고준위 방사능에 피폭된 레가소프는 7월 초에 모스크바로 귀환해 사고 원인을 분석한 보고서를 쓰기 시작했다. 5월에 소련 당국은 한스 블릭스 국제원자력기구 사무총장에게 이 기구가 조직하는 국제 학술대회에서 사고 원인에 대해 보고하겠다고 약속했다. 학술대회는 8월에 빈에서 열리기로 예정되어 있었고, 소련 정부는 공식 보고서를 작성하는 위원회의 대표로 레가소프를 임명했다. 그는 평상시와 다름없이 열의를 가지고 이 일을 맡아서 원자력 물리학자, 보건 전문가, 환경 전문가로 구성된 조직을 만들었다. 그는 자신의 아파트를 보고서 작성팀의 작업실로 삼아 주야를 가리지 않고 일했다.

이번에 개최되는 국제 학술대회에 서방 쪽에서 관심이 많았다. 유럽의 정치, 과학 엘리트 들은 사고의 정보 공개를 꺼리고 그 결과 중부 유럽과 서유럽 주민들의 안전을 위협한 소련 정부의 행태에 극도로 실망하고 있었다. 그들은 또한 소련 당국이 국제 학술대회에서 의미 있는 내용을 발표할 것이라는 데에도 회의적이었다. 이러한 서방의 태도를 잘 알고 있던 레가소프는 자신의 자문관 중 한 사람인 보로보이를 불러서 기밀 준수를 약속받고, 국제 학술대회에서 발표할 보고서와 결의안 초안을 보여주었다. 국제 학술대회에서 레가소프는 30분 동안 발표하기로 되어 있었다.

"서방 사람들은 체르노빌 사고 보고서에서 소련은 절대로 구체적인 내용을 얘기하지 않을 것이라고 전제했다"라고 보로보이는 회상했다. "그 원자로들은 군사적 목적의 원자로에 해당했기에 모든 사항이 기밀로 유지되어야 했고, 그래서 보고는 30분을 넘지 않을 것이라고 보았다. 그다음으로 다른 발언들이 예정되어 있었는데, 각각의 발언 내용은 1단계나 2단계에 머물 것으로 보았다. 그리고 나서 RBMK형 원자로를 가동 중지하고, 방사능 피해를 입은 국가에 거대한 배상액을 지불하고, 소련의 각 원전에 외국 감시단을 파견할 것을 제안하는 국제원자력기구의 결의안을 통과시키기로 되어 있었다." 레가소프는 이 계획을 무산시키기로 했다. "우리는 이것을 넘어서야 합니다"라고 그는 보로보이에게 말했다.[16]

레가소프와 그의 자문관들은 상세한 사고 일지와 그 결과를 담은 광범위한 보고서를 작성하기 시작했다. 이런 작업에서 일급 기밀로 취급되는 원자로의 설계와 건설에 대한 언급을 피할 수는 없었다. 예상대로 슬랍스키와 그의 보좌진들은 그러한 정보를 국제 과학계에 노출하기를 거부해 레가소프는 아주 난처한 입장에 처했다. 7월 3일에 열린 정치국 회의에서 에너지전력부 장관 아나톨리 마요레츠는 시대착오적인 기밀주의가 초래할 상황의 부조리에 대해 발언했다. "외국 보도를 보면, 서방에서는 이미 체르노빌 사고 모델을 시뮬레이션했습니다. 이런 상황에서 우리는 무엇을 해야 합니까? 국제원자력기구를 상대로 거짓말을 해

야 한단 말입니까?"라고 그는 정치국에서 소신껏 말했다.[17]

이 말에 누구보다 전적으로 동의한 레가소프는 리시코프 총리를 바로 찾아갔고, 총리는 레가소프가 계획한 대로 보고서를 작성하도록 허가했다. 이 보고서에는 RBMK형 원자로의 설계에 대한 정보뿐만 아니라, 누출된 방사능 양의 추산, 방사능이 농업과 인체의 건강에 미치는 영향까지 포함되어 있었다. 레가소프는 모든 것을 밝힐 준비를 했다. 소련 측의 보고서는 388페이지에 달했고, 레가소프는 소련 땅을 떠나지 못하도록 규정된 원자로 전문가들도 회의에 데려가기로 했다. 이들에게는 이번 일이 첫 해외 출장이었다. 이들의 임무는 자신이 맡은 전문 분야에 대한 구체적 질문에 답하는 것이었다. 블릭스가 빈 주재 소련 대사관에 소련 대표단이 보고서를 발표하는 데 소요될 시간을 물었을 때, 그들은 30분을 예상했다. 그러나 그들은 소련 대사관 측으로부터 4시간이 걸릴 것이라는 답을 받았다. 실제 발표는 그보다 더 길었다.[18]

빈 국제 학술대회는 8월 25일에 시작되었다. 레가소프는 원자로의 설계와 체르노빌 원전에 대한 설명으로 보고를 시작했다. 그는 사고 경위에 대한 설명, 사고 원인 분석, 사고가 미친 영향에 대한 설명을 이어나간 뒤, 앞으로 발생할 수 있는 원자력 안전사고를 예측하는 방법을 담은 제안으로 보고를 마무리했다. 이 보고는 그간 철저하게 기밀에 부쳐진 소련의 원자력 프로그램을 완전히 공개했다. 21개 국제기구와 62개국 대표로 구성된 원자력 전문가 600명과 기자단 200명은 놀라서 벌어진 입을 다물지 못했다. 레가소프의 발표가 끝나자 참석자 전원이 기립박수를 보냈다.

"회의 첫날 그 자리에 참석한 사람들은 그 광경을 쉽게 잊지 못할 것이다."《원자과학자 잡지》에 실린 학술대회에 대한 보도 기사에 서술된 문장이다. 보도 작성자는 이렇게 이어갔다. "8월 25일 회의 분위기는 암울했고 긴장감이 감돌았다. 그러나 마지막 날인 8월 29일의 분위기는 환희에 가까운 즐거운 축제 분위기였다." 레가소프는 바로 명사가 되었고, 서방 언론은 그를 세계 10대 과학자 중 한 명으로 치켜세웠다. 레가소프가 체르노빌 재앙의 원인과 결과에 대해 명백히 공개적인 보고를 함으로써 소련의 부정적 이미지를 무책임한 가해자에서 예측할 수 없는 상황의 희생자로 바꾸었고, 앞으로 유사한 사고를 예방하기 위해 자신의 경험을 세계와 공유하고 협력하는 긍정적 이미지로 전환시키는 불가능한 과업을 달성했다.[19]

빈 보고서에서 레가소프는 체르노빌 원전과 소련 원자력 산업 전반에 대해 전례 없는 개방성을 보여줬음에도 불구하고 사고 원인을 원자로 운영자들에게 돌리는 당의 노선을 고수했다. "사고의 근본 원인은 원전 운영자들이 유발한, 극히 일어나기 힘든 운영 절차와 운전 모드 위반이 결합된 데 있다"라고 그는 말했다.[20]

이런 주장은 슬랍스키와 부책임자 메시코프가 그 전 달 정치국 회의에서 내세운 "운영자들에게 모든 책임이 있다"라는 입장을 고수한 것이었다. 그러나 모스크바의 원자력 산업 지도부와 당 간부들은 레가소프가 소련 원자력 산업의 정보를 너무 많이 노출했다고 판단하고 즉각적으로 유감을 드러냈다. 보고서의 공저자 중 한 명인 알렉산드르 보로보이는 레가소프가 빈 회의에 참석하고 나서 다시 연구소에 출근했을 때 그를 맞았다. 3층에 있는 자기 사무실로 뛰어 올라오면서 레가소프는 "승리했어!"라고 보로보이에게 소리쳤다. 그는 기분이 좋은 채로 소련 지도부를 만나러 갔다. 몇 시간 후, 보로보이는 그가 돌아오는 모습을 보았다. 레가소프의 표정은 사뭇 달라져 있었고, 환희감은 완전히 사라진 상태였다. "그 사람들은 아무것도 이해하지 못했고 우리가 이룬 일이 무엇인지 감조차 잡지 못했어"라고 그는 보로보이에게 말했다. "나는 휴가를 낼 거야."[21]

빈에서 돌아온 레가소프가 누구를 만났는지는 알 수 없지만, 고르바초프를 비롯한 소련 최고위 인사들은 레가소프가 정보 공개(글라스노스트)의 뚜껑을 너무 크게 열었다고 생각했다. 7월 3일 정치국 회의에서 고르바초프는 "우리가 진실을 숨겨서 얻을 이익은 없습니다. 인류에게 완전한 결론을 제공하는 것이 우리의 임무입니다"라고 말한 바 있다. 그러나 10월 초가 되자 고르바초프는 좀 더 여유를 가질 수 있었다. 그는 만족스러워하며 정치국원들에게 이렇게 말했다. "국제원자력기구 회의 이후 체르노빌이 더 이상 반소련 선전 공세의 중요한 기제가 되지 않았습니다." 레가소프는 정권에 크나큰 프로파간다 승리를 안겨주었지만, 지도부는 이를 높이 평가하지 않았다. 레가소프가 인류에 대한 책임 의식 때문에 사고에 대해 자신이 알고 있는 모든 내용을 세계에 밝힐 필요는 없다고 보았다.[22]

많은 사람이 레가소프가 1986년 9월 1일 50세 생일에 체르노빌 업무성과로 소련 최고 무공 훈장인 소련의 영웅 훈장을 받을 것이라고 기대했다. 그러나 그는 이 훈장을 받지 못했고, 평화 시기에 수여되는 최고 훈장인 사회주의 영웅 훈장도 받지 못했다. 그 대신 그는 소련제 시계를 하나 받았다. 이 보상은 그와 다른 이들이 기대한 바를 생각할 때 명백한 모욕이었다. 레가소프는 소련 권력 피라미드의 최고위층에게서 지지를 거의 받지 못했음이 분명했다. 그는 당연히 배신감을 느꼈다. 그는 자신이 속한 연구소와 산업에 대항하며 정치 지도부를 지지했지만 두 기관 모두에게서 내쳐진 것이었다. 그가 한 일은 자신이 옳다고 믿는 바대로 체르노빌 사고의 원인을 공개적으로 세계에 알린 것이다.

여전히 원자력 제국의 수장이었던 슬랍스키가 레가소프에게 소련 최고 훈장을 수여하는 데 반대했다는 소문이 돌았다. 만일 이것이 사실이라면, 이는 슬랍스키가 거둔 마지막 승리였다. 1986년 가을, 그의 지평선에 구름이 몰려들기 시작했다. 슬랍스키의 최측근인 아나톨리 알렉산드로프는 10월에 과학아카데미 원장직에서 물러났다(그는 7월 정치국 회의에서 체르노빌 사고에 대해 자신이 져야 할 책임을 언급하며 이를 요청한 바 있었다). 이런 비난을 받은 적 없는 슬랍스키도 그다음 달 막강한 권력을 보유한 중형기계제작부 장관직에서 물러나야 했다.[23]

사고대책위원회는 11월 30일에 석관이 완공되었다고 보고했다. 그러기 며칠 전 체르노빌 현장에 가 있던 슬랍스키는 그다음 날 모스크바로 귀환하라는 리시코프 총리의 전화를 받았다. 슬랍스키가 석관 공사 완공 건으로 매우 바쁘다고 하자, 리시코프는 그에게 하루 더 말미를 주었다. "이 사람들이 무슨 일을 꾸미는 게 분명해"라고 리시코프와의 통화를 옆에서 들은 부하 직원에게 슬랍스키가 말했다.[24]

모스크바에서 두 사람의 회동은 세 시간 동안 진행되었다. 리시코프는 슬랍스키에게 그가 진행한 석관 공사에 만족한다고 말했다. 그러나 슬랍스키의 고령의 나이를 고려해 은퇴하는 게 낫겠다고 말했다. 100세까지 장관직을 유지하여 역사에 기록을 남기는 꿈을 품고 있던 슬랍스키는 마지막까지 저항했다. 리시코프의 집무실을 떠나면서 그는 비서에게 종이를 요청해 그가 늘 쓰는 파란 연필로 이렇게 썼다. "내 왼쪽 귀가 잘 안 들리니 나를 면직시켜 주기 바람." 총리가 이런 우스꽝스러운 사임 이유를 적은 사직서에 서명하지 않을 것이라는 기대에서 쓴 것이 아니라 할지라도 이는 분명 반항의 표시였다. 슬랍스키는 새 지도부와 그 정치적 행로에 대해 자신이 높이 평가하지 않는다는 사실을 감추지 않았다. 그는 자신의 부처에 구조조정이 필요 없다고 생각했다. 왜냐하면 그는 누구보다 일을 잘하는 방법을 알고 있었고, 자신의 부하 직원들도 페레스트로이카 없이 누구보다 많은 일을 했기 때문이다. 그는 고르바초프의 개혁이 가져올 이점을 전혀 인정하지 않았고, 동·서 간 긴장을 완화하려는 그의 외교 공세를 경멸했다. 몇 주 지나지 않아 보좌진은 그에게 제대로 된 사직서를 쓰게 하는 데 성공했다.[25]

　　군사화된 경제의 시대는 이제 끝났다. 이 체제는 체르노빌 재앙을 일으켰을 뿐만 아니라 그 결과를 청소하는 데 동원되었다. 은퇴 후 슬랍스키는 좋았던 옛 시절을 회상하며 그가 가장 좋아하는 시인의 시를 낭독할 터였다. 슬랍스키의 고향의 목가적 아름다움을 노래한 낭만 유랑 시인이자 우크라이나 민족의 아버지 타라스 셉첸코•가 쓴 시의 한 구절을 열정적으로 낭독할 터였다.

초가집 옆 벚나무 과수원엔

꿀벌이 윙윙거리며 날고,

농부는 쟁기 들고 풍요로운 땅을 갈고,

• 타라스 셉첸코(Taras Hryhorovych Shevchenko, 1814~1861). 우크라이나의 민족시인. 농노의 아들로 태어나 어려서 고아가 되었고, 화가로 출발했으나 우크라이나 전통 민요 두미와 코자크 전통, 우크라이나의 자치와 독립을 노래하는 시를 많이 남겼다. 성 키릴-메포디이 비밀결사에 연루되어 중앙아시아 지역에서 10년간 유형 생활을 했다. 대표작으로 〈유랑 시인〉 〈하이다마키〉 등이 있으며, 우크라이나 민족주의의 상징으로 존경받는 인물이다. 우크라이나 키예프 국립대학교는 그의 이름을 따서 타라스 셉첸코 키예프 국립대학으로도 불린다.

처녀들은 노래하며 집으로 돌아오네.

저녁이 되면 집에서 어머니가 그들을 기다리네.

—〈고향집의 벚나무 정원〉(1847)[26]

1960년대 초반에 슬랍스키는 카자흐스탄에서 발견된 우라늄 광산 인근에 건설된 신도시에 자신이 가장 좋아하는 시인의 이름을 붙이기 위해 온갖 노력을 기울였다. 그의 애국주의는 소련 못지않게 우크라이나를 향하기도 했다. 그는 둘 사이의 차이점을 느끼지 못했다.

체르노빌 재앙은 솁첸코가 노래하고 슬랍스키가 어린 시절부터 기억한 목가적 세계를 파괴했다. 우크라이나 북부와 벨라루스, 러시아 일부의 벚나무 과수원은 이제 대기 중에 방사능을 뿜어내며 그 주변의 생명을 파괴하고 있었다. 그러나 슬랍스키가 자신이나 그의 산업이 체르노빌 사고에 책임이 있다고 느꼈는지를 보여주는 증거는 없다. 그는 모험을 마다하지 않고 사고의 영향을 처리하기 위해 나섰다. 체르노빌 사고가 일어나기 전 누군가 그에게 원자로 노심이 녹아내리면 어떻게 되느냐고 물은 적이 있다. "그건 아주 아주 끔찍한 일이지만 우리는 그것도 처리할 것이오"라고 그는 대답했다. 실제로 그는 체르노빌에서 일어난 일을 처리했지만, 거기에는 커다란 대가가 따랐다.[27]

소련 원자력 산업의 로비 세력은 석관이 파손된 원자로뿐 아니라 원자력 산업 전반에 대한 의구심을 묻어버리기를 희망했다. 당과 정부 지도자들은 회의를 떨치지 못했지만, 원자력 로비 세력이 내세운 담론을 수용했다. 사고 책임은 모두 원전 운영자들에게 돌아갔다. 석관이 완성되자 슬랍스키는 구조 조정이 진행되어 소련 원자력 제국의 최고 지위에서 제거되었다. 알렉산드로프도 과학아카데미 원장직에서 물러났고,

정부는 빅토르 브류하노프와 그 밑의 운영자들을 추궁하기 시작했다. 일반인들이 보기에는 이들이 4월 26일 밤 체르노빌 원전에서 일어난 일과 관련된 비난을 전부 짊어져야 할 사람들이었다.

17장
죄와 벌

1986년 10월 16일, 소련 원자력 산업의 원로이자 RBMK 원자로 고안자들의 핵심 과학 자문인 83세의 아나톨리 알렉산드로프가 소련 과학아카데미 원장직에서 물러났다. 그는 쿠르차토프연구소 소장직에서도 물러날 준비를 했다. 소련 원자력 프로그램 역사에서 가장 중요한 첫 장이 넘어갔다. 다음 장은 누가 알렉산드로프의 뒤를 이어 1만 명의 학자와 종사자를 책임지는 연구소장 자리를 맡느냐에 달려 있었다.

알렉산드로프는 수석 부소장인 발레리 레가소프를 후임자로 염두에 두었지만, 다른 사람들의 생각은 달랐다. 알렉산드로프가 사임한 후 소장 자리를 놓고 벌어진 암투에서 연구소의 고위 과학자 다수 집단은 레가소프가 연구소장이 되는 것을 막기 위해 적극적으로 나섰다. 이들은 1987년 봄에 통상적으로 열린 연구소의 최고 의사 결정 기관인 이사회를 구성하는 선거에서 일치단결했다. 고위 과학자 129명이 레가소프가 이사가 되는 데 반대하는 투표를 했다. 이는 알렉산드로프가 과학아카데미 일로 바쁠 때 연구소를 운영해온 수석 부소장에게는 치명적 타격을 안겨주는 결과였다. 단지 100명의 동료 과학자만이 그를 지지했다.[1]

레가소프는 시를 쓰는 낭만주의자였다. 실제로 그는 젊은 시절에 직업 작가가 되기를 원했다. 그러나 당시 소련 문학계의 거장 콘스탄틴 시모노프*의 설득으로 이 꿈을 접었다. 당시 학생들은 물리학자와 서정시인 중 누가 더 나라에 중요한가를 놓고 논쟁을 벌였다. 1959년에 저명 시인 보리스 슬루츠키**는 그가 쓴 시에서 "물리학자가 되는 것이 유행이 되었고 서정시인이 되는 것은 내려다보는 시대가 되었다"라고 설파한 뒤, 인문학에 종사하는 사람보다 물리학자가 더 중요하다는 결론을 내렸다. 슬루츠키의 시가 발표된 후 한동안 전개된 논쟁을 지켜보던 당의 이념 담당자들은 타협안을 내놓았다. 둘 다 중요하다는 것이었다. 화학 전공생이었던 레가소프는 두 직업 모두를 추구했다.

스탈린의 압제로 트라우마를 겪은 사회에 물리학자와 서정시인을 놓고 논쟁이 가능하도록 이념적 해빙을 가져온 스탈린의 후계자 흐루쇼프처럼 레가소프도 믿음이 강한 사람이었다. 두 사람은 소련 체제에 대한 믿음이 굳건했다. 레가소프는 모스크바 대학 재학생일 때 공산당에 가입함으로써 이를 증명했다. 당시 많은 학생들이 이런 행동을 순진하고 기회주의적인 태도로 여길 때였다. 소련 과학계는 물리학자 안드레이 사하로프와 유리 오를로프 같은 유명한 반체제 인사들을 배출했다.

- 콘스탄틴 시모노프(Konstantin Mikhailovich Simonov, 1915~1979). 2차 세계대전 이후 소련에서 활약한 대표적인 시인이자 극작가. 전쟁을 주제로 한 작품을 많이 썼다. 〈나를 기다리세요〉가 대표 시로 꼽히고, 문학잡지 《노비 미르》의 편집장을 역임했다.
- 보리스 슬루츠키(Boris Abramovich Slutsky, 1919~1986). 스탈린 사후 스탈린 통치를 비판하는 시를 익명으로 썼으며, 유대인의 고난을 다룬 작품을 썼다.

러시아 혁명기에 레가소프의 상관 알렉산드로프는 백군白軍 편에 서서 2년을 싸웠다. 그는 59세가 된 뒤에야 공산당에 입당했는데, 이는 쿠르차토프연구소장이 되기 위한 필수적인 절차였다. 많은 학자들은 정권을 지지하지 않고 공산당과 거리를 두었지만, 레가소프는 공산당의 통치와 그 이념을 기꺼이 받아들였다.[2]

레가소프는 소련 과학의 힘과 연구소의 지원으로 개발된 원자로의 안전을 믿었고, 체르노빌 사고가 일어나기 불과 2년 전에는 다음과 같은 글을 써서 이들을 지지했다. "원자력이 석탄으로 얻어지는 전력보다 인체에 해를 끼치지 않는다고 말해도 과언이 아니다. 전문가들은 원자력 발전소에서 실제적인 핵폭발을 일으키는 것은 불가능하다는 점을 잘 알고 있고, 일련의 상정하기 힘든 상황이 연속으로 발생해야 그와 유사한 폭발을 일으킬 수 있는데, 이것은 포탄이 터진 정도의 파괴력만 있다." 레가소프는 당과 원자력 산업계의 공식 입장을 맹목적으로 따랐던 것 같다. 원자로의 안전에 대해 그가 지녔던 믿음은 알렉산드로프 아래 부책임자인 연구소 부소장 자리에 오르면서 더욱 강화되었다. 연구소와 체르노빌에서 레가소프의 동료이자 경쟁자였던 발레리 벨리호프는 후에 레가소프가 원전 건설에 전혀 관여한 바 없고, 그 물리학적 작동 원리에 대해 아는 바가 없다고 회고했다. 한 물리학자는 그를 "화학이라는 변방에서 온 친구"라고 불렀다. 레가소프는 쿠르차토프연구소의 수석 부소장이라는 공식 직함을 가지고 RBMK 원자로를 홍보했다.[3]

레가소프는 연구소에서와 마찬가지로 체르노빌 사고 현장에서도 최일선에 서서 체제에 대한 믿음뿐 아니라 리더십과 희생정신을 보여주었다. "현장에서 레가소프가 유일한 능력자였다"라고 한 우크라이나 동료는 레가소프가 체르노빌에서 한 일을 회고하며 말했다. "그는 도처에 나타났다. 사고 수습 초기에 그는 폭발 후에도 손상되지 않은 배기구에서 시간을 보냈다. 다른 이들과 마찬가지로 그도 방사능을 두려워했다. 그러나 그는 다른 사람을 그곳에 보내기 위해 자신이 솔선수범해야 했고, 그래서 제일 먼저 위험한 곳에 들어갔다." 레가소프는 소련이 세계적 파장을 미칠 재앙에 직면했음을 곧 알아차렸다. 전 세계는 아니더라도 수백만 명의 미래가 여기에 달려 있었다. 그는 다른 이들을 구하기 위해 지체 없이 자신의 건강과 생명을 내놓았다. 그와 같이 체르노빌에 왔거나 그의 뒤를 이어서 온 사람들 대부분이 그랬듯이, 그는 자신이 당면한 위험의 전모를 파악하지는 못했지만, 그는 그것의 심각성을 누구보다 빠르고 완벽하게 파악했다.[4]

레가소프는 다른 많은 사람들과 마찬가지로 원전 폭발로 발생한 상황을 2차 세계대전과 비교했다. 그러나 그가 소련 언론에 의해 고도로 신화화된 대조국전쟁(소련에서 독소 전쟁을 부르는 공식 명칭)과 비교한 것은 적군赤軍 병사들이나 사고수습자들이 보인 자기희생만을 의미하는 것이 아니었다. 그는 원전 사고와, 1941년 여름에 나치의 침공을 받아 발생한 군사적 참사라는 두 재난을 맞았을 때 전혀 대비가 되어 있지 않은 소련 체제에 대해서도 지적한 것이다. "원전 사고에 대해 아무 준비도 되어 있지 않았다. 이런 무질서, 이런 공포스러운 상황은 없었다. 이는 1941년의 더 나쁜 버전이다. 똑같은 '브레스트' 상황, 똑같은 용맹성, 똑같은 절망감뿐만 아니라 똑같은 무준비성을 보였다"라고 그는 회고했다. 브레스트란 독일군 침공 초기 서부 벨라루스 지역의 브레스트 요새에서 적군이 펼친 영웅적 방어전*을 의미한다.[5]

사고 직후 절체절명의 시간 동안 체르노빌의 수석 과학 자문관인 레가소프는 사고대책위원회에서 내린 많은 핵심 결정을 직접 제안했다.

그중 하나는 수천 톤의 모래, 진흙, 납을 부어서 사고 원자로를 덮는 것이었다. 이 과제는 헬리콥터 조종사의 희생을 대가로 결국 완수되었다. 그러나 레가소프의 일부 동료들은 이 작업은 인명과 자원을 희생시킬 뿐이며, 불에 타고 있는 원자로의 '입'에 모래 더미를 부어봐야 방사능 누출을 줄이는 데 아무 도움도 되지 않는다고 생각했다. 오히려 이것이 원자로가 가열되도록 하여 두 번째 폭발을 유발할 수도 있다고 보았다. 레가소프는 자신의 결정을 끝까지 방어했지만, 그는 소련 규정상 허용된 25뢴트겐을 훌쩍 넘어서는 최대치의 방사능을 견뎌내야 했다. 이뿐 아니라 다른 사람들의 건강과 생명을 위험하게 만드는 자신의 역할에 심란해져 큰 부담을 느꼈다.[6]

1986년 8월 빈에서 열린 국제 학술대회에서 소련 측 보고서를 읽은 레가소프는 원기를 회복했고, 소련 원전의 안전도를 개선할 수 있다고 확신했다. 그러나 귀환한 후 모스크바에서 받은 대접에 그는 크나큰 충격을 받았다. 정부 당국자들은 그의 보고를 마음에 들어 하지 않았다. 정부 당국은 레가소프가 소련 원자력 프로그램의 기밀을 너무 많이 노출했다고 불쾌해했다. 화가 난 이들이 당 지도자들만은 아니었다. 더욱 중요한 것은, 원자력 산업계의 그의 상관들과 쿠르차토프연구소의 동료들까지 잔뜩 불만을 표출했다는 점이었다. 동료들은 그가 자신들을 배신했다고 생각하며 분노했다. 레가소프는 자신이 조국과 세계를 위해 올바른 일을 했다는 생각에 변함이 없었다. 개인적으로 그는 충분히 멀리 나아가지 못한 것을 후회했다. 그는 후에 친구들에게 "나는 빈에서

• 독일과 국경이 인접한 지역에 지어진 브레스트 요새는 1941년 6월 22일부터 29일까지 약 9000명의 병력으로 월등한 전력의 독일군 중부집단군의 공격을 영웅적으로 막아내 2차 세계대전 이후 영웅 요새 칭호를 얻었다. '브레스트 요새 방어전'으로 불리기도 한다.

진실을 말했지만, 진실의 전모를 말하진 못했네"라고 말했다. 레가소프는 보고서에서 사고 원인으로 원전 운영을 책임진 사람들의 실수와 잘못만 전적으로 비난했다. 그는 원자로의 결함 자체에 대해서는 말하지 않았다. 이런 결함이 없었다면 이 사고는 핵재앙으로 발전하지 않았을 터였다. 이것이 그의 마음을 누르는 또 다른 짐이었다.[7]

공식적으로 레가소프는 100렘의 방사능에 노출된 것으로 측정되었지만, 그 자신이나 의사들도 실제로 그가 방사능에 얼마나 노출되었는지 알 수 없었다. 체르노빌에서 그는 방사능 측정기를 휴대하지 않은 채 가장 위험한 구역을 돌아다녔다. 그는 여름에 빈 회의 보고 자료를 준비하는 동안 처음으로 방사능 피폭 증상을 보였다. 1986년 11월에는 볼셰비키 혁명 기념일에 붉은광장의 레닌 묘 위에서 정치국원들과 함께 군사 퍼레이드를 참관하라는 영예로운 초청을 받았다. 소련 과학자들 중에 유일하게 초청되었지만, 건강 상태가 나빠지기 시작해서 이 행사에 참가할 수 없었다. 레가소프의 부인 마르가리타는 구토, 두통, 탈진 등 그의 증상을 의료 일기에 매일 적었다. 의료 검진 결과, 그의 혈액에 백혈구가 증가한 것으로 나타났는데, 이는 골수의 기능을 억제하는 급성 방사능 피폭 증상 가운데 하나였다.

1987년 5월, 의사들은 레가소프를 진찰했을 때 골수 안에 있어야 할 골수세포myelocyte를 혈액에서 발견했다. 이는 암이 발생할 위험이 커졌음을 의미했다. 건강이 악화되고, 동료들이 그를 쿠르차토프연구소 이사회에 선출하기를 거부한 일로 좌절한 상태에서 그는 방사능 피폭 증상으로 병원에 입원했다. 절망에 빠진 그는 수면제를 과도하게 복용하여 자살을 꾀했다. 그러나 의료팀이 발견하여 생명을 구했다. 의사들은 그가 삼킨 수면제가 그를 사망하게 만들기 전에 그것들을 토해내게 만들었다. 레가소프는 체르노빌을 과거로 돌리고 새롭게 시작하고 싶었다. 그러나 그건 말이 쉽지 어려운 일이었다.[8]

레가소프가 모스크바 병원에서 치료를 받는 동안, 체르노빌 원전 운영자들에 대한 재판이 시작되었다. 정치국은 사고의 원인을 전부 이들에게 뒤집어씌웠고, 레가소프도 빈 학술대회에서 같은 결론을 세계에 공표했다. 재판은 30킬로미터 제한 구역 안에 있는 체르노빌에서 진행되어야 했다. 이러한 결정을 내린 공식 이유는, 형사 재판은 범행이 저질러진 곳에서 진행하도록 규정한 소련 법규 때문이었다. 그러나 법 규정을 떠나서 이는 매우 이해하기 힘든 선택이었다. 체르노빌의 방사능 수치는 여전히 아주 높았다. 도로와 인도의 아스팔트가 제거되어 매설되었지만 도처의 방사능 수치가 아주 높았고, 특히 새로 건설한 도로는 더욱 그랬다. 기자들은 도시 한가운데에 상시용으로 설치된 방사능 측정기를 볼 수 있었다. 재판이 열리는 건물로 들어가는 사람은 모두 입구에 있는 물통으로 신발을 닦아야 했다. 제한 구역에서 시행 중인 안전 체제 덕에 당국은 재판이 열리는 건물과 인근에서 벌어지는 일을 완벽하게 통제할 수 있었다.

지역 문화 센터는 임시 법정으로 개조되었다. 창문에 금속 철창이 덧대어졌고, 무대와 방청석으로 바뀐 관람석은 커튼으로 분리되었으며, 관람석 일부가 제거되었다. 임시 재판정은 약 200명을 수용할 수 있었는데 재판이 열릴 때마다 만석이었다. 비번인 원전 근무자들이 재판을 참관했다. 재판 참관자 중 한 사람인 니콜라이 카르판은 재판 일지를 작성했고 그것이 나중에 출판되었다. 재판은 1987년 7월 7일부터 29일까지 18일간 진행되었지만, 기자들은 단 두 번의 재판에만 입장이 허용되었다.

재판 개시일에 기자들은 검사의 발언을 들었고, 재판 마지막 날에는 판결을 들었다. 기자들은 이 재판을 '닫힌' 구역에서 열린 '공개' 재판이라고 우스갯소리를 했다.[9]

체르노빌 원전의 운영자 및 안전 관리 책임자 6명이 안전 규칙 위반과 직무 유기 혐의로 재판을 받았다. 피고인에는 전 원전 소장 빅토르 브류하노프, 전 수석 기술자 니콜라이 포민, 포민 밑의 부책임자이자 4월 26일 새벽에 폭발로 이어진 원자로 4호기 차단을 감독한 아나톨리 다틀로프가 포함되었다. 이들은 재판이 열리기 한참 전에 체포되었고, 이제 재판정 중앙의 같은 책상에 앉아 있는 핵심 피고인이었다. 다른 피고인인 원자로 책임자 올렉시 코발렌코, 사고가 발생한 날 밤의 당직팀장 보리스 로고시킨, 원전 안전부장 유리 라우시킨은 따로 자리를 잡고 앉았다.[10]

핵심 피고인 빅토르 브류하노프는 자신이 재판정에 앉아 있는 것을 전혀 이상하게 여기지 않았다. 원자로 4호기가 폭발한 광경을 처음 보았을 때 그는 자신이 감옥에 가게 될 것이라고 생각했다. 소련 산업 관리자로서 오랜 경력을 쌓은 그는 대규모 사고가 발생하면 가장 먼저 책임을 지는 사람은 사업장 책임자라는 사실을 잘 알았다. 만일 사고가 심각하면 책임자는 감옥에 가야 했다. 소련 정치국이 1986년 7월에 그를 "심각한 피해를 발생시킨 사고의 원인이 된 중대 과실과 업무 태만"으로 공산당에서 제적하기로 했을 때, 그가 체포되는 건 시간문제였다. 8월에 브류하노프를 체포한 KGB 장교는 그에게 감옥에 가 있는 편이 더 나을 거라고 했다. 사고의 규모에 충격을 받아 희생양을 찾고 있던 시민들에게 원전 소장은 가장 손쉬운 목표가 될 수 있었기 때문이다. 브류하노프에 대한 심문이 진행되는 동안, 낯선 KGB 장교가 그의 방에 들어와서 "내가 직접 당신을 총살하고 싶다"라고 말하자, 브류하노프는 "좋아, 그렇게 하게. 일어나서 총을 쏘게"라고 답했다. 그 순간부터 그는 무슨 일이 일어나도 받아들일 준비가 되어 있었다.[11]

브류하노프는 이미 키예프의 감옥에서 거의 1년을 보낸 상태였다. 그는 체포된 후 처음으로 의사의 검진을 받았고, 그가 정상 수치의 거의 10배에 해당하는 250렘의 방사능 수치를 보인다는 사실을 통보받았다. 브류하노프는 급성 방사능 피폭 증세를 보였다. 수시로 두통이 찾아왔고 귀 뒤쪽에서 극심한 통증을 느꼈다. 그는 재판 전 기간 대부분을 독방에서 보냈다. 그것이 그에게는 수감 생활에서 가장 혹독한 일이었다. 아내 발렌티나의 면회는 단 한 번 허락되었다. 10대인 아들과 체르노빌 사고 넉 달 전 여자아이를 출산한 만딸은 인생이 뒤집히는 충격적인 경험을 했다. 전에는 프리퍄트에서 가장 존경받는 가족이었던 브류하노프 일가를 옛 친구들과 이웃들은 멀리했다. 프리퍄트시 비상 소개 때 이들은 거의 아무것도 챙기지 못한 채 집을 빠져나왔다. 브류하노프가 체포된 후 8월이 되어서야 발렌티나는 전에 살던 아파트를 찾아가 가재도구 몇 가지를 챙겨 올 수 있었다. "방사능 측정 기사가 먼저 집에 들어갔고, 몇 가지 물건과 책을 가지고 나오는 것을 허용했다. 우리는 모든 책을 약식초를 탄 용액을 묻힌 천으로 닦았다. 이것이 방사능을 제거하는 방법으로 알려져 있었기 때문이다"라고 그녀는 회상했다. 더욱 심각한 것은 법원이 브류하노프의 은행 구좌를 압류한 것이었다. 그는 체포되기 전에 월급과 휴가비 전액을 이 통장으로 받았다.[12]

발렌티나는 갓난아기에게 수유를 하던 딸에게 브류하노프가 체포되었다는 사실을 숨겼다. 그녀는 자기와 아들의 생계를 위해 예전에 체르노빌 원전에서 하던 일을 다시 했다. 그녀는 1986년 가을에 가동되기 시작한 남은 원자로의 운영을 돕는 업무를 했으며, 참사나 자신과 남편에게 앞으로 닥칠 일을 생각하지 않고 분주하게 일하기 위해 주말이나 경축일에도 일할 수 있도록 허가를 받았다. 그러나 이것은 역효과를 가져왔다. 그녀의 혈압은 위험할 정도로 올라갔고, 하루는 동료들이 그녀를 입원시키기 위해 구급차를 불러야 했다.

발렌티나는 체르노빌 사고로 인한 스트레스와 트라우마를 치료하기 위해 갖은 방법을 다 써보았다. 결국 그녀는 가족에게 다시 헌신하는 것을 삶의 새로운 목표를 삼았다. 한 여의사가 그녀의 어깨를 감싸며 아직 돌봐야 할 가족이 있으니 기운 내라고 격려해준 일이 전환점이 되었다. 발렌티나는 그 말을 가슴에 새겼다. 그녀가 위기를 극복하는 데 도움을 준 다른 일화도 있다. "나는 프리퍄트의 한 아주머니에게 아주 감사한 마음을 가지고 있다. 내가 버스정류장에서 울면서 걸어갈 때 그녀가 다가와 나를 안아주며 말했다. '발류사(발렌티나의 애칭), 왜 울어요? 빅토르가 살아 있잖아요. 이게 가장 중요한 거예요. 보세요, 체르노빌 사고 후에 얼마나 많은 무덤이 생겼는지.'" 발렌티나는 이제 자신뿐만 아니라 남편을 위해서도 투쟁하기로 했다. 그녀는 브류하노프에게 변호사를 고용하도록 설득했다. 몹시 낙담하고 운명론자가 된 브류하노프는 이마저도 하지 않고 있었다.[13]

1987년 봄에 시작될 예정이었던 재판은 피고인 중 한 명인 전 수석 기술자 포민의 정신건강 문제로 연기되었다. 그는 1986년 8월 13일에 브류하노프와 같은 날에 체포되었다. 이날은 그가 방사능 피폭으로 모스크바의 제6병원에서 치료받고 퇴원한 직후였다. 포민은 급성 방사능 피폭 증세와 체포의 트라우마가 겹쳐 심한 우울증을 앓았다. 감옥에 수감되어 있던 그는 1987년 3월에 자신의 안경을 깨뜨려서 나온 유리 조각으로 정맥을 그었다. 의사들이 그를 살려냈고, 1987년 7월에는 재판

을 받을 수 있을 정도로 안정을 되찾았다는 진단을 받았다.[14]

체르노빌 문화 센터에 마련된 법정에서 브류하노프와 포민은 사고 당일 잘못된 터빈 시험을 실시해 재앙을 일으킨 주범으로 지목받은 아나톨리 댜틀로프 양쪽에 앉았다. 포민과 마찬가지로 댜틀로프도 모스크바의 제6병원에서 치료를 받은 후 1986년 11월에 퇴원했다. 의사들은 그가 390렘의 방사능에 노출되었다고 측정했다. 그는 4월 26일 밤에 입은 화상으로 왼쪽 다리에 상처가 남은 채 퇴원했다. 처음부터 조사관들은 댜틀로프를 재난을 일으킨 주범으로 보았다. 검찰은 원자로 4호기 교대 팀장 알렉산드르 아키모프와 원자로 관리자 레오니트 톱투노프에 대한 형사 소추도 시작했으나, 1986년 5월에 그 두 사람 모두 사망해 기소를 중지했다. 댜틀로프는 몸이 아팠지만 살아는 있었다. 그는 퇴원하고 한 달 후인 12월 4일에 수감되었다.

1987년 6월에 재판을 위한 모든 준비가 끝나자, 브류하노프, 포민, 댜틀로프는 그동안 구금되어 있던 키예프의 KGB 감옥으로부터 체르노빌에서 남쪽으로 50킬로미터 떨어진 이반키프의 감옥으로 이송되었다. 재난의 결과를 처리하는 사고대책위원회 본부도 이 도시에 자리 잡고 있었다. 이들은 재판이 열릴 때마다 그곳에서 체르노빌로 이송되어 왔다. 브류하노프와 그 밑의 직원들은 소비에트 우크라이나 형법의 3개 조항을 위반한 죄로 기소되었다. 첫 번째 조항은 폭발 위험이 있는 기관의 안전 규칙에 관한 것이었다. 두 번째는 사고의 실제 규모에 대한 정보를 감추었다는 혐의와 관련된 직권 남용이었다. 세 번째는 원전 직원들을 적절히 훈련시키지 않은 직무 유기였다.[15]

빅토르 브류하노프는 첫 두 죄목에 대해서 죄를 인정하기를 거부했다. 그는 원자력 발전소를 폭발 위험이 있는 기관으로 정의하는 지침이 없었다고 항변했다. 법 제정자나 운영 지침을 만든 원자력 산업 지도자들 누구도 원자로가 폭발할 것이라는 생각을 해본 적이 없었다는 것이다. 두 번째 조항에 대해서 그는 그의 능력 안에서 원전에서 일어나고 있는 일을 당국자들에게 알렸지만, 프리퍄트 주민들을 소개해야 한다는 자신의 제안이 무시되었다고 주장했다. 그에게 가장 불리한 증거는 그가 4월 26일 아침에 서명한 편지였는데, 여기에는 그에게 제공된 수치 중 가장 낮은 방사능 수치가 담겨 있었다. "당과 소련 기관에 보내는 편지에 왜 방사능 수치가 시간당 200뢴트겐이라는 정보가 누락되었습니까?"라는 검사의 질문에 브류하노프는 "나는 편지를 주의 깊게 보지 않았습니다. 물론 그 정보는 추가되었어야 합니다"라고 답했다. 브류하노프는 스스로를 방어하기 위해 최선을 다했지만, 재판에서 무슨 말이나 행동을 하는지와는 상관없이 그의 운명은 모스크바에서 이미 결정되었다고 생각했다. "내가 처벌받을 것은 이미 분명했다"라고 그는 후에 재판 당시의 생각을 회고하며 말했다.

브류하노프는 그가 업무를 감독하는 상황에서 사고가 발생했으므로 직무 유기는 인정했다. "나는 운영자로서 일을 제대로 관리·감독하지 못한 데 대해 유죄를 인정합니다. 어찌 되었든 나는 부주의했거나 무능했습니다. 이것이 심각한 사고라는 것은 잘 알고 있지만, 모든 사람이 이에 대한 책임을 공유해야 합니다"라고 재판정에서 말했다. 비록 브류하노프가 4월 26일 사고에 직접 연관되지는 않았지만 사고에 대한 부분적 책임을 인정한 것은 판사들에게 긍정적 인상을 심어주었다. "비록 화가 나 있었지만, 이렇게 차분하고 침착한 피고인을 만나본 적이 없습니다. 그는 진정한 남자입니다!"라고 판사 중 한 사람이 그의 부인 발렌티나 브류하노프에게 말했다.[16]

니콜라이 포민은 완전히 다른 전략을 취했다. 자살 기도 후 교도소 의사에 의해 구조되고 소생해 완전히 기력을 되찾은 그는 사고의 책임을 부하 직원들에게 떠넘기는 것을 부끄럽게 여기지 않았다. 그의 방어 전략은 다음과 같이 단순했다. 자신이 허가한 터빈 시험 프로그램은 아무 문제가 없었고, 댜틀로프와 아키모프가 그 프로그램을 따랐다면 원자로 4호기의 폭발은 절대 일어나지 않았을 거라는 것이다. "사고를 일으킨 원인이 프로그램은 아니라고 나는 확신합니다"라고 그는 법정에서 말했다. "당신 생각에 누구에게 사고의 책임이 있습니까?"라고 검사가 묻자 포민은 "프로그램에서 벗어난 시험을 허용한 댜틀로프와 아키모프입니다"라고 대답했다.[17]

터빈 시험 프로그램의 조건을 위반한 직접적 책임이 있는 운영자 아나톨리 댜틀로프는 포민처럼 부하 직원들을 비난하는 전략을 취하지 않았다. 그들은 이미 사망해서 최종적 희생양이 될 수 있었다. 댜틀로프는 이와 달리 훨씬 고상한 방법을 취했는데, 이는 당국을 위험하게 하는 전략이었다. 그는 여러 운영 규칙을 어긴 데 대해서는 자기 잘못을 인정했다. 예를 들어 그는 원자로의 핵반응 영역에 제어봉을 15개 이하로 남겨놓은 것, 시험 프로그램에 적힌 대로 전력이 상실되는 경우에 원자로의 출력을 700메가와트로 끌어올리는 데 실패한 것 등 여러 가지 규정을 위반한 사실을 인정했다. 그리고 핵반응을 중단시키는 비상 정지 버튼(AZ-5)을 사용하는 데 시간을 끈 점을 인정했다.

그러나 댜틀로프는 원자로가 정상적인 가동 상태였다면 이렇게 여러 가지 규정을 위반했더라도 어느 것도 폭발을 야기하지 않았을 것이라고 단호하게 주장했다. "만일 우리가 버튼을 일찍 눌렀다면 사고가 더 빨리 일어났을 것입니다. 이는 원자로 상태가 이미 사고가 발생할 조건이었다는 의미입니다. 나는 소련에서 인정되는 안전 규정에 맞추기 위해 원자로의 출력 수준을 200메가와트에서 멈추라고 지시했습니다." 이렇게 주장함으로써 댜틀로프는 RBMK 원자로의 설계자들에게 비난의 화살을 돌렸다. 실제로 이 원자로는 제어봉이 핵반응 영역에 삽입됨으로써 핵반응을 가속화하는 양의 보이드 효과로 인해 일어날 수 있는 폭발을 방지하는 설계가 되어 있지 않은 것으로 판명되었다. 댜틀로프는 원자력 산업계와 정치 엘리트들이 정당화했던 원자로 설계자들을 향해 공개적으로 비난의 화살을 쏜 셈이었다.

댜틀로프는 결국 소련 대법원의 주심 재판관 라이몬트 브리제뿐 아니라 소련 검찰청의 수석 검사 유리 샤드린까지 사고의 원인을 밝히는 데는 누구도 관심이 없다고 결론을 내렸다. 그들은 원전 관리자를 대상으로 한 재판에서 원자로 설계에 관련된 모든 자료를 재판에서 배제하며 RBMK 원자로 설계자들을 보호했고, 이 문제는 추가 조사가 필요한 별도의 형사 사건으로 분류했다. 사고의 원인을 규명하기 위해 법정이 소집한 조사위원회는 RBMK 원자로 설계를 담당한 기관의 대표들로 구성되었고, 판사들은 체르노빌 원전 운영자들과 기술자들 중에 증인으로 나온 이들이 제공한 증거를 자주 무시했다.[18]

브류하노프는 판결에 대한 시끄러운 항의를 막기 위해 원전의 새 운영진이 고위 운영자 회의를 열어 판결과 일치하는 입장을 취하도록 했을 거라고 믿었다. 그럼에도 500명 이상의 직원들이 브류하노프의 사면을 요청하는 청원서에 서명했다. "1987년 7월, 많은 사람들이 운영자들에게 책임을 묻는 건 불법이라고 생각했다. 증인들은 남은 원자로를 현대화하는 조치들이 취해진 사실을 알았고, 이를 고려해 그들 스스로 결론을 내렸다"라고 댜틀로프는 기록했다. 그의 기록은 1986년 7월 정치국 회의 이후에 취해진 RBMK 원자로의 개량 작업을 가리켰다. 그는 고위 당국자들이 사고 책임을 전적으로 원전의 운영자들과 설계자들에게 돌릴 수 없다는 것을 잘 알면서도 그들을 희생양으로 만들기로 결정했다고 믿었다. 브류하노프는 후에 피고인들에게 내려진 판결에 대해 다음과 같이 평가했다. "결국 당 중앙위원회와 전 세계에 보여줄 필요가 있었다. 보라, 우리는 죄인들을 찾아냈다. 어떻게 소련의 과학이 뒤떨어질 수 있겠는가? 우리 과학은 세계 최고 수준이다."

판사들은 브류하노프와 그 부하 직원들의 유죄를 선고하면서, "원전 운영 인력이 기술적 규율을 지키도록 감독하지 못했고, 그 결과 그들 스스로 공식 지시를 체계적으로 위반했으며 감독 기관의 지침을 무시했다"라고 평결했다. 브류하노프에게는 원전 인력의 소개를 지연시킨 책임도 물었다. "브류하노프는 혼란에 빠져 겁을 먹고 사고의 영향을 낮추는 조치를 취하지 않았고, 노동자들과 주민들을 방사능 누출로부터 보호하는 계획을 실행하지 않았다. 상부에 제출한 보고서에서 그는 방사능 수치를 고의로 축소해 위험 지역에서 주민들을 제때 소개하는 것을 방해했다"라고 판결문은 선언했다.[19]

판사들이 판결문을 낭독하자, 브류하노프는 그에게 부과된 10년 징역형이라는 무거운 형량에 놀랐다. 댜틀로프와 포민에게 선고된 것과 같은 형량이었다. 궁극적으로 사고가 벌어졌을 때 원전 최고 운영자인 세 사람이 무슨 일을 했고, 그들이 재판에서 어떤 태도를 취했는지는 문제가 되지 않았다. 세 사람에게는 똑같은 중형이 선고되었다. 나머지 피고인들에게는 2년에서 4년의 징역형이 선고되었다. "대법원 판사는 위에서 명령받은 형량을 선고했다"라고 브류하노프는 회고했다. "만일 그들이 나를 총살형에 처할 수 있는 조항을 발견했다면 아마도 총살시켰을 것이다. 그들은 그런 조항을 찾지 못했다." 교도소 간수들은 브류하노프에게 내려진 형량이 충격적이었기에 그가 자살을 기도할 수 있다고 보았다. "판결이 내려진 다음 날 간수가 침대 옆에 의자를 갖다 놓고 밤새앉아 있었다"라고 브류하노프는 회고했다. "그러나 간수는 내가 잠을 설치게 만들었을 뿐이다." 브류하노프는 자살할 생각이 전혀 없었다. 그는 다른 생각을 했고, 후에 기자에게 이렇게 말했다. "이 세상을 하직하는 것은 간단한 일입니다. 그러나 그렇게 해서 무엇을 증명할 수 있습니까? 무엇을 이룰 수 있겠습니까?"[20]

모든 사람이 그렇게 회복력을 지녔던 것은 아니다. 발레리 레가소프는 체르노빌 사고 2주기 다음 날인 1988년 4월 27일에 두 번째 자살 기도에 성공했다. 그는 가족들이 일하러 나간 사이에 자신의 아파트에서 목을 매었다. 그의 의도가 진지하다는 것만은 분명했다. 밧줄의 동아리 매듭이 너무 단단히 매여 있어서 그의 죽음을 조사하러 온 경찰관들이 그것을 푸는 데 애를 먹었다. 레가소프는 유언을 남기지 않았지만 평생 아내를 위해 쓴 시를 모아놓았다. 그 전날 그는 사무실에서 개인 물품들을 가져왔다. 그중에는 그가 가장 아끼는 사진이 있었는데, 체르노빌에서 찍은 두 마리 황새 사진이었다. 이것은 재앙을 입은 지역에 생명이 돌아왔음을 나타내는 상징이었다.

레가소프는 1987년 여름에 처음 자살을 기도한 후, 새로이 소련 원자로의 안정화에 헌신하며 생활을 다시 정상 궤도에 올려놓으려고 애썼다. 1987년 10월에는 《프라우다》에 산업의 요구와 생산 할당량보다 과학을 우선시해야 한다는 글을 실었다. 소련 원자력 산업의 초기 발전 단계를 이상적으로 묘사하며, "오래된 것을 개량하는 것이 아니라 새로운 것을 만들 필요가 있을 때는 원칙의 목소리가 과학에 부합되어야 한다"라고 주장했다. 그는 "그리고 이후 체르노빌에서 그 반대의 예가 비극적으로 입증되었다. 과학에 제약이 생기면 최적이 아닌 결정들이 나오기 시작한다"라고 덧붙였다.[21]

레가소프는 소련 원자력 산업을 비판하면서 이를 에둘러 표현하려고 최대한 노력했다. 그러나 그의 외교는 계획한 대로 작동하지 않았다. 1987년 가을, 그는 또 다시 모욕을 당했다. 그때까지 레가소프를 지지해온 아나톨리 알렉산드로프가 쿠르차토프연구소 관리들에게 정치국이 체르노빌 사고 처리 과정에 기여한 그의 업적을 인정하여 평화 시기에 수여되는 최고 훈장인 '사회주의 노동 훈장'을 레가소프에게 수여하기로 결정했다고 발표했다. 그러나 정치국의 결정은 마지막 순간에 뒤집혔다. 아마도 고르바초프가 그렇게 한 것 같았다. 이 일은 레가소프의 체면과 사기에 큰 타격을 입혔다. 그의 건강은 악화되기 시작했고, 그의 과학적 계획을 실현할 희망도 사라져갔다. 체르노빌 사고 2주기인 1988년 4월 26일, 레가소프의 연구소 동료들은 그가 제안한 새로운 계획, 즉 화학 연구를 위한 위원회 설립을 거부했다. 그날 그는 체르노빌 사진을 포함한 자신의 개인 물품을 사무실에서 치웠다. 하루 뒤, 그는 죽은 채 발견되었다.

레가소프는 죽음에 이르는 기간 동안 소련 사회를 변혁하겠다는 고르바초프의 페레스트로이카에 의문을 제기하기 시작했다. 그는 한 동료에게 잘못된 사람이 나라를 운영하고 있다고 말하기도 했다. 그가 의미한 사람이 고르바초프가 아닌 다른 인물이라고 생각하기는 어려웠다. 그가 자살하기 전 몇 달 동안 테이프에 녹음한 인터뷰와 회고록을 보면, 원자력 산업의 안전 기록에 대해 깊이 염려했음을 알 수 있다. 그는 소련에 건설된 RBMK 원자로의 구조, 특히 사고가 일어났을 때 방사능 누출을 막기 위해 국제적 기준에서 요구하는 콘크리트 보호막을 설치하지 않은 점에 대해 비판적이었다. 그가 보기에 흑연 제어봉을 이용하여 원자로의 핵분열을 제어하는 것은 합당하지 않았다. 레가소프는 막강한 권력을 가진 중형기계제작부 장관 예핌 슬랍스키에 대해서도 비판적이었지만, 자신이 1986년 여름에 빈 국제 학술대회에서 발표할 보고서를 원하는 대로 쓰도록 지원한 리시코프 총리에 대해서는 호의적인 말을 남겼다. 소련 지도부를 대신해 레가소프의 장례식에 참석한 사람은 리시코프였다. 고르바초프는 보이지 않았다.[22]

빈에서 했던 보고에서 체르노빌 사고가 미친 영향의 진실을 말했지만 그 원인에 대한 진실을 전부 말하지는 않은 발레리 레가소프는 배신감과 죄책감을 고조시킨 방사능 피폭에서 연유한 우울증으로 인해 이미 죽은 사람이었다. 체르노빌 원전의 운영진 중 빅토르 브류하노프, 니콜라이 포민, 아나톨리 댜틀로프와 세 동료는 감옥에서 형을 치르고 있었다. 소련 여론의 시각에서 레가소프의 죽음은 불행한 사건이었고, 유죄 판결을 받은 사람들은 마땅한 벌을 받은 것이었다. 원자로를 파묻고 사고에 대한 불편한 진실도 함께 파묻은 채, 미하일 고르바초프는 그가 세운 정치·경제 개혁 프로그램 시행에 착수할 수 있었다. 미래가 아주 밝지는 않지만, 유망해 보였다. 모스크바와 전 세계의 다른 수도에 살고 있는 많은 사람들이 예상치 못했던 체르노빌 재앙은 이미 영향을 받은 사람들의 삶에 또 전혀 예상하지 못한 방식으로 영향을 주기 위해 돌아올 터였다.

CHERNOBYL

6부

———

새로운 날

18장
작가들

1988년 1월, 우크라이나 작가협회의 지도자들은 키예프의 당 수뇌부에 체르노빌 사고가 건강에 미치는 영향을 주제로 하는 국제회의를 열 것을 제안하는 공문을 보냈다. 우크라이나 작가들은 우크라이나 과학아카데미와 모스크바 작가협회와 함께 이 대회를 조직하겠다고 나섰다. 당관리들은 1988년 가을에 여러 행사가 있으니 그 행사를 다음 해로 연기하기를 바란다는 답을 보냈다. 또한 관리들은 작가협회가 당과 협력하지 않고 있다고 언급했다.

소련 공산당과 KGB는 작가협회의 존재를 인정하기는 했으나 그 활동을 면밀히 관찰하고 있었다. 우크라이나 작가들은 자신들이 절대 불순한 의도를 갖고 있지 않음을 당국에 설득하기 위해 최선을 다했고, 행사에 대한 아이디어는 1987년 가을에 1917년 볼셰비키 혁명 70주년을 기념해 레닌그라드에서 열린 전소련작가회의에서 나온 것임을 밝혔다. 키예프 당국은 체르노빌 사건과 관련된 사안들이 급속도로 정치적 뜨거

운 감자가 되어가는 상황에서 이 문제와 관련해 시간을 끌고자 했다.[1]

체르노빌 사고가 일어난 다음 주에 KGB는 우크라이나 반체제 정치 운동가들의 동향을 감시하느라 분주했다. 1986년 6월 초, 비밀경찰은 당 수뇌부에게 민족주의 신념이나 성향을 가진 것으로 의심되는 사람들이 이 사건을 민족주의적으로 해석하는 경향이 나타나고 있다고 보고했다. 2차 세계대전 이후 서부 우크라이나에서 소련군과 싸운 지하 민족주의 저항 세력에 속했던 I. Z. 셉추크는 KGB 정보원에게 "러시아인들이 의도적으로 우크라이나 지역에 이 원전을 건설했다고 생각한다. 그 이유는 만일 사고가 터지면 기본적으로 우크라이나인들이 희생될 테니 말이다"라고 말한 것으로 전해졌다.

이것이 널리 퍼진 견해는 아니었지만, 반체제 인사들이 체르노빌 사고가 민족적 재앙을 가져왔다고 생각한다는 점에는 의심의 여지가 없었다. 20세기에 들어설 때 우크라이나 저명 작가 미하일로 코츄빈스키●의 조카인 미하일리나 코츄빈스카(그녀의 이름은 그를 기려서 따온 것이다)는 우크라이나 헬싱키그룹●●과 가까이 지냈다. 그녀는 지인에게 다음과 같은

● 미하일로 코츄빈스키(Mykhailo Mykhailovych Kotsiubynsky, 1864~1913). 우크라이나 빈니차 태생으로, 19세기 말부터 민중적 소재를 다룬 작품을 썼다. 대표작은 20세기 초 우크라이나 농민 운동을 다룬《파타 모르가나Fata Morgana》다.

●● 소련 내에서는 리투아니아, 우크라이나, 조지아, 아르메니아에서 결성되고, 동유럽에서는 폴란드, 체코슬로바키아에 결성된 헬싱키그룹은 소련 정부의 헬싱키 조약 준수를 감시하기 위해 생긴 단체다. 우크라이나 헬싱키그룹은 1976년 11월에 창설되었다. 흐리호렌코, 스비틀리츠나, 플류시 등이 창설 멤버이고, 초르노빌, 루덴코 등도 가담했다. 1977년부터 본격적으로 활동하면서 소련 당국으로부터 심하게 탄압을 받았고, 모든 멤버가 구속된 1981년에 해체되었다. 헬싱키그룹의 반체제 운동은 루흐로 이어져 우크라이나 독립 운동의 효시가 되었다(허승철,《우크라이나 현대사》, 187~188쪽).

말을 한 것으로 알려졌는데, 이는 결국 KGB에 보고되었다. "우리는 회복할 수 없을 만큼 재앙의 타격을 입었다. 우리 민족은 소멸되고 물리적으로 멸망할 위험에 처했다. 우리가 당한 재앙은 전 세계에 파장을 미칠 것이다. 인구가 밀집한 지역, 정확히 말해 믿을 수 없도록 아름다운 땅을 하늘로부터 받은 우크라이나•에 원전을 짓도록 명령한 단견적인 지도자들이 모든 책임을 져야 할 문제다."[2]

KGB는 이러한 시각이 국내와 외국에 퍼지는 것을 막기 위해 최선을 다했다. 이런 말들이 서방의 여론에 좋은 영향을 미칠 리 없었으니 말이다. 그러나 이런 견해는 〈미국의 소리〉 방송, 〈자유 라디오〉와 다른 서방 라디오 방송을 통해 소련으로 다시 유입될 수 있었다. 소련 당국은 개방의 이미지를 유지하기 위해 외국 기자들이 우크라이나, 심지어 체르노빌 구역까지 들어갈 수 있도록 허용했다. 그러나 이들의 방문은 세심하게 미리 조정되었고, 반체제 인사나 다른 '바람직하지 않은 요소' 들과의 접촉은 차단하거나 감시했다.

1986년 가을, 비밀 경찰은 두 명의 미국인에게 특별히 주의를 기울였다. 이 두 사람은 체르노빌 재앙을 다루는 《내셔널 지오그래픽》의 특별호 제작을 위해 우크라이나에 방문한 마이크 에드워즈와 스티브 레이머였다. "미국인들이 옙헨 O. 스베르스튜크, O. P. 스토코텔나, I. B. 라투신스카야, 그리고 기타 서방에 민족주의 성향과 반소련 활동으로 알려진 사람들과 접촉하는 것을 막기 위한 조치가 취해졌다. 두 미국인들은 이들에게서 폭발성 강한 뉴스를 얻을 수 있기 때문이다"라고 KGB는 당

• 우크라이나에는, 태초에 하나님이 각 민족에게 땅을 다 나누어준 다음에 우크라이나 대표가 뒤늦게 나타나서 땅을 달라고 간청하자 자신이 쓰려고 남겨놓은 마지막 땅을 주었다는 전설이 있다.

국에 그들의 조치를 보고했다. KGB는 그 두 사람을 수행한 미국 하버드 대학 우크라이나연구소와 관련 있는 우크라이나 태생 미국 사진 기자이자 통역사인 타냐 다비뇽의 움직임과 접촉에도 감시의 눈길을 거두지 않았다. KGB는 그녀가 우크라이나 민족주의 그룹은 물론 CIA와도 관련이 있다는 의심을 품고 있었다. "인투어리스트 여행사를 통해 다비뇽에게 소련에 체류하는 외국인들이 지켜야 할 규칙을 위반하고 있다고 공식적으로 경고를 보냈다"라고 KGB 보고서는 기록했다. "공식 기록에 따르면 이것이 부정적 정보를 얻으려는 미국인들의 활동에 긍정적 억제 효과를 발휘했다."[3]

'우크라이나 문화클럽'의 구성원으로, KGB가 《내셔널 지오그래픽》 취재팀과 만나는 것을 막은 옙헨 스베르스튜크를 비롯한 우크라이나 반체제 인사들 대다수는 우크라이나 작가협회에서 활동하는 소설가, 시인, 예술가 들이었다. 정권은 작가협회 회원들을 대중을 교조화하고 통제하는 소중한 프로파간다 자산으로 여겼다. 정부가 통제하는 인세 정책 덕에 아주 높은 보수를 받는 일류 작가들은 그들의 문학 작품에 싣지만 않는다면 정치적으로 부적절한 의견도 견지할 수 있었다. 매일 정보 공개의 한계를 넓힌 작가들은 고르바초프의 페레스트로이카를 가장 먼저 강력하게 지지한 집단이었다. 정치적 반대를 불법화하고 정권 비판자를 투옥하는 나라에서, 차르 시대부터 오랫동안 '국가의 양심'으로 여겨진 작가들은 반체제 운동을 전개하는 동료들의 근심과 좌절을 대변하며 충성스런 반대파의 대체자가 되었다.

소련 작가들, 특히 우크라이나 작가들은 수십 년 동안 환경 문제에 대한 우려를 표명해 왔다. 이 주제는 1940년대 소련 문학 담론에 처음으로 등장했고, 1960년대에 두드러졌다. 러시아에서는 알렉산드르 솔제니친이 이 주제를 다룬 작가 중 한 명이었다. 그의 작품을 비롯해 민족주의 성향의 작가들 작품에서 이 주제는 역사적·종교적 전통을 보존하려는 관심과 밀접하게 연관되었다. 작품에 나타난 바와 같이 초기 환경주의 작가들은 러시아 민족주의자였고, 민족주의 관점에서 소련 정권을 비판하는 사람들은 환경 운동을 병행했다. 체르노빌 참사는 이러한 연계를 전에 없이 강화했고, 여러 소련 공화국에서 민족주의자들을 자극했다.

체르노빌 사고로 인한 방사능 낙진의 피해를 가장 크게 입은 벨라루스에서는 벨라루스의 대표 작가 중 한 사람인 알레스 아다모비치가 사고 직후 이 재난을 민족주의 시각에서 해석했다. 젊은 시절 아다모비치는 벨라루스 숲속에서 반ᅟ나치 파르티잔 운동에 가담했었다. 후에 그는 자신의 전쟁 경험을 소재로 삼아 작품을 쓰며 작가로서 명성을 확립했다. 1986년 6월, 그는 미하일 고르바초프에게 보낸 청원서에서 체르노빌 참사가 벨라루스에 끼친 영향을 집중적으로 성토했다. "우리는 '전 유럽적' 소동을 일으키려는 것이 아니라, 벨라루스가 지난 2차 세계대전에 경험한 비극과 비견할 만한 비극을 경험하고 있다는 것을 알리려는 것이다. 현재 1000만 벨라루스 주민의 물리적 생존 자체가 의문시되고 있다. 방사능은 다른 어느 곳보다도 벨라루스에 가장 큰 타격을 입혔다." 체르노빌 연구는 아다모비치의 가장 큰 관심사가 되었다. 그는 사고로 오염된 지역을 방문하고 사고에 대해 할 말이 있는 사람들을 인터뷰했는데, 과학아카데미 원사 발레리 레가소프도 1988년 4월에 자살하기 전까지 그와 여러 번 인터뷰했다.[4]

우크라이나에서 소련 정부가 일으킨 자연 파괴에 대해 글을 쓴 많은 이들 중 가장 저명한 작가는 1948년에 스탈린 문학상을 받은 올레스 혼차르였다. 그는 체르노빌 사고가 일어나기 훨씬 이전부터 이 주제에 관심을 보였다. "전쟁의 열기가 공기 중에 맴돌고, 그을음이 부서지는 정원에 떨어진다. 사방에 독이 퍼져 있다." 그가 조국에서 벌어지는 산업 발전의 영향을 서술한 대표작 《대성당》(1968)에 쓴 문장이다. 이 작품은 소련 당국에서 혹독한 비판을 받았다. 체르노빌 사고가 발생한 후 혼차르는 우크라이나 지도자들이 자국 국민을 대하는 태도에 경악했으며, 특히 1986년 5월 1일 노동절 퍼레이드에서 정권에 대한 충성을 과시하기 위해 키예프 시민들의 건강을 희생시켰다고 믿었다. 1986년 6월, 그는 9차 우크라이나 작가협회 총회에서 "체르노빌 사고는 우크라이나 작가들이 세계를 바라보는 방식을 변화시켰다"라고 주장하며 감동적인 연설을 했다.[5]

그달에 진행된 우크라이나 작가들과 당 지도자 볼로디미르 셰르비츠키와의 회동에서 혼차르는 체르노빌 원전의 완전 폐쇄를 강력히 주장했다. "나는 기술적으로 불안정한 원전이 어떤 이유로 수백만 명이 거주하는 폴리시야 습지 바로 옆에 건설되었는지, 그리고 이 원전의 폐쇄를 요구하는 청원서를 제출할 수 있는지에 대해 물었다"라고 혼차르는 일기에 적었다. 셰르비츠키는 문제를 이해하지 못한 듯했다. "답을 하면서 그는 초조하게 팔을 흔들었고, 급하게 말하느라 목에 사레가 들려 힘겹게 로켓과 원자력 에너지의 미래에 대해 내게 설명하기 시작했다"라고 혼차르는 기록했다. 인류 공동선에 대한 호소는 혼차르에게 아무런 인상도 남기지 못했다. 그의 시급한 염려는 자신의 조국, 우크라이나의 안녕이었다. "이웃 국가들에게 에너지를 공급해야 한다는 게 그들의 변명이었다. 그러나 왜 우크라이나 토지가 희생되어야 하는가? 왜 우크라이나 어린이들이 이 악마와 같은 방사능으로 고통을 받아야 하는가?"라고

그는 썼다.[6]

체르노빌 사고와 원전의 미래에 대한 혼차르의 설파는 우크라이나의 정치·문화 엘리트들이 원자력과 국가를 대하는 태도에 일어난 중대한 변화를 보여주는 신호였다. 1960년대에 우크라이나 공산당 지도자들은 원자력 열차에 서둘러 올라타는 것을 현대화의 상징으로 여겼으며, 우크라이나 공화국이 드디어 핵클럽에 가입하게 되었다고 생각했다. 작가들은 현대성이 러시아어와 러시아 문화라는 외양을 하고 우크라이나로 들어와 상상 속에서만 현대 국가가 된 우크라이나의 문화적 기반을 잠식하는 것을 방관해왔다.

체르노빌 원자력 발전소가 건설되면서 우크라이나 폴리시아 지역 한가운데에 러시아어를 쓰는 사람들의 집단 거주지가 생겨났다. 20세기의 대다수 우크라이나 도시가 그랬듯이 프리퍄트도 농촌 지역에서 우크라이나어를 사용하는 농민들을 이주시켜 러시아어를 구사하고 러시아 문화에 동화되는 도시인으로 만들었다. 우크라이나 지식인들은 '홉슨의 선택'*에 직면했다. 만일 현대성을 받아들이지 않으면 우크라이나는 미래가 없을 것이고, 현대성을 받아들이는 것은 곧 민족적 정체성을 포기하는 것을 의미했다. 우크라이나 작가들은 체르노빌 원자력 발전소를 받아들이고, 이것을 운영하는 사람들의 언어와 문화에는 크게 신경 쓰지 않기로 했다. 그들은 돈바스 지역에 건설된 철강 공장과 드네프르페트롭스크에 건설된 기계 공장 등 동부 우크라이나 지역에 양차 세계대

---

* 제안받은 것을 받아들이지 않으면 아무것도 받지 못하는 상황을 의미한다. 영국의 말 장수였던 토머스 홉슨(Thomas Hobson, 1544년경~1631)이 고객들에게 문간에 매어놓은 말을 가져가지 않을 거면 다른 말을 가져가지 못하게 만든 데서 유래했다.

전 때 건설된 거대한 산업 시설에 대해서도 같은 태도를 취했다. 작가들은 작품에서 이런 시설을 운영하는 사람들을 우크라이나어를 쓰는 우크라이나인으로 상정했다.

체르노빌 원전을 우크라이나 민족과 우크라이나 문화를 위한 것으로 제일 먼저 받아들였던 인물은 65세의 우크라이나 연극과 희곡계의 원로 올렉산드르 레바다다. 그는 자유주의 사상을 가진 사회학자이자 모스크바에서 유명한 여론 조사 기관을 만들었던 유리 레바다의 수양아버지였다. 체르노빌에 첫 원자로가 가동되기 2년 전인 1974년 봄, 키예프의 대표 극단이 체르노빌 원전 건설을 다룬 레바다의 희곡 〈안녕, 프리퍄트〉를 공연했다. 레바다는 우크라이나 지역을 러시아 문화가 장악하는 문제를 다루는 것을 회피했다. 연극 속의 등장인물은 모스크바나 러시아의 다른 지역에서 왔는데도 전부 우크라이나인들이었다. 연극에 연출된 현대성과 전통의 충돌, 산업화와 환경 보존의 충돌은 이미 우크라이나 사회에서 벌어지고 있던 일을 반영한 것이었다. 언어와 문화를 둘러싼 갈등도 마찬가지였다. 이 문화적 전원성田園性은 모스크바 당국이 계획하고 실행하려 했던 현대화 프로젝트에 내포된 러시아화라는 문제를 무시했다.[7]

레바다는 진보와 환경의 관계를 연극의 중심 주제로 다루었다. 이 연극은 원자력이 환경 보존과 양립할 수 있다고 주장하면서 원자력을 가장 청정한 생산 방식의 전력이라고 선전했다. 원자력이 사람이나 환경에 위협이 될 수 있다는 생각은 완전히 무시되었다. 연극에서 이런 우려를 표현하는 등장인물은 부정적 인물로 그려졌다. 즉 2차 세계대전 때 나치 부역자이거나 과거 지향적인 농촌 여성이었다. 역설적이게도 이 등장인물들이 제한 구역과 주민의 소개를 예언한다. "원전이 가동되면 24시간 내에 우리 모두를 50베르스타(53킬로미터) 밖으로 데리고 나갈 것이라고 사람들이 말합니다. 왜냐하면 원자들이 날아다니며 양처럼 들이받기 때문에 여기에서는 사람이 살 수 있는 곳이 사라지게 됩니다."

이들은 긍정적 등장인물에 의해 민심동요자로 간주되고, 쓸데없는 말을 지껄이는 사람으로 폄하된다. 우크라이나 과학자인 과학아카데미 원사 마주렌코는 원자력 에너지를 전통 산업으로 인한 자연 파괴의 대안이라고 주장하며 체르노빌 원전을 미래의 모델로 칭송했다. 원자력은 혼차르의 작품 《대성당》에서 제기된, 산업 발전이 야기하는 환경 파괴에 대한 우려를 해소해주는 방법으로 치켜세워졌다. 체르노빌 사고가 일어난 후에야 사람들은 레바다의 연극에서 부정적 등장인물들이 예언한 선각자적 '경고'를 알아볼 수 있었다.[8]

반체제 인사가 된 수양아들 유리 레바다와 달리, 올렉산드르 레바다는 소련의 프로파간다 문구를 믿고 이를 홍보하는 골수 공산주의자였다. 그러나 공산당 추종자들만 우크라이나의 '원자력화'를 옹호했던 것은 아니다. 초기에 체르노빌 원전 건설을 지지한 사람들 중에는 반체제 그룹과 가까운 젊은 우크라이나 작가들도 있었다. 이들 중 가장 유명한 사람이 우크라이나 문학계에 떠오르는 신성 이반 드라치였다. 체르노빌 원전이 건설될 무렵 30대 중반이던 그는 이른바 '60년대그룹 Shestydisiatynyky'•에 속해 있었다. 이 그룹의 젊고 야심 찬 작가들과 지식

• 흐루쇼프 집권 이후 해빙 무드를 타고 사회주의 리얼리즘에서 벗어나 자유로운 표현 양식을 찾은 작가들과 예술인들. 고르바초프를 비롯해 1980년대에 개혁을 주도한 세대로, 1960년대의 자유주의 사상과 문예에서 영향을 받아 나중에 개혁에 착수했다. 우크라이나에서는 시인 리나 코스텐코, 바실 시모넨코, 이반 드라치, 소설가로는 그리고리 튜튜니크 등이 유명했고, 문학평론가인 이반 쥬바가 이 그룹의 대표 역할을 했다(허승철, 《우크라이나 현대사》, 175~176쪽).

인들은 흐루쇼프의 이념적 해빙을 지지했으며 우크라이나 언어와 문화를 소련을 변혁시키는 좀 더 큰 자유주의적 의제의 일부로 삼았다.

드라치와 그의 동료 시인, 소설가 들은 1964년에 니키타 흐루쇼프가 실각하고 이로 인해 문화적 '해빙'이 종언을 알리자 어려운 시기를 맞이했다. 해빙이 마감된 지 오랜 시간이 지나고, 지식인들에 대한 탄압이 강화되고, 동료들 여럿이 수감된 상태에서 드라치는 1976년에 당국의 출판 허가를 받은 시집을 발간했다. 이 시집에서 그는 블라디미르 레닌을 찬양하고, 소련 내 비러시아계 소수 민족의 러시아화를 "민족 간 우애"로 포장한 민족 정책을 높이 평가했다. 드라치의 시집에 선명히 드러난 주제 중에는 체르노빌 원전 건설에 구현된 기술적 진보도 있었다.

〈폴리시아의 전설〉이라는 제목이 붙은 시에서 프리퍄트강은 우크라이나 소녀로 의인화되어 아톰이라는 이름을 가진 마을에 새로 들어온 청년과 결혼한다. 자신의 감정과는 상관없이 프리퍄트는 결혼이 주변 사람들에게 복을 가져올 것으로 믿는다. "나는 그 사람과 결혼해서 내 자신을 바칠 거야"라고 강에서 사람으로 의인화된 소녀가 선언한다. "그런 방법으로 내가 사람들에게 복을 가져올 시간이 왔어. 나의 아톰이 드네프르와 돈바스를 돕도록 해야지." 경제 발전의 상징으로 우뚝 선 동부 우크라이나의 산업 지역인 도네츠 유역은 앞으로 나아가기 위해선 전기 에너지가 필요하다는 것을 보여주는 곳이었다. 이 짧은 시집으로 드라치는 우크라이나 최고 문학상인 셉첸코 문학상을 받았다. 몇 년 후, 드라치는 이어서 발표한 시집으로 국가 최고 훈장과 소련 최고의 상을 받았다.[9]

드라치가 당국과 좋은 관계를 유지하는 데 영향을 미친 이 작품들을 쓸 때 원자력의 긍정적 효과를 믿지 않았다는 것을 보여주는 증거는 없다.

그러나 체르노빌 사고 이후 그가 원자력에 대한 자신의 열성과 원자력의 민족주의화를 후회했다는 사실을 보여주는 증거는 넘쳐난다. 체르노빌 재앙은 그전까지 그가 지니고 있던 환상에 갑작스레 비극적 종말을 가져왔다. 1986년 5월, 의대에 재학 중이던 그의 아들 막심 드라치는 동기생들과 함께 제한 구역으로 파견되어 이 지역을 통과하는 차량의 방사능을 측정하는 임무를 맡았다. 적절한 보호 장비 없이 임무에 임하던 그는 고준위 방사능에 노출되어 쓰러져서 키예프 병원의 응급실로 실려가 방사능 피폭 치료를 받았다. 그는 그 후에도 오랫동안 방사능 피폭으로 고통을 겪었다.

드라치는 이제 다른 감정과 이미지를 가지고 체르노빌과 원자력의 주제로 돌아왔다. 그가 보기에 우크라이나에서 발생한 일은 원자력으로 인한 세상의 멸망이었다. 프리퍄트강을 현화한 우크라이나 미녀 이미지는 우크라이나 전통의 신의 어머니 성모 마리아에게 자리를 내주었다. 〈체르노빌의 성모 마리아〉라는 시 형식의 소설의 한 절에서 성모 마리아는 이렇게 말한다. "불에 탄 십자가, 그 위와 안에서/ 나의 아들이 불덩이에 타고 있다./ 원자력 손톱이 그의 손을 파고들고/ 그의 입술은 지옥의 불로 타고 있다." 원자력 에너지가 세상을 복되게 바꿀 거라고 믿었던 자신과 자기 세대의 믿음에 대해 드라치는 "깨달음의 소금은 참회의 열매다"라고 말했다.[10]

그는 정말로 참회했다. 체르노빌에 대한 드라치의 새로운 관점은 1988년 초에 책으로 출간되었다. 그 후 2년 동안 드라치는 우크라이나에 민주적 혁명을 가져온 풀뿌리 운동인 '루흐 운동'*의 지도자가 되어 소련의 해체와 독립된 우크라이나의 탄생에 이바지했다. "체르노빌은 우리의 영혼을 잠에서 깨웠고, 우리가 심연의 나락 앞에 놓여 있으며,

우리의 문화적 노력이 허상 중의 허상, 노력의 낭비, 불도저 밑에 깔린 장미라는 것을 생생히 보여주었다"라고 드라치는 후에 회고했다. 그는 체르노빌 재앙이 우크라이나 사회를 '깨어나게' 했음을 갈파했다.[11]

체르노빌 재앙이 공중 보건과 환경에 미친 유해한 영향에 대한 작가들의 우려가 대중의 영역으로 확산된 전환점은 1988년 6월이었다. 이달에 고르바초프는 19차 소련 공산당회의를 개최하여 1917년 러시아 혁명 이후 처음으로 비교적 자유로운 선거를 치르는 길을 마련하는 정치 개혁 프로그램을 채택했다. 선거는 1989년에 치러질 예정이었지만, 글라스노스트가 확산된 시점이라 체르노빌 사고의 영향과, 사고에서 고위 관료들이 책임져야 할 문제에 대한 대중의 관심이 집중되었다.

공산당회의의 대표이자, 우크라이나 작가협회 지도자 중 한 사람이었던 보리스 올리니크는 6000명의 우크라인이 서명한 청원서를 들고 모스크바로 갔다. 이들은 우크라이나 지역에 더 이상 원전을 건설하지 말라고 모스크바 당국에 청원했는데, 특히 17세기 코자크의 수도였으며 우크라이나 민족사와 정체성의 상징적 장소인 치히린 인근에 원전을 건설하려는 계획에 반대했다. 당회의 연단에 올라선 올리니크는 "우크라이나의 운명과 관련하여 일부 소련 기관의 오만과 경멸은 무자비한 잔학성뿐만 아니라 민족적 위엄에 대한 모욕까지 내포하고 있습니다"라고 선언했다. 그는 우크라이나에 원전을 건설한 책임자들의 처벌을 요구했다. "나는 체르노빌 원전이 건설될 때 일부가 신혼부부 침대 밑에 지어

● 루흐Rukh, Pyx는 우크라이나어로 바퀴, 운동, 움직임 등을 뜻하는 단어로, 운동이나 시민 운동으로 번역하면 무난하다.

도 될 정도로 원전은 안전하다고 말한 것을 기억합니다. 나는 이런 모욕자들에게 원자로 4호기 옆에 침대를 놓고 자라는 식으로 말해 우리의 품위를 떨어뜨리지는 않을 것입니다. 그러나 우리는 우크라이나에서 잘못된 원전 건설 장소를 선택한 설계자들에게 이 문제에 책임지라고 요구할 권리가 있습니다"라고 그는 주장했다.[12]

그보다 불과 1년 전인 1987년 여름에만 해도 KGB는 우크라이나에 더 이상 원전을 짓지 말라고 요구하는 전단을 돌리고 벽에 낙서한 사람들을 추적했다. 이제 올리니크의 연설 문안이 소련 언론에 그대로 보도되고 있었다. 체르노빌 재난을 논의하는 것에 대한 금기는 올리니크의 당회의 연설을 계기로 사라졌다. 이제 감옥에서 형을 살고 있던 원전 운영자들이 아니라 모스크바 관료들의 책임이 대중 토론의 주제가 되었다. 올리니크, 혼차르, 드라치 같은 작가들은 변화의 최선봉에 섰다. 그들은 당분간 소설과 시 쓰는 일을 멈추고 우크라이나 땅에 새 원전을 짓지 못하게 막는 임무에 온 노력을 집중했다.[13]

1988년 11월, 올리니크의 작가협회 동료 유리 셰르바크는 사상 처음으로 당이 관리하지 않는 대중 집회가 키예프에서 열리도록 조직했다. 의학 전공의 저명한 의사였던 셰르바크는 체르노빌 사고 이후 과학자, 원전 운영자, 사고수습자 들을 인터뷰하며 3개월을 제한 구역 안에서 생활했다. 그는 1987년 여름에 체르노빌 관련 실화 소설을 모스크바의 자유주의 잡지 《유노스치(젊음)》에 연재하기 시작해 1년 뒤에 완성했다. 1986년에 일어난 비극을 상세히 묘사한 이 소설은 인간이 유발한 재난을 처리하기 위해 헌신한 이들의 영웅적 행동과 자기희생을 강조했다. 1987년 12월, 셰르바크는 새로운 원전 건설에 반대하는 작가, 과학자들과 함께 '녹색세계(젤레니 스비트)'라는 우크라이나 최초의 환경 단체를 만들었다. '녹색세계'는 1988년 11월에 키예프에서 열린 환경 보호 대중 집회의 핵심 조직자가 되었다.[14]

셰르바크가 조직한 대중 집회는 체르노빌 재앙과 관련해서 키예프에서 열린 두 번째 집회였다. 사고 발생 2주기인 1988년 4월 26일, 우크라이나 최초의 비정부 조직인 '우크라이나 문화클럽'이 사고를 기리는 첫 대중 집회를 열었다. 문화클럽 회장인 32세의 세르히 나보카는 두 번 시도한 끝에 이 대회를 조직할 수 있었다. 키예프 국립대학 언론학부 졸업생인 그는 과거에 "반소련 프로파간다"를 시도했다는 죄목으로 3년간 수형 생활을 했다. 나보카는 체르노빌 사고 1주기에 대중집회 개최를 시도했었다. 당시 나보카와 그의 친구들은 소련 지도부에 체르노빌 원전을 폐쇄하고 우크라이나에 원전 건설을 중단할 것을 요구하는 편지를 작성한 '네크워크'의 일원인 것으로 KGB에 알려졌다. 그 편지에는 원자력 산업 발전을 주제로 삼은 대중 토론회를 열고, 국민투표를 실시해 4월 26일을 국가적 애도와 추도의 날로 지정해야 한다는 요구도 담겨 있었다. 나보카와 동료들은 1987년 체르노빌 사고 1주기를 키예프 시내 거리에서 시민들에게 청원서 서명을 받는 날로 이용하려고 했다. 이 계획에 대한 정보를 입수한 KGB는 요원들을 동원하여 나보카와 그 동료들이 이 계획을 포기하도록 만드는 데 성공했다. KGB는 이러한 움직임에 대해, 서방의 정보기관이 원전 사고를 이용하여 환경 단체들과 운동가들이 반정부 운동을 일으키고 당의 통제에서 벗어나는 기회를 만들도록 사주한다고 의심했다.[15]

나보카는 1988년 봄에 대중 집회 계획을 되살렸다. 이제 그의 그룹은 문화클럽으로 조직되었고 대중 집회를 진행하려는 결의로 가득 찼다.

조직자 중에는 반체제 인사이자 우크라이나 헬싱키그룹 회원인 48세의 올레스 셉첸코가 있었다. 1976년에 설립된 우크라이나 헬싱키그룹은 유럽안보협력기구OSCE가 서명한 1975년 헬싱키 최종 의정서에 들어 있는 인권 관련 규정을 준수하는지 감시하는 것을 주요 임무로 삼았다. 그러나 애쓴 보람도 없이 헬싱키그룹은 금지 단체가 되어 당국으로부터 핍박을 받았다. 당국은 헌법에 보장된 시민들의 권리를 상시로 압제했을 뿐만 아니라, 정부의 권력 남용을 감시하고 항의하는 사람들을 투옥시켰다. 셉첸코는 이렇게 체포되고 투옥된 인권운동가 중 한 사람이었다. 그는 고르바초프의 페레스트로이카와 글라스노스트가 본격적으로 시작된 1987년에야 유형지인 카자흐스탄에서 풀려났다. 우크라이나 활동가들은 우크라이나 주민들의 민족적 권리 옹호를 가장 우선적인 의제로 내세웠다. 이제 셉첸코와 그의 지지자들은 새로운 투쟁 목표를 발견했다. 그것은 체르노빌이었다.

대중 집회를 알리는 포스터에는 "원자력 발전소를 우크라이나에서 추방하자", "우리는 죽음의 땅을 원치 않는다", "원자력 발전소에 대해 국민투표를 실시하라!"와 같은 구호가 실렸다. 이 대중 집회는 당시 '10월 혁명 광장'이라는 이름이 붙여졌다가 나중에 마이단Maidan*으로 알려진 시내의 중심 광장에서 진행하기로 예정되어 있었다. 당국은 나보카와 셉첸코를 포함한 집회 조직자들을 설득해 이를 중단시키려 했다. 이 시도가 실패하자 이들은 당 지도부에 경찰 병력과 경찰이 조직한 민간 순

---

* 아랍어로 광장을 뜻하며, 키예프 중심가 흐레샤치크 거리 끝에 있다. 정식 명칭은 '독립 광장 Maidan Nezalezhnosti'이다. 1980년대 말 우크라이나 독립 운동 시기부터 민중 집회의 장소가 되었으며, 2004년 오렌지 혁명(일명 '마이단 혁명') 때는 50만 명의 군중이 모이기도 했다. 2014년 야누코비치 정권을 전복한 혁명은 '유로 마이단 혁명'으로 불렸다.

찰대를 동원해 집회 참가자들을 강제로 해산시켜 달라고 요청했다. 체르노빌 원전 사고 기념일이 다가오자 키예프시 당국은 마이단 광장의 인도 수리 공사를 시작했고, 공사장 주변에 울타리를 둘렀으며, 학생들을 동원해 5월 1일 노동절 퍼레이드 연습을 시켰다.

우크라이나 문화클럽 회원들이 광장에 나타나자 경찰과 KGB 요원들은 집회 참가자들과 일부 통행인, 구경꾼 들을 공격한 뒤 체포해 버스에 태웠다. 모두 50명이 체포되었다. 이들은 인근 경찰서로 끌려가 신체 수색을 당했다. 셉첸코는 시위 팻말을 들고 있었다는 이유로 체포되어 버스에 태워졌다. 그는 체포 당시 경찰을 향해 "우크라이나 국민에겐 언론과 시위의 자유가 있다"라고 우크라이나 헌법 조항을 큰소리로 읊었다. 그는 '소동죄'로 15일 구류 처분을 받았다.[16]

1988년 11월 13일, 1만 명 정도로 추산되는 인파가 시내 중심가 광장에 모였다. 몇 달 전 최초의 체르노빌 관련 집회를 해산시켰던 당국은 이제 태도를 바꿔 이 집회를 허가했다. 유리 셰르바크, 녹색세계, 그리고 환경과 체르노빌 사고가 끼친 영향에 관심 있는 모든 사람이 수천 명의 군중 앞에 나서는 기회를 잡았다. 셰르바크가 첫 번째 연사로 나섰다. 그는 방사능이 공중 보건에 미치는 장기적 결과를 둘러싼 기밀주의를 공격했다. 그리고 체르노빌 재난의 영향을 조사하는 위원회의 설립, 보건부 활동의 공개적 통제, 체르노빌 희생자들을 기리는 기념비를 세우고 4월 26일을 기념일로 제정할 것, 우크라이나 원전 건설과 원자력 에너지 사용에 관한 국민투표 실시를 제안했다.[17]

당국은 환경 문제에 국한해 논의한다는 조건하에 대중 집회를 허가했다. 이즈음 환경 문제는 합법적인 대중 토론의 주제로 간주되었다. 결국 일반 주민뿐만 아니라 정치·문화 엘리트들도 체르노빌 방사능으로부터 영향을 받았기 때문이다. 그러나 대중적 행사를 순수한 '환경' 문제에만 국한시키는 것은 아주 어려운 과제였다. 환경 문제는 이미 정치적 주제가 되어 있었다. 우크라이나 작가들은 열려 있던 문을 이용하기로 했다. 당시 키예프 작가협회장을 맡고 있던 이반 드라치와 우크라이나 작가협회 사무총장인 드미트로 파블리치코는 1988년 11월 1일 이후 '우크라이나 시민운동' 창설을 위한 준비 조직을 결성하려 애쓰고 있었다. 이 조직은 자국의 경제적·정치적 주권 확보를 위해 활동하는 발트 지역 공화국들의 '시민전선popular front'과 유사한 역할을 하는, 모든 문화 관련 단체를 아우르는 포괄적 조직으로 기획되었다. KGB 보고에 의하면, 드라치와 파블리치코는 이 대중 집회를 이용하여 '우크라이나 시민운동' 창설을 선언하려고 했다. 그러나 이들은 정부 관리들이 정하는 연사 명단과 마이크를 통제하는 데 실패하여 이때는 뜻을 이루지 못했다. 그러다 마침내 그룹을 조직하는 데 성공했는데, 이 단체는 일반적으로 '루흐'라고 불렸다.[18]

이 대중 집회는 중요한 전환점이 되었다. 집회가 시작된 지 약 2시간 30분 후, 서부 우크라이나의 문화 중심지인 르비프에서 정치 집회를 조직한 혐의로 투옥되었다가 막 풀려난 이반 마카르라는 의사가 마이크를 잡았다. 1939년에 몰로토프-리벤트로프 밀약*에 의해 소련에 병합된 이 도시는 페레스트로이카 당시 우크라이나 시민운동의 중심이었다. 마카르가 키예프 대중 집회에서 마이크를 잡자 KGB 요원들은 음향 장치를 꺼버렸다. 그러나 이에 상관없이 마카르는 연설을 했다. 마카르는

• 1939년 독일의 히틀러 나치 정권과 소련의 스탈린 정권이 상호 불가침을 약속하고 폴란드를 비롯한 동유럽 여러 지역을 분할한 조약으로, 이전까지 폴란드에 속했던 르비프 지역이 소련에 귀속되었고, 발트 3국, 베사라비아도 소련에 병합되었다.

청중에게 우크라이나 당국이 경제적 주권을 획득하는 법이 통과되지 못하게 저지할 것이라고 경고한 뒤, 우크라이나인들도 발트 지역 국가에서 그런 것처럼 시민 전선을 창설하고 발트 지역의 단체들과 공동으로 중앙으로부터 주권을 획득하는 투쟁을 전개해야 한다고 촉구했다. 비록 마카르의 연설은 음향 장치를 통해 전달되지는 않았지만, 장기적 결과를 가져오는 중요한 연설이 되었다. 마카르가 연설하는 동안 청중은 KGB에게 음향 장치를 다시 가동하라고 "미-크-로-폰mi-k-ro-fon('마이크'라는 뜻)"이라고 소리쳤는데, 이 구호는 셰르바크의 지원을 받아 촬영된 체르노빌 사고가 환경에 미친 영향을 다룬 기록영화의 제목이 되었다. 이는 또한 체르노빌과 기타 사안에 대해 우크라이나의 글라스노스트를 요구하는 전투 구호가 되었다.[19]

우크라이나 작가들은 대중 집회가 열리고 10일 후인 11월 23일에 루흐 창립을 위한 준비 조직을 세웠다. 드라치가 준비위원장으로 선출되었고, 혼차르와 셰르바크도 여기에 가담했다. 몇 주 후, 드라치는 한 문학 모임에서 루흐 결성의 필요성을 "다른 무엇보다도 체르노빌이 제기했다"라고 선언했다. 그는 "이 원전에 대한 유일한 대안은 우크라이나 시민운동이다"라고도 말했다. 수년 후 드라치는 "체르노빌이 우크라이나의 모든 민주화 운동의 동력이 되었다. 폴란드의 자유노조 운동이 그 전범이 되었고, 작가협회는 그 요람이 되었다"라고 회고했다.[20]

우크라이나 작가들은 체르노빌을 주제로 삼아 지지자들을 모았고, 모스크바의 최고위층에 변화를 촉구하는 내용의 청원서를 보냈다. 1988년 말, 소련 공산당 중앙위원회에서 발언할 기회를 얻은 혼차르와 올리니크를 비롯한 저명한 작가들은 그해 11월 대중 집회에서 제기된 의제의 관철을 요구했다. 이들은 체르노빌 재앙의 영향을 조사하는 특별위원회를 설치하고, 에너지전력부와 보건부를 국민 통제하에 두며, 새로운 원전 건설에 대해 국민투표를 실시하라고 요구했다. 우크라이나 당국자들은 뒤로 물러났다. 이제 압제만으로는 사태를 해결할 수 없었다.

"오랜 기간 환경 보호 조치를 취하는 데 적절한 주의를 기울이지 않았다는 것을 인정해야 합니다"라고 우크라이나 당 제1서기 볼로디미르 셰르비츠키는 모스크바에 건의했다. 그는 모스크바의 동료들과 상관들에게 우크라이나 정부는 치히린에 새로운 원전을 건설하는 것을 중지해 달라고 청원했다는 사실을 상기시켰다. 이 사안은 11월 키예프 대중 집회에서 다루어진 가장 중요한 요구 사항 가운데 하나였다. 셰르비츠키는 우크라이나에 더는 원전을 지어서는 안 된다고 주장했다. "우크라이나 과학아카데미의 조사에 따르면, 우크라이나 영토의 90퍼센트가 원전 건설에 적합하지 않은 지질학적·수리학적 구조라고 한다"라고 그는 청원서에 썼다.[21]

이제 대세는 바뀌었다. 고르바초프는 글라스노스트 정책을 통해 지역 문화 엘리트들이 페레스트로이카라는 이름으로 지역 당 간부들에게 반기를 들 수 있도록 격려했다. 세르히 나보카 같은 반동적 지식인과 올레스 셉첸코 같은 원로 반체제 인사와 이전에 체제에 충성했던 이반 드라치 같은 작가들 모두 정치적 자유, 인권, 우크라이나 언어와 문화의 발전 같은 그 당시까지 논의되던 의제에 체르노빌을 새롭게 추가했다. 대중의 폭넓은 지지를 얻는 데는 이전에 이들이 내세웠던 의제보다 새로운 의제에 호소하는 편이 효과적이었다. 반체제 인사들과 체제에 저항적인 지식인들은 지역 정치 엘리트가 모스크바의 상급자들에게 도전하도록 자극하면서 공산 당국의 공동 전선을 돌파할 수 있었는데, 이를 가능하게 한 것은 체르노빌 의제였다.

그들 스스로가 인식하기도 전에 고르바초프와 개혁 세력 지도자들은 체제에 반기를 든 지식인들과 불만에 차고 방향을 잃은 지역 관리들의 공동 전선에 맞서게 되었다. 다른 어떤 문제보다 원자력 에너지 관련 사안에서 이 점이 가장 분명하게 드러났다. 그리고 이것은 시작에 불과했다. 1989년에 소련 전역에서 벌어진 시민운동에서 단체들은 원자력 안전 문제를 민족 해방과 연계시키는 구호를 깃발에 쓰기 시작했다.

19장

핵반란

미하일 고르바초프는 사고 이후 거의 3년이 지난 1989년 2월 23일에 체르노빌 원전을 처음으로 방문했다. 고르바초프는 이곳을 방문하는 데 왜 이렇게 오랜 시간이 걸렸는지 직접 설명한 적은 없다. 체르노빌 첫 방문이자 마지막 방문에 그는 아내 라이사를 대동했다. 소련 신문에 실린 사진을 보면 흰 가운을 입은 이 두 사람이 비슷한 옷을 입은 원전 운영자들, 10여 명의 당과 정부 관리들과 사고가 난 발전소의 원자로 한 곳에서 이야기를 나누고 있다.[1]

1989년 2월, 네 원자로 중 세 개가 작동하고 있었지만, 원전 폭발 사고가 일으킨 문제가 해결되려면 아직 멀었다. 1988년 12월, KGB는 키예프의 당 간부들에게 원자로 4호기와 그것을 덮고 있는 석관의 여러 문제점을 보고했다. 과학자들과 기술자들은 손상된 원자로 안에 핵연료가 얼마나 남아 있고, 그것이 어떤 상태인지 알 수 없었다. 이들은 시간당 200뢴트겐 이상의 방사능을 막는 장비를 가지고 있지 않아서 좀 더 자세히 조사할 수 없었다. 민간 및 군 인력은 오염된 토양을 제거하고 오염된 트럭과 장비를 땅에 묻느라 쉬지 않고 일했다. 그러나 이곳에도 적당한 장비가 없어서 대부분의 작업이 진행되는 동안 노동자와 병사 들의 건강을 위협하는 초보적 장비가 사용되었고, 이로 인해 작업 진전도 더디었다. 불도저는 오염된 토양을 제거하면서 자주 그것을 '깨끗한' 토양과 섞는 바람에 지역을 더 오염시켰고 방사능을 격리하는 대신 오히려 확산시켰다.

석관 자체도 문제가 있었다. 손상된 원자로 위에 씌워진 보호막은 폭발 때 손상되지 않은 원자로 벽 위에 부분적으로 걸쳐져 있었다. 이것은 건설 노동자들의 생명과 안전을 구하는 뛰어난 건축적 해결로 여겨졌다가, 이제는 전형적인 소련의 '땜질'식 해결의 상징이자 문제점으로 드러났다. 무겁고 커다란 연료봉을 충분히 지탱하도록 설계되지 않은 원자로의 바닥은 상부에 새로 만들어진 콘크리트 구조물 때문에 서서히 밑으로 내려앉고 있었다. 토양에서 방출되는 방사능을 억제하기 위해 석관 입구에 타설한 콘크리트와, 방사능이 드네프르강 유역을 오염시키지 못하도록 원전 아래쪽에 설치한 지하 콘크리트 막은 원자로 4호기 아래 지하수 흐름의 방향을 변경시켰고, 이로 인해 석관을 받치는 기반마저 부실해졌다.[2]

미하일 고르바초프는 소련 경제가 급속히 무너지고 있었기에 사후 수습에 사투를 벌이던 체르노빌 원전에 새로운 재원을 투입할 수가 없었다. 소련 경화 수입의 주된 수단인 석유 가격이 계속 하락하고 있었다. 고르바초프는 시장 개혁으로 소련의 경제적 성과를 향상하는 데 희망을 걸었다. 체르노빌을 방문하기 9개월 전인 1988년 5월, 고르바초프는 산업 분야와 서비스 분야에서 '합영기업cooperative'을 운영하는 법안에 대해 소연방의 의회 격인 최고회의의 승인을 얻었다. 이는 도시 지역에서 국가가 누리던 경제 독점권을 해체하고 소규모 사업 부문에서 비국가 소유를 인정하는 조치였다. 그러나 이는 부분적 개혁에 불과했고, 이런 개혁은 경제를 되살리는 데 실패하고 말았다. 만성적인 식품 및 소비재 부족을 겪고 있던 경제는 이제 급격히 부실해져서 소련 상점의 선반은 절반이 텅 비었다. 소련 산업계의 거대 기업들은 점점 더 살아날 가망이 낮아졌다.

체코슬로바키아 공산주의자들이 "인간의 얼굴"을 한 공산주의 사회를 만들려고 했던 1968년 '프라하의 봄'으로 거슬러 올라가는 비전에 자극받은 고르바초프는 민주화가 어느 정도 정착되지 않고는 경제 개혁이 불가능하다고 믿었다. 그가 목격한 것은 개혁의 두 부문이 상호 의존적이라는 점이었다. 그가 시작한 페레스트로이카는 국가 자산의 국가 독점을 파괴했고, 그 결과 소련식 사회주의의 근간을 흔들었다. 그러자 당연히 당 관료와 정부 관리 들의 강한 저항을 불러일으켰다. 그는 당 엘리트들의 권력 독점에 도전했고 스탈린 시대부터 지속된 정치 체제에 민주적 선거 요소를 도입하는 정치 개혁으로 이에 응수했다. 이러한 조치로 자유주의 지지자들을 규합함으로써 보수적인 반대파를 압도했다. 그리고 지지자들에게 정치적 자유를 안겨줌으로써 텅 빈 상점과 경제적 어려움에 대한 보상을 해주었다.[3]

체르노빌을 방문한 다음 날인 1989년 2월 24일, 고르바초프는 1988년 11월 키예프 시위 이후 준비해온 '페레스트로이카 운동'을 시작하기를 원하는 우크라이나 작가 그룹을 키예프에서 만났다. 이 운동은 나중에 루흐로 알려졌다. 이들은 고르바초프의 정치·경제 개혁 프로그램을 지지하는 대신 그의 도움을 원했다. 우크라이나 공산당 제1서기인 볼로디미르 셰르비츠키도 이 회동에 참석했다. 소련 정치국에 아직 남아 있던, 몇 안 되는 보수파 인물인 셰르비츠키와 고르바초프의 관계는 이미 오래 전에 차가워졌다. 1986년 5월 1일, 키예프의 노동절 행진을 놓고 두 사람은 설전을 벌였지만, 셰르비츠키는 방사능 수치가 높아지는데도 불구하고 행진을 강행해야만 했다. 이 일은 두 사람 사이의 관계를 틀어지게 만든 여러 원인 가운데 하나에 불과했다. 셰르비츠키는 고르바초프의 개혁 프로그램이나 그가 그것을 수행하는 방법 모두 신뢰하지 않았다. 고르바초프가 국가를 파멸로 이끌고 있다고 확신한 셰르비츠키가 한번은 자기 보좌관에게 이렇게 말했다. "어떤 멍청한 놈이 페레스트로이카란 단어를 만들어냈나?"[4]

셰르비츠키는 루흐 운동이 조직되지 못하게 하려고 당 조직과 KGB를 비롯해 자신이 쓸 수 있는 온갖 수단을 동원했다. 우크라이나 작가들은 자신들의 마지막 희망을 고르바초프의 방문에 걸었다. 우크라이나에서 가장 유명한 작가인 올레스 혼차르는 고르바초프가 있는 자리에서도 자신의 입장을 굽히려 하지 않았다. 혼차르는 루흐 조직을 막기 위한 셰르비츠키의 조치를 '압제'라고 불렀다. 고르바초프는 혼차르의 발언을 방해하지 않았고, 그가 우크라이나 당 지도자에게 불만을 쏟아놓도록 허용했다. 고르바초프는 루흐 운동이 처한 어려움에 대해서는 모르는 척했다. 이것이 바로 그 자리에 있었던 이반 드라치가 받은 인상이었다. 후에 루흐 지도자가 되는 드라치는 이 모임이 성공적이었다고 평가했는데, 그는 핵 지지자였다가 반핵 운동가로 돌아선 사람이었다. "고르바초프는 우리의 의견을 듣고 싶어 했습니다. 그것은 외부의 평가에만 의존하지 않는 진정한 지도자의 접근법이었지요"라고 드라치는 한 지인에게 이렇게 털어놓았다. 그 지인은 바로 KGB 정보원이었다. "이제 우리는 루흐에 대한 압제가 끝나리라고 기대할 수 있습니다."[5]

KGB는 드라치가 한 말을 셰르비츠키에게 보고했다. 작가들이 고르바초프와 만난 뒤 셰르비츠키가 언론에 루흐에 대한 공격을 중단하도록 지시한 것은 묻지 않아도 당연했다. 루흐 운동에 대한 우크라이나 공산당 조직의 저항은 계속되었지만, 고르바초프의 방문 이후 '압제'는 상당히 약화되어서, 루흐 지도자들은 전체 회의를 준비하기 시작했다. 전체 회의는 1989년 9월에 처음 열렸다. 이 회의가 열리기 몇 주 전 고르바초프는 셰르비츠키를 사임시켰다. 우크라이나에 새로운 시대가 열렸고, 이는 체르노빌 원전과 그 주변 제한 구역의 운명에도 영향을 미쳤다.

루흐 지도부는 우크라이나에서 핵문제 관련 로비와 지지자를 확보하기 위한 전쟁에서 그 누구도 인질로 삼지 않았다. 고르바초프를 만나기 며칠 전인 1989년 2월 16일, 작가들은 우크라이나 작가협회 공식 문예지인 《리테라투르나 우크라이나(우크라이나 문학)》에 루흐의 정강 정책을 공표했다. 이 글은 상당한 분량을 환경 문제에 할애했고, 특히 체르노빌 재앙과 그 결과를 논했다. 환경 문제 다음으로는 사회 정의 문제가 다루어졌고, 그 앞은 민족 문제, 문화, 특히 작가들에게 아주 중요한 언어 문제에 할애되었다. 루흐는 체르노빌 원전과 우크라이나 내 모든 RBMK 원자로의 폐쇄를 요구했다. 그리고 원자로 모델을 떠나 새 원자로를 건설하는 공사의 중단, 키예프와 체르노빌 원전 인근 지역 모든 주민의 의료 검사를 요구했고, 이 재앙으로 피해를 입은 사람들의 치료와 복구를 요청했다.[6]

루흐 프로그램은 1917년 볼셰비키 혁명 이후 소련에서 최초로 실시되는 반半자유 선거에 맞추어 발표되었다. 고르바초프는 소련 정치 체제 개혁을 가속화하기 위해 2250명의 의원으로 구성되는 '초대형 의회'이자 새로운 입법기관인 '인민대표회의'를 창설하기로 결정했다. 의원의 3분의 1은 공산당이 지명하도록 되어 있었다. 이 선거는 1989년 3월 말에서 4월 초에 치러질 예정이었고, 개원은 5월로 예정되어 있었다. 이 선거는 공산당이 지명한 후보들과 새로운 민주화 운동 대표자들 간의 전투가 되었다. 이들은 빠르게 몰락하고 있던 소련 체제의 정치·경제 문제뿐만 아니라 환경 문제도 중요한 사안으로 다루었다.

소련의 경제적 어려움에 낙심하기는 했지만, 고르바초프의 정치 개혁에 고무되어 새롭게 부상한 시민사회의 지도자들은 환경 운동에 나섰다. 이 운동은 곧 환경민족주의 성격을 띠었는데, 환경 보호 문제를 민족적 의제와 결합시켰고, 각 공화국이 중앙정부 환경 정책의 희생양이 되었다는 주장을 내세웠다. 원자력 발전소는 모스크바 환경 제국주의의 표상으로 여겨졌다. 리투아니아에서는 체르노빌형 원자로가 가동 중인 이그날리나 원자력 발전소가 논란의 중심이 되었다. 1988년 9월, 우크라이나의 루흐 운동이 모델로 삼은 리투아니아의 시민 전선 '사유디스'는 이그날리나 원전을 약 2만 명이 참가한 '인간 띠'로 둘러쌌다. 리투아니아 민족에게 이 발전소는 환경적 위협일 뿐만 아니라 문화적 위협으로도 여겨졌다. 체르노빌 원전과 마찬가지로 원전 운영 인력 대다수가 러시아인을 비롯해 다른 민족 출신들로 구성되어 있었기 때문이다. 아르메니아에서는 1988년 12월에 발생한 대규모 지진이 대중 시위를 촉발해 공화국 내에 설립된 메차모르 원자력 발전소를 폐쇄하라는 요구가 일어났다. 이 발전소는 지각 운동이 활발한 아르메니아공화국의 수도 예레반에서 불과 36킬로미터 떨어진 곳에 건설되어 있었다.[7]

우크라이나에서 체르노빌 원전의 폐쇄와 피해자들의 치료를 요구하는 여러 신생 단체 중에서 가장 규모가 큰 곳은 루흐였다. 루흐 운동에 초기부터 참여한 우크라이나 작가이자 환경 운동의 선구자 유리 셰르바크는 녹색세계 연합을 계속 이끌어나갔다. 1989년 4월, 녹색세계 연합은 체르노빌 관련 이슈에 집중한 프로그램을 공표했다. 셰르바크는 고향 키예프에서 인민대표회의 후보로 출마했다. 학자이자 작가인 그는 공산당에 가입한 적이 없었다. 그는 공산당이 지원하는 후보와 치열하게 경쟁을 벌였다. 공산당 후보 측은 셰르바크를 우크라이나 부르주아 민족주의자이자 시오니스트라고 비난했으며, 그것으로도 부족해서 셰르바크의 부인이 폴란드 여성이라고 트집을 잡았다. 그러나 셰르바크는 그의 환경 정책에 집중했고 57퍼센트의 표를 얻어 대표에 당선되었다. 그리고 이 선거에서 6명의 후보가 당선되어 환경 운동에서 크나큰 성과를 냈다.[8]

1989년 5월 말, 셰르바크가 모스크바에서 처음 열린 인민대표회의에 참가했을 때, 그가 새로 형성된 '초대형 의회'에서 환경 문제를 선거 공약의 최우선 주제로 삼은 유일한 의원은 아니었다. 2250명의 의원 중 약 40명이 각 지역의 환경 단체 출신이었고, 최소한 300명이 환경 문제 해결을 선거 공약에 포함시켰다.

그러나 최초로 반半자유 선거로 구성된 소련 의회의 작지만 열성적인 '환경 운동가들' 중 두각을 나타낸 의원은 따로 있었다. 그녀의 이름은 알라 야로신스카였고, 러시아어로는 야로신스카야라고 썼다. 체르노빌 제한 구역에서 멀리 떨어지지 않은 우크라이나의 지토미르 지역에서 의원으로 선출된 이 젊은 저널리스트는 체르노빌 재앙과 그 결과의 온전한 진실을 요구하는 운동의 새로운 주자로 떠올랐다. 그녀는 체르노빌 원전에서 서쪽으로 80킬로미터도 떨어지지 않아서 방사능 낙진으로 가장 큰 피해를 입은 나로디치 지역이 처한 상황에 집중하는 환경 운동을 펼쳤다. "지금까지 주민들에게 숨겨온 나로디치 지역의 방사능 낙진 결과를 대중에게 공표하는 것이 무엇보다 시급하다"라고 야로신스카야의 선거 홍보물에 적혀 있었다. 모스크바에 갔을 때 그녀는 소련 전체가 나로디치의 비극에 대해 알아야 하고, 체르노빌 재앙의 장기적 후유증에 주의를 기울여야 한다고 촉구했다.

　야로신스카야는 반란 주동자로 알려져 있었다. 키예프 서쪽 140킬로미터 지점에 위치한 인구 25만 명의 지토미르시 출신인 그녀는 1970년대 초반에 키예프 대학 언론학부를 졸업했다. 당시 KGB는 1950년대와 1960년대 초 흐루쇼프가 전개한 반스탈린 운동이 남긴 자유정신의 잔재를 소탕하려고 열을 올리고 있었다. 그녀는 동료 학생들이 우크라이나 민족시인 타라스 셉첸코의 동상에 헌화했다는 이유로 학교에서 퇴학당하는 모습을 지켜보았다. 3월에 셉첸코를 기리는 것*은 허용되었지만, 우크라이나 민족주의의 달로 여겨지는 5월에는 그런 행동이 금지되었다. 그녀의 남편은 혁명 시기에 무정부주의 반군 세력의 지도자였던 네스토르 마흐노**를 높이 평가하고 그를 우크라이나의 영웅이라고 추대한 글을 썼다는 이유로 대학에서 쫓겨났다. 소련 당국은 혁명 이후 내전 시기에 활동한 마흐노를 위험한 반혁명 군벌로 간주하고 있었다. 야로신스카야는 남편의 퇴직에 항의하는 사람들의 서명을 받았으나 아

- 타라스 셉첸코의 생일인 3월 9일 전후로 셉첸코를 기념하는 행사가 많이 열린다.
- 네스토르 마흐노(Nestor Makhno, 1888~1934). 러시아 내전이 벌어진 1917~1921년에 우크라이나 남부 지역에서 활동한 무정부주의 독립 혁명가. 일명 바치코 마흐노로 불렸다.

무 소용이 없었다.

글재주가 뛰어났던 야로신스카야는 지토미르 지역 신문사에서 일자리를 얻었지만 공산당에 가입하기를 거부했다. 그녀는 당이 운영하는 신문사의 유일한 비당원 기자였다. 그녀는 사회 정의와 소련 체제의 전반적인 건전성을 신봉하는 이상주의자였고, 체제의 '기형화'와 권력 남용을 다룬 기사를 실으면 안 된다는 사실을 알았다. 그러나 그녀는 지역 당 지도자들의 권력 남용을 고발하는 내용의 개인적인 편지를 모스크바에 보내는 것은 인정된다고 보았다. 그녀는 그런 편지 중 일부를 공산당과 당시 국가수반이었던 레오니트 브레즈네프에게 보냈다. 하루는 지역 당 사무소에서 그녀를 호출해 계속 일하고 싶다면 그런 편지를 보내지 말라고 경고했다. 그녀는 KGB 사무실에도 불려가 정치적 견해에 대해 검열을 당했고, 한번은 몇 시간 동안 납치된 적도 있었다. KGB의 대령이 그녀를 겁주기 위해 차에 태워 교외로 데리고 나간 것이었다. 하지만 야로신스카야는 그런 수법에 겁먹지 않았다.

고르바초프가 소련 공산당 서기장으로 선출되자, 야로신스카야는 좀 더 정의롭고 나은 사회를 위해 일할 수 있으리라는 희망을 품었다. 1986년에 그녀와 동료 기자인 야키프 자이코는 지토미르에서 '페레스트로이카를 위하여'라는 이름의 클럽을 결성했다. 공산당 계열 언론은 이들이 정당을 만들려 한다고 비난했다. 그런 행위는 페레스트로이카 이전 소련에서는 국가 반역죄에 해당했다. 지토미르의 신문에 부패한 지역 당 관리들을 비판하는 글을 실을 수 없다고 판단한 야로신스카야는 모스크바의 좀 더 자유주의적인 언론을 이용했다. 그녀의 의도는 제대로 적중했다. 글라스노스트가 아직 지토미르까지 도달하진 않았지만, 모스크바에서는 첫걸음을 내딛은 상황이었기 때문이다. 1987년 6월, 소련에서 두 번째로 영향력 있는 신문인 《이즈베스챠》*는 비판을 허용하지 않고 반대파를 핍박하는 지토미르의 당 간부들을 고발하는 그녀의 기고문을 실었다. 당 간부들은 야로신스카야를 비난하는 내용에 기자 19명이 서명한 편지를 모스크바의 당 중앙위원회에 보내 반격했다. 그녀가 일하는 신문사는 당 회의를 열어 6시간 동안 그녀에게 비난을 퍼부었다. 그녀는 파트타임직으로 좌천되었지만 이에 굴하지 않고 자신의 행동을 계속 이어나갔다.[9]

1987년 가을, 당시 34세로 두 아이의 엄마였던 야로신스카야는 자신의 남자 상관에게 하루 연가를 요청했다. 그는 거절했다. 그녀는 계속적인 요구로 연가를 얻어냈다. 연가 허락을 받은 후에야 그녀는 임신 중절 수술을 하기 위해 하루 쉬어야 한다고 둘러댔다. 병원으로 가는 대신, 그녀는 작은 마을인 나로디치로 차를 몰고 가서 그곳 관리 사무실에서 나로디치의 방사능 오염 지역이 표시된 비밀 지도를 살펴보았다. 그녀는 체르노빌 인근 제한 구역에서 소개된 주민들을 위해 새로운 주택과 편의시설이 그곳에 지어지고 있다는 얘기를 들은 뒤부터 이 문제에 흥미를 갖기 시작했다. 야로신스카야의 생각에 이 새로운 주거지는 체르노빌 사고 현장과 너무 가까워서 안전해 보이지 않았다. 그녀가 편집장에게 새 주거지를 방문하겠다고 했을 때, 그는 이 의견을 묵살했다. 그는 그녀가 신경 쓸 일이 아니라고 일갈했다. 그들이 만드는 신문은 지역신문이고, 주민의 재정착은 공화국과 소련 연방 차원에서 결정할 문제이며, 모스크바와 키예프의 신문사들이 고려할 주제라고 말했다. 그러나 야로신스카야는 포기하지 않았다.

---

* 소련 정부의 기관지. '뉴스'라는 뜻이다.

야로신스카야가 편집장 몰래 방문한 나로디치 지역의 첫 번째 마을은 루드냐 오소시냐였다. 이곳에서는 방사능 측정이 계속 실시되고 있었다. 방사능 수치가 시간당 1.5렘이 넘으면 지역 학교는 수업을 하지 않았다. 그러나 당국은 사람들이 이 지역에 계속 살 것이라는 기대를 품고 공공시설 건설 작업을 계속 진행했다. 야로신스카야가 지역 공사장에서 만난 노동자들은 쉽게 지치고 자주 두통이 난다고 호소했다. 이들은 매달 30루블의 임금을 추가로 받았다. 노동자들은 이 돈을 "관을 살 돈"이라고 불렀다. 이들이나 지역 주민들 모두 아이들도 거의 없고 방사능의 영향 아래 놓인 이곳에 새 유치원을 짓는 이유가 무엇인지 설명할 수 없었다. 새 공중목욕탕도 지어지고 있었는데, 이는 아마도 지역 주민들이 방사능 먼지를 스스로 씻어내도록 돕기 위해서인 것 같았다.

야로신스카야는 경악했다. 그다음 한 달 동안 그녀는 남편과 함께 주말마다 이 지역의 오염된 마을을 돌아다녔다. 모든 마을의 상황이 똑같았다. 모든 곳에 건설 공사가 진행되고 있었고, 방사능 수치가 기밀로 다루어져 지역 주민뿐만 아니라 차단 지역에서 이곳으로 소개된 주민들 모두를 위험하게 했다. 그들의 건강은 심각하게 악화되고 있었으며, 특히 어린이들의 건강이 위험한 상태였다. 이 지역의 어린이 80퍼센트가 갑상샘비대증 증상을 보였는데, 이는 방사능에 과도하게 노출되었음을 보여주는 결과였다. 체르노빌 사고 이전에 갑상샘비대증을 보인 아동 비율은 10퍼센트였다.

야로신스카야가 지역 주민을 돕는 길은 이들이 겪는 고난을 보도하는 것이었다. 그녀가 일하는 신문사는 이런 기사를 실을 리 없었다. 그녀는 지역 당 간부 비판 기사를 실어준 모스크바의 신문사에서 그 일을 시도해 보기로 했다. 그러나 체르노빌은 중앙 언론사에도 너무나 예민한 문제였다. 전에 그녀의 기사를 실은 《이즈베스챠》는 그녀가 다루려는 주제가 기밀로 분류된 사항이라는 이유를 들어 기고문을 거절했다. 당 기관지인 《프라우다》는 반년이나 시간을 끈 후에야 이미 유사한 기고문의 게재 허가가 났다는 이유로 거절했다. 체르노빌 관련 기사를 여러 편 쓴 《프라우다》 기자 블라디미르 구바레프에게 호소해 보았지만 그것도 소용없었다. 우크라이나 출신 작가이자 시인인 비탈리 코로티치가 편집장을 맡고 있고 페레스트로이카 대변인 역할을 하던 매체 《아가뇨크(작은 불빛)》의 경우, 편집장 코로티치를 직접 만났지만 기고문을 실어준다고 여러 번 약속해 놓고도 그냥 넘어갔다. 또 다른 자유주의 신문인 《리테라투르나야 가제타(문학 신문)》도 마찬가지였다.[10]

이렇듯 모든 매체가 그녀의 기고문을 거절한 것은 편집장의 의사에 따른 것이 아니라, 체르노빌과 관련된 모든 기사에 부과된 철저한 검열 탓이었다. 사고수습자들이 쏟은 노력의 영광을 빛바래게 할 만한 것은 전부 다 검열되었다. 당시 많은 구독자를 거느렸던 《베치르니 크이프(석간 키예프)》의 편집장인 비탈리 카르펜코는 1986년 5월에 발행한 신문에서 사람이 얼마 없는 키예프 거리 사진을 실었다는 이유로 상관에게 질책받았던 일을 기억했다. 이 사건은 우크라이나 당 중앙위원회의 조사를 받았다. 체르노빌 관련 기사는 모조리 모스크바 당국이나 키예프 시당 위원회의 재가를 받아야 했다.

후에 야로신스카야는 체르노빌과 관련된 모든 자료를 기밀로 분류한다고 쓰인 당과 정부 당국의 결정문을 입수했다. KGB는 1986년 5월에 이미 앞장서서 체르노빌 사고의 원인과 영향을 다룬 모든 문서에 기밀 분류 도장을 찍기 시작했다. 6월에는 보건부가 방사능에 오염된 지역의 주민 치료 자료와 사고수습자들의 방사능 피폭량과 관련된 모든 자료를 기밀로 분류하기로 했다. 7월에는 국방부가 인사 담당 장교들에게 체르노빌 지역에 파견된 장교들과 병사들의 인사 자료에 체르노빌 파견 사실을 기록하지 말라는 명령을 내렸다. 또 50렘 이상의 방사능에 노출되지 않았으면 방사능 피폭을 기록하지 말도록 했는데, 이 수치는 정상의 10배이자, "체르노빌 기준"의 2배에 달했다.[11]

야로신스카야는 벽에 부딪혔다. 당시에는 그렇게 보였다. 글라스노스트는 한계가 있었다. 지역 당국의 부패와 문제점을 보도하는 것은 보수적인 당 기관을 겨냥한 고르바초프의 공격을 돕는 행위였지만, 중앙정부에 책임이 있는 체르노빌 원전 사고의 진실을 드러내는 것은 완전히 다른 문제였다. 이것은 국민들에게 진실을 감추고 수십조 루블을 오염된 지역과 주민들을 치료하고 복구하는 데 쓴 고르바초프를 비롯한 중앙정부 당국 스스로가 책임을 인정한 다음에야 가능한 일이었다. 그러나 고르바초프 정부는 돈이 없었다. 소련 경제는 내리막길을 걷고 있었다. 오랫동안 미루어왔던 개혁이 기존의 체계를 와해하면서 그렇지 않아도 큰 곤란을 겪던 국고에 무거운 부담을 안겨주었다. 야로신스카야는 자기가 쓴 글을 복사해 친구들에게 나누어주는 수밖에 없었다. 글라스노스트의 시대에 그녀는 '지하 출판samizdat'•에 다시 의존해야 했다. 지하 출판이란 개혁 시기 이전에 소련의 반체제 인사들이 개인 타자기로 작성한 원고를 복사해서 비밀리에 친구들과 지인들에게 나누어 주던

• 소련과 동유럽에서 반체제 성격이 강한 출판물은 검열을 피해 비밀리에 인쇄되어 사람들 사이에 회람되었다. 이런 전통은 검열이 심했던 제정러시아 시대부터 시작되었다. 이 작품들이 서방으로 유출되어 서방에서 먼저 출간되는 경우도 많았다. 솔체니친의 《암병동》, 역사학자 메드베데프의 《역사의 심판을 위하여》, 바실리 그로스만의 《삶과 운명》《모든 것은 흘러간다》 등이 대표적인 예다. 이런 출판물은 소련이 아닌 외국에서 출간된다는 의미에서 '타미즈다트tamizdat('tam'은 '저곳', 'izdat'는 '출판'이라는 의미)'라는 명칭도 쓴다.

방식을 말한다.[12]

그러다가 갑자기 모든 것이 달라졌다. 1988년 여름, 고르바초프가 소집한 19차 공산당회의는 그가 제안한 반#자유 선거를 승인했다. 우크라이나 작가 보리스 올리니크는 금기를 깨고 공공연하게 체르노빌 재앙에 대한 중앙정부의 책임을 물었다. 1988년 9월에 모스크바 자유주의 성향의 잡지《노비 미르(새 세상)》는 벨라루스 작가 알레스 아다모비치의 기고문 〈맹세하건대, 다시 폭발하지는 않을 것이다―비전문가의 견해〉를 실었다. 아다모비치는 사고 발생에 고위 관리들의 책임이 있다고 주장했을 뿐만 아니라, 체르노빌 원전 인근 지역이 생각보다 훨씬 더 넓게 오염되어 거주하기에 위험하다고 주장했다. 그는 또 새로운 원전 건설을 방해하지 않기 위해 진실이 감춰지고 있다고 논박했다. 그는 실제 상황이 훨씬 더 참혹하다고 주장하면서 일례로 체르노빌에서 90킬로미터 떨어진 벨라루스 도시 브라긴은 의사들이 항구적으로 체류하며 일하기엔 너무 위험한 상황이라고 했다. 그래서 의사들은 교대로 이 지역에서 근무하고 있지만, 여성들과 어린이들을 포함한 이 지역 주민들은 계속 거주할 수밖에 없다고 했다.[13]

방사능에 오염된 지역을 합법적인 토론의 주제로 삼은 아다모비치의 기사는 올리니크의 연설보다 글라스노스트의 한계를 더 멀리 밀쳐냈다. 아다모비치의 기고문이 발표된 1988년 9월에 유리 셰르바크는 일군의 영화 제작자를 야로신스카야가 가장 우려하는 나로디치 지역으로 데려갔다. 그의 도움을 받아 제작된 기록영화는 이 지역 농장에서 방사능 오염의 영향을 받아 눈이 없거나 또 다른 기형으로 태어난 송아지를 보여주었다. 어느 마을의 방사능 수치는 키예프의 150배가 넘었다. 사고 발생 후 1년 동안 이 지역의 한 농장에서는 기형 가축이 64두 태어났는데, 이는 그 이전 5년 동안 있었던 총 3건에 비해 매우 높은 수치였다. 이 22분짜리 기록영화는 TV나 극장에서 상영되지 못했기에 영화 제작자는 자신이 발견한 사실을 기사로 썼다. 당국은 진실을 감추려고 안간힘을 썼지만 이들의 정보 독점은 차츰 무너졌다.[14]

1988년 늦여름, 나로디치 지역에서 알아낸 사실에 대해 야로신스카야가 처음으로 대규모 청중 앞에서 강연하도록 허용되었다. 그녀의 강연에 대한 사람들의 반응은 뜨거웠다. 당 관료를 빼고 모든 사람이 아주 열정적으로 호응했다. 지토미르 지역 주민들은 그녀의 이야기를 더 듣고 싶어 했고, 그녀의 강연을 주선하도록 그들이 일하는 공장이나 연구소의 책임자들을 압박했다. 1989년 봄 인민대표회의 선거가 치러질 때에는 그녀의 강연을 들으려는 사람들을 모두 수용할 만큼 큰 강당을 찾을 수 없을 정도였다. 야로신스카야는 이제 도시 광장이나 대형 경기장에서 연설을 했다. 당 관료들은 위협적인 전화와 편지로 그녀에게 겁을 주려고 했다. 이들은 내무부 소방 기관에 근무하는 그녀의 남편에게 이혼을 강요하기도 했다. 그들은 그녀의 아들도 위협했고, 공산당 본부에 대한 공격을 계획했다는 이유로 그녀의 지지자 10여 명도 수사했다. 그러나 사람들은 그녀의 이야기를 듣기 위해 계속 찾아왔고, 2만 명에서 3만 명의 청중이 금세 모였다. 결국 당국은 뒤로 물러날 수밖에 없었다. 오랜 기간 그녀가 일했던 지역 신문은 정치적 압박 때문에 그녀를 핍박했지만, 이제 그녀의 선거 공약을 실을 수밖에 없었다. 그녀는 유권자 90퍼센트의 지지를 얻어 의원에 당선되었다.

모스크바에 온 야로신스카야는 자신과 같은 생각을 가진 다른 의원들과 연대했다. 이들 중에는 동료 환경 운동가인 유리 셰르바크도 포함되었다. 나로디치 지역을 다룬 폭발성 있는 기록영화 〈자프레델(한계 너머)〉

을 만든 미하일로 벨리코프와 드니프로제르진스크 출신의 환경 운동가 세르히 코니예프도 이들과 함께했다. 외부에 브레즈네프의 고향으로 널리 알려진 드니프로제르진스크는 후에 소련에서 환경오염이 가장 심한 지역 중 하나로 꼽혔다.

미하일 고르바초프가 인민대표회의에서 토론의 장을 열자마자 야로신스카야와 셰르바크는 체르노빌 사고가 끼친 환경 영향에 대해 말할 기회를 얻고자 발언 신청 명단에 이름을 올렸다. 그러나 고르바초프나 회의 진행을 맡은 어떤 다른 정치인도 이들에게 체르노빌에 대해 발언할 기회를 주지 않았다. 야로신스카야는 직접 연단에 있는 고르바초프에게 다가가 체르노빌 문제에 대해 발언할 기회를 달라고 요청했고, 고르바초프는 이를 허락했다. 그녀는 주어진 시간 3분을 이용해 방사능에 오염된 마을 나로디치에 대해 얘기했고, 방사능 측정치를 보여주며 그곳에 주민들이 계속 거주하는 것이 위험하지 않다고 주장한 우크라이나 보건 당국자들의 기만을 고발했다. 그녀는 고르바초프에게 현지 상황의 심각성을 담은 벨리코프의 기록영화를 넘겨주었다.

체르노빌 재앙이 끼친 영향에 대한 공식적인 침묵의 커튼이 서서히 걷히기 시작했다. 야로신스카야는 이 발표 이후 그녀의 용기를 칭찬하는 수십 통의 전보와 편지를 받았다. 이후 다른 의원들도 이 문제에 대한 정부의 정보 통제를 규탄하는 목소리를 높였다. 이들 중에는 벨라루스의 마힐리우워 지역에서 온 의사도 있었다. 벨라루스의 공산당 제1서기인 예브게니 소콜로프는 연단에 올라가 벨라루스 땅의 18퍼센트가 체르노빌 방사능 낙진으로 오염되었다고 선언했다. 야로신스카야는 우크라이나의 최고위층 관리인 총리 비탈리 마솔이 침묵을 지키고 앉아 있는 데 경악했다. 그러나 그녀는 고향 지토미르로 귀환하여 운동장을 가득 채운 유권자들과의 첫 만남과, 그 이후 이루어진 나로디치 주민들과의 만남에서 상황이 바뀌고 있다는 것을 알릴 수 있었다.

여름이 가기 전에 소련 부총리를 단장으로 하는 정부 조사단이 나로디치를 방문했고, 우크라이나 부총리와 이 지역의 당 책임자도 그를 수행했다. KGB는 나로디치에서 열린 전소련 과학아카데미 방사능 과학분과의 회의 결과를 우크라이나 공산당 제1서기 볼로디미르 셰르비츠키에게 보고했다. 6월 13일, 약 800명이 과학자들과 만나기 위해 나로디치의 문화 센터에 모였다. 그들 중 일부는 당국에서 문제를 인정하게하는 데 멈추지 말고 뭔가 행동을 취하도록 시위를 하자고 주장했다. 그러나 KGB는 이러한 요구를 보고하는 것 말고 할 수 있는 일이 없었다. 정치적 상황은 바뀌고 있었다.[15]

1989년 가을에 우크라이나뿐만 아니라 이웃한 벨라루스도 공산 당국을 상대로 환경 반란을 일으켰다. 벨라루스의 수도 민스크에서는 9월 30일에 첫 대중 집회가 열렸다. 정부 관리들은 방사능에 오염된 지역인 호멜과 마힐리우워에서 집회에 참석하기 위해 사람들이 타고 오는 버스들을 막으려고 했지만 허사였다. 3만 명 남짓 운집한 청중은 우크라이나의 루흐 운동에 비견되는 벨라루스 시민전선 지도자들의 연설을 경청했다. 이 조직은 몇 달 전 리투아니아의 수도 빌뉴스에서 태동했다. 벨라루스의 당이나 정부의 관리는 단 한 명도 시민들에게 연설하지 않았다. 당국은 체르노빌 재앙의 암울한 영향을 부정할 수는 없었지만, 그런 뒤에 자신들이 정보 독점과 정치적 행동의 독점권도 잃었다는 사실은 인정하려 하지 않았다.[16]

인민대표회의의 선거와 활동은 체르노빌 재앙이 환경에 미친 영향에 대한 비밀의 커튼을 들어 올리는 역할은 했지만, 반핵 운동가들의 궁극적 목표인 체르노빌 원전과 RBMK 원자로를 가동하는 다른 원전의 완전한 폐쇄를 성취하는 데에서 비중 있는 역할을 하지는 못했다. 환경 운동가들은 고르바초프가 2단계 정치 개혁 조치로 1990년 3월 초에 실시한 각 공화국의 의회 선거에서 다시 한번 기회를 잡았다. 이번에는 공산당이 지명하는 의원은 없었다. 각 공화국 의회(최고회의)의 의석을 차지하고자 하는 사람은 선거에서 선출되어야 했다. 선거 결과는 고르바초프와 모스크바의 지도자들에게 큰 충격을 안겨주었다. 1989년 여름에 소련 인민대표회의에 선출된 의원들이 비리를 저지른 사람들의 명단을 발표하는 데 그쳤다면, 1990년 봄에 공화국 의회에서 선출된 의원들은 말에서 행동으로 옮겨 갔다.

많은 공화국의 유권자들은 민족 독립을 옹호하는 후보들을 선출했고, 이들은 이것을 비핵화와 연관지었다. 그러나 반핵 운동에 대한 의원들의 열성은 공화국마다 달랐는데, 그 강도는 모스크바에서 얼마나 자신들 공화국과 거리를 두려 하는지에 좌우됐다. 원전 폐쇄를 요구하는 집회가 1988년 가을부터 진행된, 이그날리나 원자력 발전소가 있는 리투아니아는 소연방으로부터의 독립을 최초로 선언한 연방공화국이 된다. 새로 구성된 공화국 의회가 첫 회의를 연 직후인 1990년 3월에 리투아니아는 독립을 선포했다. 이에 당황한 고르바초프는 반기를 든 리투아니아에 경제 봉쇄 정책으로 응수했다. 새로 선출된 리투아니아 의회 지도부는 모스크바에 의존하지 않는 에너지원의 중요성을 고려해야 했다. 경제 제재와 함께 이그날리나 원전의 RBMK 원자로 2기의 임시 가동 중지는 반핵 운동 지도자들의 운동 방향을 바꾸어놓았다. 이들은 원전의 완전 폐쇄가 아니라 리투아니아의 독립을 보장하는 새 원전을 건설하자

고 주장했다. 원자력 시민운동의 방향이 완전히 바뀐 것이다.[17]

정치 엘리트들은 모스크바로부터 완전한 분립을 생각하고 있지 않았지만, 체르노빌 재앙이 미친 영향이 심각했던 우크라이나에서는 반핵운동이 1990년 공화국 의회 선거에서 살아남았을 뿐 아니라 더욱더 힘을 얻었다. 선거가 진행되던 1990년 2월, 공산당 지도부는 루흐 운동의 정치적 무기고에서 체르노빌 문제를 제거하려는 시도의 일환으로 임기를 마치는 공산당 주도의 우크라이나 최고회의가 1995년까지 체르노빌 원전을 가동 중지한다는 결의안을 통과시키도록 했다. 당국은 녹색세계를 별도의 정당으로 등록하기를 거부하여 그 회원들이 정당을 기반으로 한 선거에 나서지 못하게 했다.

그러나 체르노빌을 핵심 정치 의제에서 벗어나게 하려는 이 시도는 선거 결과에 거의 영향을 미치지 못했다. 선거 때 가장 인기를 끌었던 정치 구호는 체르노빌 사고를 일으킨 공산당을 비난하고 공산당이 체르노빌 원자력 발전소에서 소멸되는 것을 바라는 다음과 같은 구호였다. "공산당은 체르노빌 원전과 함께 만수무강하라!Khai zhyve KPRS na Chornobyl's'kii AES!" 선거 운동을 위해 만들어진 유인물의 4분의 3이 체르노빌과 환경 문제를 다루었고, 이 문제는 유권자들에게 경제나 사회 정의보다 더 중요하게 다가왔다. 전체 의석의 약 4분의 1에 해당하는 100명 이상의 의원이 '시민평의회'라는 명칭을 내건 루흐 운동을 발판으로 선출되었다. 이로써 막강한 권력을 누리던 공산당 체제에 엄청난 타격을 가했다.[18]

1990년 4월, 체르노빌 사고 4주기를 맞아 우크라이나의 모든 원전 근처에서 대규모 시위가 열렸다. 서부 우크라이나의 흐멜니츠키 원전 옆에 있는 네티신 시가지에서는 약 5000명이 시위에 참여했다. 같은 지역의 리브네에서는 약 3000명이 시위에 나섰다. 시위 참가자들은 그곳에서 약 160킬로미터 떨어진 곳에 있는 흐멜니츠키 원전과 리브네 원전을 폐쇄하라고 요구했다. 주로 지역 주민들로 이루어진 시위 참가자들은 우크라이나어를 사용했는데, 공산당을 비난하고 두 원전 운영자의 다수를 이루는 러시아어 사용자들인 러시아인들을 공격했다. 이들은 네티신의 원자력 발전소 정문을 부수려고 했지만 경비원들에게 제지당했다. 네티신 시위 참가자들은 흐멜니츠키 원전의 새로운 원자로 공사에 콘크리트 제공을 중단한 이 지역 콘크리트 공장 노동자들을 지지했다. 이 노동자들은 다른 노동자들을 파업에 동참하도록 독려했다. 크게 당황한 KGB는 키예프의 당 관리에게 만일 당국이 압력에 굴복해서 흐멜니츠키 원전을 폐쇄하면 대량 실업 사태가 발생할 것이라고 경고했다.[19]

우크라이나 당국자들은 타협책을 택했다. 1990년 여름, 체르노빌 원전 폐쇄를 의결한 이전 최고회의의 정책 방향을 이어받은 새 의회는 우크라이나 지역에 새 원자로 건설을 중지하는 안을 5년 내에 시행하는 모라토리엄을 의결했다. 새 의회는 체르노빌 재앙과 관련된 문제를 조사하고 사고로 발생한 위험에 대한 정보를 차단한 모스크바와 키예프 당국의 행태를 조사하는 특별위원회를 구성했다. 환경 운동의 주요 목표는 달성되었다. 재앙의 영향을 받은 사람들과 지역을 회복시키는 데 부족한 자원을 찾아 그것을 할당하는 어려운 문제가 앞으로 남은 과제였다. 체르노빌 사고로 등장한 반핵 운동 덕분에 정치 궤도에 들어선 대중 운동의 정치 지도자들은 이제 다른 곳으로 주의를 돌리기 시작했다.

1990년 10월, 루흐는 키예프에서 두 번째 전체 회의를 열었다. 초기 환경 운동을 이끌었고 이제는 의원이 된 이반 드라치가 다시 루흐의 지도자로 선출되었다. 루흐는 "페레스트로이카를 위하여"라는 슬로건을 정강에서 지우고 우크라이나의 독립을 최우선 목표로 정했다. 정강 정책의 환경 의제는 거의 바뀌지 않았지만, 이제 환경 문제만이 대중을 행동에 나서도록 만드는 기제는 아니었다. 환경민족주의의 깃발 아래 쟁취한 정치적 자유를 등에 업고 정치 지도자들은 우크라이나 공화국의 독립을 공개적으로 주장할 수 있게 되었다. 체르노빌의 충격파는 소련의 기초를 파괴할 기세였다.[20]

20장

독립하는 우크라이나

1991년 8월 24일 따뜻한 여름 아침에 수천 명이 키예프 시내 의회 건물 주변에 모였다. 이날은 토요일이었고, 다른 때 같으면 일터에 있었을 많은 키예프 시민이 시위를 벌였다. 우크라이나 전역에서 모여든 외지인도 이 시위에 참여했다. 이들은 "공산당 철폐!" "우크라이나는 소련에서 벗어난다!" "파시스트 연방 반대!"라고 쓰인 포스터를 실었다.[1]

그보다 며칠 전인 8월 19일, KGB 수장 블라디미르 크류치코프가 주도하는 모스크바의 강경파는 미하일 고르바초프를 연금하고 그가 추진하는 민주적 개혁을 뒤엎기 위해 비상위원회를 발족했다. 음모자들은 고르바초프를 크림반도에 있는 그의 여름 휴양소에 감금했지만 그의 정적이자 카리스마 넘치는 러시아 공화국 대통령 옐친을 체포하지는 못했다. 옐친은 민주적 자유를 수호하기 위해 모스크바 시민들에게 호소했다. 군대는 대중 시위 진압을 거부했고, 8월 22일 저녁에 쿠데타 시도는 무산되었다. 승리자 옐친은 고르바초프를 모스크바로 돌아오게 했지만,

쿠데타 기간에 얻은 권력을 고르바초프에게 넘겨주지는 않았다. 옐친은 아직 충격에서 벗어나지 못한 고르바초프에게 강요해 안보 담당 각료들을 해임시키고, 그 자리에 자신이 천거한 인물들을 임명하게 했다. 옐친은 고르바초프의 마지막 권력 보루인 공산당의 활동도 금지시켰다.[2]

옐친의 쿠데타 진압은 그를 모스크바에서 가장 권력이 막강한 인물로 만들었다. 우크라이나 공산당 간부들은 우려에 휩싸였고, 야당 인사들은 강경파의 거듭된 쿠데타 가능성을 염려했다. 두 집단 모두 모스크바의 통제 아래 남아 있어야 한다는 생각을 고수하지는 않았다. 체르노빌 사고 때와 마찬가지로 집권층과 반대파는 모스크바를 공동의 적으로 보았지만, 자치와 독립 중 어느 방향으로 움직여야 할지에 대해서는 의견을 모을 수 없었다. 만일 자치를 확보하면 이들은 지역 문제에 통제권을 가질 수는 있었지만 소련 체제의 일부로 남아 있어야 했다. 그리고 독립은 소련으로부터 완전한 분리를 의미했다. 당 간부들은 생각을 정하지 못했지만 루흐 지지자들은 독립을 주장했다. 8월 24일 아침, 우크라이나 의회 건물 밖에 모인 키예프 시민들, 루흐 운동가들, 그리고 또 다른 개혁 지지자들은 모스크바로부터의 독립을 요구했다. 이들은 점점 더 과격해져서 쿠데타가 벌어지는 동안 옐친을 지지하는 대신 눈치를 보았던 우크라이나 공산당 지도부의 처벌을 요구했다.

의회 건물 밖에서 긴장이 고조되자, 쿠데타 기간에 보인 수동적 태도로 공격을 받았던 의회 의장 레오니트 크랍추크가 체르노빌 재앙의 영향을 다루는 의회 위원회를 맡고 있던 작가이자 루흐 운동가인 49세의 볼로디미르 야보립스키를 연단으로 불러 연설하게 했다. 공산당이 다수파를 차지한 의회의 야당 세력인 시민의회당 지도부는 이날 크랍추크에게 여러 가지 발의안을 제출하고 표결에 부쳐달라고 요청했다. 그중에는 강제 수용소 수감과 유형으로 25년을 보냈던 반체제 인사 렙코 루캬 녠코가 발의한 우크라이나 독립 선언도 있었다. 공산당 소속 의원들은 검토하지 못했다는 이유를 들며 그 발의안을 논의에 부치기를 거부했다. 야보립스키는 크랍추크가 제공한 발언 기회를 이용하여 발의안 문안을 낭독했다.

그는 먼저 단합을 강조했다. "존경하는 의원 여러분, 존경하는 귀빈 여러분, 친애하는 우크라이나 국민 여러분! 지금은 복수의 순간이 아니라 진실의 순간이라는 것을 먼저 말씀드리고 싶습니다. 여기에 모인 사람들은 승자나 패자가 아닙니다. 사실 우리는 모두 패자였습니다. 이제 우리는 이러한 논쟁을 뒤로하고 앞으로 나아갈 마지막 기회 앞에 서 있습니다." 그리고 그는 독립 발의안의 핵심 문장을 읽어나갔다. "우크라이나 사회주의 공화국 최고회의Verkhovana Rada는 우크라이나의 독립과 독립 국가 우크라이나의 창설을 엄숙하게 선언한다." 이 선언은 의회 내 다수를 차지한 공산당 의원들에게 엄청난 충격으로 다가왔다. 그럼에도 이들은 반기를 들거나 항의하지 못하고 의안 협의를 위한 정회를 요청했다. 의원들이 다시 의사당으로 돌아왔을 때, 이들은 야보립스키의 제안을 지지할 준비가 되어 있었다. 크랍추크는 독립 문제를 표결에 부쳤다. 결과는 놀라웠다. 찬성 346표, 반대 2표, 기권 5표. 이제 1991년 12월 1일의 국민투표 결과에 따라 소련에서 두 번째로 큰 공화국이자 체르노빌 원자력 발전소의 본거지인 우크라이나가 독립 국가가 되는 길이 열린 것이다.[3]

독립 결의안을 기안한 렙코 루캬녠코는 결의안을 처음으로 낭독하는 영예가 야보립스키에게 돌아간 이유는, 찬성표를 원했던 크랍추크 의장이 1990년까지 공산당 소속이었던 야보립스키가 낭독해야 다수파의 신뢰를 얻을 가능성이 높다고 판단했기 때문이라고 회고했다. "루카넨코는 민족주의자이고 두 번이나 기소된 상습범이다"라고 크랍추크의 측근이 그에게 전한 말을 루카넨코는 떠올렸다. "공산주의자들은 민족주의자들을 핍박했고, 감옥에 보냈다. 그들은 민족주의자인 루카넨코를 적으로 간주했지만 야보립스키는 친근한 인물로 여겼다. 만일 루카넨코가 발의문을 낭독했다면 공산당 소속의 많은 의원이 찬성표를 던지지 않았을 것이지만, 야보립스키는 자기 편이라고 여겼기에 다수의 찬성을 좀 더 빨리 확보할 수 있었다"라며 후에 크랍추크는 정치적 이유로 야보립스키를 우선으로 생각한 것은 아니었다고 이런 추측을 부정했다. 배경이 어찌 되었건, 야보립스키가 마이크를 먼저 잡았다.[4]

작가였다가 민족 운동가가 된 볼로디미르 야보립스키는 1989년 가을에 루흐 전당대회를 조직한 주인공으로서 우크라이나 정치 무대에 등장했다. 1990년 봄, 그는 체르노빌 재앙이 우크라이나에 미친 손해를 비난하며 우크라이나 의회 선거에 입후보했다.

　야보립스키는 반핵 운동의 주동자가 되기에는 적절치 않은 인물이었다. 우크라이나에 원전을 건설하는 것을 지지했던 그는 《연쇄반응》(1978)이란 소설을 썼는데, 이 작품에서 체르노빌 원전 건설을 공산주의 현대성의 승리이자 우크라이나가 현대로 들어선 증거로 평가했다. 그는 원자로의 안전성에 대한 염려를 미국의 히로시마와 나가사키 원폭 투하에 연유한 과민 반응으로 치부하고, 자본주의 세계에서만이 이런 걱정을 할 이유가 있다고 말했다. 그는 루흐의 지도자 이반 드라치를 비롯한 많은 우크라이나 작가와 마찬가지로 체르노빌 사건 이후 원자력 에너지 지지자에서 반핵 십자군으로 개종했다. 야보립스키가 참회의 표현으로 두 달 이상을 제한 구역에서 보낸 뒤에 쓴 소설 《세기말 약쑥과 함께 있는 마리아》(1987)에서 행동에 대한 개인의 책임이라는 문제에 깊이 천착했다. 좀 더 구체적으로 말하면, 야보립스키는 개인에게 가족, 고향, 궁극적으로 국가에 대한 책임이 있다고 보았다. 당시 우크라이나에서 가장 유명한 작가 올레스 혼차르는 이 책이 발간되자 야보립스키에게 다음과 같은 편지를 썼다. "우크라이나는 당신의 목소리를 통해 고통과 희망을 간직한 체르노빌 시대를 세계에 알렸습니다."[5]

의회에 입성한 야보립스키는 체르노빌 문제에 집중했고, 자신이 발족한 체르노빌위원회의 위원장을 맡았다. 그가 맡은 위원회는 재앙의 범위, 그리고 이 재앙이 주민들에게 끼친 해악의 진실을 숨긴 우크라이나 공산당과 정부 관리들이 했던 일을 조사했다. 진실 감추기에 전념했던 KGB가 이제는 손상된 원자로와 폭발 사고로 오염된 지역에 지속적으로 영향을 미치는 문제에 대해 야보립스키 위원장에게 보고해야 했다. 야보립스키가 초기에 공격 목표로 삼은 인물 중에는 체르노빌 원전 소장인 빅토르 브류하노프가 포함되어 있었다. 격정적인 연설가이자 작가인 야보립스키는 반대파로부터 포퓰리스트라는 비난을 들었는데, 그는 서면과 구두로 논란을 일으키는 발언을 자주 했다. 일례로 그는 사고가 있던 날 밤에 브류하노프가 숲속의 통나무집에서 애인과 시간을 보내느라 상관과 주민들에게 사고의 심각성을 알려야 하는 임무를 게을리했다고 비난했다.[6]

1991년 9월, 10년형의 절반을 복역하고 가석방된 브류하노프는 이런 비난에 격노했다. 그는 후에 "야보립스키는 자신의 책을 급하게 출간하느라 스스로 가짜 뉴스를 만들어냈다. 그는 온갖 얘기를 지어댔다. 나는 그 사람 이름만 보아도 넌더리가 났다"라고 회고했다. 브류하노프는 복역 기간의 대부분을 우크라이나 동부의 감옥에서 보냈다. 그는 그 지역의 유명 인사가 되었다. 그가 감옥에 도착하자 다른 수형자들이 세계 최악의 재앙을 일으킨 주인공을 보기 위해 얼굴을 들이밀었다. 교도소 당국은 그에게 관리 일을 주었지만 그는 이를 거부하고 기술공으로 복역했다. 후에 교정 당국은 그를 중부 우크라이나의 가옥과 같은 수형 시설로 보냈다. 브류하노프는 석방된 후에야 어느덧 다섯 살이 된 손녀를 처음 만났다. 손녀는 체르노빌 사고 직후에 태어난 아이였다.[7]

수형 생활에서 큰 트라우마를 얻은 그는 "내가 그곳에서 본 사람들의 95퍼센트는 인간이라고 하기 어려웠다"라고 회상했다. 브류하노프는 건강 상태가 비교적 괜찮았다. 그는 체르노빌 원전으로 돌아가서 일했고, 나중에는 원자력 산업을 담당하는 국가 기관에서 일했다. 그와 함께 기소된 동료들은 그보다 운이 나빴다. 수석 기술자였던 니콜라이 포민은 사고 발생 이후에 입은 심리적 충격에서 결코 회복되지 못했다. 1988년에 포민은 일반 교도소에서 정신병동으로 이감되었다가 나중에 방면되었다. 사고 당일 원자로 4호기를 운영했던 그의 부하 직원이자 부수석 기술자였던 아나톨리 댜틀로프는 심리적으로 잘 견뎠고 자신의 유죄를 결코 인정하지 않았지만, 급성 방사능 피폭 증상을 보여 1990년에 건강상 이유로 가석방되었다.[8]

우크라이나가 해체되어 가는 소련으로부터 독립을 선언하고 브류하노프가 가석방된 1991년 늦여름에 브류하노프, 포민, 댜틀로프가 재앙을 일으킨 주범이라고 생각하는 사람은 별로 없었다. 1991년 11월, 쿠르차토프연구소에 새로 취임한 예브게니 벨리호프가 이끄는, 소련 핵과학자로 구성된 조사위원회는 체르노빌 원전 사고는 관리자와 운영자만의 책임으로 돌릴 수 없다는 결론을 내렸다. 그들은 원자력 산업의 감찰을 담당한 산업 및 원자력 에너지 안전관리위원회가 다음과 같이 내린 결론을 수용했다. "체르노빌 원전의 원자로 4호기로 사용된 RMBK-1000 원자로의 건설 결함은 치명적인 체르노빌 사고의 단초를 제공했다. 체르노빌 재앙은 RBMK-1000 원자로 설계자들이 안전 문제가 충분히 고려되지 않은 설계 개념을 선택한 것이 주요 요인이었다."[9]

1991년 가을에 야보립스키와 그의 위원회는 우크라이나 공산당과 정부의 지도층을 겨냥해 브류하노프보다 더 윗선에 사고의 책임이 있는 사람을 찾아나섰다. 볼로디미르 셰르비츠키는 1990년 2월에 암으로 사망해 이미 고인이 된 상황이었다. 그러나 당시 정부 수장이었고 우크라이나 정치국의 체르노빌 조사위원회 위원장을 맡았던 올렉산드르 랴시코를 비롯한 다른 사람들은 살아 있었다. 그는 사건이 일어나고 1년 후, 브류하노프와 다른 관련자들에 대한 재판이 시작된 달인 1987년 7월에 총리직을 사임했다. 랴시코는 사건이 발생한 이후에 자신이 했던 일을 자랑스러워했다. 그는 누구보다도 먼저 프리파트 주민들을 소개해야 한다고 주장했다. 이는 당시 사고대책위원장이었던 보리스 셰르비나나 당의 상급자인 볼로디미르 셰르비츠키의 의견에 맞서는 주장이었다.

그러나 야보립스키는 체르노빌 사고에서 랴시코가 수행한 역할에 대해 다른 시각을 갖고 있었다. 랴시코가 조사위원회에 출두하여 자신과 정부가 한 역할을 증언할 때 야보립스키는 그에게 이렇게 물었다. "사고가 터졌다는 사실을 알았을 때 우크라이나 정부와 공산당 중앙위원회는 어떤 조치를 취했습니까?" 랴시코는 "사고가 난 때는 한밤중이었고 나는 집에 있었습니다. 내가 무슨 조치를 취할 수 있었겠습니까?"라고 말하고 소련 총리 니콜라이 리시코프의 전화를 받았다고 답했다. 그의 대답에 불만을 품은 야보립스키는 조롱조로 말했다. "좋습니다. 그래서 당신은 잠을 푹 잔 뒤에 일하러 나갔습니까?" 라시코는 자신이 프리퍄트 주민 소개를 위해 키예프시의 운송 수단을 징발했던 일과 사고 직후에 정부가 했던 일을 설명했다. 질의는 두 시간에 걸쳐 진행되었다. 라시코와 조사위원회는 우호적인 분위기에서 조사를 마쳤다. 위원회의 두 위원이 75세의 라시코를 키예프 시내 아파트까지 데려다주었다. 라시코는 최소한 자신을 대상으로 한 조사는 종결되었다고 생각했다. 그러나 놀라운 일이 그를 기다리고 있었다.[10]

우크라이나 국민들이 의회가 선언한 독립에 관한 국민투표를 치른 지 열흘 뒤이자, 러시아의 보리스 옐친, 우크라이나의 레오니트 크랍추크, 벨라루스의 스타니슬라우 슈시케비치가 소련을 해체하고 독립국가연합 CIS, Commonwealth of Independent States을 창설하기로 한 합의에 서명하고 의회가 그것을 인준한 다음 날인 1991년 12월 11일, 우크라이나 의회는 야보릅스키의 조사위원회가 체르노빌 재앙이 끼친 영향의 은폐에 대해 조사한 결과를 듣기 위해 모였다.

옐친과 크랍추크, 슈시케비치가 서명한 동의안은 "참가자들은 체르노빌 재앙의 전지구적 성격을 인정하고, 그 영향을 최소화하고 극복하기 위한 노력을 조율한다"라고 선언했다. 그러나 한동안 각국은 저마다의 방식으로 재앙의 후유증을 처리했다. 이런 방식의 사태 처리는 체르노빌 사고로 인한 경제, 사회, 공중 보건, 환경 재앙의 결과를 수습하는 것과 관련된 언론 발표에도 영향을 미쳤고, 사고가 일어났을 때 권력을 쥐고 있던 공산 정부 지도자들에게 법적 책임을 묻는 방식에도 반영되었다.[11]

우크라이나에서는 체르노빌 재앙을 다룬 전前 소련 관리들에게 가혹한 대우와 처벌을 시행했다. 처벌의 수위는 체르노빌 사고의 영향을 받은 다른 어느 공화국보다 가혹했다. 우크라이나의 환경민족주의는 여전히 그 기세가 강했고, 대중 동원력도 줄어들지 않았다. 우크라이나 독립의 추진력으로 작용했던 환경민족주의는 이제 부상하는 민족주의적 민주주의자들 그리고 여전히 정부를 통제하고는 있지만 혼란에 빠진 공산당 관료들이 서로 국가의 미래를 놓고 벌이는 투쟁의 무기가 되었다. 야보립스키는 전 공산 정부 지도자들이 체르노빌 사고 은폐를 위해 수행한 실질적 역할과 고발된 사항에 대한 공격의 고삐를 늦추지 않았다. 그의 공격이 겨냥하는 궁극의 목표는 소련의 제국주의적 통치 체제였지만, 당장의 대상은 소련 환경민족주의의 발상지인 리투아니아와 달리 여전히 권력을 놓지 않은 우크라이나의 전 공산당 엘리트들이었다.

야보립스키는 체르노빌 사고가 우크라이나 민족의 가장 큰 비극이라고 그 성격을 규정하는 것으로 보고를 시작했다. "성서에 나오는 쑥의 별이 지구에 떨어져 우리의 곡식, 물, 공기뿐만 아니라 당신들과 우리의 피에 독을 풀었습니다"라며, 체르노빌 사건 이후 출간된 그와 다른 우크라이나 작가들의 작품과 선언에서 몇 행을 인용하며 주장을 펼쳤다. 그는 이 재앙은 소름 끼치는 방식으로 우크라이나를 선택된 민족으로 만들었다고 말했다. "이제 우리는 신에 의해 선택된 민족임이 틀림없습니다. 아마도 우리의 이웃들은 최소한 이 사실을 부인하지는 않을 것입니다"라고 주장을 이어갔다.

이러한 민족적 비극을 누가 책임져야 하는가? 야보립스키는 소련 공산당과 우크라이나 공산당 지부를 비난했다. 그는 이 지부를 차르 러시아 제국 시대에 우크라이나인들을 가리키던 '소러시아인Little Russian'*이라는 명칭으로 부르며 강력한 반식민주의적 비유를 이용한 비난을 가했다. 야보립스키의 생각에 공산주의와 그 제국, 군사주의가 똘똘 뭉쳐서 그동안 식민지로 지배해온 우크라이나 민족을 파괴하려고 나섰다. 그것이 어떻게 성취되었는가? 키예프에서 130킬로미터 떨어진 곳, 드네프르강, 프리퍄트강, 데스나강이 합쳐지는 지점에 심각한 결함이 있는 원자로를 설치함으로써 이루어졌다. 사고 책임 소재로 연설의 주제를 옮겨간 그는 원전 운영자들에게만 책임을 덮어씌운 고르바초프가 재가한 사고 발생의 원인 해석을 거부했다. 이전에 그가 펼친 주장과 상반되게 야보립스키는 1987년 제한 구역에서 공산 정권에 의해 재판을 받은 운영자들과 기술자들을 사면하고 이들을 가해자가 아닌 희생자로 다루었다. 그 대신에 그는 "재앙의 범위에 대해 입막음을 하고, 주민들에게 이를 알리지 않고, 방사능으로부터 주민들을 보호하는 조치를 취하지 않은 결과로 대규모 범죄를 야기한 관리들"에게 비난을 퍼부었다.

야보립스키는 조사위원회가 전 우크라이나 고위 관리들과 했던 면담 기록을 읽었다. 여기에는 전 총리 올렉산드르 랴시코, 전 최고회의 의장 발렌티나 셉첸코, 전 보건 장관 아나톨리 로마넨코의 조사 기록이 포함되어 있었다. 1986년 4월 말과 5월 초에 체르노빌 재앙이 건강에 미치는 영향에 대해 침묵한 일로 로마넨코는 우크라이나 관리들 중에 가장 큰 증오의 대상이 되었다. 야보립스키에 따르면, 사고 직후 수일 동안 우크라이나 당국이 체르노빌과 인근 지역의 방사능 수준에 관한 정보에 접근할 수 있었지만 그들이 그 위험성을 주민들에게 통보하지 않았다는 것을 조사위원회가 입증했다. 그는 당국이 확보한 정보를 이해하지 못

- 제정러시아 시기에 러시아는 대러시아Great Russia, 우크라이나는 소러시아Little Russia, 벨라루스는 백러시아White Russia로 불렸다. 소러시아인은 우크라이나인을 지칭하는 말로 쓰였으며, 멸칭으로는 '호홀'이라는 말을 썼다.

하고 이를 적절히 해석할 수 없었다고 해도, 그것이 그들의 죄를 경감하기는커녕 오히려 가중시킨다고 주장했다. "그리고 그들은 핵국가의 지도자로서 극도의 무능을 보인 점에서 유죄일 뿐 아니라, 진실을 알려고 노력하지도 않고 원하지도 않았으며 주민들에게 이를 알릴 생각이 없었다는 점에서도 유죄다"라고 선언했다. "그 정도 위치에 있는 지도자들이 주민들을 대량 학살하는 수준의 범죄를 저지른 셈이다."

야보립스키는 우크라이나 민족에게 범죄를 저지른 우크라이나 정부의 모든 지도층뿐만 아니라 현 지도자들도 비난했는데, 그들 중 상당수가 의회 석상에 앉아 있었다. 야보립스키의 발언이 끝나자 그들은 자신들의 기록을 변호하고 모스크바로 책임을 돌리며 반격을 개시했다. 사고 직후 몇 주를 제한 구역에서 보낸 후 방사능 피폭 증상을 보여 병원에 입원했던 우크라이나 전前 법무 장관 미하일로 포테벤코는 사고에 책임이 있는 모든 사람을 기소하기 위해 자신이 할 수 있는 일을 다 했지만, 최종적으로 결정할 수 있는 권한은 모스크바의 소련 법무 장관에게 있었다고 항변했다. 사고 수습을 위해 적극적으로 활동했던 키예프 군관구의 부사령관 보리스 샤리코프 장군은 야보립스키가 사고 평가에서 너무 감상적이라고 비판했다. 범죄가 일어난 것은 분명하지만 이는 폭발 사고 전에 일부 개인의 행동과 관련이 있지 그 후의 처리 과정에 있는 것은 아니라고 항변했다.

우크라이나 의회의 새 의장 이반 플류시(그는 며칠 전 우크라이나 대통령으로 선출된 크랍추크의 뒤를 이어 의장에 취임했다)는 의원들을 진정시키기 위해 마이크를 잡았다. "우리 모두는 원자력 발전으로 열을 얻는 보일러로 아파트 난방을 하게 될 것이라는 믿음 속에서 자랐습니다"라며 플류시는 원자력 에너지가 제기하는 안전 문제에 무지했던 이전 지도자들의 잘못을 설명했다. "나는 조사위원회가 계속 조사 활동을 하고 체르노빌 재난의 원인과 결과에 대해 더 많은 진실을 찾아내기를 원합니다. 이는 누군가에게서 자유를 박탈하기 위해서가 아니라, 모든 계급의 지도자에게 그들이 국민에 대해 짊어진 비상한 책임을 깨닫게 하기 위해서입니다"라고 그는 말했다. 그리고 "재난을 일으킨 사람들이 다른 사람을 판단하는 재판관 노릇을 했다는 사실이 드러났습니다. 누가 비난을 받아야 하는지, 그리고 관련된 사람의 책임 수위를 정확하게 결정하기 위해서는 다음 질문을 제기해야 합니다. 누가 판단할 것인가?"라고 결론을 내렸다.

의사당에 박수 소리가 울려 퍼졌다. 플류시의 발언은 1987년 여름에 모스크바가 지명한 판사가 빅토르 브류하노프, 니콜라이 포민, 아나톨리 댜틀로프에게 유죄 판결을 내린 것을 의미했다. 그러나 이 말이 야보립스키를 비난하는 것으로 받아들여질 수도 있었다. 4월 26일 사고 발생 직후에 재난 지역으로 달려가 프리퍄트 주민들의 소개를 준비하고 허용된 방사능 수치의 2배인 50렘에 노출된 플류시를 비난할 사람이 누구냐고 묻는 것이기도 했다. 야보립스키는 그의 작품에서 우크라이나에 원전이 들어서는 것을 환영하지 않았던가. 다시 연단에 오른 야보립스키는 방어적 입장에 놓일 수밖에 없었다. "존경하는 동료 의원 여러분! 우리는 (의회가 채택할) 결의안을 준비했습니다. 그러나 이것으로는 충분치 않다고 생각합니다. 대표를 지정하여 계속 조사하도록 합시다. 우리는 단지 정치적 평가만 했을 뿐입니다"라고 그는 말했다.[12]

야보립스키의 발언을 가장 모욕적으로 느낀 사람은 그날 의회에 있지 않았다. 전 총리 올렉산드르 랴시코는 며칠 후 신문을 읽고 야보립스키의 연설 내용을 알았다. 그 연설이 있기 전날 랴시코는 암으로 투병하다 사망한 딸의 장례식을 치렀고, 연설 소식이 전해졌을 때 딸의 죽음을 애도하고 있었다. 랴시코는 특히 사고가 난 4월 26일 밤 그가 리시코프 총리의 전화를 받은 후 다시 잠자리에 들었고 그다음 날 원자력 에너지 관련 부서가 아니라 외무부에 전화를 걸어 사건에 대해 아는 바가 있느냐고 물었다는 야보립스키의 주장에 큰 모욕을 느꼈다. 야보립스키는 조사위원회에서 랴시코가 했던 증언을 잘못 인용했다. 랴시코는 외무부가 아니라 내무부에 문의를 했다고 답했었다.

그러나 이것이 랴시코가 겪은 곤란의 끝은 아니었다. 그는 곧 검찰에 소환되었고, 검찰은 야보립스키 조사위원회가 제공한 자료를 바탕으로 그를 기소했다. 랴시코는 의회 의장인 이반 플류시에게 긴 편지를 써서 그는 5월 1일 노동절 퍼레이드 명령과 아무 관련이 없고, 키예프의 방사능 수치에 대해 전혀 몰랐다고 설명했다. 랴시코의 부인과 자녀들, 손자, 손녀도 그 행진에 참여했다. 그는 정보가 부족했던 것에 대해 보건부 차관을 비난했고 프리퍄트 주민 소개를 조직하는 데 이어 임산부와 아동을 키예프에서 소개하는 데 자신이 주도적 역할을 했음을 강조했다. 랴시코는 체르노빌 재앙에 대한 책임 문제를 다시 의회의 의제로 올리고 그와 사고 당시 정부에 몸담았던 다른 우크라이나 관리들에 대한 청문회를 열어달라고 요청했다.

이반 플류시는 랴시코의 편지에 답장을 보내지 않았지만, 랴시코가 의회의 모든 의원에게 편지를 보내겠다고 위협하자 그를 만났다. "야보립스키가 전혀 들을 가치가 없는 허튼소리를 잔뜩 지껄인다는 것을 잘 알고 있고, 그것으로는 아무 일도 이루지 못합니다"라며 플류시는 랴시코를 진정시켰다. 플류시는 랴시코가 우크라이나 검찰 차장을 만나도록 주선했다. 검찰 차장은 형사 소추는 형식만 갖춘 것이고 아무 일도 없을 것이라고 말했다. 그는 오히려 랴시코에게 보리스 셰르비나가 이끈 사고대책위원회를 상대로 형사 소추를 하는 것이 합당한지 물었다. 랴시코는 이런 의견에 회의적 반응을 보였다. 사고대책위원회는 당시에 얻을 수 있는 정보를 바탕으로 여러 결정을 내렸고, 이제는 존재하지도 않았다. 소연방 검찰이 이미 과거에 이 사안을 처리했고, 법원은 사고 책임자들에 대한 재판을 끝냈다. 랴시코는 러시아 검찰청이 이 사건을 재수사하는 데 도움이 되지 않을 것이라고 생각했다.[13]

우크라이나 검찰청은 랴시코의 조언에 따라 소연방 관리들에 대한 수사를 재개하지 않았지만, 랴시코와 전 최고회의 의장 발렌티나 셉첸코, 사망한 당 서기장 볼로디미르 셰르비츠키를 "심각한 결과를 초래한 배임과 직권 남용" 혐의로 기소했다. 랴시코는 유죄 인정을 거부했으며, 이 사안이 공소 시효 만료로 종결되었다는 것을 알고 있었다. 1992년 2월 11일에 시작된 랴시코와 전 지도자들에 대한 기소는 체르노빌 사고가 발생한 지 거의 7년이 지난 1993년 4월 24일에 마무리되었다. 정부 관리의 직무 유기 혐의의 공소 시효는 5년으로, 이미 1991년 4월 26일자로 만료되었다. 공소 시효는 검찰청이 재기소 절차를 시작하기도 전에 만료되었는데, 이것은 의회 야당과 우크라이나 국민들의 분노를 잠재우기 위한 일종의 대중 기만극이었다.[14]

체르노빌 사고의 영향을 은폐한 혐의로 소련 시대 우크라이나 지도자들을 비난하고 처벌하려던 루흐 행동가들과 야보립스키가 이끄는 환경민족주의자들의 노력은 결실을 맺지 못했다. 그러나 이들의 노력은 독립 우크라이나 정부가 재앙이 우크라이나의 토지와 주민들에게 미친 영향의 진실을 말하게 만들었다.

우크라이나는 체르노빌 재앙의 원인과 결과에 대한 대중 토론을 민족 국가 건설의 수단으로 이용했다. 이는 이전 소련 제국 중앙 지도부에 대항하는 반대 세력을 결집시키고, 사회적 연대를 강화하며, 국민과 세계의 이목 앞에서 새 국가의 합법성을 공고화하는 수단이 되었다. 국민들의 압박과 야보립스키 조사위원회의 활동 덕분에 우크라이나는 소련에서 독립한 공화국 중에 가장 자유주의적인 포스트 체르노빌 사회복지 프로그램을 채택했다. 우크라이나 정부는 시민 약 9만 명을 심각한 방사능의 영향으로 사회복지 지원을 가장 우선해야 하는 체르노빌 피해 장애인으로 분류했다. 러시아에서 이 범주에 들어가는 주민 수는 5만 명이었고, 방사능 낙진의 피해를 가장 많이 입은 벨라루스는 겨우 9000명만이 이 범주에 들어갔다. 우크라이나는 50만 명이 넘는 개인을 사회보장 지원이 필요한 사고수습자로 분류했다. 러시아의 경우 20만 명만이 이 범주에 들어갔고, 벨라루스는 10만 명 남짓 되는 사람들이 이 범주로 분류되었다. 게다가 우크라이나 의회는 소련 시대 체르노빌 사고 이후의 기준치인 35렘의 평생 방사능 피폭 허용 수준을 거부했다. 우크라이나는 러시아, 벨라루스와 함께 미국 시민의 평생 방사능 피폭 허용 수준인 7렘을 그 한계로 인정했다.

　이러한 결정의 사회적·경제적 파장은 거대했다. 새로운 조치에 들어가는 재원을 마련하기 위해 법인세 중 12퍼센트를 체르노빌 세금으로 도입했다. 우크라이나는 1990년대에 큰 기대를 품고 독립 국가로 출범했지만, 1인당 평균 소득이 1300달러를 조금 웃도는 정도였고, 소련 해체 후의 경제 위기와 고인플레이션의 직격탄을 맞았다. 우크라이나의 경제 규모는 매년 10~23퍼센트씩 줄어들어, 1994년에는 국내총생산이 독립 첫해의 절반을 조금 상회하는 수준으로 떨어졌다. 1990년대 중반,

우크라이나 국가 예산의 5퍼센트가 체르노빌 사고 후유증을 처리하는 항목으로 지출되었다. 사회복지 예산의 65퍼센트는 체르노빌 사고의 희생자나 피해자로 분류된 330만 명을 지원하는 데 지출되었다.[15]

많은 사람이 체르노빌 사고로 건강에 피해를 입은 '피해자'로 분류된 덕분에 경제 붕괴, 치솟는 실업률, 소련 시대에 제공된 사회보장 제도의 축소로 야기된 경제적 곤란을 견뎌낼 수 있었다. "약이 필요한 사람은 그것을 살 돈이 필요하다. 우리가 써주는 처방전은 돈이다"라고 오염된 지역에서 이주해 재정착한 주민들을 돌보는 한 의사가 말했다. 체르노빌 관련 사회보장 제도는 소련 시대로부터 이어받은 복지 제도를 확대했다. 이는 새로 독립한 우크라이나 경제가 다시 일어서는 데 커다란 장애로 작용했다.[16]

제국으로부터의 해방은 체르노빌의 진실을 드러내는 데 도움을 주었지만, 이 제국은 우크라이나에게 어마어마한 재정적 부채를 넘긴 채 붕괴했다. 당시에는 다시 원자력 에너지를 사용하는 것이 이 빚을 감당할 유일한 방법처럼 보였다. 이것이 실제로 독립 선언 직후 우크라이나에서 진행된 일이었다. 체르노빌 재앙 희생자를 정의하는 극도로 관대한 다양한 법안을 통과시키고 사고 책임을 규명하는 야보립스키 조사위원회를 출범시킨 환경민족주의자들이 주도한 바로 그 의회가 이제 환경적 우려에 등을 돌리고 경제 목표를 가장 중요한 의제로 택해야 하는 입장에 처했다. 국민을 기아로부터 구하고 새로 독립한 국가가 붕괴되는 것을 막기 위해서는 다른 방법이 없었다.

1990년 2월, 우크라이나 의회는 체르노빌 원전을 1995년까지 폐쇄한다는 결의안을 통과시켰다. 1991년 10월에 터빈 스위치의 오작동으로 원자로 2호기에서 화재가 발생해 원전 터빈실의 지붕 일부가 파손된 일로 원전 폐쇄는 더욱더 시급한 사안이 되었다. 의회는 원자로 2호기를 즉시 폐쇄하고 가동 중이던 원자로 1호기와 3호기는 예정보다 앞당겨 1993년에 폐쇄하기로 결정했다.

그러나 1993년 가을 예정된 원전 조기 폐쇄를 실시하기 몇 달 전, 동일한 의원들이 이전에 자신들이 내렸던 결정을 뒤집었다. 이들은 새로운 원전 건설에 5년의 유예 기간을 두었던 1990년 8월의 결의안을 파기하고, 기존의 원자로가 가동 한계에 이른 후에 체르노빌 원전을 폐쇄하겠다고 선언했다. 체르노빌의 원자로 1호기와 3호기는 계속 가동하고 1991년에 화재가 난 2호기 역시 재가동한다는 결정이 내려진 것이다. 환경민족주의는 이제 핵민족주의에 자리를 양보하기 시작했다. 체르노빌 재앙의 이야기는 이렇게 또 한 번 급격한 반전을 맞이했다.[17]

21장

다국적 보호막

우크라이나 최초의 환경 운동 단체인 녹색세계를 조직하고 1994년 가을에 미국 주재 우크라이나 대사로 임명된 유리 셰르바크의 첫 임무는 핵문제를 논의하기 위해 미국을 방문하는 우크라이나 대통령의 국빈 방문을 준비하는 것이었다. 셰르바크는 1991년 8월에 우크라이나 의회의 독립 선언을 소련 인민대표회의에 처음으로 알렸다. 그는 그 일을 인생에서 가장 행복했던 순간으로 기억했다. 그는 1991년부터 1992년까지 우크라이나의 초대 환경 장관으로 일하다가 외교 활동에 뛰어들어, 이스라엘 대사를 지낸 다음 미국 대사로 임명되었다. 그가 우크라이나 국내 정치 무대를 떠난 시점인 1992년은 우크라이나와 15개 신생 공화국이 등장한 소련 지역 전체의 환경 운동이 시들해지기 시작한 때와 일치한다.[1]

우크라이나만이 아니라 소련의 다른 모든 지역이 GDP가 감소하고 인플레이션이 통제 불가능할 정도로 치솟았다. 게다가 러시아에서는 1993년 가을에 헌법 위기를 불러일으킨 정치적 갈등이 벌어졌는데, 보리스 옐친 대통령에게 충성하던 군부가 부통령과 의회가 주도한 반란을 무력 진압한 후에야 가라앉았다. 우크라이나에서는 1994년에 치러진 조기 대통령 선거에서 유럽에서 가장 큰 미사일 공장 책임자를 역임한 54세의 미사일 전문가 레오니트 쿠치마가 승리했다. 그는 경제 개혁을 공약으로 내걸고 미국과 서방의 지원을 요청하겠다고 약속했다. 서방은 이에 반응을 보였지만 서방 지도자들은 우크라이나가 핵무기를 포기하기를 원했다. 쿠치마는 어떤 조건으로 핵무기를 포기할지 논의하기 위해 워싱턴을 방문하는 길이었다.[2]

셰르바크는 환경 운동가로서의 임무를 잠시 중단하고 핵무기 협상에 뛰어들어야 했다. 1991년 12월에 소련이 붕괴하자 우크라이나는 현지에 주둔하던 소련군이 보유했던 핵탄두 1800기를 물려받았다.* 우크라이나는 이 핵무기들을 해체해 러시아로 보낼 것을 동의한 상태였다. 이 일은 1994년 말까지 완수하기로 되어 있었지만, 우크라이나 의회는 재정적 보상을 포함한 여러 조건을 내세웠다. 미국 정부가 재정 지원을 약속하자 우크라이나는 미국과 소련 다음으로 세계에서 세 번째 규모로 보유했던 핵무기를 제거하는 데 동의했다. 핵무기 이전에 대한 협약은 1994년 1월에 서명이 이루어졌으나, 우크라이나 의회는 핵무기를 포기한 뒤 영토 통합성과 안전 보장을 요구했다. 그 대가로 우크라이나가 받은 것은 법적 구속력이 없는 안전 보장 약속이었다. 1994년 11월 워싱턴 방문 며칠 전, 쿠치마 대통령은 의회를 설득해 협약을 받아들이도록 했다. 핵무기를 포기하는 대가로 안전 보장과 재정 지원을 받는 조건에 의회는

● 소련 해체 당시 우크라이나는 178기의 대륙간탄도탄ICBM과 1656기의 핵탄두를 보유하고 있었다(허승철,《우크라이나 현대사》, 208쪽).

동의했다.

1994년 11월 22일, 미국의 빌 클린턴 대통령은 워싱턴을 방문한 우크라이나 대통령을 기쁜 마음으로 맞이했다. 쿠치마는 16발의 예포 환영을 받았고, 경제 공황 시절 미국을 이끈 프랭클린 루스벨트 대통령에 견주어졌다. 이는 우크라이나와 기타 소련 지역의 심각한 경제 위기를 암시했다. 클린턴은 "핵무기의 위협을 제거하고 평화 시대의 기초를 놓은" 쿠치마를 칭송했다. 미국은 2억 달러에 달하는 우크라이나 원조 프로그램을 제공했다. 몇 주 후인 1994년 12월 5일, 클린턴과 쿠치마는 이른바 '부다페스트 의정서'에 서명했다. 이 의정서에 따르면, 우크라이나가 무력 공격을 받을 경우 미국, 러시아, 영국이 안전 보장을 약속했다. 핵무기를 보유하고 있던 카자흐스탄과 벨라루스도 동일한 보장을 받았다. 중국과 프랑스는 별도의 의정서에서 이 국가들의 안전을 보장했다. 우크라이나와 다른 신생 공화국들은 비핵 국가로서 핵확산 금지 조약에 가입했다.[3]

장기적으로 볼 때 이 거래는 우크라이나에게 치명적 결과를 가져왔다. 20년 후인 2014년 3월, 핵무기가 없는 우크라이나는 부다페스트 의정서 서명국 중 하나인 러시아가 크림을 합병하고 우크라이나 동부 돈바스 지역에서 하이브리드 전쟁hybrid war •을 일으켰을 때 아무런 도움도 받지 못했다. 우크라이나 의회는 부다페스트 의정서 서명국들에게 도움

• 자국의 모든 군사력을 사용하지 않고, 군사적·비군사적 수단을 혼합해서 사용하고, 정치적 목적을 달성하기 위해 비전통적·비대칭적·간접적 군사 행동에 치중하여 상대국에 타격을 가하는 새로운 전쟁 방식. 여론 조작과 가짜 뉴스 전파를 비롯한 심리전, 정보전, 사이버전 등의 각종 전술을 동원해 혼란과 불안정을 초래하고 대리전을 수행하다가 분쟁 최종 국면에 들어서는 군사 행동을 펼쳐 정치, 군사 목적을 달성한다.

을 호소했으나 서명국들은 군사 행동을 해야 할 의무는 없었기에 이들 국가에게서 아무 도움을 받지 못했다. 미국과 유럽의 동맹국들은 러시아에 경제 제재를 하는 것으로 대응을 제한했다. 이는 러시아의 공세를 뒤집고 우크라이나의 영토적 통일성을 보존하는 데 너무 제한적이고 너무 늦은 조치였다.[4]

1994년 협정*이 체결되었을 때는 모든 것이 달라 보였다. 우크라이나는 외교적 안전 보장과 재정 지원을 보장받았고, 핵탄두를 넘겨주는 대가로 러시아로부터 우크라이나 발전소에 필요한 핵연료를 제공받았다. 체르노빌을 비롯한 우크라이나의 모든 원전은 러시아에서 생산한 농축 우라늄을 핵연료로 사용했다. 1994년 11월에 워싱턴에서 이루어진 쿠치마와 클린턴의 회담에서 체르노빌 원전은 상당한 주목을 받았다. "클린턴 대통령은 중요한 자원을 지원한다는 약속과, 체르노빌 원자로들이 폐쇄된다는 조기 확약의 중요성에 대해 관심을 표명했다"라고 공동 성명은 선언했다. 미국은 우크라이나가 1995년까지 체르노빌 원전을 폐쇄하겠다고 1990년에 의회가 내린 결정을 준수하기를 바랐다. 그러나 점점 심각해지는 경제 위기에 직면한 우크라이나는 그 뒤 이 결정을 번복하여 이 원전을 가동 연한까지 운영하고자 했다. 같은 성명에 따르면 쿠치마는 미국의 압력에 꿈쩍도 하지 않았다. 그는 단지 "우크라이나가 체르노빌 원전 가동을 유지하는 데 국제 사회가 보이는 우려를 심각하게 받아들이고 있음을 클린턴 대통령에게 확인시켜줬다." 쿠치마는 "원전에 종사하는 인력의 고용 문제에 따른 사회적 영향을 최소화하고, 우크

• 부다페스트 의정서를 의미한다. 우크라이나가 핵무기를 포기하는 대신, 미국·러시아·영국이 우크라이나의 주권과 영토를 보장하는 것을 주 내용으로 하나, 선언적 성격이 강해 2014년 러시아의 크림 합병과 우크라이나 동부 지역 분쟁에서 아무런 역할도 하지 못했다.

라이나의 국내 전력 수요를 충족하기 위해 경제성 있는 가격으로 전력을 공급하는 것을 보장"할 필요성을 강조했다. 클린턴은 우크라이나의 요구 조건을 수용했다. 재정 압박을 받고 있던 우크라이나는 재정 보상을 받지 않으면 체르노빌에서 가동 중인 두 원자로를 포기할 수 없었다. 두 대통령은 이 문제를 G7 국가들과 함께 논의하기로 했다.[5]

원자력 발전소의 안전은 원전을 보유한 국가들이 우선적으로 책임져야 마땅했다. 그러나 G7 국가들은 세계은행World Bank과 유럽부흥개발은행 EBRD, European Bank for Reconstruction and Development에 이 문제를 고려하도록 지시했다. 이 두 은행은 1993년에 소련 시대 원자로를 계속 가동하던 동유럽 국가들을 돕기 위한 자금을 축적하는 핵안전 계좌Nuclear Safety Account를 설립했다. 서방의 원자력 관련 회사의 수장들은 이에 대해 큰 우려를 표명했다. 만일 동유럽에서 다시 원전 사고가 일어나면 서방에서 원자력 에너지의 평판은 손을 쓸 수 없을 만큼 손상되고 그렇게 되면 이 회사들은 파산할 수 있었다. 이들은 자국 정부를 로비해 서방의 기술과 자금을 이용하여 동유럽의 원전 수준을 향상시키는 프로그램을 추진하도록 했다. 서방의 원자력 관련 회사들이 동유럽에서 또 다른 핵안전 사고가 발생하지 않도록 조치를 취하고 나선 것이다.[6]

서방으로부터 상당한 재정적 보상과 함께 정치적 압력을 받은 우크라이나는 계속 시간을 끌었다. 경제가 빠른 속도로 붕괴하고 있었고, 초인플레이션이 국민들의 저축을 휴지 조각으로 만들었다. 1994년 8월에 나폴리에 모인 G7 정상들은 이런 심각한 상황을 보고 공동 성명에서 특별히 우크라이나를 언급하는 대목을 담았다. 우크라이나 정부는 자국에서 필요한 전력의 6퍼센트를 생산하는 발전소를 아무 대책 없이 폐쇄할 수는 없다고 주장했다. 이렇게 되면 1930년대 대공황에 비견되거나 그보다 심각한 경제 위기가 발생해 수많은 사람이 일자리를 잃을 것이라고 강변했다. 우크라이나는 핵무기는 포기할 수 있었지만, 체르노빌 원전 문제는 굴복할 수 없었다. 다른 나라들은 그것을 이해할 수 없었다. 새로 출범한 우크라이나 정부는 원전과 원자로 가동으로 가장 큰 고통을 겪은 나라였는데, 원전 관리자들을 커다란 위험에 빠트릴 수 있는 고도로 오염된 구역의 원전을 폐쇄하지 않겠다고 하니 말이다. 체르노빌 원전은 여전히 가동중이었을 뿐만 아니라 원자로 4기 위에 덮은 석관에도 문제가 생기고 있었다. 1994년 11월에 쿠치마 대통령은 클린턴 대통령에게 이 문제를 해결해야 한다고 말했다.

서방 국가들은 포기하려 하지 않았다. 유럽연합은 체르노빌 원전 폐쇄를 위한 조치들이 취해지지 않으면 우크라이나에 제공하기로 예정된 8500만 달러의 원조 자금 공여를 중단하겠다고 선언함으로써 그들이 이 문제를 얼마나 심각하게 생각하는지 보여주었다. 원조 자금이 절대적으로 필요했던 쿠치마는 1995년 4월에 프랑스 환경 장관 미셸 바르니에가 이끄는 유럽연합과 G7 대표단이 우크라이나를 방문했을 때, 체르노빌 원전을 폐쇄하겠다고 약속했다. 그러나 원전 사고 당시 체르노빌 원전 공산당 위원장이었고 이제는 원전 소장을 맡고 있는 세르게이 파라신을 비롯한 정부 관리들은 회의적인 반응을 보였다. 파라신은 서방의 압력에 불만을 표했고, 원전 직원들은 체르노빌 원전이 우크라이나의 다른 원전에 비해 안전성이 절대 뒤처지지 않는다는 것을 확신한다고 TV 기자들에게 말했다.[7]

파라신과 그 밑의 관리들 입장에서 원전 폐쇄는 경제적 재앙을 의미했다. 다시 말해 초인플레이션을 수반한 새로운 시장경제 체제에서 살아남을 수 있을 정도로, 당시 우크라이나 기준으로는 꽤 두둑하게 받았던 월급을 받지 못하게 되는 것을 의미했다. 원전 근무자들은 다량의 방사능을 흡수했지만 이를 의사들에게 숨기면서 계속 일했다. "이들은 이곳을 떠나려고 하지 않습니다"라고 한 지역 의사가 체르노빌 재앙이 미친 영향을 알아보기 위해 현장 조사를 하던 미국 대학원생에게 말했다. 이들은 체르노빌 원전에서 계속 일하는 한 생계비를 마련할 수 있었다. 만일 원전이 폐쇄되면 이들은 길거리에 나앉아야 할 처지였다.[8]

G7 국가 지도자들은 체르노빌 노동자들의 사회적·경제적 회생을 위한 재원을 찾으려고 노력했다. "체르노빌 원전이 우크라이나에 가져올 경제적·사회적 부담을 감안하여 우리는 우크라이나의 적절한 에너지 공급, 에너지 효율성과 원자력 안전을 위한 국제적 지원을 제공하는 노력을 지속할 것이다." 1995년 6월에 캐나다 핼리팩스에서 열린 G7 회의에서 선언한 공동 성명의 내용이다. "체르노빌 원전을 대체하는 방안은 건전한 경제, 환경, 재정 기준에 바탕을 둘 것이다"라고도 언명했다. 서방 전문가들은 오염 지역에 우크라이나가 원하는 천연가스 화력 발전소를 짓는 데 반대했으며, 우크라이나 정부에게 서방의 신용 제공을 무한정 기대하지 말라고 충고했다. 서방 기관들이 승인하는 프로젝트에만 재정을 지원할 수 있다는 사실도 알렸다.[9]

1995년 12월, G7 국가들, 유럽연합, 우크라이나 정부는 체르노빌 원전 폐쇄에 대한 보상으로 우크라이나의 다른 원전에 원자로 2기를 증설하고, 에너지 손실을 보상하기 위해 석탄 화력 발전소를 건설한다는 양해 각서에 서명했다. 우크라이나 정부는 이 사업을 위해 44억 달러의 재정 지원을 원했으나 서방 국가들과 금융 기관들은 23억 달러만 지급하기로 결정했다. 이 금액 중 약 5억 달러는 체르노빌 원전 폐쇄에 대한 보상이었고, 18억 달러는 우크라이나 서부의 흐멜니츠키와 리브네 원전에 추가로 원자로 2기를 건설하는 것을 지원하는 비용이었다. 체르노빌 원전은 2000년까지 폐쇄되어야 했다.[10]

1995년 12월에 서명된 의정서는 우크라이나 대표들과 서방의 지원 제공자들 사이에 지속된 긴장을 완화하는 데 별다른 역할을 하지 못했다. 우크라이나 정부 관리들은 재정 지원 규모가 너무 작고, 서방 국가들은 사고가 난 원자로 4호기 위에 씌워야 할 보호막에 신경 쓰지 않는다고 불평을 터뜨렸다. 국제 기구들과 (극동의 일본을 포함한) 서방 국가들은 원자로 2기를 추가로 건설하는 데 들어가는 자금을 제공하기를 주저했다. 체르노빌 관련 프로젝트의 주요 재정 제공자인 유럽부흥개발은행의 전문가들은 새로 원자로를 건설하는 것보다 기존의 원자로 시스템을 개량하는 편이 비용 절감에 도움이 된다고 주장했다. 그리고 덧붙이기를 경제 위기로 우크라이나 경제는 에너지를 덜 쓰고 있고, 추가 에너지원을 개발하는 것보다 에너지 시장을 개혁하고 에너지 절감 조치를 취하는 것이 더 시급한 문제라고 주장했다. 서방의 반핵 비정부기구들도 이 주장을 지지했다.[11]

그러나 우크라이나의 쿠치마 대통령과 정부 관리들은 새로운 원자로 2기가 건설되어 가동될 때까지 체르노빌 원전을 폐쇄할 수 없다고 맞섰다. 서방의 많은 정치인들은 쿠치마가 허세를 부리는 것으로 치부했다. 오랜 연기 끝에 1996년 가을에 우크라이나가 체르노빌의 원자로 1호기 가동을 중지하자 이러한 인식은 강화되었다. 원자로 3호기도 수리를 위해 가동이 중지되었다. 원자로 2호기는 1991년 가을의 화재 이후 가동 중지에 들어갔기 때문에 체르노빌 원전 전체가 1997년 여름 이후로 가동이 중지된 상태였다. 우크라이나 정부는 새로운 원자로 2기가 건설되는 것을 기다리지 않고 체르노빌 원전 가동을 중지한 것처럼 보였다. 그러나 우크라이나 원자력 산업은 체르노빌을 포기하지 않았다. 1997년 10월, 원전 산업 종사자들은 체르노빌 원전 준공 20주년을 성대히 기념했다. 원전 소장이었던 빅토르 브류하노프가 기념 연설을 하기 위해 단상에 오르자 청중은 기립박수로 그를 맞았다. "강당에 있던 사람들 모두가 일어섰다. 박수 소리가 너무 커서 귀가 먹먹할 정도였다"라고 브류하노프의 부인 발렌티나는 회고했다.[12]

체르노빌 원전을 계속 가동할 것이라는 의지를 분명히 보이기 위해 우크라이나 관리들은 1998년 6월에 원자로 3호기를 재가동했고 전력 생산을 재개했다. 또 이 원자로는 2010년까지 사용하는 데 아무 문제가 없다고 주장했다. 우크라이나 정부는 서방이 지원하기를 주저하는 서부 지역에 원자로 2기를 건설하는 데 필요한 지원을 얻기 위해 이번에는 러시아와 접촉했다. 갑자기 우크라이나가 러시아 쪽으로 돌아서자 서방 정부들은 크게 당황했다. 이제 우크라이나 다른 원전의 안전성에 의문이 제기되는 가운데 체르노빌 원전이 무한정 가동될 가능성에 직면했고, 우크라이나가 요구하는 2기의 원자로를 완공하면서 새로운 일자리를 얻으려던 서방 회사들의 상업적 이해도 위험에 처했다.

그러나 서방은 더 굳건히 단결했다. 자국 원자력 산업 관계자들의 로비를 받은 프랑스와 핀란드 정부는 2기의 원자로 건설에 나설 준비가 되어 있다는 신호를 우크라이나에 보냈다. 독일 정부는 녹색당의 압박으로 통과된, 핵 관련 프로젝트에 재정 지원을 금지한 의회 결의안에 발목이 잡혔다. 독일과 다른 여러 국가의 반대에도 불구하고 유럽부흥개발은행은 2000년 12월 7일에 우크라이나 원자로 2기 건설을 위해 차관 2억 1500만 달러를 공여하기로 결정했다. 유럽부흥개발은행의 결정으로 유럽집행위원회European Commission가 추가로 5억 달러를 지급할 수 있는 길이 열렸다. 이제 체르노빌 원전은 폐쇄될 수 있었다.[13]

유럽부흥개발은행이 차관 공여를 결정한 지 8일이 지난 2000년 12월 15일, 쿠치마 대통령은 체르노빌 원전 폐쇄를 공식적으로 선언했다. 쿠치마는 원전 폐쇄에 즈음하여 키예프에서 행한 연설에서 세계는 우크라이나로부터 더 이상 핵 위협을 받지 않을 것이라고 확언했다. 그는 "우크라이나가 내린 결정을 후회할 필요가 없으리라 믿는다"라고 첨언했다. 이 결정은 우크라이나 내에서 큰 논란의 대상이 되었다. 열흘 전 의회는 겨울철 전력 수요를 보충하기 위해 원자로 3호기 가동을 2011년까지 연장한다는 결의안을 통과시킨 바 있었다. 의회에서 세력이 강한 공산주의 정파의 지도자는 체르노빌 원전 폐쇄는 "정책적 결정이 아니라 국익에 해를 끼치는 정치적 결정"이라고 비난했다. 그러나 가장 강한 저항은 체르노빌 원전 노동자들에게서 나왔다. 원자로 3호기 폐쇄 전날, 쿠치마 대통령이 러시아와 벨라루스 총리, 미국 에너지부 장관을 대동하고 체르노빌을 방문했을 때 평소와 같이 흰 작업복을 입은 원전 노동자들은 정부의 결정에 애도와 항의의 표시로서 팔에 검은 띠를 둘렀다.

당시 체르노빌 원전 안전부장이었던 알렉산드르 노비코프는 후에 이렇게 회상했다.

그날 원자로 3호기 통제실의 분위기는 푹 가라앉아 있었다. 불과 물, 동관 사이를 지나다니며 일해 왔던 남자들이 울고 있었다. 내게 혼란스런 감정이 있었다는 것을 분명히 인정한다. 나 스스로도 앞으로 무슨 일을 해야 할지 아무 생각도 나지 않았다. 다른 감정은 후회였다. 세 번째 감정은 허탈감이었다. 왜냐하면 이 모든 일이 순수하지 않은 열의로 떠들썩하게 진행되었기 때문이다. 축제 같은 분위기라고 말할 수도 있다. 그러나 내가 생각하기에 원전 운영을 맡은 노동자들이 팔에 두른 검은 띠가 이 사건에 대한 우리의 태도를 상징적으로 보여주었다고 생각한다.[14]

원전 폐쇄 반대자들은 원자로가 기술과 안전 면에서 상당한 개선이 이루어졌으니 2011년까지 가동해도 아무 문제가 없다고 주장했다. 흐멜니츠키와 리브네 원전에 새로운 원자로가 건설될 가능성이 전혀 보이지 않는 상황에서 기존의 원자로가 생산한 전력으로 수억 달러를 벌어들일 수 있는데 무리한 폐쇄 결정이 내려졌다는 것이다. 실제로 새 원자로는 2004년에야 완공되어 전력 생산을 할 수 있었다. 그러나 어찌 되었건 2000년 12월 15일자로 체르노빌 원전이 폐쇄됨으로써 체르노빌 대하소설은 막을 내렸다.

세계는 체르노빌 없이 21세기에 들어섰지만, 체르노빌 원전이 남긴 유산의 많은 부분은 여전히 체르노빌 사고로 크게 영향을 받은 신생 국가들인 러시아, 우크라이나, 벨라루스에 남아 있었다. 그리고 사고로 인한 피해는 수천억 달러에 달할 것으로 추산되었다.

우크라이나에서만 전 국토의 5퍼센트에 해당하는 3만 8000제곱킬로미터에 이르는 지역*이 방사능으로 오염되었다. 이 지역에서는 5400만(1991년) 인구의 약 5퍼센트가 살고 있었다. 벨라루스는 더 큰 피해를 입었다. 전 국토의 23퍼센트에 해당하는 4만 4000제곱킬로미터의 면적과

---

* 우크라이나는 독립 당시 60만 3000제곱킬로미터의 면적에 약 5200만 명의 인구를 보유하고 있었고, 벨라루스는 20만 7000제곱킬로미터의 면적에 약 1000만 명의 인구를 보유하고 있었다.

전 인구의 19퍼센트가 체르노빌 사고의 영향을 받았다. 체르노빌 방사능의 영향을 받은 국가들 중 러시아가 가장 넓은 면적인 6만 제곱킬로미터에 이르는 지역이 방사능 오염 지역이 되었다. 러시아의 광대한 면적을 고려하면, 이 면적은 전 국토의 1.5퍼센트에 지나지 않고 영향을 받은 주민의 비율도 전 국민의 1퍼센트 정도이긴 하다. 세 국가 모두 방사능의 영향을 받은 지역 주민들의 이주와 건강 문제를 처리하는 데 들어가는 비용을 감당해야 했다. 오염된 지역에서 이주한 주민들의 건강 문제뿐만 아니라 사고 발생 후 며칠, 몇 주, 몇 개월 동안 사고 처리에 동원된 수십만 사고수습자들의 치료도 감당해야 했다.

원전 사고가 직접적 원인이 되어 사망한 경우는 그렇게까지 치명적인 규모는 아닌 것으로 드러났다. 히로시마와 나가사키에 원자폭탄이 투하되었을 때 희생자 수는 약 20만 명으로 추산되었는데, 그중에 10만 명 이상이 사망했고 나머지는 부상자들이었다고 한다. 체르노빌 원전 폭발로 2명이 바로 사망했고 그 후 3개월간 고준위 방사능 피폭으로 29명이 사망했다. 모두 237명이 체르노빌에서 모스크바로 이송되어 특별 병원에서 치료를 받았다. 이들 중 134명이 급성 방사능 피폭 증상을 보였다. 총 50명이 급성 방사능 피폭으로 사망했고, 4000명이 이후 방사능 피폭 관련 질병으로 사망한 것으로 추산되었다. 그러나 정확히 추산하기는 어렵지만, 체르노빌 재앙으로 인한 최종 사망자 수치는 훨씬 높게 나타날 수 있다. 현재의 추산은 2005년 유엔의 해당 기구가 낸 4000명부터 국제그린피스가 낸 9만 명 사이이다.[15]

우크라이나에서는 사고 발생 이후 5년 동안 소아암 비율이 90퍼센트 상승했다. 사고 발생 이후 20년 동안, 러시아와 우크라이나와 벨라루스의 사고 당시 18세 이하였던 주민들 중에 5000건의 갑상샘암 발병이 보고되었다. 세계보건기구는 암으로 인한 사망 약 5000건이 체르노빌 사고와 관련이 있을 것으로 추산했지만, 많은 전문가들은 이 수치에 의문을 제기했다. 2005년에 우크라이나에서는 체르노빌 사고로 가장을 잃은 1만 9000 가구가 정부의 재정 지원을 받았다. 사고의 또 다른 영향은 사고 이후에 태어난 사람들에게 미친 유전적 피해다. 과학자들은 특히 미소부수체 불안정MSI, microsatellite instability 증상, 즉 DNA의 복제와 자가 치료 능력에 영향을 미치는 증상이 체르노빌 사고 당시 방사능에 누출되었던 아버지에게서 태어난 아동에게 나타나는 것을 발견했다. 이전에 핵실험에 노출되어 방사능을 흡수했던 소련 병사들의 아이들에게서 이와 유사한 증상이 나타난 적 있었다.[16]

사고 처리 비용은 엄청났다. 세 국가 모두 어떤 식으로든 이 비용을 감당해야 했다. 이들 나라는 비슷한 방식을 취했는데, 가장 심하게 오염된 지역을 지정해 이주와 지원이 필요한 주민들을 분류하고, 가장 크게 영향을 받은 것으로 판단되는 주민들의 등급을 나누어 재정 지원을 하고 의료 기관에서 치료받을 권리를 부여했다. 모두 추산해 약 700만 주민이 체르노빌 사고의 영향에 따른 여러 형태의 보상을 받았다. 그러나 재정 보조를 받을 수 있는 집단의 규모와 재정 지원액은 세 국가의 정치적·경제적 여건에 따라 달랐다.

러시아의 경우, 석유와 가스 수출로 얻은 소득이 체르노빌 재난으로 인한 후유증을 처리하는 데 도움을 주었지만, 우크라이나와 벨라루스는 이런 수입원이 없었다. 두 국가는 1990년대 초반 체르노빌 특별세를 도입했다. 벨라루스에서는 비농촌 지역 노동 소득의 18퍼센트가 부과되었다. 그러나 전반적으로 벨라루스 정부는 주요 재난에 대한 조사를 억압하는 소련 전통을 계속 유지하며 국가가 직면한 거대한 도전을 헤쳐 나갔다. 벨라루스는 체르노빌 방사능 낙진으로 가장 크게 피해를 입은 국가였지만 국내의 반핵 운동은 우크라이나에 비해 훨씬 미약했다. 벨라루스의 시민전선도 우크라이나의 루흐에 버금가는 활동을 펼치지는 못했다. 벨라루스 정부와 의회는 체르노빌 재앙이 미친 영향의 범위를 인정하고 이를 효과적으로 다룰 정치적 의지가 없었고, 이를 처리할 자원은 더더욱 부족했다. 1993년에 벨라루스 의회는 사람이 경작하기에 위험하다고 판단되는 토양 오염 수준을 축소하는 법안을 통과시켰다. 이 조치로 사회보장 제도에 의해 보호받는 지역과 인구가 훨씬 줄어들었음에도 정부는 실제로 체르노빌 관련 항목에 의회가 배정한 예산의 60퍼센트 미만만 지원했다.[17]

서방의 지원과 관련해서 보면 체르노빌 원전과 손상된 원자로 4호기를 가진 우크라이나가 가장 큰 주목과 재원을 할당받았다. 체르노빌 원전 폐쇄 이후 서방의 지원이 가장 필요한 일로 우크라이나 정부가 판단한 것은, 폭발 사고 직후 손상된 원자로 4호기 위를 급하게 덮어둔 석관 위에 새로운 보호막을 만드는 것이었다. 1992년에 우크라이나 정부는 새로운 보호막 건설에 국제 입찰을 하겠다고 선언했다. 1997년 6월, G7 국가들은 이 프로젝트의 완성을 위해 3억 달러를 할당했다. 새 보호막 건설 비용은 7억 6000만 달러로 추산되었다. 유럽부흥개발은행에는 나머지 필요한 금액을 모으기 위한 체르노빌 보호막 특별 기금이 조성되었다. 그러나 이것은 만만치 않은 작업이었다.

원래는 새 보호막이 2005년까지 만들어질 예정이었다. 그러나 2007년에야 '빈치 대형 건설 프로젝트'와 '부이그 건설사'가 포함된 프랑스의 노바르카 조합이 기존의 석관 위에 높이 110미터, 길이 165미터, 폭 257미터에 무게가 3만 톤인 미닫이형 철제 아치를 제작하는 계약을 땄다.

앞으로 100년의 사용을 보장하는 이 아치의 건설은 2010년에 착수됐다. 원래 2005년으로 예정되었던 공사 완료 기한은 2012년으로 연기되었다가, 2013년, 2015년으로 순연된 후 최종적으로 2017년으로 확정되었다. 총 공사비는 15억 유로가 예상되었고, '새로운 안전 차단 프로젝트'의 비용은 30억 유로가 넘을 것으로 추정되었다.[18]

체르노빌 원전의 폐쇄는 소련 붕괴 이후 9년이 걸렸고, 손상된 원자로 위에 새 보호막을 설치하는 데는 25년 이상의 세월이 필요했다. 국제사회는 안전 우선 경쟁에서 승리자가 되었다. 포스트 체르노빌 드라마의 두 주인공인 서방의 재원 조달 기관과 우크라이나 정부의 모습은 용돈을 두둑하게 받으면 더 이상 위험한 행동을 하지 않겠다고 약속하는 10대 자녀가 있는 가족과 크게 다르지 않았다. 일부 학자들은 이것을 '환경 협박environmental blackmail'이라고 불렀다.[19]

그러나 체르노빌 원전 폐쇄와 새로운 보호막 설치는 가난한 나라가 부자 나라로부터 돈을 뜯어내는, 핵을 빙자한 강탈nuclear extortion이라고만 치부할 수는 없다. 이것은 경제 발전을 원하는 개별 국가의 요구와 세계의 안전이 충돌하는 이야기다. 또한 핵 보유국의 정치적·경제적 쇠퇴에 의해 세계에 제기된 위협과 포스트 제국주의 국가들의 불확실한 미래 사이의 충돌이기도 했다.

손상된 원자로의 설계와 가동에 책임이 있는 제국의 수도였던 모스크바는 러시아연방의 국경 안으로 사라져버렸고, 재앙의 뒤치다꺼리는 우크라이나와 국제사회가 떠맡았다. 그러나 2014년에 러시아가 시작한 우크라이나 동부 지역의 교전은 원자로 6기가 가동 중인 유럽 최대 원전인 자포리지아 원전이 있는 에네르호다르 322킬로미터 지점에서 진행되었다. 이 전쟁은 우크라이나가 러시아로부터 핵연료를 받고 방사능 폐기물을 보내는 핵 사이클도 와해했다. 2016년에 우크라이나는 자체 핵폐기물 저장소를 건설하기 시작했고, 필요한 핵연료의 40퍼센트를 미국 웨스팅하우스사에서 구입해, 러시아에 전적으로 의지하던 핵연료 공급 방식을 바꾸기로 했다. 전쟁과 기존의 핵연료-핵폐기물 사이클의 중단은 그렇지 않아도 어려움에 처한 우크라이나 경제에 새로운 도전이 되었지만, 체르노빌 사고가 일어난 나라의 원자력 산업은 구소련 시대의 유산에서 벗어나는 중요한 걸음을 내디딘 셈이다.[20]

국내 자원 동원이나 외부 지원에 의한 구제에도 변하지 않고 남아 있는 것은 체르노빌 재앙의 장기적 영향이다. 방사능 낙진이 우크라이나 국민의 건강에 실제로 미친 영향에 대해서는 논란이 계속되겠지만, 사회 전체가 앞으로 수십 년 동안 체르노빌 사고로 인한 트라우마에서 벗어나지 못할 것은 분명하다. 우크라이나 성인 6명 중 1명은 건강에 이상이 있는데, 이는 인접 국가에 비해 훨씬 높은 비율이다. 체르노빌 방사능의 영향을 받은 사람들은 다른 국민들보다 취업률이 낮고 노동 시간도 짧았다. 다음으로 환경 문제가 남아 있다. 원자로 4호기 위에 새 보호막이 씌워졌음에도 체르노빌 원전 주변 지역은 앞으로 최소 2만 년 동안 사람이 살기에 적당하지 않을 것이다.[21]

2016년 4월, 세계는 체르노빌 사고 발발 30주기를 기념하면서 안도의 한숨을 내쉬고 싶은 유혹을 받았다. 원자로 폭발로 방출된 유해한 핵물질 중 가장 위험한 세슘-137의 반감기는 대략 30년이다. 이것은 외부 노출과 섭취로 인간의 신체에 영향을 미칠 수 있는 '살아 있는' 세슘 동위원소의 반감기 중 가장 길다. 사고로 유출된 다른 치명적 동위원소들의 반감기는 오래전에 지났다. 요오드-131의 반감기는 8일이고, 세슘-134의 경우 2년이다. 세슘-137이 치명적인 동위원소 3인방 중 반감기가 가장 길었다. 그러나 사고의 후유증이 끝나려면 아직 멀었다. 체르노빌 주변의 세슘-137이 바라는 만큼 빠른 시간 안에 감쇄하지 않았음을 보여주는 실험 결과를 보며 과학자들은 이 동위원소가 최소한 180년 이상 주변 지역에 해로운 영향을 미칠 것으로 예측했다. 이 기간은 세슘의 절반이 풍화 작용이나 이동으로 오염된 지역에서 제거되는 데 필요한 시간이다. 나머지 다른 방사성 입자는 오랜 기간 이 지역에 남아 있을 것이다. 멀리 떨어진 스웨덴에서 발견된 플루토늄-239의 반감기는 2만 4000년이다.[22]

에필로그

요즘 유럽 여행사들은 브뤼셀이나 암스테르담, 베를린에서 출발해 체르노빌을 관광하고 돌아오는 프로그램을 500유로 이하의 가격으로 제공한다. 방문자들은 1986년 4월 26일 원자로 4호기의 폭발로 한 시대가 끝나고 새로운 시대가 열린 장소를 방문하는 동안 안전하고 편안하고 흥분되는 여행을 즐길 수 있다. 프리퍄트시와 제한 구역 전체가 타임캡슐이 된 셈이다.

2015년에 '위엄을 갖춘 혁명'이 진행되는 동안 우크라이나 의회는 거리와 광장에 설치되어 있던 레닌을 비롯한 공산주의 지도자들의 동상을 철거하기로 결정했다. 하룻밤 사이에 제한 구역은 공산주의 박물관이 되었다. 체르노빌의 광장에는 레닌 동상이 아직 서 있었고, 체르노빌 사고 30주기를 맞아 우크라이나 대통령이 프리퍄트시를 방문했을 때 당국자들은 레닌 훈장을 과시하는 시 진입로의 표지석을 가렸다. 이 표지석은 현재 우크라이나 국기 색인 하늘색과 노란색으로 칠해졌다. 체르

노빌 원자력 발전소 전체가 블라디미르 레닌의 이름을 땄던 1986년에는 이 표지석 색이 붉은색이었다.[1]

방문자들이 제한 구역으로 가는 길에 볼 수 있는 원자로 4호기의 석관을 덮은 최신 기술의 보호막은 소련이 구현했던 실패한 이념과 정치 체제에 대한 현대의 기념비로 서 있다. 그러나 이것은 환경과 보건에 대한 관심보다 군사적 또는 경제적 목표를 우선시하는 사회에 대한 경고이기도 하다. 1986년 4월과 5월에 체르노빌이라고 불리는 핵아마겟돈에 던져진 소방대원, 과학자, 기술자, 병사, 경찰관 들은 핵용광로를 끄기 위해 최선을 다했다. 이러한 사투를 벌이다가 그들 중 일부는 목숨을 잃었고, 많은 이들이 건강과 복지를 희생했다. 이들은 놀라운 일을 시도했다. 헬리콥터에 올라타 뚜껑이 열린 원자로에 모래 수천 톤을 쏟아부었다. 또한 원자로 밑의 지반을 동결하기 위해 거의 맨손으로 터널을 팠다. 오염된 물이 프리퍄트강과 이를 통해 드네프르강, 흑해, 지중해, 대서양으로 흘러들어 가지 않도록 강둑에 댐을 조성하기도 했다.

이러한 조치들 덕분에 거의 불가능해 보이던 일이 이루어졌다. 이들은 원자로를 잠잠하게 만들었다. 오늘날까지도 이들이 시도한 전략과 기술적 해결 방법 중 어느 것이 실제적인 역할을 했는지 알지 못한다. 이러한 조치 중 일부는 사태를 악화시켰을까? 과학자들과 기술자들이 이해하지 못하는 이유로 핵화산은 폭발하지 않았다. 이는 이들이 원자로가 애초에 왜 폭발했는지를 설명하지 못해 당황했던 것과 똑같았다. 원자로 폭발의 원인이 최종적으로 규명되기는 했지만, 우리는 1986년에 그랬듯이 아직도 핵반응을 완전히 통제하는 데 가까이 다가가지 못했다. 예측할 수 없는 사고들은 계속 일어나며 새로운 핵재앙을 만들어낸다. 예컨대 2011년 3월에 지진으로 발생한 쓰나미로 일본 후쿠시마에서 발생한 사고는 체르노빌처럼 원자로 1기가 아니라 3기의 연료봉이 부분적으로 녹아내렸고 태평양에 직접 방사능을 누출했다.[2]

세상은 더 커졌지만 더 안전해지지는 않았다. 1986년에 지구의 인구는 약 50억 명이었고, 지금은 70억 명에 이르렀고, 2050년까지 100억 명에 이를 것으로 추산된다. 12~14년마다 지구의 인구는 10억 명씩 불어난다. 늘어난 인구로 물리적 공간이 줄어들면서, 지구의 자원과 에너지 보존 양도 줄어든다. 유럽의 인구는 감소하고 북아메리카의 인구는 소규모로 늘어나지만, 아시아와 아프리카의 인구는 극적으로 상승할 것으로 예측된다. 아프리카의 인구는 21세기 중반까지 2배로 늘어서 20억 명에 달할 것으로 예상된다. 따라서 세계 인구는 음식을 배고프게 먹고 필요한 에너지 자원을 얻기 위해 고군분투하는 국가들에서 대체로 증가할 것이다.

원자력은 커가는 인구·경제·환경 위기에서 벗어날 수 있는 손쉬운 길처럼 보인다. 그러나 실제로 그러한가? 오늘날 건설되고 있는 대다수 원자로는 원자로 운영 과정이 상대적으로 안전하다고 알려진 서구 세계 밖에서 지어지고 있다. 21기라는 어마어마한 수의 원자로가 중국에서 건설되고 있고, 9기가 러시아, 6기가 인도, 4기가 아랍에미리트, 2기가 파키스탄에서 세워지고 있다. 미국에서는 새 원자로 5기가 건설되고 있고, 영국에서 건설되고 있는 원자로는 없다. 다음으로 가장 큰 원자력 발전 전선은 아프리카다. 사회가 불안정한 이집트에서 현재 사상 처음으로 원자로 2기가 건설되고 있다. 이 원자로들 모두가 안전할 것이고, 안전 절차가 교본대로 지켜질 것이고, 이 국가들 대부분을 이끌어가는 전제적 정권이 국민들과 세계의 안전을 희생하지 않을 것이라고 우리는 확신할 수 있는가? 이들이 에너지를 더 얻기 위해, 군사력을 강화하기 위해, 급속한 경제 발전을 이루기 위해, 대중의 불만을 잠재우기 위해 안전을 희생하지 않을 것이라고 장담할 수 있는가? 이것이 정확하게 1986년 소련에서 일어난 일이다.

체르노빌 사고의 가장 직접적인 원인은 잘못 진행된 터빈 시험이었다. 그러나 사고의 좀 더 근원적 원인은 소련 정치 체제의 중대한 결함과 원자력 산업의 중대한 결함의 상호작용에 있었다. 체르노빌 원전의 결함 중 하나는 원자력 에너지 산업이 군사 부문에서 파생했다는 것이었다. 체르노빌형 원자로는 핵폭탄을 생산하기 위해 개발된 기술을 변형해 만들어졌다. 이에 더해 일정한 물리적 조건에서 매우 불안정한 원자로였는데도 안전하다고 선언되었다. 이는 후에 사고에 대한 책임을 지기를 거부한 소련의 군산 복합체 지도부가 적극적으로 홍보한 바였다. 또 다른 결함은 발전소 직원들이 절차와 안전 규칙을 위반한 것이었다. 이들은 원자력 에너지의 안전에 신화를 도입했고 '우리는 어떤 일이든 할 수 있다'는 식의 무모한 태도를 취했다. 이것은 경제와 군사 부문에서 서방을 따라잡겠다는 소련의 필사적인 시도를 특징짓는 태도와 같았다. 사고가 난 직후 공포가 확산되자 전제적인 소련 정권은 정보의 흐름을 통제하여 국내외의 수백만 주민을 위험에 처하게 했으며, 막을 수도 있었던 수많은 사람의 방사능 피폭을 야기했다.

오늘날 원자력 에너지 기술이 야심 찬 지정학적 목표를 추구하고 에너지와 인구학적 위기를 극복하기 위해 경제 발전을 가속화하려는 지배자들 손에 떨어지면서 또 다른 체르노빌 재앙이 발생할 가능성이 커지고 있다. 이들은 환경 문제에 대해서는 립 서비스만 할 뿐이다. 세계의 관심이 핵무기의 비확산에만 쏠려 있는 가운데, 개발도상국들에서 '평화를 위한 원자력'의 잘못된 관리도 핵무기에 못지않은 위협을 제기하고 있다. 체르노빌 이야기는 원자력 발전소 건설과 운영, 새로운 원자력 기술에 대한 국제적 통제를 강화할 필요성을 시사한다. 새로운 원자력 기술의 일례로는 빌 게이츠와 그가 소유한 테라파워사˙가 시도하고 있는, 좀 더 경제적이고, 안전하고, 환경적으로 깨끗한 원자로의 개발을 들 수 있다. 재정적 이익을 얻는 것은 수백 년까지는 아니더라도 수십 년이 걸릴 수 있다는 것을 분명히 염두에 두고 이러한 연구와 개발에 투자하는 것은 현재 세계가 겪고 있는 에너지 위기와 인구 팽창 문제를 극복하기 위해서 꼭 필요한 일이다.[3]

오늘날 체르노빌 재앙과 같은 핵아마겟돈이 다시 한번 일어날까? 시간이 지남에 따라 재앙의 후유증이 옅어지면서, 이러한 가능성을 부정하는 낙관론자들의 목소리가 가장 크게 들린다. 원자력 발전소의 안전 절차는 확실히 개선되었고, 소련 시대의 RBMK형 원자로는 가동 중지되었으며, 새로운 원자로들은 원자력 기술자들이 1986년에는 꿈처럼 여겼던 수준의 안전성을 보장한다고 말한다. 그러나 체르노빌 사고가 일어난 지 사반세기 후에 후쿠시마 사고가 발생했다. 2011년 후쿠시마의 다이치 원전에서 일어난 사고는 원자로가 지닌 또 다른 문제점을 드러냈다. 관리 인력의 느슨한 기강, 원자로 설계의 결함, 혹은 지진 같은 것들 말이다. 원자력 발전소에 대한 테러리스트의 공격 위험도 점점 커지고 있다. 2016년 3월, 벨기에 경찰은 이러한 시도를 조사했다. 해커들에 의한

• 2021년 6월 빌 게이츠는 워렌 버핏과 함께 나트륨 용액을 냉각재로 사용하는 소형원자로를 개발한다고 발표했다. 300메가와트의 전력을 생산하는 이 원자로는 건설 비용이 기존 원자로의 3분의 1 이하이고, 핵폐기물을 95퍼센트 줄이고 연료비를 획기적으로 절감할 수 있다고 발표했다.

사이버 공격도 또 다른 위험 요소다. 예컨대 2017년 6월에 체르노빌 방사능 측정 시설을 마비시킨 공격이 있었다(우크라이나 당국은 이것이 러시아에서 시작되었다고 믿고 있다).

체르노빌 원전을 폐쇄하고 손상된 원자로에 새로운 석관을 씌운 것은 원자력 산업의 역사에서 가장 비극적인 한 페이지를 닫게 해주었지만, 체르노빌 재앙에서 올바른 교훈을 이끌어내는 것이 중요하다. 가장 중요한 교훈은 핵민족주의와 고립주의가 제기하는 위험에 맞서고 원자력 프로젝트를 개발하는 국가들 사이에 국제적 협력을 확보하는 것이다. 에너지 생산을 위해 원자력 기술에 점점 더 의존해가는 세계에서 포퓰리즘, 민족주의, 반反세계주의 신봉자들이 늘어가는 오늘날에 이 교훈은 특히 중요하다.

세계는 이미 한 번의 체르노빌 사고와 제한 구역으로 크나큰 곤욕을 치렀다. 세계는 이와 유사한 일을 더 이상 감당할 수 없다. 이제 1986년 4월 26일 체르노빌과 그 인근에서 발생한 일에서 교훈을 얻어야 한다.

감사의 말

이 책을 쓰는 데 가장 큰 도움을 준 사람들에게 먼저 감사의 뜻을 전한
다. 아내 올레나와 나의 도서 에이전트 질 크네림은 집필을 시작할 때부
터 이 책에 신뢰를 보여주었다. 키예프 우크라이나역사연구소의 헨나디
보랴크와 우크라이나 중앙 공공기관 문서보관소의 올하 바잔은 내가 공
산당과 정부의 문서를 열람할 수 있게 도와주었다. 안드리 코후트와 마
리아 파노바는 체르노빌 사고에 대한 KGB 보고서를 열람할 수 있게 해
주었다. 시카고의 우크라이나현대예술연구소의 부소장이자 오랜 기간
핵기술자로 일한 오레스트 흐리네비치는 자기 인생의 많은 시간을 쏟은
원자력 산업을 내가 더 잘 이해할 수 있도록 도움을 주었다. 하버드대학
우크라이나연구소의 박사후 과정 연구원인 올가 베르텔센은 원고 전체
를 읽고 탁월한 개선 방법을 제안해주었다. 늘 그러하듯 미로슬라프 유
르케비치는 나의 문장을 뛰어나게 다듬어주었다. 나는 하버드대학 역
사학과와 우크라이나연구소, 데이비스 러시아·유라시아연구센터의 연

구비 지원 덕에 이 저술을 완성할 수 있었다. 역사학과의 코리 파울젠과 우크라이나연구소의 M. J. 스콧은 내가 이 연구비를 받을 수 있게 도와주었다.

베이직북스의 라라 헤이머트와 그녀의 팀원인 브라이언 디스텔버그, 로저 래브리, 알리아 마수드와 다시 한번 편집 작업을 한 것은 즐거운 일이었다. 페르세우스북스의 콜린 트레이시와 캐시 스트렉퍼스에게도 감사드린다. 두 사람은 이 책을 뛰어나게 편집해 주었고 최종 출판 과정까지 인도해 주었다. 말할 필요도 없이, 많지 않기를 희망하기는 하지만 이 책의 단점에 대한 모든 책임은 내가 져야 한다.

덧붙임: 방사능의 영향과 측정 방법

에너지를 방출하거나 전달하는 방사능은 여러 행태로 나타난다. 체르노빌 원자로의 폭발로 원자와 분자로부터 전자를 분리시키기에 충분한 에너지를 지닌 이온화 방사선 물질이 널리 퍼졌다. 이것은 감마선과 엑스선을 포함한 전리전자 방사선 물질과 알파 입자, 베타 입자와 중성자를 포함한 입자 방사선을 결합한다.

 이온화 방사선 물질을 측정하는 방법은 세 가지가 있다. 첫째는 방사성 물체가 방출하는 방사능 수준을 측정하는 것이다. 둘째는 인체가 흡수한 방사능 수준을 측정하는 것이고, 셋째는 방사능 흡수가 불러일으킨 생물학적 손상을 평가하는 것이다. 각 방법은 나름의 측정 단위가 있고, 오래된 단위들은 점차 국제 단위 체계SI, International System of Units로 대체되었다. 전에 퀴리curie라고 알려졌던 누출된 방사능 단위는 베크렐becquerel로 대체되었다. 1퀴리는 37기가베크렐GBq, gigabecquerel과 같다. 방사능 흡수치를 나타내는 이전 단위 라드rad는 그래이Gy, gray라고 불리는 국제 표준 단위로 대체되었다. 1그레이는 100라드와 같다. 이전에 렘 rem으로 표시되던 생물학적 손상은 시버트Sv, sievert라고 불리는 단위로 대체되었다.

렘rem은 '사람과 동일한 뢴트겐roentgen equivalent man'의 약자이고, 1렘은 0.88뢴트겐과 같다. 이것은 엑스선과 감마선이 생산하는 이온화 전리전자 방사선ionizing electromagnetic radiation에 노출된 정도를 측정하는 전통적 단위다. 체르노빌 사고 당시 소련 기술자들은 이 단위를 방사능 누출과 이로 인한 생물학적 손상을 측정하는 단위로 사용했다. 이들이 처음에 사용한 방사능 측정기dosimeter는 '초당 마이크로뢴트겐'으로 방사능 노출radiation exposure을 측정했다. 첫 부상자들을 치료한 의사들은 러시아어로 렘과 동일한 베르ber('biological equivalent of roentgen'의 러시아어 약자다)로 환자들의 방사능 흡수량을 측정했다. 옛 단위를 새로운 국제 표준 단위로 전환하기가 불편했기에 렘은 환영을 받았다. 100렘이 1시버트와 동일했고, 감마와 베타 방사선을 측정할 때는 1그레이와 동일했다.

렘은 뢴트겐과 밀접하게 연관되어 있고 시버트로 쉽게 환산될 수 있어서 체르노빌 사고 당시 방사능이 인체에 미치는 영향을 표시하는 최적의 단위였다. 오늘날 10렘 또는 0.1시버트는 서방에서 원자력 산업에 종사하는 사람들이 5년간 견딜 수 있는 생물학적 손상의 한계다. 1986년 여름에 체르노빌 원전에서 작업한 사고수습자들의 최대 방사능 흡수 허용치는 25렘 또는 0.25시버트였다. 체르노빌 제한 구역에서 소개된 주민들이 받은 생물학적 손상은 30렘(0.3시버트)으로 평가된다. 구역질, 방사능으로 피부가 검게 타는 '핵화상' 같은 방사능 피폭 증상은 100렘(1시버트)부터 시작되지만, 반드시 사망에 이르는 것은 아니다. 골수에 치명적인 400~500렘(4~5시버트)의 생물학적 손상을 입은 사람의 절반은 한 달 안에 사망했다. 600렘(6시버트)이나 그 이상의 방사능을 흡수한 체르노빌 원전 운영자들과 소방대원들은 한 달 안에 사망했다. 이것은 감마 방사선이나 베타 방사선 6그래이에 해당한다. 폭발 당시 원자로 4호기 당직팀장이었던 알렉산드르 아키모프는 15그래이의 방사능을 흡수한 것으로 판정되었다. 그는 사고가 난 지 15일 뒤에 사망했다.

체르노빌 사고라는
국가 재난이 남긴 교훈

2006년 초 우크라이나 대사관 부임 준비를 할 때였다. 대사관에서 보내준 현지 생활 매뉴얼을 보니 현지산 딸기, 버섯 등을 먹지 말라는 경고가 있었다. 이 경고문을 보고 내가 체르노빌 사고의 나라로 간다는 사실을 실감했다. 현지에 부임한 후 첫 지방 출장으로 사고 당시 프리퍄트시 주민들과 원전 노동자들을 이주시킨 슬라브투치시에 있는 아동병원을 방문하게 되었다. 소아암 환자들이 주로 치료를 받는 이 병원의 병원장은 세계 각국에 병원 물품과 지원을 요청했었는데, 한국 대사관이 가장 먼저 구호품을 전달해왔다며 깊이 감사를 표했다. 병원 현관 벽에는 현재의 방사능 수치를 알려주는 커다란 계기판이 디지털 벽시계처럼 걸려 있었다. 수치의 의미를 잘 모르는 나에게 병원장은 현재 방사능은 정상 수치이고 비행기 탈 때의 선량보다 적은 수치라고 설명해주었다. 구호물품 전달식을 마치고 병실을 돌아보니 4~5세에서 10세 정도의 아이들이 갑상샘암을 비롯해 체르노빌 사고 때 방사선에 피폭된 부모로부터 물려

받은 방사능 관련 질병을 앓고 있었다. 이런 상황들을 목도하면서 1986년 4월에 발생한 체르노빌 사고가 20여 년이 흐른 시점에도 우크라이나에 깊은 상흔을 남기고 있음을 느낄 수 있었다.

이후 키예프에 체류하는 2년 반 동안 나는 체르노빌 사고와 관련된 여러 이야기를 들을 수 있었다. 사고 이후 소아암이 급격히 증가하고 장애아가 많이 태어났다는 얘기도 들었고, 대사관 부임 전부터 잘 알고 지내던 한 교수는 두 살배기 아들을 안암眼癌으로 잃은 가슴 아픈 가족사를 안고 있었는데 체르노빌 사고 후유증임을 확신한다고 말했다. 소련 시대에 발생한 사고의 뒤처리는 새로 독립한 우크라이나가 고스란히 떠안아야 했다. 2006년 당시에도 정부 예산의 10퍼센트 이상을 체르노빌 사고 처리에 쏟아붓고 있었고, 국가 재난을 담당하는 비상계획부는 정부 부처 중 예산을 가장 많이 사용하는 부처가 되었다.

그런가 하면 벨라루스 비상 계획 담당 부총리가 2005년 한국을 방문해 체르노빌 사고가 벨라루스 보건과 환경에 끼친 영향에 대해 강연한 바 있었다. 그때 벨라루스 부총리는 낙진 피해는 벨라루스가 우크라이나보다 훨씬 더 컸다고 말했다.

《체르노빌 히스토리》를 번역하기 전까지 나는 체르노빌 사고의 원인은 원전 운영자들의 무리한 시험 진행이었을 거라고 생각했다. 그러나 책을 번역하면서 체르노빌 사고는 원자로의 설계 결함과 저비용 건설, 소련 정부의 무리한 전력 생산량 목표 설정과 이로 인한 '스타하노프 운동'식의 원전 공사 추진이 복합적으로 작용해 사고의 씨앗을 뿌려놓았고, RBMK형 원자로의 사고는 언젠가는 일어날 수밖에 없는 필연적 재앙이었음을 알게 되었다. 등골이 오싹해지는 사실은 1975년 레닌그라드 원전에서도 유사한 사고가 발생할 뻔했다는 것이다. 약 600만 명의 주민이 살고 있는 레닌그라드에서 체르노빌에서와 비슷한 원자로 폭발 사고가 일어났다면 그 결과가 어떠했을지 상상조차 하기 어렵다.

우크라이나에서 태어난 지은이 세르히 플로히는 체르노빌 사고 당시 원전의 방사능에 오염된 물이 흘러들어 간 드네프르강 중류의 드네프르페트롭스크(현 드니프로)에 거주하고 있었다. 그는 체르노빌 사고의 생존자이자 사고 후 우크라이나 주민들이 겪은 고난과 혼란을 직접 목격한 증인이다. 플로히는 최근에 개방된 문서고 자료를 이용해 치밀하게 진행한 연구를 바탕으로 체르노빌 사고를 생생하게 재현하는 동시에 사고의 근본 원인이 소련의 허술한 관리 체계와 과학기술에 대한 과신과 오만에 있다는 것을 보여준다. 또한 페레스트로이카 개혁 과정의 허상과 위선을 드러내고, 소련 해체 역사의 큰 맥락에서 체르노빌 사고와 우크라이나의 독립 열망, 소련 붕괴의 상관관계를 잘 보여준다. 원전 소장 브류하노프, 소방대원들, 사고대책위원회의 레가소프 같은 주요 인물들이 겪은 인간적 고뇌와 이들이 벌인 사투와 희생을 한편의 대하소설처럼 펼쳐내는 저자의 유려하고 서정적인 서술은 이 책을 한번 손에 잡으면 끝까지 내려놓기 어렵게 만든다.

한편 체르노빌 원전 사고 이후에도 우크라이나는 원전을 이용한 전기 생산을 포기할 수 없었다. 사고의 원인이 된 RBMK 원자로를 모두 VVER형으로 교체하여 현재 원자로 15기를 가동하고 있는 실정이다.

2014년 크림반도 병합과 동부 지역 교전 시점 이전 기준으로 우크라이나의 총 원전 발전량은 연 1만 3819메가와트$_{MWe}$이며, 현재 4개 원자력 발전소의 원자로 15기와 11개 수력발전소, 18개 화력 발전소, 9개 풍력 발전소에서 전기를 생산하고 있다. 원전이 생산하는 전기 비중은 46.7퍼센트로 세계에서 프랑스 다음으로 두 번째로 높다. 우크라이나에서 운영 중인 원전 현황은 아래와 같다.

명칭	지역	발전량 (MWe)	비고	운영 시작
흐멜니츠키	네티쉰	2000	원자로 2기	1987, 2004
리브네	바라쉬	2819	원자로 4기	1980~2004
남南우크라이나	유즈노우크라인스크	3000	원자로 3기	1982, 1985, 1989
자포로지아	에네르호다르	6000	원자로 6기 (유럽 최대 원전)	1984~1995

체르노빌의 또 하나의 아이러니는 원전 사고를 일으킨 소련을 승계한 러시아가 2020년 기준 세계 원전 시장의 67퍼센트를 장악하여 중국, 인도 등 12개국에서 원전 36기를 건설 중이며 앞으로 10년간 158조 원의 일감을 확보했다는 것이다. **안전과 경제성의 문제는 원전 운영의 영원한 화두다**.

《체르노빌 히스토리》의 번역을 결심한 2020년 2월 하순은 코로나-19가 한·중·일 3국을 휩쓸던 시기였다. 핵재앙과 코로나-19는 언뜻 보면 아무 관련이 없어 보이지만, 국가 차원의 재난이 발생하는 배경과 그 처리 과정을 비교해보면 두 재앙 사이에는 평행적인 유사점이 있다. 우선, 고도의 기술적·생물학적 문제를 다루는 행정 당국과 과학자들은 자신들의 가벼운 실험이나 실수가 얼마나 큰 재앙으로 이어질 수 있는지를 잘 알지 못한다는 점을 들 수 있다. 다음으로, 사고 발생 초기에 이 사고의 파장이 얼마나 클지 제대로 예측하지 못한다는 것도, 땜질식 대처가 앞서는 것도 공통점이다. 체르노빌 사고를 터빈 날개 하나가 날아간 사고나 단순 화재로 생각한 소련 수뇌부의 태도가 여기에 해당한다. 그리고 사고의 규모와 파장을 최대한 감추려 한 정보 차단과 기밀주의도 유사하다. 이로 인해 엄청난 재앙이 벌어진 것을 모르는 일반 주민들은 재난의 낙진에 고스란히 노출되었다. 2020년, 미국이나 브라질 등 일부 국가에서는 국가 지도자가 나서서 국민들의 방역 경각심을 무장 해제하려는 노력을 했고, 이로 인해 당사자는 물론 수많은 국민이 피할 수 있었던 역병에 걸렸다.

앞으로도 체르노빌이나 코로나-19 사태와 같은 국가적, 세계적 재난이 일어나는 것을 미리 막을 수는 없겠지만, 인간의 오만과 책임 회피가 재난의 확산을 부채질하지 않기를 바라는 마음으로 이 책을 국내 독자들에게 선보인다.

책을 번역하면서 가장 힘들었던 부분은 당연히 원자력 관련 용어와 설명 부분이었다. 원자력 발전 관련 서적도 여러 권 읽고 유튜브 방송도 찾아보며 나름대로 공부를 했지만, 평생을 문과 분야의 책에만 몰두한 나로서는 넘을 수 없는 벽 같은 한계가 있었다. 내가 근무하는 고려대학교에는 원자력 관련 학과가 없어서 원자력공학과가 있는 대학을 물색해 원자로 설계와 방사선 전문가인 한양대학교 신창호 교수께 연락을 드렸더니 흔쾌히 도움을 주셨다. 초고 때부터 책의 완성 단계까지 원자력 관련 부분의 오역을 바로잡아주시고 조언해주신 신 교수께 깊은 감사를 드린다. 《얄타: 8일간의 외교 전쟁》에 이어 자신의 책 번역을 허락해준 세르히 플로히 하버드대학 역사학 교수께도 감사드리며, 그의 학문적 업적에 존경을 표한다. 이 책의 출간 제안을 흔쾌히 수락해 준 도서출판 책과함께의 류종필 대표와 책 편집에 애써준 이정우 팀장, 이은진 과장께도 깊은 사의를 표한다.

2021년 6월
허승철

미주

프롤로그

1 "25 Years After Chernobyl, How Sweden Found Out," Radio Sweden —News in English, April 22, 2011, http://sverigesradio.se/sida/artikel.aspx?program id=2054&artikel=4468603; Serge Schmemann, "Soviet Announces Nuclear Accident at Electric Plant," *New York Times*, April 29, 1986, A1.

1장 공산당대회

1 "XXVII s'ezd KPSS," YouTube, 1986, published May 1, 2015, https://www. youtube.com/watch?v=DFtuqNiY4PA.

2 Mikhail Posokhin, Kremlevskii dvorets s"ezdov (Moscow, 1965); Aleksandr Mozhaev, "Vtoraia svezhest'," *Arkhnadzor*, March 2, 2007, www.archnadzor. ru/2007/03/02/vtoraya-svezhest.

3 William Taubman, Khrushchev: The Man and His Era (New York, 2004), 507-528; Mark Harrison, "Soviet Economic Growth Since 1928: The Alternative Statistics of G. I. Khanin," *Europe-Asia Studies* 45, no. 1 (1993): 141-167.

4 Archie Brown, The Gorbachev Factor (Oxford, 1997), 24-129; Andrei

Grachev, *Gorbachev's Gamble: Soviet Foreign Policy and the End of the Cold War* (Cambridge, 2008), 9-42.

5 Mikhail Gorbachev, Zhizn'i reformy, book 1, part 2, chapter 9 (Moscow, 1995); Valerii Boldin, Krushenie p'edestala: *Shtrikhi ko portretu M. S. Gorbacheva*(Moscow, 1995), 158.

6 Irina Lisnichenko, "Zastol'ia partiinoi ėlity," *Brestskii kur'er*, March 2013.

7 Grigori Medvedev, *The Truth About Chernobyl*, foreword by Andrei Sakharov (New York, 1991), 40-42.

8 Oleksandr Boliasnyi, "Pryskorennia tryvalistiu visim rokiv," Kyïvs' kapravda, December 1, 1985; Aleksandr Boliasnyi, "Kogda iskliucheniia chasto povtoriaiutsia, oni stanoviatsia normoi," *Vestnik* 7, no. 214 (March 30, 1999), www.vestnik.com/issues/1999/0330/koi/bolyasn.htm.

9 I. Kulykov and V. Shaniuk, "Vid nashoho novators'koho poshuku," Kyïvs' ka pravda, March 4, 1986; I. Kulykov, T. Lakhturova, and V. Strekal', "Plany partiï—plany narodu," Kyïvs' ka pravda, March 8, 1986; V. Losovyi, "Hrani kharakteru," Prapor peremohy, February 25, 1986; Oleksandr Boliasnyi, "Tsia budenna romantyka," *Kyïvs'ka pravda*, February 26, 1986.

10 XXVII S"ezd Kommunisticheskoi partii Sovetskogo Soiuza, *25 fevralia—6 marta 1986*: Stenograficheskii otchet (Moscow, 1986), vol. 1, 3.

11 Viktor Loshak, "S"ezd burnykh aplodismentov," *Ogonek*, no. 7, February 2, 2016.

12 *XXVII S"ezd Kommunisticheskoi partii Sovetskogo Soiuza*, vol. 1, 23-121.

13 같은책, 130-168.

14 "Na vershinakh nauki i vlasti: K stoletiiu Anatoliia Petrovicha Aleksandrova," *Priroda*, no. 2 (February 2003): 5-24.

15 *XXVII S"ezd Kommunisticheskoi partii Sovetskogo Soiuza*, vol. 1, 169-174.

16 V. P. Nasonov, "Slavskii Efim Pavlovich," Ministry sovetskoi epokhi, www.minister.su/article/1226.html; "Slavskii, E. P. Proshchanie s sablei," YouTube, published April 21, 2009, https://www.youtube.com/watch?v=KURb0EWtWLk&feature=related.

17 "Byvshii zamdirektora ChAĖS: My stali delat' takie AES iz-za Arkadiia Raikina," *Interfax*, April 23, 2016.

18 Igor Osipchuk, "Legendarnyi akademik Aleksandrov v iunosti byl

belogvardeitsem," Fakty, February 4, 2014; Galina Akkerman, "Gorbachev: Chernobyl' sdelal menia drugim chelovekom," *Novaia gazeta*, March 2, 2006.

19 B. A Semenov, "Nuclear Power in the Soviet Union," *IAEA Bulletin* 25, no. 2 (1983): 47-59.

20 *XXVII S'ezd Kommunisticheskoi partii Sovetskogo Soiuza*, vol. 2, 29, 54, 139.

21 같은책, 94-98.

22 같은책, vol. 1, 141-142.

23 Boliasnyi, "Kogda iskliucheniia chasto povtoriaiutsia, oni stanoviatsia normoi"; O. Boliasnyi, "Dilovytist', realizm," *Kyïvs'ka pravda*, February 28, 1986.

2장 체르노빌로 가는 길

1 I. Kulykov, T. Lakhturova, and V. Strekal', "Plany partiï—plany narodu," *Kyïvs'ka pravda*, March 8, 1986.

2 Mariia Vasil', "Byvshii director ChAÈS Viktor Briukhanov: 'Esli by nasli dlia menia rasstrel'nuiu stat'iu, to, dumaiu, menia rasstreliali by,'" *Fakty*, October 18, 2000.

3 Svetlana Samodelova, "Lichnaia katastrofa direktora Chernobylia," Moskovskii komsomolets, April 21, 2011; Vladimir Shunevich, "Byvshii direktor ChAÈS Viktor Briukhanov: 'Kogda posle vzryva reaktora moia mama uznala,'" *Fakty*, December 1, 2010.

4 Shunevich, "Byvshii direktor ChAÈS Viktor Briukhanov"; Grigori Medvedev, The Truth About Chernobyl, foreword by Andrei Sakharov (New York, 1991), 41-42; Oleksandr Boliasnyi, "Pryskorennia tryvalistiu visim rokiv," *Kyïvs'ka pravda*, December 1, 1985.

5 Letopis' po Ipat'evskomu spisku: Polnoe sobranie russkikh letopisei, vol. 2 (Moscow, 1998), cols. 676-677; Marina Heilmeyer, Ancient Herbs (Los Angeles, 2007), 15-18; Colin W. Wright, ed., Artemisia (London, 2002); Revelation 8:10-11; Lou Cannon, *President Reagan: The Role of a Lifetime* (New York, 1991), 860.

6 *Listy Aleksandra i Rozalii Lubomirskich* (Cracow, 1900); Alla Iaroshinskaia, *Chernobyl': Bol'shaia lozh'* (Moscow, 2011), Prologue.

7 *Słownik Geograficzny* (Warsaw, 1880), vol. 1, 752-754; L. Pokhilevich,

Skazaniia o naselennykh mestnostiakh Kievskoi gubernii (Kyiv, 1864), 144-151; "Chernobyl'," *Elektronnaia evreiskaia entsiklopediia*, 1999, www. eleven.co.il/article/14672.

8 *Natsional'na knyha pam' iati zhertv Holodomoru: Kyïvs' ka oblast'* (Kyiv, 2008), 17, 1125-1131; "Knyha pam'iati zhertv Holodomoru," in *Chernobyl' i chernobyliane*, http://chernobylpeople.ucoz.ua/publ/istorija_chernobylja_ i_rajona/golodomor/kniga_pamjati_zhertv_golodomora/31-1-0-97; *MAPA: Digital Atlas of Ukraine*, http://gis.huri.harvard.edu/images/flexviewers/huri_ gis.

9 "Istoriia, Velikaia Otechestvennaia voina, Vospominaniia," in *Chernobyl' i chernobyliane*; "Okkupatsiia goroda Chernobyl'," Chernobyl', Pripiat', Chernobyl'skaia AES i zona otchuzhdeniia, http://chornobyl.in.ua/ chernobil-war.html.

10 Petr Leshchenko, *Iz boia v boi* (Moscow, 1972). C f. "Istoriia, Velikaia Otechestvennaia voina: Boi za Chernobyl'," in *Chernobyl' i chernobyliane*; "Okkupatsiia goroda Chernobyl'."

11 Vladimir Boreiko, *Istoriia okhrany prirody Ukrainy, X vek — 1980*, 2nded. (Kyiv, 2001), chapter 9.

12 "Vybir maidanchyka," *Chornobyl's' ka AES*, http://chnpp.gov.ua/uk/ history-of-the-chnpp/chnpp-construction/9-2010-09-08-09-57-419 ; Boreiko, *Istoriia okhrany prirody Ukrainy*, chapter 9; Alla Iaroshinskaia, *Chernobyl': 20 letspustia. Prestuplenie bez nakazaniia* (Moscow, 2006), 238; Petro Shelest, *Spravzhniisud istorii shche poperedu: Spohady, shchodennyky, dokumenty*, comp. V. K. Baran, ed. Iurii Shapoval (Kyiv, 2003), 465-466; *Chernobyl'skaia atomnaia elektrostantsiia: Kul'turnoe i zhilishchno-bytovoe stroitel'stvo. General'nyi plan poselka* (Moscow, 1971), 10.

13 Grigorii Medvedev, *Chernobyl'skaia tetrad': Dokumental'naia povest'* (Kyiv, 1990), 28.

14 K. Myshliaiev, "Pervyi beton na Chernobyl'skoi atomnoi," *Pravda Ukrainy*, August 16, 1972; "Proektuvannia ta budivnytstvo," *Chornobyl's' ka AES*, http://chnpp.gov.ua/uk/history-of-the-chnpp/chnpp-construction/11-2010 -09-08-10-40-3911.

15 Viktor Briukhanov, "Enerhovelet pratsiuie na komunizm," *Radians'ka*

Ukraïna, December 30, 1986.

16 Anatolii Diatlov, *Chernobyl´: Kak èto bylo* (Moscow, 2 003), chapter 4, http://lib.ru/MEMUARY/CHERNOBYL/dyatlow.txtl.

17 V. Lisovyi, "Hrani kharakteru," *Prapor peremohy*, February 25, 1986; "V gorodskom komitete Kompartii Ukrainy," *Tribuna ènergetika*, January 31, 1986.

18 Vladimir Dvorzhetskii, *Pripiat´—ètalon sovetskogo gradostroitel´stva* (Kyiv, 1985).

19 *Chernobyl´skaia atomnaia èlektrostantsiia*, 13.

20 Ivan Shchegolev, "Ètalonnyi sovetskii gorod: Vospominaniia pripiatchanina," *Ekologiia*, April 24, 2009, https://ria.ru/eco/20090424/169157074.html; Artur Shigapov, *Chernobyl´, Pripiat´, dalee nigde* (Moscow, 2 010), http://royallib.com/read/shigapov_artur/chernobil_pripyat_dalee_nigde.html #20480.

21 "Interv´iu s Viktorom Briukhanovym, byvshim direktorom ChAÈS," *ChAÈS: Zona otchuzhdeniia*, http://chernobil.info/?p=5898.

22 Artur Shigapov, *Chernobyl´, Pripiat´, dalee nigde*; "Interv´iu s Viktorom Briukhanovym; Aleksandr Boliasnyi, "Kogda iskliucheniia chasto povtoriaiutsia, oni stanoviatsia normoi," *Vestnik* 7, no. 214 (March 30, 1999), www.vestnik.com/issues/1999/0330/koi/bolyasn.htm.

23 Vladimir Shunevich, "Byvshii direktor Cgernobyl´skoi atomnoi elektrostantsii Viktor Briukhanov: 'Noch´iu, proezzhaia mimo chetvertogo blokauvidel, chto stroeniia nad reaktorom netu,'" *Fakty*, April 28, 2006, http://fakty.ua/45760-b yvshij-direktor-chernobylskoj-atomnoj-elektrostancii-viktor-bryuhanov-qu ot-nochyu-proezzhaya-mimo-chetvertogo-bloka-uvidel-chto-verhnego-st roeniya-nad-reaktorom-netu-quot.

24 I. Kulykov, T. Lakhturova, and V. Strekal´, "Plany partiï—plany narodu," Kyïvs´ka pravda, March 8, 1986.

3장 원자력 발전소

1 "Obrashchenie kollektiva stroitelei i èkspluatatsionnikov Chernobyl´skoi AÈS," *Tribuna ènergetika*, March 21, 1986.

2 Vladimir Vosloshko, "Gorod, pogibshii v 16 let," *Soiuz Cgernobyl´*, January 24,

2002, www.souzchernobyl.org/?section=3&id=148.

3 E. Malinovskaia, "Est' 140 milliardov," *Tribuna ènergetika*, January 17, 1986; Proizvodstvennyi otdel, "Pochemu ne vypolnen plan 1985 goda po AÈS," ibid.; M. V. Tarnizhevsky, "Energy Consumption in the Residential and Public Services Sector," *Energy* 12, nos. 10-11 (October-November 1987): 1009-1012.

4 "Kizima Vasilii Trofimovich," Geroi strany, www.warheroes.ru/hero/hero. asp?Hero_id=16214; MAPA: Digital Atlas of Ukraine, http://harvard-cga. maps.arcgis.com/apps/webappviewer/index.html?id=d9d046abd7cd40a287e f3222b7665cf3; Vosloshko, "Gorod, pogibshii v 16 let."

5 Artur Shigapov, *Chernobyl'*, Pripiat', dalee nigde.

6. Iurii Shcherbak, *Chernobyl': Dokumental'noe povestvovanie* (Moscow, 1991), 31.

7 Boliasnyi, "Kogda iskliucheniia chasto povtoriaiutsia, oni stanoviatsia normoi," *Vestnik* 7, no. 214 (March 30, 1999), www.vestnik.com/issues/1999/0330/ koi/bolyasn.htm; Anatolii Tsybul's'kyi, "Kyïvs'ka pravda: Za 60 krokiv vid reaktora," Facebook page of newspaper *Kyivs'ka Pravda*, April 26, 2016, https://www.facebook.com/KiivskaPravda/posts/1257118560979876.

8 Tsybul's'kyi, "Kyïvs'ka pravda"; Natalia Filipchuk, "Vy stroite stantsiiu naprokliatom meste," *Golos Ukrainy*, September 26, 2007.

9 Filipchuk, "Vy stroite stantsiiu na prokliatom meste."

10 Minutes of meeting called by the deputy chairman of the Council of Ministers, V. E. Dymshits, April 1, 1980, Tsentral'nyi derzhavnyi arkhiv hromads'kykhob' iednan' (TsDAHO), fond 1, op. 32, no. 2124, fols. 51-54; memo from Oleksii Tytarenko to Volodymyr Shcherbytsky, May 21, 1980, ibid., fols. 46-47.

11 Boliasnyi, "Kogda iskliucheniia chasto povtoriaiutsia."

12 L. Stanislavskaia, "Ne chastnoe delo: Distsiplina i kachestvo postavok," *Tribuna ènergetika*, March 21, 1986.

13 "V gorodskom komitete Kompartii Ukrainy," Tribuna ènergetika, January 31, 1986; Anatolii Diatlov, *Chernobyl': Kak èto bylo* (Moscow, 2003), chapter 4.

14 Diatlov, *Chernobyl': Kak èto bylo*, chapter 4.

15 Boris Komarov, "Kto ne boitsia atomnykh èlektrostantsii," *Strana i mir* (Munich), no. 6 (1986): 50-59.

16 N. A. Dollezhal and Iu. I. Koriakin, "Iadernaia énergetika: Dostizheniia i problemy," *Kommunist* 14 (1979): 19-28.

17 A. Aleksandrov, "Nauchno-tekhnicheskii progress i atomnaia énergetika," *Problemy mira i sotsializma*, 6 (1979): 15-20.

18 Grigorii Medvedev, *Chernobyl'skaia tetrad': Dokumental'naia povest'* (Kyiv, 1990), 41.

19 "Spetsial'ne povidomlennia Upravlinnia Komitetu Derzhavnoi Bezpekypry Radi Ministriv Ukrains'koi RSR [KDB URSR] po mistu Kyievu ta Kyivs' kiioblasti," August 17, 1976, *Z arkhiviv VChK—GPU-NKVD-KGB*, special issue, "Chornobyl's'ka trahediia v dokumentakh ta materialakh," vol. 16 (Kyiv, 2001), no. 2, 27-30.

20 Vladimir Voronov, "V predchustvii Chernobylia," *Sovershenno sekretno*, January 4, 2015.

21 Viktor Dmitriev, "Avariia 1982 g, na 1-m bloke ChAÉS," Prichiny Chernobyl' skoi avarii izvestny, November 30, 2013, http://accidont.ru/Accid82.html; "Povidomlennia Upravlinnia KDB URSR po mistu Kyievu," September 10, 1982, Z arkhiviv, no. 9, 44; "Povidomlennia Upravlinnia Komitetu Derzhavnoi Bezpeky URSR po mistu Kyievu," September 13, 1982, *Z arkhiviv*, no. 9, 45-46.

22 Maiia Rudenko, "Nuzhna li reabilitatsiia byvshemu direktoru ChAÉS?" *Vzgliad*, April 29, 2010.

23 "Spetsial'ne povidomlennia 6-ho viddilu Upravlinnia KDB URSR pomistu Kyievu," February 26, 1986, *Z arkhiviv*, no. 20, 64.

24 "Vsesoiuznoe soveshchanie," *Tribuna énergetika*, March 28, 1986.

25 David Marples, *Chernobyl and Nuclear Power in the USSR* (Edmonton, 1986), 117.

26 Medvedev, *Chernobyl'skaia tetrad'*, 15.

27 Ibid., 31; Grigori Medvedev, The Truth About Chernobyl (New York, 1991), 45-46; Nikolai Karpan, *Chernobyl': Mest' mirnogo atoma* (Moscow, 2006), 444.

28 Liubov Kovalevs'ka, "Ne pryvatna sprava," *Literaturna Ukraïna*, March27, 1986.

29 Evgenii Ternei, "Zhivaia legenda mertvogo goroda," *Zerkalo nedeli*, April 28,

1995.

4장 금요일 밤

1 "Vystuplenie tovarishcha Gorbacheva M. S. IX s"ezd Sotsialistichesko edinoi partii Germanii," Pravda, April 19, 1986; "V Politbiuro TsK KPSS," Pravda, April 25, 1986.

2 A. Esaulov, "Prazdnik truda," Tribuna énergetika, April 25, 1986; A. Petrusenko, "S polnoi otdachei," Tribuna énergetika, April 25, 1986; "Na uroven' masshtabnykh zadach: Ne plenume Pripiatskogo gorkoma Kompartii Ukrainy," Tribuna énergetika, April 18, 1986.

3 I. Nedel'skii, "Nerest ryby," Tribuna énergetika, April 25, 1986.

4 "U lisnykiv raionu," Prapor peremohy, April 26, 1986; "Khid sadinnia kartopli: Zvedennia," Prapor peremohy, April 26, 1986.

5 Iu. Vermenko and V. Kulyba, "Novi sorty kartopli dlia Kyïvs'koï oblasti," Prapor peremohy, April 26, 1986.

6 Svetlana Samodelova, "Lichnaia katastrofa direktora Chernobylia," Moskovskii komsomolets, April 21, 2011.

7 Stepan Mukha, chairman of the KGB of the Ukrainian SSR, to the Central Committee of the Communist Party of Ukraine, "Informatsionnoe soobshchenie," April 8, 1986, Archives of the Security Service of Ukraine (Archive SBU hereafter), fond 16, op. 1, no. 1113, 9.

8 "Na uroven' masshtabnykh zadach: Na plenume Pripiatskogo gorkoma Kompartii Ukrainy," Tribuna énergetika, April 18, 1986; Nikolai Karpan, Chernobyl': Mest' mirnogo atoma (Moscow, 2006), 423–424.

9 R. I. Davletbaev, "Posledniaia smena," in Chernobyl' desiat let spustia: Neizbezhnost' ili sluchainost'? (Moscow, 1995), 367–368.

10 Vitalii Borets, "Kak gotovilsia vzryv Chernobylia," Post Chornobyl' 4, no. 28 (February 2006), www.postchernobyl.kiev.ua/vitalij-borec.

11 "Akt komissii po fizicheskomu pusku o zavershenii fizicheskogo puska reaktora RBMK-1000 IV bloka Chernobyl'skoi AÉS, 17 December 1983," Prichiny Chernobyl'skoi avarii izvestny, http://accidont.ru/phys_start.html; Viktor Dmitriev, "Kontsevoi effekt," Prichiny Chernobyl'skoi avarii izvestny,

November 30, 2013, http://accidont.ru/PS_effect.html.

12 Borets, "Kak gotovilsia vzryv Chernobylia."

13 Grigori Medvedev, *Iadernyi zagar* (Moscow, 2002), 206; Ernest J. Sternglass, *Secret Fallouts: Low Level Radiation from Hiroshima to Three Mile Island* (New York, 1981), 120.

14 "Spetsial'ne povidomlennia 6-ho viddilu Upravlinnia Komitetu Derzhavnoi Bezpeky URSR po Kyievu," October 1984, *Z arkhiviv*, no. 17, 58-60.

15 Borets, "Kak gotovilsia vzryv Chernobylia."

16 Karpan, *Chernobyl': Mest' mirnogo atoma*, 326, 440.

17 "Pravoflanhovi p'iatyrichky," *Kyivs'ka pravda*, December 29, 1985.

18 Igor' Kazachkov, in Iurii Shcherbak, *Chernobyl': Dokumental'noe povestvovanie* (Moscow, 1991), 366.

19 같은책, 34-35.

20 "Spetsial'ne povidomlennia 6-ho viddilu Upravlinnia KDB URSR po Kyievu," February 4, 1986, *Z arkhiviv*, no. 19, 62-63.

21 Iurii Trehub, in Shcherbak, *Chernobyl'*, 38.

22 같은책, 36-38; Karpan, *Chernobyl': Mest' mirnogo atoma*, 444.

5장 폭발

1 Anatolii Diatlov, *Chernobyl': Kak èto bylo* (Moscow, 2003), chapter 4.

2 Vitalii Borets, "Kak gotovilsia vzryv Chernobylia," Post Chornobyl' 4, no. 28 (February 2006), www.postchernobyl.kiev.ua/vitalij-borec; Nikolai Karpan, *Chernobyl': Mest' mirnogo atoma* (Moscow, 2006), 440.

3 Recollections of V. V. Grishchenko, B. A. Orlov, and V. A. Kriat, in Diatlov, *Chernobyl': Kak èto bylo*, appendix 8: "Kakim on parnem byl. Vospominaniiao A. S. Diatlove."

4 Iurii Trehub, in Iurii Shcherbak, Chernobyl': Dokumental'noe povestvovanie (Moscow, 1991), 38; Razim Davletbaev, in Grigori Medvedev, *Iadernyi zagar* (Moscow, 2002), 242.

5 Trehub, in Shcherbak, *Chernobyl'*, 38; Karpan, *Chernobyl': Mest' mirnogo atoma*, 330, 354.

6 Liubov Akimova, in Grigori Medvedev, *The Truth About Chernobyl* (New

York, 1991), 148-149; "Toptunov, Leonid Fedorovich, 18.06.1960-14.05.1986," Slavutyts'ka zahal'no-osvitnia shkola, http://coolschool1.at.ua/index/kniga_pamjati_quot_zhivy_poka_pomnim_quot_posvjashhaetsja_tem_kto_pogib_v_chernobylskom_pekle_toptunov_l/0-417; Trehub, in Shcherbak, *Chernobyl'*, 39.

7 Trehub, in Shcherbak, *Chernobyl'*, 38-39.

8 R. I. Davletbaev, "Posledniaia smena," in *Chernobyl'* desiat let spustia: Neizbezhnost' ili sluchainost'? (Moscow, 1995), 381-382.

9 Trehub, in Shcherbak, *Chernobyl'*, 40-41; Karpan, *Chernobyl'*: Mest' mirnogo atoma, 326-335, 350.

10 Diatlov, *Chernobyl'*: *Kak èto bylo*, chapter 4; Karpan, *Chernobyl'*: *Mest' mirnogo atoma*, 477, 478, 479.

11 Medvedev, *The Truth About Chernobyl*, 67-76; Karpan, *Chernobyl'*: *Mest' mirnogo atoma*, 476.

12 Davletbaev, "Posledniaia smena," 370; Karpan, *Chernobyl'*: *Mest' mirnogo atoma*, 336.

13 Karpan, *Chernobyl'*: *Mest' mirnogo atoma*, 482; Diatlov, *Chernobyl'*: *Kakèto bylo*, chapter 4.

14 Robert B. Cullen, Thomas M. DeFrank, and Steven Strasser, "Anatomy of Catastrophe: The Soviets Lift Lid on the Chernobyl Syndrome," *Newsweek*, September 1, 1986, 26-28; "Sequence of Events: Chernobyl Accident, Appendix," World Nuclear Association, November 2009, www.world-nuclear.org/information-library/safety-and-security/safety-of-plants/appendices/chernobyl-accident-appendix-1-sequence-of-events.aspx; "Xenon Poisoning," HyperPhysics, Department of Physics and Astronomy, Georgia State University, http://hyperphysics.phy-astr.gsu.edu/hbase/nucene/xenon.html.

15 Davletbaev, "Posledniaia smena," 371; Trehub, in Shcherbak, *Chernobyl'*, 41-42.

16 Medvedev, The Truth About Chernobyl, 85-88.

6장 화재

1 "V Politbiuro TsK KPSS," *Pravda*, April 25, 1986, 1; *Izvestiia*, April 25, 1986, 1.

2 "Programma na nedeliu," TV Program in *Izvestiia*, April 19, 1986.

3 Halyna Kovtun, *Ia pysatymu tobi shchodnia: Povist' u lystakh* (Kyiv, 1989), 42.

4 Leonid Teliatnikov and Leonid Shavrei, in Iurii Shcherbak, *Chernobyl'*: Dokumental'noe povestvovanie (Moscow, 1991), 49–50; Kovtun, *Ia pysatymu tobi shchodnia*, 52–54.

5 "Pozharnyi-Chernobylets Shavrei: My prosto vypolniali svoi dolg," *RIA Novosti Ukraina*, April 26, 2016, http://rian.com.ua/interview/20160426/1009035845.html.

6 Ivan Shavrei, in Vladimir Gubarev, *Zarevo nad Pripiat' iu* (Moscow, 1987), 5; Andrei Chernenko, *Vladimir Pravik* (Moscow, 1988), 87; Shcherbak, *Chernobyl'*, 53.

7 Shavrei, in Shcherbak, *Chernobyl'*, 53–55.

8 Volodymyr Pryshchepa, in Gubarev, *Zarevo nad Pripiat'iu*, 5–6; Shavrei, in Shcherbak, *Chernobyl'*, 54.

9 Shavrei, in Shcherbak, *Chernobyl'*, 54; Grigori Medvedev, *The Truth About Chernobyl, foreword by Andrei Sakharov* (New York, 1991), 87.

10 Liudmyla Ihnatenko, in Svetlana Alexievich, *Voices from Chernobyl: The Oral History of a Nuclear Disaster* (New York, 2006), 5.

11 Hryhorii Khmel, in Shcherbak, *Chernobyl'*, 57–58.

12 Teliatnikov, in Shcherbak, *Chernobyl'*, 51.

13 Teliatnikov and Shavrei in Shcherbak, *Chernobyl'*, 50, 54; Kovtun, Ia pysatymu tobi, 52–54.

14 Teliatnikov, in Gubarev, *Zarevo nad Pripiat' iu*, 6–9; Kovtun, *Ia pysatymu tobi*, 62.

15 Stanislav Tokarev, "Byl' o pozharnykh Chernobylia," *Smena*, no. 1423 (September 1986); Valentyn Belokon, in Shcherbak, *Chernobyl'*, 62–63.

16 Belokon, in Shcherbak, *Chernobyl'*, 62–63.

17 같은책, 63–64.

18 Gubarev, *Zarevo nad Pripiat'iu*, 7–9.

19 Anna Laba, "Pozharnyi-Chernobylets Shavrei: My prosto vypolniali svoi dolg," *RIA Novosti Ukraina*, April 26, 2016, http://rian.com.ua/interview/20160426/1009035845.html.

20 Tokarev, "Byl' o pozharnykh Chernobylia."

21 Khmel, in Shcherbak, *Chernobyl'*, 5 9; Tokarev, " Byl' o p ozharnykh Chernobylia."

22 Liudmyla Ihnatenko, in Alexievich, *Voices from Chernobyl*, 6-7.

23 Kovtun, *Ia pysatymu tobi shchodnia*, 63-64.

7장 부인

1 Mariia Vasil', "Byvshii direktor ChAÈS Briukhanov: 'Esli by nasli dlia menia rasstrel'nuiu stat'iu, to, dumaiu, menia rasstreliali by,'" Fakty, October 18, 2000; "Interv'iu s Viktorom Briukhanovym." *ChAES: Zona otchuzhdeniia* http://chernobil.info/?p=5898; Svetlana Samodelova, "Lichnaia katastrofa direktora Chernobylia," Moskovskii komsomolets, April 21, 2011; V. Ia. Vozniak and S. N. Troitskii, *Chernobyl': Tak èto bylo*. Vzgliad iznutri (Moscow, 1993), 163.

2 Sergei Parashin, in Iurii Shcherbak, *Chernobyl': Dokumental'noe povestvovanie* (Moscow, 1991), 76-77.

3 Sergei Babakov, "S pred'iavlennymi mne obvineniiami ne soglasen . . . ," Zerkalo nedeli, August 29, 1999; Briukhanov's court testimony, in Nikolai Karpan, *Chernobyl': Mest' mirnogo atoma* (Moscow, 2006), 419-420.

4 Rogozhkin's court testimony, in Karpan, *Chernobyl': Mest' mirnogo atoma*, 461-465; Parashin, in Shcherbak, Chernobyl', 75-76.

5 Anatolii Diatlov, *Chernobyl': Kak èto bylo* (Moscow, 2003), chapter 5.

6 R. I. Davletbaev, "Posledniaia smena," in *Chernobyl' desiat let spustia: Neizbezhnost' ili sluchainost'?* (Moscow, 1995), 371.

7 Diatlov, *Chernobyl': Kak èto bylo*, chapter 5; Davletbaev, "Posledniaia smena," 372.

8 Iurii Trehub, in Shcherbak, *Chernobyl'*, 42-43.

9 Trehub, in Shcherbak, *Chernobyl'*, 43-44.

10 Diatlov, *Chernobyl': Kak èto bylo*, chapter 5; Diatlov's court testimony, in

Karpan, *Chernobyl': Mest' mirnogo atoma*, 446-456; A. Iuvchenko's court testimony, in ibid., 479-480; Vozniak and Troitskii, Chernobyl', 179.

11 Parashin, in Shcherbak, *Chernobyl'*, 76; Vozniak and Troitskii, *Chernobyl'*, 165, 179; Briukhanov's court testimony, in Karpan, *Chernobyl': Mest' mirnogo atoma*, 429; Diatlov, Chernobyl': Kak èto bylo, chapter 5.

12 Parashin, in Shcherbak, *Chernobyl'*, 78; Vladimir Chugunov's court testimony, in Karpan, *Chernobyl': Mest' mirnogo atoma*, 427; Viktor Smagin, in Grigori Medvedev, *The Truth About Chernobyl*, foreword by Andrei Sakharov (New York, 1991), 132.

13 Smagin, in Medvedev, *The Truth About Chernobyl*, 132-133.

14 Chugunov's court testimony, in Karpan, *Chernobyl': Mest' mirnogo atoma*, 427; Arkadii Uskov, in Shcherbak, *Chernobyl'*, 69-72; Vozniak and Troitskii, *Chernobyl'*, 181.

15 Smagin, in Medvedev, *The Truth About Chernobyl*, 130-131.

16 같은책; Uskov, in Shcherbak, Chernobyl', 73-74; Parashin, in ibid., 77.

17 Vozniak and Troitskii, *Chernobyl'*, 150.

18 Sergei Babakov, "V nachale mne ne poveril dazhe syn," *Zerkalo nedeli*, April 23, 1999.

19 Parashin, in Shcherbak, *Chernobyl'*, 77; Babakov, "V nachale mne ne poveril dazhe syn"; Vozniak and Troitskii, *Chernobyl'*, 157.

20 Zhores Medvedev, *The Legacy of Chernobyl* (New York, 1990), 74-89; Viktor Haynes and Marko Bojcun, *The Chernobyl Disaster* (London, 1988), 32.

21 Babakov, "S pred"iavlennymi mne obvineniiami."

22 Vozniak and Troitskii, Chernobyl', 35; Volodymyr Yavorivsky, Minutes of the Session of the Ukrainian Supreme Soviet, December 11, 1991, http://iportal.rada.gov.ua/meeting/stenogr/show/4642.html.

23 G. N. Petrov, in Medvedev, *The Truth About Chernobyl*, 88-89.

24 같은책.

25 Liubov Kovalevskaia, in Shcherbak, *Chernobyl'*, 86-87.

26 Leonid Kham'ianov, *Moskva—Chernobyliu* (Moscow, 1988), excerpt in Karpan, *Chernobyl': Mest' mirnogo atoma*, appendix no. 1.

27 V. G. Smagin, in Medvedev, *The Truth About Chernobyl*, 172-173.

8장 사고대책위원회

1 Galina Akkerman, "Gorbachev: Chernobyl' sdelal menia drugim chelovekom," *Novaia gazeta*, March 2, 2006; cf. Mikhail Gorbachev, *Memoirs* (New York, 1996), 189.

2 Aleksandr Liashko, *Gruz pamiati: Vospominaniia*, vol. 3, *Na stupeniakh vlasti*, part 2 (Kyiv, 2001), 342–343; Elena Novoselova, "Nikolai Ryzhkov: Razdalsia zvonok pravitel'stvennoi sviazi—na Chernobyle avariia," *Rossiiskaia gazeta*, April 25, 2016.

3 "Srochnoe donesenie pervogo zamestitelia énergetiki i élektrifikatsii SSSR A. N. Makukhina v TsK KPSS ob avarii na Chernobyl'skoi AÉS," April 26, 1986, in *Chernobyl': 26 aprelia 1986-dekabr' 1991. Dokumenty i materialy* (Minsk, 2006), 27.

4 Grigori Medvedev, *The Truth About Chernobyl*, foreword by Andrei Sakharov (New York, 1991), 128, 151–155; Valerii Legasov, "Ob avarii na Chernobyl' skoi AÉS," tape no. 1, Elektronnaluia biblioteka RoyalLib.Com, http://royallib. com/read/legasov_valeriy/ob_avarii_na_chernobilskoy_aes.html#0.

5 Mikhail Tsvirko, in Medvedev, *The Truth About Chernobyl*, 152.

6 Gennadii Shasharin, in Medvedev, *The Truth About Chernobyl*, 154–155, 157.

7 Medvedev, *The Truth About Chernobyl*, 157–158.

8 Legasov, "Ob avarii na Chernobyl'skoi AÉS," tape no. 1; Sergei Parashin, in Iurii Shcherbak, *Chernobyl': Dokumental'noe povestvovanie* (Moscow, 1991), 76–77.

9 Vladimir Shishkin, in Medvedev, *The Truth About Chernobyl*, 159–160.

10 Shishkin, in Medvedev, *The Truth About Chernobyl*, 162–165; Boris Prushinsky, in ibid., 165–166.

11 Prushinsky, in Medvedev, *The Truth About Chernobyl*, 165–166.

12 V. I. Andriianov and V. G. Chirskov, *Boris Shcherbina* (Moscow, 2009).

13 Novoselova, "Nikolai Ryzhkov."

14 Legasov, "Ob avarii na Chernobyl'skoi AÉS," tape no. 1.

15 같은책.

16 같은책; Evgenii Ignatenko, in V. Ia Vozniak and S. N. Troitskii, *Chernobyl': Tak èto bylo. Vzgliad iznutri* (Moscow, 1993), 187.

17 Shasharin, in Medvedev, *The Truth About Chernobyl*, 166–167.

18 "Boris Evdokimovich Shcherbina," in *Chernobyl': Dolg i muzhestvo*, vol. 2 (Moscow, 2001); Colonel V. Filatov, in Medvedev, The Truth About Chernobyl, 179–180.

19 Leonid Kham'ianov, *Moskva—Chernobyliu* (Moscow, 1988); Armen Abagian, in Vozniak and Troitskii, *Chernobyl'*, 213.

20 Kham'ianov, *Moskva—Chernobyliu*.

21 Abagian, in Vozniak and Troitskii, *Chernobyl'*, 219–220; Kham'ianov, *Moskva—Chernobyliu*.

22 Legasov, "Ob avarii na Chernobyl'skoi AĖS," tape no. 1; Ivan Pliushch, Minutes of the Session of the Ukrainian Supreme Soviet, December 11, 1991, http://rada.gov.ua/meeting/stenogr/show/4642.html.

23 Pliushch, Minutes of the Session of the Ukrainian Supreme Soviet, December 11, 1991; Novoselova, "Nikolai Ryzhkov"; A. Perkovskaia, in Shcherbak, *Chernobyl'*, 92.

9장 대탈출

1 Aleksandr Liashko, Gruz pamiati: Vospominaniia, vol. 3, *Na stupeniakh vlasti*, part 2 (Kyiv, 2001), 435.

2 *V masshtabe ėpokhi: Sovremenniki ob A. P. Liashko*, comp. V. I. Liashko (Kyiv, 2003).

3 Vasyl' Kucherenko and Vasyl' Durdynets', in *Chornobyl's'ka katastrofa v dokumentakh, faktakh ta doliakh liudei*. MVS (Kyiv, 2006), 83–84, 90; Dmitrii Kiianskii, "Pust' nash muzei budet edinstvennym i poslednim," *Zerkalo nedeli*, April 29, 2000.

4 Vladimir Shishkin, in Grigori Medvedev, *The Truth About Chernobyl*, foreword by Andrei Sakharov (New York, 1991), 162–163; *Chornobyl's' ka katastrofa v dokumentakh*, 91–93.

5 Durdynets', in *Chornobyl's'ka katastrofa v dokumentakh*, 83; Sergei Babakov, "V nachale mne ne poveril dazhe syn," *Zerkalo nedeli*, April 23, 1999; Oleksandr Liashko, quoted in report to the Ukrainian parliament by Volodymyr Yavorivsky, Minutes of the Session of the Ukrainian Supreme

Soviet, December 11, 1991.

6 Lina Kushnir, "Valentyna Shevchenko: 'Provesty demonstratsiiu 1-ho travnia 1986-ho nakazaly z Moskvy,'" *Ukraïns'ka pravda*, April 25, 2011; Valentyna Shevchenko, quoted in report to the Ukrainian parliament by Volodymyr Yavorivsky, Minutes of the Session of the Ukrainian Supreme Soviet, December 11, 1991; Ivan Hladush to the Central Committee of the Communist Party of Ukraine, April 27, 1986, TsDAHO, fond 1, op. 25, no. 2996.

7 Liashko, *Gruz pamiati*, vol. 1, part 2, 347.

8 같은책, 348; Oleksandr Liashko, quoted in report to the Ukrainian parliament by Volodymyr Yavorivsky, Minutes of the Session of the Ukrainian Supreme Soviet, December 11, 1991.

9 Liashko, quoted in report to the Ukrainian parliament by Volodymyr Yavorivsky, Minutes of the Session of the Ukrainian Supreme Soviet, December 11, 1991; "Povidomlennia Upravlinnia Kopmitetu derzhavnoi bezpeky URSR po Kyievu," April 26, 1986, in *Z arkhiviv*, no. 21, 65-66; "Povidomlennia KDB URSR to KDB SRSR," April 26, 1986, in ibid., no. 22.

10 Liashko, Report to the Ukrainian parliament by Volodymyr Yavorivsky에서 인용, Minutes of the Session of the Ukrainian Supreme Soviet, December11, 1991; Volodymyr Lytvyn, *Politychna arena Ukraïny: Diiovi osoby ta vykonavtsi* (Kyiv, 1994), 178; *Chornobyl's'ka katastrofa v dokumentakh*, 205; Memo: Ukrainian Ministry of Transport to the Central Committee in Kyiv, April 28, 1986, TsDAHO, Kyiv, fond 1, op. 25, no. 2996.

11 Shishkin, in Medvedev, *The Truth About Chernobyl*, 162-163; Liashko, *Gruz pamiati*, vol. 3, part 2, 352-355; Liashko, Report to the Ukrainian parliament by Volodymyr Yavorivsky에서 인용, Minutes of the Session of the Ukrainian Supreme Soviet, December 11, 1991.

12 Kovtun, *Ia pysatymu tobi shchodnia*, 64.

13 Leonid Shavrei, in Iurii Shcherbak, *Chernobyl': Dokumental'noe povestvovanie* (Moscow, 1991), 55-56.

14 Shavrei, in Shcherbak, *Chernobyl'*, 56.

15 Liudmyla Ihnatenko, in Svetlana Alexievich, *Voices from Chernobyl: The Oral History of a Nuclear Disaster* (New York, 2006), 6-7.

16 Viktor Smagin, in Medvedev, *The Truth About Chernobyl*, 169-173.

17 V. Ia. Vozniak and S. N. Troitskii, *Chernobyl': Tak èto bylo. Vzgliad iznutri* (Moscow, 1993), 207–208; Kate Brown, *Plutopia: Nuclear Families, Atomic Cities and the Great Soviet and American Plutonium Disasters* (New York, 2013), 172–176.

18 David L. Chandler, "Explained: Rad, Rem, Sieverts, Becquerels: A Guide to Terminology About Radiation Exposure," *MIT News*, March 28, 2011, http://news.mit.edu/2011/explained-radioactivity-0328. 19. "Acute Radiation Syndrome: A Fact Sheet for Clinicians," Centers for Disease Control and Prevention, https://emergency.cdc.gov/radiation/arsphysicianfactsheet.asp.

20 *Posledstviia oblucheniia dlia zdorov'ia cheloveka v rezul'tate Chernobyl'skoi avarii* (New York, 2012), 12.

21 Smagin, in Medvedev, *The Truth About Chernobyl*, 173.

22 Aleksandr Esaulov, in Shcherbak, *Chernobyl'*, 82–83.

23 Liudmyla Ihnatenko, in Alexievich, *Voices from Chernobyl*, 8–9.

24 Esaulov, in Shcherbak, Chernobyl', 83–84; Vozniak and Troitskii, Chernobyl', 207–208.

25 Shcherbak, *Chernobyl'*, 109–110.

26 Nadezhda Mel'nichenko, "Pripiat' 1986: Èvakuatsiia. Vospominaniia ochevidtsa," *Taimer*, April 26, 2013.

27 Liudmila Kharitonova and Volodymyr Voloshko, in Medvedev, *The Truth About Chernobyl*, 138, 141, 149.

28 Valerii Legasov, "Ob avarii na Chernobylskoi AES," tape no. 1, Elektronnaluia biblioteka RoyalLib.Com, http://royallib.com/read/legasov_valeriy/ob_avarii_na_chernobilskoy_aes.html#0; *Chornobyl's'ka katastrofa v dokumentakh*, 204–209.

29 Esaulov, in Shcherbak, *Chernobyl'*, 84–86.

30 "Sniato 26 aprelia 1986 g. v gorode Pripiat'," YouTube, April 26, 1986, published April 14, 2011, www.youtube.com/watch?v=XxGObvkLTg0; "Pripiat: Èvakuatsiia, April 27, 1986," YouTube, April 27, 1986, published April 25, 2011, www.youtube.com/watch?v=xAxCWNNyCpA.

31 Aneliia Perkovskaia, in Shcherbak, *Chernobyl'*, 90; Babakov, "V nachalemne ne poveril dazhe syn"; *Chornobyl's' ka katastrofa v dokumentakh*, 207.

32 "Sniato 26 aprelia 1986 g. v gorode Pripiat'," YouTube.

33 Liubov Kovalevskaia, in Shcherbak, *Chernobyl'*, 90; Liubov Kovalevskaia, "Preodolenie," in *Chernobyl': Dni ispytanii i pobed, Kniga svidetel'stv* (Kyiv, 1988), 77; "Sniato 26 aprelia 1986 g. v gorode Pripiat'," YouTube.

34 Elena Novoselova, "Nikolai Ryzhkov: Razdalsia zvonok pravitel'stvennoi sviazi—na Chernobyle avariia," *Rossiiskaia gazeta*, April 25, 2016.

35 Ivan Hladush to the Central Committee of the Communist Party of Ukraine, April 28, 1986, TsDAHO, Kyiv, fond 1, op. 25, no. 2996; Andrei Illei, "V trudnyi chas," in *Chernobyl': Dni ispytanii i pobed*, 121.

36 "Informatsiine povidomlennia KDB URSR do TsK KPU," April 28, 1986, *Z arkhiviv*, no. 23, 69-70.

10장 원자로 잠재우기

1 Gennady Shasharin, in Grigori Medvedev, *The Truth About Chernobyl*, foreword by Andrei Sakharov (New York, 1991), 192-193.

2 Valerii Legasov, "Ob avarii na Chernobyl'skoi AĖS," tape no. 1, Elektronnaluia biblioteka RoyalLib.Com, http://royallib.com/read/legasov_valeriy/ob_avarii_na_chernobilskoy_aes.html#0.

3 Aleksandr Liashko, *Gruz pamiati: Vospominaniia*, vol. 3, *Na stupeniakhvlasti*, part 2 (Kyiv, 2001), 354; A. Perkovskaia and Iu. Dobrenko, in Iurii Shcherbak, Chernobyl': *Dokumental'noe povestvovanie* (Moscow, 1991), 88-89; Anatoly Zayats, in Medvedev, The Truth About Chernobyl, 193; Valentyna Kovalenko, in V. Ia. Vozniak and S. N. Troitskii, *Chernobyl': Tak èto bylo. Vzgliad iznutri* (Moscow, 1993), 235.

4 Liashko, Gruz pamiati, vol. 3, part 2, 356; Colonel Filatov and M. S. Tsvirko, in Medvedev, *The Truth About Chernobyl*, 194-195; Zhores Medvedev, *The Legacy of Chernobyl* (New York, 1990), 56; N. P. Baranovskaia, *Ispytanie Chernobylem* (Kyiv, 2016), 35.

5 Anastasiia Voskresenskaia, "Vertoletchik—likvidator Chernobyl'skoi avarii: ' My vstali v karusel' smerti,'" *Zashchishchat' Rosiiu*, April 26, 2016, https://defendingrussia.ru/a/vertoletchiklikvidator_avarii_na_chernobylskoj_aes-5793.

6 Medvedev, *The Truth About Chernobyl*, 194.

7 Legasov, "Ob avarii na Chernobyl'skoi AĖS," tape no. 1; Shasharin, in

Medvedev, *The Truth About Chernobyl*, 201–202.

8   Legasov, "Ob avarii na Chernobyl'skoi AĖS," tape no. 1.

9   V. M. Fedulenko, "Koe-chto ne zabylos'," *Vklad kurchatovtsev v likvidatsiiu avarii na Chernobyl'skoi AĖS*, ed. V. A. Sidorenko (Moscow, 2012), 74–83.

10   같은책; Shasharin in Medvedev, *The Truth About Chernobyl*, 201–202.

11   "Iz rabochei zapisi zasedaniia Politbiuro TsK KPSS, April 28, 1986," in R. G. Pikhoia, *Sovetskii Soiuz: Istoriia vlasti, 1945–1991* (Novosibirsk, 2000), 429–431.

12   Medvedev, *The Truth About Chernobyl*, 194; Baranovskaia, Ispytanie Chernobylem, 35–36.

13   Shcherbak, *Chernobyl'*, 154.

14   Baranovskaia, *Ispytanie Chernobylem*, 31–32.

15   Report by Captain A. P. Stelmakh, deputy chief of the Prypiat police department, in *Chornobyl's'ka katastrofa v dokumentakh, faktakh ta doliakh liudei. MVS* (Kyiv, 2006), 425–426.

16   Fedulenko, "Koe-chto ne zabylos'."

17   Leonid Kham'ianov, *Moskva—Chernobyliu* (Moscow, 1988); *Chornobyl's'ka katastrofa v dokumentakh*, 277.

18   Fedulenko, "Koe-chto ne zabylos'."

19   Tatiana Marchulaite, in Vozniak and Troitskii, *Chernobyl*, 205; Aleksandr Esaulov, in Shcherbak, *Chernobyl'*, 233.

20   Kham'ianov, *Moskva—Chernobyliu*; *Chornobyl's' ka katastrofa v dokumentakh*, 277.

21   Lina Kushnir, "Valentyna Shevchenko: 'Provesty demonstratsiiu 1–hotravnia 1986–ho nakazaly z Moskvy,'" *Ukraïns'ka pravda*, April 25, 2011.

22   Liubov Kovalevskaia, in Shcherbak, *Chernobyl'*, 104.

23   Kushnir, "Valentyna Shevchenko."

11장 쥐죽은 듯한 침묵

1   Zhores A. Medvedev, *Nuclear Disaster in the Urals* (New York, 1980); Kate Brown, *Plutopia: Nuclear Families, Atomic Cities and the Great Soviet and American Plutonium Disasters* (New York, 2013), 231–246; V. A.

Kostyuchenko and L. Yu. Krestinina, "Long-Term Irradiation Effects in the Population Evacuated from the East-Urals Radioactive Trace Area," *Science of the Total Environment* 142, nos. 1-2 (March 1994): 119-125.

2 *Chernobyl'skaia atomnaia elektrostantsiia: Kul'turnoe i zhilishchno-bytovoe stroitel'stvo. General'nyi plan poselka* (Moscow, 1971), 11.

3 "25 Years After Chernobyl, How Sweden Found Out," Radio Sweden—News in English, April 22, 2011, http://sverigesradio.se/sida/artikel.aspx?program id=2054&artikel=4468603; Serge Schmemann, "Soviet Announces Nuclear Accident at Electric Plant," *New York Times*, April 29, 1986, A1.

4 "First Coverage of Chernobyl Disaster on Soviet TV, April 1986," YouTube, published April 29, 2011, https://www.youtube.com/watch?v=4PytcgdPuTI; Stephen Mulev, "The Chernobyl Nightmare Revisited," BBC News, April 18, 2006, http://news.bbc.co.uk/2/hi/europe/4918742.stm.

5 "Iz rabochei zapisi zasedaniia Politbiuro TsK KPSS, April 28, 1986," in R. G. Pikhoia, *Sovetskii Soiuz: Istoriia vlasti*, 1945-1991 (Novosibirsk, 2000), 429-431.

6 Mikhail Gorbachev, Memoirs (New York, 1996), 189; Elena Novoselova, "Nikolai Ryzhkov: Razdalsia zvonok pravitel'stvennoi sviazi—na Chernobyle avariia," *Rossiiskaia gazeta*, April 25, 2016.

7 Wayne King and Warren Weaver Jr., "Briefing: Airline Business as Usual," *New York Times*, April 21, 1986; William J. Eaton, "PanAm and Aeroflot Resume Direct US-Soviet Air Service," *Los Angeles Times*, April 30, 1986.

8 "Festive Flight to Moscow Resumes US-Soviet Air Service," *New York Times*, April 30, 1986.

9 Schmemann, "Soviet Announces Nuclear Accident at Electric Plant."

10 "Statement by Principal Deputy Press Secretary Speakes on the Soviet Nuclear Reactor Accident at Chernobyl," May 3, 1986, Ronald Reagan Presidential Library and Museum, Public Papers of the President, www.reagan.utexas. edu/archives/speeches/1986/50386a.htm; "Implications of the Chernobyl Disaster," CIA Memo, April 29, 1986, www.foia.cia.gov/sites/default/files/ document_conversions/17/19860429.pdf.

11 "Implications of the Chernobyl Disaster," April 29, 1986.

12 "Nuclear Disaster: A Spreading Cloud and an Aid Appeal; U.S. Offers to

Help Soviet in Dealing with Accident," *New York Times*, April 30, 1986; Alex Brummer, "Reagan Offers U.S. Help," *Guardian*, April 25, 2005, www. theguardian.com/world/2005/apr/25/nuclear.uk.

13 "Statement by Principal Deputy Press Secretary Speakes on the Soviet Nuclear Reactor Accident at Chernobyl," May 1, 1986, Ronald Reagan Presidential Library and Museum, Public Papers of the President, www.reagan.utexas. edu/archives/speeches/1986/50186b.htm.

14 Luther Whitington, "Chernobyl Reactor Still Burning," United Press International, April 29, 1986, www.upi.com/Archives/1986/04/29/Chernob yl-reactor-still-burning/9981572611428; "Chernobyl Nuclear Power Plant Disaster Creates Radiation Scare," ABC News, April 30, 1986, http://abcnews. go.com/Archives/video/chernobyl-disaster-nuclear-reactor-fallout-1986-98 44065.

15 Vladimir Fronin, "To vzlet, to posadka," in *Chernobyl': Dni ispytanii i pobed, Kniga svidetel'stv* (Kyiv, 1988), 125-129.

16 Schmemann, "Soviet Announces Nuclear Accident at Electric Plant"; Christopher Jarmas, "Nuclear War: How the United States and the Soviet Union Fought over Information in Chernobyl's Aftermath," *Vestnik*, August 31, 2015, www.sras.org/information_chernobyl_us_ussr.

17 "Ot Soveta ministrov SSSR," *Pravda*, April 30, 1986.

18 Stepan Mukha, head of the Ukrainian KGB, to the Central Committee in Kyiv, April 28, 1986, Archive SBU, fond 16, op. 1, no. 1113; Oles Honchar, *Shchodennyky* (1984-1995) (Kyiv, 2004), 90.

19 Stepan Mukha, head of the Ukrainian KGB, to Volodymyr Shcherbytsky, first secretary of the Central Committee of the Communist Party of Ukraine, April 29, 1986, Archive SBU, fond 16, op. 1, no. 1113.

20 Stepan Mukha, head of the Ukrainian KGB, to the Central Committee in Kyiv, April 28, 1986, Archive SBU, fond 16, op. 1, no. 1113.

21 Lina Kushnir, "Valentyna Shevchenko: 'Provesty demonstratsiiu 1-ho travnia 1986-ho nakazaly z Moskvy,'" *Ukraïns'ka pravda*, April 25, 2011.

22 KGB memo to the Central Committee of the Communist Party of Ukraine, April 28, 1986, TsDAHO, fond 1, op. 32, no. 2337; *Chornobyl's' ka katastrofa v dokumentakh, faktakh ta doliakh liudei. MVS* (Kyiv, 2006), 258; Aleksandr

Kitral', "Gorbachev —Shcherbitskomu: Ne provedesh parad, sgnoiu!," *Komsomol'skaia pravda v Ukraine*, April 26, 2011; Novoselova, "Nikolai Ryzhkov."

23 "Ot Soveta ministrov SSSR," *Pravda*, May 1, 1986.

24 Alla Iaroshinskaia, Chernobyl' : *Bol'shaia lozh'* (Moscow, 2011), 313.

25 Volodymyr Viatrovych, "'Cho eto oznachaet?' Abo borot'ba SRSR iz radiatsiieiu," in idem, *Istoriia z hryfom sekretno* (Kharkiv, 2014), 450–456. Cf. L. O. Dobrovol's'kyi, "Zakhody z likvidatsiï naslidkiv avariï na Chornobyl's'kii AES: Khronika podii," *Zhurnal z problem medytsyny pratsi*, no. 1 (2011): 7.

26 Kitral', "Gorbachev —Shcherbitskomu"; Elena Sheremeta, "Rada Shcherbitskaia: Posle Chernobylia Gorbachev skazal Vladimiru Vasil'evichu," Fakty, February 17, 2006.

27 Irina Lisnichenko, "Aleksandr Liashko: 'Kogda Iavorivskii chital svoi doklad, ia stoial u groba docheri,'" *Fakty*, April 27, 2001.

28 See photos in Kushnir, "Valentyna Shevchenko."

29 Natalia Petrivna, in Kseniia Khalturina, "Pervomai: Ot pervoi stachki 'za rabotu' do besplatnogo truda," *TopKyiv*, May 1, 2016, https://topkyiv.com/news/pervomaj-ot-pervoj-stachki-za-rabotu-do-besplatnogo-truda-chto-otmechaem-segodnya.

30 Natalia Petrivna, in Kseniia Khalturina, "Pervomai: Ot pervoi stachki"; Natalia Morozova, Report to the Ukrainian parliament by Volodymyr Yavorivsky에서 인용, Minutes of the Session of the Ukrainian Supreme Soviet, December 11, 1991, http://rada.gov.ua/meeting/stenogr/show/4642.html.

31 Honchar, *Shchodennyky*, 91; Heorhii Ral', Report to the Ukrainian parliament by Volodymyr Yavorivsky에서 인용, Minutes of the Session of the Ukrainian Supreme Soviet, December 11, 1991; Stepan Mukha, head of the Ukrainian KGB, to the Ukrainian Central Committee, Informatsionnoe soobshchenie, April 30, 1986, Archive SBU, fond 16, op. 1, no. 1113.

32 Galina Akkerman, "Gorbachev: Chernobyl' sdelal menia drugim chelovekom," *Novaia gazeta*, March 2, 2006.

12장 제한 구역

1 Evgenii Pasishnichenko, "My na RAFe s migalkami," *Rabochaia gazeta*, April 26, 2012.

2 Evgenii Chernykh, "Egor Ligachev: 'Stranno konechno, chto Gorbachev ne s″ezdil v Chernobyl'," Komsomol'skaia pravda, April 28, 2011; Aleksandr Liashko, *Gruz pamiati: Vospominaniia*, vol. 3, *Na stupeniakh vlasti*, part 2 (Kyiv, 2001), 358; Valerii Legasov, "Ob avarii na Chernobyl'skoi AĖS," tape no. 1, Elektronnaluia biblioteka RoyalLib.Com, http://royallib.com/read/legasov_valeriy/ob_avarii_na_chernobilskoy_aes.html#0.

3 Liashko, *Gruz pamiati*, vol. 3, part 2, 358; Elena Novoselova, "Nikolai Ryzhkov: Razdalsia zvonok pravitel'stvennoi sviazi —na Chernobyle avariia," *Rossiiskaia gazeta*, April 25, 2016.

4 Sergei Babakov, "S pred″iavlennymi mne obvineniiami ne soglasen . . . ," *Zerkalo nedeli*, August 29, 1999; Mariia Vasil', "Byvshii direktor ChAĖS Briukhanov: 'Esli by nasli dlia menia rasstrel'nuiu stat'iu, to, dumaiu, menia rasstreliali by,'" *Fakty*, October 18, 2000; Liashko, *Gruz pamiati*, vol. 3, part 2, 359.

5 Interview with Borys Kachura, in *Rozpad radians'koho Soiuzu: Usna istoriia nezalezhnoï Ukraïny*, http://oralhistory.org.ua/interview-ua/360.

6 Novoselova, "Nikolai Ryzhkov"; O. H. Rohozhyn, "Naslidky chornobyl's'koï katastrofy dlia zony vidchuzhennia ta sil Polissia," Informatsiinyitsentr Polissia 2.0, November 2009, www.polissya.eu/2009/11/naslidki-chornobilskoi-katas trofi-zona.html.

7 Liashko, *Gruz pamiati*, vol. 3, part 2, 360.

8 Legasov, "Ob avarii na Chernobyl'skoi AĖES," tape no. 1.

9 Vasyl' Syn'ko, "Chornobyl's'kyi rubets'," *Sil's'ki visti*, April 26, 2013.

10 Elena Sheremeta, "Vitalii Masol: My tikhonechko gotovilis' k ėvakuatsii Kieva," Fakty, April 26, 2006; Syn'ko, "Chornobyl's'kyi rubets'." 11. Yurii Petrov, "Za parolem 'blyskavka': Spohady uchasnykiv likvidatsiï naslidkiv avariï na Chornobyl's'kii AES," in *Z arkhiviv* 16 (2001): 372–380; Pasishnichenko, "My na RAFe s migalkami."

12 KGB Memo to the Ukrainian Central Committee, April 28, 1986, TsDAHO,

fond 1, op. 32, no. 2337; "Ot Soveta ministrov SSSR," *Pravda*, May 1, 1986; Anatolii Romanenko, Minister of Health of Ukraine, to the Ukrainian Central Committee, May 3 and 4, 1986, TsDAHO, fond 1, op. 25, no. 2996, fols. 11-12 and 17-18; "Materialy zasedanii operativnoi gruppy TsK Kompartii Ukrainy," May 3, 1986, TsDAHO, fond 1, op. 17, no. 385.

13 "Materialy zasedanii operativnoi gruppy TsK Kompartii Ukrainy," May 3, 1986, TsDAHO, fond 1, op. 17, no. 385; Maksym Drach, in Iurii Shcherbak, *Chernobyl´ : Dokumental´noe povestvovanie* (Moscow, 1991), 144-149.

14 *Prapor peremohy*, April 29, May 1, May 3, 1986.

15 "Materialy zasedanii operativnoi gruppy TsK Kompartii Ukrainy," no. 1, May 3, and no. 2, May 4, 1986, TsDAHO, fond 1, op. 17, no. 385.

16 "Materialy zasedanii operativnoi gruppy TsK Kompartii Ukrainy," May 4, 1986, TsDAHO, fond 1, op. 17, no. 385.

17 Zhores Medvedev, *The Legacy of Chernobyl* (New York, 1990), 57-59.

18 Syn´ko, "Chornobyl´s´kyi rubets´."

19 같은 책.

20 같은 책.

21 Fr. Leonid, in Shcherbak, *Chernobyl´*, 97-100.

22 Syn´ko, "Chornobyl´s´kyi rubets´."

23 Medvedev, *The Legacy of Chernobyl*, 59.

24 "Povidomlennia operhrup KDB SRSR ta KDB URSR," May 1, 1986, in *Z arkhiviv* 16, no. 24, 71-72; "Dovidka 6-ho upravlinnia KDB URSR," May 4, 1986, in *Z arkhiviv* 16, no. 25, 73-74; Syn´ko, "Chornobyl´s´kyi rubets´."

13장 차이나 신드롬

1 Anatolii Cherniaev, "Gorbachev's Foreign Policy: The Concept," in *Turning Points in Ending the Cold War*, ed. Kiron G. Skinner (Stanford, CA, 2007), 128-129.

2 Alla Iaroshinskaia, *Chernobyl´ : Bol´shaia lozh´* (Moscow, 2011), 288.

3 Grigori Medvedev, *The Truth About Chernobyl*, foreword by Andrei Sakharov (New York, 1991), 203-204.

4 *The China Syndrome* (1979), DVD, Sony Pictures Home Entertainment, 2004.

5   Valerii Legasov, "Ob avarii na Chernobyľskoi AĖS," tape no. 3, Elektronnaluia
     biblioteka RoyalLib.Com, http://royallib.com/read/legasov_valeriy/ob_avarii_
     na_chernobilskoy_aes.html#0; Protocol of meeting of the Politburo of the
     Central Committee of the Communist Party of Ukraine, May 8, 1986.

6   Legasov, "Ob avarii na Chernobyľskoi AĖS," tape no. 3.

7   Zhores Medvedev, The Legacy of Chernobyl (New York, 1990), 58-59;
     Legasov, "Ob avarii na Chernobyľskoi AĖS," tape no. 3.

8   Medvedev, The Truth About Chernobyl, 203.

9   Svetlana Samodelova, "Belye piatna Chernobylia," Moskovskii komsomolets,
     April 25, 2011; Stephen McGinty, "Lead Coffins and a Nation's Thanks for the
     Chernobyl Suicide Squad," The Scotsman, March 16, 2011; Legasov, "Ob avarii
     na Chernobyľskoi AĖS," tape no. 3.

10   "Velikhov Evgenii Pavlovich," Geroi strany, www.warheroes.ru/hero/
     hero.asp?Hero_id=10689; "Legasov, Valerii Alekseevich," Geroi strany,
     www.warheroes.ru/hero/hero.asp?Hero_id=6709; Legasov, "Ob avarii na
     Chernobyľskoi AĖS," tape no. 3; Medvedev, The Truth About Chernobyl,
     223-224.

11   "Evgenii Velikhov o sebe v programme Liniia Zhizni," Rossiia 1, http://
     tvkultura.ru/person/show/person_id/110366; Vladimir Naumov, "Interv'iu s
     Akademikom Evgeniem Velikhovym," Vestnik, October 23, 2001.

12   Iulii Andreev, "Neschast'e akademika Legasova," Lebed, Nezavisimyi al'
     manakh, October 2, 2005.

13   Medvedev, The Legacy of Chernobyl, 57-59.

14   Iurii Shcherbak, Chernobyľ: Dokumentaľnoe povestvovanie (Moscow, 1991),
     157.

15   Elena Sheremeta, "Vitalii Masol: My tikhonechko gotovilis' k ėvakuatsii Kieva,"
     Fakty, April 26, 2006.

16   Interview with Borys Kachura, in Rozpad Radians' koho Soiuzu: Usna istoriia
     nezalezhnoï Ukraïny, http://oralhistory.org.ua/interview-ua/360.

17   "Dopovidna 6-ho upravlinnia KDB URSR," May 5, 1986, Z arkhiviv, no. 27,
     76.

18   Valentyn Zgursky, mayor of Kyiv, to Volodymyr Shcherbytsky, first secretary
     of the Central Committee of the Communist Party of Ukraine, May 1986,

TsDAHO, fond 1, op. 32, no. 2337, fol. 5; "Materialy zasedanii operativnoi gruppy TsK Kompartii Ukrainy," May 8, 1986, TsDAHO, fond 1, op. 17, no. 385, fol. 90.

19 Interview with Kachura, *Rozpad Radians'koho Soiuzu*.

20 Grigorii Kolpakov, "On bystro razbiralsia v ètikh radiatsionnykh veshchakh," *Gazeta.ru*, January 23, 2014; Lina Kushnir, "Valentyna Shevchenko: 'Provesty demonstratsiiu 1-ho travnia 1986-ho nakazaly z Moskvy,'" Ukraïns'ka pravda, April 25, 2011; Aleksandr Liashko, *Gruz pamiati: Vospominaniia*, vol. 3, *Na stupeniakh vlasti*, part 2 (Kyiv, 2001), 372–375.

21 Medvedev, *The Legacy of Chernobyl*, 61.

22 Interview with Kachura, *Rozpad Radians'koho Soiuzu*; Kushnir, "Valentyna Shevchenko"; "Materialy zasedanii operativnoi gruppy TsK Kompartii Ukrainy," May 6, 1986, TsDAHO, fond 1, op. 17, no. 385, fol. 68.

23 Sheremeta, "Vitalii Masol"; Legasov, "Ob avarii na Chernobyl'skoi AÈS," tape no. 3.

24 Medvedev, *The Legacy of Chernobyl*, 61–62.

14장 희생자 집계

1 Grigori Medvedev, *The Truth About Chernobyl*, foreword by Andrei Sakharov (New York, 1991), 223–224.

2 V. Gubarev and M. Odinets, "Gorod, more i reaktor," *Pravda*, May 8, 1986; interview with Borys Kachura, in *Rozpad Radians'koho Soiuzu: Usna istoriia nezalezhnoï Ukraïny*, http://oralhistory.org.ua/interview-ua/360.

3 Gubarev and Odinets, "Gorod, more i reaktor."

4 A. P. Grabovskii, *Atomnyi avral* (Moscow, 2001), 129; A. Iu. Mitiunin, "Atomnyi shtrafbat: Natsional'nye osobennosti likvidatsii radiatsionnykh avarii v SSSR i Rossii," *Chernobyl', Pripiat', Chernobyl'skaia AÈs i zona otchuzhdeniia*, http://chornobyl.in.ua/atomniy-shtrafbat.html.

5 Mitiunin, "Atomnyi shtrafbat."

6 "Postanovlenie TsK KPSS i Soveta ministrov SSSR," May 29, 1986, no. 634–18, in *Sbornik informatsionno-normativnykh dokumentov po voprosam preodoleniia v Rossiiskoi Federatsii posledstvii Chernobyl'skoi katastrofy*

(Moscow, 1993), parts 1, 2 (1986-1992), 21.

7 Valerii Legasov, "Ob avarii na Chernobyl'skoi AÈS," tape no. 3, Elektronnaluia biblioteka RoyalLib.Com, http://royallib.com/read/legasov_valeriy/ob_avarii_na_chernobilskoy_aes.html#0; N. D. Tarakanov, *Chernobyl'skie zapiski, ili razdum' ia o nravstvennosti* (Moscow, 1989), 136-172; M itiunin, "Atomnyi shtrafbat."

8 Vitalii Skliarov, *Zavtra byl Chernobyl'* (Moscow, 1993), 169.

9 Sheremeta, "Vitalii Masol: My tikhonechko gotovilis' k èvakuatsii Kieva"; Legasov, "Ob avarii na Chernobyl'skoi AÈS," tape no. 3; "Materialy zasedanii operativnoi gruppy TsK Kompartii Ukrainy," May 10, 1986, TsDAHO, fond 1, op. 17, no. 385, fol. 95.

10 Legasov, "Ob avarii na Chernobyl'skoi AÈS," tape no. 3.

11 Dmitrii Levin, "Chernobyl' glazami ochevidtsev spustia pochti chetvert' veka posle avarii," in *ChAÈS: Zona otchuzhdeniia*, http://chernobil.info/?p=5113; "CHAÈS: Likvidatsiia avarii," in *Chernobyl'*, *Pripiat'*, *Chernobyl'skaia AÈS*, http://chornobyl.in.ua/licvidacia-avarii.html.

12 Khem Salhanyk, in Iurii Shcherbak, *Chernobyl': Dokumental'noe povestvovanie* (Moscow, 1991), 202.

13 Liudmyla Ihnatenko, in Svetlana Alexievich, *Voices from Chernobyl: The Oral History of a Nuclear Disaster* (New York, 2006), 8-9.

14 같은책, 10-12.

15 Arkadii Uskov, in Shcherbak, Chernobyl', 129-132.

16 Ihnatenko, in Alexievich, *Voices from Chernobyl*, 13-21.

17 V. K. Ivanov, A. I. Gorski, M. A. Maksioutov, A. F. Tsyb, and G. N. Souchkevitch, "Mortality Among the Chernobyl Emergency Workers: Estimation of Radiation Risks (Preliminary Analysis)," Health Physics 81, no. 5 (November 2001): 514-521; M. Rahu, K. Rahu, A. Auvinen, M. Tekkel, A. Stengrevics, T. Hakulinen, J. D. Boice, and P. D. Inskip, "Cancer Risk Among Chernobyl Cleanup Workers in Estonia and Latvia, 1986-1998," *International Journal of Cancer* 119 (2006): 162-168.

15장 말들의 전쟁

1 "Vystuplenie M. S. Gorbacheva po sovetskomu televideniiu," Pravda, May 15, 1986.

2 Luther Whitington, "Chernobyl Reactor Still Burning," United Press International, April 29, 1986, www.upi.com/Archives/1986/04/29/Chernobyl-r eactor-still-burning/9981572611428; W. Scott Ingram, *The Chernobyl Nuclear Disaster* (New York, 2005), 56-59.

3 Ronald Reagan, "Radio Address to the Nation on the President's Trip to Indonesia and Japan," May 4, 1986, www.reagan.utexas.edu/archives/ speeches/1986/50486c.htm.

4 Jack Nelson, "Reagan Criticizes Disaster Secrecy," Los Angeles Times, May 4, 1986; David Reynolds, *Summits: Six Meetings That Shaped the Twentieth Century* (New York, 2007), 383-385.

5 "Statement on the Implications of the Chernobyl Nuclear Accident," May 5, 1986, 12 Summit, Ministry of Foreign Affairs of Japan, www.mofa.go.jp/ policy/economy/summit/2000/past_summit/12/e12_d.html.

6 Stepan Mukha to Volodymyr Shcherbytsky, "Dokladnaia zapiska 'Ob operativnoi obstanovke v respublike v sviazi s avariei na Chernobyl'skoi AĖS," May 16, 1986, Archive SBU, fond 16, op. 1, no. 1113.

7 Nicholas Daniloff, *Of Spies and Spokesmen: My Life as a Cold War Correspondent* (Columbia, MO, 2008), 347-348; Volodymyr Kravets, minister of foreign affairs of Ukraine, to the Central Committee of the Communist Party of Ukraine, May 1, 1986, TsDAHO, fond 1, op. 25, no. 2996, fol. 14.

8 Daniloff, *Of Spies and Spokesmen*, 347-348; Stepan Mukha to the Central Committee of the Ukrainian Communist Party, May 11, 1986, Archive SBU, fond 16, op. 1, no. 1113; Stepan Mukha to the Central Committee of the Ukrainian Communist Party, May 12, 1986, ibid.; Stepan Mukha to Volodymyr Shcherbytsky, "Dokladnaia zapiska 'Ob operativnoi obstanovke v respublike v sviazi s avariei na Chernobyl'skoi AĖS," May 16, 1986, ibid.

9 Daniloff, *Of Spies and Spokesmen*, 343-344; Stepan Mukha to Volodymyr Shcherbytsky, "Spetsial'noe soobshchenie ob obstanovke sredi inostrantsev v sviazi z avariei na Chernobyl'skoi AĖS," April 30, 1986, Archive SBU, fond 16,

op. 1, no. 1113.

10 Stepan Mukha to the Central Committee of the Ukrainian Communist Party,
May 5, 1986, Archive SBU, fond 16, op. 1, no. 1113; Stepan Mukha to
Volodymyr Shcherbytsky, "Dokladnaia zapiska 'Ob operativnoi obstanovke v
respublike v sviazi s avariei na Chernobyl'skoi AĖS,'" May 16, 1986, ibid.

11 Valerii Legasov, "Ob avarii na Chernobyl'skoi AĖS," tape no. 3, Elektronnaluia
biblioteka RoyalLib.Com, http://royallib.com/read/legasov_valeriy/ob_avarii_
na_chernobilskoy_aes.html#0.

12 Anna Christensen, "The Area Around the Chernobyl Nuclear Plant Was Not
Evacuated Until 36 Hours After a Fiery Explosion," United Press International,
May 6, 1986, www.upi.com/Archives/1986/05/06/The-area-around-the-
Chernobyl-nuclear-power-plant-was/1746515736000; Daniloff, Of Spies
and Spokesmen, 344-345; Zhores Medvedev, The Legacy of Chernobyl (New
York, 1990), 67-68.

13 "Soobshchenie TASS," Pravda, May 6, 1986; "News Summary," New York
Times, May 6, 1986.

14 "Materialy zasedanii operativnoi gruppy TsK Kompartii Ukrainy," May 5 and 8,
1986, TsDAHO, fond 1, op. 17, no. 385; Philip Taubman, "Residents of Kiev
Warned to Guard Against Radiation," New York Times, May 9, 1986.

15 Taubman, "Residents of Kiev Warned to Guard Against Radiation"; Aleksandr
Liashko, Gruz pamiati: Vospominaniia, vol. 3, Na stupeniakh vlasti, part 2
(Kyiv, 2001), 357; Daniloff, Of Spies and Spokesmen, 343.

16 Robert G. Darst, Smokestack Diplomacy: Cooperation and Conflict in
East-West Environmental Politics (Cambridge, MA, 2001), 149-152.

17 Evgenii Velikhov, "Ia na sanochkakh poedu v 35 god," in Vklad kurchatovtsev
v likvidatsiiu posledstvii avarii na Chernobyl'skoi AĖS (Moscow, 2012),
71-72; Alexander Nazaryan, "The Russian Massive Radar Site in the Chernobyl
Exclusion Zone," Newsweek, April 18, 2014.

18 Walter Mayr, "Chernobyl's Aftermath: The Pompeii of the Nuclear Age. Part 3:
A Dramatic Increase in Birth Defects," Spiegel International, April 17, 2006;
"Press-konferentsiia v Moskve," Pravda, May 11, 1986; "Soviets Gaining
Control at Chernobyl, Panel Says," Los Angeles Times, May 11, 1986; B.
Dubrovin, "Blagorodnye tseli," Pravda, May 27, 1986; Medvedev, The Legacy

of *Chernobyl*, 68.

19 Georgii Arbatov, "Bumerang," *Pravda*, May 9, 1986.

20 "Vystuplenie M. S. Gorbacheva po sovetskomu televideniiu," *Pravda*, May 15, 1986.

21 Pavel Palazchenko, *My Years with Gorbachev and Shevardnadze* (University Park, PA, 1997), 49.

22 John Murray, *The Russian Press from Brezhnev to Yeltsin: Behind the Paper Curtain* (Cheltenham, UK, 1994); Evgenii Velikhov, "Ia na sanochkakh poedu v 35 god," 71-72.

23 "Gorbachev Willing to Continue Talks," *Observer-Reporter*, May 16, 1986.

24 "Doctors Predict Chernobyl Death Toll Will Climb," *Observer-Reporter*, May 16, 1986; "Doctor Foresees More Chernobyl Deaths," Standard Daily, May 16, 1986.

25 "Bone Marrow Specialist Returns to Moscow," *Los Angeles Times*, May 25, 1986; William J. Eaton, "Gale Says Toll at Chernobyl Increases to 23," *Los Angeles Times*, May 30, 1986; David Marples, *The Social Impact of the Chernobyl Disaster* (Edmonton, 1988), 3 4-35; A nne C . R oark, " Chernobyl ' Hero' : D r. Gale —Medical Maverick," *Los Angeles Times*, May 5, 1988.

26 Jack Nelson, "Reagan Criticizes Disaster Secrecy: Soviets 'Owe World an Explanation' for Chernobyl Blast, President Says," *Los Angeles Times*, May 4, 1986.

27 Christopher Jarmas, "Nuclear War: How the United States and the Soviet Union Fought over Information in Chernobyl's Aftermath," *Vestnik*, August 31, 2015, www.sras.org/information_chernobyl_us_ussr.

28 같은책; Philippe J. Sands, ed., *Chernobyl: Law and Communication. Transboundary Nuclear Air Pollution* (Cambridge, 1988), xxxvii.

16장 석관

1 "Ukrytie dlia reaktora," Intenet muzei "U Chernobyl'skoi cherty," http:// museum.kraschern.ru/razdely-muzeya/uchastie-krasnoyartsev/ ukrytie-dlya-reaktora.php.

2 "Ukrytie dlia reaktora"; V. Gubarev, "Sovremennye piramidy: Ukrytie dlia

zemlian," Literaturnaia gazeta, December 12, 2001; Iulii Safonov, "Sistema Slavskogo," *Zerkalo nedeli*, April 19, 1996.

3 Iulii Safonov, "Chernobyl': Desiatyi god tragedii," *Zerkalo nedeli*, November 24, 1995.

4 "Povidomlennia OH KDB URSR ta KDB SRSR u misti Chornobyli," July 4, 1986, *Z arkhiviv*, no. 51, 118-119.

5 "Materialy zasedanii operativnoi gruppy TsK Kompartii Ukrainy," July 5, 1986, TsDAHO, fond 1, op. 17, no. 386, fol. 110; N. P. Baranovskaia, Ispytanie Chernobylem (Kyiv, 2016), 40; Safonov, "Sistema Slavskogo"; "Povidomlennia OH KDB URSR ta KDB SRSR u misti Chornovyli," July 25, 1986, *Z arkhiviv*, no. 55, 124-125.

6 Zhores Medvedev, *The Legacy of Chernobyl* (New York, 1990), 178.

7 Valerii Legasov, "Ob avarii na Chernobyl'skoi AÈS," tape no. 1, Elektronnaluia biblioteka RoyalLib.Com, http://royallib.com/read/legasov_valeriy/ob_avarii_na_chernobilskoy_aes.html#0; Valentyn Fedulenko, "22 goda Chernobyl'skoi katastrofe," *Pripyat.com*, http://pripyat.com/articles/22-goda-chernobylskoi-katastrofe-memuary-uchastnika-i-mnenie-eksperta-chast-1.html.

8 Fedulenko, "22 goda Chernobyl'skoi katastrofe"; Valentin Zhil'tsov, in Iurii Shcherbak, *Chernobyl': Dokumental'noe povestvovanie* (Moscow, 1991), 181-186.

9 "Iz rabochei zapisi zasedaniia Politbiuro TsK KPSS, April 28, 1986," in R. G. Pikhoia, *Sovetskii Soiuz: Istoriia vlasti*, 1945-1991 (Novosibirsk, 2000), 434.

10 Sergei Babakov, "S pred"iavlennymi mne obvineniiami ne soglasen . . . ," *Zerkalo nedeli*, August 29, 1999; Vladimir Shunevich, "Byvshii director ChAÈS Viktor Briukhanov: 'Kogda posle vzryva reaktora moia mama uznala,'" *Fakty*, December 1, 2010.

11 Aleksandr Iakovlev, *Sumerki* (Moscow, 2003), 388.

12 Galina Akkerman, "Gorbachev: Chernobyl' sdelal menia drugim chelovekom," *Novaia gazeta*, March 2, 2006; "Chernobyl' do vostrebovaniia," *Rossiiskaia gazeta*, April 25, 2016.

13 Minutes of the Politburo Meeting of July 3, 1986, Fond Gorbacheva, www.gorby.ru/userfiles/protokoly_politbyuro.pdf.

14 Minutes of the Politburo meeting of July 3, 1986, Fond Gorbacheva; Alla

Iaroshinskaia, *Chernobyl': 20 let spustia. Prestuplenie bez nakazaniia* (Moscow, 2006), 444-452.

15 Iaroshinskaia, Chernobyl': 20 let spustia, 444-452; Minutes of the Politburo meeting of July 3, 1986, Fond Gorbacheva; Nikolai Karpan, *Chernobyl': Mest' mirnogo atoma* (Moscow, 2006), 393-396.

16 "Tainy Chernobyl'skoi katastrofy," *Ukraina kriminal'naia*, April 27, 2015, http://cripo.com.ua/?sect_id=2&aid=192439.

17 Minutes of the Politburo meeting of July 3, 1986, Fond Gorbacheva.

18 Minutes of the Politburo meeting of July 3, 1986, Fond Gorbacheva.

19 Walter Patterson, "Chernobyl: The Official Story," *Bulletin of the Atomic Scientists* 42, no. 9 (November 1986): 34-36; Stuart Diamond, "Experts in Vienna Outline New Plan for A-Plant Safety," *New York Times*, August 30, 1986.

20 "Informatsiia ob avarii na Chernobyl'skoi AES i ee posledstviiakh, podgotovlennaia dlia MAGATE," Institut atomnoi energii imeni I. V. Kurchatova, http://magate-1.narod.ru/4.html.

21 "Tainy Chernobyl'skoi katastrofy," *Ukraina kriminal'naia*, April 27, 2015.

22 Politburo meeting, October 2, 1986; Minutes of the Politburo meeting of July 3, 1986, Fond Gorbacheva.

23 Minutes of the Politburo meeting of July 3, 1986, Fond Gorbacheva.

24 "Ukrytie dlia reaktora," Internet muzei "U Chernobyl'skoi cherty"; Gubarev, "Sovremennye piramidy."

25 Artem Troitskii, *Energetika strany i liudi iz vlasti: Vospominaniia, khronika, razmyshleniia* (Moscow, 2013), 155; Safonov, "Sistema Slavskogo."

26 Taras Shevchenko, "A Cherry Orchard by the House," translated by Boris Dralyuk and Roman Koropeckyj, *Ukrainian Literature* 4 (2004), http://sites.utoronto.ca/elul/Ukr_Lit.

27 "Slavskii, E. P. Proshchanie s sablei," documentary film, YouTube, published September 17, 2013, www.youtube.com/watch?v=bFGxtpRshHI; Vitalii Skliarov, *Zavtra byl Chernobyl'* (Moscow, 1993), 6-11.

17장 죄와 벌

1 Iulii Andreev, "Neschast'e akademika *Legasova,*" *Lebed, Nezavisimyi al'*
manakh, October 2, 2005; Mariia Vasil', "Familiiu akademika Legasova,"
Fakty, April 28, 2001.

2 Andreev, "Neschast'e akademika Legasova."

3 V. Legasov, V. Demin, and Ia. Shevelev, "Nuzhno li znat' meru v obespechenii
bezopasnosti?" *Ènergiia i èkologiia* 4 (1984): 9-17.

4 Vasil', "Familiiu akademika Legasova."

5 Valerii Legasov, "Iz segodnia v zavtra: Mysli vslukh," *Chernobyl' i bezopasnost'*
(St. Petersburg, 1998), 146; Vasil', "Familiiu akademika Legasova."

6 Valerii Legasov, "Ob avarii na Chernobyl'skoi AÈS," tape no. 1, Elektronnaluia
biblioteka RoyalLib.Com, http://royallib.com/read/legasov_valeriy/ob_avarii_
na_chernobilskoy_aes.html#0; Andreev, "Neschast'e akademika Legasova."

7 James Reason, *Managing the Risks of Organizational Accidents* (London,
1997), 15.

8 Vasil', "Familiiu akademika Legasova."

9 Elena Shmaraeva, "Radioaktivnyi protsess: 30 let nazad obviniaemykh po
delu avarii na Chernobyl'skoi AÈS sudili priamo v zone otchuzhdeniia,"
Mediazona, Deutsche Welle, April 26, 2016, https://zona.media/
article/2016/26/04/chernobyl.

10 Nikolai Karpan, *Chernobyl': Mest' mirnogo atoma* (Moscow, 2006), 416-418.

11 V. Ia. Vozniak, *Ot Tiumeni do Chernobylia* (zapiski Chernobyl'skogo ministra)
(Moscow, 2016), 130; Sergei Babakov, "S pred"iavlennymi mne obvineniiami
ne soglasen . . . ," *Zerkalo nedeli,* August 29, 1999.

12 Svetlana Samodelova, "Lichnaia katastrofa direktora Chernobylia," *Moskovskii
komsomolets,* April 21, 2011.

13 Samodelova, "Lichnaia katastrofa direktora Chernobylia."

14 Shmaraeva, "Radioaktivnyi protsess."

15 Babakov, "S pred"iavlennymi mne obvineniiami ne soglasen"; Anatolii
Diatlov, *Chernobyl': Kak èto bylo* (Moscow, 2003), chapter 9.

16 Karpan, *Chernobyl': Mest' mirnogo atoma,* 419; Shmaraeva, "Radioaktivnyi
protsess"; "Interv'iu s Viktorom Briukhanovym," ChAÈS: Zona otchuzhdeniia,

http://chernobil.info/?p=5898; Vladimir Shunevich, "Viktor Briukhanov: Iz partii menia iskliuchili priamo na zasedanii Politbiuro TsK KPSS," *Fakty*, July 7, 2012.

17 Karpan, *Chernobyl': Mest' mirnogo atoma*, 433.

18 같은책, 444-457; Diatlov, Chernobyl': Kak ėto bylo, chapter 9.

19 Diatlov, *Chernobyl': Kak ėto bylo*, chapter 10; "Interv'iu s Viktorom Briukhanovym"; Biulleten' Verkhovnogo suda SSSR (Moscow, 1987), 2 0; K arpan, *Chernobyl': Mest' mirnogo atoma*, 499-508.

20 Babakov, "S pred"iavlennymi mne obvineniiami ne soglasen"; Vladimir Shunevich, "Byvshii direktor ChAĖS Viktor Briukhanov: 'Kogda posle vzryva reaktora moia mama uznala,'" *Fakty*, December 1, 2010; Mariia Vasil', "Byvshii direktor ChAĖS Viktor Briukhanov: 'Esli by nasli dlia menia rasstrel'nuiu stat' iu, to, dumaiu, menia rasstreliali by,'" *Fakty*, October 18, 2000.

21 Legasov, "Iz segodnia—v zavtra," *Pravda*, October 5, 1987.

22 Vasil', "Familiiu akademika Legasova."

18장 작가들

1 Yurii Mushketyk, first secretary of the Ukrainian Writers' Union, to the Central Committee of the Communist Party of Ukraine, January 20, 1988, TsDAHO, fond 1, op. 32, no. 2455, fols. 3-4.

2 Stepan Mukha, head of the Ukrainian KGB, to Volodymyr Shcherbytsky, first secretary of the Central Committee of the Communist Party of Ukraine, "Ob operativnoi obstanovke v sviazi s avariei na Chernobyl'skoi AĖS," June 2, 1986, 4, 5. Archive SBU, fond 16, op. 1, no. 1113.

3 Stepan Mukha, head of the Ukrainian KGB, to Volodymyr Shcherbytsky, first secretary of the Central Committee of the Communist Party of Ukraine, "O prebyvanii korrespondentov SShA," November 20, 1986, 1, 3, Archive SBU, fond 16, op. 1, no. 1114; Mike Edwards, photographs by Steve Raymer, "Ukraine," *National Geographic* 171, no. 5 (May 1987): 595-631; M ike E dwards, photographs by Steve Raymer, "Chernobyl—One Year After," *National Geographic* 171, no. 5 (May 1987): 632-653.

4 "Ales' Adamovich predskazal strashnye posledstviia Chernobylia i spas

Belarus' ot iadernykh boegolovok," TUT.BY, April 26, 2007, http://news.tut. by/society/86832.html.

5 Oles' Honchar, Sobor (Kyiv, 1968), 14–15; Roman Solchanyk, "Introduction," in *Ukraine: From Chernobyl to Sovereignty* (New York, 1992), xiii. 6. Honchar, *Shchodennyky* (1984–1995) (Kyiv, 2004), 99, 107; M. P. Vozna, "Ekolohichni motyvy v 'Shchodennykakh' Olesia Honchara," *Tekhnolohiï i tekhnika drukarstva*, no. 3 (2006): 136–145.

7 *Mystetstvo Ukraïny: Bibliohrafichnyi dovidnyk*, ed. A. V. Kudryts'kyi (Kyiv, 1997), 357; Oleksandr Levada, Zdrastui Prypiat' (Kyiv, 1974), 69.

8 Levada, *Zdrastui Prypiat'*, 56.

9 Ivan Drach, *Korin' i krona* (Kyiv, 1976), 27–31.

10 Ivan Drach, "Chornobyl's'ka madonna," Vitchyzna, no. 1 (1988): 46–62; Larissa M. L. Zaleska-Onyshkevych, "Echoes of Glasnost: Chornobyl in Soviet Ukrainian Literature," in *Echoes of Glasnost in Soviet Ukraine*, ed. Romana Bahry (North York, Ontario, 1989), 151–170.

11 Volodymyr Lytvyn, *Politychna arena Ukraïny: Diiovi osoby ta vykonavtsi* (Kyiv, 1994), 110–111; Ivan Drach, Polityka: Statti, dopovidi, vystupy, interv' iu (Kyiv, 1997), 334.

12 Borys Oliinyk's address, in *Vsesoiuznaia konferentsiia Kommunisticheskoi partii Sovetskogo Soiuza, 28 iiunia-1 iiulia 1988 g. Stenograficheskii otchet v dvukh tomakh* (Moscow, 1988), vol. 2, 31.

13 Stepan Mukha, head of the Ukrainian KGB, to the Ukrainian Central Committee, "Informatsionnoe soobshchenie za 17 iiulia 1986 g.," p. 3, Archive SBU, fond 16, op. 1, no. 1114; Nikolai Galushko, head of the Ukrainian KGB, to the Ukrainian Central Committee, "Informatsionnoe soobshchenie za 29 iiunia 1987 g.," p. 2, Archive SBU, fond 16, op. 1, no. 1117.

14 Iurii Shcherbak, *Chernobyl: A Documentary Story*, foreword by David R. Marples (Edmonton, 1989); Lytvyn, *Politychna arena Ukraïny*, 182.

15 Stepan Mukha, head of the Ukrainian KGB, to Volodymyr Shcherbytsky, first secretary of the Central Committee of the Communist Party of Ukraine, "Informatsionnoe soobshchenie," April 16, 1987; "Obrashchenie v TsK KPSS, Prezidium Verkhovnoho Soveta SSR, Ministerstvo atomnoi energetiki SSSR I gazetu 'Pravda,'" Archive SBU, fond 16, op. 1, no. 1116.

16 N. Galushko, I. Gladush, and P. Osipenko to Volodymyr Shcherbytsky, "O gotoviashcheisia aktivistami t.n. 'ukrainskogo kul'turologicheskoho kluba' antiobshchestvennoi aktsii," April 25, 1988, Archive SBU, fond 16, op. 1, no. 1119; Oles Shevchenko's statement at the December 11, 1991, session of the Supreme Soviet of Ukraine, www.rada.gov.ua/zakon/skl1/BUL14/111291_46. htm.

17 David R. Marples, *Ukraine Under Perestroika: Ecology*, Economics and the Workers' Revolt (New York, 1991), 137-141.

18 Nikolai Galushko, head of the Ukrainian KGB, to the Ukrainian Central Committee, "O sostoiavshemsia v g. Kieve mitinge po problemam ėkologii," November 14, 1988, Archive SBU, fond 16, op. 1, no. 1120.

19 Marples, *Ukraine Under Perestroika*, 141-142; V. V. Ovsiienko, "Makar, Ivan Ivanovych," in *Dysydents' kyi rukh Ukraïny: Virtual'nyi muzei*, http://archive. khpg.org/index.php?id=1184058826; Ihor Mel'nyk, "Pershyi mitynh u L'vovi: Spohady ochevydtsia," *Zbruch*, June 13, 2013.

20 Nikolai Galushko, head of the Ukrainian KGB, to Volodymyr Shcherbytsky, first secretary of the Ukrainian Central Committee, "O sozdanii initsiativnoi gruppy v podderzhku perestroiki v Soiuze pisatelei Ukrainy," November, 24, 1988, Archive SBU, fond 16, op. 1, no. 1120; Drach, *Polityka*, 334.

21 Volodymyr Shcherbytsky to the Central Committee in Moscow, January 7, 1989, TsDAHO, fond 1, op. 32, no. 2671, fols. 1-3.

19장 핵반란

1 "Vspominaia Chernobyl'skuiu katastrofu," *NewsInPhoto*, March 19, 2011, http://newsinphoto.ru/texnologii/vspominaya-chernobylskuyu-katastrofu.

2 Nikolai Galushko, head of the Ukrainian KGB, to Volodymyr Shcherbytsky, first secretary of the Ukrainian Central Committee, "O nekotorykh problemakh likvidatsii posledstvii avarii na Chernobyl'skoi AĖS," December 6, 1988, Archive SBU, fond 16, op. 1, no. 1120.

3 Archie Brown, *The Gorbachev Factor* (Oxford, 1997); Chris Miller, *The Struggle to Save the Soviet Economy: Mikhail Gorbachev and the Collapse of the USSR* (Chapel Hill, NC, 2016).

4 Vakhtang Kipiani and Vladimir Fedorin, "Shcherbitskii skazal—kakoi durak pridumal slovo 'perestroika'?" *Ukraïns'ka pravda*, September 11, 2011.

5 Nikolai Galushko, head of the Ukrainian KGB, to Volodymyr Shcherbytsky, first secretary of the Ukrainian Central Committee, "Ob otklikakh na vstrechu general'nogo sekretaria TsK KPSS s gruppoi pisatelei," February 27, 1989, Archive SBU, fond 16, op. 1, no. 1122; Oleksii Haran', *Vid stvorennia Rukhu do bahatopartiinosti* (Kyiv, 1992).

6 "Prohrama narodnoho Rukhu Ukraïny za perebudovu," Literaturna Ukraïna, no. 7 (February 16, 1989); "Program of the Popular Movement for Restructuring of Ukraine," in *Toward an Intellectual History of Ukraine: An Anthology of Ukrainian Thought from 1710 to 1995*, eds. Ralph Lindheim and George S. N. Luckyj (Toronto, 1996), 353–354.

7 Paul Josephson, Nicolai Dronin, Ruben Mnatsakanian, Aleh Cherp, Dmitry Efremenko, and Vladislav Larin, *The Environmental History of Russia* (Cambridge, 2013), 274–284.

8 David R. Marples, *Ukraine Under Perestroika: Ecology, Economics and the Workers' Revolt* (New York, 1991), 155.

9 Alla Iaroshinskaia, *Bosikom po bitomu steklu: Vospominaniia, dnevniki, dokumenty*, vol. 1 (Zhytomyr, 2010); Vakhtang Kipiani, "Yaroshyns'ka, shcho ty robysh u Narodyts'komu raioni?" *Ukraïns'ka pravda*, April 29, 2006.

10 Alla Iaroshinskaia, *Chernobyl': Bol'shaia lozh'* (Moscow, 2011), 1–40. Cf. Alla A. Yaroshinskaya, *Chernobyl: Crime Without Punishment* (New Brunswick, NJ, 2011), 1–23.

11 Vitalii Karpenko's statement at the December 11, 1991, session of the Ukrainian parliament, www.rada.gov.ua/zakon/skl1/BUL14/111291_46.htm; Volodymyr Yavorivsky's report to the Ukrainian parliament, December 11, 1991, in ibid.; Yaroshinskaya, *Chernobyl: Crime Without Punishment*, 46–47.

12 Yaroshinskaya, *Chernobyl: Crime Without Punishment*, 25.

13 Ales' Adamovich, "Chestnoe slovo, bol'she ne vzorvetsia, ili mnenie nespetsialista—otzyvy spetsialistov," *Novyi mir*, no. 9 (1988): 164–179; "Ales' Adamovich predskazal strashnye posledstviia Chernobylia i spas Belarus' ot iadernykh boegolovok," *TUT.BY*, April 26, 2007, http://news.tut.by/society/86832.html.

14 Marples, *Ukraine Under Perestroika*, 50-52.

15 Yaroshinskaya, *Chernobyl: Crime Without Punishment, 32-45; Yaroshinskaia, Bosikom po bitomu steklu*, vol. 2, 7-55; Nikolai Galushko, head of the Ukrainian KGB, to Volodymyr Shcherbytsky, first secretary of the Ukrainian Central Committee, "Ob obstanovke v Narodicheskom raione Zhitomirskoi oblasti," June 16, 1990, Archive SBU, fond 16, op. 1, no. 1123.

16 David Marples, *Belarus: From Soviet Rule to Nuclear Catastrophe* (London, 1996), 121-122.

17 Jane I. Dawson, *Eco-Nationalism: Anti-Nuclear Activism and National Identity in Russia, Lithuania, and Ukraine* (Durham, NC, 1996), 59-60.

18 Volodymyr Lytvyn, *Politychna arena Ukraïny: Diiovi osoby ta vykonavtsi* (Kyiv, 1994), 201-208.

19 Nikolai Galushko, head of the Ukrainian KGB, to Volodymyr Ivashko, first secretary of the Ukrainian Central Committee, "O protsessakh, sviazannykh so stroitel'stvom i ėkspluatatsiei AĖS v respublike," April 29, 1990, Archive SBU, fond 16, op. 1, no. 1125; Nikolai Galushko, head of the Ukrainian KGB, to Vitalii Masol, head of the Council of Ministers of Ukraine, "O neblagopoluchnoi obstanovke skladyvaiushcheisia vokrug Khmel'nitskoi AĖS," May 11, 1990, in ibid., no. 1126.

20 H. I. Honcharuk, *Narodnyi rukh Ukraïny: Istoriia* (Odesa, 1997); D. Efremenko, "Eco-nationalism and the Crisis of Soviet Empire (1986-1991)," *Irish Slavonic Studies* 24 (2012): 17-20.

20장 독립하는 우크라이나

1 "1991 rik: Pershi dni usvidomlennia. Fotoreportazh," *UkrInform*, August 23, 2013, www.ukrinform.ua/rubric-other_news/1536034-1991_rik_pershi_dni_usvidomlennya_fotoreportag_1856500.html.

2 Serhii Plokhy, *The Last Empire: The Final Days of the Soviet Union* (New York, 2014), 73-151.

3 "Verkhovna rada Ukraïny, Stenohrama plenarnoho zasidannia," August 24, 1991, http://iportal.rada.gov.ua/meeting/stenogr/show/4595.html.

4 "Chomu akt proholoshennia nezalezhnosti Ukraïny zachytav komunist,"

Hromads'ke radio, August 25, 2016, https://hromadskeradio.org/programs/ kyiv-donbas/chomu-akt-progoloshennya-nezalezhnosti-ukrayiny-zachyta v-komunist; author's interview with Leonid Kravchuk, November 21, 2016, Harvard University.

5 Volodymyr Iavorivs'kyi, *Mariia z polynom u kintsi stolittia* (Kyiv, 1988) (Journal publication, 1987); Oles' Honchar, *Lysty* (Kyiv, 2008), 301.

6 Nikolai Galushko, head of the Ukrainian KGB, to Volodymyr Yavorivsky, head of the Chernobyl Commission of the Ukrainian parliament, "O nekotorykh problemakh likvidatsii posledstvii avarii na Chernobyl'skoi AĖS," May 23, 1991, 5, Archive SBU, fond 16, op. 1, no. 1129; Volodymyr Iavorivs'kyi, "Usi my zhertvy i vynuvattsi katastrofy," *Oikumena*, no. 2 (1991); Volodymyr Iavorivs'kyi, "Pravda Chornobylia: kolo pershe," *Oikumena*, no. 5 (1991); Volodymyr Iavorivs'kyi, "Khto zapalyv zoriu Polyn?" *Nauka i suspil'stvo*, no. 9 (1991).

7 "Briukhanov—menia privezli k mestu predpolagaemogo stroitel'stva," *Pripiat. com*, http://pripyat.com/people-and-fates/bryukhanov-menya-privezli-k-mestu-predpolagaemogo-stroitelstva-les-pole-i-snegu-po-.

8 Vladimir Shunevich, "Viktor Briukhanov: Iz partii menia iskliuchili priamo na zasedanii Politbiuro TsK KPSS," *Fakty*, July 7, 2012; Anatolii Diatlov, *Chernobyl': Kak ėto bylo* (Moscow, 2003), chapter 5.

9 *INSAG-7: Chernobyl'skaia avariia. Dopolnenie k INSAG-1. Doklad mezhdunarodnoi konsul'tativnoi gruppy po iadernoi bezopasnosti* (Vienna, 1993).

10 N. P. Baranovskaia, *Ispytanie Chernobylem* (Kyiv, 2016), 221–222. Aleksandr Liashko, *Gruz pamiati: Vospominaniia*, vol. 3, *Na stupeniakh vlasti*, part 2 (Kyiv, 2001), 436, 439–440.

11 "Soglashenie o sozdanii Sodruzhestva nezavisimykh gosudarstv," in *Rspad SSSR: Dokumenty i fakty* (1986–1992), vol. 1, ed. Sergei Shakhrai (Moscow, 2009), 1028–1031; Plokhy, *The Last Empire*, 295–387.

12 "Verkhovna rada Ukraïny, Stenohrama plenarnoho zasidannia," December 11, 1991, http://static.rada.gov.ua/zakon/skl1/BUL14/111291_46.htm.

13 Liashko, *Gruz pamiati*, vol. 3, part 2, 442–454.

14 "Ugolovnoe delo protiv rukovoditelei Ukrainy: Chernobyl'skaia avariia.

Chast' 4," *Khroniki i kommentarii*; April 21, 2011, https://operkor.wordpress.
com/2011/04/21; Alla Iaroshinskaia, *Chernobyl' 20 let spustia. Prestuplenie
bez nakazaniia* (Moscow, 2006), 464–492; Natalia Baranovs'ka, "Arkhivni
dzherela vyvchennia Chornobyl's'koï katastrofy," *Arkhivy Ukrainy*, nos. 1–6
(2006): 170–184.

15 Pekka Sutella, "The Underachiever: The Ukrainian Economy Since 1991,"
Carnegie Endowment for International Peace, March 9, 2012, http://
carnegieendowment.org/2012/03/09/underachiever-ukraine-s-economy-sin
ce-1991#.

16 Volodymyr Iavorivs'kyi, "Same z kniahyni Ol'hy ia b pochynav istoriiu
Ukraïny," *Vechirnii Kyiv*, May 2, 2016; Baranovskaia, Ispytanie Chernobylem,
185–192; Adriana Petryna, "Chernobyl's Survivors: Paralyzed by Fatalism or
Overlooked by Science?" *Bulletin of the Atomic Scientists* (2011); Adriana
Petryna, *Life Exposed: Biological Citizens After Chernobyl* (Princeton, NJ,
2002), 4, 23–25.

17 V. P. Udovychenko, "Ukraina—svit—Chornobyl: Problemy i perspektyvy," in
Naukovi ta tekhnichni aspekty mizhnarodnoho spivrobitnytstva v Chornobyli,
vol. 3 (Kyiv, 2001), 664–665.

21장 다국적 보호막

1 Yuri Shcherbak, *The Strategic Role of Ukraine: Diplomatic Addresses and
Lectures* (Cambridge, MA, 1998); Serhii Plokhy, *The Last Empire: The Final
Days of the Soviet Union* (New York, 2014), 175–179.

2 Bohdan Harasymiw, *Post-Communist Ukraine* (Edmonton, 2002), Taras
Kuzio, *Ukraine: State and Nation Building* (London, 1998); Kataryna
Wolczuk, *The Molding of Ukraine: The Constitutional Politics of State
Formation* (Budapest, 2001); Serhii Plokhy, *The Gates of Europe: A History of
Ukraine* (New York, 2015), 323–336.

3 Iurii Kostenko, *Istoriia iadernoho rozzbroiennia Ukraïny* (Kyiv, 2015),
369–399; Steven Greenhouse, "Ukraine Votes to Become a Nuclear-Free
Country," *New York Times*, November 17, 1994; Khristina Lew, "Ukraine'
s President Arrives for State Visit in the U.S.: U.S. Promises Additional $200

Million in Assistance," *Ukrainian Weekly*, November 27, 1994, 1; "For the Record: President Clinton's Remarks Welcoming President Kuchma," in ibid., 3; "Ukraine, Nuclear Weapons and Security Assurances at a Glance," Arms Control Association, https://www.armscontrol.org/factsheets/Ukraine-Nuclear-Weapons.

4 "Budapest Memorandum on Security Assurances," Council on Foreign Relations, December 5, 1994, www.cfr.org/nonproliferation-arms-control-and-disarmament/budapest-memorandums-security-assurances-1994/p32484; "Ukrainian Parliament Appeals to the Budapest Memorandum Signatories," *Interfax Ukraine*, February 28, 2014, http://en.interfax.com.ua/news/general/193360.html; Editorial Board, "Condemnation Isn't Enough for Russian Actions in Crimea," *Washington Post*, February 28, 2014; Thomas D. Grant, "The Budapest Memorandum and Beyond: Have the Western Parties Breached a Legal Obligation?" *European Journal of International Law*, February 18, 2015, www.ejiltalk.org/the-budapest-memorandum-and-beyond-have-the-western-parties-breached-a-legal-obligation.

5 "Joint Summit Statement by President Clinton and President of Ukraine Leonid D. Kuchma," White House, Office of the Press Secretary, November 22, 1994, http://fas.org/spp/starwars/offdocs/j941122.htm.

6 Robert G. Darst, *Smokestack Diplomacy: Cooperation and Conflict in East-West Environmental Politics* (Cambridge, MA, 2001), 164-167.

7 같은책, 177; "Ukraine: Chernobyl Plant Could Be Closed Down," Associated Press, April 13, 1995, www.aparchive.com/metadata/youtube/f4d94438a4ca1ea9d078a2472ea6612e; Marta Kolomayets, "Ukraine to Shut Down Chornobyl by 2000," *Ukrainian Weekly*, April 16, 1995, 1, 4.

8 Adriana Petryna, *Life Exposed: Biological Citizens After Chernobyl* (Princeton, NJ, 2002), 92-93.

9 "Halifax G-7 Summit Communiqué," June 16, 1995, www.g8.utoronto.ca/summit/1995halifax/communique/index.html; "Chernobyl Closure Agreed, But Who Foots the Bill?" *Moscow Times*, April 15, 1995; "Talks Open on Pulling Plug on Plant," Reuters, November 2, 1955.

10 "Memorandum of Understanding Between the Governments of the G-7 Countries and the Commission of the European Communities and the

Government of Ukraine on the Closure of the Chernobyl Nuclear Plant,"
University of South Carolina Research Computing Facility, http://www-bcf.
usc.edu/~meshkati/G7.html.

11 Darst, *Smokestack Diplomacy*, 179–180.

12 Svetlana Samodelova, "Lichnaia katastrofa direktora Chernobylia," *Moskovskii
komsomolets*, April 21, 2011.

13 Darst, *Smokestack Diplomacy*, 181–183; "Nuclear Power in Ukraine,"
World Nuclear Association, October 2016, www.world-nuclear.org/
information-library/country-profiles/countries-t-z/ukraine.aspx; "EBRD
Approves K2R4 Loan—Campaign Continues," *Nuclear Monitor* 540 (December
15, 2000), www.wiseinternational.org/nuclear-monitor/540/ebrd-approves-
k2r4-loan-campaign-continues.

14 "Chernobyl'skaia AĖS: Desiat' let posle chasa 'Ch,'" Gorod.cn.ua, December
20, 2010, www.gorod.cn.ua/news/gorod-i-region/22424-chernobylskaja-ae
s-desjat-let-posle-chasa-ch.html.

15 David Marples, "Nuclear Power Development in Ukraine: Déjà Vu?" *New
Eastern Europe*, November 14, 2016, www.neweasterneurope.eu/articles-and
-commentary/2186-nuclear-power-development-in-ukraine-deja-vu.

16 Paul Josephson, Nicolai Dronin, Ruben Mnatsakanian, Aleh Cherp, Dmitry
Efremenko, and Vladislav Larin, *An Environmental History of Russia*
(Cambridge, 2013), 267; "Health Effects of the Chernobyl Accident: An
Overview," World Health Organization, April 2006, www.who.int/ionizing_
radiation/chernobyl/backgrounder/en; Adriana Petryna, "Chernobyl'
s Survivors: Paralyzed by Fatalism or Overlooked by Science?" *Bulletin of
the Atomic Scientists* (2011); Keith Baverstock and Dillwyn Williams, "The
Chernobyl Accident 20 Years On: An Assessment of the Health Consequences
and the International Response," Environmental Health Perspectives 114
(September 2 016): 1312–1317; Marples, "Nuclear Power Development in
Ukraine: Déjà Vu?"

17 David Marples, *Belarus: From Soviet Rule to Nuclear Catastrophe* (London,
1996), 46–52; Josephson et al., *An Environmental History of Russia*, 263–266.

18 Darst, *Smokestack Diplomacy*, 179; "NOVARKA and Chernobyl Project
Management Unit Confirm Cost and Time Schedule for Chernobyl New Safe

Confinement," European Bank for Reconstruction and Development, April 8, 2011, http://archive.li/w2pVU; "Chernobyl Confinement Reaches Final Stage, But Funds Need Boost," *World Nuclear News*, March 17, 2015; "Chernobyl Donor Conference Raises Extra $200 Million for New Safe Confinement Project," *Russia Today*, April 30, 2015, https://www.rt.com/news/254329-che rnobyl-sarcophagus-project-funding.

19 Darst, *Smokestack Diplomacy*, 135.

20 Marples, "Nuclear Power Development in Ukraine: Déjà Vu?"

21 Hartmut Lehmann and Jonathan Wadsworth, "Chernobyl: The Long-Term Health and Economic Consequences," Centre Piece Summer, 2011, http:// cep.lse.ac.uk/pubs/download/cp342.pdf; Marc Lallanilla, "Chernobyl: Facts About the Nuclear Disaster," LiveScience, September 25, 2013.

22 Alexis Madrigal, "Chernobyl Exclusion Zone Radioactive Longer Than Expected," *Wired*, December 15, 2009, https://www.wired.com/2009/12/ chernobyl-soil; Serhii Plokhy, "Chornobyl: A Tombstone of the Reckless Empire," Harvard Ukrainian Research Institute, April 21, 2016, www.huri. harvard.edu/news/news-from-huri/248-chornobyl-tombstone-of-reckless- empire.html.

에필로그

1 Alexander J. Motyl, "Decommunizing Ukraine," *Foreign Affairs*, April 28, 2015.

2 David Lochbaum, Edwin Lyman, Susan Q. Stranahan, and the Union of Concerned Scientists, *Fukushima: The Story of a Nuclear Disaster* (New York, 2014).

3 James Conca, "Bill Gates Marking Progress on Next Generation of Nuclear Power—in China," *Forbes*, October 2, 2015.

찾아보기

ㄱ

가이거 계수기 336
감마 방사선(감마선) 25, 159, 168, 226, 254, 473, 474
감마선 장 227
게이츠, 빌 469
게일, 로버트 피터 338~342
겐셔, 한스디트리히 327
고골, 니콜라이 147
고르바초프, 미하일 20, 31~34, 37~41, 43, 47~49, 68, 78, 95, 96, 132, 177, 178, 229, 230, 240, 243~245, 248, 250, 255, 256, 258, 260, 267, 277, 279, 280, 290~292, 295, 325, 326, 328, 331, 337, 339~341, 343, 353~359, 364, 366, 385, 386, 392, 393, 397, 400, 403, 407~414, 417, 421, 422, 424, 426, 430, 431, 439

고준위 방사능 215, 219, 231, 242, 243, 247, 265, 286, 290, 297, 306, 313, 337, 348, 360, 399, 458
구스코바, 안겔리나 207, 209, 316, 317, 342
국제그린피스 458
국제원자력기구 25, 313, 329, 335, 339, 360, 361, 364
국제 학술대회 360~363, 374, 375
군산 복합체 40, 45, 67, 81
그래이 207, 208, 473, 474
그로미코, 안드레이 244
글라스노스트 20, 21, 78, 343, 364, 400, 403, 406, 407, 417, 421, 422
기후 변화 85

ㄴ

나가사키 172, 433, 458

나로디치 416, 418, 419, 422~425

나보카, 세르히 402, 403, 407

나우모프, 블라디미르 314, 315

나이지리아 330

《내셔널 지오그래픽》 391, 392

냉각 수조 89, 282

냉각수 62, 82, 88, 100, 101, 109~111, 121, 122, 126, 129, 154, 156, 183, 190

냉각수 연못 97, 98, 101, 129, 145, 146

냉각수의 순환 82

네티신 원전 427, 428

네포로즈니, 페트로 63

노동절(국제 노동자의 날) 99, 185, 251, 252, 257, 258

노동절 퍼레이드 222, 251~253, 258, 260, 277, 394, 404, 412, 442

노르웨이 25, 331

노바르카 조합 460

《노비 미르(새 세상)》 422

노비코프, 알렉산드르 456

노심爐心 63, 83, 87, 88, 104, 121, 124, 127, 157, 191, 236, 270, 279, 314, 367

녹색세계 401, 402, 404, 415, 427, 447

농축 우라늄 15, 83, 87, 102, 104, 450

ㄷ

다블렛바예프, 라짐 121, 125, 127, 128, 155~158

다비뇽, 타냐 392

달, 비르기타 25, 242

대기근 57, 58, 60, 73, 276

대조국전쟁 59, 60, 96, 372

대처, 마거릿 32

댜틀로프, 아나톨리 64, 81, 82, 112, 113, 115~126, 153~163, 173, 206, 210, 301, 318, 376, 379, 381~383, 386, 435, 441

덴마크 25, 241, 246

도브리닌, 아나톨리 244

독립국가연합CIS 437

독일 325, 328, 455

독일군 58, 59, 73, 235, 275, 276, 372

돈바스 43, 50, 198, 314, 395, 398

돌기흐, 블라디미르 229, 230, 243, 244, 357, 358

돌레잘, 니콜라이 44, 84~86, 350, 351

동유럽 13, 85, 247, 249, 329, 331, 332, 451

두가 14, 336, 337

두르디네츠, 바실 200, 201

드라치, 막심 267, 399

드라치, 이반 267, 397~401, 405~407, 412, 413, 428, 433

ㄹ

랴시코, 올렉산드르 178, 197~199, 201~204, 255, 256, 260~263, 266~270, 200, 290, 291, 312, 334, 335, 436, 437, 439, 441~443

랴시코 위원회 266~270

러시아 13, 14, 50, 51, 60, 74, 86, 131, 188, 197, 231, 251, 262, 281, 302, 314, 367, 393, 395, 396, 430, 437, 444, 447~450, 455~462, 467, 470, 480

러시아 혁명 54, 56, 371, 400

레가소프, 발레리 188~191, 194, 195, 222, 226~230, 260, 263, 279~286, 292, 293, 305~307, 310, 312, 313, 332, 359~365, 369~375, 384~386, 393, 479

레닌, 블라디미르 29, 30, 41, 48, 54, 95, 96, 210, 254~256, 267, 340, 374, 398, 465, 466

레닌 대로 65, 66, 115, 150

레닌그라드 원전 45, 81, 82, 104~107, 127, 479

레바다, 올렉산드르 396, 397

레벤코, 흐리호리 68, 333

레오니트 신부 271~273

레이건, 로널드 14, 31, 32, 39, 40, 55, 132, 245~248, 327, 328, 339, 341~343

레이더 기지(시설) → 두가

레이머, 스티브 391

렐리첸코, 올렉산드르 316

로고시킨, 보리스 151~153, 156, 376

로마넨코, 아나톨리 266~268, 286, 290, 439

로만첸코, 리댜 213

로빈슨, 클리프 23, 24, 241

뢴트겐(단위) 156, 195, 474

뢴트겐, 빌헬름 159

루스벨트, 프랭클린 449

루캬넨코, 렙코 432, 433

루흐 운동(루흐) 399, 406, 411~415, 425, 427, 428, 431, 433, 443, 460

류토프, 미하일 164, 165

리가초프, 예고르 243, 260, 264, 265, 295, 357

리브네 원전 428, 454, 457, 480

리시코프, 니콜라이 46, 178, 179, 188, 195, 197, 198, 202, 218, 240, 244, 245, 250, 254, 260~264, 269, 278, 284, 285, 295, 358, 359, 362, 365, 386, 436, 442

《리테라투르나 우크라이나(우크라이나 문학)》91, 413

《리테라투르나야 가제타(문학 신문)》420

리투아니아 55, 241, 414, 425, 426, 438

릭비다토르 → 사고수습자

■

마린, 블라디미르 180~183

마솔, 비탈리 264, 265, 287, 293, 424

마야크 핵시설 309, 347

마요레츠, 아나톨리 46, 47, 77, 89, 100, 178~187, 191, 203, 261, 262, 305, 306, 361

마이크로뢴트겐(단위) 159, 474

마카르, 이반 405, 406

마쿠힌, 알렉세이 86, 179

마흐노, 네스토르 416

말로무시, 볼로디미르 165, 166, 169

맨해튼 프로젝트 42, 284

메드베데프, 그리고리 63, 86, 89, 90, 305, 306

메시코프, 알렉산드르 221, 222, 351, 355, 356, 359, 363

메차모르 원전 414

메틀렌코, 헨나디 119, 125

모스크바 기계물리학연구소 116

몰로토프-리벤트로프 밀약 405

무하, 스테판 251, 268, 334

미국 14, 18, 30~32, 42, 44, 82, 84, 132,

136, 189, 190, 240, 241, 244~246,
248~250, 277, 279, 284, 285, 326~
332, 336, 338~340, 342~344, 353,
357, 359, 392, 444, 447~450, 453,
456, 462, 467, 481
〈미국의 소리〉 258, 391
민심동요자 197, 200, 203, 204, 397
밀리뢴트겐(단위) 159, 195

ㅂ

바르샤바 조약기구 39
반감기 15, 166, 462, 463
반핵 운동 412, 426~428, 433, 460
방사능 장 224
방사능 측정기 14, 23, 24, 138, 159, 166~
168, 200, 203, 374, 375
방사능 피폭 증상 144, 148, 159, 163,
168, 170, 204, 207~209, 218, 224,
225, 231, 234, 321, 374, 377, 378
방사능 화상 207
베르(단위) 474
베르도프, 헨나디 184, 185, 199, 200, 203,
214
《베치르니 키예프(석간 키예프)》 420
베타 방사선(입자) 88, 159, 168, 208,
473~475
벨라루스 56, 58, 62, 135, 231, 241, 262,
271, 302, 308, 330, 332, 355, 367,
372, 393, 422, 424, 425, 437, 444,
449, 456~460, 478
벨라루스 시민전선 425, 460
벨로콘, 발렌틴 142~144
벨리코프, 미하일로 424
벨리호프, 예브게니 283~286, 294, 305~

307, 313, 335~337, 340, 371, 435
보레츠, 비탈리 102~108, 112, 117
보로베프, 세라핌 167~169, 185, 200, 201,
203
보로베프, 예브게니 194
보로보이, 알렉산드르 361, 363, 364
보리스필 공항 210, 211, 214, 215, 259
보호막 410, 447~463(21장), 466
볼딘, 발레리 32, 33
볼셰비키 혁명 → 러시아 혁명
부다페스트 의정서 449
북대서양 조약기구(나토) 39, 247, 336
'붉은 숲' 276, 311
〈브레먀(시간)〉 242, 354
브레즈네프, 레오니트 31, 37, 47, 48, 198,
412, 417, 424
브루블렙스키, 비탈리 34
브류하노프(브류하노바), 발렌티나 49~
53, 99, 218, 234, 377, 378, 380, 455
브류하노프, 빅토르 34~37, 39, 45, 46,
48~54, 58~60, 62~66, 68~74,
77~79, 87~90, 99, 101, 117, 150~
153, 161, 162, 166~169, 179, 181~
185, 199, 202, 218, 261, 301, 352~
354, 358, 368, 376~380, 382~384,
386, 434~436, 441, 455, 479
VVER 원자로(러시아형 가압경수로형 원
자로) 45, 82, 83, 85, 86, 479, 480
블릭스, 한스 25, 335~340, 360, 362
비상 냉각수 공급 장치 109~111, 154, 162
비상 정지 버튼(AZ-5) 126, 153, 381

ㅅ

사고대책위원회 169, 177~196(8장),

202~204, 214, 220, 221, 226, 227, 230~233, 242, 250, 260~266, 270, 271, 274, 278, 279, 283, 287, 293, 305, 306, 312, 313, 332, 351, 352, 359, 365, 372, 379, 436, 443, 479

사고수습자 307~309, 321, 372, 401, 420, 444, 458, 474

사비노프, 유리 348

사하로프, 안드레이 370

'살아 있는 로봇' 299, 307, 309, 312

살하니크, 헴 315

샌더스, 조녀선 343

생물학적 보호막('엘레나') 103, 128, 129, 158, 187, 223, 228, 236

샤드린, 유리 382

샤브레이, 레오니트 135~142, 144, 145, 204, 205

샤브레이, 이반 135, 136, 142, 144, 145

샤브레이, 표트르 135, 144~146

샤샤린, 겐나디 181~186, 191, 221, 222, 224, 226, 227, 356

샤셰노크, 볼로디미르 153, 156, 233

서유럽 247, 326, 360

석관 340~368(16장), 409, 410, 452, 460, 466, 470

세계은행 451

세슘-134 462

세슘-137 168, 462, 463

셀리돕킨, 게오르기 209, 210

셰르바크, 유리 19, 401, 402, 404, 406, 415, 422~424, 447, 448

셰르반, 올렉산드르 60, 61

셰르비나, 보리스 180, 185, 187~189, 191, 192, 194~196, 204, 218, 221, 223, 224, 226~228, 230, 231, 250,

271, 278~281, 285, 289, 291, 332, 351, 352, 359, 436, 443

셰르비츠키, 볼로디미르 34, 61, 63, 72, 198, 202, 203, 234, 251~253, 255, 256, 260, 261, 289~292, 295, 331, 353, 394, 407, 412, 413, 425, 436, 443

셀레스트, 페트로 61

셉첸코, 발렌티나 201, 233, 235, 252, 255, 256, 290, 292, 439, 443

셉첸코, 올레스 403, 404, 407

셉첸코, 타라스 366, 367, 398, 416

셉추크, I. Z. 390

소련 과학아카데미 40, 41, 43, 177, 180, 194, 227, 283, 284, 332, 335, 342, 352, 354, 358, 365, 367, 369, 370, 389, 393, 397, 407, 425

소스노비보르 원전 81

소콜로프, 예브게니 424

솔제니친, 알렉산드르 393

수르지크 74

슈마크, 아나톨리 259, 260

슈메만, 세르지 246, 249

슈시케비치, 스타니슬라우 437

스리마일섬 원전 사고 84, 189, 190, 250, 353

스마긴, 빅토르 163~165, 172, 173, 206

스웨덴 15, 24, 25, 241~243, 246, 247, 258, 335, 463

스크램 SCRAM 101, 106, 126

스탈린, 이오시프 30, 37, 38, 57, 78, 222, 264, 280, 325, 370, 411

슬랍스키, 예핌 43~45, 81~83, 86, 189, 221, 240, 256, 345~351, 354~356, 358~361, 363, 365~367, 386

슬로반스크 원전 50, 52
슬루츠키, 보리스 370
시모노프, 콘스탄틴 370
시시킨, 블라디미르 184
시트니코프, 아나톨리 162, 163
신코, 바실 264, 265, 270, 274, 275
실라예프, 이반 281~284, 286, 306, 313
19차 공산당회의 400, 422
쑥 54, 55, 283, 483

ㅇ

아다모비치, 알레스 393, 422
아랍에미리트 467
아르바토프, 게오르기 338, 339
RBMK 원자로(흑연감속 비등경수 압력관
    형 원자로) 44, 45, 83~87, 105, 106,
    111, 114, 127, 177, 186, 189, 190,
    228, 345, 350, 354~358, 361, 362,
    369, 371, 382, 383, 386, 413, 426,
    436, 469, 478, 479
아바기안, 아르멘 194, 195
아키모프, 알렉산드르 119~123, 125,
    126, 153, 154, 156~158, 160, 161,
    163, 164, 172, 173, 206, 210, 317,
    379, 381, 475
아프가니스탄 31, 132, 277
아호로메예프, 세르게이 230, 245
안드로포프, 유리 31, 37, 87
안토시킨, 니콜라이 192, 220~225
알렉산드로프, 아나톨리 40~45, 83, 85,
    86, 177, 188, 189, 227, 228, 351,
    352, 354, 357~359, 365, 367, 369,
    371, 385
알렉시예비치, 스베틀라나 19

압력 채널 103
액체질소 286, 294, 313
야로신스카야(야로신스카), 알라 415~
    424
야보립스키, 볼로디미르 431~434, 436~
    445
야보립스키 조사위원회 436, 437, 439,
    441~445
야코블레프, 알렉산드르 32, 243, 354
양의 보이드 효과 104, 127, 382
에너지전력부 36, 45, 46, 63, 64, 77, 81,
    82, 85, 86, 89, 100, 102, 107, 178~
    184, 186, 189, 221, 222, 261, 305,
    306, 311, 350, 356, 361, 407
에드워즈, 마이크 391
AP 통신 246
연료봉 82, 103~105, 114, 124, 127, 129,
    145, 154, 162, 193, 410, 467
영국 32, 327, 328, 330, 331, 449, 467
예사울로프, 알렉산드르 210~212, 214,
    215, 233
옐친, 보리스 47, 281, 430, 431, 437, 448
오렌지 혁명(마이단 혁명) 17
오를로프, 유리 370
오제르스크(첼랴빈스크-40) 원전 239~
    241, 309, 325, 347, 348
올리니크, 보리스 400, 401, 406, 422
요오드 구멍 185
요오드 우물 193
요오드-131 168, 227, 462
요오드-134 227
요오드화칼륨 143, 147, 205, 213, 231,
    285
우라늄 연료 소결체 127
우스코레니예 32, 48

우스코프, 아르카디 163~165, 317, 318
우크라이나 문화클럽 392, 402, 404
우크라이나 작가협회 91, 389, 392, 394, 400, 401, 405, 406, 413
우크라이나 헬싱키그룹 390, 403
원자로 1호기(체르노빌) 60, 82, 87, 103, 107, 136, 162, 446, 454
원자로 2호기(체르노빌) 60, 64, 82, 87, 103, 107, 136, 445, 446, 454
원자로 3호기(체르노빌) 60, 64, 66, 79, 103, 104, 118, 129, 136, 137, 140~145, 158~160, 164, 311, 313, 347, 446, 454~456
원자로 4호기(체르노빌) 60, 64, 66, 100~108, 116, 117, 119, 125, 128, 129, 135~143, 150, 152~155, 158~167, 170, 179, 181, 183, 184, 187, 193, 206, 222, 223, 226, 229, 232, 236, 243, 261, 263, 281, 282, 311, 313, 346, 347, 376, 379, 381, 401, 409, 410, 435, 436, 454, 460, 462, 465, 466, 475
원자로 5호기(체르노빌) 60, 71, 77, 79, 88, 89, 91, 96, 132, 165, 171, 184, 261
원자탄(원자폭탄) 15, 24, 41, 42, 44, 229, 458
웨스팅하우스사 462
위엄을 갖춘 혁명(유로마이단 혁명) 17, 465
유럽부흥개발은행EBRD 451, 454~456, 460
유럽안보협력기구OSCE 403
유럽연합EU 452, 453
유피아이 통신사 248, 249, 334

60년대그룹 397
이그날리나 원전 414, 426
이라크 330
27차 공산당대회(모스크바, 1986) 29~48(1장), 53, 69, 70, 71, 77, 79, 88, 90, 151, 166, 179, 267, 295, 328
이온화 방사선 159, 160, 166, 168, 207, 208, 227, 473
이즈라엘, 유리 262, 289, 290
《이즈베스챠》 418, 420
이집트 330, 467
2차 세계대전 51, 58, 59, 99, 186, 235, 275, 292, 293, 315, 372, 390, 396
이탈리아 327, 328, 348
이흐나텐코, 류드밀라 139, 148, 206, 211, 316, 317, 319, 320
이흐나텐코, 바실 139, 140, 142, 206, 209, 211, 316, 317, 319, 320
인도 330, 467, 480
인민대표회의 414, 415, 423~426, 447
일린, 레오니트 289, 290
일본 328, 454, 466

ㅈ

자동 정지 시스템 101, 102
자동 제어 시스템 122, 126
자스토이(정체) 38
〈자유 라디오〉 258, 391
자이코, 야키프 417
자포리지아 원전 100, 461
전략방위구상('스타워즈') 14, 40
전승기념일 59, 99, 292, 293, 312, 318
정치국(소련) 95, 132, 178, 202, 242, 250~254, 265, 266, 268, 277~280,

284, 285, 346, 347, 350, 352~354, 356, 358~361, 363~365, 375, 376
제2소방대 131, 141, 146
제6병원 207, 212, 278, 298, 316, 318, 378, 379
제6소방대 139, 148
제논 25, 185
제논-133 168
제논-135 124, 127
제어봉 101, 103~106, 108, 109, 114, 121, 122, 124, 126, 127, 154, 157, 161, 351, 352, 381, 382, 386
제한 구역 11, 13, 14, 19, 98, 231, 240, 259~276(12장), 287, 288, 300, 302, 310, 311, 315, 332, 375, 396, 399, 401, 413, 415, 418, 434, 439, 440, 465, 466, 470, 474
중국 30, 31, 279, 449, 467, 480
중앙순환펌프실 187
중앙정보국CIA 30, 247, 392
중형기계제작부 43, 81, 82, 86, 188, 189, 220, 256, 345, 358, 359, 365, 386
즈구르스키, 발렌틴 254, 255
증기 공백 126
증기분류실 187
G7 328, 339, 451~453, 460
지토미르 415~418, 423, 424
지하 출판 421

ㅊ

차이나 신드롬 277~304(13장), 313, 338
〈차이나 신드롬〉(영화) 279
차조프, 예브게니 342
체르넨코, 콘스탄틴 31, 37

체브리코프, 빅토르 16, 37, 243
추구노프, 블라디미르 162, 163
치히린 원전 400, 407

ㅋ

카가노비치, 라자르 57, 58, 61
카가노비치-1 57
카가노비치-2 58
카르판, 니콜라이 375
카르펜코, 비탈리 420
카스트로, 피델 37
카자치코프, 이고르 108, 109, 111
카추라, 보리스 288~290, 308
캐나다 18, 32, 328, 330, 331, 453
KGB(소련국가보안위원회) 16, 17, 31, 34, 37, 80, 86~88, 107, 110, 111, 170, 203, 218, 243, 250~252, 257~259, 266~268, 274, 275, 280, 288, 329~331, 334, 348, 349, 376, 379, 389~392, 401, 402, 404~406, 409, 412, 413, 416, 417, 420, 425, 428, 430, 434, 471
코니예프, 세르히 424
코로베이니코프, 블라디미르 166, 172
코로티치, 비탈리 420
코메콘COMECON 357
《코무니스트(공산주의자)》84
코발레프, 아나톨리 329, 330, 332
코발렌코, 발렌티나 223
코발렌코, 올렉시 376
코발렙스카야, 류보프 80, 91, 92, 171, 217, 234
코츄빈스카, 미하일리나 390
코츄빈스키, 미하일로 390

코파치 59~62

콤소몰 66, 67, 96, 222, 223

쿠드랍체프, 알렉산드르 154, 157, 160

쿠르차토프, 이고르 41~43, 66

쿠르차토프 원자력연구소 41~44, 83, 188, 189, 194, 226~228, 279, 284, 350, 351, 360, 363, 364, 369, 371, 373, 374, 385, 435

쿠체렌코, 바실 199

쿠치마, 레오니트 448~450, 452, 454, 456

퀴리(단위) 15, 106, 473

크랍추크, 레오니트 333, 431~433, 437, 440

크렘린 대회의장 30, 36, 280, 350, 352

크류치코프, 블라디미르 430

크림(반도) 16, 181, 252, 430, 449, 450, 479

크립톤 25

클린턴, 빌 449~452

키르셴바움, 이고르 125, 160

키베노크, 빅토르 139~144, 206, 209, 316, 317, 319

키지마, 바실 71~81, 86, 87, 89, 98, 181, 183

ㅌ

타라카노프, 니콜라이 311, 312

타력 발전 125

타스 통신 242, 246, 250, 332, 333

테라파워사 469

텔랴트니코프, 레오니트 134, 140, 141, 142, 144, 146, 158

톰스크-7 원전 102

톱투노프, 레오니트 119, 121~126, 153,

160, 163, 164, 172, 206, 207, 210, 379

트레후프, 유리 111~113, 118~123, 127, 128, 156~158

《트리부나 에네르게티카(에너지 신문)》 72, 80, 81, 91, 95, 97, 98

트카첸코, 올렉산드르 269

ㅍ

파라신, 세르게이 161, 162, 165~167, 169, 182, 452

파블리치코, 드미트로 405

파키스탄 278, 467

페둘렌코, 발렌틴 228, 229, 232, 351

페레스트로이카 32, 48, 354, 366, 385, 392, 403, 405, 407, 411, 412, 417, 420, 428, 479

페트리브나, 나탈랴 256, 257

포르스마르크 원전 23, 241

포민, 니콜라이 89, 90, 97, 103, 107, 112, 117, 181, 182, 301, 376~379, 381, 383, 386, 435, 441

포테벤코, 미하일로 440

폰 히펠, 프랭크 284, 285

폴란드 55, 56, 66, 147, 245, 327, 390, 406, 415

폴루시킨, 콘스탄틴 186, 187, 228

폴리시아 66, 395

프라비크, 볼로디미르 133~137, 139, 140~142, 144, 146, 149, 164, 199, 204, 205, 209, 316, 317, 319

《프라우다》 250, 253, 254, 266, 307, 308, 332, 338, 384, 420

《프라포르 페레모히(승리의 깃발)》 98, 267

'프라하의 봄' 411

프랑스 327, 328, 449, 452, 455, 460, 480

프로닌, 블라디미르 249

프로스쿠랴코프, 빅토르 154, 157, 158, 160, 318

프루신스키, 보리스 186, 187, 191

프리셰파, 볼로디미르 137, 138

플루토늄-239 15, 463

플류시치, 이반 194, 195

피칼로프, 블라디미르 231, 262, 263

핀란드 25, 241, 246, 330, 359, 455

ㅎ

하리토노바, 류드밀라 213

하시디즘 56

해머, 아먼드 340, 341

핵민족주의 446, 470

핵반응 영역 101, 104, 105, 109, 124, 126, 127, 129, 154, 157, 158, 164, 182, 270, 285, 381, 382

핵아마겟돈 466

핵안전 계좌 451

핵연료 채널 87, 88, 106, 228

핵클럽 395

핵확산 금지 조약 449

호뎀추크, 발레리 160

혼차르, 올레스 251, 257, 394, 395, 397, 401, 406, 412, 434

홀로코스트 58

'홉슨의 선택' 395

환경 운동 20, 393, 414~416, 428, 447

환경민족주의 414, 429, 438, 443, 445, 446

환경제국주의 414

후쿠시마 원전 사고 467, 469

휘팅턴, 루서 248, 334, 335

흐레샤치크 거리 254~257, 403

흐루쇼프, 니키타 30, 38, 44, 370, 398, 416

흐멜, 페트로 146

흐멜니츠키 원전 427, 428, 454, 457, 480

흑연 감속봉 102

흘라두시, 이반 199, 202, 218

히로시마 15, 158, 172, 339, 433, 458

체르노빌 히스토리

재난에 대처하는 국가의 대응방식

1판 1쇄 2021년 6월 30일
1판 2쇄 2021년 9월 24일

지은이 | 세르히 플로히
옮긴이 | 허승철

펴낸이 | 류종필
편집 | 이은진, 이정우
마케팅 | 이건호
경영지원 | 김유리
표지 디자인 | 박미정
본문 디자인 | 박애영
교정교열 | 문해순

펴낸곳 | (주) 도서출판 책과함께
　　　　주소 (04022) 서울시 마포구 동교로 70 소와소빌딩 2층
　　　　전화 (02) 335-1982
　　　　팩스 (02) 335-1316
　　　　전자우편 prpub@hanmail.net
　　　　블로그 blog.naver.com/prpub
　　　　등록 2003년 4월 3일 제2003-000392호

ISBN 979-11-91432-10-7　03900